Heinrich Pleticha (Hrsg.)
Geschichte aus erster Hand

Heinrich Pleticha (Hrsg.)

Geschichte aus erster Hand

3500 Jahre in Berichten von Augenzeugen und Zeitgenossen

Auf der Auswahlliste
zum Deutschen Jugendbuchpreis

Arena

CIP-Kurztitelaufnahme der Deutschen Bibliothek

Geschichte aus erster Hand: 3.500 Jahre in
Berichten von Augenzeugen und Zeitgenossen/
Heinrich Pleticha. – Würzburg: Arena.
NE: Pleticha, Heinrich [Hrsg.]
1. Auflage – 1986
ISBN: 3-401-03975-X

1. Auflage dieser Ausgabe 1986

Schutzumschlaggestaltung von Karl Müller-Bussdorf unter Verwendung des Gemäldes »Entsatzschlacht zur Befreiung Wiens, 1683« von Frans Geffels (Archiv für Kunst und Geschichte, Berlin)
Innenillustrationen: Historia Photo: S. 386 oben; Bildarchiv Preußischer Kulturbesitz, Berlin: S. 386 unten, S. 400 unten; Ullstein, Berlin: S. 399, S. 400 oben; alle übrigen Abbildungen aus der Sammlung Heinrich Pleticha.
Gesamtherstellung: Pfälzische Verlagsanstalt GmbH, Landau/Pfalz
ISBN 3-401-03975-X

Inhalt

Die grosse Wandlung

Aufbruch in neue Welten

Vom Ersten zum Zweiten Weltkrieg

Zur Einführung

Ich war dabei! Wie oft hören wir diese Worte, stolz, begeistert, aufgeregt, erschüttert. Sie sind die geheime Triebfeder für Neugierige und Sensationslustige genauso wie für den Journalisten, der wichtigen Ereignissen nachjagen muß, oder für den sachlichen Beobachter, der nüchtern und kritisch ein Ereignis abwägt. Ich will dabei sein! Dieser Wunsch treibt die Massen auf den Sportplatz, zu den großen entscheidenden Wettkämpfen genauso wie als Zuschauer etwa zu einer Fürstenhochzeit. Ich kann auch dabei sein! Das befriedigt Millionen Menschen, wenn sie das gleiche Ereignis in der Direktübertragung einer Fernsehsendung oder im Rundfunk miterleben. Und wer selbst das versäumt, der liest alle Einzelheiten ein paar Stunden später ausführlich in der neuesten Tageszeitung. Es ist ja alles so einfach, so selbstverständlich, daß man sich kaum mehr Gedanken darüber macht. Manchmal vielleicht, in einem Augenblick, da man auf dem Bildschirm das gespannte Gesicht eines Politikers sieht, dem in diesem Augenblick die Schwere der Entscheidung das höflich-nichtssagende Lächeln weggewischt hat, da spürt man auch das Unheimliche, das Ergreifende zugleich, das in einem solchen Augenblick des unmittelbaren Miterlebens liegen kann. Das sind aber auch die Augenblicke, in denen uns Geschichte lebendig zu werden beginnt, in denen wir den Brückenschlag vom Vergangenen zum Gegenwärtigen im ewigen Fluß des Geschehens zu erahnen beginnen.
Nicht immer jedoch war geschichtliches Miterleben einem großen Kreis von Menschen vergönnt. Die Zahl derer, die über ein großes Ereignis aus eigener Erfahrung berichten, blieb gewöhnlich verschwindend klein gegenüber der Masse der Unbeteiligten. Gerade aber in Zeiten, da es noch keine modernen Publikationsmittel, wie Presse, Rundfunk, Fernsehen, gab, legte man auf die Berichte von Augenzeugen selbst unbedeutend erscheinender Ereignisse um so mehr Wert, als solche Berichte Höhepunkte eines auf engsten Gesichtskreis beschränkten Lebens darstellten. Der Grieche Herodot wurde im 5. vorchristlichen Jahrhundert zu Athen umjubelt und

ausgezeichnet, als er aus seinem Werk vorlas, das seine Erlebnisse in der Fremde und die Geschichte des großen persischen Krieges erzählte, die er nach den Augenzeugenberichten der Beteiligten aufgezeichnet hatte. Für die Athener besaß dieses Geschichtswerk, mochte es auch Jahrzehnte nach dem Kriege selbst entstanden sein, noch genauso den Reiz der Unmittelbarkeit wie all die vielen folgenden Berichte des Thukydides, der römischen Geschichtsschreiber, der Chronisten des Mittelalters, der Memoirenschreiber des 18. Jahrhunderts bis zu den Reportagen unserer Tage auf die Zeitgenossen einwirken.

Sie gaben aber auch nicht nur den Menschen ihrer Zeit, sie gaben über Jahrhunderte, ja Jahrtausende hinweg auch den späteren Generationen noch einen Hauch dieses Miterlebens und wirken in ihrer oft einfachen, unkomplizierten Art lebendiger als die schönsten Geschichtserzählungen, die sich mit vergangenen Epochen befassen, lebendiger als die farbenprächtigen historischen Romane, die sich bemühen, in dichterischer Schau die Vergangenheit lebendig werden zu lassen.

Bunt ist die Reihe derer, die uns solche Augenzeugenberichte hinterlassen haben: Gelehrte und Priester, Staatsmänner, Soldaten, Abenteurer; der stolze Rechenschaftsbericht eines Herrschers, der seine Taten schildert, steht neben der Erzählung des einfachen, unbekannten Menschen, der aus seiner Schau Geschichte miterlebt hat.

Auch wiegen sie vor dem Auge des kritischen Historikers nicht alle gleich. Jeder Richter weiß, mit welcher Vorsicht oft die gutwilligsten Zeugenaussagen zu werten sind; wie oft widersprechen sich die Angaben von unbeteiligten Zeugen über einen Unfall; wie viel schwieriger aber ist eine objektive Aussage für den unmittelbar Beteiligten, sei es, daß er unbewußt etwa unter einer Schockwirkung steht, sei es, daß er übertreibt oder wichtige Dinge vergißt. Wie viel eher aber kann ein Augenzeuge aus hunderterlei Gründen bewußt von der Objektivität sachlicher Aussage abweichen, mag er sich selbst in den Vordergrund spielen, mag er beschönigen oder ein Ereignis zu seinen Gunsten bewußt fälschen. Wer will es ihm denn nachweisen? Wer konnte es zu seiner Zeit nachweisen, wer kann es gar heute? Fälschungen im großen sind dabei genauso möglich wie im kleinen, gleichgültig, ob es sich dabei um die Schilderung der Schlacht bei Kadesch am Orontes im Jahre 1287 vor Christus handelt, von der beide beteiligten Herrscher – der Hethiterkönig wie der ägyptische Pharao – von einem Sieg sprechen, oder um einen modernen Heeresbericht, der genauso bedenkenlos beschönigt und ändert. Und nicht immer gelingt es dem kritischen Historiker, die Wahrheit an den Tag zu bringen.

Wie vorsichtig müssen wir mit Zahlenangaben sein, wenn etwa der Kölner

Erzbischof Rainald von Dassel in einem Brief über die Schlacht von Tusculum im Jahre 1166 die Zahl der römischen Gegner einmal mit vierzig- und dann mit dreißigtausend beziffert, denen nur hundertsechs Kölner Ritter gegenübergestanden hätten! Nach einem Gefecht zwischen den italienischen Städten Cremona und Brescia 1191 berichtet ein Chronist von hunderteinundsechzig, ein anderer von zwölftausend Toten.

Mancher Augenzeugenbericht ist durch Parteinahme oder blinden Haß getrübt. All diese Punkte aber, im Guten wie im Schlechten, machen ja die miterlebte Schilderung um so reizvoller, je mehr man das beachtet und den Menschen dahinter spürt.

Eine »Weltgeschichte aus erster Hand« muß auch diese menschlichen Unzulänglichkeiten betonen, weil sie ja auf ihnen aufbaut. Sie kann zwar – und das ist eine zweite Schwäche – vielfältige Bilder geben, aber sie kann die bunten Steinchen des Mosaiks nicht so einsetzen, daß ein klar umrissenes, scharfes Bild entsteht. So wird es dem Leser überlassen bleiben müssen, ob er die Anregungen mit offenen Sinnen aufnimmt und bereit ist, selbst weiterzusuchen, um die Lücken zu füllen.

Naturgemäß werden in unserem Buch die »großen« Ereignisse überwiegen, die Berichte bedeutender Persönlichkeiten im Vordergrund stehen; trotzdem aber soll auch die Geschichte aus der Sicht des kleinen Mannes lebendig werden. Räumlich gesehen, werden im Altertum der Mittelmeerraum, im Mittelalter das Heilige Römische Reich Deutscher Nation den Hintergrund der Szenen dieses Theatrum mundi, dieses Welttheaters, bilden, mit der Erweiterung des Blickfeldes, die der abendländische Mensch aber seit den Entdeckungen gewonnen hat, ändern sich auch die Szenen, weitet sich auch unsere Bühne.

Auch dürfen wir den Begriff des Augenzeugenberichts nicht zu eng nehmen. Oft genug kommt es vor, daß gerade für ein wichtiges Ereignis kein unmittelbarer Bericht vorliegt, wir aber wissen, daß die wichtigste »Quelle« für dieses Ereignis in der Schilderung eines Geschichtsschreibers zu finden ist, der auf uns verlorenen Augenzeugenberichten aufbaut. Das wird gerade für die weiter zurückliegenden Epochen des Altertums mehrfach der Fall sein. So sind uns etwa die Originalberichte über die Feldzüge Alexanders des Großen verlorengegangen, aber in das Geschichtswerk des erst vier Jahrhunderte später lebenden römischen Historikers Arrian eingearbeitet. Von einem anderen römischen Geschichtsschreiber, Cassius Dio, fehlen gerade die Teile seines Geschichtswerkes, in denen er aus eigener Erfahrung über die Kaiserzeit spricht, und sind uns nur in den Auszügen anderer Historiker erhalten. So wird, gewollt und ungewollt, auch von dem Augenzeugen- und Chronistenheer ein bunt-vielfältiges Bild entstehen.

Noch ein letzter, aber nicht unwesentlicher Punkt muß hier genannt werden – sei es zur Richtigstellung für den kritischen, sei es zur Beruhigung für den ängstlichen Leser, der unvoreingenommen an die Dinge herangeht. Dieses Buch ist kein wissenschaftliches Werk. Bei aller Ehrfurcht vor dem Original kam es doch darauf an, den Text zu neuem Leben zu erwecken. Ein Bericht, der für uns heute durchaus modern ist, kann schon in zweihundert Jahren völlig veraltet und kaum lesbar erscheinen. So geht es uns aber mit vielen alten Zeugnissen. Genausowenig, wie wir als Laien mit den Keilschrifttexten, dem lateinischen oder selbst nur mittelhochdeutschen Text einer Quelle etwas anfangen können, genausowenig nutzt uns die wirkliche Übertragung. So kam es darauf an, bei aller Schonung und Ehrfurcht vor dem Original doch einen Weg zu finden, der es durch eine gewisse Modernisierung und Straffung des Textes ermöglichte, daß diese alten Berichte so zu uns sprechen, wie sie wahrscheinlich zu den Menschen ihrer Zeit sprachen. Erst wenn das erreicht ist, sind sie für uns »Weltgeschichte aus erster Hand«.

Pharaonen und Eroberer

Die Schlacht bei Megiddo

Pharao Thutmosis III.

Um die Mitte des zweiten Jahrtausends v. Chr. ging Ägypten daran, seine Macht über das Niltal hinaus auch in Vorderasien zu festigen. Der Pharao Thutmosis III., der erste bedeutende Herrscher in dieser Epoche ägyptischer Geschichte, mußte aber immer wieder die kleinen Fürstentümer in Syrien und Palästina bekriegen, die sich gegen seine Herrschaft empörten. Im zweiundzwanzigsten Jahr seiner Regierung, im April des Jahres 1479 v. Chr., zog er mit einem Heer nach Palästina. Es gelang ihm, nach einem äußerst kühnen Vorstoß auf gefährlichen Pfaden die Stadt Megiddo, westlich von Nazareth, in der sich seine Gegner verschanzt hatten, zu erobern. Über diesen Feldzug, dem übrigens im Lauf der nächsten Jahre noch sechzehn andere folgen sollten, bis Thutmosis die Länder endgültig unterworfen hatte, erzählt eine der größten und bedeutendsten Hieroglyphen-Inschriften an den Wänden eines Tempels zu Theben. Sie muß von einem Teilnehmer an den Feldzügen verfaßt worden sein, denn nur er konnte die ägyptische Kriegstaktik so genau schildern.

Am sechzehnten Tage des ersten Sommermonats kam der Pharao zu der Stadt Jechem. Hier ordnete er eine Beratung mit seinem siegreichen Heer an und sagte: »Der Feind ist von Kadesch gekommen und in Megiddo eingezogen, dort hat er um sich die Fürsten aller Länder versammelt, die Ägypten untertan waren, und sie aufgefordert, gegen mich zu kämpfen. Sagt mir nun, was ihr zu tun gedenken würdet!«
Da sagten sie zum Pharao: »Wie sollen wir auf diesem Wege weiter vorrücken können, der doch so schmal ist? Die Kundschafter haben uns gemeldet, daß dort der Feind steht. Wenn nun Pferd hinter Pferd und Mann hinter Mann gehen muß, wird nicht unsere Vorhut dort schon kämpfen, wenn unsere Nachhut noch in Arun steht, ohne in den Kampf eingreifen zu können? Es gibt aber noch zwei bequemere Wege, die allerdings etwas weiter sind, so daß wir mit den Truppen nördlich von Megiddo herauskommen würden. Möge unser siegreicher Herr diesen Weg einschlagen.«

Der Pharao sagte: »Ich schwöre, so wahr mich Gott Re liebt und mein Vater Amon mich lobt und sich mein Atem des Lebens erfreut und der Kraft, ich werde dennoch auf dem beschwerlichen Wege von Arun ziehen! Wer von euch will, kann den leichteren Weg gehen, die anderen aber sollen mir folgen. Denn die Feinde sollen nicht denken, daß ich mich vor ihnen fürchte.«

Darauf erwiderten ihm die Offiziere: »Wir folgen dir überall hin, wohin du gehen wirst, denn ein Diener ist hinter seinem Herrn.«

Der Pharao befahl dem ganzen Heer, tapfer zu sein, und er forderte es auf, ihm auf dem beschwerlichen Wege zu folgen. Er selbst ging an der Spitze seines Heeres und wies mit seinen Schritten jedem Mann den Weg. Pferd ging hinter Pferd, Mann folgte auf Mann, an der Spitze des Heeres aber schritt der Pharao. Und tatsächlich stand die Nachhut des Heeres noch in der Stadt Arun, als die Vorhut bereits das gefährliche Tal von Kina durchschritten hatte. Sofort ließ der Pharao halten und den Durchmarsch der anderen Truppen sichern. Dann befahl er, das Lager aufzuschlagen, und den Truppen, sich zu rüsten, um am nächsten Morgen gegen den Feind kämpfen zu können.

Die Nacht über ruhte der König in seinem Zelt, und die Wache des Heeres bezog die Posten. Man sagte zu ihnen: »Seid standhaft! Seid wachsam! Schützt das Leben und das Zelt des Königs! Möge er leben, gesund sein und es ihm wohlergehen!«

Am einundzwanzigsten Tag des ersten Sommermonats gab am Morgen der Pharao dem ganzen Heer den Befehl zum Aufbruch. Auch er zog aus auf dem Kampfwagen, gerüstet mit seinen Kriegswaffen wie Horus, der Siegreiche, der Herr der Macht, und Gott Amon gab seinen Armen Stärke.

Der südliche Flügel des Heeres stand am Hügel südlich von Kina, der nördliche Flügel im Nordwesten von Megiddo, und der Pharao befand sich in der Mitte. In dem darauffolgenden Kampfe gewann der Pharao an der Spitze seines Heeres die Oberhand über seine Feinde. Als sie das sahen, flohen sie ohne Ordnung nach Megiddo. Sie ließen ihre Pferde und ihre Kampfwagen aus Gold und Silber im Stich. Die Bewohner von Megiddo aber hatten ihre Stadt vor ihnen verschlossen und mußten sie an Stricken über die Mauern ziehen.

Und siehe, wenn das Heer des Pharao nicht seinen Sinn darauf gerichtet hätte, das Gut der Feinde zu plündern, so hätten sie Megiddo in jener Stunde erobern können, als man die Feinde von Kadesch an den Mauern emporziehen mußte, um sie in die Stadt hineinzulassen, denn die Furcht vor den Ägyptern war in ihren Gliedern, und ihre Arme waren ohne Kraft.

Nun wurden ihnen die Pferde abgenommen, und ihre Kampfwagen aus Gold und Silber bildeten die Beute des siegreichen ägyptischen Heeres, ihre gefallenen Streiter aber lagen ausgestreckt wie die Fische am Ufer eines Teiches, und das mächtige Heer des Pharao zählte ihre Heere. Und alle jubelten und priesen Amon wegen des Sieges, den er seinem Sohn an diesem Tage gegeben hatte. Sie priesen den König und rühmten seinen Sieg. Dann brachten sie die Beute herbei, die abgeschlagenen Hände der Feinde, die Gefangenen, die Pferde und die Kampfwagen. Der Pharao aber gab seinem Heere den folgenden Befehl: »Erobert tüchtig, erobert tüchtig, meine tapferen Krieger! Heute sind die Fürsten aller abgefallenen Länder in dieser Stadt beisammen. Tausend Städte haben wir eingenommen, wenn wir Megiddo einnehmen. Erobert tapfer, erobert tapfer!«

Und nach der Eroberung der Stadt kamen die Fürsten der Länder auf ihren Bäuchen gekrochen, um die Erde zu küssen vor der Stärke seiner Majestät, um Atem für ihre Nasen zu erbitten von der Größe seiner Macht. Sie brachten dem Pharao ihre Gaben: Silber, Gold, Lasurit, Malachit, und sie brachten Getreide, Wein, Groß- und Kleinvieh für das Heer seiner Majestät.

An Beute aber führte der Pharao aus der Stadt Megiddo hinweg: Dreihundertvierzig Gefangene, zweitausendeinundvierzig Pferde und einhunderteinundneunzig Fohlen. Einen schönen Kampfwagen des Fürsten von Megiddo, mit Gold beschlagen. Achthundertzweiundneunzig Kampfwagen seines elenden Heeres, einen schönen Bronzepanzer des Fürsten von Megiddo und zweihundert Lederpanzer jenes elenden Heeres. Fünfhundertzwei Bogen, sieben silberbeschlagene Zeltstangen des Feindes, dazu noch eintausendneunhundertneunundzwanzig Stück Großvieh, zweitausend Ziegen und zwanzigtausend Schafe.

Ewiges Stromland

Um 2500 v. Chr. gelang es dem ägyptischen König Menes, Ober- und Unterägypten zu einem gemeinsamen Reich zu vereinigen. Von nun an herrschte der König oder Pharao, wie er auch genannt wird, über einen Staat, der vom Mittelmeer bis an die Grenzen des Sudans reichte, etwa 1000 Kilometer lang, aber meist nur 10 bis 20 Kilometer breit war, denn nur im Niltal selbst konnten die Menschen siedeln, da zu beiden Seiten der Flußoase die Wüste drohte.
Das Volk war dem Willen des Pharao unterworfen, es schuf in gewaltiger Fronarbeit die großen Pyramiden als letzte Ruhestätte für die Könige. Doch die fortwährende Bedrückung des Volkes führte allmählich zu Aufständen, die Macht der Pharaonen sank, und das Alte Reich, wie man es nannte, brach auseinander.
Nach einer neuen Epoche der Einigung im Mittleren Reich herrschten eineinhalb Jahrhunderte lang Fremdvölker aus Vorderasien, die Hyksos, über das Niltal, dann aber stieg Ägypten unter den Pharaonen des Neuen Reiches zur führenden Großmacht des Orients empor. Glänzender Mittelpunkt des Reiches wurde die Hauptstadt Theben in Oberägypten mit ihren prächtigen Bauten und Tempeln. An ihren Wänden kündeten Inschriften in Hieroglyphen, der altägyptischen Bilderschrift, von den Großtaten der Pharaonen, die Syrien und Palästina eroberten und ihre Macht bis ins Zweistromland ausdehnten. Aber schon um 1300 v. Chr. begann ihre Macht allmählich zu sinken. Zwar kämpfte der Pharao Ramses II. noch erfolgreich gegen die Hethiter, aber in der Spätzeit des Ägyptischen Reiches eroberten nacheinander Äthiopier, Assyrer und Perser das Land, das schließlich unter die Herrschaft der Nachfolger Alexanders des Großen, der Ptolemäer, kam. Ihre letzte Königin war Kleopatra. Nach ihrem Tode wurde Ägypten römische Provinz.

Vor Christus

2600–2190	*Altes Reich*
2550–2450	*Bau der großen Pyramiden*
2040–1710	*Mittleres Reich*
1710–1580	*Fremdherrschaft der Hyksos*
1580–1085	*Neues Reich*
1494–1440	*Pharao Thutmosis III.*
1472	Schlacht bei Megiddo
1292–1225	*Pharao Ramses II.*
1287	Schlacht bei Kadesch
um 1090	Reise des Wen-Amon
715–332	*Spätzeit*
332	*Alexander d. Gr. erobert Ägypten*
323–30	*Die Ptolemäer*
30	*Ägypten wird römische Provinz*

(Geradestehende Zeilen verweisen auf Texte in diesem Buch)

Die List der Hethiter

Pharao Ramses II.

Nicht allzu lange konnten die Ägypter ihre Herrschaft über Syrien halten, dann eroberten die Hethiter, ein kriegerisches Volk aus Kleinasien, diese Provinzen. Der Pharao Ramses II. versuchte die ägyptische Macht wieder zu festigen und kämpfte mit wechselndem Erfolg gegen die Hethiter. 1287 v. Chr. geriet er dabei in der Nähe von Kadesch in einen Hinterhalt, konnte sich und seine Truppen aber durch seinen tapferen persönlichen Einsatz befreien. Von dieser Tat erzählt eine Hieroglyphen-Inschrift an den Wänden des Felsentempels von Abu Simbel, der jetzt vor den Fluten des neuen Nilstausees gerettet worden ist. Die hier nicht mehr abgedruckte Fortsetzung dieses Berichtes schildert dann den größten Sieg der Ägypter, die in Wirklichkeit nur knapp einer Niederlage entgehen konnten, ein Musterbeispiel, wie vorsichtig man gerade bei Herrschern mit solchen »Augenzeugenberichten« sein muß!

Der Pharao befand sich in Phönizien auf seinem zweiten siegreichen Feldzug. Als er nordwärts zog und in die Nähe der Stadt Schaptuna kam, meldeten sich zwei Männer im Lager, die ihm berichteten: »Unsere Brüder, die zu den Großen des Stammes gehören, sandten uns zu dir, um zu sagen, daß wir Untertanen des Pharao sein und von dem Fürsten des Hethiter-Landes fliehen wollen. Er selbst ist in Aleppo und fürchtet, daß der Pharao sich südwärts wendet.« Der Bericht dieser Männer aber war falsch, denn der Fürst der Hethiter hatte sie ausgesandt, um zu erkunden, wo das Heer der Ägypter stand, um dieses zum Rückmarsch zu veranlassen. In Wirklichkeit hielt er mit seinen Kriegern und Kampfwagen, in Schlachtordnung aufgestellt, hinter der treulosen Stadt Kadesch; der Pharao aber wußte dies nicht und schlug mit seinem Heer nordwestlich von Kadesch ein Lager auf.
Als der Pharao auf einem goldenen Throne saß, kam eine Streife der königlichen Leibwache und führte zwei gefangene Kundschafter des Hethiterfürsten mit sich. Sie wurden vor ihn gebracht, und der Pharao

fragte sie: »Wer seid ihr?« Sie antworteten: »Der Fürst der Hethiter sandte uns aus, um zu erkunden, wo sich die Ägypter befinden.« Der Pharao sagte zu ihnen: »Und wo ist der Fürst selbst? Ich hörte, daß man sagte, er sei in Aleppo.« Sie antworteten: »Siehe, der Fürst der Hethiter bezog Stellung mit allen seinen Hilfsvölkern, die er durch Gewalt gewonnen hat, sie haben Krieger und Kampfwagen, die seine Zeichen tragen. Zahlreicher sind sie als der Sand des Ufers. Siehe, sie stehen zum Kampf bereit hinter dem treulosen Kadesch.«
Da rief der Pharao die Adeligen seines Heeres vor sich und ließ sie jedes Wort hören, das die zwei Kundschafter der Hethiter berichtet hatten. Und zornig erklärte er: »Meine Ratgeber haben mir täglich berichtet, daß der Hethiterfürst in Aleppo sei, und nun erfahre ich von diesen zwei Kundschaftern, daß er mit seinen zahllosen Verbündeten, mit Leuten und Pferden hinter dem treulosen Kadesch steht. Warum konnte mir dies niemand sagen?«
Da antworteten die Offiziere: »Deine Beamten haben einen großen Fehler begangen, indem sie dir täglich den falschen Bericht der Kundschafter mitteilten.«
Dann befahl man dem Wesir, das Heer des Pharao, das südlich von Schaptuna marschierte, zur Eile anzutreiben, damit es möglichst bald beim Pharao eintreffen sollte.
Doch als dieser sich noch mit seinen Adeligen beriet, näherte sich schon das Heer der Hethiter. Sie überquerten den Kanal südlich von Kadesch und überfielen die Truppen der Ägypter, die sich auf dem Marsch befanden und nichts von ihrer Kriegslist ahnten. Und die Truppen und die Streitwagen des Pharao zogen sich vor ihnen zurück, die Feinde aber umzingelten die Leibwache des Königs. Als dieser sie gewahr wurde, wütete er gegen sie wie sein Vater Montu, der Herr von Theben. Er ergriff seine Waffen und legte seinen Panzer an, dann eilte er zu seinen Pferden und stellte sich allein an die Spitze der verbliebenen Truppen. Er warf sich mitten unter das feindliche Heer, wütete unter ihnen und drängte sie zurück in die Fluten des Orontes.

Ich besiegte alle Länder, ich allein, als mein Heer und meine Kampfwagen mich im Stich ließen. Keiner von ihnen kam wieder. Ich schwöre, wie mich Gott Re liebt, daß ich alles, was hier gesagt wurde, in Wahrheit tat, vor meinem Heere und vor meinen Kampfwagen.

Gefahrvolle Reise nach Syrien

Wen-Amon

Aus der ersten Hälfte des elften vorchristlichen Jahrhunderts verfügen wir über einen seltenen Augenzeugenbericht, der die politische Situation dieser Zeit recht deutlich widerspiegelt. Ägypten hatte damals, zur Zeit der zwanzigsten Dynastie, an Bedeutung eingebüßt; der Pharao regierte im Innern des Landes nur noch dem Namen nach, in Theben herrschte der Hohe Priester des Amon. Die einst von den Pharaonen unterworfenen Gebiete Vorderasiens waren völlig unabhängig geworden. Das geht deutlich aus dem Reisebericht des Wen-Amon, eines Priesters des Amon-Tempels in Theben, hervor, der nach Syrien gesandt worden war, um Holz für die heilige Barke des Amon zu kaufen. Selbst der Stadtfürst des kleinen Byblos konnte schon stolz auf seine Unabhängigkeit hinweisen und erklären, keine Befehle des Pharao mehr entgegennehmen zu müssen. Der Bericht über diese Reise, die uns zugleich auch ein Bild des Handels im östlichen Mittelmeer bietet, wurde später auf einem Papyros-Text verzeichnet.

Sechzehnter Tag im dritten Sommermonat. Der Tag, an dem Wen-Amon, der Älteste der Halle im Tempel des Amon, des Herrn von Karnak, abreiste, um Holz zu holen für das große und heilige Schiff des Amon-Re, des Götterkönigs.

Ich reiste nach Panis im Nildelta, dem Aufenthaltsort des Pharao Smendes und seiner Gattin Pendamon, dort verweilte ich bis zum vierten Sommermonat. Der Pharao sandte mich dann mit dem Schiffskapitän Mengebet ab, und am ersten Tage des vierten Sommermonats fuhr ich zum großen syrischen Meer hinab.

Ich kam nach Dor, und der Fürst dieser Stadt ließ mir fünfzig Brote, ein Maß Wein und eine Rinderkeule bringen. Dort entlief ein Mann von meinem Schiff und stahl goldene Gefäße, vier silberne Krüge und einen Beutel voll Silber. Deshalb stand ich am Morgen auf und ging zu dem Fürsten, dem ich sagte: »Ich bin in deinem Hafen bestohlen worden, und da du Fürst dieses Landes und sein Richter bist, so suche nach meinem

Gelde, das ja nicht mir, sondern dem Gott Amon gehört.« Er aber antwortete mir: »Beruhige dich doch! Siehe, ich verstehe die Beschwerde, die du mir gesagt hast, nicht. Gehörte der Dieb, der auf dein Schiff kam und der dein Geld nahm, zu meinem Lande, so würde ich dir alles aus meiner Schatzkammer ersetzen, bis dein Dieb gefunden worden ist. Aber fürwahr, der Mann, der dich bestohlen hat, ist einer der Deinen, er gehört zu deinem Schiff. Warte noch einige Tage ab, bleibe bei mir, und ich werde ihn suchen lassen.«

So verbrachte ich neun Tage im Hafen seiner Stadt, dann aber ging ich wieder zu ihm und sagte: »Siehe, du hast mein Geld nicht gefunden, so werde ich abreisen.«

Dann fuhren wir nach Byblos, wo wir aber keineswegs freundlich aufgenommen wurden. Ich verbrachte neunundzwanzig Tage im Hafen, und jeden Tag sandte man nach mir und ließ mir sagen: »Verlasse diesen Hafen.«

Doch siehe, als der Fürst der Stadt seinen Göttern opferte, da versetzte Gott Amon einen seiner Knaben in Raserei, und dieser rief: »Bringt den Gott (die heilige Statue des Amon, die Wen-Amon mit sich führte) herauf, bringt den Boten herauf, der ihn bei sich hat. Amon sandte ihn, er ist es, der ihn herführte.«

So raste der Besessene die ganze Nacht, ich aber hatte gerade ein Schiff gefunden, das nach Ägypten fahren wollte, und schon alle meine Güter verladen. Während wir auf die Dunkelheit warteten, kam der Hafenvorsteher zu mir und sagte: »Der Fürst dieser Stadt wünscht, daß du noch bis morgen verbleibst.« Ich aber antwortete ihm: »Bist du es nicht, der ständig zu mir kam und mich täglich aufforderte, den Hafen zu verlassen? Forderst du mich nicht nur zum Verweilen auf, damit das Schiff, das ich gefunden habe, abfährt und ich dann wiederum hilflos hier warten muß?«

Er ging und meldete dies dem Fürsten, der wiederum dem Kapitän des Schiffes sagen ließ: »Es ist mein Wunsch, daß du bis morgen wartest.« Und siehe, als der Morgen gekommen war, sandte er und ließ mich zu ihm bringen, während das Bild des Gottes auf dem Schiffe ruhte. Ich traf ihn, wie er mit dem Rücken an einem Fenster lehnte, und begrüßte ihn mit den Worten: »Es liebt dich Amon!« Er fragte sofort: »Wie lange ist es her, seit du den Wohnsitz des Amon verlassen hast?« Und als ich ihm antwortete: »Bis auf diesen Tag fünf Monate«, da erwiderte er: »Wenn du wirklich der bist, für den du dich ausgibst, wo hast du dann das Schreiben von dem Oberpriester des Amon?« Als ich ihm sagte, daß ich es dem Pharao Smendes gegeben habe, wurde er sehr zornig und fuhr mich an: »Urkunden und Schreiben sind nicht in deiner Hand, wo ist denn das Schiff, das dir der Pharao gegeben hat, wo ist deine Mannschaft? Sind es nicht Lügen, die du mir hier berichtest?«

Ich aber verteidigte mich: »Ein ägyptisches Schiff und eine ägyptische Mannschaft, die es für den Pharao ruderte, haben mich vor mehr als einem Monat hierhergebracht.« Und wieder erkundigte sich der Fürst: »Mit welchem Auftrag bist du denn hierhergekommen?« Ich sagte zu ihm: »Ich bin hierhergekommen, weil ich Holz kaufen will für das große und heilige Schiff des Amon-Re, des Götterkönigs. Dein Vater verkaufte schon solches Holz, dein Großvater tat es, tue du es auch.« Der Fürst überlegte und antwortete dann: »Sie haben es tatsächlich getan, und wenn du mir Geschenke bringen wirst, so werde auch ich es tun. Meine Vorfahren erfüllten die Aufträge, aber der Pharao hatte auch sechs Schiffe gesandt, die mit ägyptischen Sachen beladen waren und die man in unsere Vorratskammern auslud. So bringe du mir auch.« Und er ließ die Bücher aus der Zeit seiner Väter herbeibringen und sie in meiner Gegenwart vorlesen, und man fand, daß der Pharao eine große Menge Silber an den Fürsten der Stadt gesandt hatte.

Dieser sagte nun zu mir: »Wenn der Herrscher Ägyptens der Herr über mein Land und ich sein Diener gewesen wäre, dann hätte er nicht Silber und Gold gesandt und nicht gebeten, den Auftrag des Amon auszuführen. Nein, mein Vater hat dieses Silber nicht als Geschenk, sondern als Bezahlung für das Holz erhalten, das er dem Amon sandte. Und was mich betrifft, so bin ich nicht dein Diener und nicht der Diener dessen, der dich geschickt hat. Wenn ich es laut zum Libanon hinaufrufe, öffnet sich der Himmel, und die Stämme liegen bald am Meeresufer.«

Da schlug ich ihm vor, einen Boten an den Pharao zu schicken, und tatsächlich ließ er den Kiel, den Vorder- und den Hintersteven zusammen mit vier anderen behauenen Hölzern, insgesamt also sieben, verladen und sandte sie mit meinem Brief nach Ägypten. Im ersten Wintermonat aber kam die Antwort des Pharao, und dieser sandte vier Gefäße aus Gold und silberne Gefäße, zehn Gewänder aus oberägyptischem Leinen, zehn Ballen oberägyptisches Leinen, fünfhundert Papyrusrollen, fünfhundert Rinderhäute, fünfhundert Seile, zwanzig Säcke Linsen und dreißig Körbe mit Fischen. Da freute sich der Fürst von Byblos und stellte dreihundert Mann und dreihundert Ochsen zur Verfügung und ließ Holzstämme fällen im Libanon, die dort den Winter über liegenblieben. Im dritten Sommermonat schleppte man sie ans Meeresufer. Der Fürst kam selbst und beobachtete den Abtransport, dann wandte er sich zu mir und sagte: »Siehe, die letzten deiner Stämme liegen hier. Nun laß sie rasch verladen, und wenn auch die Jahreszeit für die Schiffahrt ungünstig ist, so empfehle ich dir doch, rasch nach Ägypten zurückzukehren. Denke an die Gesandten des Pharao Ramses, die siebzehn Jahre in diesem Lande verweilen mußten und die hier starben.« Und zu seinem Leibwächter gewandt, sagte er: »Nimm ihn und zeige ihm ihr Grab, in dem sie ruhen!«

Als ich aber zum Meeresufer kam, wo das Holz lag, bemerkte ich elf Schiffe, die sich auf dem Meere zeigten. Sie gehörten den Zekern, den Feinden des Pharao, und hatten den Auftrag, mich zu ergreifen und keine Schiffe von mir nach Ägypten gelangen zu lassen. Da setzte ich mich ans Ufer und begann zu weinen. Als das der Schreiber des Fürsten sah, der mich begleitete, fragte er: »Was hast du?« Ich aber antwortete ihm: »Nun bin ich schon ein Jahr hier, und die Vögel ziehen zum zweiten Mal hinab zu den Wassern des Nil. Wie lange aber werde ich denn noch bleiben müssen? Siehst du denn die Schiffe nicht, die gekommen sind, um mich zu ergreifen?«

Der Schreiber eilte hinweg und meldete meine Trauer dem Fürsten. Dieser schickte einen Boten zu mir heraus und ließ mir zwei Maß Wein und einen Widder bringen und mir sagen: »Iß und trink und laß dich nicht vom schlechten Gedanken bedrücken! Morgen wirst du hören, wie ich die Angelegenheit in Ordnung bringe.«

Und siehe, als der nächste Tag anbrach, forderte er die Führer der Zeker auf, zu ihm zu kommen, und erkundigte sich: »Warum kamt ihr hierher?« Sie antworteten ihm: »Wir folgen diesen ägyptischen Schiffen, die wir vernichten werden, damit unsere Widersacher nicht nach Ägypten zurückkehren können.« Darauf erwiderte der Fürst: »Ich kann den Boten des Gottes Amon in meinem Lande nicht festnehmen. Laßt mich ihn fortschicken, dann aber mögt ihr ihn verfolgen, um ihn zu ergreifen.«

So schiffte ich mich rasch ein, und der Wind trieb unser Schiff zu der Insel Cypern. Dort zogen die Bewohner der Stadt gegen mich aus, um mich zu erschlagen. Doch es gelang mir, einen Weg zum Wohnsitz der Heteb, der Fürstin der Stadt, zu bahnen. Ich traf sie, als sie gerade die Straße überqueren wollte, verneigte mich vor ihr und fragte die Leute, die bei ihr standen, ob nicht einer unter ihnen sei, der Ägyptisch verstehe. Da antwortete einer: »Ich verstehe es«. Und zu ihm sagte ich nun: »Erkläre deiner Herrin, daß ich aus Theben, dem Wohnsitz des Amon, stamme, und frage sie, warum man in dieser Stadt unrecht handelt.« Da erkundigte sich die Fürstin: »Was soll diese Rede?« Ich aber sprach zu ihr: »Als das Meer wütete, trieb mich der Wind zu dem Lande, in dem du lebst. Lasse es bitte nicht zu, daß man mich ergreift, um mich zu töten, denn ich bin ein Bote des Gottes Amon, und mich wird man überall suchen. Die Mannschaft meines Schiffes aber gehört dem Fürsten von Byblos. Wenn man sie erschlägt, wird nicht ihr Herr die Mannschaften deiner Schiffe zu erschlagen trachten, wenn er sie findet?« Da tadelte sie ihre Leute und hielt sie von weiteren Übergriffen ab.

Der Schluß des Textes ist nicht erhalten, doch darf man annehmen, daß Wen-Amon nach einigen weiteren Abenteuern wohlbehalten in seine ägyptische Heimat zurückkehren konnte.

Der Vordere Orient

Im Südteil Babyloniens, dem fruchtbaren Schwemmland zwischen Euphrat und Tigris, wanderten gegen Ende des 4. Jahrtausends v. Chr. Völker aus dem Osten ein und gründeten dort die ersten Städte der Weltgeschichte, wie Ur, Uruk, Lagasch, Eridu, Babylon und manche andere. Mittelpunkt dieser Städte waren die Tempel und Türme, deren letzter der Turm von Babylon ist. Nördlich von ihnen siedelten die aus Arabien eingedrungenen Semiten, die Akkader.

Ein Akkader, Sargon I., unterwarf die sumerischen Städte und gründete das erste Großreich der Geschichte, das über Mesopotamien hinaus bis Kleinasien und Syrien reichte. Dann begann eine neue Blütezeit der sumerischen Städte; Babylon wurde zum Mittelpunkt des Landes.

Aus der Verbindung der semitischen Akkader mit den Völkern am Oberlauf des Tigris gingen die Assyrer hervor. Mittelpunkt ihres Reiches wurde die nach dem obersten Gott benannte Stadt Assur. Um das Jahr 900 v. Chr. begann der große Aufstieg des assyrischen Reiches, seine kriegerischen Könige dehnten ihre Herrschaft über das ganze Zweistromland aus, Sanherib eroberte Babylon und zerstörte es, sein Nachfolger drang bis Ägypten vor. In ihrer Kultur aber waren die Assyrer abhängig von Babylonien, davon zeugen die berühmten Keilschrifttafeln der Bibliothek von Ninive.

Noch einmal gelang es Babylon, für kurze Zeit die Oberhand zu gewinnen, als der Chaldäer Nabopolassar die assyrische Herrschaft abschüttelte. Sein Sohn Nebukadnezar II. eroberte ganz Syrien und Palästina und führte die Bevölkerung Jerusalems ins Exil. Aber schon 50 Jahre später unterlag das babylonische Heer unter Belsazar dem Perserkönig Kyros, der das ganze Zweistromland seinem neuen Großreich eingliederte. Doch sollte auch dem Perserreich keine Dauer beschieden sein. Zwar unterwarfen die Perser auch Ägypten und griffen unter Darius I. und Xerxes I. Griechenland an, doch Alexander der Große eroberte schließlich ganz Persien.

Vor Christus	
um 3000	*Sumerische Stadtstaaten*
um 2350–2150	*Reich von Akkad*
um 2100	*Neue Blütezeit der sumerischen Städte*
1728–1686	*Hammurabi*
909–612	*Assyrisches Großreich*
668–626	Assurbanipal
um 800	*Gründung Karthagos*
625–539	*Neubabylonisches Reich*
587	*Nebukadnezar zerstört Jerusalem*
559–529	*Kyros d. Große*
539	*Kyros erobert Babylon*
522–486	Darius I. v. Persien
um 500	Reise des Karthagers Hanno nach Westafrika
330	*Alexander d. Gr. erobert das Perserreich*

(Geradestehende Zeilen verweisen auf Texte in diesem Buch)

Die Macht der Assyrer

Assurbanipal

Seit etwa 900 v. Chr. dehnten die Könige der Assyrer ihre Herrschaft systematisch über das ganze Zweistromland, Syrien und Palästina und bis nach Ägypten aus. Ihre Heere waren wegen ihrer grausamen Kriegsführung gefürchtet, sie verbreiteten überall Schrecken und Terror. 671 hatte Assarhaddon Ägypten erobert; sein Sohn Assurbanipal, der ihm 669 auf den Thron folgte, mußte die Eroberungen des Vaters gegen verschiedene Aufstände verteidigen. Über diese Kämpfe berichtet er wie seine Vorgänger sehr ausführlich auf einem Tonzylinder, der sich in dem Fundament eines Tempels fand.
Die Stadtfürsten von Saïs, von deren Begnadigung im Bericht die Rede ist, empörten sich übrigens 655 erneut gegen Assurbanipal und warfen die Assyrer diesmal erfolgreich und endgültig aus dem Land.

Ich bin Assurbanipal, dem die Götter Schamasch, Adad und Ischtar die Ausübung der Königsherrschaft befahlen.
Auf meinem ersten Feldzug zog ich gegen Makan und Melucha. Tarku, der König von Ägypten und Äthiopien, den mein Vater Assarhaddon, König von Assyrien, besiegt und dessen Land er besetzt hatte, vergaß die Macht Assurs, Ischtars und der großen Götter, meiner Herren, und vertraute auf seine eigene Stärke. Er zog gegen die Könige und Statthalter, die mein Vater in Ägypten eingesetzt hatte, mordete sie, plünderte und versuchte, das Land an sich zu reißen. In Memphis, der Stadt, die mein Vater erobert und mit den Gebieten Assyriens vereint hatte, schlug er seinen Wohnsitz auf.
Doch ein Eilbote kam nach Ninive und teilte mir das mit. Ich geriet in Zorn, hob die Hände und flehte zu den Göttern Assur und Ischtar. Dann sammelte ich mein auserlesenes Heer und brach auf gegen Ägypten und Äthiopien. Auf diesem Feldzug brachten mir zweiundzwanzig Könige Sklaven, denn sie waren mir untertan an der Küste des Meeres, in der Mitte des Meeres und auf dem Festland. Sie überreichten mir kostbare Geschenke und küßten meine Füße. Ich befahl ihnen, mir zu folgen, und

rückte rasch vor bis nach Ägypten. Tarku, der König von Ägypten und Äthiopien, hörte in Memphis von dem Nahen meines Heerzuges und sammelte seine Krieger zum Kampf. Doch ich bereitete seinen Soldaten eine Niederlage; als Tarku davon in Memphis erfuhr und der Glanz Assurs und Ischtars ihn geblendet hatte, verlor er den Verstand. Er verließ Memphis und floh, um sein Leben zu retten, nach Theben. Ich aber besetzte die verlassene Stadt, führte meine Krieger hinein und siedelte sie dort an.

Die Könige aber und Stadtfürsten, die mein Vater in Ägypten ernannt hatte und die vor dem Angriff Tarkus ihr Amt im Stich gelassen hatten und in die Steppe geflüchtet waren, kehrten zurück. Ich setzte sie wieder in ihr Amt ein und nahm Ägypten und Äthiopien, die schon mein Vater erobert hatte, von neuem in Besitz. Dann verstärkte ich den Wachdienst noch mehr als zuvor und schloß neue Verträge ab. Mit großer Beute und vielen Gefangenen kehrte ich wohlbehalten nach meiner Hauptstadt Ninive zurück.

Doch die von mir eingesetzten Fürsten sündigten gegen meine Gebote und gegen die geleisteten Eide, sie vergaßen die Wohltaten, die ich ihnen erwiesen hatte, und ihr Herz sann auf Böses. Hinterlistig wie sie waren, kamen sie untereinander zu folgendem Beschluß: »Wenn man Tarku aus Ägypten vertrieben hat, wie werden wir uns dann behaupten können?« Und sie sandten Boten zu Tarku, der in Äthiopien weilte, und boten ihm ihre Freundschaft an. Sie schlugen ihm vor, das Land unter sich aufzuteilen und keinen Assyrer als Herrn zu dulden. Doch meine Generäle fingen ihre Boten mit der Nachricht ab und legten sie in Fesseln. Die Verräter aber erreichte die Strafe Assurs, des Königs der Götter, weil sie gegen die mit ihm abgeschlossenen Verträge gesündigt hatten. Meine Krieger töteten die Leute von Saïs, Mendes, Tanis und der übrigen Städte, die Böses gegen mich im Schilde geführt hatten. Nicht ein Mann von ihnen blieb am Leben; ihre Körper hängten sie an Stangen auf, zogen ihnen die Haut ab und bedeckten damit die Stadtmauern. Die Statthalter aber, die Böses gegen die Krieger Assyriens geplant hatten, sandte man lebend zu mir nach Ninive. Von ihnen begnadigte ich nur Niku und schloß mit ihm einen verschärften Vertrag. Ich kleidete ihn in ein farbiges Gewand und legte ihm zum Zeichen der Königswürde eine goldene Kette an. Dann schenkte ich ihm Kampfwagen, Pferde und Maultiere zur Rückkehr nach Saïs in seine alte Herrschaft.

Den König Tarku ergriff dort, wohin er geflohen war, die Furcht vor den Waffen Assurs, meines Herrn, und er starb. Doch kam Tanutamon, der

König Äthiopiens, bemächtigte sich des Thrones, besetzte Theben und Heliopolis, eine Stadt in Unterägypten. Dann rüstete er sich zum Kampf gegen meine Truppen in Memphis, schloß sie ein und schnitt ihnen den Rückweg ab. Ein Eilbote kam nach Ninive und berichtete mir dies.

So unternahm ich einen zweiten Feldzug nach Ägypten und Äthiopien. Als Tanutamon von meinem Nahen hörte, verließ er Memphis und floh, um sein Leben zu retten, nach Theben. Die Statthalter, die ich in Ägypten eingesetzt hatte, kamen zu mir und küßten meine Füße. Ich aber verfolgte Tanutamon bis Theben, seinem Stützpunkt, und eroberte die Stadt. Er entkam zwar, aber ich erbeutete Silber, Gold, auserlesene Steine und den Reichtum seines Palastes. Bunte und leinene Gewänder, viele Pferde, Männer und Frauen, zwei hohe Obelisken aus reiner Goldlegierung im Gewicht von jeweils fünfundsiebzig Tonnen, die vor den Tempeltoren standen, nahm ich von ihren Plätzen und brachte sie nach Assyrien. Äthiopien und Ägypten ließ ich meine Waffen bitter spüren und festigte meinen Sieg.

Mein dritter Feldzug führte mich gegen Baal, den König von Tyrus, der auf einer Insel inmitten des Meeres lebte und meine Befehle nicht beachtete. Ich aber belagerte ihn und schnitt ihm seine Zufuhr ab, so daß er sich schließlich unter mein Joch beugte. Nun sandte er seine eigene Tochter und die Töchter seiner Brüder zu mir, und auch sein Sohn mußte mir huldigen und in meine Dienste treten. Ich nahm die Frauen bei mir auf, begnadigte ihn und gab ihm seinen Sohn zurück. Und wie er, so beugten sich auch drei andere Könige meiner Macht, sandten mir reiche Geschenke und ihre Töchter als Frauen.

Gyges, dem König von Lydien, dessen Gebiet weit entfernt jenseits des Meeres liegt und dessen Namen die Könige, meine Väter, nie gehört hatten, erschien mein Name im Traum, und Gott Assur sprach zu ihm: »Umfasse die Füße Assurbanipals, des Königs von Assyrien, und besiege in seinem Namen deine Feinde.« Darauf sandte er seine Boten, die mir huldigten, und er schrieb von diesem Traum. Von der Zeit an aber, da er die Füße meiner Herrschaft umfaßt hatte, unterwarf er mit Hilfe Assurs und Ischtars, der Götter, an der Küste des Schwarzen Meeres die Kimmerer, die sein Land bedrängt und meine Väter nicht gefürchtet hatten. Zwei ihrer Führer schloß er in eiserne Ketten und sandte sie zu mir nach Ninive. Doch dann achtete er die Befehle des Gottes Assur nicht weiter, verließ sich auf seine eigene Kraft und wurde hoffärtig in seinem Herzen. Er schloß sich zu einem Kriegsbund mit dem König von Ägypten zusammen, der das Joch meiner Herrschaft abgeworfen hatte. Als ich davon hörte, betete ich zu Assur und Ischtar: »Sein Leichnam soll seinen Feinden vorgeworfen werden, seine Knochen sollen zerstreut werden.« Worum ich gebeten hatte, das ging in Erfüllung, denn die Kimmerer, die er durch meinen Namen bezwungen hatte, empörten sich gegen ihn und vernichteten ihn und sein ganzes Land.

Den Thron aber bestieg sein Sohn, der Boten zu mir sandte und meine königlichen Füße umfaßte. »Du bist der König, den Gott gesehen hat!« ließ er melden. »Du verfluchtest meinen Vater, und ihn traf Böses. Mir, deinem Sklaven, der dich verehrt, erweise dich gnädig, und ich werde dein Joch auf mich nehmen!«

Bedrohte Herrschaft

Darius

Unter dem Herrscherhaus der Achämeniden gelang es den Persern, seit etwa 700 v. Chr. ihre Macht so weit zu festigen, daß ihr bedeutendster König, Kyros der Große, auch das Zweistromland und Vorderasien unterwerfen konnte. Sein Sohn und Nachfolger Kambyses tötete heimlich seinen jüngeren Bruder Bardija und zog dann nach Ägypten, das er ebenfalls der persischen Herrschaft unterwarf. Während seiner Abwesenheit gab sich ein Priester, der Magier Gaumata, als Bardija aus und wiegelte das Volk gegen den Herrscher auf. Während des Rückmarsches in die Heimat starb Kambyses, ohne einen Erben zu hinterlassen. Nun empörten sich einige Stammesfürsten unter der Führung des Prinzen Darius gegen den falschen König, töteten ihn und riefen Darius zum neuen Großkönig aus. Innerhalb eines Jahres warf dieser mehrere gefährliche Aufstände gegen seine junge Herrschaft nieder.
Wie die assyrischen und babylonischen Könige verewigte auch Darius seine Taten in gewaltigen Inschriften. So ließ er auf dem hohen Behistun-Felsen in Medien in persischer, elamischer und babylonischer Sprache einen Bericht über seine Taten einmeißeln. Mögen die Angaben dabei auch etwas übertrieben sein, so bilden sie doch neben der Geschichte des Griechen Herodot die einzige Quelle über diese Epoche persischer Geschichte und geben zugleich ein anschauliches Bild von den heftigen Thronstreitigkeiten.

Ich bin Darius, der Großkönig, der König der Könige, der König in Persien. Ich stamme aus dem Geschlecht der Achämeniden, und von alters her war unser Geschlecht königlich. Acht meiner Vorväter waren Könige. Ich bin der neunte. Nach dem Willen meines Gottes Ahuramazda herrsche ich über folgende Länder: Persien, Elam, Babylonien, Assyrien, Arabien, Ägypten, die Länder des Meeres, Sardes, Jonien, Medien, Armenien, im ganzen über dreiundzwanzig Länder. Sie bringen mir Tribut und führen aus, was ich ihnen befehle.
Vor mir war Kambyses, der Sohn des Kyros, aus unserem Geschlecht hier König. Kambyses hatte einen Bruder namens Bardija, den er erschlug,

doch davon wußte das Volk der Perser nichts. Dann zog Kambyses nach Ägypten. Als er in der Fremde weilte, empörte sich das Volk gegen ihn, und ein Mann trat auf, ein Magier namens Gaumata. Er täuschte das Volk und redete ihm ein, daß er Bardija, der Sohn des Kyros und Bruder des Kambyses, sei. Daraufhin schloß sich ihm die Menge an, und er ergriff in Persien die Herrschaft. Kambyses aber starb inzwischen.
Das Volk aber fürchtete die Herrschaft des Magiers Gaumata, denn er ließ viele Leute töten, die zuvor Bardija gekannt hatten, damit sein Betrug nicht durchschaut würde. Ich aber flehte zu Ahuramazda um Hilfe, griff mit wenigen Männern Gaumata und seine nächsten Anhänger an und erschlug sie. So gewann ich die Herrschaft, die unserem Geschlecht entrissen worden war, wieder zurück. Ich baute die Tempel, die der Magier Gaumata zerstört hatte, wieder auf, gab dem Volk seine Weideplätze, die Viehherden und Wohnstätten wieder zurück, die ihm Gaumata geraubt hatte.
Kaum war Gaumata getötet, empörten sich in Elam ein Mann namens Asina und in Babylon einer namens Nidintu-Bel, der sich als Sohn des letzten babylonischen Königs ausgab. Ich mußte zuerst meine Truppen nach Elam senden, die mir Asina gefesselt brachten. Ich tötete ihn. Dann wandte ich mich nach Babylon gegen Nidintu-Bel, der sein Heer jenseits des Flusses Tigris aufgestellt hatte. Ich setzte einen Teil meines Heeres auf Schläuchen, den anderen auf Kamelen und Pferden über den Fluß und lieferte den Empörern eine Schlacht. Danach zogen wir gegen Babylon, wo mir Nidintu-Bel ein zweites Mal entgegentrat. Hier konnte ich die Feinde in die Fluten des Tigris treiben, die sie mit sich fortrissen. Nidintu-Bel selbst floh mit wenigen Reitern nach Babylon. Es gelang mir aber, die Stadt einzunehmen und den Empörer zu töten. Während ich in Babylon weilte, sagten sich folgende Länder von mir los: Persien, Elam, Medien, Assyrien, Ägypten, Parthien, Margiana, Sattagydien und Skythien.
In Elam empörte sich erneut ein Mann gegen mich und warf sich zum König des Landes auf. Da ich aber gerade auf dem Marsch dorthin war, fürchteten die Bewohner des Landes mich, ergriffen den Empörer und erschlugen ihn.
In Medien empörte sich ein Meder namens Prawartich und gab sich als ein Nachkomme von Kyaxares aus, jenes Königs also, den meine Väter gestürzt hatten. Ein Teil der Truppen sagte sich von mir los und ging zu Prawartich über. Der mir verbliebene Rest des persischen und medischen Heeres war nur klein. Dennoch sandte ich die Truppen gegen die Empörer. Gott Ahuramazda half mir, und nach seinem Willen schlugen

meine Truppen die Abtrünnigen auf das Haupt. Doch der Aufstand flakkerte erneut auf, und diesmal sammelten sich die Empörer in Armenien gegen die ausgesandten Truppen, bis ich selbst das Heer des Prawartich schlagen konnte. Dieser floh mit wenigen Reitern, doch meine Soldaten ergriffen ihn und brachten ihn zu mir. Ich schnitt ihm die Nase, die Ohren und die Zunge ab und stach ihm die Augen aus. Danach wurde er an die Tore meines Palastes gefesselt, und alles Volk sah ihn. Dann ließ ich ihn in Ekbatana pfählen, und die Männer, die seine Anhänger gewesen waren, in der Burg aufhängen.

Jetzt empörte sich ein Mann namens Kisatakma gegen mich und gab sich ebenfalls als ein Nachkomme aus dem Geschlecht des Kyaxares aus. So mußte ich erneut das persische und medische Heer ausschicken, das den Abtrünnigen eine Schlacht lieferte und den Aufrührer Kisatakma gefangen zu mir brachte. Dem ließ ich Nase und Ohren abschneiden und ihn danach in Arbela pfählen.

In der Folge sagte sich auch das Land Margiana in Mittelasien von mir los. Dort wurde ein Mann namens Brata zum König ausgerufen. Doch mein Untergebener, der Satrap von Baktrien, eroberte auch dieses Land für mich zurück.

In Persien selbst kam es zu einer zweiten Empörung, als ein Mann namens Wachjazdada sich wieder als Bardija, der Sohn des Kyros, ausgab. Das Volk der Perser aber lief zu ihm über und anerkannte ihn als König in Persien. Während ich mich selbst in Medien aufhielt, lieferten meine Truppen dem falschen König eine Schlacht und besiegten ihn, doch er selbst konnte mit einigen Getreuen entkommen und stellte sich mir erneut zum Kampf. Gott Ahuramazda half mir, und meine Soldaten ergriffen ihn. Zusammen mit seinen vornehmsten Anhängern wurde auch er in Persien gepfählt.

Während ich nun in Persien und Medien kämpfte, fielen die Babylonier ebenfalls ein zweites Mal von mir ab, da sich ein Armenier erneut als der Sohn des Königs Nabunaid ausgab. Es gelang ihm auch, Babylonien zu erobern und sich dort als König ausrufen zu lassen. Aber auch ihn erreichte die gerechte Strafe, als meine Truppen die Stadt eroberten und ihn und seine Anhänger dort pfählten. So habe ich nach dem Willen Ahuramazdas in einem Jahr neunzehn Schlachten geliefert und neun falsche Könige gefangengenommen.

Du, der du später diese Inschrift liest, glaube, daß dies von mir getan wurde, und halte meinen Bericht nicht für eine Lüge, denn diese Inschrift wurde aufgezeichnet, damit sie Zeugnis geben soll von der Wahrheit.

Hellas
Wiege des Abendlandes

Solon ordnet den Staat der Athener

Aristoteles

Der Aufstieg der Stadt Athen und ihre Bedeutung als Mittelpunkt geistiger Freiheit ist verbunden mit der Leistung des großen athenischen Staatsmannes Solon, dem es gelang, im Jahr 594 v. Chr. in seiner Vaterstadt die Grundlagen eines demokratischen Staatswesens zu schaffen.
Wir verfügen zwar über keinen Augenzeugenbericht aus dieser Zeit, aber gegen Ende des vorigen Jahrhunderts wurde eine Abhandlung des großen griechischen Philosophen Aristoteles (384–322 v. Chr.) über den »Staat der Athener« entdeckt, in der er über diese Reformen berichtet.

In Athen standen sich lange Zeit die Parteien in feindlichem Kampfe gegenüber, bis sie sich endlich einigten, den weisen Solon zum Schiedsrichter aufzurufen und ihm die Ordnung der Verfassung anzuvertrauen. Dieser Solon konnte es an Beredsamkeit und persönlichem Ansehen mit den bedeutendsten Männern im Lande aufnehmen. Nach Herkunft und Vermögen gehörte er nur dem Mittelstande an. Das bezeugt er, indem er die Reichen ermahnt, ihre Stellung nicht ungebührlich auszunützen:

Die ihr im Schoße des Glücks des Guten so reichlich genossen,
Reicht zum Frieden die Hand, fort mit dem törichten Stolz.
Zähmt den begehrlichen Sinn! Maßlos die Wünsche zu nähren,
Frommt euch selbst nicht, und wir, glaubt es, wir geben nicht nach.

In diesem Gedicht hatte er auch gleich zu Beginn die Geldgier und den Übermut als Quelle allen Haders bezeichnet. Als Solon von den Parteien nun unumschränkte Vollmachten erhalten hatte, wurde er zum Gesetzgeber seines Volkes und zum Befreier des einfachen Mannes, indem er für alle Zeiten die Schuldsklaverei abschaffte. Zugleich verfügte er einen allgemeinen Schuldenerlaß, der sowohl private wie Staatsschulden betraf. Aber gerade diese Maßnahme nutzten manche, um Solon zu verdächtigen. Bevor nämlich dieser Schuldenerlaß zur Ausführung gekommen war, hatte Solon mit einigen Freunden darüber gesprochen, und diese benutzten die Mitteilung, um für sich persönlichen Vorteil herauszuschlagen, der den guten Absichten Solons durchaus zuwiderlief. Sie borgten sich nämlich Geld und kauften eine große Menge Landes auf, so daß sie, als kurz danach der Schuldenerlaß sie der Rückzahlung enthob, reiche Leute waren. Die Gegner Solons fügten außerdem gehässig hinzu, er selbst habe sich an dem ungerechten Gewinn beteiligt.

Solon gab dem Staate auch eine neue Verfassung und gründete sie auf neue Gesetze. Die strengen Satzungen des Drakon traten mit Ausnahme der Blutgesetze außer Kraft. Die Bürger Athens ließen die neuen Gesetze auf weiße Holztafeln schreiben, die sie nach Art eines Prismas zusammenfügten und in der Königshalle am Marktplatz der Stadt öffentlich ausstellten. Dann mußten alle schwören, diese Gesetze auch zu halten. Solon forderte für die Gesetze eine hundertjährige Gültigkeit und ordnete danach die Verfassung auf folgende Weise: Zunächst teilte er in Anlehnung an die bestehenden Vermögensklassen die ganze Bürgerschaft in vier Steuergruppen auf. Und zwar erstens die Großgrundbesitzer, zweitens die Ritter, drittens die einfachen Bürger und viertens die Arbeiter. Den Angehörigen der ersten drei Vermögensklassen verlieh er nun das Recht, Regierungsstellen zu bekleiden, wobei die Bedeutung des Amtes mit der Größe des eingeschätzten Vermögens in Einklang gebracht werden sollte. Die vierte Klasse war auf das Stimmrecht in der Volksversammlung und in den Volksgerichten beschränkt. In die erste Steuerklasse wurden diejenigen eingeordnet, die von ihrem Eigentum einen Reingewinn von mindestens fünfhundert Maß gewannen, sei es an Wein, Öl oder an Getreide; in die zweite, die Klasse der Ritter, kamen diejenigen, die einen Reinertrag von mindestens dreihundert Maß aufwiesen. Allerdings meinten einige, daß die Zugehörigkeit zu dieser Klasse der Ritter vielmehr an den Besitz eines Pferdes gebunden gewesen sei, und stützten sich in ihrer Meinung auf den Namen, der doch nur für einen Berittenen passe. In die dritte Vermögensklasse rechnete man die Bürger, die einen Reinertrag von 200 Maß gewannen. Alle übrigen gehörten der vierten, von Regierungsstellen ausgeschlossenen Klasse an. Die Beamten selbst wurden durch das Los bestimmt. Für die neuen Archonten zum Beispiel, die obersten Beamten, stellte jeder Bezirk zehn Männer, und diese losten dann untereinander. Den Rat besetzte Solon mit vierhundert Mitgliedern, hundert aus jedem der vier Bezirke. Dem Areopag, der höchsten Behörde des athenischen Staates, vertraute er die Hut seiner Gesetze an, da dieser ja auch schon früher die Interessen des

Staates in seiner Obhut gehabt und Bürger, die sich gegen die Ordnung vergingen, mit Strafe und Bußen belegt hatte. Er bekam nun außerdem durch Solon die Befugnis, gegen diejenigen einzuschreiten, die einen Umsturz der neuen Verfassung planten. So ordnete Solon die Stellung der Beamten. Da aber die Erfahrung gelehrt hatte, daß während der häufigen Parteikämpfe in der Gemeinde manche von den Bürgern aus Gleichgültigkeit alles einfach gehen ließen, wie es wollte, schuf er für diese noch ein besonderes Gesetz. So sollte jeder die bürgerlichen Ehrenrechte verlieren und aus der Gemeinde ausscheiden, der sich während einer Bürgerfehde zu keiner der beiden Parteien bekennen wollte.

Doch Solon konnte es mit dieser Verfassung keiner der herrschenden Gruppen recht machen. Der kleine Mann hatte gehofft, Solon werde das ganze Land aufteilen, die Vornehmen dagegen, er werde alles wieder in das alte Geleis bringen oder nur wenig ändern. Da er sich beiden Auffassungen widersetzte, machte er sich auf beiden Seiten verhaßt. Doch obgleich er sich leicht hätte zum Alleinherrscher in Athen aufwerfen können, gab er sich damit zufrieden, sein Vaterland gerettet und ihm nach bestem Wissen eine Verfassung gegeben zu haben.

Er selbst hat darüber einmal in folgenden Versen gesprochen:

Ansehn hab' ich dem Volke verliehn, soviel ihm gebührte,
Seiner Würde gemäß, mehr nicht und weniger nicht.
Doch den Mächtigen auch und die da prunkten im Reichtum,
Ihnen auch klugen Bedachts gab ich nichts über Gebühr.
Beiden stand ich zur Seite mit kräftig schützendem Schilde,
Nimmer, nicht hier, nicht dort, gönnt' ich dem Unrecht den Sieg.

An einer anderen Stelle aber spricht er von der Volksmenge:

Nicht den Zügel zu straff, auch nicht zu locker gehalten:
Also, meine ich, gehorcht leichtlich dem Führer das Volk.
Wer in der Fülle des Glücks nicht klug sich weiß zu bescheiden,
Übersättigung zeigt bald ihm zum Frevel den Weg.

Und er fand auch noch Scheltworte gegen beider Unzufriedenheit:

Das niedere Volk, wenn unverhüllt ich es sagen soll,
Hätte nie mit eigenem Auge, was nun es besitzt,
Auch nur im Traum erschaut.
Die Großen aber, deren Macht das Volk beherrscht,
Soll'n meine Freundschaft wünschen
Dankbaren Sinnes.

Der Kampf um die Thermopylen

Herodot

Nachdem König Darius in Persien seine Macht gefestigt hatte, versuchte er, seine Herrschaft von Vorderasien aus nach Europa auszudehnen. Zwar mißlang sein Feldzug gegen Griechenland, aber nach seinem Tode nahm sein Sohn Xerxes die Pläne des Vaters wieder auf und rückte mit einem großen Heer erneut gegen Griechenland. Auf seinem Vormarsch gegen Athen trat ihm Leonidas, der König von Sparta, entgegen, der mit nur dreihundert seiner Leute in heldenmütigem Kampf den Engpaß der Thermopylen gegen die persische Übermacht verteidigte. Wir sind über diese Kämpfe genau unterrichtet, denn der Grieche Herodot (etwa 484–424 v. Chr.), den seine Landsleute den »Vater der Geschichte« nannten, schilderte auf Grund von Augenzeugenberichten den Verlauf des Krieges. Er schuf mit diesem Bericht das erste große Geschichtswerk des Abendlandes; durch ihn erfuhr die Nachwelt auch von Kampf und Tod der Spartaner.

Der Perserkönig lagerte bei Trachis, die Hellenen aber in dem Engpaß, der von den meisten Thermopylen genannt wird. In der Hand der Perser war alles Land nördlich bis nach Trachis, in der Hand der Hellenen das ganze Festland südlich des Passes. Das griechische Heer, das den Perserkönig hier erwartete, bestand aus dreihundert schwerbewaffneten spartanischen Kriegern, aus zusammen tausend Bürgern von Tegea und Mantinea, aus einhundertzwanzig Leuten, die von Orchomenos gekommen waren, und schließlich aus tausend Mann aus dem übrigen Arkadien. Dazu kamen noch vierhundert Krieger aus Korinth, zweihundert aus Phleius und achtzig aus Mykenai. Sie wurden verstärkt durch siebenhundert Krieger aus Böotien und vierhundert Thebaner. Dazu waren der ganze Heerbann der Lokrer und tausend Phoker aufgeboten worden.
Jede Stadt hatte einen eigenen Feldherrn geschickt. Der bedeutendste Mann im ganzen Heere aber war der spartanische Feldherr Leonidas, mit der üblichen Zahl von dreihundert auserlesenen Kriegern, die er selbst ausgewählt hatte. Diese Schar des Leonidas sandten die Spartaner des-

halb voraus, damit sich auch die anderen Bundesgenossen entschlössen und nicht, wenn sie sähen, daß Sparta zögerte, zu den Persern übergingen. Die Hauptmacht der Spartaner und der übrigen Bundesgenossen sollte erst noch folgen, denn der Ausmarsch fiel gerade in die Zeit des olympischen Festes, und niemand dachte, daß die Entscheidung bei den Thermopylen so rasch fallen könnte; darum hatte man sich damit begnügt, eine Vorhut zu schicken.

Während sich das Heer des Perserkönigs dem Paß näherte, wurden die Griechen von Furcht befallen und berieten über den Abzug. Alle peloponnesischen Städte stimmten dafür, in die Heimat zurückzukehren und diese entsprechend zu verteidigen. Leonidas aber erklärte, man müsse ausharren und Boten zu den Städten schicken, die um rasche Hilfe bitten sollten, da ihre Schar hier zu klein sei, um das persische Heer aufhalten zu können.

Während die Griechen noch berieten, sandte der Perserkönig Xerxes einen berittenen Kundschafter, um ihre Zahl und ihre Absichten zu erspähen. Schon in Thessalien hatte man ihm erzählt, bei den Thermopylen läge ein kleines griechisches Heer unter der Führung des spartanischen Königs Leonidas. Als der Reiter an das Lager herankam, sah er zwar nicht die ganze Schar, denn ein Teil war hinter den Mauern verborgen, aber er bemerkte doch die vor der Mauer lagernde Mannschaft. Nun hielten gerade die Spartaner Wache, und er sah, wie einige von ihnen miteinander rangen, andere ihr Haar kämmten. Er bemerkte das voller Verwunderung und beobachtete auch ihre geringe Zahl. Dann kehrte er um und ritt unbelästigt zurück. Niemand verfolgte ihn und keiner hatte ihn beachtet. Er aber erzählte dem Perserkönig alles, was er gesehen hatte.

Xerxes konnte das Gebaren der Spartaner nicht begreifen. Er verstand nicht, daß sie sich zum Tode oder zum Siege rüsteten, so gut sie es konnten. Ihm kam ihr Tun lächerlich vor, und er ließ deshalb einen Griechen rufen, der sich in seinem Heere befand. Bei dem erkundigte er sich nach dem Gebaren der Spartaner. Der Grieche aber sagte: »Ich habe dir schon damals, als wir den Zug nach Hellas begannen, von diesen Männern erzählt, aber du lachtest über mich, als ich dir voraussagte, was kommen würde. Ich spreche nur die reine Wahrheit und wiederhole, daß diese Leute gekommen sind, um mit dir um den Paß zu kämpfen. Dazu rüsten sie sich jetzt. Bei ihnen gilt nämlich die Sitte, daß sie ihr Haupt schmücken, wenn sie zum Kampf auf Leben und Tod ausziehen. Sollte es dir aber gelingen, sie zu besiegen, so kannst du sicher sein, daß kein Volk auf Erden mehr wagen wird, seine Hand gegen dich zu erheben. Es ist das tapferste Heer in Griechenland, das dir hier gegenübersteht.« Der König hörte diese Worte sehr ungläubig an und erkundigte sich weiter, wie denn eine so kleine Schar gegen sein gewaltiges Heer kämpfen wolle. Der Grieche antwortete: »O König! Du sollst mich einen Lügner nennen, wenn es nicht so kommt, wie ich dir vorausgesagt habe.«

Doch der Perserkönig glaubte ihm trotzdem nicht. Er ließ vier Tage verstreichen und erwartete immer, daß die Griechen am Paß davonlaufen würden. Am fünften Tag endlich, als sie immer noch nicht abgezogen waren, sondern tollkühn und töricht genug, wie er meinte, ausharrten, da schickte er ergrimmt einen Teil seiner Truppen aus und befahl ihnen, die Feinde lebendig vor sein Angesicht zu bringen. Die Perser stürmten auf die Griechen ein, doch so viele von diesen auch fielen, so drängten doch immer neue nach, und sie wichen nicht trotz ihrer schweren Verluste. So währte der Kampf den ganzen Tag.

Als die Perser zu arg gelitten hatten, zogen sie sich zurück. Als Ersatz rückte die Leibwache des Perserkönigs vor, die man »Die Unsterblichen« nannte. Sie glaubten, leicht mit dem Gegner fertig zu werden. Doch als es zum Kampfe kam, richteten auch sie nicht mehr aus als ihre Vorgänger. Der Raum war einfach zu eng, und ihre Speere waren kürzer als die der Griechen. So nützte ihre Zahl ihnen gar nichts. Die Spartaner fochten tapfer und bewiesen ihre kriegerische Erfahrung gegen den unerfahrenen Feind. So wandten sie sich plötzlich alle zur Flucht; die Barbaren sahen es und drängten mit Geschrei und Lärm nach. Sobald es aber die Spartaner merkten, machten sie kehrt und hieben unzählige Perser nieder. Dabei fielen aber auch einige Spartaner.

Da die Perser den Paß auf keine Weise erobern konnten, wichen auch sie zurück. Der König selbst soll diesen Kämpfen zugeschaut haben und dreimal aus Furcht für sein Heer von seinem Thron aufgesprungen sein. Auch am folgenden Tage kämpften die Perser nicht erfolgreicher. Sie hofften nur, so viele Feinde zu verwunden, daß deren Zahl schließlich immer kleiner würde. Aber die Griechen kämpften, nach Waffengattungen und Stämmen geordnet, und jeder stand auf seinem Platz. Als Xerxes schon nicht mehr wußte, was er tun sollte, kam ein Grieche namens Ephialtes zu ihm, der ihm in der Hoffnung auf eine große Belohnung verriet, daß ein Fußpfad durch das Gebirge nach den Thermopylen führe. Xerxes ging hocherfreut auf den Rat des Ephialtes ein und schickte sofort den Befehlshaber seiner Leibwache mit den Truppen ab. Bei Einbruch der Dunkelheit brachen sie auf und zogen die ganze Nacht auf dem Pfade fort. Als der Morgen graute, waren sie auf der Höhe angelangt. Dort hielten hundert phokische Krieger das Gebirge besetzt, um ihr eigenes Land zu schützen und den Fußpfad zu bewachen.

Die Griechen bemerkten erst zu spät, daß die Feinde auf der Höhe standen. Von ihrem Aufstieg hatten sie nichts wahrgenommen, da die Berge dicht mit Eichen bewachsen waren. Es herrschte gerade Windstille, und als die Blätter unter den Füßen der Herannahenden raschelten, sprangen die Phoker auf und legten rasch ihre Rüstungen an. Doch da waren die Perser auch schon zur Stelle. Als sie die kriegsgerüsteten Gegner sahen, stutzten sie, denn sie hatten gehofft, daß sich ihnen kein Feind entgegenstellen würde. Der persische Feldherr Hydarnes befürchtete erst, es möchten Spartaner sein. Als er aber die Wahrheit erfuhr, stellte er seine Perser zur Schlacht auf. Die Phoker flüchteten, von einem dichten Geschoßhagel getroffen, auf den Gipfel des Berges hinauf. Sie glaubten, die Perser hätten den ganzen Marsch nur ihretwegen unternommen, und machten sich auf ihr Ende gefaßt. Diese aber, geführt von Ephialtes, zogen in Eile den Weg bergab, ohne sich um die Phoker weiter zu kümmern.

Den griechischen Truppen an den Thermopylen verrieten Überläufer den Umzinglungsmarsch der Perser; das geschah noch während der Nacht. Als endlich der Tag graute, meldeten auch Späher von den Bergen die Ankunft der Perser. Da hielten die Griechen Rat. Die einen meinten, man dürfe den Platz nicht aufgeben, die anderen widersprachen. Daraufhin trennte sich das Heer. Ein Teil zog ab und zerstreute sich, indem jeder in seine Stadt heimkehrte; die anderen, mit ihnen Leonidas, entschlossen sich zu bleiben.

Als aber Leonidas merkte, daß seine Bundesgenossen nur ungern und nicht mit Freude die Gefahr teilen wollten, ließ er auch sie abziehen. Nur die Thespiaier und Thebaner harrten mit den Spartanern aus. Die Thebaner hielt Leonidas als Geiseln fest, die andern blieben mit Freuden und weigerten sich, davonzugehen.

Xerxes brachte der aufgehenden Sonne ein Trankopfer dar, wartete die Vormittagsstunden ab und rückte dann heran. Das hatte ihm Ephialtes geraten; denn der Abstieg vom Gebirge war wesentlich kürzer und ging leichter als der Weg um die Berge herum und der Aufstieg. Die Scharen des Xerxes kamen heran, und die Hellenen unter Leonidas schritten jetzt, da sie zum Sterben in den Kampf zogen, viel weiter in die Öffnung des Passes hinaus als zu Anfang. So kam es schon vor den Mauern zum Handgemenge, und eine große Anzahl der Perser fand den Tod. Hinter ihren Reihen standen die Führer mit Peitschen in den Händen und trieben

die Leute Mann für Mann durch Peitschenhiebe vorwärts. Viele gerieten auch ins Meer und ertranken; weit mehr aber wurden von den eigenen Leuten niedergetreten. Niemand kümmerte sich um die Verwundeten und Sterbenden, denn die Griechen wußten ja, daß ihnen der Tod gewiß war, und so warfen sie sich mit ihrer ganzen Kraft auf die Barbaren und hieben in blinder Wut um sich. Schon waren die meisten Speere zerbrochen, da griffen die Perser mit den Schwertern an. Heldenmütig kämpfend, fiel Leonidas, und mit ihm fielen all die anderen berühmten Spartaner. Aber auch von den Persern fanden viele den Tod, so zwei Brüder des Xerxes.
Um die Leiche des Leonidas entbrannte ein heftiger Kampf zwischen Persern und Spartanern, bis die tapferen Griechen den Leichnam an sich rissen und die Gegner noch viermal zur Flucht zwangen. Während der Kämpfe erschien endlich Ephialtes mit den Persern im Rücken der kämpfenden Griechen. Als diese seine Ankunft bemerkten, änderten sie ihre Kampfesweise und wichen in den Engpaß zurück, wo ihnen die Mauern einen gewissen Schutz boten. Nur die Thebaner hielten sich fern. Sie setzten sich auf einem kleinen Hügel fest, der dort liegt, wo heute der steinerne Löwe zum Andenken an Leonidas steht und hier wehrten sie sich mit ihren Dolchen. Wer aber keine Waffen mehr hatte, kämpfte mit Händen und Zähnen, bis auch die letzten unter den Geschossen der Perser zusammenbrachen.
An der Stelle ihres Heldenkampfes wurden sie auch begraben. Jenen, welche gefallen waren, bevor noch Leonidas die Bundesgenossen fortschickte, ist ein Stein errichtet mit der Inschrift:

Drei Millionen Feinde bekämpften an dieser Stelle
Viermal tausend Mann peloponnesischen Volks.

Diese Inschrift gilt für das ganze Heer; den Spartanern aber war eine besondere Inschrift geweiht:

Wanderer, kommst du nach Sparta, verkünde dorten, du habest
Uns hier liegen gesehen, wie das Gesetz es befahl.

Griechenland

Land und Meer haben wie kaum anderswo die Geschicke Griechenlands bestimmt. Gebirge durchziehen das Land, sie trennen die wenigen fruchtbaren Ebenen voneinander, so daß auch die Menschen nicht zusammenfinden konnten; an die Stelle eines einheitlichen Staates traten zahlreiche Kleinstaaten, die einander in harten Bruderkämpfen befehdeten. Umgekehrt liegt kein Ort Griechenlands weiter als 100 Kilometer vom Meer entfernt, und wie das Land trennend wirkte, so wirkte das Meer verbindend. Vom engen Mutterland fuhren die Griechen hinaus zu den Inseln der Ägäis im Osten bis hinüber zu den Küsten Kleinasiens und kolonisierten im Westen Sizilien und Unteritalien. Und doch trug auch diese Kolonisation auf den zahllosen Inseln noch das Ihre zu der verhängnisvollen Aufspaltung bei, hat es doch eine Einheit der griechischen Stämme niemals gegeben.

Den Mittelpunkt griechischen Lebens bildete die Stadt, die Polis, der Stadtstaat, der politisch wie wirtschaftlich unabhängig war, vergleichbar etwa mit den kleinen Reichsstädten des deutschen Mittelalters. Zu den bedeutendsten dieser Stadtstaaten zählten Athen und Sparta, die großen Rivalen. Das kriegerische Sparta, hervorgegangen aus fünf Dörfern im Tal des Eurotas, unterwarf den Süden Griechenlands seiner Herrschaft. Noch heute, nach mehr als zwei Jahrtausenden, bezeichnet das Wort »spartanisch« eine harte, betont einfache und rauhe Art. Anders dagegen Athen, das zum Inbegriff griechischen, ja abendländischen Wesens überhaupt werden sollte. Hier schuf schon im 6. vorchristlichen Jahrhundert der weise Solon durch seine Staatsreform die Grundlage für die Demokratie, wie sie heute noch unser Staatswesen bestimmt.

Mit dem Aufstieg des Perserreiches aber begann für die griechischen Städte eine lebensgefährdende Bedrohung. Den ersten Angriff der Perser wiesen die Athener unter Miltiades in der Schlacht von Marathon siegreich zurück, dann aber brach der Perserkönig Xerxes mit der ungeheuren Macht seines Heeres auf, um das kleine Griechenland zu unterwerfen. Zum ersten Male aber traten die griechischen Städte einig der Übermacht des Feindes entgegen. Der Spartanerkönig Leonidas verteidigte den Paß der Thermopylen, und bei Salamis vernichtete der Athener Themistokles die persische Flotte. Ein kleines, freiheitsliebendes Volk behauptete sich so erfolgreich gegen die Übermacht eines asiatischen Reiches.

Aber die aus dem Freiheitskampf entsprungene Einigung sollte nicht lange währen. Zwar konnte Athen in den Jahren nach dem Perserkrieg zum führenden Staat Griechenlands aufsteigen, erhielt es unter Perikles seine herrlichen Bauten, deren Ruinen noch heute von Reichtum, Macht und Schönheit der Stadt zeugen, doch dann

kam es zu einem schweren Bruderkrieg zwischen Athen und Sparta. Die drei Jahrzehnte dieses »Peloponnesischen Krieges« schwächten beide Staaten so, daß sie nie mehr ihre alte Bedeutung erlangten.
Aber die athenische Kultur, gewachsen unter Perikles und getragen von den großen Denkern wie Sokrates, Platon und Aristoteles, wurde nun zum einigenden Band des Griechentums und gleichzeitig zur Grundlage unserer abendländischen Kultur überhaupt.

Vor Christus

um 950	*Anfänge Athens*
um 900	*Gründung Spartas*
594	Reformen Solons in Athen
500–494	*Aufstand der kleinasiatischen Griechenstädte gegen die Perser*
490	*Niederlage der Perser bei Marathon*
480–477	*Der große Perserkrieg*
480	Kampf um die Thermopylen – Seeschlacht bei Salamis
477	*Gründung des I. attischen Seebundes*
443–429	*Herrschaft des Perikles – Glanzzeit Athens*
431–404	*Peloponnesischer Krieg*
415–413	Sizilische Expedition der Athener
404	*Niederlage Athens*
401	Rückzug der 10000 aus Mesopotamien
399–394	*Krieg der Spartaner gegen Persien*
379–362	*Krieg zwischen Theben und Sparta – Vorherrschaft der Stadt Theben*
359–336	*Philipp von Makedonien*

(Geradestehende Zeilen verweisen auf Texte in diesem Buch)

Die Seeschlacht bei Salamis

Aischylos

Nach dem Fall der Thermopylen lag für das persische Landheer der Weg nach Athen offen. Die Stadt wurde geräumt, Frauen und Kinder fanden Schutz auf den umliegenden Inseln, die waffenfähigen Männer aber kämpften auf den Schiffen, denn gleichzeitig mit dem Landheer hatte der Perserkönig Xerxes auch eine Flotte nach Griechenland gesandt.
Über den dramatischen Verlauf der Seeschlacht, in der dreihundert griechische Schiffe gegen eine vierfache Übermacht kämpften, erfahren wir Einzelheiten aus einem Augenzeugenbericht. Der griechische Dichter Aischylos (525–456 v. Chr.) kämpfte in dieser Schlacht an Bord eines athenischen Schiffes. In seinem Drama »Die Perser« schildert er den Untergang der persischen Flotte. Höhepunkt seines Schauspiels ist der Bericht eines Boten, der, von Griechenland zurückkehrend, der persischen Königin den Untergang der Flotte schildert. Diese Verse, in denen sich die Erlebnisse des Dichters selbst spiegeln, sind hier in erzählender Form wiedergegeben.

Der Perserkönig Xerxes sandte einen Boten nach Susa in Persien zu seiner Mutter Atossa, der er nun berichtet: »Der Zahl nach mußte wohl die Flotte der Perser siegen, denn die Griechen verfügten nur über dreihundert Schiffe, zu denen noch zehn auserlesene Schnellsegler kamen. Xerxes jedoch konnte tausend Kriegsschiffe in die Schlacht senden und dazu noch zweihundertsieben Schnellsegler. Es scheint aber so, als ob ein Dämon unser Heer vernichtet und unser Glück zerstört hätte. Die Götter selbst retteten die Stadt der Göttin Pallas Athene.«
Atossa: »So blieb die Stadt Athen unzerstört?«
Bote: »Sie hatte einen sicheren Wall in ihren Kriegern.«
Atossa: »Doch wer begann die Schlacht? Waren es die Schiffe der Griechen, oder war es mein Sohn, der auf seine Übermacht vertraute?«
Bote: »Das Unheil begann damit, daß ein Grieche zu deinem Sohn Xerxes kam und ihm meldete, sobald die Nacht hereingebrochen sei, würden die griechischen Schiffe sich aus der Bucht von Salamis, wo sie

vor Anker lagen, zu retten suchen. Xerxes ahnte nicht die List, sondern ließ, kaum hatte er dies vernommen, seine Admirale zu sich gebieten und befahl ihnen, bei Sonnenuntergang die Schiffe in drei Reihen hintereinander aufkreuzen zu lassen und jeden Fluchtweg zur See zu verlegen. Andere wiederum sollten die Insel Salamis dicht umstellen und kein griechisches Schiff entkommen lassen. Die Kapitäne hafteten mit ihren Köpfen für die Durchführung der Befehle.

Die Matrosen verzehrten noch ihr Abendessen und bereiteten sich dann zum Kampf vor. Als die Sonne untergegangen und die Nacht hereingebrochen war, gingen alle Bewaffneten an Bord und jedes Schiff an seinen ihm zugewiesenen Platz. Die ganze Nacht über kreuzte die Flotte vor der Bucht von Salamis; doch die Stunden vergingen, ohne daß die Griechen einen Ausfall versucht hätten. Als der Tag anbrach und die aufgehende Sonne die Bucht hell beleuchtete, da schallte von den Schiffen der Griechen freudiger Gesang herüber, und die Männer stimmten dort ihren Kriegsruf an, der an den Felsen der Insel seinen tausendfachen Widerhall fand.

Als aber unsere Krieger sahen, daß sie getäuscht worden waren, befiel sie Furcht, denn der Griechenschlachtruf deutete keineswegs auf eine Flucht hin, sondern bewies, daß sie aufs äußerste zum Kampf entschlossen waren. Trompetengeschmetter mischte sich in ihre Rufe und in den gleichmäßigen Schlag ihrer Ruder. Und plötzlich tauchten sie schon unmittelbar vor uns auf. Die Linie des Geschwaders führte der rechte Flügel mit den athenischen Schiffen an, ihnen folgte die übrige Flotte. Wir hörten ihr Rufen: ›Kinder der Hellenen, auf! Befreit unser Vaterland! Befreit Weib und Kind! Befreit der heimischen Götter Heiligtum und die Gräber der Väter!‹

Auch auf unserer Seite erhob sich lautes persisches Kriegsgeschrei, denn wir durften nun nicht mehr länger säumen. Schon stießen die Schiffe mit ihren eisenbeschlagenen Schnäbeln aufeinander. Ein Grieche brach im Vorbeifahren einem Perser alle Ruder ab, ein anderer rammte einen schwerfälligen persischen Segler. Da sich aber unsere Schiffe in der Einfahrt der engen Bucht drängten, konnte sich die Flotte nicht entfalten, ja, die Schiffe rammten sich selbst und zerbrachen sich gegenseitig ihre Ruder. Die Schiffe der Griechen dagegen berechneten ihr Vorstöße genau, umzingelten uns und stürzten sich mit raschem Stoß in das Gewirr. Das Meer war ringsumher mit sinkenden Schiffen, Wrackteilen und Leichen übersät. Selbst auf den Klippen der Insel und am Gestade lagen die Trümmer.

Die persischen Schiffe suchten nun in wilder, ungeordneter Flucht zu entkommen; doch wie bei der Thunfischjagd schlugen, stießen und warfen die Griechen mit Schiffstrümmern nach den Fliehenden und nach den im Wasser Schwimmenden. Die weite See hallte wider vom Angstgeschrei, und das dauerte so fort, bis die Nacht hereinbrach.
Zehn Tage lang könnte ich noch erzählen, wollte ich über das Unmaß unseres Leidens in allen Einzelheiten berichten; denn noch niemals fanden bisher an einem Tag so zahllose Menschen den Tod.«
Atossa: »Wehe uns! Das Unheil brach mit Sturmesflut über uns Perser herein.«

Verhängnis in Sizilien

Thukydides

War es den Griechen auch gelungen, die persische Bedrohung abzuwehren, so zerfleischten sie sich doch bald in inneren Bruderkriegen. Es kam zum Kampf zwischen Athen und Sparta, den beiden bedeutendsten Städten Griechenlands. Dieser sogenannte Peloponnesische Krieg dauerte fast dreißig Jahre. Anfangs schien Athen, das unter Perikles seine höchste Blüte erlebte, überlegen zu sein; den ersten schweren Rückschlag brachte aber eine Expedition der Athener nach Sizilien, wo sie die Stadt Syrakus, die Verbündete Spartas, bekriegen wollten. Das Unternehmen endete mit einer vernichtenden Niederlage des athenischen Expeditionsheeres. Siebentausend Gefangene kamen in Steinbrüchen um. Noch ein Jahrzehnt zog sich dann der Krieg hin, bis er schließlich mit einem Sieg Spartas endete. Aber auch Sparta war so geschwächt, daß es seine einstige Bedeutung verlor.

Der Athener Thukydides (460–400 v. Chr.), der selbst an den Kämpfen während des Krieges teilgenommen und 424 ein athenisches Truppenkontingent befehligt hatte, schrieb ein Geschichtswerk über diesen Krieg. Im Gegensatz zu Herodot, der nur von den Ereignissen erzählen wollte, setzte er sich als erster Geschichtsschreiber kritisch mit den Ursachen und dem Verlauf der Kämpfe auseinander.

Nikias und Demosthenes, die athenischen Feldherrn, organisierten den Rückzug der vor Syrakus lagernden Truppen. Als sie aufbrachen, bildeten sie einen recht kläglichen Zug. Die Schiffe hatten sie im Stich lassen müssen, die Toten lagen noch unbeerdigt vor der Stadt, und die Verwundeten und Kranken, die man ebenfalls zurücklassen mußte, jammerten laut und baten, man möge sie doch mitnehmen. Wenn sie nur einen Bekannten oder Verwandten sahen, schrien sie seinen Namen; und als ihre Zeltbrüder wirklich fortzogen, klammerten sie sich an die Abmarschierenden und folgten ihnen nach, so weit sie nur konnten. Als sie endlich ihre Kräfte verließen, riefen sie die Götter um Hilfe an und blieben unter Ächzen und Jammern liegen. Auch die abziehenden Truppen klagten, teils weil sie das Unglück sahen, teils weil sie ihr eigenes ungewisses Schicksal fürchteten. Überall herrschten mürrische Niedergeschlagenheit und Unzufriedenheit. Der ganze Zug sah nicht anders aus als ein Haufen flüchtender Einwohner aus einer eroberten Stadt. Doch es waren immerhin noch an die vierzigtausend Männer. Sie schleppten alles mit sich, was sie nur tragen konnten und was ihnen irgendwie nützlich schien. Selbst die Geharnischten und die Reiter trugen entgegen ihrer sonstigen Gewohnheit neben ihren Waffen noch ihre Eßwaren selbst, teils weil sie über keine Diener mehr verfügten, teils aus Mißtrauen gegen sie, weil manche von diesen schon zu den Feinden übergelaufen waren. Da sie aber schon im Lager Hunger gelitten hatten, konnten auch die Vorräte, die sie mitschleppten, nicht mehr lange ausreichen. Wohl nie hat ein griechisches Heer einen stärkeren Umschlag des Schicksals erlebt: Zu Schiff waren sie hergekommen, und jetzt mußten sie zu Land abziehen.

Da Nikias das Heer so niedergeschlagen und so verändert fand, schritt er neben den Truppen her und sprach den Leuten Mut und Trost zu. »So schlimm auch unsere Lage ist, ihr Athener und Bundesgenossen«, sagte er, »so dürfen wir doch nicht alle Hoffnung aufgeben. Selbst bei schlimmeren Situationen als der unserigen wurden schon Menschen gerettet. Seht doch mich an, ich bin schwächer als mancher aus eurer Mitte und schwebe jetzt mit dem Geringsten von euch in gleicher Gefahr; trotzdem vertraue ich zuversichtlich auf die Zukunft. Seht euch doch um! Wir sind doch immer noch eine stattliche Anzahl, und der Anblick der hier marschierenden Truppen müßte euch doch reizen, euren Mut nicht ganz sinken zu lassen. Wir sind nur stark, wenn wir die nötige Ordnung aufrechterhalten. Und wir werden Tag und Nacht unaufhörlich marschieren müssen, da unsere Vorräte schon sehr knapp geworden sind, wenn wir noch rechtzeitig einen uns freundlich gesinnten Ort erreichen wollen. Dann aber sind wir in Sicherheit. Inzwischen schickt einige aus eurer Mitte voraus zu den uns befreundeten Sikelern, damit sie uns entgegenkommen und Lebensmittel mitbringen.«

Unter solchem Zureden versuchte Nikias überall die Ordnung der marschierenden Truppen wieder herzustellen. Demosthenes tat an seiner Seite das gleiche und redete seinen Leuten ähnlich zu. Die Abteilung des Nikias zog in einem länglichen Viereck fort, die Truppen des Demosthenes schlossen sich ihnen an, so daß sie das Feldgerät und den größten Teil des Trosses in der Mitte zwischen den beiden Truppenabteilungen führten.

Als sie an den Fluß Anapos kamen, stellte sich ihnen ein Haufen Syrakusaner in geschlossener Front entgegen. Doch die Athener schlugen sie in die Flucht, setzten ungehindert über den Fluß und marschierten weiter. Von nun an folgten ihnen aber die Syrakusaner immer wieder mit ihrer Reiterei, und die leichten Truppen beunruhigten das marschierende Heer durch dauernde Angriffe. Indessen legten die Athener an diesem Tag einen Weg von etwa vierzig Stadien (rund sieben Kilometer) zurück und errichteten die Nacht über auf einer Anhöhe unter freiem Himmel ein Lager.

Tags darauf rückten sie etwa zwanzig Stadien vor, bis sie an ein paar Häuser kamen, wo sie sich etwas zu essen geben ließen und mit frischem Wasser versorgt wurden. Unterdessen waren aber die Syrakusaner vorausgeeilt und hatten den Pfad an einer Stelle, wo er einen auf beiden Seiten abschüssigen Hohlweg bildete, vermauert. Als die Athener weiterziehen wollten, wurden sie an dieser Stelle von der syrakusanischen Reiterei und von Wurfspießschützen angegriffen, so daß sie sich schließlich wieder zurückziehen mußten.

Bei Tagesanbruch brachen sie erneut auf und versuchten, sich mit Gewalt einen Weg durch die Befestigung zu bahnen. Allein, als sie herankamen, fanden sie hinter den Mauern die feindlichen Fußvölker in Kampfordnung aufgestellt, und zwar, weil der Platz sehr eng war, ziemlich tief gestaffelt. Die Athener versuchten zwar anzugreifen und die Mauer zu stürmen, allein sie wurden von einem solchen Geschoßhagel empfangen, daß es ihnen unmöglich war, den Durchbruch zu erzwingen, und sie unverrichteterdinge abziehen mußten. Als gleichzeitig ein schweres Gewitter ausbrauch, der Donner krachte und der Regen herniederschüttete, befiel die Athener eine Panik, denn sie glaubten, daß nun ihr Untergang gewiß sei. Während sie noch beratschlagten, schickten die Syrakusaner einen Teil ihrer Truppen aus, die ihnen den Rückweg abschneiden sollten. Den Athenern gelang es gerade noch rechtzeitig, den Plan zu verhindern und sich wieder in die Ebene zurückzuziehen, wo sie bis zum folgenden Tage erneut lagerten. Dabei wurden sie immer wieder von der leichten Reiterei des Feindes angegriffen, die sich sofort zurückzog, wenn sie auf Widerstand stieß. Tagsüber konnten die Athener nicht mehr als fünf bis sechs Stadien (einen guten Kilometer!) zurücklegen, dann mußten sie erneut lagern und ausruhen. Da es unmöglich schien, auf diese Weise weiterzukommen, und die zahlreichen Angriffe des Feindes zudem viele Verwundete gefordert hatten, beschlossen Nikias und Demosthenes, in der folgenden Nacht ein paar große Feuer anzuzünden und so ein weiteres Lager vorzutäuschen, mit den Truppen aber nach der Seite hin, wo die Syrakusaner nicht wachten, nämlich der Küste zu, aufzubrechen. Nachdem sie also an vielen Stellen im Lager Feuer entzündet hatten, brachen sie mitten in der Nacht auf. Allein die Dunkelheit der Nacht und die Angst vor dem nahen Feinde führte bald zu einer völligen Unordnung. Die Truppen des Nikias blieben zwar noch beieinander und gewannen unter seiner Führung einen großen Vorsprung, doch von der Abteilung des Demosthenes verirrte sich mehr als die Hälfte seiner Leute. Bei Tagesanbruch erreichten die Soldaten die Küste und wollten ihren Marsch hier fortsetzen bis an den Fluß Kakyparis, an dessen Ufern entlang sie tiefer ins Land hinein vorzustoßen gedachten, weil sie hofften, hier endlich die Hilfe der Sikeler zu erlangen, nach denen sie ausgeschickt hatten. Als sie jedoch beim Fluß ankamen, fanden sie auch hier feindliche Posten vor, aber sie bahnten sich mit den Schwertern in der Faust den Weg und erzwangen den Übergang über den Fluß.

Die Syrakusaner hatten, als es Tag geworden war, den Abzug der Athener bemerkt und setzten ihnen nun unverzüglich auf dem gleichen Wege, den diese genommen, nach. Um die Mittagszeit stießen sie auch bereits auf die Abteilung des Demosthenes, die immer noch in ziemlichem Durcheinander einherzog. Da diese Truppen von dem Hauptteil des Heeres getrennt waren, fiel es der syrakusanischen Reiterei um so leichter, sie zu umzingeln und in die Enge zu treiben. Da Nikias bereits einhundertfünfzig Stadien (knapp dreißig Kilometer) voraus war, konnte Demosthenes keine Hilfe mehr von ihm erwarten und versuchte, seine Leute in Schlachtordnung aufzustellen. Die Syrakusaner setzten ihnen aber nur in kleinen Scharmützeln zu und ließen sich auf kein ordentliches Gefecht ein, denn sie wußten nun, daß die verzweifelten Athener bis aufs äußerste kämpfen würden. Sie aber hofften, den Gegner durch ihre Kampftaktik der kleinen Angriffe mürbe zu machen und zur Übergabe zu zwingen.

Am Abend endlich, als die athenischen Truppen schon völlig verzweifelt und zahllose Soldaten verwundet waren, leiteten die Syrakusaner endlich Verhandlungen ein, und nach langem Hin und Her kam mit Demosthenes ein Vergleich zustande, wonach die athenischen Truppen zwar ihre Waffen ausliefern und sich ergeben müßten, dafür aber weder eines gewaltsamen Todes sterben noch in der Gefangenschaft verhungern sollten. Daraufhin ergab sich der ganze Haufe, an die sechstausend Mann. Neben den Waffen lieferten sie auch all ihr Geld ab, das sie auf flache Schilde schütteten, von denen vier voll wurden.

Als die Syrakusaner am Tage darauf Nikias einholten, meldeten sie ihm, daß Demosthenes sich mit seinen Leuten ergeben habe, und verlangten von ihm das gleiche. Weil er das nicht glauben wollte, erhielt er von ihnen die Erlaubnis, einen Reiter auszuschicken, der sich selbst überzeugen durfte. Als dieser bei seiner Rückkehr meldete, was sich ereignet hatte, nahm auch Nikias die Verhandlungen auf und erklärte, er sei bereit, sich im Namen der Athener zur Bezahlung aller Kriegskosten an die Syrakusaner zu verpflichten, verlangte dagegen für seine Leute nur freien Abzug. Bis zum Eingang der Gelder erbot er sich, einige vornehme Athener als Geiseln zu stellen, und zwar einen für jedes zu zahlende Talent (dem Geldwert nach etwa sechsundzwanzig Kilogramm Silber). Doch die Syrakusaner und die mit ihnen verbündeten Spartaner nahmen diese Vorschläge nicht an, umringten die athenischen Truppen und beschossen sie ebenfalls von allen Seiten bis zum Einbruch der Dunkelheit. In der Nacht versuchten die Athener noch einmal fortzuziehen, doch als die Feinde ihr Vorhaben merkten, ließen sie ihr Feldgeschrei ertönen. Als das die Athener hörten, lagerten sie wieder, ausgenommen etwa dreihundert Mann, die sich durch die Posten durchschlugen und unter dem Schutze der Nacht abzogen.

Am nächsten Morgen setzte sich Nikias mit seinem Heer erneut in Bewegung, doch die Syrakusaner griffen sie immer wieder von allen Seiten mit Pfeilen und Wurfspießen an. Die Athener ihrerseits taten alles nur menschenmögliche, um ihren Angriffen zu entgehen und möglichst rasch die Ufer des Assinaros zu erreichen, wo sie hofften, wenigstens ihren gewaltigen Durst löschen zu können. Doch die Syrakusaner machten ihnen hier den Übergang erst recht schwer, denn da sie sich genötigt sahen, in dichten Haufen zusammenzubleiben, stürzte einer über den anderen, sie traten sich gegenseitig tot, stießen sich mit den Speeren oder fielen in den Strom und wurden von ihm fortgerissen. Die Syrakusaner standen dabei auch auf der anderen Seite des Flusses, der ein abschüssiges Ufer hatte, und schossen den Athern von oben herunter auf die Köpfe, während diese versuchten, ihren Durst zu löschen. Die Spartaner kletterten sogar hinunter und richteten unter ihnen ein Blutbad an. Dadurch wurde das Wasser bald unbrauchbar zum Trinken. Aber obgleich es mit Schlamm und Blut vermischt war, schlugen sich die Athener doch um jeden Tropfen Wasser.

Endlich, als die Toten bereits haufenweise im Flusse aufeinanderlagen, ergab sich Nikias an Gylippos, den spartanischen Feldherrn, zu dem er noch eher Vertrauen hatte als zu den Syrakusanern. Gylippos erteilte sodann auch gleich den Befehl, sich der Athener lebendig zu bemächtigen. Auch die dreihundert, die sich während der Nacht einen Weg durch die Wachen gebahnt hatten, wurden in der Zwischenzeit gefangen und von den Truppen zurückgebracht. Aber auch die Syrakusaner bemächtigten sich einer großen Anzahl von Soldaten, die sie versteckten und heimlich beiseite schafften. Ein Teil der Soldaten wurde noch auf der Stelle getötet, und das bei dieser Gelegenheit angerichtete Blutbad war eines der größten im ganzen Kriege.

Die Syrakusaner und ihre Bundesgenossen zogen nun mit den Gefangenen und den abgenommenen Waffen nach der Hauptstadt zu. Hier steckten sie die übrigen Athener und deren Bundesgenossen, die in ihre Hände gefallen waren, in die Steinbrüche, wo sie ihrer Meinung nach am sichersten verwahrt sein würden. Nikias und Demosthenes aber, die Feldherrn, wurden gegen den Willen des Gylippos hingerichtet, nicht zuletzt deshalb, weil viele vornehme Syrakusaner bangten, daß vor allem Nikias bei einem Verhör die Verständigung, die sie während des Krieges mit ihm angeknüpft hatten, ihren Bundesgenossen verraten würde.

Mit den in die Steinbrüche gesteckten Athenern gingen die Syrakusaner sehr hart um. Da die Gefangenen keine Kopfbedeckung hatten, empfanden sie die Sonnenhitze und die Glut zwischen den Steinen besonders drückend, während sie dann später in den Herbstnächten unter der empfindlichen Kälte zu leiden hatten. Dazu kam, daß auf dem engen Platze zahllose Menschen zusammengepfercht waren, die Toten einfach unbeerdigt liegenblieben, so daß bald unter den Überlebenden Seuchen ausbrachen. Über allem lag ein unerträglicher Gestank. Die Gefangenen selbst litten dazu noch an Hunger und Durst, da man ihnen während der ersten acht Monate ihrer Gefangenschaft pro Mann täglich nur eine Kodyle (etwa 0,3 Liter) Wasser und zwei Kodylen Getreide pro Tag reichen ließ. Die Gesamtzahl der Gefangenen wird sich nicht genau bestimmen lassen, doch waren es nicht unter siebentausend.

Man kann wohl sagen, daß dies das schlimmste Unglück des ganzen Krieges gewesen war. Die Niederlage der Athener und ihrer Bundesgenossen war vollkommen, Landvolk und Flotte, wie man so zu sagen pflegt, mit Stumpf und Stiel vertilgt, und nur sehr wenige erreichten die Heimat wieder.

Der Zug der Zehntausend

Xenophon

In den Jahren des allgemeinen Niedergangs, die auf den Peloponnesischen Krieg folgten, versuchte Sparta noch einmal, sich in die große Politik einzumengen, und unterstützte mit zehntausend Söldnern aus ganz Griechenland die Empörung eines persischen Prinzen in Kleinasien. Als dieser aber fiel, schlugen sich die Söldner von Mesopotamien quer durch Kleinasien an das Schwarze Meer und von da aus in die Heimat durch.
Der griechische Schriftsteller Xenophon (etwa 430 bis 345 v. Chr.), ein Schüler des Philosophen Sokrates, nahm an diesem Feldzug teil. In der »Anabasis« schildert er den Rückzug, der glücklicher verlief als die geschilderte Expedition der Athener nach Sizilien. Während des Marsches, der die Söldner vom Tigris quer durch Kleinasien führte, wurden sie mehrfach von feindlich gesinnten Stämmen angegriffen; es gelang ihnen aber immer, sich durchzuschlagen, bis sie schließlich bei Trapezunt die Küste des Schwarzen Meeres erreichten.

Als die Griechen auf der Paßhöhe Feinde sahen, hielten sie, um sich ihnen nicht in Marschordnung zu nähern, und die Führer der Truppen traten zur Beratung zusammen. Cheirisophos, einer der spartanischen Führer, sprach: »Die Feinde halten, wie ihr seht, den Übergang über das Gebirge besetzt. Ich meine, wir sollten den Soldaten befehlen, erst einmal ihr Frühstück zu bereiten. Inzwischen können wir beraten, ob wir heute oder morgen das Gebirge übersteigen wollen.«
»Ich schlage vor«, sagte ein anderer, »gleich nach dem Frühstück in voller Rüstung und mit aller Kraft gegen die Feinde vorzurücken. Wenn wir nämlich den heutigen Tag verstreichen lassen, so werden sie erst richtig Mut fassen und vielleicht auch noch Zuzug erhalten.«
Nach ihm sprach Xenophon: »Ich meine, wenn es notwendig ist zu kämpfen, dann müssen wir es so einrichten, daß wir nur unter möglichst geringen Verlusten das Gebirge überschreiten. Es ist, so weit wir es übersehen können, mehr als sechzig Stadien (etwa elf Kilometer) lang; nir-

gends sehen wir Leute, die uns beobachten, nur hier auf diesem Weg. Vielleicht ist es daher besser, möglichst heimlich eine unbewachte Stelle des Berges zu erreichen und vor den Feinden zu besetzen, zumal es mir nicht unmöglich scheint, daß wir hinaufkommen, da wir in der Nacht marschieren können. Vielleicht wäre es gut, hier einen Scheinangriff vorzubereiten, denn dann bleiben die Feinde um so eher hier in Stellung und wir haben eine bessere Möglichkeit, unbemerkt auf den Gipfel zu gelangen. Aber warum rede ich hier von listigen Anschlägen? Ich hörte doch, Cheirisophos, daß ihr Spartaner euch schon von Kind auf in heimlichen Anschlägen übt, und daß es bei euch nicht als schändlich, sondern als edel gilt, zu stehlen, was das Gesetz nicht verbietet. Damit ihr aber möglichst erfolgreich im Stehlen seid und auch versucht, unentdeckt zu bleiben, ist es bei euch doch Brauch, daß derjenige gegeißelt wird, den man beim Diebstahl ertappt. Jetzt hast du die beste Gelegenheit, deine Erziehung zu zeigen und darauf zu sehen, daß wir bei der Besteigung des Berges nicht abgefangen werden und keine Schläge bekommen.«

»Sehr richtig«, entgegnete Cheirisophos, »doch auch ich habe über euch Athener gehört, daß ihr stark seid im Unterschlagen öffentlicher Gelder, obwohl dem Betrüger große Gefahr droht, und zwar können das am besten die Tüchtigsten, denn nur diese werden ja von euch für würdig erachtet, ein Amt zu übernehmen. Daher hast auch du Gelegenheit, deine Erziehung zu beweisen.«

»Gut«, antwortete Xenophon, »ich bin bereit, mit der Nachhut nach dem Abendessen aufzubrechen, um den Berg zu besetzen. Ich habe auch Führer bei mir, denn meine Leute haben einige Feinde in einem Hinterhalt gefangengenommen. Von ihnen habe ich auch erfahren, daß der Berg nicht unbesteigbar ist, sondern von Ziegen und Rindern beweidet wird. Wenn wir erst einmal einen Teil des Berges besetzt haben, werden wir auch für unsere Lasttiere einen gangbaren Weg finden. Ich hoffe übrigens auch, daß die Feinde nicht standhalten, wenn sie uns in gleicher Höhe auf den Berggipfeln sehen.«

Cheirisophos erwiderte: »Aber mußt denn du gehen und die Nachhut hier zurücklassen? Schicke doch andere Männer hinauf, wenn sich nicht einige freiwillig dazu melden.« Daraufhin brachen einige Männer mit einem Trupp Leichtbewaffneter auf. Als Zeichen vereinbarten sie, Feuer anzuzünden, wenn sie die Gipfel genommen hätten. Nach dieser Besprechung frühstückten alle, und danach führte Cheirisophos das Heer näher an die Feinde heran, um möglichst den Anschein zu erwecken, er werde hier weiter vormarschieren. Als es dunkel geworden war, brachen

die dafür bestimmten Soldaten auf und besetzten den Berg, die anderen hielten an Ort und Stelle Rast.
Als die Feinde erkennen mußten, daß der Berg besetzt war, unterhielten sie die ganze Nacht hindurch viele Wachfeuer. Nach Tagesanbruch ließ Cheirisophos Opfer darbringen und rückte auf dem Wege vor, zugleich griffen die Männer auf der Berghöhe den Feind an. Von diesem blieb ein Teil auf dem Gebirgspaß, ein Teil aber trat den vorrückenden Griechen entgegen. Bevor noch die Masse der beiden Heere aneinandergeriet, stießen die Abteilungen oben auf der Berghöhe zusammen, die Griechen siegten und verfolgten die geschlagenen Feinde. In diesem Augenblick liefen auch die Soldaten aus der Ebene im Sturmschritt gegen ihre Gegner vor, Cheirisophos folgte ihnen mit den Schwerbewaffneten. Als die Feinde sahen, daß die obere Abteilung geschlagen worden war, flohen auch sie. Die Griechen errichteten auf der Höhe ein Siegeszeichen und stiegen dann in die Ebene hinunter. Dort kamen sie zu Dörfern, die voll reicher Vorräte waren.
Nach fünf Tagemärschen aber gingen ihnen die Lebensmittel aus, und deshalb griffen sie sofort an, als sie einen Platz erreichten, an dem Männer und Frauen mit viel Vieh Zuflucht gesucht hatten. Das war aber um so schwieriger, als der Platz nach allen Seiten hin steil abfiel und nur einen einzigen Ausgang hatte, wo jeweils nur eine kleine Abteilung angreifen konnte.
Als Xenophon mit der Nachhut herankam, rief Cheirisophos: »Ihr kommt im richtigen Augenblick! Den Platz hier müssen wir erobern, denn das Heer hat keine Lebensmittel mehr, wenn wir ihn nicht erstürmen.«
Auf Xenophons Frage, was sie am Eindringen hindere, antwortete Cheirisophos: »Es gibt nur diesen einen Zugang, den du hier siehst. Wenn man aber versucht, an diese Felsen heranzukommen, wälzen sie Steine herab, und wer davon getroffen wird, der sieht so aus!« Dabei zeigte er auf Leute mit zerschmetterten Beinen und Rippen.
»Wenn sie aber die Steine aufgebraucht haben«, meinte Xenophon, »dann hindert uns doch nichts mehr daran, vorzudringen? Wir sehen doch dort drüben nur ein paar Leute und darunter nur zwei oder drei Bewaffnete. Der Raum aber, den wir unter Steinwürfen durchlaufen müssen, mißt, wie du selbst sieht, nur eineinhalb Plethren (etwa fünfzig Meter), und davon ist noch ein Teil mit Fichten bestanden. Dort können die Männer ja schließlich Deckung suchen. So bleibt nur noch ein halbes Plethron, das wir durchlaufen müssen, so oft der Steinhagel nachläßt.«

»Sobald wir aber in das Gehölz eindringen«, erwiderte Cheirisophos, »werden die Steine wieder in Massen durch die Luft fliegen.«

»Gerade das scheint mir notwendig«, sagte Xenophon, »denn um so schneller werden sie ihre Steine aufbrauchen. Auf also, rücken wir noch bis zu der Stelle vor, von wo wir nur eine Strecke laufen müssen.«

Darauf rückten Cheirisophos und Xenophon zusammen mit etwa siebzig Leuten so vor, daß jeder einzeln vorsichtig unter den Bäumen Deckung suchte. Eine andere Abteilung stellte sich außerhalb des Gehölzes auf. Da fiel dem Griechen Kalimachos eine List ein. Er lief von dem Baum, hinter dem er stand, zwei oder drei Schritte vor, sprang aber jedesmal, wenn die Steine herabfielen, rasch wieder zurück. Bei jedem Hervorlaufen wurden mindestens zehn Wagenladungen Steine geschleudert.

Als Agasias sah, was Kalimachos tat, fürchtete er, nicht als erster in die Festung eindringen zu können, und zog allein los, ohne auf seine Freunde zu warten. Kalimachos wiederum faßte ihn am Schildrand; in diesem Augenblick liefen an ihnen schon andere Griechen vorbei, und alle machten sich gegenseitig den Ruhm der Tapferkeit streitig und wetteiferten miteinander. So eroberten sie den Platz, wo es nun zu einem schrecklichen Schauspiel kam, denn die Frauen warfen ihre Kinder in den Abgrund hinunter und stürzten sich dann selbst nach, ebenso die Männer. So wurden auch nur ganz wenige Gefangene gemacht, dafür aber viele Rinder, Esel und Schafe erbeutet.

Von nun an zogen sie durch das Land der Chalyber, einem sehr kriegerischen armenischen Stamm, der ihnen oft Gefechte lieferte. Ihre Krieger trugen bis an den Unterleib reichende Leinenkoller, Beinschienen, Helme und am Gürtel ein kurzes Schwert, so groß wie das spartanische Krummschwert, mit dem sie niedermetzelten, was sie überwältigen konnten. Sie hieben den Feinden die Köpfe ab und trugen sie dann beim Marsch mit sich, sangen und tanzten, wenn sie annahmen, daß die Feinde sie sehen würden. Diese Leute hielten sich in ihren Städten verschanzt, folgten den Griechen aber, wenn sie vorbeigezogen waren, und bedrängten sie dauernd. Da sie auch ihre Lebensmittel in die befestigten Plätze gebracht hatten, konnten die Griechen dort nichts erhalten, sondern brachten sich mit dem Vieh durch, das sie zuvor erbeutet hatten.

Dann zogen sie durch das Land der Skythenen, durch eine eigene Gegend bis zu Dörfern, in denen sie drei Tage blieben und sich mit Lebensmitteln versorgen konnten.

Schließlich führte sie ihr Weg zu einer dichtbevölkerten Stadt, deren Herrscher ihnen einen Führer schickte, damit dieser ihnen den Weg durch das feindliche Gebiet weise. Der Mann versprach, er werde sie in fünf Tagen zu einer Stelle führen, von wo aus sie das Meer erblicken könnten. Als er sie dann in das feindliche Land führte, forderte er sie auf, zu sengen und zu brennen. Da wurde den Griechen klar, daß er nicht aus Wohlwollen für sie mitgekommen war.

Am fünften Tage kamen sie auf einen Berg, der Theches hieß. Als die ersten die Bergspitze erklommen hatten, erhoben sie ein lautes Geschrei. Xenophon und die Nachhut vernahmen es und glaubten, daß vorne weitere Feinde angriffen, denn von hinten folgten ihnen Leute aus dem brennenden Lande. Als das Geschrei aber immer lauter wurde und näher rückte und die jeweils Nachrückenden eilig auf die fortwährend Schreienden zuliefen und dann den Lärm noch verstärkten, vermutete Xenophon, es sei doch etwas Bedeutendes vorgefallen. Er schwang sich auf sein Pferd und wollte nach vorne zu Hilfe eilen, aber bald schon hörte er die Soldaten rufen: »Das Meer, das Meer!« Und der Ruf pflanzte sich fort durch ihre Reihen. Da liefen nun alle heran, auch die Nachhut; Zugtiere und Pferde wurden herangetrieben.

Als alle auf der Bergeshöhe angekommen waren, umarmten sie einander unter Tränen. Plötzlich trugen die Soldaten Steine herbei, irgend jemand mochte es wohl angeordnet haben, und errichteten einen großen Hügel. Darauf legten sie eine Menge ungegerbter Häute, Stöcke und die erbeuteten Schilde. Dann entließen sie den Führer, der sie bis hierher geleitet hatte; als Geschenke gaben sie ihm ein Pferd, eine Silberschale, ein persisches Gewand und zehn Goldstücke. Er bat aber besonders um ihre Fingerringe und erhielt auch viele von den Soldaten. Schließlich zeigte er ihnen noch ein Dorf, wo sie lagern konnten, und den Weg, den sie von nun an nehmen sollten. Gegen Abend verabschiedete er sich, um in der Nacht nach Hause zurückzukehren.

Das Alexanderreich

Das kleine Makedonien, von Philipp II. erstmals geeint, sollte zur Keimzelle des größten Reiches der Antike werden. Nach dem Tod Philipps übernahm sein erst einundzwanzigjähriger Sohn Alexander die Regierung. Einen Aufstand der Griechen gegen die makedonische Herrschaft warf er in wenigen Tagen nieder und zog dann mit 35000 Soldaten nach Kleinasien. Hier befreite er die griechischen Städte von der persischen Oberhoheit und siegte schließlich bei Issos zum ersten Male über den Perserkönig. Sein Vormarsch führte ihn über Palästina nach Ägypten, von da aus kehrte er nach Vorderasien zurück, besiegte erneut den Perserkönig, eroberte dessen Hauptstadt Persepolis und brannte sie nieder. Dann führte er sein Heer weiter auf der Suche nach der Grenze der bewohnten Welt. Schon hatte er den Indus erreicht und wollte nach Indien vorstoßen, da weigerten sich seine Truppen, ihm weiterhin zu folgen. Er kehrte nach Babylon zurück, das die Hauptstadt seines neuen Weltreiches werden sollte, hier aber starb er, erst dreiunddreißigjährig, an einem Fieber.
Seine Feldzüge haben dazu geführt, daß die griechische Kultur sich mit der des Orients mischen konnte, so wie sich die Schauplätze griechischer und orientalischer Geschichte verbanden, und es entstand die neue universale Kultur des Hellenismus. Aber das Reich selbst war allein auf die Persönlichkeit Alexanders aufgebaut. In den Kämpfen seiner Nachfolger, der Diadochen, zerfiel es schließlich in drei große Monarchien, Ägypten unter den Ptolemäern, Syrien unter den Seleukiden und Makedonien mit Griechenland unter den Antigoniden. Ihre Herrschaft hatte Bestand, bis Rom das Erbe des Hellenismus antrat und sie in sein entstehendes Großreich eingliederte.

Vor Christus

336–323	*Alexander d. Große*
335	*Niederwerfung des griechischen Aufstandes – Zerstörung Thebens*
334	*Schlacht am Granikos*
333	*Schlacht bei Issos*
332	*Zug nach Ägypten – Gründung der Stadt Alexandria*
331–327	*Feldzug gegen Persien*
331	Schlacht bei Gaugamela
327–325	*Zug nach Indien*
323	*Tod Alexanders – Kämpfe der Diadochen um die Nachfolge – 280*

(Geradestehende Zeilen verweisen auf Texte in diesem Buch)

Alexander siegt bei Gaugamela

Arrian

Nachdem Alexander der Große 333 v. Chr. bei Issos in Vorderasien den Perserkönig Darius III. bereits einmal besiegt hatte, zog er nach Ägypten, wo er die Stadt Alexandria gründete, und dann wieder zurück nach Mesopotamien. Hier schlug er im Oktober 331 bei Gaugamela zum zweitenmal den persischen Großkönig, der kurz danach auf der Flucht vor Alexander von einem seiner Adeligen ermordet wurde. Alexander selbst besetzte nach dieser Schlacht das gesamte Perserreich und zog dann von da aus weiter nach Indien.
Die zeitgenössischen Zeugnisse über Leben und Taten Alexanders sind verschollen. Wichtigste Quelle für sein Leben stellt daher heute die »Anabasis Alexanders« dar, die der griechische Schriftsteller Arrian im zweiten nachchristlichen Jahrhundert, verfaßte, der noch auf die heute verlorenen Werke aus der hellenistischen Zeit zurückgreifen konnte.

Darius, der Perserkönig, blieb die Nacht über mit seinem Heer in derselben Stellung, die er gleich anfangs bezogen hatte, denn er fürchtete, überraschend vom Feinde angegriffen zu werden. Gerade dieses lange Warten und das Stehen unter Waffen versetzte aber die persischen Soldaten mehr in Furcht, als es ein plötzlicher Angriff getan hätte.
Auf dem äußersten linken Flügel des persischen Heeres stand die baktrische Reiterei, an die sich die Perser anschlossen, Reiterei und Fußvolk gemischt. Dann folgten die Susier und zuletzt die Kadusier. Das war die Aufstellung des linken Flügels bis zur Mitte der ganzen Schlachtlinie. Auf dem äußersten rechten Flügel standen zuerst die Reitertruppen aus Mesopotamien, ihnen zunächst die Meder, dann die Parther und Saken und schließlich die anderen Verbündeten wieder bis zur Mitte der Schlachtlinie. Im Zentrum selbst hatten der König, sein Gefolge und die persische Leibwache Aufstellung genommen. Sie wurden unterstützt durch die Inder und die mardischen Bogenschützen. In die Tiefe gestaffelt standen dann noch andere Hilfstruppen. Vor dem linken Flügel, Alexanders rechtem gegenüber, hatten tausend Reiter Stellung genommen und

hundert Sichelwagen; das waren Kampfwagen des persischen Heeres mit sichelförmigen Schwerten an den Rädern und am Wagen selbst. Nahe der königlichen Abteilung des Darius standen die Elefanten und nochmals fünfzig Sichelwagen; vor dem rechten Flügel wieder Reiterei und fünfzig Sichelwagen. Auf beiden Seiten des Darius und der ihn umgebenden Perser standen die griechischen Söldner der makedonischen Phalanx gegenüber, weil Darius annahm, daß sie allein ihr an Kraft gleichkamen.
Alexanders Heer nahm folgende Stellung ein: Den rechten Flügel bildete die makedonische Reiterei, an ihrer Spitze die königliche Abteilung unter Kleitos, der Alexander in der Schlacht am Granikos das Leben gerettet hatte. An die Reiterei angelehnt folgte die makedonische Phalanx, die eigentliche Fußtruppe; nach links zu schloß sich die Reiterei der Bundesgenossen an, und diesen zunächst standen auf dem äußersten linken Flügel die Thessalier unter Philipp, dem Sohn des Menelaos. Den Oberbefehl über den ganzen linken Flügel hatte der Feldherr Parmenion, in dessen nächster Umgebung sich nochmals Reiterei befand.
So sah das erste Treffen Alexanders aus. Dahinter stellte er noch eine zweite Linie auf und gab damit der Phalanx eine doppelte Front. Die Führer der zweiten Linie hatten zugleich den Befehl, falls sie ihre Leute von den Persern umzingelt sähen, ihnen entgegenzutreten und die Schläge der Barbaren abzufangen. Bei dem Gepäck war das Fußvolk aus Thrakien als Bedeckung zurückgelassen. Das ganze Heer Alexanders zählte gegen siebentausend Berittene und vierzigtausend Mann Fußvolk.
Als beide Heere einander näherrückten, sah man, daß Darius und die persische Leibwache in seiner Umgebung sowie die Inder und die mardischen Bogenschützen Alexander selbst und seiner königlichen Abteilung gegenüberstanden. Alexander befahl seinem Heer, sich mehr nach dem rechten Flügel hin zu bewegen. Sofort unternahmen die Perser entsprechende Gegenbewegungen und dehnten ihren linken Flügel weit aus. Schon näherten sich auch die skythischen Reiter den vorderen Abteilungen von Alexanders Armee; er aber zog noch immer nach rechts hin und war nahe daran, über das von den Persern geebnete Gelände hinauszurücken. Als König Darius sah, daß die Makedonen auf das unebene, hügelige Gelände vorrückten, mußte er befürchten, daß dort seine Sichelwagen nicht zum Einsatz gelangen könnten. Er gab deshalb der vor seinem linken Flügel aufgestellten Abteilung den Befehl, den rechten, von Alexander selbst geführten Flügel zu umgehen und hierdurch dessen weiterem Vordringen Einhalt zu gebieten. Sobald dies geschah, ließ Alexander die berittenen Söldner unter Menidas gegen sie vorrücken.

Da sprengten die skythischen Reiter und die daneben stehenden Baktrier gegen Alexanders Reiterei an und drängten diese kleine Abteilung durch ihre bedeutende Übermacht zurück. Nun befahl Alexander den Päonern und den Söldnern, gegen die Skythen vorzugehen, und die Barbaren begannen zu weichen. Die Baktrier aber hielten ihre Leute an, die sich schon zur Flucht wandten, und von neuem entbrannte das Reitergefecht. Nun setzten die Perser auch ihre Sichelwagen gegen Alexander ein, um seine Phalanx in Verwirrung zu bringen. Aber sie sollten sich in ihren Plänen getäuscht sehen; denn sobald sie anrückten, wurden die einen von den Speerschützen unter Palakros, die vor der makedonischen Reiterei standen, mit Speeren überschüttet, den anderen griffen die Makedonier in die Zügel, rissen die Wagenlenker herunter und erschlugen sie.
Als Darius mit seiner ganzen Schlachtlinie heranrückte, gab Alexander dem Arethas den Befehl, sich auf die Reiter zu werfen, die in der Absicht, seinen rechten Flügel zu umzingeln, um diesen herumritten. Er selbst führte unterdessen auf dem Flügel sein Heer vorwärts. Reitern, die dem rechten, von der Umzingelung bedrohten Flügel zu Hilfe kamen, gelang es, die Kampffront der Barbaren an einer Stelle aufzureißen. Da schwenkte Alexander nach dieser Öffnung hin, bildete einen Keil aus der makedonischen Reiterei sowie der dort stehenden Phalanx und warf sich im Sturmschritt und unter lautem Kampfgeschrei auf Darius selbst. Für kurze Zeit kam es zum Handgemenge; Alexanders Reiter und er selbst drangen mit großer Macht auf die Feinde ein, stießen ihnen die Lanzen ins Gesicht. Die makedonische Phalanx, die dicht geschlossen mit gefällten Lanzen vorging, warf sich nun mit aller Kraft auf die Perser, und der längst eingeschüchterte König Darius glaubte, daß sich jetzt alle Schrekken des Krieges gegen ihn richteten. Er wandte sich als erster zur Flucht. Im persischen Heer setzte nun eine allgemeine Flucht ein. Die Makedonen jagten ihnen aber nach und erschlugen die Fliehenden. Simmias und die bei ihm stehenden Reiter waren nicht mehr imstande gewesen, sich an der Verfolgung des Feindes zu beteiligen; sie blieben deshalb, wo sie waren und kämpften dort weiter, zumal sie die Nachricht erhielten, der linke Flügel der makedonischen Phalanx sei in Bedrängnis. Hier war tatsächlich eine Lücke in der Front entstanden. Einem Teil der Inder und der persischen Reiterei gelang es, bis zum Troß der Makedonier durchzubrechen, wo jetzt ein mörderischer Kampf entbrannte. Die Perser drangen kühn auf die größtenteils unbewaffneten Leute ein, die nicht damit gerechnet hatten, daß es dem Feinde gelingen würde, die doppelte Front zu sprengen und bis zu ihnen durchzudringen. Zudem fielen beim Ein-

bruch der Perser auch die feindlichen Gefangenen während des Kampfes über sie her. Doch kaum hörten die Führer der hinter der ersten Phalanx aufgestellten Abteilungen, was vorging, als sie sich ihrem Befehl gemäß mit einer raschen Wendung den Persern in den Rücken warfen und viele von diesen, die gerade den makedonischen Troß plünderten, erschlugen. Die übrigen wichen zurück und ergriffen die Flucht. In der Zwischenzeit hatte die Reiterei der Perser auf dem rechten Flügel Alexanders linken Flügel umgangen und die Reiter des Parmenion überfallen.

Von allen Seiten bedroht, schickte Parmenion eilends zu Alexander und ließ ihm melden, daß er dringend Hilfe benötige. Auf diese Nachricht hin stellte Alexander die Verfolgung der Perser ein, kehrte mit seiner Reiterei um und warf sich in gestrecktem Galopp auf den rechten Flügel der Barbaren. Zuerst stieß er auf die fliehende feindliche Reiterei, dann auf einen Teil der Inder und schließlich auf den Kern des persischen Heeres. Hier entwickelte sich das hitzigste Gefecht der ganzen Schlacht. Die dicht geschlossenen Reihen der Perser wandten sich jetzt gegen Alexander, ohne von ihren Speeren Gebrauch zu machen oder sich durch Wenden ihrer Pferde zu entwickeln, wie das sonst bei Reitergefechten Sitte war; vielmehr suchte jeder für sich hastig durchzubrechen, als sei dies das einzige Mittel zur Rettung.

Wer von den Feinden sich durchschlagen konnte, floh in Eile. Alexander selbst kam bald nahe genug heran, um mit dem rechten Flügel des persischen Heeres zusammenzustoßen. Allein, an dieser Front hatten sich die thessalischen Reiter bereits so glänzend geschlagen, daß ihm nichts mehr zu tun übrigblieb. Die Feinde flohen auch hier schon; deshalb kehrte er wieder um und nahm von neuem die Verfolgung des Darius auf, dem er so lange nachsetzte, wie es hell war.

Auch die Reiter des Parmenion jagten hinter den fliehenden Feinden her. Alexander selbst ließ, sobald er den Fluß Lykos überschritten hatte, ein Lager aufschlagen, um Mensch und Tier etwas Ruhe zu gönnen. Parmenion eroberte inzwischen das Lager der Perser und erbeutete dort den Troß, Elefanten und Kamele. Bis gegen Mitternacht gönnte Alexander seinen Reitern Ruhe, dann aber brach er nach Arbela auf, wo er Darius, seine Schätze und das übrige königliche Feldgerät in seine Gewalt zu bekommen hoffte. Nach einem Gewaltritt von mindestens sechshundert Stadien (etwa hundertzehn Kilometer) kam er tatsächlich am nächsten Tage in Arbela an. Doch Darius hatte die Stadt längst verlassen und war ohne Rast weitergeflohen. Die Schätze dagegen und das Feldgerät fielen in die Hände des Siegers.

Rom
Herz eines Weltreiches

Die Schlacht bei Cannae

Polybios

Im zweiten Punischen Krieg, den Rom mit Karthago führte, geriet es durch die Überlegenheit des karthagischen Feldherrn Hannibal hart an den Rand des Unterganges. Hannibal war von Spanien aus über die Alpen nach Italien gezogen und bereitete am 2. August 216 dem römischen Heer bei Cannae, südöstlich von Rom, eine vernichtende Niederlage. Es war die erste große Umfassungsschlacht der Weltgeschichte.
Der Grieche Polybios, der um das Jahr 200 v. Chr. in Griechenland geboren wurde und nach der Niederlage der Griechen gegen die Römer als Geisel nach Rom gekommen war, wo er sechzehn Jahre lang weilte, schrieb hier eine »Weltgeschichte« in vierzig Büchern, in der er gerade bei seinen Berichten über die Kämpfe zwischen Römern und Karthagern auf Augenzeugenberichte zurückgreifen konnte, die er sehr kritisch verarbeitete. Er bietet uns so eine sorgfältige und glaubwürdige Darstellung, die auch die Quelle für den wesentlich jüngeren, aber bekannteren Bericht des Römers Livius ist.

Da Hannibal nun eine Entscheidungsschlacht herbeiführen wollte, berief er seine Soldaten zu einer Versammlung, forderte sie auf, sich umzublicken, und fragte sie dann, ob die Götter ihnen einen günstigeren Ort hätten bescheren können; denn die weite Ebene bot genügend Raum, um die überlegene karthagische Reiterei voll zu entfalten. Die Soldaten stimmten seinen Worten bei, und er sagte zu ihnen: »Dafür danken wir den Göttern. An uns liegt es aber nun, diese günstigen Vorbedingungen richtig auszunutzen. Es ist nicht notwendig, daß ich euch noch besonders auffordere, tapfer zu kämpfen. Ihr kennt die Römer, ihr kennt ihre Kampfweise. Siegt ihr in dieser Schlacht, so werdet ihr sogleich Herr über ganz Italien sein, und alle eure Mühen werden ein Ende haben; denn die Reichtümer Roms liegen zum Greifen nahe vor euch. Daher bedarf es nicht mehr der Worte, sondern der Taten. Wenn es die Götter nur wollen, so werden meine Worte morgen schon Wahrheiten sein.«
Damit entließ er seine Soldaten und bezog sogleich auf derselben Seite

des Flusses Aufidus, an der auch die Römer lagerten, sein eigenes Lager. Am folgenden Tage befahl er allen, sich für den Kampf vorzubereiten, wartete dann noch eine Nacht ab und stellte am Morgen darauf das Heer am Flusse in Schlachtordnung auf, um den Feinden anzuzeigen, daß er den Kampf wünsche. Der römische Feldherr Lucius aber blieb, da ihm die Gegend nicht zusagte und er damit rechnete, daß die Feinde bald wegen Proviantmangels das Lager würden verlegen müssen, ruhig hinter seiner Verschanzung, wo er sich gut vor einem Angriff gesichert hatte.

Hannibal wartete eine Zeitlang; da aber niemand gegen ihn ausrückte, führte auch er seine Truppen wieder in das Lager zurück und schickte nur die Numidier aus, um den Feind am Wasserholen zu hindern. Als sie nahe an die römische Verschanzung herankamen, reizte das die Soldaten, die, voll Kampfesbegierde, Unwillen über den Aufschub der Schlacht empfanden.

In Rom selbst hatten die Nachrichten von den täglichen kleinen Vorpostengefechten Aufregung und Besorgnis hervorgerufen, und ängstlich wartete das Volk auf die bevorstehende große Schlacht.

Nun ist es bei den Römern Sitte, daß sich die beiden Konsuln, die obersten Beamten, täglich auch im Oberbefehl über das Heer abwechseln. Lucius hatte gezögert, die Herausforderung des Gegners anzunehmen. Als der Oberbefehl aber am folgenden Tage auf den Konsul Gaius überging, ließ dieser gleich bei Sonnenaufgang das Heer ausrücken und stellte es in Schlachtordnung mit der Front nach Süden auf. Auf dem rechten Flügel, unmittelbar am Fluß, stand die römische Reiterei; daran reihte er das Fußvolk, dichter als sonst gestaffelt, und stellte die Reiterei der Bundesgenossen auf den linken Flügel. Den Leichtbewaffneten wies er vor der eigentlichen Schlachtlinie in einiger Entfernung ihren Platz an. Mit den Bundesgenossen zusammen waren achtzigtausend Mann zu Fuß und etwa sechstausend Reiter ausgerückt.

Hannibal führte zur gleichen Zeit die Schleuderer und Lanzenträger über den Fluß und stellte sie vor der Schlachtlinie auf. Dann ließ er die übrigen Truppen an zwei Stellen über den Fluß gehen, wies auf seinem linken Flügel, der römischen Reiterei gegenüber, den iberischen und libyschen Reitern ihren Platz an; dann kamen die schwerbewaffneten Fußsoldaten und auf dem rechten Flügel stand die numidische Reiterei. Nachdem er alles so geordnet hatte, befahl er den in der Mitte stehenden Heerhaufen der Iberer und Gallier, etwas weiter vorzurücken, und die anderen Truppen ließ er so anschließen, daß ein sichelförmiger Halbkreis entstand. Zugleich staffelte er aber die in der Mitte stehenden Truppen weniger

dicht als die an den Flügeln. Hier hatte Hannibal ihnen zur Seite die Libyer aufgestellt, die besonders sorgfältig nach römischer Art bewaffnet waren. Die dazu notwendigen Rüstungen stammten aus der Beute der letzten Schlacht. Da die Schwerter der Iberer sowohl für Hieb wie für Stich geeignet waren, die gallischen Schwerter dagegen nur zum Hiebe verwendet werden konnten, hatte Hannibal die Soldaten immer abwechselnd in kleinen Einheiten nebeneinandergestellt. Die Gallier gingen nach alter Sitte unbekleidet, die Iberer trugen linnene Röcke mit Purpursäumen geschmückt. So bot sich dem Angreifer zugleich ein fremdartiger und imponierender Anblick dar.
Die Gesamtzahl der karthagischen Reiter belief sich auf etwa zehntausend, die des Fußvolkes zusammen mit den Galliern auf nicht viel über vierzigtausend Mann.
Auf dem rechten Flügel der Römer befehligte der Konsul Lucius Aemilius Paulus, auf dem linken Gaius Terentius Varro. Das Zentrum stand unter dem Befehl der beiden Konsuln des vergangenen Jahres. Bei den Karthagern hatte den linken Flügel Hasdrubal, den rechten Hanno unter sich; in der Mitte stand Hannibal selbst, zusammen mit seinem Bruder Mago. Da die römische Schlachtlinie nach Süden, die karthagische nach Norden blickte, so behinderte die aufgehende Sonne keines der beiden Heere.
Die Begegnung der Leichtbewaffneten verlief anfangs ziemlich unentschieden. Sobald aber die Reiter auf dem linken Flügel den Römern begegneten, entbrannte hier ein wahrhaft mörderischer Kampf Mann gegen Mann. Endlich behielten die Karthager aber die Oberhand und töteten die meisten der mutig fechtenden Römer. Die übrigen flohen entlang des Flusses, wurden aber verfolgt und auch niedergemetzelt.
Als das schwerbewaffnete Fußvolk aufeinanderstieß, hielten die Heerhaufen der Iberer und Gallier anfangs stand, mußten aber schließlich, durch die Übermacht der Feinde bedrängt, sich zurückziehen, indem sie ihre sichelfömige Stellung auflösten. Die römischen Truppen aber, die ihnen in der Hitze des Kampfes nachfolgten, durchbrachen leicht die Schlachtlinie und drängten in der Verfolgung so unüberlegt nach, daß die schwerbewaffneten Libyer plötzlich zu beiden Seiten in ihren Flanken standen. Beide Flügel unternahmen sogleich eine Schwenkung und schlossen so nach Hannibals Plan die Römer ein, die an einen geordneten Kampf in einer Schlachtlinie nun gar nicht mehr denken konnten, sondern sich einzeln oder truppweise gegen die von der Seite anrennenden Feinde wehren mußten.
Aemilius Paulus, der bisher mit den Reitern auf dem rechten Flügel ge-

kämpft hatte und unverwundet geblieben war, sah die Bedrohung der Fußtruppe, ritt nach dem Zentrum, focht hier selbst gegen die Feinde und ermutigte die Soldaten an seiner Seite. Das gleiche tat Hannibal, der ja von Beginn der Schlacht an bei diesem Teil des Heeres seinen Platz gewählt hatte.

Auf dem rechten karthagischen Flügel hatte die numidische Reiterei gegen die römischen Bundesgenossen noch keine Erfolge erzielen können. Als ihnen aber Hasdrubal von der anderen Seite zu Hilfe kam, flohen die Bundesgenossen. Hasdrubal gab den Numidiern den Befehl, sie zu verfolgen, er selbst aber griff mit seinen Reitern in den Kampf des Fußvolkes ein, um hier den Libyern Beistand zu leisten. Er warf sich den römischen Legionen in den Rücken; Aemilius Paulus fand in dem Kampfgetümmel den Tod. Die Römer leisteten zwar noch Widerstand, so gut sie konnten, versagten aber schließlich vor der Übermacht. Unter den Schwerthieben der Karthager wurden sie auf immer engerem Raum zusammengedrängt und fielen einer nach dem andern. Währenddessen hatten auch die Numidier die fliehenden Reiter verfolgt und die meisten von ihnen getötet. Nur wenige entkamen nach Venusia, unter ihnen auch Gaius Terentius Varro, der römische Konsul, ein Mann, der sein Amt zum Verderben seines Vaterlandes verwaltet hat.

In dieser Schlacht bei Cannae kämpften auf beiden Seiten tapfere Männer. Von sechstausend römischen Reitern entkamen nur siebzig mit Gaius nach Venusia, etwa dreihundert Reiter der Bundesgenossen retteten sich vereinzelt in ihre Heimatstädte. Von den Fußsoldaten gerieten an die zehntausend in Gefangenschaft, kaum dreitausend konnten sich durch die Flucht retten, alle übrigen, an die siebzigtausend Mann, starben eines ehrenvollen Todes. Dieser große Sieg der Karthager ging nicht zuletzt auf die Überlegenheit ihrer Reiterei zurück. Auf Hannibals Seite fielen etwa viertausend Gallier, eintausendfünfhundert Iberer und Libyer, jedoch nur zweihundert Reiter.

Die römische Republik

Ab urbe condita – mit der Gründung der Stadt beginnt für den Römer seine Geschichte, und mag das Datum des Jahres 753 v. Chr. auch in das Reich der Sage zu verweisen sein, so zeigt der Satz doch, welche Bedeutung diesem einen Stadtstaat, hervorgegangen aus einigen Dörfern am sumpfigen Ufer des Tiber, zukommt, dem es gelang, ganz Italien, ja gar ein Weltreich zu beherrschen.
Dieser Aufstieg begann, nachdem die Römer um die Mitte des ersten vorchristlichen Jahrtausends mit Erfolg die Herrschaft der fremden etruskischen Könige abgeschüttelt hatten. Und wie ein Stein, ins Wasser geworfen, Welle um Welle zieht, so dehnte die Stadtrepublik in den folgenden Jahrhunderten ihre Herrschaft langsam über Stämme und Landschaften Italiens aus. Als im Süden die Meerenge von Messina erreicht war, setzte Rom ganz folgerichtig seine Ausdehnungspolitik fort. In den drei Punischen Kriegen, die es fast an den Rand der Vernichtung führten, sicherte es sich in den Kämpfen mit der Großmacht Karthago in Nordafrika die Herrschaft im westlichen Mittelmeer, um dann in kühnem Vorstoß auch auf den östlichen Teil des Mittelmeers und die Welt der Diadochenreiche überzugreifen. Wie eineinhalb Jahrhunderte zuvor Alexander das Erbe der orientalischen Reiche angetreten hatte, so übernahm Rom nun das Erbe des Hellenismus.
Im Laufe der Jahrhunderte hatte sich die alte Bauerngemeinde zu einer Großstadt entwickelt, in der die sozialen Spannungen und Gegensätze während des letzten vorchristlichen Jahrhunderts in schweren Bürgerkriegen zu gewaltsamer Entladung drängten. Das Ende dieser Kämpfe brachte zugleich das Ende der Republik.

Vor Christus

753	*Gründung Roms*
510	*Rom wird Republik*
510–268	*Ausdehnung der Herrschaft über ganz Italien*
264–241	*1. Punischer Krieg*
218–201	*2. Punischer Krieg*
216	Hannibal siegt bei Cannae
200–133	*Rom erobert das östliche Mittelmeer*
149–146	*3. Punischer Krieg*
146	*Korinth und Karthago zerstört*
133–30	*Bürgerkriege*
133–121	Revolution der Gracchen
120–70	*Marius und Sulla kämpfen um die Macht*
62	Verschwörung des Catilina
60	*1. Triumvirat: Pompejus, Cäsar und Crassus*
58–51	Cäsar in Gallien
44	*Ermordung Cäsars*

(Geradestehende Zeilen verweisen auf Texte in diesem Buch)

Revolution in Rom

Appian

Die zunehmenden sozialen Gegensätze, die großen Unterschiede zwischen Armen und Reichen führten im zweiten vorchristlichen Jahrhundert zu schweren innerpolitischen Auseinandersetzungen in Rom. Es gab damals dort zwei Parteien: die Optimaten, die Partei des Adels, und die Popularen, die Volkspartei. Die beiden aus vornehmem Geschlecht stammenden Brüder Tiberius und Gaius Gracchus traten an die Spitze der Volkspartei. Tiberius übernahm das Amt eines Volkstribunen, der das Recht hatte, im Interesse des Volkes gegen Gesetze des römischen Senats sein »Veto« einzulegen, das heißt Einspruch zu erheben. Für die Dauer seiner Amtszeit, eines Jahres, war der Tribun gegen alle Übergriffe geschützt. Tiberius wurde am Ende seiner Amtszeit aber von seinen Gegnern ermordet.
Wir haben keinen Originalbericht über diese dramatischen Ereignisse, aber der Geschichtsschreiber Appian, der um die Mitte des zweiten nachchristlichen Jahrhunderts in Rom lebte, schrieb eine »Römische Geschichte« in griechischer Sprache. Darin behandelt er auch nach uns verlorengegangenen zeitgenössischen Berichten die Epoche der römischen Bürgerkriege. Seine Berichte sind sehr lebendig, wenn er es auch den Quellen gegenüber manchmal an der nötigen kritischen Einstellung fehlen läßt.

Als die Römer Italien Stück um Stück durch ihre Kriege unterwarfen, pflegten sie einen Teil des Landes wegzunehmen und dort Städte zu gründen, die sie als befestigte Stützpunkte benutzen wollten. Von dem im Kriege weggenommenen Lande verteilten sie jedesmal sofort den bestellten Teil unter Kolonisten, oder sie verkauften oder verpachteten ihn. Da ihnen aber während der Kriege oft die Zeit fehlte, das unbebaut daliegende Land zu verteilen, gaben sie bekannt, daß dieses Land gegen eine jährliche Abgabe von der Ernte, und zwar von einem Zehntel des Ertrages der Halmfrüchte und einem Fünftel des Ertrages der Pflanzungen, verpachtet werden könne. Für das Weiden von Groß- und Kleinvieh wurden ebenfalls Abgaben festgesetzt. Nun eigneten sich aber die Rei-

chen den größeren Teil dieses nicht verteilten Bodens an und meinten, daß er ihnen mit der Zeit nicht mehr abgenommen werde. Dann brachten sie die Felder ihrer angrenzenden Nachbarn teils durch Kauf, teils durch Gewalt an sich und kamen schließlich so weit, daß sie statt einzelner Güter große Landstriche bewirtschafteten, für deren Bestellung sie gekaufte Landarbeiter und Hirten verwendeten. Zugleich brachte ihnen der Besitz von Sklaven großen Gewinn, da diese ja auch Kinder hatten und nicht zum Kriegsdienst herangezogen wurden.
Über eine solche Entwicklung war das Volk empört; denn es fürchtete, daß seine herrschende Stellung durch die zunehmende Zahl der Sklaven gefährdet würde. Da es keinen Weg sah, den Mißständen abzuhelfen, beschloß es mit knapper Not auf Antrag der Volkstribunen ein Gesetz, daß von dem zu verteilenden Lande niemand mehr als fünfhundert Morgen in Besitz haben und dort nicht mehr als hundert Stück Groß- und fünfhundert Stück Kleinvieh weiden dürften. Um die Einhaltung des Gesetzes sicherzustellen, bestimmten sie, daß auf den Gütern auch eine bestimmte Anzahl von Freien tätig sein müßte. Von dem übriggebliebenen Land aber hofften sie, daß es nun endlich an die Armen verteilt werde. Doch keiner kümmerte sich um dieses Gesetz; einige verteilten ihr Land zum Schein unter ihre Angehörigen, die meisten aber ließen es völlig unbeachtet.
Das ging so lange gut, bis Tiberius Sempronius Gracchus, ein Mann von vornehmer Abkunft, ehrgeizig, außerordentlich redebegabt und überall sehr gut bekannt, als Volkstribun eine feierliche Rede hielt. Er beklagte sich, daß der italische Stamm, obwohl er sehr tüchtig sei, allmählich in Armut gerate, unter Menschenmangel leide, ohne daß eine Hoffnung auf Abhilfe bestünde. Unwillig klagte er über die Massen der Sklaven, die für den Krieg unbrauchbar und ihren Herren niemals treu seien. Nach seinen Ausführungen erneuerte er das Gesetz, daß niemand mehr als fünfhundert Morgen Staatsland haben solle; doch fügte er zu diesem alten Gesetz hinzu, daß jeder Sohn des jetzigen Besitzers nochmals über die Hälfte der festgesetzten Landfläche verfügen dürfe; das übrige Land sollten drei gewählte Persönlichkeiten unter die Armen verteilen.
Der letzte Punkt beunruhigte die Reichen ganz besonders; denn wegen dieser Verteilungskommission konnten sie sich nicht mehr wie früher einfach über das Gesetz hinwegsetzen, und es war ihnen auch nicht möglich, das Land von den Besitzern zu kaufen. Das hatte Gracchus nämlich auch vorausgesehen und den Verkauf des Landes deshalb verboten. Die Reichen versammelten sich in kleinen Gruppen, jammerten und hielten

den Armen vor, daß sie auf dem Lande seit Generationen Arbeit geleistet, daß sie Pflanzungen angelegt und Gebäude errichtet hätten. Einige erklärten, sie hätten das Land von ihren Nachbarn gekauft, andere wieder, daß hier die Gräber ihrer Vorfahren lägen, dadurch wären die verteilten Grundstücke gleichsam von den Vätern ererbter Besitz; wieder andere gaben an, sie hätten die Mitgift ihrer Frauen für ihre Grundstücke verwendet. Gläubiger legten Darlehensverträge vor, in denen das Land als Sicherheit geboten war.

Auf der anderen Seite aber beklagten sich die Armen, sie seien zu bitterster Not verdammt worden. Sie zählten auf, an welchen Feldzügen sie teilgenommen hätten, um das Land für sich zu erobern, und waren empört, daß ihnen ihr Anteil am Gemeineigentum vorenthalten werden sollte. Zugleich schmähten sie die Reichen, daß diese den freien Bürgern und Kriegern Sklaven vorzögen, treuloses, immer gehässiges Gesindel. Während beide Seiten so klagten und einander mit Beschuldigungen überhäuften, strömte eine Menge anderer Leute herbei, die in den Kolonien oder anderswo Land besaßen und nun ähnliche Befürchtungen hegten. Sie schlossen sich entweder der einen oder der anderen Seite an. Sich im Haufen stark fühlend, wurden sie gewalttätig, stifteten zahllose Krawalle an und warteten auf die Abstimmung über das Gesetz; die einen entschlossen, seine Annahme auf keinen Fall zuzulassen, die anderen willens, alle Hebel in Bewegung zu setzen, um das Gesetz durchzubringen. Und schon trafen beide Parteien für den entscheidenden Tag ihre Vorbereitungen.

Für Gracchus ging es bei seinem Plan gar nicht um die Erhöhung des Wohlstandes, die Bereicherung etwa der Armen, sondern um die Erhöhung ihrer Wehrhaftigkeit. In seiner großen Begeisterung bedachte er gar nicht die mit der Sache verbundenen Schwierigkeiten. Unmittelbar vor der Wahl hielt er eine lange Rede, in der er seinen Zuhörern unter anderem die Fragen vorlegte, ob es denn nicht billig sei, daß gemeinsames Gut an alle verteilt werde; ob nicht immer der Bürger edler als der Sklave und der Soldat brauchbarer sei als einer, der keinen Kriegsdienst leiste; ob nicht der für die Interessen des Staates aufgeschlossener sei, der auch Anteil am Gemeineigentum habe. Die Römer, so führte er weiter aus, hätten den größten Teil ihres Landes im Kriege erobert und hofften, auch den Rest der bewohnten Welt zu besitzen; aber gerade jetzt stehe alles auf dem Spiel, ob sie entweder durch ihre Kraft auch diesen Rest erobern könnten oder ob ihre Schwäche und ihre innere Zerrissenheit dem Feinde zugute kommen würden. So versuchte er die Reichen zu überzeugen und feuerte gleichzeitig die Armen an. Dann befahl er dem Schreiber, das Gesetz zu verlesen.

Doch Marcus Octavius, ein anderer Volkstribun, den die Großgrundbesitzer bestochen hatten, sein Veto einzulegen und damit die Gesetzesvorlage zu Fall zu bringen, befahl dem Schreiber zu schweigen. Darauf erhob Gracchus heftige Vorwürfe gegen ihn, verschob aber die Abstimmung auf die nächste Volksversammlung.

Bei dieser nächsten Versammlung ließ er neben sich eine Leibgarde aufziehen, die stark genug war, um Octavius auch gegen seinen Willen zum Nachgeben zu zwingen, und befahl dem Schreiber unter Drohungen, der Menge das Gesetz zu verlesen. Dieser begann auch zu lesen, schwieg aber sogleich, als Octavius erneut sein Veto einlegte. Darauf fingen die Tribunen an, sich gegenseitig zu beschimpfen. Das Volk lärmte, und die Anhänger der Reichen forderten die Volkstribunen auf, ihren Streitfall dem Senat zur Entscheidung vorzulegen. Gracchus griff den Vorschlag sofort auf, da er der Meinung war, das Gesetz müsse natürlich den Beifall aller Patrioten finden, und begab sich schleunigst in das Rathaus. Doch als ihn dort im kleinen Kreise die Reichen verächtlich behandelten, eilte er sofort wieder auf den Markt zurück und sagte, er werde auf der nächsten Volksversammlung sowohl über das Gesetz wie über das Amt des Octavius abstimmen lassen, da nicht entschieden sei, ob ein Volkstribun, der gegen die Interessen des Volkes handle, sein Amt weiterhin bekleiden dürfe.

Und so geschah es auch; doch als der keineswegs eingeschüchterte Octavius erneut sein Veto einlegen wollte, ließ Gracchus zuerst über ihn abstimmen. Als schon die erste Gruppe dafür gestimmt hatte, Octavius seines Amtes zu entsetzen, wandte sich Gracchus an ihn und bat ihn, doch von seinem Veto Abstand zu nehmen. Als dieser jedoch nicht nachgab, lief die Abstimmung weiter. Siebzehn von fünfunddreißig Bezirken hatten voller Empörung bereits für die Absetzung des Octavius gestimmt, die Stimme des achtzehnten mußte daher die Entscheidung bringen. Und wieder begann Gracchus im Angesicht des Volkes Octavius, dessen Stellung jetzt aufs höchste gefährdet war, inständig zu bitten, doch nicht ein Werk zu behindern, das für Italien im höchsten Grade wichtig sei, und nicht den Wünschen des Volkes zu widersprechen. Dann rief er die Götter als Zeugen an, daß er seinen Kollegen nicht willentlich in Schaden bringen wolle; als er ihn aber wiederum nicht umzustimmen vermochte, ließ er die Abstimmung fortsetzen. Octavius wurde nun abgesetzt und zog sich unauffällig zurück; an seiner Stelle wählte die Menge einen neuen Volkstribunen und das Ackergesetz ging durch. Dann wählte die Menge als Mitglieder der Landverteilungskommission Gracchus selbst, seinen Bruder und seinen Schwiegervater Appius Claudius; denn man befürchtete immer noch, das Gesetz möchte nicht zur Ausführung kommen, wenn nicht Gracchus mit seiner ganzen Familie die Sache in die Hand nähme. Gracchus, stolz auf seinen Erfolg, ließ sich von der Menge nach Hause geleiten, als sei er der Neubegründer nicht einer Stadt oder eines Stammes, sondern aller Völker Italiens.

Die Sieger kehrten auf ihre Felder zurück, die sie verlassen hatten, um für das Gesetz zu stimmen. Die Unterlegenen blieben jedoch noch zusammen und drohten, Gracchus werde es leid tun, ein heiliges und unverletzliches Amt wie das des Volkstribunen mit Füßen getreten und die Veranlassung zu einem so großen Streit gegeben zu haben.

Es wurde Sommer und die neuen Tribunenwahlen standen vor der Tür. Als die Abstimmung näherrückte, zeigte es sich deutlich, daß die Reichen für das Amt die ärgsten Feinde des Gracchus begünstigten. Dieser selbst fürchtete eine Katastrophe, wenn er nicht auch für das kommende Jahr wieder zum Volkstribunen gewählt würde, und rief deshalb die Bauern zur Abstimmung zusammen. Doch die waren mit der Ernte beschäftigt, und so mußte er, da bis zum Wahltermin nur noch wenige Tage verblieben, seine Zuflucht zu den Massen in der Hauptstadt nehmen. Er ging deshalb überall herum und bat jeden einzelnen, ihn für das kommende Jahr zum Tribunen zu wählen, da er ihretwegen bedroht sei.

Bei der Wahl stimmten auch sogleich die ersten beiden Bezirke für Gracchus. Daraufhin wandten die Reichen aber ein, daß nach dem Gesetz eine Person das gleiche Amt nicht zweimal hintereinander bekleiden dürfe. Da der Volkstribun Rubrius, den das Los zum Vorsitzenden der Wahlversammlung bestimmt hatte, hierüber Zweifel hegte, forderte ihn Mummius, den man an der Stelle des Octavius zum Volkstribunen gewählt hatte, auf, ihm den Vorsitz der Wahlversammlung zu übergeben. Der tat es; doch die übrigen Tribunen bestanden darauf, daß über den Vorsitz das Los entscheiden müsse. Wenn Rubrius, der durch das Los gewählt worden sei, zurücktrete, müsse das Los erneut über alle entscheiden.

Als über diesen Punkt ein heftiger Streit ausbrach, verschob Gracchus, der dabei den kürzeren zog, die Wahl auf den folgenden Tag. Voller Verzweiflung legte er, obwohl noch im Amt, Trauerkleidung an und ging den Rest des Tages mit seinem Sohn auf dem Markt umher, führte ihn zu jedem einzelnen und empfahl ihn seiner Obhut, als stände ihm selbst der Tod durch seine Feinde unmittelbar bevor.

Auch die Armen überfiel schwere Sorge, denn sie meinten, daß sie künftig nicht mehr als gleichberechtigte Bürger leben könnten, sondern den Reichen als Sklaven dienen müßten, als auch wegen des Gracchus selbst, der so Schlimmes für sie fürchten und leiden mußte. Unter Wehklagen begleiteten sie ihn am Abend nach Hause und sprachen ihm für den folgenden Tag Mut zu. Gracchus selbst faßte sich wieder, ließ noch in der Nacht seine Anhänger zusammenrufen und gab ihnen ein Zeichen bekannt für den Fall, daß ein offener Kampf notwendig werden sollte. Dann besetzte er den Tempel auf dem Kapitol, wo die Wahl stattfinden sollte, und die Mitte des Versammlungsplatzes.

Als ihm die anderen Volkstribunen und die Reichen in den Weg traten, die eine Abstimmung über seine Kandidatur nicht zulassen wollten, gab er das verabredete Zeichen. Da erhoben die Verschworenen plötzlich ein Geschrei und schritten zu offener Gewalt. Einige seiner Anhänger scharten sich um Gracchus wie eine Leibwache, andere schürzten ihre Kleider, entrissen den Liktoren ihre Rutenbündel und Stäbe, brachen sie in Stücke und verjagten die Reichen aus der Versammlung. Und es gab solchen Lärm und so viele Verwundete, daß die Volkstribunen in Angst von ihren Plätzen flohen und die Priester den Tempel schlossen. Viele flohen in wildem Durcheinander davon und bald verbreitete sich das Gerücht, Gracchus habe die anderen Volkstribunen abgesetzt und sich selbst für das kommende Jahr ohne Wahl wieder zum Tribunen ernannt.

Unterdessen versammelte sich der Senat, beriet über die Ereignisse und zog dann auf das Kapitol hinauf. Allen voran schritt der Pontifex Maximus, der oberste Priester, der laut rief: »Wer das Vaterland retten will, folge mir nach!« Als er den Tempel erreichte und sich auf die Anhänger des Gracchus stürzte, wichen diese, aus Achtung vor seiner hochgestellten Persönlichkeit und weil sie sahen, daß die Senatoren ihm folgten, zurück. Diese aber entwanden den Aufrührern ihre Stöcke, zertrümmerten Bänke und andere Gegenstände, die man für die Volksversammlung herangeschafft hatte, schlugen auf die Leute ein, verfolgten sie und warfen sie den Abhang hinunter. Bei dem Tumult wurden Gracchus selbst und viele seiner Anhänger an den Türen des Tempels erschlagen. Ihre Leichen warf man nachts in die Fluten des Tiber.

Tafel rechts: Pharao Thutmosis III. packt auf diesem Kalksteinrelief eine ganze Armee von Asiaten beim Haarschopf. Zu seinen Füßen sind die Namen der eroberten Städte angegeben, die sich jeweils aus dem Körper eines Gefangenen erheben.

Die Verschwörung des Catilina

Sallust

Nach der Revolution der Gracchen wurde Rom immer wieder von Bürgerkriegen erschüttert. Im Jahr 66 v. Chr. versuchte ein verarmter Adeliger, L. Sergius Catilina, zusammen mit Gleichgesinnten, die Konsuln, die obersten Beamten des römischen Staates, zu ermorden und die Macht an sich zu reißen. Die Verschwörung wurde von M. Tullius Cicero aufgedeckt, ein Teil der Anhänger Catilinas in Rom hingerichtet, er selbst fand in der Schlacht bei Pistoria den Tod.
Über die Verschwörung gibt es einen sehr lebendigen Augenzeugenbericht, den der erste große römische Geschichtsschreiber, Sallust (86 bis etwa 35 v. Chr.), in seinem Werk »Die Verschwörung des Catilina« veröffentlichte. Sallust versuchte dabei, nach dem Vorbild des Thukydides in seinen Geschichtswerken eine kritische Darstellung der Ereignisse zu geben.

Lucius Catilina, aus adeligem Geschlecht, war ein intelligenter und kräftiger Mann, seinem Charakter nach aber ausgesprochen böse und hinterhältig. Von Jugend auf liebte er Kriege, Mord, Raub und Bürgerzwist. Sein Körper konnte Entbehrungen, Kälte, Mangel an Schlaf in unglaublichem Maße ertragen, sein Geist war kühn und verschlagen, geschickt in jeder Art von Heuchelei und Verstellung, verschwenderisch und habgierig. Beredsamkeit besaß er zur Genüge, Einsicht zu wenig.
In einem so großen und zugleich so verdorbenen Staate, wie es Rom war, boten sich für Catilina keine Schwierigkeiten, Scharen von Verbrechern und Schandbuben aller Art um sich zu sammeln. Hauptsächlich suchte er das Vertrauen junger Leute, die sich durch seine Ränke leicht einfangen ließen. Er machte ihnen Geschenke, kaufte Hunde und Pferde, kurz, er

Tafel links: Die Agora von Athen vor der Kulisse der Akropolis (oben). Römisches Mosaik vom Angriff Alexanders d. Gr. und seines Heeres bei Issos gegen die Perser (unten). Der Ausschnitt zeigt, wie Großkönig Darius III. vor den Makedonen die Flucht ergreift.

sparte weder sein Geld noch sein Ansehen, wenn er sie sich nur verpflichten konnte. Die jungen Leute, die er so an sich lockte, unterrichtete er dann auf mannigfache Art in allen erdenklichen Schlechtigkeiten. Aus ihren Reihen stellte er falsche Zeugen und Urkundenfälscher, lehrte sie, sich aus Treue und Glauben, Hab und Gut, Zeugenaussagen und gerichtlicher Befragung nichts zu machen. Hatte er einmal ihren Ruf und ihre Scham zersetzt, stellte er ihnen größere Aufgaben. Wenn sich für den Augenblick kein Anlaß für ein Verbrechen bot, so ließ er sie doch Menschen in Fallen locken und ermorden.

Im Vertrauen auf seine Freunde und Genossen, zugleich, da die Schuldenlast die Menge allgemein bedrückte und viele ehemalige Soldaten einen Bürgerkrieg herbeiwünschten, faßte Catilina den Entschluß, den Staat in seine Gewalt zu bringen. So beschloß er zuerst einmal, sich um das Konsulat, die höchste Würde eines römischen Beamten, zu bewerben.

Zu Beginn des Monats Juni wandte er sich zunächst an einzelne Leute, hetzte die einen auf, fühlte bei den anderen vorsichtig vor, wies auf seine Hilfsmittel hin, auf den ungerüsteten Staat und den großen Gewinn, den eine Verschwörung bot. Nachdem er sich so die gewünschten Aufschlüsse zur Genüge verschafft hatte, rief er alle die zusammen, bei denen die Notlage am drückendsten und der Wagemut am größten war. Dann kamen einige Senatoren, Adelige aus den Kolonien und Landstädten, die mehr die Hoffnung auf eine Gewaltherrschaft als die Not oder ein anderer Zwang antrieb. Besonders die adelige Jugend begünstigte das Unternehmen Catilinas. Obgleich sie die Möglichkeit hatten, glänzend und bequem zu leben, zogen sie das Ungewisse dem Gewissen, den Krieg dem Frieden vor.

Catilina hatte mit einzelnen schon oft und eingehend verhandelt. Als er aber nun alle seine Anhänger bei sich versammelt sah, zog er sich mit ihnen in einen abgelegenen Teil seines Hauses zurück, sorgte dafür, daß sie niemand belauschen konnte, und hielt ihnen eine zündende Rede, in der er ihnen Reichtum, Ehre und Ruhm versprach. Doch die meisten forderten, er solle ihnen auch noch darlegen, wie er sich den Verlauf des Krieges denke, welchen Gewinn sie mit den Waffen erringen könnten, welche Hilfsmittel ihnen an den einzelnen Orten zur Verfügung stünden. Catilina versprach nun Schuldentilgung durch Anlegen neuer Schuldbücher, Ächtung der Reichen, der Staats- und Priesterämter, Plünderung und alles sonst, was der Krieg und die Gier der Sieger mit sich bringen. Er erläuterte ihnen, daß sich mit ihm zusammen Gaius Antonius um das

Konsulat bewerbe, ein Mann, der sein vertrauter Freund sei und zudem in schwerer Bedrängnis stecke. Mit ihm zusammen wolle er als Konsul das Unternehmen beginnen. Dann schmähte er alle guten Bürger, lobte jeden einzelnen seiner Anhänger namentlich, erinnerte den einen an seine Dürftigkeit, den andern an seine Leidenschaften, mehrere an Gefahr oder Schande, viele an die Beute, die sie schon einst im Krieg errungen hatten. Als er so bei allen die Begeisterung entfacht hatte, forderte er sie auf, ihn bei seiner Bewerbung um das Konsulat zu unterstützen, und entließ dann die Versammlung.
Unter den Verschworenen befand sich auch ein gewisser Quintus Curius, ein vornehmer, aber verkommener Mann, den die Zensoren wegen seines Lebenswandels schon aus dem Senat ausgestoßen hatten. Dieser Mensch war ebenso leichtsinnig wie frech. Es lag ihm nichts daran, zu verschweigen, was er gehört hatte, oder seine eigenen Verbrechen zu verbergen, und er prahlte einer vornehmen Dame namens Fulvia gegenüber von seinen Taten. Fulvia wiederum erzählte, als sie die Gefahr erkannte, mehreren Leuten, was sie von der Verschwörung des Catilina gehört hatte, ohne ihren Gewährsmann zu nennen.
Die Gerüchte, die so in Rom umgingen und die Menge erregten, trugen viel dazu bei, daß die Leute sich von Catilina abwandten und Marcus Tullius Cicero zum neuen Konsul wählten, obgleich der größte Teil des Adels ihn als einen Emporkömmling bisher abgelehnt hatte. Doch als die Gefahr näherkam, traten eben Mißgunst und Adelsstolz zurück.
Diese Tatsache versetzte den Verschwörern den ersten Stoß. Jedoch minderte sich darum Catilinas Wut nicht, sondern er wurde von Tag zu Tag nur noch geschäftiger und ließ überall in Italien an geeigneten Plätzen Waffenvorräte anlegen und das Geld, das er auf seinen oder seiner Freunde Namen geliehen hatte, nach Faesulae zu einem gewissen Manlius schaffen, der später auch als erster den Krieg eröffnete.
Nach all diesen Vorbereitungen bewarb sich Catilina nichtsdestoweniger für das folgende Jahr erneut um das Konsulat, in der Hoffnung, wenn er nur erst gewählt sein würde, dann werde schon alles nach seinen Plänen verlaufen. Unterdessen versuchte er aber Cicero auf alle nur mögliche Weise zu schaden. Auch dieser ließ es nicht an der nötigen Verschlagenheit und Schlauheit fehlen. Gleich zu Beginn seines Konsulats hatte er es mit Fulvias Hilfe durch viele Versprechungen erreicht, daß ihm Quintus Curius Catilinas Anschläge verriet. Außerdem hatte er insgeheim eine Leibwache von Freunden und Untergebenen um sich gesammelt.
Als der Wahltag gekommen war und Catilina weder das Konsulat

erlangte noch seine Anschläge gegen Cicero durchführen konnte, beschloß er, nun offen das Äußerste zu wagen, da ja seine getarnten Versuche einen schlimmen und schmählichen Ausgang genommen hatten.

Er schickte daher seine Verschworenen in verschiedene Städte, betrieb in Rom selbst Anschläge gegen den Konsul, bereitete Brandstiftungen vor und besetzte günstige Punkte mit Bewaffneten. Er selbst ging nie ohne Waffen und forderte auch die anderen auf, Tag und Nacht wachsam zu sein.

Endlich, als es trotz allen Hetzens nicht vorwärtsging, rief er wieder einmal in tiefer Nacht die Häupter der Verschwörung in seiner Villa zusammen. Dort beklagte er sich heftig über ihre Zaghaftigkeit und eröffnete ihnen, daß er Manlius zu den Mannschaften vorausgeschickt habe, die schon unter Waffen standen. Er selbst wünsche nun ebenfalls zum Heere abzugehen, wolle sich aber zuvor Ciceros entledigen, denn dieser wirke seinen Plänen zu sehr entgegen.

Die Verschworenen zeigten sich bestürzt, unschlüssig, und nur zwei Adelige boten ihm ihre Dienste an. Sie beschlossen, noch in der gleichen Nacht mit Bewaffneten wie zur Morgenaufwartung zu Cicero zu gehen und den Ahnungslosen in seinem eigenen Hause niederzustoßen. Als Curius sah, welche Gefahr dem Konsul drohte, ließ er ihm eiligst durch Fulvia den geplanten Anschlag verraten, und so wurden die Verschwörer bereits an der Tür abgewiesen.

Indessen wiegelte Manlius in Etrurien das niedere Volk auf, dazu Raubgesindel jeder Art, wovon es in dieser Gegend eine ganze Menge gab. Als Cicero davon Kunde erhielt, bewog ihn die Tatsache, daß er weder auf eigene Faust Rom vor Anschlägen mehr schützen konnte, noch über die Größe und Absichten des manlianischen Heeres genügend unterrichtet war, die Sache vor den Senat zu bringen. Nach kurzer Beratung faßten die Senatoren in einer so bedrohlichen Lage den Beschluß, die Konsuln sollten achtgeben, daß der Staat keinerlei Schaden leide. Diese Vollmacht ist wohl die umfassendste, die nach römischem Recht einem Staatsbeamten durch den Senat übertragen werden kann; er darf dann ein Heer aufstellen, Krieg führen, Bundesgenossen und Bürger mit allen Mitteln in Ruhe halten und daheim und im Felde uneingeschränkte Militärgewalt und Gerichtsbarkeit üben. Sonst aber steht ihm ohne besondere Zustimmung des Volkes keine von diesen Befugnissen zu.

Wenige Tage danach verlas im Senat einer der Senatoren eine Nachricht, wonach sich Caius Manlius am 27. Oktober in Faesulae mit einer großen

Schar bewaffnet habe. Zugleich tauchten überall Gerüchte auf von unheimlichen Dingen und Vorzeichen, Nachrichten von Zusammenkünften und Waffentransporten. Daraufhin wurden kraft eines Senatsbeschlusses höhere Offiziere in die umliegenden Orte geschickt und bevollmächtigt, im Falle einer Gefahr Truppen zu mobilisieren. Außerdem setzte der Senat für jede Mitteilung über die Verschwörung eine Belohnung aus, und zwar für einen Sklaven Freiheit und hunderttausend Sesterzen, für einen Freien Straflosigkeit in dieser Sache und zweihunderttausend Sesterzen. Weiterhin sollte in Rom ein Streifendienst eingerichtet und von niederen Staatsbeamten angeführt werden.

Catilina selbst hielt sich einige Tage im Gebiet von Arretium auf und versah die dort bereits aufgewiegelte Menge mit Waffen. Dann eilte er in das Lager zu Manlius. Als das in Rom bekannt wurde, erklärte der Senat Catilina und Manlius zu Staatsfeinden und setzte für alle übrigen Aufrührer eine Frist fest, in der sie noch straflos ihre Waffen niederlegen konnten, mit Ausnahme derer, die wegen eines schweren Verbrechens bereits verurteilt waren. Außerdem wurde beschlossen, daß der Konsul Antonius schleunigst mit seinem Heer gegen Catilina ziehen sollte, Cicero aber wurde mit dem Schutze der Stadt beauftragt.

In Rom selbst hatte der Verschwörer Lentulus zusammen mit anderen Anhängern Catilinas schon bedeutende Streitkräfte bereitgestellt und beschlossen, wenn Catilina mit seinem Heer in die Nähe vorrücken würde, sollte ein Volkstribun die Volksversammlung einberufen, über Ciceros Maßnahmen Klage führen und ihm die Schuld an dem Kriege zuschieben. Das aber sollte das Zeichen sein, daß in der darauffolgenden Nacht die übrigen Verschworenen ihre bestimmten Aufträge ausführten. Die Rollen waren dabei folgendermaßen verteilt: Zwei Mann sollten mit einer großen Schar an zwölf günstigen Stellen zugleich die Stadt anzünden, um sich in diesem Durcheinander um so leichter den Zugang zum Konsul und den übrigen, auf die es abgesehen war, zu bahnen. Einer sollte den Eingang von Ciceros Haus bewachen und ihn dann sogleich ermorden. Einige Söhne von Adeligen sollten ihre Väter umbringen und dann, wenn alles durch Mord und Brand in Aufruhr geraten sei, zu Catilina durchbrechen.

Nun hatte aber Cicero eine Gesandtschaft der Allobroger aus Gallien, die gerade in Rom weilte, angestiftet, sich mit den Verschwörern in Verbindung zu setzen und ihm schriftliches Beweismaterial zu liefern. Diese erklärten sich nun den Verschwörern gegenüber zur Mithilfe bereit, forderten aber eine schriftliche eidliche Zusage, um sie ihren Landsleuten zu schicken, die man sonst nicht für den Plan gewinnen könne. Die Verschwörer stellten sie ihnen nichtsahnend aus und gaben ihnen noch einen gewissen Titus Volturcius mit, damit er sie vor ihrer Weiterreise in die Heimat zu Catilina bringe.

Nachdem die Dinge soweit gediehen waren, erteilte Cicero, durch die Gesandten unterrichtet, in der für die Abreise festgesetzten Nacht zwei Offizieren den Befehl, auf der Mulvischen Brücke der ganzen Reisegesellschaft der Allobroger aufzulauern und sie zu verhaften. Die erfahrenen Soldaten stellten ihre Posten auf und besetzten befehlsgemäß in aller Stille die Brücke. Als die Gesandten mit Volturcius an die Stelle kamen, wurden sie sogleich umzingelt. Die Gallier ergaben sich. Volturcius rief zunächst die andern auf, sich zu wehren, kämpfte selbst verbissen mit dem Schwerte, ergab sich aber, als er sah, daß keine Hoffnung mehr für ihn bestand.

Die Offiziere übergaben sogleich alle Unterlagen dem Konsul. Cicero freute sich, die Gefahr nun endgültig aufgedeckt zu haben, sorgte sich aber zugleich, was mit so vielen einflußreichen Bürgern geschehen sollte, die an diesem schlimmen Verbrechen beteiligt waren. Dann faßte er sich ein Herz und ließ die bedeutendsten Verschwörer verhaften. Nur einer konnte auf die Kunde von der Entdeckung hin noch rechtzeitig aus der Stadt flüchten.

Während dieser Ereignisse in Rom organisierte Catilina seine Truppenmassen. Nur ein Teil von ihnen war mit ordentlichen Waffen ausgerüstet, drei Viertel verfügten nur über Spieße oder Lanzen, ja selbst nur über zugespitzte Pfähle. Als nun der Konsul Antonius mit seinem Heer immer näher rückte, marschierte Catilina durchs Gebirge, ohne dem Gegner Gelegenheit zum Kampf zu bieten. Er lebte immer noch in der Hoffnung, schon in den folgenden Tagen bedeutende Streitkräfte zur Hand zu haben, sobald das Unternehmen in Rom gelungen war.

Als aber im Lager die Nachricht eintraf, in Rom sei die Verschwörung aufgedeckt, die wichtigsten Männer seien bereits hingerichtet, verliefen sich die meisten, die nur in Hoffnung auf Beute oder aus Lust an dem Unternehmen teilgenommen hatten. Die übrigen führte Catilina durch rauhe Gebirge in Eilmärschen nach Norden, in der Hoffnung, heimlich auf Saumpfaden über die Alpen zu entkommen. Aber der Feldherr Qintus Metellus Celer wachte mit drei römischen Legionen in diesem Gebiet und brach, sobald er durch Überläufer von Catilinas Plan unterrichtet war, schleunigst mit dem Heere auf. Er lagerte unmittelbar am Fuße der Berge, gerade da, wo der andere herabkommen mußte, wenn er

sich nach Norden wenden wollte. Auch der Konsul Antonius befand sich mit seinem Heer in der Nähe.
Als Catilina sah, daß er von feindlichen Truppen eingeschlossen war und keine Aussicht auf Flucht oder Hilfe bestand, hielt er es für das beste, in dieser Lage das Kriegsglück zu versuchen, und beschloß, sobald wie möglich das Treffen zu wagen. Noch einmal forderte er die ihm verbliebenen Truppen in zündenden Worten auf, kühn mit ihm zusammen zu kämpfen, und dann führte er sie in die Ebene hinab, den Legionen entgegen. Die Truppen stürzten sich unter mächtigem Geschrei in frontalem Angriff aufeinander. Manlius fiel, in vorderster Reihe kämpfend. Als Catilina erkennen mußte, daß seine Truppen geschlagen waren, stürzte er sich selbst mit wenigen Leuten in die dichtesten Scharen der Feinde und wurde hier kämpfend durchbohrt.

Römer am Rhein

Caesar

Gaius Julius Caesar (100-44 v. Chr.) war nicht nur einer der bedeutendsten Staatsmänner und Feldherrn Roms, sondern zugleich auch ein beachtenswerter Schriftsteller. Ähnlich wie heute Politiker und Feldherrn schrieb er die Ereignisse seiner Zeit in zwei Werken nieder, dem »Gallischen Krieg« und dem »Bürgerkrieg«.
Im »Gallischen Krieg« berichtet er von der Eroberung Galliens, dem heutigen Frankreich, durch die unter seinem Oberbefehl stehenden Truppen. Selbstverständlich zeigt seine Darstellung eine starke persönliche Färbung, da er stets bemüht war, sich selbst als einen erfahrenen, klugen und erfolgreichen Feldherrn in den Mittelpunkt zu stellen. Er schreibt aber einfach und wahr, mit großer Anschaulichkeit, so daß seine Werke noch heute interessant zu lesen sind. Im Verlauf seiner Kämpfe in Gallien kam es verschiedentlich auch zu Zusammenstößen mit germanischen Stämmen. 55 v. Chr. überschritt Caesar im Zuge einer Verfolgungsaktion zum erstenmal den Rhein.

Caesar brach früher, als es sonst seine Gewohnheit war, zum Heer auf und fand, als er dort eintraf, seine Vermutungen bestätigt, daß germanische Stämme wiederum umherstreiften. Er bat daraufhin die Fürsten Galliens zu sich, beruhigte sie, sprach ihnen Mut zu und befahl ihnen, Reiter als Hilfstruppen zu stellen. Dann teilte er ihnen seinen Entschluß mit, gegen die Germanen zu kämpfen.
Nach den nötigen Vorkehrungen für die Versorgung der Truppen bot er Reiter auf und schickte sich an, in die Gegend zu marschieren, wo er mit den Germanen zusammentreffen mußte. Als er nur noch wenige Tagemärsche von ihnen entfernt war, schickten sie Gesandte zu ihm, die ihm mitteilten, daß sie die Römer nicht zuerst angreifen würden, es aber nicht ablehnten, sich mit ihnen im Kampfe zu messen. Sei es doch bei den Germanen von den Vätern übernommener Brauch, sich gegen jeden Angreifer zu wehren und nicht um Gnade zu bitten. Doch Caesar solle bedenken, daß sie, von Hause vertrieben, nur gegen ihren eigenen Willen

gekommen seien; wenn er ihre Freundschaft wünsche, könnten sie ihm bestimmt nützlich sein. Er solle ihnen Land zuteilen oder wenigstens zulassen, daß sie das mit Waffengewalt eroberte Land behielten. Sie würden allein vor den Sueben weichen, mit denen nicht einmal die unsterblichen Götter sich messen könnten. Sonst gäbe es niemanden auf der Welt, den sie nicht überwinden könnten.
In seiner Antwort betonte Caesar, daß zwischen ihm und ihnen keine Freundschaft bestehen könne, wenn sie in Gallien verblieben. Es gäbe hier kein unbewohntes Land, das einem so großen Volke zugewiesen werden könne. Wenn sie aber wollten, dürften sie sich im Gebiet der Ubier ansiedeln, deren Gesandte gerade bei ihnen seien, um sich über die Gewalttaten der Sueben zu beschweren.
Die Gesandten versprachen, Caesars Entscheidung ihren Stammesgenossen zu berichten und nach drei Tagen wieder zu ihm zurückzukehren. Sie baten ihn zugleich, er solle inzwischen nicht näher an sie heranrücken. Caesar versprach ihnen das nicht, da er erfahren hatte, daß ein großer Teil ihrer Reiterei einige Tage zuvor, um Beute zu machen und Getreide zu holen, über die Maas geschickt worden war. Er nahm an, daß sie auf diese Reiter warteten und nur aus diesem Grunde eine Frist gewinnen wollten.
Als Caesar bis auf zwölf Meilen an den Feind herangekommen war, kehrten die Gesandten zu ihm zurück und baten ihn nochmals dringend, er solle nicht weiter vorrücken. Zugleich forderten sie nochmals eine Frist von drei Tagen, um mit den Ubiern selbst über Caesars Vorschläge zu verhandeln. Caesar nahm an, daß sie immer noch auf die Rückkehr ihrer Reiter warteten, versprach ihnen aber trotzdem, an diesem Tage höchstens vier Meilen vorzurücken, um Wasser zu holen. Am nächsten Morgen sollten sie sich möglichst zahlreich bei ihm einfinden, damit er dann endgültig über ihre Forderungen entscheiden könne. Inzwischen richtete er an die vorausgerittene Reiterei den Befehl, sie sollten die Feinde nicht zum Kampf reizen und selbst für den Fall, daß diese sie herausfordern würden, sich defensiv verhalten, bis er selbst mit dem Heere näher herangerückt sei.
Doch obgleich die Germanen nur über achthundert Mann verfügten, da ein Teil ihrer Truppen noch nicht zurückgekehrt war, und die Zahl der römischen Reiter an die fünftausend betrug, überfielen sie trotzdem die Ahnungslosen, durchbohrten, ihrer Gewohnheit gemäß, die Pferde von unten, warfen mehrere Römer in den Staub, schlugen die übrigen in die Flucht und jagten sie vor sich her. Die überraschten Truppen waren so

erschreckt, daß sie erst zu fliehen aufhörten, als sie in Sichtweite des römischen Heeres kamen.

Nach diesem Gefecht glaubte Caesar, die Gesandten nicht mehr anhören und ihre Vorschläge nicht entgegennehmen zu dürfen, denn obwohl sie um Frieden gebeten hatten, waren sie auf gemeine, hinterlistige Weise über seine Reiter hergefallen. Zu warten aber, bis die Zahl der Feinde anstieg und die Reiterei zurückkehrte, hielt er für den Gipfel der Dummheit. Außerdem merkte er auch, daß die Germanen durch dieses eine Gefecht bei den ihn begleitenden Galliern an Ansehen gewonnen hatten. So glaubte er, ihnen keine Zeit zu neuen Plänen lassen zu dürfen, und beriet sich über die weiteren Absichten mit den Offizieren des Heeres.

Tags darauf kamen zahlreiche Germanen zu ihm ins Lager, einmal, um, wie es hieß, sich zu entschuldigen, daß sie entgegen ihrer Erklärung und eigenen Bitte am Tage zuvor die Reiter überfallen hätten, dann, um weiter zu verhandeln. Caesar freute sich, daß sie sich ihm so in die Hände gespielt hatten, und befahl, sie festzuhalten. Er selbst führte alle Truppen aus dem Lager heraus und ließ die durch das Gefecht etwas eingeschüchterte Reiterei den Heereszug beschließen.

Dann stellte er das Heer in drei Abteilungen auf, legte schnell den acht Meilen langen Weg zurück und erschien, ehe die Germanen nur merkten, was vorging, vor dem feindlichen Lager. Durch das rasche Auftauchen der Römer und durch die Abwesenheit ihrer Fürsten in großen Schrecken versetzt, wußten sie in ihrer Verwirrung nicht, ob sie das Lager verteidigen oder sich durch die Flucht retten sollten. Während sie noch schrien und durcheinanderrannten, brachen die römischen Soldaten voller Wut über den erfolgten Treubruch im Lager ein. Nur wenige konnten hier noch rasch zu den Waffen greifen und den Römern Widerstand leisten. Alle andern, auch Frauen und Kinder – denn die Germanen hatten mit ihren ganzen Familien den Rhein überschritten – flohen nach allen Richtungen, und zu ihrer Verfolgung schickte Caesar die Reiter aus.

Als die Germanen das Geschrei in ihrem Rücken hörten und sahen, wie ihre Leute niedergehauen wurden, warfen sie die Waffen fort, ließen ihre Feldzeichen im Stich und stürzten aus dem Lager. An dem Zusammenfluß von Mosel und Rhein angekommen, mußten sie die Hoffnung auf weitere Flucht aufgeben. Viele von ihnen wurden getötet, die übrigen stürzten sich in den Fluß und ertranken dort, von Schrecken, Erschöpfung und der Gewalt des Stromes überwältigt. Die Römer zogen sich ohne einen einzigen Verlust mit nur ganz wenigen Verwundeten ins Lager zurück. Caesar gab nun den im Lager Festgehaltenen die Erlaubnis, weg-

zugehen. Sie baten ihn aber aus Furcht vor den Galliern, deren Felder sie verwüstet hatten, um seinen Schutz, den er ihnen gnädig gewährte.
Nach Beendigung des Krieges beschloß Caesar, den Rhein zu überschreiten; denn als er sah, daß die Germanen sich so leicht verleiten ließen, nach Gallien vorzudringen, wollte er ihnen Furcht einjagen und beweisen, daß ein römisches Heer es fertigbringe und wage, über den Rhein zu setzen. Dazu kam noch, daß die Reiterei der von ihm vernichteten Usipeter und Tenkterer, die, wie schon erwähnt, auf Beute ausgezogen war und nicht am Kampf teilgenommen hatte, nach der Flucht und der Vernichtung ihrer Stammesgenossen sich über den Rhein ins Gebiet der Sugambrer zurückgezogen und sich mit diesen verbündet hatten. Als Caesar Boten zu ihnen schickte mit der Forderung, ihm die Krieger auszuliefern, die Gallien angegriffen hatten, antworteten sie, daß der Rhein die Grenze der Herrschaft des römischen Volkes sei. Wenn er es für unbillig erachte, daß gegen seinen Willen Germanen nach Gallien hinüberkämen, warum fordere er dann Macht und Herrschaft rechts des Rheines? Schließlich baten die Ubier, die als einzige von den rechtsrheinischen Stämmen Gesandte geschickt, Freundschaft geschlossen und Geiseln gestellt hatten, dringend, er solle ihnen Hilfe bringen, weil sie von den Sueben schwer heimgesucht würden. Sie erklärten sich außerdem bereit, Schiffe für die Überquerung des Rheins zur Verfügung zu stellen.
Das waren Gründe genug für Caesar, um über den Rhein zu setzen. Jedoch empfand er es als unter der Würde des römischen Volkes, auf Schiffen überzusetzen, und entschloß sich, trotz großer Schwierigkeiten wegen der Breite, Strömung und Tiefe des Flusses, dennoch eine Brücke zu bauen. Sein Unternehmen führte er auf folgende Art durch: Je zwei anderthalb Fuß dicke und hinten ein wenig zugespitzte Balken, deren Länge der Tiefe des Flusses entsprachen, verband er in einem Zwischenraum von zwei Fuß miteinander und ließ sie fest in das Flußbett einrammen, aber nicht wie gewöhnliche Brückenpfähle, sondern schräg, so daß sie sich nach der Flußrichtung hin neigten. Mit einem Zwischenraum von etwa vierzig Fuß ließ er ihnen gegenüber auf der stromabwärts gelegenen Seite ebenfalls solche miteinander verbundenen Balken gegen die starke Flußströmung hin geneigt einrammen. Diese Pfahlpaare wurden dann durch in Bogen eingelassene zwei Fuß dicke Querbalken auf beiden Seiten mittels Klammerpaaren an den Enden auseinandergehalten. Je stärker der Andrang des Wassers war, desto fester mußten die Balken zusammengepreßt werden. Sie wurden noch durch andere der Länge nach aufgelegte Balken verbunden und mit Brettern und Reisig bedeckt. Außerdem wur-

den Pfosten oberhalb der Brücke in mäßiger Entfernung eingerammt, um als Wellenbrecher und Schutz vor Baumstümpfen und Stämmen zu dienen, die von den Germanen zur Zerstörung des Baues stromabwärts geschickt wurden.

Innerhalb von zehn Tagen schafften die Römer das Material herbei und vollendeten das Werk. Dann ließ Caesar an beiden Brückenköpfen eine starke Besatzung zurück, führte das Heer hinüber und marschierte in das Gebiet der Sugambrer. Inzwischen kamen von mehreren Stämmen schon Gesandte mit der Bitte um Frieden und Freundschaft. Caesar ließ sich Geiseln stellen und entsprach dann gnädigst ihren Wünschen. Die Sugambrer jedoch bereiteten von dem Tage an, da die Römer den Brükkenbau begonnen hatten, ihre Flucht vor und wanderten auf den Rat der Tenkterer und Usipeter aus ihren Gebieten aus, nahmen alle ihre Habe mit und versteckten sich in der Wildnis der Wälder.

Caesar blieb jedoch nur wenige Tage im Feindesland, ließ Dörfer und Häuser niederbrennen, das Getreide schneiden und zog sich dann in das Land der Ubier zurück. Als er ihnen seinen Beistand versprach, falls sie von den Sueben bedrängt würden, erfuhr er von ihnen, daß die Sueben während der Zeit des Brückenbaus eine Versammlung abgehalten und nach allen Richtungen Boten ausgesandt hätten, man solle die Städte verlassen, mit Frauen, Kindern und aller Habe sich in den Wäldern verstecken und alle waffenfähigen Männer an einem Platze sich sammeln lassen. Dazu sei ungefähr die Mitte des Suebischen Gebietes gewählt worden. Sie erwarteten die Ankunft der Römer und hätten beschlossen, dort den Entscheidungskampf zu kämpfen. Als Caesar dies erfuhr, glaubte er, das Ziel seines Unternehmens erreicht zu haben. Er wollte den Germanen Schrecken einjagen, an den Sugambrern Rache nehmen und die Ubier von ihrer Bedrängnis befreien. Er meinte nach einem achtzehntägigen Aufenthalt rechts des Rheins genug zu Ruhm und Nutzen des römischen Volkes getan zu haben, zog sich mit seinen Truppen nach Gallien zurück und ließ die Brücke wieder abbrechen.

Tafel rechts: Die »Gemma Augustea« (oben). Im oberen Teil thront Augustus neben der Göttin Roma und empfängt seinen Stiefsohn Tiberius, der über die Barbaren triumphiert. Im unteren Teil sind die im Triumphzug mitgeführten Barbaren gezeigt.

Unten: Relief vom Titusbogen in Rom. Es erinnert an die Einnahme Jerusalems 70 n. Chr. durch Titus und die Zerstörung des Tempels. Die Römer schleppen die heiligen Gegenstände, darunter den siebenarmigen Leuchter, weg.

Mohammed bei seiner letzten Predigt in der Moschee zu Medina.

Die Taten des Kaisers

Augustus

Als einziger römischer Kaiser hat Augustus einen ausführlichen Bericht über seine Taten und seine Leistungen für den römischen Staat und das römische Volk hinterlassen. Über den Zweck dieser Aufzeichnung gehen die Meinungen auseinander. Die einen nennen sie ein politisches Testament, die anderen eine Rechtfertigung, die dritten eine Grabschrift und die vierten einen politischen Rechenschaftsbericht. Und wenn Augustus in diesem Werk auch seine persönlichen Erfolge in jeder Hinsicht herausstreicht, so haben wir hier doch eines der wichtigsten Dokumente der frühen Kaiserzeit und zugleich einen »Augenzeugenbericht« besonderer Art vorliegen, denn wir lernen hier in einer kurzen Übersicht das römische Leben, die Vergnügungssucht und den Ausbau der Stadt zur glänzenden Metropole der Mittelmeerwelt genauso kennen wie die Außenpolitik des Kaisers, der sich ja selbst nur Princeps, »der erste Mann des Staates«, nannte, seine Feldzüge und sein Bemühen um den Frieden im römischen Weltreich.

Im Alter von neunzehn Jahren brachte ich aus eigenem Entschluß und mit eigenen Mitteln ein Heer auf, mit dessen Hilfe ich den unterdrückten Staat von der Gewaltherrschaft einer Partei befreite. Der Senat nahm mich deshalb durch Ehrenbeschlüsse in seine Reihen auf, verlieh mir den Rang eines Konsuls und gab mir den militärischen Oberbefehl. Das Volk wählte mich im gleichen Jahre zum Konsul und übertrug mir die Neuordnung des Staates.

Ich habe Kriege zu Wasser und zu Lande auf dem ganzen Erdkreis geführt und als Sieger alle Bürger, die um Verzeihung baten, geschont, denn fremde Völker, denen man mit Sicherheit verzeihen konnte, wollte ich lieber erhalten als ausrotten.

Ungefähr eine halbe Million römischer Bürger standen unter meinen Fahnen. Von ihnen habe ich einen guten Teil, mehr als dreihunderttausend, am Ende ihrer Dienstzeit in Kolonien oder Landstädten angesiedelt und ihnen Äcker oder Geld als Belohnung für den Kriegsdienst gegeben.

Während meiner Kriege erbeutete ich insgesamt sechshundert größere Schiffe. Zweimal habe ich einen kleinen Triumphzug gefeiert, dreimal einen großen, und einundzwanzigmal bin ich als siegreicher Oberbefehlshaber begrüßt worden. Ja, viermal habe ich sogar auf die Ehre eines Triumphzuges verzichtet. Wegen der von mir oder durch meine Unterfeldherrn unter meinem Oberbefehl zu Wasser und zu Lande glücklich vollbrachten Taten beschloß der Senat fünfundfünfzigmal, den unsterblichen Göttern Dankfeste abzuhalten. An achthundertneunzig Tagen aber wurden, ebenfalls auf Senatsbeschluß, Dankgebete abgehalten.

Bei meinen Triumphen führte ich neun Könige oder Königskinder als Gefangene vor meinem Wagen.

Die Diktatur, die alleinige Herrschaft, die mir in meiner Abwesenheit und in meiner Gegenwart sowohl vom Volke als auch vom Senat angeboten wurde, nahm ich nicht an. Jedoch habe ich es nicht abgelehnt, bei einer sehr empfindlichen Getreideknappheit den Markt mit den nötigen Reserven zu versorgen, so daß innerhalb weniger Tage die gesamte Bürgerschaft von der Furcht einer Hungersnot befreit war. Als mir damals das Konsulat für Lebensdauer angetragen wurde, habe ich ebenfalls abgelehnt, so wie ich auch kein anderes Amt angenommen habe, das mir gegen den Brauch der Vorfahren übertragen werden sollte.

Zehn Jahre hindurch war ich Mitglied des Triumvirates, des Dreimännerkollegiums zur Ordnung des Staates. Erster des Senats war ich bis zu dem Tage, an dem ich dies niederschreibe, insgesamt vierzig Jahre lang. Darüber hinaus bekleidete ich noch wichtige Priesterämter.

Durch neue, auf meine Veranlassung eingebrachte Gesetze habe ich zahlreiche vorbildliche Sitten der Vorfahren, die man schon lange nicht mehr beachtet hatte, wieder eingeführt und selbst für viele Dinge nachahmenswerte Beispiele der Nachwelt überliefert.

In jedem fünften Jahre beschloß der Senat, durch die Konsuln und Priester Gelübde für mein Wohlergehen darzubringen, aber auch die Bürger haben einträchtig immer wieder in allen Tempeln für mein Wohlergehen Bittfeiern abgehalten.

Auf Grund eines Senatsbeschlusses wurde mir einmal ein Teil der obersten Staatsbeamten und der Volkstribunen mit dem Konsul Quintus Lucretius nach Campanien entgegengeschickt. Als ich nach glücklich vollbrachten Taten aus Spanien und Gallien nach Rom zurückkehrte, beantragte der Senat, den Altar des »Augustus-Friedens« beim Marsfeld für meine Rückkehr zu weihen. Dort sollten die Behörden, die Priester und die Priesterinnen nach seinem Befehl ein jährliches Opfer darbringen.

Während meiner Herrschaft wurden dreimal die Tore des Janus-Tempels geschlossen. Das bedeutete, daß im ganzen Herrschaftsbereich des römischen Volkes zu Wasser und zu Lande ein durch Siege errungener Friede herrschte. Seit der Gründung Roms bis zu meiner Geburt war das, der Überlieferung nach, überhaupt nur zweimal der Fall!
Dem römischen Volke habe ich Mann für Mann dreihundert Sesterzen aus dem Erbe meines Adoptivvaters Caesar ausgezahlt und in meinem Namen noch dreimal je vierhundert Sesterzen aus der Kriegsbeute und aus meinem persönlichen Vermögen geschenkt. Ferner habe ich aus eigenen Mitteln zwölf Getreidespenden ausgeteilt. Diese meine Spenden kamen niemals weniger als zweihundertfünfzigtausend Menschen zugute. Im achtzehnten Jahre meiner Herrschaft habe ich dreihundertzwanzigtausend Einwohnern der Stadt je Person sechzig Denare geschenkt. Ferner gab ich den Siedlern unter meinen Soldaten aus der Kriegsbeute Mann für Mann tausend Sesterzen, und das unter ungefähr einhundertzwanzigtausend Mann. Ferner gab ich nochmals mehr als zweihunderttausend Menschen, die damals öffentliche Getreidespenden erhielten, je sechzig Denare.
Ungefähr sechshundert Millionen Sesterzen habe ich für Grundstücke in Italien und zweihundertsechzig Millionen für Ländereien in den Provinzen bezahlt, die ich den Soldaten zuweisen konnte. Auch habe ich den Soldaten, die ich nach abgeleisteter Dienstzeit in ihre Gemeinden entließ, ihre Belohnungen in barem Gelde ausbezahlt, wofür ich ungefähr vierhundert Millionen Sesterzen aufwenden mußte.
Viermal habe ich die Staatskasse mit je einhundertfünfzig Millionen Sesterzen unterstützt.
Ich ließ ein neues Sitzungsgebäude für den Senat und zahlreiche Tempel errichten sowie das Kapitol und das Theater des Pompejus mit großem Aufwand wiederherstellen, ohne daß ich dabei irgendwo meinen Namen verewigte. Dann sorgte ich dafür, daß die Wasserleitungen, die an mehreren Stellen infolge ihres Alters verfielen, wiederhergestellt und zum Teil in ihrer Leistung sogar verdoppelt wurden. Auch Straßen und wichtige Brücken ließ ich sorgfältig ausbessern.
Dreimal wurden in meinem Namen und fünfmal im Namen meiner Söhne und Enkel Gladiatorenspiele in Rom abgehalten, bei denen ungefähr zehntausend Menschen kämpften. Zweimal bot ich dem Volke das Schauspiel von Ringkämpfen aus aller Welt, viermal veranstaltete ich in meinem Namen und dreiundzwanzigmal an Stelle von anderen Beamten Zirkusspiele. Dazu kamen noch sechsundzwanzig Jagden afrikanischer

Tiere im Zirkus, auf dem Forum oder in den Theatern, wobei ungefähr dreitausendfünfhundert Tiere erlegt wurden. Jenseits des Tibers, wo jetzt der Hain der Caesaren liegt, ließ ich den Boden in einer Länge von eintausendachthundert und in einer Breite von eintausendzweihundert Fuß ausheben und gab hier das Schauspiel einer Seeschlacht, bei der dreißig mit Rammspornen versehene Drei- oder Zweiruderer und noch eine größere Anzahl kleinerer Schiffe miteinander kämpften, die über eine Besatzung von etwa dreitausend Mann verfügten.
Das Meer säuberte ich von Seeräubern und habe auch fast dreißigtausend Sklaven, die ihren Herren entlaufen waren und die Waffen gegen den Staat ergriffen hatten, ihren Herren zur Bestrafung übergeben. Ganz Italien leistete mir den Treueid aus freiem Entschluß und forderte mich auf, die Führung in dem Kriege zu übernehmen, in dem ich bei Actium siegte. Den gleichen Treueid leisteten mir die Provinzen Gallien, Spanien, Afrika, Sizilien und Sardinien. Unter meinem Feldzeichen leisteten mehr als siebenhundert Senatoren und ungefähr einhundertsiebzig Priester Kriegsdienste.
Das Gebiet aller Provinzen des römischen Volkes, die feindliche Völkerschaften als Nachbarn hatten, habe ich erweitert. Die Provinzen Gallien, Spanien und Germanien bis an die Mündung des Elbstromes wurden von mir befriedet. Meine Flotte segelte über den Ozean hin von der Rheinmündung zur östlichen Gegend bis zum Gebiet der Kimbern, wohin weder zu Land noch zur See vor dieser Zeit jemals ein Römer gekommen war. Verschiedene germanische Völkerschaften erbaten meine und des römischen Volkes Freundschaft. Auf meinen Befehl zogen zwei Heere fast gleichzeitig nach Äthiopien und nach dem sogenannten »Glücklichen Arabien«, die zahlreiche Feinde töteten und mehrere feste Siedlungen einnahmen. In Äthiopien gelangte man bis zur Stadt Napata, in Arabien bis in das Gebiet der Sabäer zur Stadt Mariba. Auch Ägypten habe ich dem römischen Reich eingegliedert. Nach der Ermordung des Königs Artaxes von Armenien hätte sich dessen Land leicht in eine römische Provinz umwandeln lassen, ich aber zog es vor, dieses Königreich selbstständig zu lassen und einem Nachfolger zu übergeben. Obwohl das gleiche Volk später abfiel und den Krieg wieder aufnahm und durch meinen Sohn Gaius gezähmt werden mußte, überließ ich ihm auch weiterhin seine Selbständigkeit. Alle Provinzen, die sich jenseits des adriatischen Meeres nach Osten erstrecken, sowie Kyrene in Nordafrika, großenteils schon im Besitze von Königen, habe ich wieder zurückgewonnen und Militärkolonien in Afrika, Sizilien, Makedonien, Spanien, Asien, Syrien und Gallien

eingerichtet. Italien besitzt nun achtundzwanzig auf meine Veranlassung hin angelegte Kolonien, die zu meinen Lebzeiten äußerst erfolgreich und blühend gewesen sind.

Mehrere römische Feldzeichen, die unter anderen Feldherren verlorengegangen waren, habe ich nach völliger Besiegung der Feinde zurückgewonnen. Die Parther in Asien zwang ich, mir die Beutestücke und Feldzeichen von gleich drei römischen Heeren zurückzugeben und demütig bittend um die Freundschaft des römischen Volkes nachzusuchen. Die Völker der Pannonier, zu denen vor meiner Herrschaft nie ein Heer des römischen Volkes gelangt war, besiegte ich durch einen meiner Feldherrn, unterwarf sie der Befehlsgewalt des römischen Volkes und erweiterte damit das römische Herrschaftsgebiet bis an die Ufer des Donaustroms. Diesseits dieses Stromes wurde ein Heer der Daker, das den Fluß überschritten hatte, unter meinem Oberbefehl besiegt und vernichtet. Und später zwang mein Heer, das die Donau überschritten hatte, die Völker der Daker, die Befehle des römischen Volkes auf sich zu nehmen.

Selbst aus Indien kamen oft Gesandtschaften von Königen, wie sie niemals vor dieser Zeit bei einem römischen Feldherrn gesehen worden waren. Unsere Freundschaft erstrebten auch zahlreiche andere Völker, die zuvor mit Rom keinerlei Beziehungen und Gesandtschaften und Freundschaften gepflegt hatten.

Nach Beendigung der Bürgerkriege habe ich, obgleich durch einmütigen Wunsch der Bürger allein mit aller Gewalt ausgestattet, den Staat aus meiner Amtsgewalt wieder dem Ermessen des Senats und des römischen Volkes überantwortet. Für dieses mein Verdienst wurde ich auf Beschluß des Senates Augustus, der Erhabene, genannt, und die Tür meines Hauses wurde mit Lorbeerkränzen geschmückt. Der Senat ließ ein goldenes Schild in seiner Amtshalle aufstellen, auf dem eine Inschrift meine Tapferkeit und Milde, meine Gerechtigkeit und Frömmigkeit bedeutet hat. Seit dieser Zeit übertraf ich an Machteinfluß alle, an Amtsgewalt aber besaß ich um nichts mehr als die übrigen, die mir in jedem Amte Amtsgenossen gewesen sind. Schließlich ernannten mich der Senat und das gesamte römische Volk zum »Vater des Vaterlandes« und beschlossen, dies solle in der Vorhalle meines Hauses, in der Senatshalle und auf dem Markte verzeichnet werden.

Als ich dies schrieb, stand ich im sechsundsiebzigsten Jahre meines Lebens.

Das römische Kaiserreich

Unter Octavian, dem Großneffen Cäsars, fand Rom nach blutigen Wirren endlich Ruhe. Nach Ausscheidung aller Gegner stand Octavian allein an der Spitze des Staates. In freiwilliger Selbstbescheidung schuf er eine neue Staatsform, das Prinzipat, die Herrschaft des »ersten« Mannes.
Die römischen Kaiser der ersten drei Jahrhunderte bauten auf Augustus auf und dehnten die Herrschaft Roms fast über die gesamte abendländische Welt aus. Edle, verantwortungsbewußte Herrscher wechselten mit größenwahnsinnigen Gestalten; Philosophen, Staatsmänner, Krieger und Abenteurer bestiegen den Thron. Zur gleichen Zeit aber wurde die Lehre Christi hinausgetragen in alle Teile des Reiches. Jahrhunderte hindurch galten die Christen als Staatsfeinde und wurden mehrfach blutigen Verfolgungen ausgesetzt.
Nach außen hin wechselten Zeiten offensiven Vorgehens mit Epochen, in denen sich die Kaiser auf die Verteidigung der Reichsgrenzen beschränkten. Von entscheidender Bedeutung aber ist, daß durch die Verbreitung römischen Kulturerbes, Rom die Grundlagen der abendländisch-mittelalterlichen Kultur schuf.
Vom 2. Jahrhundert n. Chr. an verlor auch Rom an Bedeutung. Unter Konstantin dem Großen vollzog sich dann ein doppelter Wandel. Das bisher so geschmähte Christentum wurde anerkannt, und das politische Schwergewicht verlagerte sich nach dem Osten in die neue Hauptstadt des Kaisers, nach Konstantinopel. Rom jedoch behielt in einem anderen Sinne seine Bedeutung: als Papststadt.

---

31 v. Chr. bis 14 n. Chr.	Augustus
etwa 6/7	*Geburt Jesu*
9	Schlacht im Teutoburger Wald
14–68	*Julisch-claudisches Kaiserhaus*
14–16	Germanicus in Germanien
54–68	Nero
69–96	*Flavisches Haus*
70	Zerstörung Jerusalems
96–192	*Die Adoptivkaiser*
193	Vierkaiserjahr
193–235	*Severische Kaiser*
235–325	*Die Soldatenkaiser*
284–305	*Diokletian*
303	*Letzte große Christenverfolgung*
312	Konstantin siegt an der milvischen Brücke vor Rom
325–337	*Konstantin d. Gr.*
361–363	*Julian Apostata*
363	Kampf gegen Persien
395	*Reichsteilung in West- und Ostrom*
476	*Ende des Weströmischen Reiches*

(Geradestehende Zeilen verweisen auf Texte in diesem Buch)

Kampf in Wald und Sumpf

Tacitus

Publius Cornelius Tacitus wurde um das Jahr 55 n. Chr. als Sohn eines römischen Ritters geboren und bekleidete im Lauf seines Lebens zahlreiche hohe Ämter des Kaiserreiches. Daneben fand er aber Zeit, sich in einer Reihe von Werken mit der Geschichte Roms auseinanderzusetzen. In den »Annalen« berichtet er über die Ereignisse nach dem Tod des Augustus bis zum Jahre 68, die »Historien« behandeln dann die folgende Epoche bis zum Jahr 96 n. Chr. Beide Werke sind uns nur unvollständig erhalten. Das besondere Interesse des Tacitus galt den einzelnen bedeutenden Persönlichkeiten, deren Handeln er genau zu analysieren versuchte. Dabei bleibt er nicht immer objektiv, sondern verzeichnet auch manche Herrscher, wie etwa Tiberius. Das hängt nicht zuletzt damit zusammen, daß besonders in den »Annalen« die Geschichte nicht nur Kenntnisse vermitteln, sondern auch erzieherisch wirken soll. Die folgenden Kapitel aus den »Annalen« berichten von den Kämpfen der Römer unter Germanicus, dem Neffen des Kaisers Tiberius, gegen die Germanen im Jahr 15. In ihnen spiegeln sich nochmals die berühmten Ereignisse des Jahres 9 n. Chr. mit der Schlacht im Teutoburger Wald, wo der Cheruskerfürst Armin drei römische Legionen unter ihrem Feldherrn Varus vernichtete. Der hier geschilderte Feldzug des Germanicus richtete sich wieder gegen Armin; die Römer zogen sich aber ein Jahr später endgültig aus Germanien zurück und beschränkten sich weitgehend auf linksrheinisches Gebiet.

Damit der Krieg sich nicht als ein einheitlicher Vorstoß gestalte, schickte Germanicus einen Teil der römischen Truppen durch das Land der Brukterer an die Ems, um die feindlichen Massen zu spalten. Der Präfekt Pedo mußte die Reiterei durch das Gebiet der Friesen führen, und er selbst schiffte sich mit vier Legionen ein und fuhr über die Seen. Die Fußtruppen, die Reiterei und die Flotte trafen dann gleichzeitig an der oberen Ems zusammen. Der germanische Stamm der Chauken, der Hilfstruppen anbot, wurde zur Teilnahme am Feldzug herangezogen. Die Brukterer verbrannten selbst ihre Ortschaften und wurden von den leichtbewaffne-

ten Fußtruppen der Römer in die Flucht geschlagen. Beim Plündern fanden sie den Adler, das Feldzeichen der 19. Legion, die mit Varus bei der Schlacht im Teutoburger Wald zugrunde gegangen war. Das Heer zog nun bis in die entlegensten Teile des Brukterergebietes und verwüstete alles Land zwischen Ems und Lippe.
Nun waren die Truppen aber dem Teutoburger Walde, in dem, wie es hieß, die Reste der Legionen und ihres Feldherrn Varus unbestattet lagen, nicht mehr fern. Germanicus wünschte daher, den Soldaten und ihren Feldherrn die letzten Ehren zu erweisen, auch das Heer selbst war in wehmütiger Stimmung. Man dachte an die toten Verwandten und Freunde, an das launische Kriegsglück und das Los der Menschen. Einer der Offiziere, Caecina, wurde vorausgeschickt, die dunklen Waldschluchten zu erforschen und Brücken und Dämme über die feuchten Sümpfe und trügerischen Moorwiesen zu bauen. Dann kamen die Truppen selbst an die traurige Stätte, die einen grauenvollen Anblick gewährte und so schaudervolle Erinnerungen barg.
Der Umfang und die Absteckung des Hauptplatzes deuteten bei dem ersten Lager des Varus deutlich darauf hin, daß die drei Legionen daran gearbeitet hatten. An dem halbeingestürzten Wall und dem flachen Graben erkannte man dann den Platz, an dem die bereits zusammengeschmolzenen Reste der Truppen gelagert hatten. Mitten auf dem Felde lagen bleichende Knochen, bald einzeln, bald haufenweise, je nachdem sie von einer flüchtenden oder kämpfenden Abteilung herrührten. Daneben fanden sich zerbrochene Waffen und Pferdegerippe, an den Bäumen waren Menschenschädel befestigt. In den Hainen in der Nähe standen die Altäre der Germanen, an denen man die Tribunen und die höheren Offiziere geopfert hatte. Soldaten, die lebend aus jener Niederlage davongekommen waren und sich hatten retten können, zeigten nun die Stellen, wo die Legaten in den Staub gesunken, wo die Feldzeichen verlorengegangen waren, wo Varus die erste Wunde erhalten und wo der Unselige sich mit eigener Hand den Todesstoß gegeben hatte. Sie zeigten auch die Tribüne, von der aus Arminius, der germanische Feldherr, zu seinem versammelten Heere gesprochen hatte, wo er über die Galgen und Martergruben für die Gefangenen sprach und im Hochgefühl seines Sieges über die römischen Feldzeichen spottete.
So begrub das römische Heer sechs Jahre nach dem unglücklichen Ereignis unter dem wachsenden Ingrimm gegen die Feinde, Trauer und Haß im Herzen, die Gebeine der drei Legionen. Keiner wußte, ob er die Reste Fremder oder die seiner Angehörigen mit Erde überdeckte. Man

sah in allen Freunde und Blutsverwandte. Das erste Rasenstück zu dem Grabhügel legte Germanicus selbst. Den Toten erwies er den ersehnten letzten Dienst, die Lebenden tröstete er in ihrem Schmerz.
Dann folgte er mit seinem Heer Arminius, der in die ungangbare Wildnis zurückwich. Sobald er Fühlung mit ihm hatte, ließ er die Reiterei ausschwärmen und befahl, das vom Feinde besetzte Feld zu nehmen. Arminius sammelte daraufhin seine Truppen, ließ sie bis an den Waldsaum zurückweichen und machte dann unvermutet kehrt. Dann gab er den auf den Höhen verborgenen Abteilungen das Zeichen zum Hervorbrechen. Dadurch wurde die Reiterei in Verwirrung gebracht. Die zu Hilfe geschickten Bundesgenossen gerieten unter die Fliehenden und vergrößerten nur noch die Unordnung. Sie wären in einen gefährlichen Sumpf gedrängt worden, wenn nicht Germanicus die Legionen herbeigeführt und in Schlachtordnung aufgestellt hätte. Das schreckte die Feinde und gab den römischen Soldaten Mut, und der Kampf wurde ohne Entscheidung abgebrochen. Dann führte Germanicus das Heer an die Ems zurück und ließ auch die Legionen zu Schiff, so wie sie gekommen waren, zurückbefördern. Ein Teil der Reiterei erhielt Befehl, an der Küste entlang bis zum Rhein zu ziehen.
Caecina behielt seine Truppe und wurde angewiesen, bei seinem Rückmarsch die sogenannten »Langen Brücken« möglichst bald zu überschreiten. Diese »Langen Brücken« bilden einen schmalen Verkehrsweg durch weite Moorstrecken. Ein Statthalter des Augustus hatte sie als eine Art Knüppeldämme einst angelegt. Ringsherum war Sumpf, teils zähes schlammiges Erdreich, teils schwer passierbare Bäche. Zu beiden Seiten stiegen Hügel auf, die jetzt Arminius besetzt hielt, der auf kürzerem Wege in Eilmärschen vorgerückt und den mit Gepäck und Waffen beladenen römischen Soldaten zuvorgekommen war.
Caecina wußte nicht, wie er die altersschwachen Brücken ausbessern und zu gleicher Zeit die Feinde abwehren sollte. Er beschloß, dort, wo er gerade stand, ein Lager aufzuschlagen, damit ein Teil seiner Truppen die Brückenarbeiten, ein anderer Teil den Kampf mit den Feinden aufnehmen konnte.
Die Germanen versuchten nun, die Postenketten zu durchbrechen und an die Arbeitenden heranzukommen. Dabei unternahmen sie Umgehungsversuche und offene Angriffe. Arbeits- und Schlachtlärm hallten durcheinander. Für die Römer war alles in gleicher Weise ungünstig: das grundlos morastige Gelände, wo man nicht sicher stehen konnte und bei jedem Schritt ausglitt, und die schweren Panzer, die sie trugen;

auch konnten sie in den Wassern kaum die Speere schleudern. Dagegen waren die Cherusker an den Kampf in Sümpfen gewöhnt. Ihre mächtigen Gestalten, ihre gewaltigen Lanzen ermöglichten ihnen, noch aus ziemlich großer Entfernung ihre Gegner zu verwunden. Erst die Nacht befreite die schon wankenden Legionen von dem unglücklichen Kampf.

Bei den Germanen ließ der glückliche Erfolg keine Müdigkeit aufkommen. Sie gönnten sich auch jetzt keine Ruhe, sondern leiteten alle Wasserläufe, die rings auf den Höhen entsprangen, in das Tal. Es gab eine Überschwemmung, und was von den Verschanzungen fertiggestellt war, stürzte ein; die Soldaten hatten nun die doppelte Arbeit.

Caecina war ein altgedienter, erfahrener Offizier. Er verlor auch jetzt nicht den Mut und überlegte, was zu tun sei, fand aber keinen anderen Ausweg, als die Feinde in den Wäldern so lange festzuhalten, bis die Verwundeten und die schwerbeweglichen Teile des Zuges einen Vorsprung gewonnen hätten. Zwischen den Bergen und dem Sumpf zog sich nämlich eine ebene Strecke hin, auf der sich eine schmale Schlachtlinie entfalten konnte. Der 5. Legion wurde der rechte Flügel angewiesen, der 21. der linke, die 1. sollte den Zug eröffnen, die 20. den Verfolgern entgegentreten.

Es gab eine unruhige Nacht. In den Tälern und auf den Höhen hörte man den Gesang und das Geschrei der Germanen; bei den Römern brannten nur schwache Feuer, rührte sich kaum etwas. Die Soldaten lagen auf den Wällen, streiften zwischen den Zelten umher und verbrachten die Nacht schlaflos. Auch der Feldherr selbst hatte eine böse Nacht. Er sah im Traum Varus blutbefleckt aus dem Sumpfe sich emporrecken und hörte ihn rufen, doch folgte er ihm nicht und stieß die Hand, die er ihm entgegenstreckte, zurück.

Der Tag brach an. Die auf den Flanken aufgestellten Legionen verließen, sei es aus Furcht, sei es aus Trotz, ihren Platz und besetzten schnell das ebene Feld jenseits des Moores. Trotzdem brach Arminius nicht sofort hervor, obgleich er jetzt freie Bahn hatte. Erst als das Gepäck im Sumpf und in den Gräben steckenblieb, als die Soldaten aus der Ordnung gerieten, die einzelnen Glieder nicht mehr klar erkennbar waren und, wie es in solchen Fällen zu gehen pflegt, jeder schnell vorwärtszukommen suchte und für die Befehle nicht mehr recht Ohr hatte, befahl er den Angriff und stürmte unter dem Ruf: »Seht da! Varus und seine noch einmal vom Schicksal ereilten Legionen!« hervor. Dabei durchbrach er mit einer auserlesenen Truppe den Zug und verwundete namentlich die Pferde. Diese glitten in ihrem eigenen Blut und dem schlüpfrigen

Morast aus, warfen ihre Reiter ab, jagten auseinander, rannten nieder, was ihnen in den Weg kam, und zertraten die am Boden Liegenden. Die größte Not bereiteten die Feldzeichen, denn sie konnten nicht den andringenden Speeren entgegengeführt, konnten aber auch nicht in dem Sumpfboden aufgepflanzt werden. Während Caecina die Schlacht zu halten sich bemühte, glitt er von seinem durchbohrten Roß herab und wäre umzingelt worden, wenn sich nicht die 1. Legion den Feinden in den Weg geworfen hätte. Die Habgier der Feinde kam den Römern zustatten; sie ließen das Morden und machten sich über die Beute her. Als der Tag sich neigte, arbeiteten sich endlich die Legionen aufs freie Feld hinaus.

Aber damit hatten die Leiden noch nicht ihr Ende erreicht. Ein Wall mußte aufgeführt, Erde für den Damm herbeigeschafft werden; die Werkzeuge jedoch, mit denen die Erde ausgehoben und der Rasen gestochen wird, waren großenteils verlorengegangen. Die Mannschaften hatten keine Zelte, kein Verbandszeug, um die Verwundeten zu versorgen. Mit Morast und mit Blut besudelte Speisen kamen zur Verteilung, und alles klagte über die grabesdunkle Nacht und jammerte, daß so vielen tausend Soldaten nur noch ein Tag zu leben beschieden sei.

Ein Pferd hatte sich losgerissen, es streifte umher, und durch den Lärm scheu gemacht, rannte es einige Leute, die ihm in den Weg traten, um. Da dachten die Soldaten, es seien die Germanen. Alles strömte den Toren zu, und es entstand eine furchtbare Panik. Namentlich das Haupttor des Lagers wurde bestürmt, weil es sich nach der vom Feinde abgelegenen Seite zu öffnete und eine günstige Möglichkeit zur Flucht zu bieten schien.

Caecina stellte fest, daß die Bestürzung grundlos war, konnte aber trotzdem weder mit Befehlen noch mit Bitten, ja auch nicht mit Gewalt Einhalt gebieten und die Leute zurückhalten. Da warf er sich auf die Torschwelle und verlegte ihnen so den Weg. Zugleich klärten die Offiziere die Leute darüber auf, daß alles nur blinder Lärm gewesen war. Dann rief er auf dem Hauptplatz des Lagers alle Soldaten zusammen, befahl, seine Worte schweigend anzuhören, und wies nun auf die Gefahr der Lage hin. Er sprach davon, daß ihr Heil einzig und allein von ihren Schwertern und ihrer Tapferkeit abhinge, erinnerte sie an ihre Lieben daheim, an ihre Ehre als Soldaten. Von der Ungunst der Lage sprach er nicht. Dann überließ er den tapfersten Kämpfern die Reservepferde, vor allem seine eigenen, dann auch die der höheren Offiziere. Sie sollten den Ausfall eröffnen, die Fußtruppen ihnen folgen.

Nicht weniger Unruhe gab es bei den Germanen. Hoffnung, Ungeduld und Meinungsverschiedenheiten der Führer hielten sie in Atem. Arminius riet, die Römer ausrücken zu lassen und sie erst, wenn sie wieder im Sumpf und im ungünstigsten Gelände seien, zu umzingeln. Ein anderer Germanenfürst war für gewaltsames Vorgehen, wie es seine Leute liebten, und forderte einen Angriff auf das Lager. Die Erstürmung werde keine Schwierigkeiten machen, die Gefangenen zahlreicher, die Beute in gutem Zustand sein.
So begannen sie bei Tagesanbruch die Gräben auszufüllen, Flechtwerk hineinzuwerfen und erkletterten die Wallhöhe. Oben standen nur wenige Soldaten, aus Angst anscheinend festgewachsen. Als sie so an den Schanzen hingen, wurde den römischen Einheiten das Zeichen zum Angriff gegeben, und die Hörner erklangen. Die Soldaten stürmten schreiend hervor und fielen den Germanen in den Rücken. Höhnend riefen sie: »Hier gibt es keine Wälder und Sümpfe! Hier sind Gelände und Götter für uns beide gleich günstig!«
Die Feinde hatten gedacht, sie würden ein leichtes Spiel haben und nur wenig halbbewaffnete Gegner finden. Je unerwarteter ihnen daher der Schall der Trompeten, der Glanz der Waffen kam, desto mehr wirkte er. So fielen sie denn, im Unglück ebenso kopflos wie im Glück zügellos. Arminius verließ den Kampfplatz unverwundet. Die Scharen der Germanen wurden niedergemetzelt, solange die Wut und der Tag währten. Zur Nacht zogen sich endlich die Legionen zurück. Wunden gab es noch mehr als vorher, der Mangel an Lebensmitteln und die Erschöpfung waren ebenso groß wie am Tag zuvor; aber der Sieg ersetzte ihnen alles, Kraft, Gesundheit, Überfluß.

Hochmut und Fall des Kaisers Nero

Sueton

Von 54-68 n. Chr. regierte in Rom Kaiser Nero. Anfänglich ein durchaus vernünftiger Herrscher, verfiel er in zunehmendem Maß dem Wahnsinn und errichtete in Rom ein Schreckensregiment. In seine Regierung fiel der große Brand Roms, den er nach Aussage seiner Zeitgenossen selbst angestiftet hatte. Über seine Untaten und seinen Tod berichtet der Schriftsteller Sueton. Er wurde um das Jahr 70 n. Chr. geboren, unter Kaiser Hadrian war er Chef von dessen Kanzlei, widmete sich daneben aber umfangreichen schriftstellerischen Arbeiten, von denen allein die Lebensbeschreibungen römischer Kaiser von Caesar bis Domitian vollständig erhalten sind. Auf ausführlichen Augenzeugenberichten und Quellen aufbauend, zu denen er als hoher Staatsbeamter in den Archiven Zugang hatte, gibt er ein buntes Lebensbild der römischen Kaiser und ergänzt durch seine Darstellungen die Geschichtswerke des Tacitus. So schildert er auch den ausschweifenden Lebenswandel Kaiser Neros.

Geld und Reichtum, meinte Nero, seien zu nichts anderem zu gebrauchen als zur Verschwendung. Wer sich über seine Ausgaben entsprechende Rechnung gebe, sei ein gemeiner und filziger Mensch, großartig dagegen jene, die ihr Vermögen aufzehrten. An seinem Oheim pries und bewunderte er nichts so sehr, als daß dieser den ungeheuren, von Kaiser Tiberius ihm hinterlassenen Schatz in kurzer Zeit vergeudet hatte. So hielt er auch weder im Verschenken noch im Verbrauchen Maß. Seine Freunde erhielten von ihm Millionen. Kein Kleid trug er zweimal; er würfelte um Tausende und fischte mit vergoldeten Netzen, deren Stricke aus purpurnen und scharlachroten Fäden geflochten waren. Nie soll er eine Reise mit weniger als tausend Wagen unternommen haben, wobei die Maultiere silberne Hufe und ihre Treiber Kleider von bester Wolle trugen. In nichts aber war er so verschwenderisch wie im Bauen.

So baute er ein Haus, das vom Palatinischen bis zum Esquilinischen Hügel in Rom reichte und das er zuerst Durchgangshaus, später aber, als es nach der Zerstörung durch den Brand wieder aufgebaut war, das

Goldene Haus nannte. Über seine Ausdehnung und Ausstattung werden folgende Angaben genügen: Der Vorhof war so groß, daß sein eigenes einhundertzwanzig Fuß (rund dreißig Meter) hohes Kolossalbild darin stand; das Haus selbst so geräumig, daß es dreitausend Fuß (rund siebenhundertfünfzig Meter) lange Säulenreihen hintereinander hatte; ein meerartiger Teich war darin angelegt, von Gebäuden umgeben, die sich wie eine Stadt ausnahmen; weite Felder, auf denen Saatland, Weingärten, Weiden und Wälder einander abwechselten, nebst einer Masse zahmer und wilder Tiere aller Art. Im Innern des Hauses war alles mit Gold bedeckt und mit Edelsteinen und Perlen geschmückt. Die Decke der Speisesäle bestand aus Elfenbeintafeln, die sich bewegen ließen, um Blumen herunterfallen zu lassen oder Röhren freizugeben, aus denen Salböl herniederrieselte. Der merkwürdigste Speisesaal aber war der runde, der sich, gleich der Welt, ununterbrochen Tag und Nacht drehte. Als Nero dieses Haus nach seiner Vollendung einweihte, bemerkte er lediglich, er fange jetzt endlich an, wie ein Mensch zu wohnen.
Zur Herstellung seiner Prachtbauten ließ er alle Gefangenen Italiens herbeischaffen und befahl, auch überwiesene Verbrecher zu nichts anderem als zu seinen Arbeiten zu verurteilen.
Zu diesem rasenden Aufwand ließ er sich teils durch das Vertrauen auf seine kaiserliche Gewalt verleiten, teils durch die Hoffnung auf verborgene Schätze, von denen ein römischer Ritter Anzeige gemacht hatte und die nach dessen Aussage aus dem Besitz der karthagischen Königin Dido in großen Höhlen in Afrika verborgen lägen, wo sie mit leichter Mühe gehoben werden könnten.
Als er sich aber in dieser Hoffnung getäuscht sah und plötzlich hilflos und von allen Mitteln entblößt dastand, so daß er selbst die Auszahlung der Soldatenlöhne und die Belohnung für die Veteranen hinausschieben mußte, verlegte er sich auf falsche Anklagen und offenen Raub. So verfügte er, daß die Hinterlassenschaft von Freigelassenen, die ohne erweisliches Recht den Namen einer mit ihm verwandten Familie trugen, zu zehn Zwölftel für ihn eingezogen werden sollte; daß ferner die Testamente derer, die den Kaiser nicht als Erben eingesetzt hatten, ebenfalls seiner Privatkasse anheimfallen sollten. Zuletzt nahm er sogar aus mehreren Tempeln die Weihgeschenke weg und ließ ihre goldenen und silbernen Götterbilder einschmelzen.
Dann begann er mit Mord und Hinrichtungen unter Verwandten und unter dem Adel Roms zu wüten, ja selbst seine nächsten Angehörigen schonte er nicht. Den Ärger über seine Mutter, die seine Reden und Hand-

lungen scharf beobachtete und rügte, ließ er anfangs nur so weit merken, daß er sie mit drohenden Redensarten verfolgte. Dann aber entzog er ihr alle Ehre und Macht und vertrieb sie aus der gemeinschaftlichen Wohnung im Palast. Um sie zu quälen, ließ er alle Rücksichten fallen und bestellte Leute, die sie mit Schimpf- und Witzworten belästigten. Allein, ihre scharfen Drohungen schreckten ihn so, daß er beschloß, sie zu verderben. Und nachdem er es dreimal mit Gift versucht hatte und dann merkte, daß sie durch Gegengift geschützt war, ließ er eine Zimmerdecke herrichten, die mit Hilfe einer künstlichen Vorrichtung nachts im Schlaf auf sie herabstürzen sollte. Da jedoch dieser Plan von den Eingeweihten nicht sehr geheimgehalten wurde, erfand er ein Schiff, das auseinandergelassen werden konnte, auf dem sie entweder durch Schiffbruch oder durch ein einstürzendes Deckengewölbe ihren Tod finden sollte. Um sein Ziel zu erreichen, unternahm er einen heuchlerischen Versöhnungsversuch und lud sie in einem sehr schmeichelhaften Brief nach Bajae ein. Dann beauftragte er einen Schiffskapitän, das Schiff zufällig zu rammen, und bot ihr für den Rückweg statt ihres eigenen beschädigten Schiffes jenes künstlich eingerichtete an, verabschiedete sich aufs freundlichste von ihr, verbrachte dann aber die Zeit mit ängstlichem Warten. Als er erfuhr, daß sein Plan mißglückt war und die Mutter sich durch Schwimmen gerettet hatte, ließ er in seiner Verlegenheit neben einem ihrer Leute, der eben die Nachricht von der Rettung und ihrem Wohlbefinden gebracht hatte, insgeheim einen Dolch zu Boden fallen. Darauf ließ er jenen als einen gegen ihn abgesandten Mörder ergreifen und binden und dann seine Mutter umbringen, um so den Anschein zu erwecken, als ob sie sich der Strafe für einen Mordversuch an dem eigenen Sohn durch Selbstmord entzogen habe.
Nach der Mutter ermordete er seine Tante, seine zweite Frau, seinen Stiefsohn und zwang seinen Lehrer Seneca zum Selbstmord. Mit der gleichen Grausamkeit wütete er auch gegen Fremde. Als ein Komet, der nach dem Volksglauben den Herrschern ihren Untergang verkünden soll, mehrere Nächte hindurch am Himmel zu sehen war, geriet er in großen Schrecken und glaubte, die schlimmen Vorzeichen nur durch das Opfer hochstehender Männer abwenden zu können. So ließ er überall die Vornehmsten zum Tode verurteilen. Dies konnte er scheinbar mit gutem Grunde tun, weil gerade damals zwei Verschwörungen bekannt wurden. Die Verschworenen standen, dreifach in Ketten geschlossen, vor Gericht, wo sich die einen bereitwillig zu ihrem Verbrechen bekannten und andere es sich sogar als Verdienst anrechneten, einen solchen Verbrecher wie

Nero töten zu wollen. Die Kinder der Verurteilten ließ er aus der Stadt verweisen und durch Gift töten oder verhungern.
Von nun an wurde unterschieds- und maßlos jeder beliebige und aus jedem nur erdenklichen Grunde umgebracht. Auch das Volk und die Mauern seiner Heimat schonte er nicht. Als in einer größeren Gesellschaft einmal jemand äußerte: »Nach meinem Tode mag die Erde in Flammen aufgehen«, bemerkte Nero sofort: »Nein, sondern zu meinen Lebzeiten!« Und sogleich ließ er dem Wunsche auch die Tat folgen; denn da die alten Häuser und die engen und krummen Gassen Roms sein Auge beleidigten, zündete er die Stadt einfach vor aller Augen an. Beamte, die seine Diener mit Werg und Kienfackeln ertappten, rührten sie nicht an. Sechs Tage und sieben Nächte ließ man das Verderben wüten. Die Hitze trieb die Bevölkerung dazu, in Grab- und anderen Denkmälern ihre Zuflucht zu suchen. Damals verbrannten außer unzähligen gewöhnlichen Wohnhäusern die Häuser der altehrwürdigen Heerführer, noch mit feindlichen Beutestücken verziert, Göttertempel und überhaupt alle Sehenswürdigkeiten, die sich aus der alten Zeit noch erhalten hatten.
Nero aber sah dem Brande vom Palast des Maecenas aus zu und freute sich, wie er sagte, über die Schönheit der Flammen. Dann legte er seinen Theateranzug an und sang vom Brand und Untergang Trojas. Um auch bei dieser Gelegenheit möglichst viel durch Raub und Plündern an sich zu bringen, versprach er, die Leichname und den Schutt unentgeltlich aus der Stadt hinausschaffen zu lassen. Er gestattete niemandem, sich den Trümmern seiner Habe zu nahen.
So war der Herrscher, den die Welt beinahe vierzehn Jahre lang über sich duldete, ehe sie sich seiner entledigte. Den Anfang damit machte der Statthalter von Gallien, der sich gegen Nero empörte. Als diesen in Neapel die Nachricht vom Aufstand erreichte, nahm er sie gleichgültig und sorglos auf, ja er ließ sogar seine Freude darüber merken, daß er nun Gelegenheit haben werde, die reichsten Provinzen auf Grund des Kriegsrechtes auszuplündern. Als er aber auch während seiner Mahlzeit noch durch drohendere Botschaften gestört wurde, geriet er in solchen Zorn, daß er den Abtrünnigen das Schlimmste androhte. Dann aber unterließ er ganze acht Tage lang, Rückantwort oder Befehle zu geben, und brachte so durch sein Schweigen die Sache in Vergessenheit. Als er jedoch erfuhr, daß auch Galba in Spanien abgefallen war, brach er zusammen, verlor alle Besinnung und lag lange Zeit wie tot da. Als er wieder zu sich kam, zerriß er sein Gewand, schlug sich auf den Kopf und schrie, er sei verloren. Nichtsdestoweniger setzte er seine gewohnte schwelgerische und untätige

Lebensweise unverändert fort, ja, als günstigere Nachrichten aus den Provinzen eintrafen, sang er an der Speisetafel Gedichte auf die Häupter der Empörung, und als er nach beendigtem Mahle, auf die Schultern seiner Freunde gelehnt, den Speisesaal verließ, versicherte er, daß er in die Provinzen reisen, unbewaffnet vor die Soldaten treten und nichts tun werde als weinen, und wenn er dann die Reue der Aufrührer erregt habe, werde er am andern Tage fröhlich unter Fröhlichen ein Siegeslied singen. Als er dann schließlich doch zu einem Feldzug rüstete, galt seine erste Sorge dem Transport seiner musikalischen Instrumente. Er befahl jedem Hausherrn in Rom, eine bestimmte Anzahl Sklaven zu stellen, und wählte aus jedem Hause nur die besten aus, selbst bei Hausverwaltern und Schreibern keine Ausnahme machend.

Als er dann aber in Rom auch die Nachricht vom Abfall der übrigen Truppen erhielt, ließ er sich von seiner Kammerfrau Gift geben, verschloß es in einer kleinen goldenen Büchse und eilte in den Garten des Palastes. Dort versuchte er seine Freigelassenen und die Offiziere seiner Leibwache zu überreden, mit ihm zu fliehen. Da diese aber zum größten Teil ablehnten, verfiel er sofort wieder auf neue Gedanken, ob er vielleicht den Galba um Gnade anflehen oder in schwarzen Kleidern vor das Publikum treten und auf der Rednertribüne unter Weinen und Klagen um Verzeihung für seine Taten und, falls dies erfolglos bliebe, wenigstens um Übertragung der Statthalterschaft in Ägypten bitten sollte. Und wirklich fand man später in seinem Schrank eine für diesen letzten Fall ausgearbeitete Rede; er soll aber von der Ausführung abgeschreckt worden sein durch die Befürchtung, man würde ihn zerreißen, noch ehe er das Forum erreicht hätte. So verschob er seinen Entschluß auf den folgenden Tag, wurde aber gegen Mitternacht geweckt. Als er nun hörte, daß sein Wachposten abgezogen sei, sprang er aus dem Bett und schickte nach seinen Freunden. Da er aber keine Antwort erhielt, suchte er sie selbst mit wenigen Begleitern in ihren Zimmern auf, fand aber alle Türen verschlossen und ging wieder in sein Schlafgemach zurück, wo die Wächter bereits sein Bettzeug geplündert und die Giftbüchse mitgenommen hatten. Jetzt verlangte er sogleich, daß ihn ein Sklave töten solle. Als sich aber niemand dazu fand, sagte er: »Also habe ich weder Freund noch Feind«, und lief fort, um sich in den Tiber zu stürzen. Er besann sich aber wieder und verlangte nach einem abgelegenen Versteck, um sich wieder fassen zu können. Als ihm einer seiner Freigelassenen ein in der Nähe Roms gelegenes Landgut anbot, stieg er, wie er eben war, barfuß und im Unterkleide, nur in einen Mantel gehüllt, den Kopf bedeckt und ein Taschentuch vor dem Gesicht, zu

Pferde und ritt mit nur vier Begleitern fort. Aus dem nahen Lager hörte er das Geschrei der Soldaten, die ihm Unglück wünschten. Ein ihm begegnender Fußgänger sagte: »Diese verfolgen den Nero!« Und ein anderer fragte: »Was gibt es Neues über Nero in der Stadt?«

Als sein Pferd scheute, entblößte sich sein Gesicht, und er wurde von einem alten Soldaten erkannt und begrüßt. Als sie an den Seitenweg kamen, der zu dem Gut führte, ließ er die Pferde im Dornengebüsch stehen und schlug sich auf einem Fußwege nur mit großer Anstrengung und auf Kleidern, die man ihm unter die Füße legte, bis zu der Hinterwand des Landhauses durch.

Hier bat ihn einer seiner Begleiter, sich einstweilen in einer kleinen Höhle zu verstecken. Er aber antwortete, er lasse sich nicht lebendig begraben, und wartete dann so lange, bis man von rückwärts einen kleinen Eingang in das Landhaus hergestellt hatte. Inzwischen trank er mit der Hand aus einer nahen Wasserlache und sprach: »Dies ist Neros eiskalter Trank.« Dann kroch er in seinem von Dornen zerrissenen Mantel durch das Gestrüpp am Wege und gelangte so auf allen vieren durch ein Loch in der Mauer in die nächstliegende Kammer und legte sich hier auf ein Bett, das aus einer schlechten Matratze und einem alten Rock als Decke darüber bestand.

Als nun aber seine Begleiter in ihn drangen, er solle sich so schnell wie möglich der ihm drohenden Schmach entziehen, befahl er, vor seinen Augen ein Grab zu machen, zu dem er das Maß von seinem Leibe nahm. Dann ließ er Wasser und Holz zur Bestattung herbeischaffen, weinte in einem fort und klagte: »Welch ein großer Künstler geht an mir verloren!« Inzwischen kam ein Eilbote aus Rom und überbrachte ein Schreiben, in dem ihm ein Freund mitteilte, daß er vom Senat zum Feind des Vaterlandes erklärt sei und daß nach ihm gefahndet werde, um ihn nach altherkömmlicher Form zu bestrafen. Sogleich erkundigte er sich, was das für eine Strafart sei. Als er vernahm, daß man einen Feind des Vaterlandes entkleide, seinen Hals in ein Gabelholz stecke und ihn mit Ruten zu Tode prügle, erbebte er, griff nach zwei Dolchen, die er mitgenommen hatte, probierte ihre Schärfe, steckte sie aber wieder in die Scheide mit den Worten: »Meine Stunde ist noch nicht gekommen.« Dann bat er seine Begleiter händeringend, es möchte ihm doch jemand durch sein eigenes Beispiel Mut zum Selbstmord machen. Als er aber hörte, daß sich schon die Reiter nahten, die den Auftrag hatten, ihn lebendig zu fangen, stieß er sich ein Schwert in die Kehle.

Der Tempel brennt!

Flavius Josephus

Im Jahr 67 n. Chr. kam es in Palästina zu einem großen Aufstand der Juden gegen die römische Herrschaft, den der Feldherr Vespasian bekämpfte. Als ihn im Jahr 69 die Legionen zum Kaiser wählten, führte sein Sohn Titus den Krieg gegen die Juden weiter und belagerte die Stadt Jerusalem, die er im darauffolgenden Jahr eroberte. Dabei wurde der Tempel von Jerusalem niedergebrannt, die Stadt selbst wurde dem Erdboden gleichgemacht.
Über diesen Krieg gibt es einen Augenzeugenbericht, den ein Teilnehmer des Aufstandes verfaßte. Es war der aus jüdischem Priestergeschlecht stammende Flavius Josephus (37 bis etwa 95 n. Chr.), der auf jüdischer Seite eine führende Rolle spielte, nach der Zerstörung der Stadt Jerusalem nach Rom kam, wo er sich die Gunst des Kaisers erwarb und eine »Geschichte des jüdischen Krieges« schrieb.

Als die zwei römischen Legionen am 8. August des Jahres 70 die Wälle vollendet hatten, ließ Titus die Sturmböcke gegen die westliche Galerie des inneren Tempelhofes heranführen. Aber der stärkste Mauerbrecher hatte bisher schon in sechs Tagen ununterbrochener Arbeit nichts gegen die Mauern ausrichten können, und so widerstanden die riesigen, gut gefügten Quadern auch den neuen Angriffswerkzeugen. Ein Teil der Soldaten versuchte in der Zwischenzeit, die Grundmauern des nördlichen Tores zu unterminieren, und brach nach langen Anstrengungen die vorderen Steine heraus. Das Tor selbst aber, von den inneren Quadern gehalten, blieb stehen. Da verzweifelten die Römer an der Wirksamkeit der Maschinen und Hebel und legten Leitern an die angrenzenden Hallen an. Die Juden verhinderten das nicht. Sobald aber die ersten Soldaten die Höhe erreichten, fielen die Verteidiger über sie her, stießen einige rücklings hinab und hieben andere nieder. Einige Leitern, auf denen gerade die Bewaffneten emporstiegen, warfen die Juden von oben her um. Als es ihnen sogar gelang, römische Feldzeichen zu erobern, zogen sich die

Angreifer endlich zurück. Als Titus erkannte, daß die von ihm befohlene Schonung der Tempelgebäude nur zum Schaden und Verderben seiner Soldaten ausschlug, gab er Befehl, Feuer an die Tore zu legen.
Überall schmolz das Silber, und die Flammen ergriffen das hölzerne Gebälk und die Hallen. Als das die Juden sahen, sank ihnen der Mut; vor lauter Schreck rührte sich keiner, um zu löschen. Sie standen wie gelähmt da und sahen dem Brande zu. Als sie sich aber wieder gefaßt hatten, bestärkte das Feuer nur ihren Haß gegen die Römer.
Am folgenden Tage ließ Titus durch einen Teil des Heeres das Feuer löschen und um die Tore einen geräumigen Weg bahnen. Dann berief er die höchsten Offiziere seines Heeres zu einem Kriegsrat über die weiteren Schicksale der eigentlichen inneren Tempelgebäude zusammen. Die einen meinten nun, man solle das Kriegsrecht walten lassen; denn solange der Tempel, dieser allgemeine Sammelpunkt der Juden, noch stehe, würden sie niemals aufhören, Empörungen zu stiften. Andere wiederum erklärten, wenn ihn die Juden räumten und keiner zu seiner Verteidigung das Schwert ziehe, so sollte man ihn zu erhalten versuchen. Wenn sie sich aber weiterhin wehrten, sei er eine Festung und kein Heiligtum mehr und müsse niedergebrannt werden. Die Schuld der Zerstörung falle nicht auf die Römer, sondern auf jene, die sie dazu genötigt hätten.
Da sprach Titus: »Selbst wenn sich die Juden von den Zinnen des Tempels herab wehren, sollte man sich an den Menschen und nicht an leblosen Dingen rächen und unter keinen Umständen ein so herrliches Werk einäschern. Schaden trifft im Grunde genommen ja doch nur die Römer; umgekehrt aber bildet dieser Tempel, wenn er erhalten bleibt, eine Zierde des Kaiserreiches.« Ein Teil der Offiziere stimmte ihm freudig zu, und daraufhin entließ Titus die Versammlung und befahl, den Truppen Ruhe zu gönnen, damit sie in den folgenden Gefechten desto kräftiger kämpfen könnten.
Am Tage darauf sammelten die Juden ihre Streitkräfte und unternahmen um die zweite Stunde mit neuem Mute durch das östliche Tor einen Ausfall gegen die Wachen im äußeren Tempelhof. Titus beobachtete den Überfall von der Burg Antonia aus und kam den Wachen mit einer auserlesenen Schar zu Hilfe. Jetzt wandten sich die Juden zur Flucht. Als sich aber die Römer dann zurückzogen, machten sie erneut kehrt und fielen ihnen in den Rücken. Daraufhin griffen die Römer erneut an, überwältigten die Juden und schlossen sie in das Innere des Tempels ein.
Nun zog sich Titus in die Burg zurück, entschlossen, am folgenden Tage in der Frühe mit seiner ganzen Heeresmacht anzugreifen und den Tempel

einzuschließen. Kaum aber war er weg, unternahmen die Empörer nach einer kurzen Rast einen neuen Angriff auf die Römer, und es kam zum Handgemenge zwischen der Besatzung des Tempels und den römischen Soldaten, die immer noch die Brände im äußeren Vorhof der Gebäude löschen sollten. Die Soldaten verfolgten die Juden und drangen ihnen nach bis zum eigentlichen Tempelgebäude. Da packte einer der Angreifer, ohne auf einen Befehl zu warten oder die schweren Folgen seiner Tat zu bedenken, wie von höherem Antrieb erfaßt, einen Feuerbrand und schleuderte ihn, von einem Kameraden emporgehoben, durch das goldene Fenster in den eigentlichen Tempel hinein. Als die Flammen emporschlugen, schrien die Juden auf und rannten zur Hilfe herbei, ohne auf ihr Leben zu achten oder ihre Kräfte zu schonen, denn es drohte unterzugehen, was sie bisher vor allem zu bewahren gesucht hatten.
Ein Eilbote meldete den Vorfall Titus, der sogleich von seinem Lager aufsprang und zum Tempel rannte, um dem Brande Einhalt gebieten zu lassen. Ihm folgten sämtliche höheren Offiziere und die Soldaten der aufgeschreckten Legionen. Dadurch aber entstand eine um so größere Verwirrung. Titus wollte durch Schreien und durch Zeichen den Kämpfenden zu verstehen geben, daß sie löschen sollten; aber sie hörten seinen Ruf nicht und achteten auch nicht auf seine Zeichen. Die Legionen selbst ließen sich durch keine gütlichen Vorstellungen und durch keine Drohungen mehr aufhalten.
Furchtbare Erbitterung hatte alle ergriffen.
Als Titus einsehen mußte, daß er das Wüten der Soldaten nicht aufhalten konnte und das Feuer immer weiter um sich griff, betrat er mit den Offizieren das Allerheiligste des Tempels, um sich darin umzusehen. Da die Flammen das Innere noch nicht erreicht hatten, sondern erst die an den Tempel angebauten Gemächer verzehrten, hoffte er mit Recht, diesen Innenteil noch retten zu können, suchte teils persönlich die Soldaten zum Löschen zu bewegen, teils befahl er einem seiner Leibwächter, einem Offizier, die Widerspenstigen durch Stockschläge zu zwingen. Aber Zorn, Judenhaß und die große Aufregung des Kampfes waren stärker als selbst die Ehrfurcht vor dem Feldherrn und die Furcht vor seiner allgewaltigen Strafgewalt.
Die meisten hofften jedoch auf Raub und Plünderung. Da sie sahen, daß außen alles von Golde gefertigt war, glaubten sie, das Innere vollends müsse von Schätzen nur so strotzen. Während Titus hinauseilte, um die Soldaten aufzuhalten, war schon einer von ihnen ins Innere eingedrungen und hatte in der Dunkelheit Feuer unter die Türangeln gelegt. Da

nun plötzlich im Innern auch die Flammen aufloderten, zogen sich endlich die Offiziere und Titus zurück und niemand versuchte mehr, sich dem Wüten der Soldaten entgegenzustellen. So ging der Tempel gegen den Willen des Feldherrn in Feuer auf.

Da die Soldaten meinten, daß es nach dem Brand des eigentlichen Tempels keinen Sinn habe, die umliegenden Gebäude noch zu schonen, steckten sie auch die Überreste der Hallen und die Tore noch in Brand, mit Ausnahme des östlichen und südlichen, die jedoch später eingerissen wurden.

Schacher um den Kaiserthron

Cassius Dio

Im Jahr 193 n. Chr. kam es zu einer schweren Krise in der Geschichte des römischen Kaiserreiches. Nachdem ein Jahrhundert lang unter den »Adoptivkaisern« der Kaiser jeweils einen besonders würdigen und bewährten Mann an Sohnes Statt angenommen und ihn damit zu seinem Nachfolger bestimmt hatte, ermordeten in diesem Jahr die Soldaten den greisen Kaiser Pertinax und verschacherten den Thron an den Meistbietenden. Zwar konnte noch einmal der Feldherr Severus die Ordnung wiederherstellen, und für vierzig Jahre regierten seine Nachkommen in Rom, dann aber entschieden unter den »Soldatenkaisern« die Truppen endgültig über die Wahl des Kaisers.
Wir verfügen aus dieser Zeit über nur wenige schriftliche Quellen. Gerade die Berichte eines Augenzeugen, des Griechen Cassius Dio (etwa 150-229 n. Chr.), der 180 n. Chr. nach Rom kam und hier höchste Staatsämter bekleidete und eine »Römische Geschichte« schrieb, sind uns nur in Auszügen eines anderen Schriftstellers erhalten. Sie geben aber ein gutes Bild über den Verfall des Kaisertums.

Als sich die Nachricht von der Ermordung des Kaisers Pertinax in der Stadt Rom verbreitete, flüchteten sich die einen in ihre Hauser, die anderen in die Kasernen der Soldaten, um sich in Sicherheit zu bringen. Sulpicianus, der Schwiegervater des ermordeten Kaisers, befand sich gerade im Lager der Truppen, wohin ihn Pertinax abgeordnet hatte, um den Aufstand der Soldaten beizulegen, und blieb nun gleich dort, um sich selbst zum Kaiser wählen zu lassen.
Zugleich aber eilte Didius Julianus, ein Mann von vornehmer Abkunft, aber sehr schlechtem Charakter, der auf jede nur erdenkliche Weise ein riesiges Vermögen zusammengescharrt hatte, auf die Nachricht vom Tode des Pertinax hin an die Tore des Lagers und unterhandelte dort mit den Soldaten, um selbst die Herrschaft in Rom zu erlangen. Und nun folgt der schändlichste, für Rom entehrendste Auftritt. Wie auf dem Markte oder im Kaufhause wurde die Hauptstadt ausgeboten und ver-

handelt. Verkäufer waren die Truppen, die Mörder des Kaisers; Kaufbewerber Sulpicianus und Julianus, die einander überboten, der eine innerhalb, der andere außerhalb des Lagers. Nach und nach stiegen sie mit ihrem Gebot bis auf 5000 Drachmen (Geldwert von etwa 25 Kilogramm Silber) für den Mann. Einige Soldaten spielten dabei die Unterhändler und sagten dem Julian: »Sulpician gibt uns soundso viel; was schlägst du darauf?« Und dann dem Sulpician: »Julian verspricht uns soundso viel; was versprichst du weiter?«

Sulpicianus würde gesiegt haben, da er sich im Lager selbst aufhielt und weil er zuerst 5000 Drachmen bot, wenn nicht Julianus, statt im Kleinen weiterzusteigern, auf einmal 1250 Drachmen zugeschlagen und dieses Gebot mit lauter Stimme ausgerufen hätte. Da konnten die Soldaten nicht länger widerstehen, auch fürchteten sie, Sulpician möchte sie, wie Julian ihnen einredete, wegen der Ermordung des Pertinax noch bestrafen. So nahmen sie Julian ins Lager auf und riefen ihn als Kaiser aus. Am Abend zog er, begleitet von einer großen Zahl Leibwächter mit vielen Feldzeichen, gleichsam als ginge es zur Schlacht, zum Markt und dem Senatsgebäude, um durch solchen Aufzug das Volk und die Senatoren einzuschüchtern und auf seine Seite zu bringen. Sobald sich die Nachricht von seinem Einzug verbreitete, gerieten vor allem diejenigen in Furcht, die in engeren Beziehungen zu dem ermordeten Kaiser gestanden hatten. Jedoch hielten sie es nicht für geraten, zu Hause zu bleiben und sich dadurch dem Julian verdächtig zu machen. Wir gingen am Abend zum Versammlungsgebäude des Senats, wo wir uns durch die Soldaten drängen mußten. Dort hörten wir, wie Julian sagte: »Ich sehe, daß ihr einen Herrscher braucht. Ich bin von allen am meisten würdig, über euch zu herrschen. Ich könnte euch meine Vorzüge rühmen, wenn ihr sie nicht längst kennen würdet und Beweise davon gesehen hättet. Deshalb wollte ich auch nicht viele Soldaten mit mir nehmen, sondern bin allein unter euch getreten, um die Wahl der Soldaten von euch bestätigen zu lassen.« Dabei hatte er das ganze Senatsgebäude mit Soldaten umstellt! Und er berief sich auf seine uns bekannten Taten; gerade diese ließen uns ihn hassen und fürchten.

Als ihn, notgedrungen, der Senat in der Kaiserwürde bestätigte, begab er sich zum Palast, wo er noch das Abendessen des Pertinax vorfand. Er machte sich lustig über seinen Vorgänger, befahl, die kostbarsten Leckerbissen herbeizuschaffen, die man auftreiben konnte, ließ sie sich, während der Leichnam seines Vorgängers noch im Palaste lag, gut schmecken und würfelte dann mit seinen Zechgenossen.

Am nächsten Tag machte sich im Volk eine zunehmende Erbitterung breit, und als der Kaiser sich in der Öffentlichkeit zeigte, beschimpfte ihn die Menge und nannte ihn einen Thronräuber und Mörder. Er stellte sich anfangs, als ob er nicht böse über diese Worte sei, und versprach, Geld unter das Volk austeilen zu lassen. Wie ein Mann aber schrien alle: »Behalte es nur, wir wollen nichts von dir!« Jetzt hielt er sich nicht länger zurück, sondern ließ die Nächststehenden niedermetzeln. Dadurch aber wurde die Menge nur noch erbitterter, wünschte unaufhörlich den Pertinax zurück und fluchte Julian und den Soldaten. Obgleich an vielen Stellen in der Stadt Menschen verwundet und sogar ermordet wurden, gab die Menge doch nicht nach und griff endlich zu den Waffen, strömte nach dem Zirkus, wo sie die Nacht hindurch und den folgenden Tag versammelt blieb, ohne Speise und Trank zu sich zu nehmen, und forderte die Soldaten in den Provinzen zum Beistand auf. Als sie endlich vor lauter Schreien und Hunger müde war, verlief sie sich, auf Hilfe von auswärts hoffend.

Nachdem Julian sich so der Herrschaft bemächtigt hatte, regierte er auf unwürdige Weise, schmeichelte dem Senat und allen, die nur einige Macht besaßen. Er versprach, schenkte, lachte und scherzte mit jedem, lümmelte den ganzen Tag im Theater herum, hielt häufig Gastgelage, kurz, er tat alles, um sich bei uns einzuschmeicheln. Gerade dieses Übermaß an Schmeichelei machte ihn aber bei uns nur noch mehr verdächtig. In der Zwischenzeit aber begann es in den Provinzen zu gären. Drei Statthalter, Severus in Pannonien, Albinus in Britannien und Niger in Syrien, strebten nach der Herrschaft. Unter ihnen war Severus der Tüchtigste und Klügste. Er erkannte auch sogleich, daß ein Machtkampf unmittelbar bevorstand, und versuchte, einen der beiden Rivalen für sich zu gewinnen. Er ließ deshalb durch seine Vertrauten Albinus die Mitregentschaft anbieten, und dieser verhielt sich daher in der folgenden Auseinandersetzung ruhig. Severus aber zog mit einer auserlesenen Schar von sechshundert Kriegern in Eilmärschen nach Rom. Auf die Nachricht von seinem Herannahen ließ Julian ihn vom Senat für einen Feind des Vaterlandes erklären und rüstete sich zum Kampf. Überall wurden in Rom Befestigungen aufgeworfen, und die Stadt glich in jenen Tagen einem Heerlager im Feindeslande.

Manchmal mußten wir aber doch lachen; die Leibwachen, an ihr weichliches Leben gewöhnt, taten nämlich nichts, was ihr Name oder ihre Versprechungen erwarten ließen. Die herbeibefohlenen Seesoldaten wußten nicht, wie sie sich bei ihren Übungen anstellen sollten; die

Elefanten, durch die ihnen aufgesetzten Türmchen wild gemacht, wollten nicht einmal die Reiter mehr auf sich dulden und warfen sie herab. Als Severus unaufhaltsam vordrang und die Truppen, die Julian gegen ihn ausgesandt hatte, zu ihm übergelaufen waren, als die Leibwache des Kaisers in Rom schon unruhig wurde, rief Julian die Senatoren zusammen und befahl, Severus zu seinem Mitregenten zu ernennen. Die Soldaten aber, die von Severus die schriftliche Zusage erhalten hatten, daß ihnen nichts geschehen sollte, wenn sie sich ruhig verhielten und die Mörder des Pertinax ausliefern würden, nahmen diese fest und zeigten es dem Senat an. Daraufhin versammelten wir uns sofort, verurteilten Julian zum Tode und ernannten Severus zum Kaiser.
Julian ward in seinem Palast, auf dem Ruhebett liegend, umgebracht.

Die Christenverfolgung unter Diokletian

Lactantius

Der wohl bedeutendste unter den Soldatenkaisern war der Dalmatiner Diokletian (284-305 n. Chr.), dem es gelang, dem auseinanderfallenden Reich noch einmal eine neue Verfassung und damit neuen Halt zu geben. Er nahm einen anderen Feldherrn, Maximian, zum Mitregenten an und teilte sich mit ihm in die Herrschaft. Unter Diokletian fand auch die letzte große Christenverfolgung statt. Seit Kaiser Nero war das Christentum, das sich sehr rasch im römischen Weltreich verbreitet hatte, schon mehrfach schweren Verfolgungen ausgesetzt gewesen.
Einen zeitgenössischen Bericht über diese letzte Verfolgung hinterließ der aus Nordafrika stammende Kirchenschriftsteller Lactantius. Er wirkte als Lehrer der Rhetorik in Nikomedien und später am Hof des Kaisers Konstantin. In seinem Buch »Über die Todesarten der Verfolger« schildert er die Schicksale der Christen unter Diokletian und seinem Mitregenten.

Als Diokletian sich im Orient aufhielt, wollte er nach altem heidnischem Brauch die Zukunft aus den Lebern geopferter Tiere erforschen lassen. Da geschah es nun, daß einige seiner Diener, die Christen waren, sich bekreuzigten, als sie den Opfern beiwohnen mußten. Als die heidnischen Priester nun aus den Eingeweiden der Opfertiere nichts erkennen konnten, schoben sie, sei es aus bloßem Verdacht, sei es, weil sie es beobachtet hatten, die Schuld an dem Mißlingen auf die anwesenden Christen.
Diokletian befahl sogleich zornig, daß alle im Palast Anwesenden an den Opfern teilzunehmen hätten, und wer sich weigere, sollte mit Schlägen gezüchtigt werden. Dann sandte er Befehle an die Truppenkommandanten, auch die Soldaten zum Opfer zu zwingen und diejenigen aus dem Heere zu entlassen, die nicht gehorchten. Damit war sein Zorn aber vorerst einmal verraucht.
Einige Zeit später ging Diokletian nach Bythinien, um dort den Winter zu verbringen. Dort traf er nun seinen Mitregenten Galerius, der ihn zu einer neuen Christenverfolgung aufstacheln wollte.

Die Mutter des Galerius nämlich, ein abergläubisches Weib, hatte täglich den Berggöttern geopfert und der Bevölkerung von den Opferspeisen abgegeben. Während nun die Heiden schmausten, nahmen die Christen nichts an, fasteten und beteten. Deshalb hetzte die Frau nun bei ihrem Sohn gegen die Christen, und der wiederum versuchte, auch Diokletian zu einem neuen Vorgehen gegen sie zu bewegen.
Lange widerstand der Kaiser den Plänen des Galerius und bedeutete ihm immer wieder, wie verderblich es wäre, das Blut so vieler Menschen zu vergießen und die Bevölkerung zu beunruhigen. Die Christen seien nun einmal gewohnt, gerne zu sterben, und es genüge auch, wenn die Bewohner des Palastes und die Soldaten von dieser Religion abgehalten würden. Da aber Galerius hartnäckig auf seinem Plan beharrte, beschloß Diokletian, die Meinung seiner Ratgeber anzuhören, und berief einige Richter und Offiziere zu sich. Einige erklärten, daß die Christen als Feinde der Götter und Gegner der Staatsreligion ausgetilgt werden müßten, andere wiederum schlossen sich aus Furcht oder Wankelmut ihrer Ansicht an. Doch auch jetzt konnte der Kaiser noch nicht voll überzeugt werden und beschloß, die Götter selbst um Rat zu fragen. Er schickte daher einen Priester zum Orakel des Gottes Apollo nach Milet in Kleinasien. Selbstverständlich sprach das Orakel gegen die Christen; doch immer noch wünschte Diokletian Mäßigung und wollte die Verfolgung ohne Blutvergießen durchgeführt sehen, während Galerius dafür war, alle, die das Opfer verweigerten, lebendig verbrennen zu lassen.
Zur Ausführung des Unternehmens suchte man einen besonders glücklichen Tag und wählte daher den 23. Februar, das Fest des heidnischen Grenzgottes. Am Morgen dieses Tages kamen plötzlich, als es noch dämmerte, der Stadtvogt mit seinen Leuten und einigen Beamten zur christlichen Kirche in Nikomedien, ließen die Türen erbrechen und die heiligen Schriften, die man dort fand, sofort verbrennen. Alles andere erhielten die Soldaten als Beute, während Diokletian und Galerius dem Unternehmen vom Palast aus zusahen. Sie stritten miteinander, ob man die Kirche nicht niederbrennen solle, doch schließlich siegte Diokletians Ansicht, der besorgt war, das Feuer könne auf die übrigen Teile der Stadt übergreifen. Deshalb ließen die Herrscher nur ihre Leibwache mit Beilen und anderen Werkzeugen ausrücken und die Kirche dem Boden gleichmachen.
Am folgenden Tag wurde ein Erlaß öffentlich angeheftet, der bestimmte, daß alle Christen Ehren und Ämter verlieren und der Folter unterworfen werden sollten, gleichgültig welchen Standes oder Ranges

sie immer auch seien. Dieses Edikt aber riß ein Mann herab, zerfetzte es und bemerkte spöttisch dazu, das sei wohl die öffentliche Bekanntmachung der Siege der Goten und Sarmaten, die damals das Römische Reich bedrohten. Sogleich wurde er verhaftet, gefoltert, indem man ihn langsam röstete, und zuletzt verbrannte.

Galerius aber war mit den Anordnungen des Ediktes noch nicht zufrieden und suchte den Kaiser auf andere Weise für seine Pläne zu gewinnen. Deshalb ließ er durch seine Diener im Palast einen Brand anstiften, und als ein Teil der Gebäude ein Raub der Flammen geworden war, beschuldigte er die Christen nicht nur der Brandstiftung, sondern auch eines Mordanschlages auf den Kaiser. Der sonst so schlaue Diokletian merkte nichts von dem Betrug, sondern ordnete in seinem Zorn an, daß sogleich alle Christen im Palast getötet werden sollten. Er selbst spielte den Richter und ließ die Unschuldigen foltern, und obgleich kein Beweis erbracht werden konnte, bestärkte Galerius den unbesonnenen Greis noch in seinem Zorn, ja, fünfzehn Tage danach ließ er erneut im Palast Feuer anlegen, das jedoch diesmal sehr rasch entdeckt wurde und keinen Schaden verursachte. Diokletian verließ daraufhin Nikomedien und erklärte, er fliehe, um nicht lebendig zu verbrennen.

Von nun an wütete der Kaiser nicht nur allein gegen seine Diener, sondern gegen alle Christen. Priester und Kirchendiener wurden ergriffen und ohne jeglichen Beweis zum Tode verurteilt. Ohne Rücksicht auf Alter und Geschlecht wurden die Christen gleich scharenweise verbrannt. Was zur Dienerschaft des Palastes gehörte, ließ der Kaiser mit Mühlsteinen am Hals in die Tiefen des Meeres versenken.

Die Richter verteilten sich auf die verschiedenen Tempel und zwangen die Bevölkerung zu den Opfern. Die Kerker waren überfüllt und die Henkersknechte erdachten zahllose Arten von Martern. Auch an die Mitregenten des Kaisers im Westen des Römischen Reiches waren die entsprechenden Befehle ergangen. Maximian gehorchte nur zu gerne für ganz Italien, Konstantius jedoch ließ in Gallien und Britannien, um nicht den Anschein zu erwecken, als weiche er von den Vorschriften ab, einfach kleine Bethäuser, die man leicht wiederherstellen konnte, zerstören. Den wahren Tempel Gottes aber, der im Menschen besteht, erhielt er unversehrt.

Bekehrung und Sieg Kaiser Konstantins

Eusebius

In den Wirren nach dem Tod Kaiser Diokletians gelang es Konstantin, 312 an der Milvischen Brücke vor Rom einen Sieg über seinen Rivalen Maxentius zu erringen. Von 325 an war er schließlich Alleinherrscher im Römischen Reich. Als erster Kaiser bekehrte er sich zum Christentum, und über diese Bekehrung erfahren wir Einzelheiten in einer zeitgenössischen Biographie. Ihr Verfasser, Eusebius, wurde um das Jahr 263 wahrscheinlich zu Cäsarea in Palästina geboren, wo er auch den größten Teil seiner Jugend- und Studienzeit verbrachte. Später wurde er in der gleichen Stadt Bischof. Er gehörte zu den Vertrauten und Ratgebern des Kaisers Konstantin, dessen Leben er in einem Geschichtswerk »Über das Leben des seligen Kaisers Konstantin« nacherzählt hat.

Als Konstantin erfuhr, wie die Stadt Rom von dem Tyrannen Maxentius bedrückt wurde, erklärte er, daß er das Leben nicht mehr ertragen könne, wenn er die Kaiserstadt in solcher Not sehen müsse, und traf die notwendigen Vorbereitungen zum Sturz der Tyrannenherrschaft. Er bedachte aber wohl, daß er einer mächtigeren Hilfe bedürfe, als sie ihm seine Heere bieten konnten. Darum suchte er in Gott einen Helfer. Als er aber überlegte, welchen Gott er annehmen solle, dachte er daran, daß früher, als mehrere Männer um die Herrschaft stritten, sie ihre Hoffnung auch auf verschiedene Götter gesetzt und diese mit Weinspenden, Opfer- und Weihegeschenken geehrt hatten, dann durch gefällige Weissagungen und glückverheißende Orakelsprüche getäuscht worden waren und ein unglückliches Ende gefunden hatten, ohne daß einer von ihren Göttern ihnen hilfreich zur Seite gestanden wäre. Einzig sein Vater habe den entgegengesetzten Weg eingeschlagen, ihren Irrtum verworfen und Gott selbst, den über der Welt thronenden Herrn, in seinem ganzen Leben geehrt und an ihm einen Retter und Schützer des Reiches und einen Spender alles Guten gefunden. So hielt es auch Konstantin für eine Torheit, sich auf Götter zu verlassen, die es nicht gab, und glaubte vielmehr nur den Gott seines Vaters verehren zu müssen. Er rief ihn also in seinen Gebeten an und flehte inständig zu ihm, er möge ihm offenbaren, wer er sei, und er möge ihm in den bevorstehenden harten Kämpfen hilfreich zur Seite zu stehen.

Während der Kaiser nun so betete, erschien ihm ein ganz ungewöhnliches Gotteszeichen, das man wohl nicht so leichtgläubig hinnehmen würde, wenn jemand davon berichtete. Aber der Kaiser selbst hat mir später davon erzählt und sein Wort mit Eidschwüren bekräftigt. Um die Stunde der Mittagszeit habe er, so sagte der Kaiser, mit eigenen Augen oben am Himmel über der Sonne das Siegeszeichen des Kreuzes, aus Licht gebildet, und dabei die Worte gesehen: »Durch dieses Zeichen wirst du siegen!« Staunen habe bei diesem Gesichte ihn und das ganze Heer ergriffen, das ihm auf seinem Marsch folgte.

Doch Konstantin wußte die Erscheinung nicht richtig zu deuten. Während er noch darüber nachdachte, überraschte ihn die Nacht. Da zeigte sich ihm im Schlafe Christus mit dem am Himmel erschienenen Zeichen und trug ihm auf, dieses Zeichen nachzubilden und es bei seinen Kämpfen mit den Feinden als Schutzpanier zu gebrauchen.

Der Kaiser stand gleich bei Tagesanbruch auf und erzählte seinen Freunden den geheimnisvollen Vorfall. Dann berief er Künstler zu sich, die sich auf die Bearbeitung von Gold und Edelsteinen verstanden, setzte sich zu ihnen, beschrieb das Kreuzzeichen und gab ihnen den Auftrag, es in Gold und Edelsteinen genau nachzubilden.

Ein langer, goldüberzogener Lanzenschaft trug eine Querstange und hatte somit die Gestalt des Kreuzes, am oberen Rande des Ganzen war ein kunstvoll geflochtener Kranz aus Gold und Edelsteinen befestigt, in dem das Zeichen für den Namen des Erlösers angebracht war, zwei Buchstaben, die als Anfangsbuchstaben den Namen Christi bezeichneten, indem das »P« in der Mitte durch das »X« gekreuzt wurde. Die gleichen Buchstaben trug der Kaiser in der Folgezeit auch auf seinem Helm. Von der Querstange hing ein Stück Linnen herab, ein kostbares, mit Edelsteinen übersätes und mit Goldfäden durchwirktes Gewebe. Unter dem Kreuzzeichen waren noch das goldene Brustbild des Kaisers und die Bilder seiner Söhne angebracht.

Konstantin berief nun, von dem wunderbaren Gesicht tief erschüttert, die christlichen Priester zu sich und fragte sie nach ihrem Gott und dem Zeichen. Sie erläuterten ihm alles, der Kaiser ließ sich durch ihre Worte belehren und verlangte, die heiligen Schriften zu lesen. Dann ging er, voller Hoffnung auf den Schutz Gottes, den tief verhaßten Tyrannen zu stürzen.

In Rom nämlich fürchtete sich alles, Leute aus dem Volk wie die höchsten Beamten, vor den Schandtaten des Maxentius. Aber obwohl sie sich alle ruhig verhielten und die bittere Knechtschaft geduldig ertrugen, hörte doch dessen wilde Mordlust nicht auf. Ein unbedeutender Anlaß genügte, um seine mordgierige Leibwache auf die Leute zu hetzen. Dabei wurde eine große Menge Volkes mitten in der Stadt niedergemetzelt. Wie viele Senatoren vollends ermordet wurden, weil der Tyrann nach ihrem Vermögen trachtete, das aufzuzählen erscheint mir unmöglich, denn Hunderte wurden getötet und in jedem Falle wußte man immer wieder neue Anschuldigungen zu ersinnen.
So regierte der Tyrann zu Rom, und es ist nicht zu sagen, mit welchen Schandtaten er seine Untertanen knechtete. Die Folge davon war, daß die drückendste Not und der äußerste Mangel auch an den allernotwendigsten Lebensmitteln eintrat, wie man es in Rom, soweit sich unsere Zeitgenossen erinnern können, noch zu keiner Zeit gesehen hatte.
Doch Konstantin fühlte Erbarmen und traf darum alle Vorbereitungen und Rüstungen zum Sturz des Tyrannen. Nachdem er sich unter den Schutz Gottes begeben und die siegverleihende Fahne, das heilbringende Zeichen an die Spitze seiner Leibwache gestellt hatte, zog er mit seinem ganzen Heer heran, um den Römern die von ihren Ahnen ererbte Freiheit wiederzubringen.
Da Maxentius mehr auf seine Zauberkünste als auf die anhängliche Liebe seiner Untertanen vertraute und sich keinen Schritt vor die Tore der Stadt hinauswagte, dagegen mit zahllosen Heerhaufen alle von ihm unterjochten Städte schützen wollte, griff Konstantin die Stellungen der feindlichen Truppen an, bezwang sie alle mit leichter Mühe schon gleich beim ersten Angriff und drang weit in Italien vor.
Schon näherte er sich Rom, da endlich verließ Maxentius die Stadt, um sich ihm entgegenzustellen. Aber wie einst zur Zeit des Moses und des gottesfürchtigen Volkes der Hebräer »die Streitwagen des Pharao und seiner Heermacht ins Meer geschleudert wurden«, wie es in der Bibel heißt, gerade so ist auch Maxentius mit seiner Leibwache »in die Tiefe versunken gleich einem Stein«, als er, fliehend vor der Macht Gottes, mit Konstantin kämpfend den Tiber überschreiten wollte. Über diesen Fluß hatte er nämlich eine feste Schiffsbrücke schlagen lassen und sich so das Werkzeug zu seinem eigenen Untergang geschaffen, während er doch noch gehofft hatte, dadurch Konstantin vernichten zu können. Denn nach Gottes Willen lösten sich die Maschinen der Brücke, die das Verderben bargen, nicht zur gehofften Zeit, sondern versanken mit

Maxentius, seiner Leibwache und dem ganzen feindlichen Heer.
Konstantin aber zog unter Siegesjubel in die Kaiserstadt ein. Die Senatoren und die übrigen hervorragenden und angesehenen Bürger der Stadt empfingen ihn zusammen mit dem ganzen Volk aufs herzlichste, strahlenden Auges, unter Freudenzurufen und unermeßlichem Jubel, wie wenn sie durch ihn aus dem Kerker befreit worden wären. Männer und Frauen, Kinder und unzählige Scharen von Sklaven priesen ihn zugleich unter maßlosen Beifallsrufen als ihren Befreier, Retter und Wohltäter. Er aber, der bei seiner angeborenen Gottesfurcht weder durch den Beifall stolz wurde, noch sich bei den Lobsprüchen überhob und sich wohl bewußt war, daß Gott ihm seine Hilfe gesandt hatte, brachte sogleich ihm, dem Urheber des Sieges, seine Dankgebete dar.

Julian Apostata fällt im Kampf gegen die Perser

Ammianus Marcelinus

Unter Konstantin dem Großen hatte sich das politische Schwergewicht immer stärker nach der östlichen Hälfte des Römischen Reiches mit der neuen Hauptstadt Konstantinopel verlagert. Die Truppen standen um die Mitte des vierten nachchristlichen Jahrhunderts an den Grenzen in schweren Kämpfen. Im Norden fochten sie gegen die Germanen, im Osten gegen die Perser. Kaiser Julian, einer der Nachfolger Konstantins, den man Apostata, den Abtrünnigen, nennt, weil er vom Christentum abgefallen war, versuchte sie zurückzudrängen, fand aber in den Kämpfen den Tod. Sein Nachfolger schloß einen Schmachfrieden und gab alles Land östlich des Tigris ab. Über die Taten Julians erzählt der Historiker Ammianus Marcelinus (etwa 330–390 n. Chr.), der den Kaiser auf seinen Feldzügen begleitete und später eine »Römische Geschichte« schrieb, in der er sich den großen Geschichtsschreiber Tacitus zum Vorbild nahm.

Die Nacht, die von keinem Stern erhellt war, brachten wir in einer Stimmung zu, wie sie sich nur unter so schwierigen und zweifelhaften Umständen erwarten läßt. Aus Furcht wagte niemand zu ruhen oder sich nur hinzusetzen. Sobald aber der Morgen anbrach, verkündeten uns strahlende Harnische, mit Stahlbändern eingefaßt, und schimmernde Panzer die Anwesenheit des persischen Königs und seiner Armee.

Dieser Anblick entflammte unsere Soldaten, und trotz des kleinen Flusses, der sie vom Feind trennte, wollten sie den Kampf beginnen, hätte der Kaiser sie nicht zurückgehalten. Doch kam es nicht weit vom Wall zwischen unseren und den persischen Vorposten zu einem hitzigen Gefecht, in dem einer unserer Heerführer fiel.

Im Laufe des Tages ritten wir unter der fast unerträglichen Sonnenhitze, und mehrere Angriffe der Perser machten uns schwer zu schaffen. Doch es gelang uns zuletzt, die feindlichen Scharen zurückzuschlagen und zu zerstreuen. Während wir uns nun etwas zurückzogen, glaubte ein Teil der persischen Truppen jetzt mit größerer Sicherheit den Angriff wiederholen zu können und warf sich auf unser Gepäck. Doch sobald sie den

Kaiser erblickten, kehrten sie um. Wir brachen dann auf und gelangten zunächst zu einem Meierhof, wo wir uns zwei Tage sattessen und mit Getreidevorräten versorgen konnten. Dann marschierten wir nach dieser unverhofften Erquickung weiter, brannten aber alles nieder, was wir nicht mitnehmen konnten.

Während tags darauf das Heer ruhig einherzog, sah sich die Mannschaft, die gerade an diesem Tag die Nachhut bildete, unvermutet von den Persern angegriffen und würde ohne Mühe niedergemacht worden sein, wenn nicht unsere in der Nähe befindliche Reiterei dies bemerkt und durch eine schnelle Entfaltung und einen entsprechenden Angriff den Überfall abgewendet hätte. In diesem Gefecht fiel ein vornehmer Heerführer der Perser; der Soldat, der ihn getötet hatte, überbrachte die ihm abgenommene Rüstung dem Kaiser und erhielt eine Belohnung.

Am gleichen Tage lief von den Truppen eine Klage gegen eine Reiterschwadron ein, die im Kampf nicht standgehalten und beinahe dem ganzen Heer schweren Schaden zugefügt hätte. Der Kaiser geriet darüber in Zorn, ließ ihnen die Fahnen nehmen, die Lanzen zerbrechen und befahl denjenigen, die geflohen waren, unterwegs ihren Platz zwischen dem Gepäck und den Gefangenen einzunehmen. Ihr Truppenführer hingegen, der sich allein tapfer im Gefecht gehalten hatte, wurde zu einer anderen Schwadron versetzt, deren Kommandant sich im Kampf als feig erwiesen hatte. Noch vier andere Reiteroffiziere wurden wegen ähnlicher Vergehen aus dem Dienst verstoßen. Der Kaiser begnügte sich mit diesem geringen Strafmaß im Hinblick auf die bevorstehenden Schwierigkeiten und Kämpfe mit dem Feind.

Während des weiteren Vormarsches schmolzen unsere Vorräte immer mehr zusammen, denn der Feind hatte Gras und Getreide niedergebrannt, und die Soldaten suchten aus den Flammen Früchte und Futter für die Tiere zu retten.

Im Verlauf des Marsches zeigte sich plötzlich am Morgen eine unübersehbare Schar von Persern, an ihrer Spitze zwei königliche Prinzen und zahlreiche andere hohe Offiziere. Die Truppen schienen wie aus Eisen geformt, denn die Soldaten trugen alle Teile des Körpers mit dichten Platten geschützt, so daß sie völlig gepanzert waren und man zuletzt nur an den Augenringen oder bei der schmalen Spalte unter der Nasenspitze eine Angriffsfläche finden konnte. Ein Teil der mit Spießen ausgerüsteten Soldaten harrte unbeweglich, daß man glaubte, die Männer seien an eherne Ketten gefesselt. Daneben standen Pfeilschützen, die mit weitausgestrecktem Arm die elastischen Bögen spannten, so daß die Sehnen

an die rechte Brust streiften, in der linken Hand aber der spitze Pfeil hing. Diese geschickt gelenkten Geschosse brachten tödliche Wunden.
Hinter ihnen aber sah man die furchterregenden Leiber der Elefanten, für Feige ein unerträgliches Schauspiel. Die Krieger auf den breiten Rücken der Elefanten trugen ein Messer mit langem Griff an die rechte Hand gebunden. Wenn nämlich eines der wildgewordenen Tiere seinem Führer nicht mehr gehorchte, durchbohrten sie mit kräftigem Stoß das Wirbelbein des Tieres, um so zu verhindern, daß es sich gegen die eigenen Leute wende und sie zertrample. Schon in älteren Zeiten hatte Hasdrubal, Hannibals Bruder, die Erfahrung gemacht, daß man auf dieses Weise die Tiere am schnellsten töten könnte.
Obgleich wir dies alles nur mit großem Schrecken wahrnahmen, fühlte der Kaiser, umgeben von bewaffneten Scharen und von seinen Offizieren, mit der Übermacht der Feinde und der Größe der Gefahr auch seine Zuversicht wachsen und stellte die Truppen in Form eines Halbmondes mit einwärts gekrümmten Flügeln dem Feind entgegen. Wegen der von den Bogenschützen drohenden Gefahr ließ er in raschem Lauf angreifen und brach dadurch die Wirkung der feindlichen Geschosse. Dann folgte das Zeichen zum eigentlichen Kampf, und eng geschlossen schob das römische Fußvolk mit gewaltiger Anstrengung die ineinandergedrängten Linien des Feindes vor sich her. Bei der zunehmenden Hitze des Kampfes gestattete das Aneinanderprallen der Schilde, das Klirren der Waffen weder ein Nachlassen noch ein Zögern. Das Feld bedeckte sich mit Blut und Leichen, die Perser aber, im Handgemenge nicht ausdauernd genug, fühlten sich im Kampf Mann gegen Mann schwer bedrängt, da sie gewohnt waren, mehr aus der Ferne zu kämpfen, und gingen allmählich zurück. Auch unsere Truppen bezogen wieder ihre Ausgangsstellungen. Während der nächsten drei Tage herrschte Waffenruhe. Die Soldaten heilten ihre Wunden oder halfen ihren Kameraden. Immer stärker machte sich aber der Mangel an Proviant bemerkbar, und Mensch und Tier gerieten in äußerste Bedrängnis. Die Offiziere gaben von den Mundvorräten, die sie noch im Troß nachführen ließen, an die einfachen Soldaten ab. Der Kaiser selbst ließ sich nur eine kleine Portion Brei aus Hülsenfrüchten bereiten, wie sie selbst der gemeinste Soldat verschmäht haben würde, und befahl, alles, was man für seine Bedürfnisse aufbrachte, den übrigen Soldaten zukommen zu lassen. Wenn ihn endlich der Schlaf übermannte, so ruhte er nur für kurze Zeit und setzte sich dann nach dem Beispiel Julius Caesars im Zelt hin, um seine Aufzeichnungen niederzu-

schreiben. Als er so einmal im Dunkel der Nacht nachdenkend in seinem Zelt saß, sah er, wie er seinem nächsten Vertrauten gestand, in schemenhaften Umrissen jenen Schutzgeist, der ihm in Gallien erschienen war, nun aber, Haupt und Füllhorn verhüllt, traurig durch den Vorhang seines Zeltes schritt.

Einen Augenblick lang verharrte Julian wie in einer Betäubung, empfahl aber dann, über jede Furcht erhaben, sein künftiges Geschick dem Ratschluß der Götter an. Noch während er im Gebet zu ihnen um Gnade flehte, gewahrte er eine leuchtende Feuerkugel, die, wie ihm schien, vom Himmel fiel. Schauder bemächtigte sich seiner bei diesem Anblick, denn er fürchtete, der Kriegsgott Mars selbst habe ihm dieses so offenbar unheildrohende Gestirn zugesandt.

Beim Morgengrauen ließ er etruskische Wahrsager herbeirufen und befragte sie, was dieser ungewöhnliche Meteor zu bedeuten habe. Ihre Antwort lautete, daß man sich jetzt aufs sorgfältigste vor jedem Unternehmen hüten müsse. Da der Kaiser aber ihre Worte nicht beachten wollte, baten ihn die Wahrsager, wenigstens den Abmarsch der Armee um einige Stunden zu verschieben. Allein, auch das konnten sie nicht erlangen, und der Kaiser ließ das Lager abbrechen.

Die Perser scheuten ein Gefecht mit unseren Fußsoldaten, hielten sich im Hinterhalt und beobachteten von den Anhöhen der Berge den Marsch des Heeres. Während die Truppen, in den Flanken sorgfältig gedeckt, ziemlich weit auseinandergezogen vorrückten, erhielt der Kaiser, der gerade ganz unbewaffnet etwas vorangegangen war, um die Gegend zu untersuchen, die Meldung, daß die Nachhut plötzlich von den Feinden im Rücken angegriffen werde. In der Aufregung über diesen Überfall vergaß er den Panzer und griff unter dem Getümmel nur nach einem Schild. Als er der Nachhut zu Hilfe eilen wollte, sah er sich durch den Schreckensruf aufgehalten, daß auch der Vortrab des Heeres, den er eben verlassen hatte, angegriffen werde. Während er nun hier ohne Rücksicht auf eigene Gefahr schnell die Ordnung wieder herzustellen suchte, griff auf einer anderen Seite ein Trupp geharnischter Perser die Armee im Mittelpunkt an, brachte den linken Flügel zum Weichen und breitete sich sehr rasch weiter aus; schon hörten wir überall das Trompeten der Elefanten. Während nun der Kaiser in den vordersten Reihen der Kämpfenden hin- und hereilte, faßte auch unsere Streitmacht neuen Mut und hieb auf die Perser ein. Das aber führte zu einer allgemeinen Unordnung. Julian dachte nicht mehr an seinen eigenen Schutz und versuchte, mit lauten Befehlen die Ordnung wieder herzustellen.

Plötzlich kam ein Geschoß angeflogen, streifte ihm die Hand, drang zwischen die Rippen ein und blieb im unteren Flügel der Leber stecken. Der Kaiser versuchte es noch herauszureißen, brach dann aber zusammen und wurde sogleich ins Lager zurückgebracht.
Als der Schmerz etwas nachließ, begehrte er sofort nach Waffen und einem Pferd, um durch seine Rückkehr in den Kampf das Vertrauen der Soldaten wieder zu beleben und ihnen zu beweisen, daß er, unbekümmert um sich selbst, einzig von der Sorge um ihr Wohl in Anspruch genommen werde. Doch der starke Blutverlust band ihn an sein Lager. Als die Truppen sahen, daß der Kaiser ins Zelt getragen wurde, stürzten sie sich, brennend vor Rachsucht und Schmerz, auf die Feinde. Zwar behinderten dichte Staubwolken die Sicht, die Glut der Sonne schwächte ihre Kraft, aber sie kämpften trotzdem mit dem Mut der Verzweiflung. Die durch den Fall Julians ermutigten Perser schossen ihre Pfeile so dicht, daß sie dadurch fast ihren eigenen Anblick den Gegnern entzogen. Langsam griffen jetzt die Elefanten an, die mit ihrer Körpergröße und ihren furchtbaren Federbüschen Männer und Pferde erschreckten. Allmählich mußte sich der rechte Flügel unserer Armee zurückziehen.
Währenddessen lag Julian in seinem Zelt und führte mit den Philosophen Maximus und Priscus ein ernstes Gespräch über die Erhabenheit der Seele. Allein, plötzlich brach die Wunde in der durchstochenen Seite auf, der Andrang des Blutes nahm ihm den Atem, und nach einem Trunk frischen Wassers schied er, erst zweiunddreißig Jahre alt, sanft aus dem Leben.

Die große Wandlung

Am Hof des Hunnenkönigs Attila

Priscus

Das innerasiatische Reitervolk der Hunnen, das zu Beginn des dritten nachchristlichen Jahrhunderts nach Europa vordrängte, löste mit jene große Völkerbewegung aus, die wir heute als Völkerwanderung bezeichnen. Unter Attila (445–453) erreichten die Hunnen den Höhepunkt ihrer Macht; er schuf ein großes Reich zwischen Kaspisee und Rhein, Dänemark und der Donau, das aber schon unter seinen Söhnen zerfiel. Die Erinnerung daran ist noch in der Nibelungensage lebendig, aber auch ein Augenzeugenbericht liegt uns vor. Der Grieche Priscus nahm an einer Gesandtschaft am Hof Attilas teil und berichtet getreulich über seine Erlebnisse. Seine Darstellung ist ein wichtiges Zeugnis für die politischen Verhältnisse am Hof des Hunnenkönigs.
Deutlich zeichnet sich hier aber auch die Auflösung des Römischen Reiches ab, das in zwei Teile, »Westrom« und »Ostrom«, zerfallen ist. Beide Reichsteile schicken Gesandte an den Hof des Hunnenkönigs und bemühen sich, mit ihm Verträge abzuschließen. Zu den Verbündeten Attilas zählten auch mehrere unterworfene Germanenstämme. Ihr Kultureinfluß auf den Hof des Hunnenkönigs ist unverkennbar und wird auch im vorliegenden Bericht sichtbar.

Auf unserem Zug kamen wir endlich zu einem sehr großen Dorf, in dem, wie man sagte, stattlichere Häuser des Attila standen als irgendwo anders. Sie waren aus Balken und schön geglättetem Tafelwerk gefügt und durch einen hölzernen Zaun geschlossen, der nicht zur Sicherheit, sondern zum Schmuck verfertigt war. Hier schlugen wir in der Nähe des königlichen Hauses die Zelte auf.
Nach einigen Tagen des Wartens erschien ein Bote und meldete, daß Attila uns um die neunte Tagesstunde zum Mahle lade. Wir hielten uns genau an die Zeit und traten zusammen mit den Gesandten der Weströmer Attila gegenüber. Die Weinschenken boten nach Landessitte einen Becher, damit auch wir, bevor wir niedersaßen, einen Trinkspruch auf den König ausbringen sollten. Als wir dies getan und aus dem Becher gekostet hatten, gingen wir zu den Sesseln, die längs der Wände des Saales

aufgestellt waren. In der Mitte aber saß auf einem Tafelbett Attila selbst, und hinter ihm stand ein anderes Tafelbett, von dem einige Stufen zu seinem Nachtlager hinaufführten, das durch Schleier und bunte Vorhänge verhüllt war, so wie die Griechen und Römer den Brautleuten ihr Lager richten.

Die Seite rechts von Attila war für die vornehmen Gäste bestimmt, für die weniger bedeutenden aber die linke, an der auch wir saßen. Auf einem Sessel zur rechten Seite des königlichen Bettes saß Onegis, ein Vertrauter des Königs, und ihm gegenüber zwei Söhne des Attila. Der älteste aber hatte seinen Platz mit auf dem Tafelbett des Königs, nicht nahe bei ihm, sondern in einer Ecke, und blickte aus Ehrfurcht vor dem Vater zu Boden. Als alle dem Rang nach Platz genommen hatten, kam der Weinschenk und bot Attila eine Schale Wein. Er nahm sie und grüßte den vornehmsten Gast. Wer durch Gruß geehrt wurde, stand auf und durfte sich nicht eher setzen, bis er entweder gekostet oder auch ausgetrunken und den Becher dem Schenken zurückgegeben hatte. Dem sitzenden König aber bezeigten auf die gleiche Weise alle Anwesenden ihre Ehrfurcht, indem sie die Becher nahmen und nach einem Trinkspruch daraus tranken. Jedem aber wartete ein besonderer Schenk auf, der immer dann hervortrat, wenn der Mundschenk des Attila sein Amt ausgeübt hatte. Nachdem so der Reihe nach die wichtigsten Gäste begrüßt worden waren, empfing Attila auch uns auf die gleiche Weise in der Reihenfolge der Sitzordnung.

Nach dieser Begrüßungszeremonie gingen die Schenken hinaus, und nun wurde zuerst dem Attila ein Tisch vorgesetzt, dann den andern, je einer für drei, vier oder auch mehr Männer, von denen jeder sich aus den Gerichten des Tisches wählen konnte, ohne vom Sessel aufstehen zu müssen. Und nun trat zuerst der Truchseß Attilas herein. Er trug eine Tafel voll Fleisch, und die Diener, die allen aufwarteten, setzten nach ihm Brot und Zukost auf die Tische. Den anderen Hunnen und uns wurden Gerichte zugereicht, die auf silbernen Platten lagen. Für Attila aber lag auf einer hölzernen Tafel nichts als Fleisch. Mäßig erwies er sich auch in allem übrigen, denn den Männern wurden goldene und silberne Becher gereicht, sein Trinkgefäß jedoch bestand ebenfalls aus Holz. Schlicht war auch sein Gewand. Es zeigte keine andere Sorgfalt, als daß es rein war; auch sein Schwert, das er umgegürtet hatte, und die Bänder seiner Schuhe waren nicht wie bei den übrigen Hunnen mit Gold, Steinen oder anderen Kostbarkeiten geschmückt.

Als die Speisen des ersten Ganges verzehrt waren, standen wir alle auf,

und nicht eher durften wir wieder Platz nehmen, als bis nach der früheren Reihenfolge jeder einen vollen Becher Wein, der ihm gereicht wurde, austrank und für Attila Heil erflehte.
Als wir ihn auf diese Weise geehrt hatten, setzten wir uns wieder, und jedem Tisch wurde die zweite Tafel aufgesetzt, die aus neuen Gerichten bestand. Wir bedienten uns auch hiermit, erhoben uns wieder, tranken wieder aus und setzten uns.
Als es Abend wurde, zündete man Fackeln an, und zwei Hunnen, die Attila gegenübertraten, sagten Lieder auf, in denen sie seine Siege und Kriegstugenden besangen. Die Gäste hörten den Sängern zu, die einen freuten sich über die Gedichte, die anderen dachten an ihre Kämpfe und wurden begeistert, manche aber weinten, weil sie mit der Zeit kraftlos geworden waren.
Nach den Sängern trat ein Narr ein, der seltsame, unsinnige und alberne Worte herausstieß und bei allen Gelächter erregte. Nach ihm erschien Zerkon, der Maurusier, lächerlich durch seine Häßlichkeit und sein Stammeln, denn er war zwerghaft, bucklig, krumm von Beinen, mit einer Nase, die so aufgestülpt war, daß man sie kaum vor lauter Nasenlöchern sah. Attila konnte seinen Anblick gar nicht ertragen, aber Bleda, sein Bruder, hatte sich sehr über ihn belustigt. Er hielt ihn um sich beim Mahl und im Zelt, wo er ihn aus Spaß in eine Rüstung steckte. Auch eine Frau von edlem Geschlecht hatte er ihm gegeben, die zu den Dienerinnen der Königin gehörte, aber wegen eines Frevels nicht mehr in ihre Nähe durfte. Nach dem Tod Bledas schenkte Attila diesen Zwerg dem Aetius, dem Feldherrn der Weströmer. Dadurch war der Mensch von seiner Frau getrennt worden. Jetzt hatte ihm jemand geraten, bei Attila um Gnade zu flehen, und hatte ihm alle Unterstützung versprochen, damit er seine Frau wieder erhalte. Aber die Hoffnung des Zerkon war eitel, weil Attila ihm zürnte, daß er in sein Land zurückgekommen war.
Er nahte also in der guten Stunde des Mahles und erregte bei allen durch Aussehen, Tracht, Stimme und die zusammengestoppelte Rede, die lateinisch, hunnisch und gotisch durcheinandermengte, ein unauslöschliches Gelächter, nur bei Attila nicht, denn dieser blieb unverändert und sein Antlitz ohne Bewegung, und weder im Wort noch im Tun zeigte er Heiterkeit, außer daß er den jüngsten seiner Söhne, als dieser eintrat und zu ihm kam, an der Hand zog und mit freundlichen Augen anblickte. Als ich mich aber wunderte, daß er die anderen Kinder nicht beachte, erzählte mein Tischnachbar, ein Hunne, welcher der lateinischen Sprache kundig war und mich zuvor ermahnt hatte, nichts von seinen Reden

weiterzusagen, daß die Wahrsager dem Attila verkündet hätten, sein Geschlecht werde herunterkommen, durch diesen Sohn aber wieder erhöht werden. Als sich das Gelage bis in die Nacht hineinzog, wollten wir endlich nicht mehr trinken und entfernten uns.

Als es Tag wurde, gingen wir zu Onegis und baten darum, abgefertigt zu werden, um nicht unnütz die Zeit zu verlieren. Kurz danach beriet er mit den Häuptlingen über die Wünsche Attilas und ließ den Brief an den Kaiser durch die Schreiber ausfertigen.

Unterdes lud auch Kerka, die Gemahlin des Attila, uns zur Tafel ein, und zwar zu Adames, der ihre Geschäfte besorgte. Wir besuchten ihn zusammen mit einigen Häuptlingen des Volkes und fanden eine gute Unterhaltung, denn er nahm uns mit freundlichen Worten auf und servierte eine auserlesene Mahlzeit. Jeder von den Anwesenden stand auf und bot uns mit hunnischer Höflichkeit einen vollen Becher, und wenn einer von uns ausgetrunken hatte, fiel ihm der andere um den Hals, küßte ihn und nahm den Becher zurück. Nach der Mahlzeit aber gingen wir in unser Zelt zurück und legten uns schlafen.

Am anderen Tag lud uns Attila wieder zum Mahl, und in der üblichen Weise traten wir bei ihm ein und speisten auch in der gleichen Ordnung wie das vorangegangene Mal.

Während des Essens sprach er freundlich zu uns und trug uns seine Wünsche für den Kaiser auf.

Als das Mahl vorüber war, vergingen noch drei Tage, dann wurden wir endlich entlassen und mit den herkömmlichen Geschenken geehrt. Attila befahl auch allen Großen seines Gefolges, den Gesandten zu beschenken, und jeder schickte ihm ein Roß. Wir aber brachen auf, um nach Konstantinopel zurückzukehren.

Das frühe Mittelalter

Seit im ersten vorchristlichen Jahrhundert die Kimbern und Teutonen Rom bedroht hatten, drängten immer wieder germanische Stämme von Mittel- und Osteuropa aus gegen die Grenzen des römischen Imperiums. Ihren Höhepunkt erreichten diese Vorstöße, als um 350 n. Chr. die asiatischen Reiterscharen der Hunnen die Germanen aus Osteuropa nach Westen und Süden abdrängten. »Völkerwanderung« nennen wir die daraus erwachsenden großen Verschiebungen, die zu den ersten germanischen Reichsgründungen auf ehemals römischem Boden führten. In die Kette wechselseitiger Beziehungen, angefangen vom west-östlichen Kulturaustausch im Hellenismus bis zur Übernahme des hellenistischen Erbes durch die Römer, fügte sich nun mit der Vermischung antiken und germanischen Wesens ein neues Glied. An die Stelle der heidnischen Antike war jetzt das Christentum getreten. Die Verschmelzung des Germanentums mit der christlichen Kirche schuf die Grundlagen der mittelalterlichen Welt des Abendlandes.

Den germanischen Reichen, angefangen vom Vandalenreich in Nordafrika über das Burgunderreich an der Rhône bis zu dem von Theoderich dem Großen gegründeten Ostgotenreich in Italien, war keine lange Lebensdauer vergönnt. Den oströmischen Kaisern gelang es noch einmal, ihre Macht zu festigen. Und was die Hunnen nicht zerstörten, vernichteten die Soldaten Ostroms.

Aber in Gallien entstand das Frankenreich, dessen Könige ihre Macht immer weiter ausdehnen konnten. Als das Papsttum in den Untergang des weströmischen Reiches mit hineingezogen zu werden drohte, gelang es ihm, in diesen Frankenkönigen eine Stütze zu finden. Damit aber bahnte sich eine ganz neue Entwicklung an, die dazu führte, daß sich das politische Schwergewicht vom Mittelmeerraum in den germanisch-romanischen Norden verlagerte. Christliche Missionare, vor allem aus dem irisch-angelsächsischen Raum, voran Bonifatius, brachten das Christentum und damit das Erbe der antiken Kultur auch in jene Gebiete, die bisher in keinerlei Verbindung mit dem römischen Reich standen. Klöster wie Fulda, Reichenau oder St. Gallen wurden zu Trägern der frühmittelalterlichen Kultur.

Mit Karl dem Großen erreichte das Frankenreich den Höhepunkt seiner Macht, und als Karl von Papst Leo III. in Rom zum Kaiser gekrönt wurde, trat er damit bewußt in Gegensatz zu den oströmischen Kaisern in Byzanz. »Renovatio Romani Imperii – Erneuerung des römischen Kaiserreiches« stand auf dem Siegel des Kaisers, der die Herrschaft der Franken nicht nur über das germanische Langobardenreich in Oberitalien ausdehnte, sondern sie auch in jahrelangen schweren Kämpfen nach Osten zu gegen die Sachsen festigte.

Durch ihr Zusammengehen mit

dem Papsttum schufen die Karolinger aber zugleich die Grundlage jener Verbindung von weltlicher und geistlicher Gewalt, die von so entscheidender Bedeutung für die mittelalterliche Geschichte sein sollte. Die Enkel Karls teilten das fränkische Reich untereinander auf in einen mittleren Teil mit Italien sowie ein westfränkisches und ein ostfränkisches Reich. Die Ostfranken nannten dabei ihre Sprache im Gegensatz zum gelehrten Latein die Lingua Theotisca, d. h. die »volkstümliche«, die deutsche Sprache. Ein Jahrhundert lang herrschten die Karolinger noch im Ostfrankenreich, das seit 900 mehrfach von den Reiterscharen der Ungarn bedroht wurde. Nach ihrem Aussterben wählten die Fürsten und Adeligen den Sachsenherzog Heinrich zum neuen König. Seine Wahl bedeutete zugleich den eigentlichen Beginn des deutschen Reiches.

370	*Hunnen an der Wolga*
um *375*	*Beginn der Völkerwanderung*
434–453	Attila
451	*Schlacht auf den katalaunischen Feldern*
493–553	*Ostgotenreich i. Italien*
493–526	*Theoderich d. Gr.*
552	Narses siegt bei Tadinae
482–911	*Das Frankenreich unter den Merowingern und Karolingern*
482–511	*Chlodwig*
um 584	Zeit der Wirren und des Niedergangs im Merowingerreich
622	Auszug Mohammeds nach Medina
722–754	Bonifatius missioniert in Deutschland
768–814	Karl der Große
800	Kaiserkrönung Karls in Rom
814–840	*Ludwig der Fromme*
833	Empörung der Söhne Ludwigs
843	*Teilungsvertrag von Verdun, West- und Ostfränkisches Reich*
911	*Ende der ostfränkischen Karolinger*

(Geradestehende Zeilen verweisen auf Texte in diesem Buch)

Die Vernichtung der Ostgoten

Prokop

Im Zuge der Völkerwanderung waren vor den Hunnen germanische Stämme in das Römische Reich ausgewichen und hatten hier eigene Staaten gegründet. Neben dem Westgotenreich in Spanien oder dem Vandalenreich in Nordafrika ist vor allem das Reich der Ostgoten in Italien hervorzuheben, das Theoderich der Große errichtete. Schon bald nach seinem Tod aber versuchte der oströmische Kaiser Justinian den neuen Staat wieder zu vernichten. Heldenmütig kämpften die Goten unter ihrem jungen König Totila 552 bei Tadinae gegen den oströmischen Feldherrn Narses; mit ihrer Niederlage aber war praktisch auch das Schicksal des ganzen Volkes entschieden. Totila fiel auf der Flucht, sein Nachfolger Teja versuchte, mit dem Rest des Heeres noch einmal 553 am Vesuv Narses entgegenzutreten, wurde aber ebenfalls geschlagen.
Über den Untergang des Ostgotenreiches in Italien berichtet in objektiver Darstellung ein Augenzeuge, der griechische Geschichtsschreiber Prokopios (etwa 490–562 n. Chr.), der wie Eusebius, der Biograph Konstantins, aus Cäsarea in Palästina stammt. Er begleitete den oströmischen Feldherrn auf seinem Zug gegen die Goten und schrieb danach eine Geschichte des gotischen Krieges, die auch über die entscheidende Schlacht des byzantinischen Heeres bei Tadinae gegen die Ostgoten berichtet.

Der Ostgotenkönig Totila rückte voller Kampfbegier mit seiner ganzen Streitmacht dem Feind entgegen. Er durchquerte ganz Tuscien und schlug unmittelbar in der Nähe des Dorfes Tadinae sein Lager auf. Nicht lange danach rückte auch das römische Heer unter Narses heran und bezog in einer Entfernung von höchstens hundert Stadien (knapp zwanzig Kilometer) ebenfalls ein Lager in einer Ebene, die rings von zahlreichen Hügeln umgeben war. An dieser Stelle sollte schon der Römerfeldherr Camillus die Scharen der Gallier besiegt und vernichtet haben.
Narses sandte sogleich einige seiner Vertrauten zu Totila, die ihm zureden sollten, die Waffen niederzulegen und Frieden zu schließen. Sie sagten ihm, er könne sich ja selbst ausrechnen, daß er an der Spitze seiner

verhältnismäßig geringen, eilig aufs Geratewohl zusammengerafften Truppe doch nicht imstande wäre, den Kampf mit dem ganzen Römerreich aufzunehmen.
Nun sollten die Gesandten aber im Falle, daß Totila auf der Fortsetzung des Kampfes beharrte, ihn zur Bestimmung des Schlachttages veranlassen. Die Boten entledigten sich auch ihres Auftrages, und voll Begeisterung erwiderte der junge König, sie müßten auf jeden Fall den Streit ausfechten, worauf jene hinzufügten: »Hochedler Fürst, setze dann den Tag der Entscheidung fest!« Und sogleich antwortete Totila: »Gut, in acht Tagen wollen wir die Schlacht wagen.« Die Gesandten teilten nach ihrer Rückkehr Narses ihre Vereinbarungen mit; der jedoch vermutete eine Kriegslist Totilas und bereitete sich schon für den nächsten Tag zum Kampf vor. Er hatte auch die Pläne der Feinde richtig durchschaut, denn bereits am folgenden Morgen wurde ihm gemeldet, Totila sei mit seiner ganzen Streitmacht vorgerückt und stehe höchstens noch zwei Pfeilschüsse weit entfernt.
Nun gab es in dieser Gegend einen Hügel, den beide Parteien unbedingt gewinnen wollten. Die Römer hielten es für besonders wichtig, weil sie dann die Feinde von oben herab beschießen konnten und weil ihr Heer nicht einer Gefahr der Umgehung von hinten ausgesetzt war, was sonst ein Pfad ermöglichte, der an jenem Hügel entlangführte. Die Stellung hatte also für beide Heere große Bedeutung, für die Goten, um die Feinde einzuschließen und sie von allen Seiten angreifen zu können, und für die Römer, um das zu verhindern.
Narses gelang es, seinen Gegnern zuvorzukommen, denn er entsandte noch vor Mitternacht fünfzig Mann zu Fuß, die den Hügel nehmen und halten sollten. Sie stießen jedoch auf keinen Feind und warteten dort in aller Stille. Von der Höhe lief dicht neben dem erwähnten Fußsteig ein Bach herunter, genau gegenüber der Stelle, wo die Goten ihr Lager aufgeschlagen hatten. Hier bezogen die fünfzig Soldaten Stellung, drängten sich dicht zusammen und formierten sich, soweit es die schmale Stelle gestattete.
Bei Tagesanbruch bemerkte sie Totila und versuchte, sie zu verjagen. Er schickte eine Schwadron Reiter gegen sie, die sie möglichst schnell vertreiben sollte. Diese stürmten mit gewaltigem Geschrei an, um sie gleich beim ersten Anprall zu werfen. Die Römer schlossen sich noch dichter zusammen, versteckten sich hinter ihren Schilden und blieben mit vorgehaltenen Lanzen fest stehen. Die Goten behinderten sich bei ihren Attacken gegenseitig, während die fünfzig Mann hinter ihrem Wall von

Schild und Lanzen, ohne irgendwie in Verwirrung zu geraten, den Angriff abwehren konnten. Dabei vollführten sie mit ihren Schilden einen Lärm, vor dem die Pferde scheuten, während die Reiter vor den drohenden Lanzenspitzen zurückgingen. Die Goten zogen sich unverrichteter Dinge zurück, und noch zwei Schwadronen versuchten ihr Glück, mußten aber schließlich ihre Bemühungen aufgeben.

Nun forderten Narses und Totila ihre Krieger unmittelbar vor der Schlacht auf, tapfer zu kämpfen. Narses sprach von der zahlenmäßigen Überlegenheit der römischen Truppen, Totila hielt seinen Leuten vor, daß eine Flucht unmöglich sei und nur ihre Vernichtung bringen müsse. Dann nahmen die Heere Aufstellung zum Kampf. Römer wie Goten bildeten dabei eine gerade Front, die sie möglichst tief und zugleich möglichst lang formierten. Auf dem linken Flügel der Römer, dem Hügel entlang, standen Narses und Johannes mit den Kerntruppen des römischen Heeres. Sie hatten hier auch eine auserlesene Schar von Leibwächtern um sich geschart und auch die hunnischen Hilfstruppen aufgestellt. Auf beiden Flügeln standen insgesamt wohl achttausend Fußsoldaten, lauter Bogenschützen. Im Zentrum hatte Narses die Langobarden, Heruler und die anderen Barbarenvölker aufgestellt. Er ließ sie von ihren Pferden absitzen, damit sie zu Fuß kämpfen mußten und nicht, wenn sie etwa in der Schlacht versagten oder sich absichtlich schlecht hielten, flüchten konnten. Den äußersten linken Flügel mit tausendfünfhundert Reitern bog er winkelförmig ab. Fünfhundert von ihnen erhielten den Befehl, sofort den Römern zu Hilfe zu kommen, wenn es ihnen irgendwo schlecht erginge, und die übrigen tausend sollten dem gotischen Fußvolk gleich bei dessen Eingreifen in den Kampf in den Rücken fallen, damit es von zwei Seiten ins Gedränge komme. Auch Totila ordnete seine Front entsprechend, dann ritt er sie ab, ermutigte seine Truppen nochmals und feuerte sie zur Tapferkeit an. Narses ließ Armspangen, Halsketten und Zaumzeug aus Gold auf Stangen herumtragen und zeigte dies und anderes den Soldaten als Anreiz für kühne Taten. Zunächst aber begann keines der beiden Heere den Kampf, sie hielten sich vielmehr ruhig, und jedes wartete auf den Angriff des anderen.

Nach einiger Zeit galoppierte ein berühmter Krieger namens Kokkas aus den Reihen der Goten unmittelbar vor die römische Front und forderte einen Krieger zum Zweikampf heraus. Der Armenier Anzalas, einer der Leibwächter des Narses, stellte sich ohne Zögern. Auch er war zu Pferd. Kokkas ritt zuerst seinen Feind an und wollte ihm seine Lanze in den Leib stoßen, aber Anzalas bog plötzlich mit seinem Pferd aus und vereitelte so den Angriff des Gegners. Durch diese Wendung war er aber zugleich dem Kokkas in die Flanke gekommen und stieß ihm jetzt seinen Speer in die linke Seite, so daß dieser vom Pferd stürzte und tot am Platz liegenblieb. Die Römer erhoben ein ungeheures Freudengeschrei, aber noch immer begann an keiner Stelle die Schlacht. Nun ritt König Totila allein in den freien Raum zwischen den beiden Heeren, doch er hatte es dabei nicht auf einen Einzelkampf abgesehen, sondern wollte nur seinen Gegner hinhalten, da er erfahren hatte, daß noch zweitausend gotische Reiter zu ihm stoßen wollten, und er beabsichtigte deshalb den Kampf noch hinauszuschieben.

Zunächst zeigte er nun den Römern einmal, was sie da für einen Mann vor sich hätten. Er trug eine goldstrotzende Rüstung, von seiner Lanze und von seinem Helm wallten herrliche purpurfarbene Büschel, und auch sonst glänzte er in wahrhaft königlichem Schmuck. Dann führte er mit großer Gewandtheit auf seinem prachtvollen Streitroß ein Waffenspiel vor und zeigte alle möglichen Reiterkunststückchen. Dabei warf er seine Lanze in die Luft, fing sie wieder auf, schleuderte sie auch häufig abwechselnd mit der rechten und mit der linken Hand und zeigte dabei seine große Fertigkeit, auf die er sich viel zugute tat. Dann beugte er sich bald vorn, bald hinten, bald rechts und dann wieder links weit von seinem Pferd herab, wie jemand, der von Jugend auf in die Künste der Reitbahn eingeführt worden ist. Auf diese Weise füllte er die Zeit bis zum Mittag aus, und weil er den Beginn der Schlacht noch weiter hinausschieben wollte, sandte er Unterhändler zum römischen Heer, die Verhandlungen aufnehmen sollten. Narses erklärte jedoch sehr energisch, Totila wolle ihn doch bloß hintergehen; denn er habe zuvor, als es Zeit zu Unterredungen war, nur den Krieg gewollt. Erst jetzt suche er, unmittelbar vor der Schlacht, eine Besprechung. Inzwischen aber waren die zweitausend Goten angekommen, und als Totila dies erfuhr, zog er sich in sein Zelt zurück, um dort sein Mittagessen einzunehmen. Auch die gotischen Krieger lösten ihre Reihen auf und kehrten in das Lager zurück.

Nach dem Essen wechselte Totila seine Rüstung und gab allen Kriegern den Befehl, sich gut zu wappnen und führte sie nun gegen den Feind, den er zu überraschen hoffte.

Doch die Römer waren nicht unvorbereitet. Narses hatte in kluger Voraussicht des Kommenden seinen Leuten ein eigentliches Mittagsmahl verboten, sie durften sich auch nicht der Mittagsruhe hingeben, die Rüstung nicht ablegen und die Pferde nicht abzäumen. Er gönnte ihnen zwar etwas Speise, aber sie mußten in Reihe und Glied und in voller

Rüstung mit gespannter Aufmerksamkeit des Angriffs der Feinde harren. Außerdem veränderte er noch die Aufstellung der Truppen und ließ beide Flügel mit ihren je viertausend Bogenschützen so einschwenken, daß die ganze Schlachtreihe eine halbmondförmige Gestalt bekam.

Das ganze gotische Fußvolk wurde hinter die Reiterei zurückgezogen, damit es dieser im Falle einer Niederlage Rückendeckung geben könne. Außerdem gab Totila seinen Goten den Befehl, in der Schlacht weder Bogen noch andere Waffen zu benützen und nur mit der Lanze zu kämpfen. Dadurch führte er aber seine Niederlage herbei.

Als der Kampf begann, ließen die gotischen Reiter ihr Fußvolk weit zurück, vertrauten einzig auf ihre Lanzen und galoppierten völlig unbedacht dem Feind entgegen. Sie gerieten dadurch aber in schwere Bedrängnis, da sie nämlich gerade gegen die Mitte der feindlichen Front angesprengt waren und nicht gemerkt hatten, daß sie dadurch zwischen die achttausend Mann der römischen Fußtruppen gerieten. Da sie sich nun mitten in der halbmondförmigen Stellung der Feinde befanden und daher von beiden Seiten beschossen werden konnten, war ihre Kampfkraft schon vom ersten Augenblick an gebrochen. Zahlreiche Menschen und Pferde fielen, noch ehe sie überhaupt an den Feind herangekommen waren. Als sie nach schweren Verlusten endlich auf ihre Gegner stießen, kämpften die Römer mit bewundernswürdiger Tapferkeit, fingen ihren Anprall auf und nahmen ihm so seine Stoßkraft.

Es war bereits Abend geworden, als plötzlich Bewegung in beide Heere kam. Die Goten wandten sich zur Flucht, und die Römer nahmen sogleich die Verfolgung auf. Die Goten vermochten jetzt nicht mehr Fuß zu fassen und waren im Nu bei ihrem eigenen, in ihrem Rücken aufgestellten Fußvolk angelangt, wodurch sich ihre Lage nur noch verschlimmerte. Da sie sich nämlich auf ihrer Flucht völlig aufgelöst hatten, konnten sie mit den Reserven zusammen den Kampf nicht wieder aufnehmen, sondern brachten ihrerseits durch ihren ungeordneten Einbruch in die eigenen Reihen das Fußvolk selbst in Gefahr. Dieses konnte nämlich beim Rückprall der Reiter seine Reihen nicht auseinanderziehen, standhalten und sie so retten, es wurde vielmehr mit in die Flucht hineingezogen, ja, sie erschlugen sich, wie es bei Nahkämpfen geht, gegenseitig selbst.

Die Römer nützten die Verwirrung und den Schreck der Feinde aus und hieben unaufhörlich ohne jede Schonung nieder, was sie erreichen konnten.

In jener Schlacht fielen sechstausend Goten, viele von ihnen ergaben sich auch den Römern, die ihnen zunächst Pardon gewährten, sie aber doch bald darauf töteten. Mit den Goten kamen auch die meisten jener römischen Soldaten um, die vorher ihr eigenes Heer verlassen und zu den Goten und Totila übergelaufen waren. Die übriggebliebenen Reste des gotischen Heeres retteten sich zu Pferd oder zu Fuß, wie sich eben die Gelegenheit bot.

Schon war die Schlacht beendet und das Dunkel der Nacht hereingebrochen, als Totila in der Finsternis mit höchstens fünf Begleitern entfloh. Einige Römer unter der Führung des Gepiden Aspad verfolgten den kleinen Trupp, ohne zu ahnen, daß sie Totila vor sich hatten. Aspad gelang es, in die unmittelbare Nähe des Königs zu kommen, und er holte schon mit seiner Lanze zum Stoß in dessen Rücken aus, da schrie einer der gotischen Begleiter, der das drohende Unheil in letzter Sekunde noch abwenden wollte, dem Germanen laut zu: »Du Hund, willst du deinen eigenen Herrn erschlagen?« Aber Aspad stieß mit aller Kraft seine Lanze in Totilas Rücken, erhielt jedoch zugleich einen Hieb in sein Bein, so daß er am Platze liegenblieb. Um ihn zu retten, gaben seine Begleiter die Verfolgung auf und kehrten mit ihm zurück. Die Mannen Totilas aber galoppierten in unverminderter Eile weiter, da sie meinten, die Feinde säßen ihnen noch im Nacken, obgleich ihr König tödlich verwundet war und sie den Ohnmächtigen in den sicheren Tod hetzten. Nach einem Ritt von vierundzwanzig Stadien (etwa fünf Kilometer) kamen sie zu einem Dorf. Hier gönnten sie sich etwas Ruhe und verbanden Totilas Wunde. Doch der König starb bald darauf. Sie beerdigten ihn an Ort und Stelle und ritten weiter.

Die Römer erfuhren zunächst nichts vom Tod des Gotenkönigs, bis es ihnen eine Frau, eine Gotin, erzählte und das Grab zeigte. Zuerst bezweifelten sie die Richtigkeit ihrer Angaben, öffneten dann aber ohne Zaudern das Grab und erkannten den Leichnam Totilas. Nach der Befriedigung ihrer Neugierde übergaben sie ihn wieder der Erde und erstatteten über alles dem Feldherrn Narses Bericht.

Bruderzwist im Merowingerreich

Gregor von Tours

Zu dem Germanenreich auf ehemals römischem Boden gehört auch das Frankenreich in Gallien. Hier schüttelte der König Chlodwig aus dem Geschlecht der Merowinger die letzten Reste der römischen Herrschaft ab und baute einen neuen Staat. Unter seinen Nachfolgern setzte aber sehr bald schon eine Epoche furchtbarer sittlicher Verwilderung ein, die nach dem Tod König Chlothars I. ihren Höhepunkt erreichte. Das Reich wurde unter seine vier Söhne Charibert, Gunthramm, Sigibert und Chilperich aufgeteilt, die sich gegenseitig aufs heftigste befehdeten. Die Königinnen Brunichilde, die Gemahlin Sigiberts, und Fredegunde, die Gattin Chilperichs, entfachten dabei den Haß immer wieder neu. Charibert starb als erster, einige Jahre nach ihm Sigibert, dessen Erbe sein Sohn Childebert antrat. Diese Angaben sind notwendig, um den folgenden Augenzeugenbericht verstehen zu können, der uns einen Eindruck von den Wirren im Merowingerreich vermittelt. Chilperich war 584 wahrscheinlich auf Anstiften seiner Gattin Fredegunde ermordet worden; nun stritten sich der letzte lebende Bruder Gunthramm und der Neffe Childebert um das Erbe.
Der Bericht stammt aus der »Geschichte der Franken« des Bischofs Gregor von Tours (540–594), der die Ereignisse zum Teil als Zeitgenosse miterleben konnte.

Nach der Ermordung des Chilperich verbanden sich die Leute von Orléans und Blois und fielen unerwartet über die Bewohner von Châteaudun her, überwältigten sie, brannten ihre Häuser nieder und schleppten fort, was sie tragen konnten. Als sie aber heimzogen, verbündeten sich die Überfallenen mit den anderen Bewohnern des Gebietes von Chartres und folgten ihnen auf den Fersen. Was ihnen jene angetan hatten, fügten sie ihnen nun selbst zu, denn sie ließen nichts in den Häusern noch von den Häusern selbst übrig. Als sie aber untereinander haderten und zankten und die Bewohner von Orléans erneut zu den Waffen griffen, traten die Grafen dazwischen und stifteten Frieden. Am folgenden Gerichtstag sollte der Streit öffentlich verhandelt werden und diejenigen, die unbe-

rechtigt gegen die anderen losgebrochen waren, nach Urteil und Recht Buße zahlen.
Inzwischen kam Fredegunde, nun Königinwitwe, nach Paris und flüchtete sich mit ihren Schätzen, die sie mit sich geschleppt hatte, in die Hauptkirche, wo sich der Bischof ihrer annahm. Die Schätze aber, die sie hatte zurücklassen müssen, darunter auch ein kostbares goldenes Tafelgerät, nahmen die Schatzmeister und eilten damit zu König Childebert.
Fredegunde aber schickte Boten zu König Gunthramm und forderte ihn scheinheilig auf: »Möge mein Herr doch kommen und das Reich seines Bruders in Besitz nehmen. Ich habe nur einen kleinen Sohn, den ich ihm in die Arme zu legen wünsche; auch mich selbst beuge ich willig unter seine Herrschaft.« König Gunthramm weinte bitterlich, als er vom Tod seines Bruders hörte, bot dann aber sein Heer auf und führte es gegen Paris. Kaum hatte er aber die Stadt besetzt, kam sein Neffe, König Childebert, von der anderen Seite herbei. Da die Pariser diese nicht einlassen wollten, schickte er Gesandte an König Gunthramm und sprach: »Ich weiß, teuerster Onkel, daß es dir nicht entgangen ist, wie eine feindliche Partei uns beiden bisher geschadet hat, so daß keiner von uns beiden seinen ihm gebührenden Besitz erlangen konnte. Deshalb bitte ich dich jetzt demütig, die Verträge, die zwischen uns nach dem Tod meines Vaters beschlossen worden sind, auch aufrechtzuerhalten.« Darauf sprach Gunthramm zu den Gesandten: »Ihr elenden Verräter, die ihr kein Stück Wahrhaftigkeit in euch tragt und kein Versprechen haltet, ihr habt doch alles übertreten, was ihr mir verspracht, und mit dem ermordeten König Chilperich ein Bündnis geschlossen, um mich aus meinem Reich zu jagen und meine Städte unter euch zu teilen. Seht, hier sind die Verträge selbst, hier eure eigenhändigen Unterschriften, mit denen ihr diese Übereinkunft bekräftigt habt!«
Darauf antworteten die Gesandten: »Wenn dich der Zorn so überwältigt hat, daß du deinem Neffen nichts von dem halten willst, was du ihm einst versprachst, so laß wenigstens davon ab, ihm auch das noch zu nehmen, was ihm nach dem Tode Chariberts von dessen Reich zukommt.«
Er aber erwiderte: »Seht, hier sind die Verträge, nach denen der seinen Anteil an der Stadt Paris verlieren sollte, der sie ohne den Willen seines Bruders betreten würde. Mein Bruder Sigibert aber betrat die Stadt, er kam nach Gottes Gericht um und verlor seinen Anteil. Das gleiche tat auch mein anderer Bruder, Chilperich. Weil sie den Vertrag übertraten, verloren sie ihren Anteil. Und da sie nach Gottes Urteil und den in den

Verträgen angedrohten Flüchen umgekommen sind, werde ich nun das ganze Reich Chariberts mit seinen Schätzen, wie das Recht und Gesetz mir zuspricht, meiner Gewalt unterwerfen und keinem davon etwas abtreten, es sei denn aus eigenem, freiem Entschluß. Geht also und meldet das eurem König!« Kaum hatten die Gesandten ihn verlassen, kamen abermals Boten von Childebert und verlangten die Auslieferung der Königin Fredegunde, indem sie sprachen: »Liefere jene Mörderin aus, die meine Muhme getötet, meinen Vater und meinen Oheim ermordet hat und auch am Tod meiner Vettern schuldig ist.« Aber Gunthramm erklärte: »Wir wollen zusammenkommen, die Dinge besprechen und dann bestimmen, was zu tun ist.« Vorerst ließ er Fredegunde weiterhin seinen Schutz angedeihen, lud sie öfters zum Mahl und versprach, sie auf jede nur mögliche Weise zu verteidigen.

Eines Tages kam ein Armer zum König und sprach: »Wisse, o König, daß Faraulf, der Oberkämmerer deines verstorbenen Bruders, dich zu töten sucht. Ich habe von seiner Absicht gehört, dich, wenn du zum Morgengebet in die Kirche gehst, entweder mit einem Messer zu erstechen oder mit einem Speer zu durchbohren.« Der König erschrak und ließ sogleich Faraulf rufen. Dieser leugnete zwar, aber der König hielt sich nicht mehr für sicher, schützte sich durch ein Panzerhemd und ging niemals zur Kirche oder an einen anderen Ort ohne großes Geleit. An einem Sonntag aber, als der Diakon den Volksmassen Stille geboten hatte, um die Messe zu hören, wandte sich der König zu den Anwesenden und sprach: »Ich beschwöre euch, ihr Männer und Frauen, die ihr hier zugegen seid, haltet mir eure Treue und tötet nicht auch mich, wie ihr jüngst meinen Brüdern getan habt. Möge es mir nur vergönnt sein, wenigstens noch drei Jahre meine Neffen zu erziehen, die ich als Söhne angenommen habe, sonst könnte es leicht geschehen, daß auch ihr nach meinem Tod mit jenen Kleinen zugleich zugrunde geht, da von unserem Stamm kein kräftiger Sproß mehr da sein wird, der euch verteidigen könnte.« Als er so sprach, sandte das Volk seine Gebete für den König zum Herrn.

König Gunthramm befahl nun seinen Grafen, die Städte zu besetzen, die einst Sigibert vom Reich seines Bruders Charibert erhalten hatte; sie sollten den Treueid fordern und die Städte seiner Herrschaft unterwerfen. Die Leute von Tours und Poitiers wollten aber lieber zu Childebert, dem Sohn Sigiberts, übergehen. Daher wurden die Bürger von Bourges aufgeboten, sie rüsteten sich gegen die Städte und fingen an, das Gebiet von Tours mit Feuer zu verheeren. Damals äscherten sie auch die Kirche ein, wo die Reliquien des heiligen Martin aufbewahrt wurden. Aber die Wundermacht des Heiligen verhinderte, daß trotz des großen Brandes die Decken, die über den Altar gebreitet waren, vom Feuer ergriffen wurden. Und nicht allein sie blieben verschont, sondern auch die Kräuter, die man früher gesammelt und auf den Altar gelegt hatte, um ihre Heilkraft zu steigern. Als die Leute von Tours diese Verwüstung sahen, schickten sie Gesandte an König Gunthramm ab, denn sie meinten, es sei besser, sich ihm für den Augenblick zu unterwerfen, als die Stadt mit Feuer und Schwert verwüsten zu lassen.

Nach einiger Zeit befahl Gunthramm auch der Königin Fredegunde, Paris zu verlassen und sich auf einen Hof in der Nähe von Rouen zu begeben. Die Königin war empört darüber, daß man ihr die Gewalt zum großen Teil entzogen hatte und ihre Rivalin Brunichilde nun mächtiger sei als sie, deshalb schickte sie im geheimen einen ihr vertrauten Kleriker ab, dem sie den Auftrag gab, sich in die Dienste der Königin Brunichilde einzuschleichen, ihr Vertrauen zu gewinnen und sie dann heimlich beiseite zu schaffen. Der Mann kam zu Brunichilde, begab sich unter ihren Schutz und sprach: »Ich fliehe vor dem Angesicht der Königin Fredegunde und bitte dich um deine Hilfe.« Er zeigte sich gegen alle untertänig, freundschaftlich und dienstbeflissen und gewann das Vertrauen der Königin. Aber nach einiger Zeit entdeckte man seine schlimmen Pläne. Da wurde er gebunden und gegeißelt. Als er den Anschlag gestanden hatte, ließ man ihn zu seiner Gebieterin zurückkehren. Da er aber dieses erzählte, wurden ihm zur Strafe Hände und Füße abgehauen.

Inzwischen kehrte König Gunthramm nach Chalon zurück und leitete eine Untersuchung über den Tod seines Bruders ein. Fredegunde selbst schob die Schuld auf den Oberkämmerer Eberulf und behauptete, er habe den König ermordet, vieles von seinen Schätzen geraubt und sei dann in das Gebiet von Tours geflohen. Da schwor Gunthramm, daß er nicht nur den Mörder, sondern auch seine Nachkommenschaft bis in das neunte Glied ausrotten würde, damit durch ihren Tod ein abschreckendes Beispiel geboten werde und die Könige fortan nicht mehr dauernd von Mördern bedroht seien.

Als dies Eberulf vernahm, flüchtete er sich in die Kirche des heiligen Martin, dessen Eigentum er vorher oft beraubt hatte. Da es nun erforderlich schien, ihn hier zu bewachen, kamen abwechselnd die Leute von Orléans und von Blois und umstellten die Kirche. Nach fünfzehn Tagen kehrten sie dann mit vieler Beute heim, wobei sie Zugvieh, Schafe und alles sonst mit sich nahmen, was sie fortschleppen konnten. Indessen

schickte König Gunthramm einen gewissen Claudius ab und sprach: »Wenn du dich aufmachst, Eberulf aus der Kirche schaffst, ihn entweder tötest oder mir gefangen bringst, so will ich dich reich beschenken; aber ich warne dich, daß du ja dabei der Kirche des heiligen Martin keinen Schaden zufügst!« Da überlegte Claudius, habgierig wie er war, ob er nicht auch mit Fredegunde sprechen solle. »Wenn ich ihr meinen Auftrag mitteile«, meinte er, »kann ich auch von ihr Geschenke bekommen; denn ich weiß, daß sie jenen Mann, gegen den ich ausgesandt bin, haßt.« Und er ging wirklich zu ihr und erhielt sofort große Geschenke, dazu viele Versprechungen für den Fall, daß es ihm gelingen sollte, Eberulf zu töten.
Danach kehrte Claudius nach Châteaudun zurück und bewog hier den Grafen, ihm dreihundert Mann zu geben, angeblich, um die Tore der Stadt Tours zu bewachen; in Wirklichkeit aber wollte er mit ihrer Hilfe, wenn er nach Tours gelangte, Eberulf töten. Aber während der Graf die Leute noch aufbot, zog Claudius schon nach Tours und begab sich gleich zur Martinskirche. Hier wandte er sich an den unglücklichen Eberulf und beteuerte ihm bei allen Heiligen und bei der Wunderkraft des Bischofs, an dessen Grabe sie standen, niemand werde ihm treulicher beistehen als er, wenn er seine Sache beim König vertreten wolle. Als Eberulf hörte, was ihm der andere an so heiliger Stelle durch einen Eid gelobte, glaubte er ihm.
Am anderen Tag aber, als ich mich gerade nicht in der Stadt aufhielt, wurde Eberulf mit Claudius zusammen zu einem Gastmahl in das Wohngebäude neben der Kirche geladen, dort wollte Claudius ihn dann mit dem Schwert niederstoßen. Eberulf jedoch merkte, unbedacht wie er war, nicht das geringste. Als das Mahl beendet war, ging er mit Claudius zusammen in der Vorhalle des Kirchenhauses auf und ab. Die beiden gelobten sich gegenseitig unter Eidschwüren Liebe und Treue. Als Eberulf aber seine Leute weggeschickt hatte, um Wein holen zu lassen, umklammerte ihn einer der Diener des Claudius von hinten, bog ihm die Brust zurück und hielt sie so zum Todesstoß bereit. Claudius zog das Schwert und holte nach ihm aus, aber auch Eberulf konnte seine Waffe entblößen, obgleich er noch festgehalten wurde, und als Claudius ihm einen Hieb in die Brust versetzte, stieß er auch ihm den Dolch in die Achselhöhle. Es gelang ihm auch noch, sich seinen Gegnern zu entwinden, aber als er zu fliehen versuchte, trafen sie ihn mit dem Schwert am Kopf, er stürzte und starb; so gewährte ihm der heilige Martin die Rettung nicht, den er niemals gläubig um seinen Beistand anzurufen verstanden hatte.

Claudius aber eilte voll Furcht zu der Zelle des Abtes und verlangte, von ihm geschützt zu werden. Da der Abt aber nichts zu seinem Schutz unternahm, rief er: »Ein ungeheures Verbrechen wurde begangen, und kommst du uns nicht zu Hilfe, so sind wir verloren!«
Bei diesen Worten aber stürmten schon die Leute Eberulfs mit Schwertern und Lanzen heran, und da sie die Tür verriegelt fanden, zerschlugen sie die Glasscheiben der Zelle, warfen ihre Lanzen durch die Fenster in der Wand und durchbohrten Claudius, der schon halb tot war. Seine Gefolgsleute jedoch verbargen sich hinter der Tür und unter den Betten. Den Abt nahmen zwei Geistliche in ihre Mitte, und nur mit Mühe und Not konnte er den Schwertern der Aufrührer entgehen. Jetzt rannte auch das Volk mit Steinen und Knüppeln herbei, um die Beschimpfung der Kirche zu rächen. Die Flüchtigen wurden aus ihrem Versteck hervorgezogen und grausam erschlagen. König Gunthramm aber geriet in heftigen Zorn, als er von dem Vorfall erfuhr, beruhigte sich schließlich, nachdem er einen guten Bericht erhalten hatte und schenkte die bewegliche Habe des Ermordeten an seine Getreuen. Diese ließen sein Weib arm und bloß in der heiligen Kirche zurück. Die Leichname des Claudius und der anderen brachten ihre nächsten Angehörigen in die Heimat und begruben sie dort.

Die Hedschra des Propheten

Mohammed ben Ishak

Im Jahr 571 wurde Mohammed in Mekka geboren. Als Kaufmann bereiste er weite Teile des Vorderen Orients und lernte dabei auch das Christentum und die jüdische Religion kennen. In die Heimat zurückgekehrt, glaubte er sich durch Visionen zum Propheten einer neuen Religion berufen. Er bekämpfte das Heidentum in Mekka und predigte, daß es nur einen Gott gäbe und er sein Prophet sei. Doch fand er ursprünglich nur wenige Anhänger und mußte sogar im Jahr 622 von Mekka nach Medina auswandern. Von hier aus aber gelang es ihm, zusammen mit seinen Anhängern, seine neue Religion, den Islam, über ganz Arabien zu verbreiten. Nach seinem Tod im Jahr 632 führten die Kalifen (Nachfolger) sein Werk weiter. Über Mohammeds Leben gibt es einen sehr frühen, auf Augenzeugenaussagen aufbauenden Bericht des Mohammed ben Ishak, der in Medina lebte. Sein Werk gelangte in Abschriften nach Ägypten, wo es 834 bearbeitet und neu herausgegeben wurde.

Nachdem seine Gefährten ihn verlassen hatten, blieb der Prophet in Mekka und wartete auf die Erlaubnis fortzuziehen. Außer Abu Bakr und Ali waren von seinen Anhängern nur jene zurückgeblieben, die sich in Haft befanden oder die dazu gezwungen worden waren, abtrünnig zu werden. Abu Bakr bat den Propheten immer wieder um Erlaubnis, die Stadt zu verlassen, und dieser pflegte zu antworten: »Sei nicht in Eile; vielleicht gibt Gott dir einen Gefährten.« Abu Bakr hoffte, daß es Mohammed selbst sein würde. Als die Kuraschiten sahen, daß der Prophet Anhänger gefunden hatte, die nicht zu ihrem Stamm gehörten und außerhalb ihres Gebietes lebten, und daß seine Gefährten aufgebrochen waren, um sich ihnen anzuschließen, befürchteten sie, daß der Prophet sich zu ihnen flüchten würde, zumal sie wußten, daß er beschlossen hatte, sie zu bekämpfen. So kamen sie im Hause von Ben Kilab zusammen, wo sie über alle wichtigen Angelegenheiten sprachen und wegen des Propheten berieten, den sie jetzt zu fürchten begannen.
Die Diskussion wurde mit der Erklärung eröffnet, daß sie nun, da Moham-

med Anhänger außerhalb ihres Stammes gewonnen habe, nicht länger gegen einen plötzlichen Angriff sicher seien und die Versammlung beschließen solle, was am besten zu tun sei. Einer riet, Mohammed in Ketten und hinter Gitter zu legen und dann zu warten, bis ihn das gleiche Schicksal träfe wie die Dichter Zuhay, Nabigha und andere. Der Scheich erwiderte, daß die Nachricht von der Gefangennahme durchsickern würde. Seine Anhänger würden ihn entführen und damit die Autorität der Kuraschiten vernichten. Sie müßten einen anderen Plan finden.
Jemand schlug vor, ihn außer Landes zu verweisen. Sie brauchten sich nicht darum zu kümmern, wohin er ginge oder was ihm geschehe, wenn sie erst einmal von ihm befreit wären. Sie könnten dann ihr Gemeinschaftsleben in seiner früheren Form erneuern. Wieder entgegnete der Scheich, daß es kein guter Plan sei. Mohammeds Rednergabe und die Kraft seiner Botschaft wären so stark, daß er irgendeinen Beduinenstamm für sich gewinnen, mit diesem in ihr Land einfallen, sie angreifen und ihrer Stellung und Autorität berauben würde; und dann könne er mit ihnen machen, was er wolle. Sie mußten einen besseren Plan finden.
Darauf erwiderte Abu Jahl, daß er einen Plan hätte, der bisher noch nicht vorgeschlagen sei. Jede Sippe solle einen jungen, kräftigen, adligen Krieger stellen; jeder dieser Krieger solle ein scharfes Schwert erhalten; jeder von ihnen solle ihm einen Hieb versetzen und ihn töten. So würden sie von ihm befreit werden, und die Verantwortung für sein Blut läge auf allen Sippen. Ben Abdu Manaf könne nicht gegen sie alle kämpfen und müßte das Blutgeld annehmen, das sie alle zusammen zahlen würden. Der Scheich rief aus: »Der Mann hat recht. Meiner Meinung nach ist es das einzige, was man tun kann.« Danach gingen sie auseinander.
Nachdem nur eine kurze Spanne der Nacht vergangen war, versammelten sie sich vor seiner Tür und warteten darauf, daß er schlafen ginge, damit sie ihn überfallen könnten. Aber der Engel Gabriel erschien dem Propheten und sagte: »Schlafe heute nacht nicht auf dem Bett, auf dem du gewöhnlich schläfst.« Als der Prophet die Absicht erkannte, forderte er Ali auf, sich in seinen grünen Hadrami-Mantel einzuhüllen, zu ruhen; denn er wußte, daß diesem nichts geschehe.
Jetzt endlich gab Gott seinem Propheten die Erlaubnis, Mekka zu verlassen. Nun war Abu Bakr ein vermögender Mann und hatte zu der Zeit, als er den Propheten darum bat, fortziehen zu dürfen, und dieser ihn aufforderte, noch abzuwarten, bis Gott ihm einen Gefährten gäbe, zwei Kamele gekauft; er hielt sie in seinem Haus angebunden, versorgte sie mit Futter und bereitete alles für den Aufbruch vor.

Ein Mann, dessen Worte ich nicht zu bezweifeln brauche, erzählte mir, daß Aisha sagte: »Der Prophet pflegte zu Abu Bakrs Haus an jedem Tag entweder am frühen Morgen oder in der Nacht zu gehen; aber an dem Tag, an dem er die Erlaubnis erhielt, Mekka zu verlassen, kam er zu uns am Mittag, einer Stunde, zu der er gewöhnlich nicht kam. Sobald Abu Bakr ihn sah, erkannte er, daß etwas geschehen war. Als er eintrat, überließ Abu Bakr ihm seinen Sitz. Nur meine Schwester Asma und ich waren zugegen, und der Prophet bat ihn, uns fortzuschicken.
›Aber sie sind meine beiden Töchter, und sie können nichts Böses tun, mögen mein Vater und meine Mutter Bürgen sein‹, sagte Abu Bakr.
›Gott hat mir erlaubt, aufzubrechen und zu wandern‹, antwortete Mohammed. ›Wir zusammen?‹ fragte Abu Bakr. ›Wir zusammen‹, antwortete er. Und bei Gott, vor jenem Tag hatte ich niemand so vor Freude weinen sehen, wie Abu Bakr dann weinte. Schließlich sagte er: ›Oh, Prophet Gottes, dieses sind die beiden Kamele, die ich dafür bereitgehalten habe.‹ So warben sie Abdullah Ben Arquat, um sie auf dem Weg zu führen, und sie übergaben ihm ihre beiden Kamele, und er betreute sie und fütterte sie, bis der festgesetzte Tag anbrach.«
Nach den Berichten, die ich gehört habe, wußte niemand, wann der Prophet aufbrechen wollte, außer Ali und Abu Bakr und der Familie des letzteren. Ich habe gehört, daß der Prophet Ali über seine Flucht unterrichtete und ihm befahl, in Mekka zurückzubleiben, um Güter zurückzugeben, die Männer bei Mohammed hinterlassen hatten; denn jeder, der in Mekka Eigentum hatte, um das er besorgt war, ließ es bei ihm wegen seiner bekannten Ehrlichkeit und Zuverlässigkeit.
Als der Prophet beschloß aufzubrechen, ging er zu Abu Bakr, und beide verließen das Haus des letzteren durch ein Fenster der Rückseite und zogen zu einer Höhle auf einem Berg unterhalb Mekkas. Nachdem sie hineingegangen waren, forderte Abu Bakr seinen Sohn Abdullah auf, zu horchen, was die Leute sagten, und nachts mit den Neuigkeiten des Tages zurückzukommen. Er befahl auch Amir, seinem Freigelassenen, seine Herde am Tage zu füttern und sie nachts zu ihnen in die Höhle zu bringen. Seine Tochter Asma kam in der Nacht mit Nahrung.
Die beiden blieben drei Tage lang in der Höhle. Als die Kuraschiten den Propheten verfehlt hatten, boten sie demjenigen hundert Kamelstuten an, der ihn zurückbringen würde. Während des Tages hörte Abdullah ihren Plänen und ihrer Unterhaltung zu, und in der Nacht kam er mit den Neuigkeiten. Amir weidete seine Herde zusammen mit den Hirten Mekkas, und nach Anbruch der Nacht brachte er die Tiere zur Höhle,

Die Belagerung Jerusalems auf dem ersten Kreuzzug auf einer Miniatur aus dem 14. Jahrhundert.

Unten: Die Verteidigung einer von den Ungarn angegriffenen Stadt aus dem Buch der Makkabäer um 924.

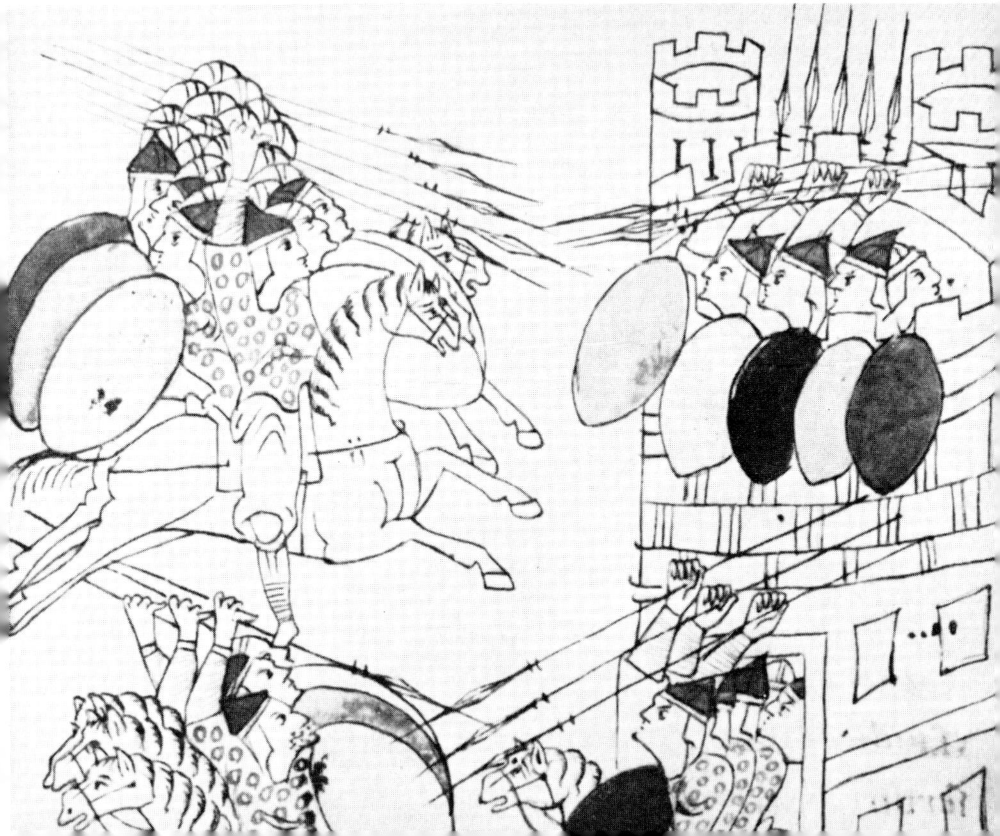

Auf dem Höhepunkt des Investiturstreites bittet der gebannte Kaiser Heinrich IV. Gräfin Mathilde von Tuscien und Abt Hugo von Cluny 1076 um Vermittlung bei Papst Gregor VII. vor seinem »Gang nach Canossa«.

wo sie sie melkten und einige schlachteten. Wenn Abdullah sie morgens verließ, um nach Mekka zu wandern, führte Amir die Schafe auf der gleichen Straße, um seine Spuren zu verwischen. Als die drei Tage vergangen waren und das Interesse der Leute schwand, kam der Mann, den sie angeworben hatten, mit ihren Kamelen und einem seiner eigenen. Auch Asma kam mit einem Sack voll Vorräten; aber sie hatte vergessen, einen Strick mitzubringen, so daß sie den Sack, als sie aufbrachen, auf dem Kamel nicht festbinden konnte. Daraufhin löste sie ihren Gürtel, und indem sie ihn als Strick benutzte, machte sie den Sack am Sattel fest. Deshalb erhielt sie den Namen »Das Mädchen mit dem Gürtel«. Als Abu Bakr die beiden Kamele zum Propheten brachte, bot er ihm das bessere an und bat ihn, auf ihm zu reiten. Aber der Prophet lehnte es ab, auf einem Tier zu reiten, das ihm nicht gehörte, und als Abu Bakr es ihm geben wollte, fragte er danach, was er dafür bezahlt hatte, und er kaufte es ihm ab. Sie ritten davon, und Abu Bakr hatte Amir, seinen Freigelassenen, hinter sich auf dem Kamel, damit er sie auf der Reise bediene.
Mohammed Ben Jafar berichtete mir: »Leute meines Stammes, die Gefährten des Propheten waren, erzählten: ›Als wir erfuhren, daß der Prophet Mekka verlassen hatte, und wir ungeduldig seiner Ankunft harrten, gingen wir immer nach den Morgengebeten zu den Lavafeldern jenseits unseres Gebietes, um ihn zu erwarten. Dies taten wir, bis kein Schatten mehr übrigblieb, und dann gingen wir in der heißen Tageszeit in die Häuser. Am Tag, als der Prophet kam, hatten wir wieder vergeblich gewartet, bis wir in die Häuser gingen, weil kein Schatten mehr vorhanden war, und dann kam der Prophet. Als erster sah ihn ein Jude. Er hatte beobachtet, was wir gewöhnlich taten, und daß wir die Ankunft des Propheten erwarteten, und er rief so laut wie möglich: Oh, Banu Qayla, dein Glück ist gekommen! So eilten wir aus unseren Häusern, um den Propheten zu begrüßen, der zusammen mit Abu Bakr im Schatten einer Palme ausruhte. Nun hatten die meisten von uns den Propheten niemals gesehen, und als die Leute ihn umdrängten, konnten sie ihn von Abu Bakr nicht unterscheiden, bis der Schatten ihn verließ und Abu Bakr sich erhob und ihn mit dem Mantel vor der Sonne schützte – da wußten wir es.‹«
Der Prophet blieb in Quaba bei Ben Amr von Montag bis Donnerstag und legte den Grundstein zu seiner Moschee. Das Freitagsgebet fand den Propheten bei Ben Salim, und er betete es in der Moschee, die sich im Tal des Wadi Ranuna befindet. Dieses war das erste Freitagsgebet, das er in Medina verrichtete.

Bonifatius missioniert in Deutschland

Willibald

Während die Christianisierung des merowingischen Frankenreiches im siebten Jahrhundert praktisch abgeschlossen war, erreichte die Missionsarbeit im heutigen Deutschland erst unter Bonifatius zu Beginn des achten Jahrhunderts einen Höhepunkt. Bonifatius, ein angelsächsischer Mönch, dessen eigentlicher Name Winfried lautete, missionierte zuerst unter dem Bischof Willibrord bei den Friesen. Er wurde dann in Rom selbst zum Bischof geweiht und verbreitete das Christentum in Hessen und Thüringen, schließlich führte er im Auftrag des Papstes eine Neuorganisation der Bayerischen Kirche durch. Durch sein Wirken wurde Bonifatius im wahrsten Sinne zum »Apostel der Deutschen«. Auf einem Missionszug zu den Friesen fand er 754 zusammen mit seinen Begleitern den Märtyrertod. Sein Leichnam wurde in dem von ihm gegründeten Kloster Fulda beigesetzt.
Auf Augenzeugenberichten aufbauend schrieb der Angelsachse Willibald ein »Leben des heiligen Bonifatius«; er schuf damit die älteste Biographie auf deutschem Boden.

Im Mai des Jahres 719 erhielt Winfried, wie Bonifatius ursprünglich hieß, in Rom vom Heiligen Vater Segen und Auftrag, die wilden Völker Germaniens zu besuchen und zu erforschen, ob sie bereit seien, das Evangelium anzunehmen. Nun reiste er sofort, mit einer großen Menge von Reliquien versehen, nach Oberitalien, wo er sich an den König der Langobarden, Liodobrand, wandte. Ehrenvoll von ihm aufgenommen, ruhte er dort von der beschwerlichen Reise aus. Dann durchwanderte er, reichlich beschenkt, die bergigen Gegenden und Fruchtebenen des Landes und überstieg die steilen Hochjoche der Alpen.
In Bayern betrat er zum erstenmal unbekannte Gebiete und wanderte von da nach Thüringen, um gemäß dem Auftrag des Apostolischen Stuhles dort Umschau zu halten. Er sprach mit den Stammeshäuptlingen und rief sie zurück auf den Weg der wahren Erkenntnis, die sie schon lange und zum größten Teil, von schlechten Lehrern verführt, verloren

hatten. Aber auch die Geistlichen und Priester, von denen nur einige den Dienst des Allmächtigen Gottes versahen, andere jedoch verkommen waren, mahnte und belehrte er und führte sie von dem Abweg der Bosheit wieder auf den Pfad der kirchlichen Satzungen zurück. Dann betrat er, von seinen Brüdern begleitet, Franken und fuhr dann, als er hier vom Tod des Friesenkönigs Radbod hörte, rheinabwärts, um nun auch in Friesland das Wort Gottes zu predigen. So kam er nun in Länder, die noch nichts vom Christentum gehört hatten, und da sie jetzt nicht mehr der Verfolgung des Königs Radbod ausgesetzt waren, pflanzte er auch hier den Samen der christlichen Lehre. Zur gleichen Zeit wurde das Wort Gottes aber auch durch Willibrord und seinen Mitarbeiter verbreitet. Als nun Winfried sah, daß die Ernte zwar groß, der Arbeiter aber wenige waren, half er drei Jahre hindurch diesem verehrungswürdigen Bischof.

Da aber Willibrord schon alt war, beschloß er, sich nach dem Ratschlag seiner Schüler eine Stütze in seinem beschwerlichen Amt zu verschaffen und aus der kleinen Gemeinde einen getreuen Mann zu wählen, der das große Volk leiten könne. Er berief darauf Winfried und ermahnte ihn, das Leiteramt eines Bischofs zu übernehmen und ihm zu helfen in der Lenkung des Volkes Gottes. Dieser aber lehnte demütig ab und versuchte, sich mit allen möglichen Entschuldigungen und Weigerung der Übernahme dieses hohen Amtes zu entziehen. Als ihn aber Willibrord immer wieder zur Übernahme des angebotenen Amtes bewegen wollte, erklärte ihm Winfried: »Ich habe ja von dem seligen Papst Gregor einen Auftrag, die Völker Germaniens zu missionieren, ich bin ein Abgesandter des Apostolischen Stuhles zu den Barbarenvölkern des Westens und habe mich aus freien Stücken unter deine Leitung gestellt und mich nach eigenem Gutdünken mit dir verbunden, ohne Vorwissen des Papstes, obschon ich ihm bis zum heutigen Tag nach meinem Gelübde zu Dienst und Gehorsam verpflichtet bin. Deswegen wage ich auch nicht, ohne vom Apostolischen Stuhl Rat einzuholen und ohne dessen ausdrücklichen Befehl, die Weihe zu einer so hohen Stelle zu übernehmen.« Nun erteilte ihm Willibrord seinen Segen und die Erlaubnis zur Abreise. Winfried machte sich sogleich auf den Weg und gelangte endlich an einen Ort, den man Amöneburg nannte.

Nachdem er dort viele Tausend Heiden getauft hatte, sandte er einen zuverlässigen Boten mit einem Brief nach Rom, in dem er über seine Arbeit berichtete und zugleich um neue Weisungen bat.

In einem Antwortschreiben wurde er nach Rom eingeladen und beeilte sich, dem Wunsch des Heiligen Vaters nachzukommen. In zahlreicher Gefolgschaft und umgeben von einer Schar Brüder durchzog er das Land der Franken und Burgunder und ebenso, nachdem er die Alpen überschritten, Italien. In Rom betrat er sogleich die Kirche des heiligen Petrus und stärkte sich durch inbrünstiges Gebet. Im Auftrag des Papstes wurde er dann gut empfangen und in eine Herberge geleitet.

Einige Tage später lud ihn der Papst zu einer Besprechung und begann ihn nach einer freundlichen Begrüßung über die Wahrheiten des kirchlichen Glaubens zu prüfen. Demütig erklärte ihm Winfried: »O apostolischer Herr, wisse, daß ich, ein Fremder, unerfahren in euerer Umgangssprache bin. Ich bitte aber, daß ihr mir Muße und Zeit vergönnt, mein Glaubensbekenntnis niederzuschreiben.« Der Papst erteilte ihm die entsprechende Erlaubnis und beauftragte ihn, das betreffende Schriftstück sobald wie möglich zu überreichen. Nachdem Winfried das Bekenntnis niedergeschrieben hatte, mußte er noch einige Tage warten und wurde endlich in den Lateranpalast geführt, wo er sich zu Füßen des Papstes niederwarf und seinen Segen erbat. Dieser aber richtete ihn gleich von der Erde auf, gab ihm seine Schrift zurück, die seinen unverdorbenen, wahren Glauben bewies. Danach erkundigte er sich über die Missionsarbeit in Germanien und teilte ihm mit, daß er ihm die Würde eines Bischofs verleihen und ihn über die Völker setzen wolle, die bis jetzt die Sorge eines Hirten entbehren mußten. Da Winfried dem Inhaber des Apostolischen Stuhles nicht zu widersprechen wagte, willigte er ein und gehorchte. Als der hochheilige Festtag der Bischofsweihe angebrochen war, übertrug der Papst ihm die Würde des bischöflichen Amtes und den Namen Bonifatius und stellte den neuen Bischof unter den Schutz und Schirm des fränkischen Herzogs.

Bonifatius durchwanderte auf weiten Umwegen die Gebiete vieler Völker und kam zuletzt zu dem genannten Herzog der Franken, von dem er ehrerbietig aufgenommen wurde. Nachdem er Herzog Karl den Brief des Papstes überreicht hatte, kehrte er mit dessen Erlaubnis zu den schon früher besuchten Gebieten der Hessen zurück.

Damals empfingen viele Hessen die Taufe, andere aber weigerten sich, die unverletzbare Wahrheit des reinen Glaubens anzunehmen, und einige opferten sogar noch heimlich Bäumen und Quellen, ja manche taten dies ganz offen. Mit Rat und Hilfe der schon Getauften wagte es Bonifatius auch, eine ungeheure Eiche, die mit ihrem alten heidnischen Namen die Donareiche genannt wurde, in einem Ort, der Geismar hieß, im Beisein der ihn umgebenden Geistlichen zu fällen. Als er mutig die

Axt an den Baum legte, verwünschten ihn die anwesenden Heiden. Kaum hatte er jedoch nur ein wenig den Baum angehauen, wurde die gewaltige Masse der Eiche von höherem göttlichem Wesen geschüttelt und stürzte mit gebrochener Krone zur Erde, und wie durch höheren Winkes Kraft barst sie sofort in vier Teile. Als das die vorher fluchenden Heiden gesehen hatten, wurden sie umgewandelt, ließen von ihrem Lästern ab, priesen Gott und glaubten an ihn. Dann aber erbaute Bonifatius, nachdem er sich mit seinen Brüdern beraten, aus dem Holz dieses Baumes eine Kapelle und weihte sie zu Ehren des heiligen Petrus.

Die Feldzüge Karls des Großen

Einhard

Die merowingischen Könige im Frankenreich wurden abgelöst von dem Adelsgeschlecht der Karolinger, dem es im siebten Jahrhundert gelang, die Herrschaft zu übernehmen. König Pippin verbündete sich mit dem Papst in Rom, der das neue Herrscherhaus anerkannte, zugleich aber auch seines Schutzes bedurfte. Sein Sohn und Nachfolger Karl der Große festigte in mehreren Kriegen die Macht des Frankenreiches, er unterwarf in jahrzehntelangen Kämpfen die Sachsen, die im Raum des heutigen Westfalen wohnten, kämpfte gegen die Avaren, wie die Hunnen ein Reitervolk aus Asien, das zwischen Donau und Theiß siedelte, und zog mehrmals nach Italien. In Rom wurde er am Weihnachtstag des Jahres 800 vom Papst zum Kaiser gekrönt. Über sein Leben erfahren wir Einzelheiten durch Einhard (um 770-840), den Vertrauten und Baumeister des Kaisers, der nach dem Vorbild des römischen Historikers Sueton (vgl. Nero) eine Lebensbeschreibung seines kaiserlichen Herrn verfaßte. In knapper Zusammenfassung erzählt er darin auch von den verschiedenen Feldzügen Karls.

Nach Beendigung seines ersten Italienfeldzuges nahm Karl den Krieg gegen die Sachsen wieder auf, den er schon 772 begonnen hatte. Kein Krieg der Franken ist mit solcher Ausdauer, Erbitterung und Anstrengung geführt worden; denn die Sachsen, wie fast alle Völkerschaften Deutschlands von wilder Natur, dem Götzendienst ergeben und dem Christentum gegenüber feindlich eingestellt, hielten es nicht für unehrenhaft, göttliches und menschliches Recht zu übertreten und zu schänden.

Nun kamen noch besondere Umstände dazu, die jeden Tag den Frieden stören konnten. Die Grenze zwischen uns und den Sachsen nämlich zog sich fast durchaus ohne trennenden Zwischenraum in der Ebene hin, mit Ausnahme weniger Stellen, wo größere Waldungen oder dazwischenliegende Bergrücken eine scharfe Grenzlinie bildeten. So wollten Totschlag, Raub und Brandstiftung auf beiden Seiten kein Ende nehmen. Dadurch wurden die Franken aber so erbittert, daß sie endlich zum offenen

Kriege trieben, der von beiden Seiten mit großer Erbitterung, jedoch mehr zum Nachteil der Sachsen als der Franken dreiunddreißig Jahre lang ununterbrochen fortgeführt wurde. Er hätte freilich früher zu Ende gebracht werden können, das verhinderte aber die Treulosigkeit der Sachsen. Es ist schwer zu sagen, wie oft sie besiegt waren und flehentlich sich dem König unterwarfen, die ihnen abgeforderten Geiseln ohne Zögern stellten und die zu ihnen geschickten Beamten aufnahmen. Aber sie waren sogleich auch eifrig bei der Hand, alles wieder umzustoßen, und es ist kaum ein Jahr des Krieges verflossen, in dem nicht ein solcher Wechsel mit ihnen vorging.
Aber in seinem hohen Sinn und seiner in Glück und Unglück sich gleichbleibenden Beharrlichkeit ließ sich der König durch keinen Wankelmut von ihrer Seite ermüden. Auch nahm er ihr treuloses Verhalten nicht ungestraft hin, sondern zog entweder in eigener Person gegen sie zu Felde oder schickte seine Grafen mit Heeresmacht gegen sie aus, um für ihr Tun Rache und eine gerechte Sühne zu nehmen. Zuletzt, nachdem er allen Widerstand besiegt hatte, riß er zehntausend Mann mit Weib und Kind von ihren Wohnsitzen auf beiden Ufern der Elbe los und siedelte sie in vielen Abteilungen in verschiedenen Gegenden Deutschlands und Galliens an.
In diesem sich so lange hinziehenden Krieg kämpfte Karl selbst doch nicht mehr als zweimal in offener Feldschlacht mit den Feinden. Das erstemal an dem Berg Osning bei Detmold, das zweitemal an der Haase bei Osnabrück, und das im Verlauf von einem Monat und wenigen Tagen. In diesen beiden Schlachten erlitten die Feinde solche Niederlagen, daß sie den König nicht mehr herauszufordern wagten und ihm nur dann Widerstand leisteten, wenn sie es an einem besonders geschützten Platz tun konnten.
Während Karl unaufhörlich und fast ohne Unterbrechung mit den Sachsen zu kämpfen hatte, zog er, nachdem die Grenze durch Besatzungen gedeckt war, mit großer Heeresmacht über die Pyrenäen nach Spanien, wo sich ihm alle Städte und Burgen, die er angriff, unterwarfen, und er führte dann sein Heer unversehrt wieder in die Heimat zurück. Nur in den Pyrenäen selbst hatte er auf seinem Rückzug unter der Treulosigkeit der Waskonen zu leiden. Als nämlich das Heer auseinandergezogen durch einen Engpaß marschierte, griffen die Waskonen, die auf der Höhe der Berge im Hinterhalt lagen, den letzten Teil des Trosses und die ganze Nachhut an, warfen die Truppen ins Tal zurück und machten in dem folgenden Kampf alle bis auf den letzten Mann nieder, raubten das

Gepäck und zerstreuten sich dann unter dem Schutz der einbrechenden Nacht in höchster Eile nach allen Seiten. Den Waskonen kam bei diesem Kampf die Leichtigkeit ihrer Waffen und die Lage des Kampfplatzes zustatten, die Franken dagegen befanden sich an diesem Engpaß und infolge ihrer schweren Bewaffnung im Nachteil. In diesem Kampf fielen Eggihart, des Königs Truchseß, Anshelm, der Pfalzgraf, und Roland, der Befehlshaber im britannischen Grenzbezirk, sowie viele andere. Karl konnte sich für den Augenblick auch nicht rächen, weil der Feind nach diesem Streich so auseinanderlief, daß nicht die geringste Spur darauf hindeutete, in welchem Winkel er zu suchen sei.

Auch die Britonen, die im westlichen Teile Galliens an der Meeresküste wohnten, unterwarf Karl. Als sie den Gehorsam verweigerten, ließ er ein Heer gegen sie aufziehen und zwang sie, Geiseln zu stellen.

In eigener Person brach er sodann an der Spitze eines Heeres nach Italien auf und zog über Rom nach der kampanischen Stadt Kapua, wo er ein Lager aufschlug und den Beneventanern mit einem Krieg drohte, wenn sie sich nicht unterwürfen. Ihr Herzog ließ es nicht so weit kommen, sondern schickte seine beiden Söhne mit einer großen Summe Geldes dem König entgegen und ließ ihn bitten, die Söhne als Geiseln anzunehmen. Zugleich versprach er, mit seinem Volke allen Befehlen Karls nachzukommen, das eine ausgenommen, daß er selbst vor ihm erscheinen müsse. König Karl lag mehr an der Wohlfahrt des Volkes, als daß es ihm darum gegangen wäre, den hartnäckigen Sinn des Herzogs zu brechen, und nahm die angebotenen Geiseln an. Den jüngeren Sohn behielt er bei sich, dem älteren erlaubte er, zum Vater heimzuziehen. Er selbst kehrte nach Rom zurück, verweilte dort noch einige Tage, um an den Stätten der Heiligen seine Andacht zu verrichten, und zog dann nach Gallien heim.

Nachdem er in schnellem Feldzug den Bayernherzog Tassilo unterworfen und auch die Slawen bekriegt hatte, begann 791 sein bedeutendster Krieg gegen die Avaren. Er rüstete dazu besonders sorgfältig, führte aber in eigener Person nur einen einzigen Feldzug nach Pannonien an, wo um diese Zeit die Avaren lebten; die Ausführung der übrigen übertrug er seinem Sohn Pippin, den Grafen und Sendboten. Da seine Feldherren den Krieg mit größter Tapferkeit führten, wurde er nach acht Jahren endlich beendet. Wieviel Schlachten während desselben geschlagen, wieviel Blut vergossen war, davon mögen das menschenleere Pannonien und die Stätte zeugen, wo vormals des Kagans Königsburg stand und die jetzt so verödet liegt, daß auch keine Spur einer menschlichen Behausung mehr zu entdecken ist.

Der gesamte Adel der Avaren kam in diesem Krieg um, ihr ganzer Ruhm ging unter. Alles Geld und die seit langer Zeit angehäuften Schätze fielen in die Hände der Franken, die seit Menschengedenken niemals so große Reichtümer erbeutet hatten.

Während man die Franken bis dahin beinahe arm nennen konnte, fanden sie nun in der Königsburg eine solche Masse Gold und Silber vor und machten in den Schlachten so kostbare Beute, daß man wohl sagen darf, nach Recht und Gerechtigkeit haben sie den Avaren das entrissen, was diese früher anderen Völkern ungerechterweise geraubt hatten. Im übrigen verlief dieser Krieg für die Franken fast ganz unblutig und nahm ein überaus günstiges Ende, obwohl er sich so lange Zeit hingezogen hatte.

Zu seinem letzten Italienzug wurde König Karl dadurch veranlaßt, daß Papst Leo wegen der vielen Mißhandlungen, die er von seiten der Römer erlitt, sich genötigt sah, den König um Schutz anzuflehen. Karl zog also nach Rom und verweilte dort den ganzen Winter, um die Kirche aus der überaus großen Zerrüttung, in die sie verfallen war, zu reißen. Damals geschah es auch, daß er den Namen Kaiser und Augustus empfing, der ihm anfangs so zuwider war, daß er versicherte, er würde an jenem Weihnachtstag des Jahres 800 trotz des hohen Festes die Kirche nicht betreten haben, wenn er des Papstes Absicht hätte ahnen können. Die oströmischen Kaiser nahmen es äußerst übel auf, daß er von nun an den Kaisertitel führte, er trug aber ihre Anfeindung mit großer Gelassenheit und wußte mit hohem Sinn, ihren Trotz zu besiegen, indem er häufig durch Gesandtschaften mit ihnen verkehrte und sie in seinen Briefen als Brüder anredete.

Ludwig der Fromme und seine Söhne

Annalen von St. Bertin

Auf Karl den Großen folgte sein Sohn Ludwig der Fromme, dem es nicht gelang, das vom Vater übernommene Reich zusammenzuhalten. Schon drei Jahre nach seinem Regierungsantritt ernannte er seinen ältesten Sohn 817 zum Mitkaiser, die beiden jüngeren Söhne wurden Könige, Pippin über Aquitanien, den Westteil des Reiches, Ludwig im Osten über Bayern. 833 empörten sich die Söhne gegen den Vater; auf dem »Lügenfeld« bei Kolmar liefen die Truppen Ludwigs zu den Söhnen über, die den alten Kaiser für abgesetzt erklärten und öffentlich demütigten. Aber schon ein Jahr danach setzten ihn die jüngeren Söhne aus Angst vor der Übermacht des älteren Bruders Lothar wieder in seine Rechte ein.
Über diese Zeit berichten die sogenannten »Reichsannalen«, Chroniken, die von Mönchen in schmuckloser, einfacher Art geführt wurden. Solche Annalen sind in dem Kloster St. Bertin in Westfrankreich aufgefunden worden. Der unbekannte Verfasser hat auch die Empörung der Söhne Ludwigs gegen ihren Vater aufgezeichnet als wichtigstes Zeugnis für die Wirren und den Verfall des Karolingischen Reiches.

Nachdem Kaiser Ludwig das Weihnachtsfest des Jahres 833 gefeiert hatte, reiste er nach Aachen. Hier aber erhielt er schon nach einigen Tagen die Nachricht, daß seine Söhne sich verbündet und gegen ihn empört hätten und ihn mit großer Heeresmacht angreifen wollten. Ludwig beriet sich sogleich mit seinen Vertrauten und ging dann noch vor Anbruch der Fastenzeit nach Worms, wo er bis zum Pfingstfest verblieb. Inzwischen hatte er ein Heer gesammelt und beschloß nun, den Söhnen entgegenzuziehen, um sie durch Waffengewalt zu unterwerfen, wenn sie sich nicht durch Worte des Friedens und der Liebe von ihrem Unternehmen abbringen ließen.
Die Brüder versammelten sich mit ihren Heeren in der Nähe von Kolmar an einem Ort, der Rothfeld heißt, seitdem aber das Lügenfeld genannt wird. Lothar kam aus Italien, in seiner Begleitung befand sich auch Papst

Gregor; Pippin kam aus Aquitanien und Ludwig aus Bayern, jeder mit großer Heeresmacht.
Als nun der Kaiser mit seinen Söhnen zusammentraf, versuchte er sie vergeblich von ihrem hartnäckigen Verhalten abzubringen. Sie aber wußten durch schändliche Überredungskünste und falsche Versprechungen die kaiserlichen Truppen so zu betören, daß alle ihn verließen und zu seinen Gegnern überliefen. Die Söhne nahmen daraufhin den Vater gefangen. Lothar, der sich königliche Gewalt angemaßt hatte, entließ den Papst nach Rom, Pippin zog nach Aquitanien und Ludwig wieder nach Bayern, er selbst aber führte den Vater unter Bedeckung mit sich über Metz nach Soissons, wo er ihn im Kloster des heiligen Medardus in Gewahrsam hielt. Seinen kleinen Stiefbruder Karl aber trennte er vom Vater und schickte ihn in das Kloster Prüm in den Ardennen, was Ludwig großen Kummer bereitete.
Dann hielt Lothar einen Reichstag zu Compiègne ab, und die Bischöfe, Äbte, Grafen und das gesamte Volk brachten ihm die gewöhnlichen Jahresgeschenke dar und gelobten ihm Treue. Auch Gesandte vom byzantinischen Kaiser aus Konstantinopel, die eigentlich zu Ludwig gewollt hatten, kamen nun zu ihm und überbrachten ihm Briefe und Geschenke. Auf dem Reichstag schmiedeten sie viele schwere Anklagen gegen den gefangenen Kaiser. Vor allem Ebo, der Bischof von Reims, brachte eine Reihe falscher Beschuldigungen vor. Und sie peinigten den alten Kaiser so lange, bis sie ihn dahin brachten, die Waffen abzulegen und ein Büßergewand zu tragen. Dann verstießen sie ihn von der Schwelle der Kirche, so daß niemand mehr mit ihm zu sprechen wagte als diejenigen, die besonders dazu beauftragt waren.
Da man aber fürchtete, er möchte etwa von einigen seiner Getreuen entführt werden, kam Lothar selbst in das Kloster, führte den Vater wider dessen Willen mit fort und hielt ihn bei sich zu Compiègne gefangen.
Nach Ende des Reichstags reiste Lothar, den Vater unter Bedeckung mit sich führend, nach Aachen, wo er am 29. November 834 eintraf.
Kurze Zeit danach aber mußten Lothar und Ludwig verschiedener Angelegenheiten wegen in Mainz eine Besprechung abhalten. Bei dieser Gelegenheit bat Ludwig seinen Bruder Lothar inständig, seinem Vater eine mildere Behandlung zuteil werden zu lassen und ihn nicht in so strengem Gewahrsam zu halten. Da Lothar dies aber abwies, reiste sein Bruder traurig ab und beriet sich mit den Seinen, wie er den Vater aus der Haft befreien könnte. Lothar selbst kehrte wenige Tage vor dem Weihnachtsfest wieder nach Aachen zurück.

So wurde der Kaiser auch weiterhin zu Aachen in Haft gehalten, und man behandelte ihn keineswegs menschlicher, sondern wütete immer noch grausamer gegen ihn, Tag und Nacht auf die größten Kränkungen sinnend, um so seinen Mut zu brechen, damit er freiwillig der Herrschaft entsagen und sich in ein Kloster zurückziehen sollte. Aber der Kaiser erklärte, daß er niemals ein Gelübde ablegen werde, wenn er sich nicht frei entscheiden dürfe.

Da Ludwig erfahren hatte, daß seine Bitte, den Vater milder zu behandeln, beim Bruder erfolglos geblieben war, schickte er Gesandte zu seinem Bruder Pippin, teilte ihm alles mit und ließ ihn dringend bitten, daß er, eingedenk der Ehrfurcht und Liebe zum Vater, diesen gemeinsam mit ihm aus seiner Bedrängnis befreien sollte.

Pippin sammelte alsbald ein Heer Aquitanier und Bewohner des Gebietes an der Seine, Ludwig rief die Bayern, Sachsen, Alemannen und Franken zu den Waffen, und mit ihren Heeren zogen sie darauf beide gegen Aachen. Als Lothar dies hörte, verließ er sofort die Stadt und führte den Vater in der gleichen strengen Haft mit sich nach Paris. Hier aber stand schon Pippin mit seinem Heer, und nur der übermäßig hohe Wasserstand der Seine hielt ihn vom Übergang über den Fluß ab. Als nun auch die Kunde eintraf, daß Ludwig mit einem ebenso großen Heer gegen Paris vorrücke, verlor Lothar den Mut und ergriff, während er den Vater zurückließ, am letzten Tag des Februar mit seinen Leuten die Flucht.

Kaum hatte er sich entfernt, so traten die anwesenden Bischöfe zusammen, sprachen in der Kirche des heiligen Dionysius Kaiser Ludwig von aller Buße los und legten ihm seine königlichen Gewänder und die Waffen an. Etwas später trafen Pippin und Ludwig nebst den übrigen Getreuen beim Vater ein, der sie mit Freuden empfing und ihnen für den raschen Beistand dankte.

Nachdem er sich mit ihnen beraten hatte, entließ er Pippin und seine Truppen in ihre Heimat, Ludwig aber mußte ihn nach Aachen begleiten. Nach dem Osterfest berief er dort seine Räte und die Großen des Reiches zusammen und beratschlagte mit ihnen, wie sie auch Lothar zur Unterwerfung bewegen könnten. Er sandte in alle Teile des Landes Boten, um dem Volk seine Befreiung zu verkünden und es zu ermahnen, die ihm geschworene Treue zu bewahren; zugleich ließ er verkünden, daß er um der Liebe Gottes willen alles verzeihe, was das Volk gegen ihn verbrochen hätte.

Inzwischen war Lothar nach der Stadt Vienne in der Provence gekommen

Die »Chronik des Konstanzer Konzils« von Ulrich Richental zeigt die Vorbereitungen zur Wahl Papst Martins V. Zwei Bischöfe und ein weltlicher Herr untersuchen die Speisen der Wahlmänner auf versteckte Nachrichten.

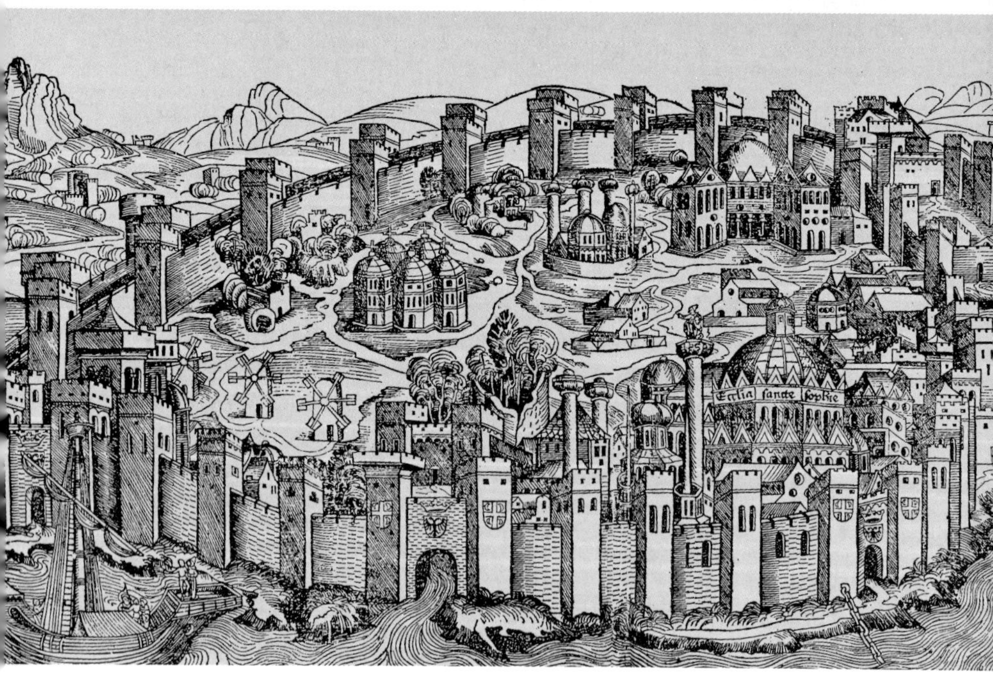

Oben: Johanna von Orléans erreicht mit ihren Truppen Paris und versucht den Graben zu überwinden.
Unten: Konstantinopel nach der Eroberung durch die Türken 1453. Holzschnitt aus der Schedelschen Weltchronik 1493.

und beunruhigte hier durch seine Anwesenheit die Bewohner des Landes. Als der Kaiser erfuhr, daß sich sein Sohn dort aufhielt, schickte er Gesandte und ließ ihm mitteilen, daß er ihm alles verzeihe und er in Frieden zu ihm zurückkehren möge. Lothar aber hörte nicht darauf, sondern beharrte in seinem Trotz.

In der Zwischenzeit waren auch die Dänen auf ihren Schiffen in Friesland eingefallen, verwüsteten einen Teil des Landes und zogen dann über Utrecht nach dem Handelsplatz Dorestat. Hier verheerten sie alles, töteten viele Einwohner und führten andere als Gefangene fort, einen Teil der Stadt aber brannten sie nieder.

Lothar selbst zog mit seinen Truppen rhôneaufwärts gegen Chalon-sur-Saône, eroberte die Stadt und brannte sie nieder; drei der Grafen, die sie verteidigt hatten, ließ er hinrichten. Dann zog er weiter nach Orléans. Als dies der Kaiser hörte, berief er das Heer für die Mitte des Monats August nach Langres zusammen und brach dann sofort zur Befreiung des Volkes gegen die Feinde des Reiches auf, wobei ihn Ludwig mit seinen Truppen begleitete. So kam er bis Blois, schlug hier sein Lager auf und wartete, bis auch Pippin mit einem Heer zu ihm stieß. Lothar aber lagerte nicht weit davon entfernt und suchte durch seine drohende Stellung den Vater zu entmutigen, was ihm jedoch in keiner Weise gelang. Nun sandte der Kaiser abermals in seiner gewohnten Milde an den Sohn und ließ ihn auffordern, in Frieden wieder zu ihm zurückzukehren. Zugleich versprach er ihm die Herrschaft in Italien, so wie sie Pippin, der Bruder Kaiser Karls des Großen, besessen hatte. Da endlich unterwarf sich Lothar mit den Seinen und verpflichtete sich mit einem eigenen Eidschwur, nichts mehr gegen den Kaiser zu unternehmen.

Das hohe Mittelalter

Am 2. Februar 962 wurde Otto I., der Sohn Heinrichs I., in Rom zum Kaiser gekrönt. Es war die Geburtsstunde des »Heiligen Römischen Reiches Deutscher Nation«. Der deutsche König hatte sechs Jahre zuvor in der Schlacht auf dem Lechfeld die Ungarngefahr für das Abendland gebannt und auch die Verhältnisse in Italien geordnet. Er übernahm jetzt mit der Kaiserwürde zugleich die führende Rolle im Abendland. Dennoch regierte er nicht unumschränkt wie etwa einstmals die römischen Kaiser. Hervorgegangen aus dem germanischen Königtum, war seine Herrschaft abhängig auch vom Willen der hochadligen Führungsschicht der Herzöge.
Nach einer ersten Blütezeit unter den Nachfolgern Ottos erfuhr das Kaisertum unter den Saliern eine starke Schwächung im Investiturstreit mit den Päpsten, der sich entzündete an der Frage nach dem Recht der Besetzung der Bischofsstühle im Reich, im Grunde genommen aber an der Frage des Nebeneinanders von geistlicher und weltlicher Gewalt.
In einer vom Kloster Cluny ausgehenden Reform hatte die Kirche eine innere Erneuerung erfahren, und die Päpste strebten nun nach der geistigen Führerrolle im christlichen Abendland. Der unheilvolle Streit, der seinen Höhepunkt in der Auseinandersetzung zwischen Kaiser Heinrich IV. und Papst Gregor VII. erreichte, endete mit einem Kompromiß zwischen Kaisertum und Papsttum.
Die gelehrten Mönche der Klöster wurden nun als Träger abendländischer Kultur abgelöst von den aus der germanischen Gefolgschaft hervorgegangenen Rittern, die zum führenden Stand nicht nur in Deutschland, sondern im ganzen Abendland emporstiegen. Im Lehenswesen bildete sich eine neue Form der Gefolgschaft heraus, und in den Kreuzzügen zur Befreiung des Heiligen Landes fand dieses Rittertum eine große gemeinsame Aufgabe, an der sich zahlreiche Angehörige der führenden abendländischen Nationen beteiligten.
Gleichzeitig begannen die deutschen Fürsten das schwere und verantwortungsvolle Werk der ostdeutschen Kolonisation, an der Ritter, Bürger und Bauern gemeinsam arbeiteten.
Unter dem Königsgeschlecht der Hohenstaufen erreichte das deutsche Kaisertum noch einmal einen Gipfel seiner Macht. Zum Reich gehörten Deutschland, Italien und Burgund, es war die Blütezeit des deutschen Rittertums. Friedrich I. Barbarossa ist selbst Vorbild echt ritterlichen Wesens. Aber auch unter seiner Regierung kam es zu neuen Streitigkeiten mit den Päpsten, und im Reich selbst, wo das welfische Herzoghaus sich im Doppel-Herzogtum von Sachsen und Bayern eine ausgedehnte Machtgrundlage geschaffen hatte, traten ebenfalls neue Spannungen auf. Trotz aller Schwierigkeiten gelang es Barbarossa, die Macht

der staufischen Könige noch zu erweitern, indem er seinen Sohn Heinrich mit Konstanze, der Erbin des Normannenreiches in Unteritalien-Sizilien, vermählte. Sein Enkel, Friedrich II., residierte nur noch in Sizilien, wo er seinen Herrschaftsbereich zu einem modernen Staatswesen ausbaute. Um Deutschland kümmerte er sich nur wenig. Das Ende des staufischen Herrscherhauses bedeutete zugleich auch das Ende der hohen Zeit des Mittelalters.

919–1024	*Sächsisches Herrscherhaus in Deutschland*
926	Ungarneinfall in St. Gallen
936–973	*Otto der Große*
955	Ungarnschlacht auf dem Lechfeld
1024–1125	*Salisches Herrscherhaus in Deutschland*
1024	Wahl Konrads II.
1056–1106	*Heinrich IV.*
1077	Heinrich IV. und Papst Gregor VII. in Canossa
1096–1099	*1. Kreuzzug*
1099	Eroberung Jerusalems
1138–1254	*Staufisches Herrscherhaus in Deutschland*
1152–1190	*Friedrich Barbarossa*
1154–1155	1. Italienzug und Kaiserkrönung Barbarossas
1164	Slawenaufstand gegen Herzog Heinrich d. Löwen
1206–1227	Dschingis-Khan gründet das Mongolenreich
1254–1272	*Interregnum in Deutschland*

(Geradestehende Zeilen verweisen auf Texte in diesem Buch)

Die Ungarn in St. Gallen

Ekkehard

Seit dem neunten Jahrhundert waren die Ungarn, ein ugro-finnisches Volk mit einer türkischen Oberschicht, von ihrem ursprünglichen Wohnsitz zwischen Don und Kuban, im heutigen Rußland, nach Westen vorgedrungen und hatten sich an der Donau niedergelassen. Von hier aus bedrohten sie in sich immer wiederholenden Raubzügen vor allem den süd- und mitteldeutschen Raum. 926 plünderten sie das Kloster St. Gallen, den wohl bedeutendsten kulturellen Mittelpunkt des süddeutschen Raumes. Nach alten Berichten hat der Mönch Ekkehard um die Mitte des elften Jahrhunderts von diesem Ungarneinfall in seiner sehr lebendigen Chronik des Klosters erzählt.

Als Abt Engilbert von dem neuen Einfall der Ungarn in Schwaben erfuhr, ließ er die kräftigeren der Brüder die Waffen ergreifen und ermutigte das Gesinde. Er selbst, wie ein Riese des Herrn mit dem Panzer angetan und die Kutte und die Stola darüber anziehend, befahl den Brüdern, das gleiche zu tun. »Laßt uns Gott bitten«, sagte er, »daß wir dem Teufel, gegen den wir bisher voll Gottvertrauen im Geiste gekämpft haben, jetzt mit der Kraft der Hände unsere Stärke zu zeigen vermögen!« Wurfspieße wurden gefertigt, aus dickem Linnenstoff Panzer gemacht, Schleudern geflochten, aus starken Brettern und Weidenkörben Schilde hergestellt, Sparren und Knüppel in zugespitzter Form an den Herden vorne gehärtet. Obgleich einige Brüder und das Gesinde, die dem Gerücht von dem Ungarneinfall mißtrauten, nicht fliehen wollten, wählte Engilbert doch einen günstigen Zufluchtsort aus, der zur Anlage einer Burg sichtbar geeignet erschien. Auf einem sehr schmalen Berghalse schlug man den Wald aus, errichtete Verschanzungen und schuf so einen befestigten Platz von großer Stärke. Eine schnell errichtete Kapelle wurde zum Bethaus bestimmt, in das die Kreuze und die Kapseln mit den Totenverzeichnissen gebracht wurden, ebenso fast der ganze Kirchenschatz, ausgenommen die auf den Regalen stehenden Bücher. Diese hatte der Abt,

jedoch nicht genügend gesichert, dem Kloster auf der Reichenau übergeben; wie sie aber zurückgebracht wurden, stimmte wohl die Anzahl, nicht aber stimmten die Bücher selbst. Die Greise und die Knaben schickte der Abt nach Wasserburg am jenseitigen Bodenseeufer, das er durch Hörige ebenfalls sorgfältig sichern ließ. Bei Tag und Nacht trafen nun Späher ein, die auch jenen Brüdern, die nicht glauben wollten, daß das Kloster des heiligen Gallus jemals von Barbaren angegriffen werden könnte, die Ankunft der Feinde voraussagten. Abt Engilbert, der selbst den Zufluchtsplatz ausgesucht hatte, brachte beinahe zu spät die wertvollsten Schätze des heiligen Gallus dorthin.
Die Feinde kamen nämlich nicht alle auf einmal, sondern griffen, weil niemand Widerstand leistete, scharenweise Städte und Dörfer an, plünderten und verbrannten sie. Gewöhnlich hielten sie sich in den Wäldern verborgen und stürmten dann in mehr oder minder großer Zahl vor. Der Rauch und der vom Feuer gerötete Himmel zeigten, wo die einzelnen Horden zu suchen waren.
Damals lebte im Kloster ein sehr einfältiger und närrischer Bruder, dessen Worte und Taten oft belacht wurden, mit Namen Heribald. Als die Brüder sich nun zur Flucht rüsteten und ihn auch ängstlich aufforderten mitzugehen, antwortete er ihnen: »Fürwahr, möge fliehen, wer da will. Ich aber will hier bleiben, weil mir der Kämmerer in diesem Jahr das Leder zu den Schuhen nicht gegeben hat.« Als ihn die Brüder im letzten Augenblick durch Gewalt zwingen wollten, mit ihnen zu gehen, leistete er starken Widerstand und schwur, daß er den Platz nicht verlassen werde. Und so erwartete er unerschrocken die einstürmenden Ungarn. Während die letzten Brüder flohen, wandelte er in müßiger Weise furchtlos auf und ab.
Endlich stürmten die köchertragenden Feinde herein, starrend von drohenden Wurfspeeren und Geschossen. Sorgfältig durchsuchten sie den ganzen Platz, und es war gewiß, daß niemand bei ihnen Gnade und Erbarmen finden würde. Da trafen sie auf den alten Heribald, der allein unerschrocken in ihrer Mitte stehenblieb. Verwundert darüber, was er wolle und weshalb er nicht geflohen sei, befragten ihn die Anführer der Ungarn durch Dolmetscher, während sie zugleich ihre Leute anwiesen, ihn inzwischen zu verschonen. Als sie merkten, daß sie es mit einem Narren zu tun hatten, ließen sie ihn alle unter Gelächter ungeschoren. Den steinernen Altar des heiligen Gallus berührten sie nicht einmal, weil sie früher häufig durch solche getäuscht worden waren, da sie nichts als Knochen und Asche gefunden hatten. Schließlich erkundigten sie sich

bei dem Narren, wo der Schatz des Klosters aufbewahrt sei. Heribald führte sie munter zum verborgenen Türchen der Schatzkammer, das sie sogleich erbrachen. Als sie dort aber nichts als Standleuchter und vergoldete Lichtkronen fanden, wandten sie sich drohend gegen den Narren und ohrfeigten ihn. Zwei der Ungarn stiegen auf den Kirchturm, weil sie annahmen, daß der auf der Spitze stehende Hahn aus Gold gemacht sei. Während einer der beiden, ein kräftiger Mann, sich vorbeugte, um den Hahn loszureißen, stürzte er von der Höhe in den Vorhof und kam um. Der andere kletterte bis zum höchsten Punkt des östlichen Turmgiebels und schickte sich an, dort zur Beschimpfung des Heiligtums den Leib zu leeren. Da stürzte er rücklings hinab und wurde ebenfalls zerschmettert.

Wie Heribald nachher berichtete, verbrannten die Ungarn diese beiden zwischen den Pfosten der Türflügel, und die Flammen des Scheiterhaufens ergriffen die Oberschwelle und das Deckengetäfel. Ein paar Männer fachten noch mit Stangen die Brände an, dennoch gelang es ihnen nicht, das Kloster in Brand zu stecken.

Im gemeinschaftlichen Keller der Brüder fanden sie zwei Fässer mit Wein, die noch bis zu den Zapfen voll waren. Die Brüder hatten sie in der Eile zurücklassen müssen. Durch einen glücklichen Zufall zapften sie aber die Ungarn nicht an, denn als einer von ihnen mit geschwungener Axt eines der Faßbänder aufschneiden wollte, sagte Heribald, der unter ihnen schon wie ein Hausgenosse verkehrte: »Laß, guter Mann! Was sollen wir denn trinken, wenn ihr davongegangen seid?« Als dem Ungarn die Worte verdolmetscht wurden, lachte er auf und bat dann seine Genossen, die Fässer des Narren nicht zu berühren. Und so sind sie geblieben, bis der Abt zurückkehrte, nachdem die Ungarn den Platz verlassen hatten.

Die Ungarn sandten auch Späher durch die Wälder, um nach verborgenen Plätzen suchen zu lassen. Schließlich lagerten sie sich im Vorhof des Klosters und auf den Wiesen zu reichlichen Mahlzeiten. Auch das mit Silber bekleidete Ciborium des heiligen Othmar, das man in der Eile zurückgelassen hatte, beraubten sie seiner Hülle. Die Führer besetzten den flachen Platz des inneren Klosters und schmausten in Hülle und Fülle. Auch Heribald sättigte sich in ihrer Gegenwart mehr, als jemals sonst, wie er selbst nachher sagte. Als die Ungarn die Schulterstücke und die übrigen Teile der Schlachttiere halb roh, ohne Messer, mit den Zähnen zerfleischend, verschlungen hatten, bewarfen sie sich zum Scherz gegenseitig mit den abgenagten Knochen. Auch Wein, den sie in vollen

Kufen in ihre Mitte gesetzt hatten, schlürfte ein jeder, so viel ihn gelüstete, ohne Unterschied. Nachdem sie aber durch den ungemischten Wein warm geworden waren, schrien sie alle in entsetzlicher Weise zu ihren Göttern. Einen Priester, den sie als Gefangenen mitschleppten, und den Narren zwangen sie, das gleiche zu tun. Der Priester, der ihre Sprache verstand, rief laut mit ihnen; als er aber genug gerast hatte, begann er unter Tränen die Antiphon vom heiligen Kreuze zu singen, dessen Auffindung am folgenden Tage gefeiert wurde. Heribald sang mit ihm, wenn auch mit rauher unbeholfener Stimme. Nun kamen alle Anwesenden zu dem ungewohnten Gesang der Gefangenen zusammen und tanzten vor ihren Fürsten.

Unterdessen glaubte der Priester bei solcher Fröhlichkeit die günstige Zeit gekommen, um für seine Freilassung zu bitten, und indem er die Hilfe des heiligen Kreuzes anflehte, fiel der Unglückliche unter Tränen den Anführern zu Füßen. Diese aber bedeuteten in ihrem wilden Sinn durch Pfeifen und durch eine Art scheußlichen Grunzens ihren Gefolgsleuten, was sie tun sollten. Ein paar Ungarn eilten wütend herbei, ergriffen den Mann und wollten ihn mit ihren Messern zusammenstechen. Ehe sie sich aber dazu anschicken konnten, kamen Kundschafter aus dem Wald und schrien, daß eine Befestigung, mit bewaffneten Scharen stark verwahrt, in nächster Nähe sei. Da ließ man den Priester und Heribald allein im Kloster; die Krieger eilten schleunigst zum Tor hinaus und standen, wie sie es gewöhnt waren, in wenigen Augenblicken gerüstet in der Schlachtreihe. Als sie aber von der natürlichen Beschaffenheit der Festung erfuhren und daß diese nur schwerlich belagert werden könne, ließen sie zugleich auch vom Kloster ab, zündeten, da die Nacht hereingebrochen war und sie besser sehen wollten, einige Häuser des Dorfes an, das beim Kloster lag, und zogen dann auf dem Weg nach Konstanz ab.

Da aber die Leute in der Befestigung glaubten, das Kloster stehe in Brand, und sie vom Abzug der Ungarn erfuhren, folgten sie ihnen auf Seitenwegen nach, griffen einen Trupp der Ungarn an, töteten einige und führten einen Verwundeten gefangen fort. Die übrigen konnten fliehen und warnten durch Hörnersignale die andern. Daraufhin sammelten sich die Ungarn in der Ebene, fuhren die Karren und das übrige Gepäck kreisförmig zusammen, teilten die Nacht über Wachen ein und gaben sich, auf den Wiesen lagernd, dem Wein und dem Schlaf hin.

Am frühen Morgen aber suchten sie in den nächstgelegenen Dörfern, ob die flüchtigen Einwohner etwas zurückgelassen hätten, raubten alles aus und brannten die Gebäude nieder. Abt Engilbert, der den Angriff

auf die Ungarn geleitet hatte, zog nun mit wenigen kühnen Leuten zum Kloster, um zu erspähen, ob dort Feinde zurückgeblieben seien. Auch forschte er nach dem Bruder Heribald, um ihn bestatten zu können. Dieser aber wurde nirgends gefunden, denn er hatte den Priester überreden können, mit ihm auf den Gipfel des nächsten Berges zu flüchten, wo sie sich zwischen Gebüsch und Strauchwerk verborgen hielten, da sie sonst von den Feinden als Sklaven fortgeführt worden wären. Der Abt wunderte sich zugleich darüber, daß die Weinbehälter von den übermäßig trunksüchtigen Feinden verschont worden waren und über die Brandspuren an den Türpfosten und an der getäfelten Decke. Dann brachte er mit seinen Leuten, so leise wie es nur möglich war, die Morgenlobgesänge zum heiligen Kreuz dar, wagte aber doch nicht, länger zu verweilen, sondern suchte mit seinen Leuten so rasch wie möglich über den nächsten Berg zu ihrer Befestigung zurückzukehren, von der begreiflichen Furcht erfüllt, es möchten entweder im Hinterhalt zurückgelassene oder auf Beutezügen herumschweifende Feinde den Gefährten nach dem Ort hin folgen und sie angreifen.
Heribald und der Priester aber kamen am nächsten Morgen ebenfalls zu der Befestigung. Als die Wächter sie von weitem erblickten und, da es noch finster war, Späher in ihnen vermuteten, riefen sie die Gefährten heraus. Sie erkannten Heribald und nahmen auch den Priester gastfrei auf, als sie sein trauriges Schicksal erfahren hatten. Da dieser die Sprache der Ungarn verstand, konnten sie nun auch den Gefangenen verhören, der sie über die Gewohnheiten der Feinde unterrichtete.
Da der Himmel Tag und Nacht von Feuer gerötet war, wagte Abt Engilbert es nicht mehr, Späher auszusenden. Er beschränkte sich darauf, die Befestigung noch weiter auszubauen. So ließ er einen Brunnen graben, und die Leute schafften auch heimlich bei Tag und Nacht in kleinen Gefäßen und Fäßchen den Wein herbei, den die Ungarn Heribald belassen hatten.
Wenn der Abt bisweilen den einen oder anderen der beherzten Brüder nach dem Kloster schickte, damit sie dort die Messe lasen, vermochte er bis zu ihrer Rückkehr vor Sorge kaum zu atmen. Zwischen Furcht und Hoffnung schwebend, ergötzten sich die Wartenden an den Erzählungen Heribalds und des Priesters. Wenn sie den Heribald in ihren Mußestunden befragten, wie ihm die so zahlreichen Gäste des heiligen Gallus gefallen hätten, so sagte er: »Ei, zum Besten! Niemals erinnere ich mich, glaubt mir, fröhlichere Leute in unserem Kloster gesehen zu haben, denn Speise und Trank schenkten sie sehr reichlich. Was ich vorher von un-

serem knickerigen Kellermeister kaum erbitten konnte, daß er mich wenigstens einmal, wenn mich dürstete, mit Getränk versähe, gaben sie mir, wenn ich bat, in Überfluß.«

Da sprach der Priester: »Und wenn du nicht trinken wolltest, zwangen sie dich durch Ohrfeigen!«

»Das kann ich nicht in Abrede stellen«, antwortete Heribald, »das mißfiel mir auch sehr, daß sie so ohne Zucht waren. Diese Wilden haben sich in der Kirche und im Kloster nicht anders aufgeführt, als wenn sie draußen auf der Wiese gewesen wären. Als ich ihnen einmal mit der Hand ein Zeichen gab, damit sie, Gottes eingedenk, wenigstens in der Kirche leise aufträten, versetzten sie mir schwere Schläge. Doch machten sie das gleich wieder gut, indem sie mir reichlich Wein gaben, was gewiß von euch niemand getan hätte.«

Als sich das Gerücht verbreitete, die Feinde seien zurückgekehrt und befänden sich von neuem im Kloster, bat der Narr hartnäckig, herausgelassen zu werden, um zu seinen Freunden gehen zu können.

So warteten die Brüder noch einige Tage lang auf das Ende des feindlichen Sturmes. Endlich hörten sie, daß die vor den Mauern der Stadt gelegenen Häuser von Konstanz abgebrannt seien, die Stadt sich aber habe behaupten können, auch auf der Reichenau sehe man Bewaffnete, und die Feinde seien, nachdem sie am Rhein alles mit Brand und Mord heimgesucht, auf das nördliche rechte Seeufer hinübergegangen. So wagten die Flüchtlinge endlich, in das Kloster zurückzukehren, säuberten die Bethäuser, reinigten von Grund auf die Werkstätten und räumten alle Gewalt der bösen Geister hinweg, indem sie den Bischof von Konstanz baten, alles mit geweihtem Wasser zu besprengen.

Die Schlacht auf dem Lechfeld

Widukind

Nach dem Aussterben des Karolingischen Königshauses wählten die Adeligen im ehemals ostfränkischen Teil des Reiches den Sachsenherzog Heinrich zu ihrem König. Mit dieser Wahl im Jahr 919 begann die Geschichte des Deutschen Reiches. Auf Heinrich folgte sein Sohn Otto I., der mit Recht den Beinamen »der Große« trägt, gelang es ihm doch, nicht nur im Innern des Reiches Ordnung zu schaffen und die Stellung des Königs gegenüber den Stammesherzögen zu festigen, sondern auch außenpolitisch das Ansehen und die Macht des Reiches zu stärken. Im Jahr 955 schlug er die Ungarn auf dem Lechfeld bei Augsburg so vernichtend, daß von nun an ihre Raubzüge aufhörten, das einstige Reitervolk seßhaft wurde und wenige Jahrzehnte danach das Christentum annahm. Otto selbst wurde 963 in Rom zum Kaiser gekrönt und trat damit das Erbe Karls des Großen und im weiteren Sinne das der römischen Kaiser an. Der Mönch Widukind von Corvey (um 925 bis etwa 973) schrieb eine »Geschichte der Sachsen«, das lebendigste Zeugnis für die Zeit Heinrichs I. und Otto des Großen. Aus seinem Werk spricht deutlich das sächsische Stammesbewußtsein, aber die Darstellung geht zum Teil auf eigene Erfahrung zurück und ist im ganzen glaubwürdig. Den Höhepunkt seines Werkes bildet unzweifelhaft die Beschreibung der Schlacht auf dem Lechfeld.

Als Kaiser Otto Anfang Juli des Jahres 955 nach Sachsen zog, kamen ihm Gesandte der Ungarn entgegen, scheinbar als wollten sie ihn der alten Treue und Freundschaft halber besuchen, in Wirklichkeit aber, wie einige vermeinten, um den Ausgang des Bürgerkrieges gegen die aufständischen Herzöge zu erkunden. Als er sie einige Tage bei sich behalten und, mit einigen kleinen Geschenken bedacht, in Frieden entlassen hatte, traten Boten seines Bruders, des Herzogs der Bayern, mit der Kunde ein, daß die Ungarn wieder in Deutschland eingefallen seien und einen Kampf mit ihm wagen wollten.
Sobald dies der König hörte, brach er, als hätte er noch gar keine Anstrengungen im vorangegangenen Krieg auszuhalten gehabt, sogleich

gegen die Feinde auf und nahm nur ganz wenige Sachsen mit sich, weil bereits der Krieg mit den Slawen drohte. Im Gebiet der Stadt Augsburg schlug er sein Lager auf, und hier stießen die Heere der Franken und der Bayern zu ihm. Auch Herzog Konrad kam mit starker Reiterei in das Lager, und durch seine Ankunft ermutigt, wünschten die Soldaten, nunmehr den Kampf nicht länger zu verschieben. Denn Konrad war von Natur aus kühn, und was bei kühnen Männern selten ist, auch gleichzeitig klug im Rat, dazu im Kampf unwiderstehlich, mochte er zu Roß oder zu Fuß den Feind angreifen.

Am 9. August wurde von den beiderseitigen Spähtrupps angezeigt, daß die Heere nicht mehr weit voneinander entfernt seien. Da ließ der König im Lager ein Fasten ansagen und befahl allen, am folgenden Tag zum Kampf bereit zu sein. Mit der ersten Dämmerung standen die Truppen auf, gaben sich gegenseitig den Friedensgruß und gelobten sodann zuerst ihren Führern, darauf ein jeder dem anderen eidlich ihre Hilfe. Dann rückten sie mit fliegenden Fahnen aus dem Lager, etwa acht Heerhaufen an der Zahl.

Otto ließ dabei das Heer über einen unebenen und beschwerlichen Boden führen, um den Feinden keine Gelegenheit zu bieten, mit Pfeilen, die sie trefflich zu brauchen wußten, die Züge zu beunruhigen; denn Buschwerk gab den vorrückenden Truppen hier Deckung. Die erste, zweite und dritte Abteilung bildeten die Bayern, an ihrer Spitze die Befehlshaber Herzog Heinrichs, denn er selbst war am Kampfplatz nicht erschienen, weil er an einer Krankheit darniederlag, an der er kurz danach auch starb. Die vierte Abteilung bildeten die Franken, deren Leiter und Führer Herzog Konrad war. In der fünften, der stärksten, die auch die königliche genannt wurde, ritt Otto selbst, umringt von den Auserlesenen aus allen Tausendschaften der Reiter und von mutigen jungen Soldaten, vor ihm das Feldzeichen mit dem Bild des siegreichen Erzengels Michael, durch einen dichten Haufen gedeckt. Die sechste und siebte Schar bildeten die Schwaben, die Burchard befehligte, dem der Bruder des Königs seine Tochter zur Frau gegeben hatte. In der achten Schar befanden sich tausend auserlesene böhmische Streiter, besser mit Waffen als mit Glück bedacht; hier befand sich auch alles Gepäck und der gesamte Troß, weil man die Nachhut für den sichersten Platz hielt.

Aber die Sache kam anders, als man glaubte; denn die Ungarn überschritten sogleich den Lech, umgingen das Heer und fingen an, die letzte Abteilung mit Pfeilschüssen zu beunruhigen. Dann unternahmen sie mit gellendem Geschrei einen Angriff, hieben viele nieder oder führten sie in Gefangenschaft weg, erbeuteten alles Gepäck und zwangen die noch übrigen Bewaffneten dieser Abteilung zur Flucht. In ähnlicher Weise griffen sie auch den siebenten und den sechsten Heerhaufen an, töteten eine große Anzahl Kämpfer und trieben die übrigen ebenfalls in die Flucht. Als der König bemerkte, daß vor ihm noch der Feind stand und in seinem Rücken die letzten Linien in eine gefährliche Lage geraten waren, entsandte er den Herzog Konrad mit der vierten Abteilung, der die Gefangenen befreite, die Beute dem Feinde abjagte und ihre plündernen Horden davonscheuchte. Dann kehrte er mit siegreichen Fahnen zum König zurück.

Als König Otto erkannte, daß er jetzt die ganze Wucht des Kampfes von vorn zu bestehen haben werde, munterte er seine Krieger mit folgenden Worten auf: »Daß wir in dieser großen Bedrängnis festen Mut beweisen müssen, das seht ihr selbst, meine Mannen. Bisher habe ich mit euch ruhmvoll gekämpft und außerhalb meines Landes und Machtgebietes allenthalben gesiegt. Sollten wir nun, in unserem eigenen Land und Reich, dem Feind den Rücken zeigen? Ich weiß es, daß sie uns an Menschen übertreffen, nicht aber an Tapferkeit, nicht an Rüstung; ihnen dient als Wall lediglich ihre Kühnheit, uns die Hoffnung auf Gott und seinen Schutz. Schimpflich wäre es für uns, die Herren schon fast des ganzen Europa, jetzt dem Feind die Hand zu bieten. Lieber im Kampf, wenn unser Ende bevorsteht, ruhmvoll sterben, als den Feinden untertan in Knechtschaft leben, oder gar, wie bösartige Tiere, am Strick enden. Ich würde noch mehr sagen, wüßte ich, daß durch meine Worte die Tapferkeit oder Kühnheit in euren Herzen gesteigert werden könnte. Jetzt laßt uns lieber mit dem Schwert als mit der Zunge das Zwiegespräch eröffnen!«

Nachdem er so geredet hatte, ergriff er den Schild und die heilige Lanze und wandte als erster selbst sein Roß gegen die Feinde, so die Pflichten des tapfersten Kriegers und des trefflichsten Feldherrn vereinend. Die Beherzteren unter den Feinden leisteten anfangs Widerstand, dann aber, als sie ihre Gefährten die Flucht ergreifen sahen, gerieten sie vor Bestürzung zwischen die Reihen der Unsrigen und wurden niedergemacht. Von den übrigen zogen sich Teile, deren Pferde ermüdet waren, in die nächsten Dörfer zurück, wurden da von Bewaffneten umringt und samt den Gebäuden, in die sie sich geflüchtet hatten, verbrannt. Andere schwammen durch den Lech, aber da das jenseitige Ufer beim Anstieg keinen Halt bot, wurden sie vom Strom verschlungen und kamen so ums Leben. Am Tag der Schlacht selbst noch wurde das feindliche Lager genommen und alle Gefangenen befreit; am zweiten

und dritten Tag wurde von den benachbarten Burgen aus die übriggebliebene Menge der Ungarn dermaßen aufgerieben, daß nur sehr wenige entkamen.
Freilich, nicht eben unblutig gelang der Sieg über ein so wildes Volk. Der Herzog Konrad nämlich, der tapfer gekämpft hatte, empfand in seinem feurigen Drang und in der Sonnenglut, die an diesem Tag überstark war, eine unerträgliche Hitze, und als er die Bänder gelöst hatte und Luft schöpfte, fiel er, von einem Pfeil durch die Kehle getroffen. Sein Körper wurde auf des Königs Befehl ehrenvoll aufgebahrt und nach Worms geführt. Und hier wurde dieser Held begraben unter den Tränen und Klagen aller Franken.
Die Anführer des Ungarnvolkes führte man gefangen vor Herzog Heinrich, und sie büßten mit einem schmählichen Tod, wie sie es verdient hatten. Man ließ sie nämlich am Galgen enden.
Nach dem herrlichen Kampferfolg begrüßte das Heer den König feierlich als Vater des Vaterlandes und Kaiser. Darauf ordnete er an, den höchsten Gott zu preisen und ihm würdige Lobgesänge in allen Kirchen darzubringen, trug das gleiche durch Boten seiner ehrwürdigen Mutter auf und kehrte unter Jubel und Frohlocken als Sieger nach Sachsen zurück, wo er von seinem Volk mit höchster Freude empfangen wurde; denn eines solchen Sieges hatte sich keiner der Könige vor ihm in den letzten zweihundert Jahren erfreut.

Wahl und Weihe König Konrads II.

Wipo

Mit Heinrich II. starb 1024 der letzte König aus sächsischem Geschlecht. Anwärter auf die deutsche Königskrone waren nun zwei Vettern, nahe Verwandte des verstorbenen Königs, die beide Konrad hießen. Die deutschen Herzöge wählten zu Kamba, rechts des Rheins gegenüber Oppenheim, den älteren zum neuen deutschen König. Mit ihm kam das Geschlecht der Franken oder Salier zur Regierung.
Der Hofkaplan Konrads, Wipo, schrieb eine Biographie seines königlichen Herrn. Er erzählt darin in chronologischer Folge die Ereignisse seit Konrads Wahl. Da ihn oft Krankheit zwang, vom Hof fernzubleiben, ist sein kleines Werk nicht frei von Irrtümern; trotzdem gilt es als eine der besten mittelalterlichen Laienbiographien. Lebendig schildert Wipo auch Wahlakt und Krönung Konrads.

Zwischen Mainz und Worms liegt eine weite Ebene, die viele Menschen faßt und wegen der günstigen Verstecke auf den Rheininseln auch für geheime Beratungen geeignet ist. Dort versammelten sich alle Großen des Reiches und schlugen zu beiden Ufern des Flusses ihre Zelte auf. Aus dem rechtsrheinischen Gebiet kamen die Sachsen und die Ostfranken, die Noriker und die Alemannen, vom linksrheinischen her die Franken, die Ripuarier und die Lothringer. Hier wurde nun um die wichtigsten Dinge verhandelt. Unsicher schwankte man hin und her. Zwischen Hoffnung und Sorge schwebend, fragten Verwandte und Freunde sich gegenseitig nach ihren Wünschen ab, galt doch die Beratung nicht einer alltäglichen Sache, sondern einer Entscheidung, die das ganze Reich ins Verderben stürzen konnte, wenn sie nicht mit warmem Herzen und größtem Eifer zu einem guten Ende gebracht würde. Lange stritten die Anwesenden nun darüber, wer König sein solle; der eine erschien ihnen noch zu unreif, der andere zu alt. Bei diesem galt der Charakter noch nicht als erprobt, jenem warf man Übermut und hochfahrendes Wesen vor. So wurden aus den vielen wenige gewählt und aus den wenigen schließlich zwei ausgesondert, für die man sich nun entscheiden mußte. Es waren zwei Konrade, der Ältere und der Jüngere, wie man sie nannte, beide Franken, von vornehmer Herkunft, Söhne zweier Brüder, beide somit Enkel des Frankenherzogs Otto. Die Mutter des jüngeren Konrad war eine Enkelin des Königs von Burgund, die Mutter des älteren entstammte einem vornehmen lothringischen Geschlecht.

Zwischen diesen beiden Männern schwankte lange der übrige Adel; und obgleich fast alle im geheimen wegen seiner Mannhaftigkeit und Zuverlässigkeit ihr Augenmerk auf den Älteren richteten, so hielt doch jeder noch mit seiner Meinung zurück, weil er bei der großen Macht des Jüngeren Zwietracht und Fehde befürchtete. Schließlich aber geschah es durch die göttliche Fürsorge, daß die beiden sich in einem bei so schwieriger Sache wohl angebrachten Vergleich einigten. Der nicht Gewählte wollte unverzüglich dem von der Mehrheit des Volkes Erkürten weichen. So sagte der ältere Konrad zu seinem Vetter: »Wenn ich erkenne, daß des Volkes Stimme dich will, dann will auch ich dich freudig wählen. Wenn aber Gott mich ausersehen hat, so zweifle ich nicht einen Augenblick, daß auch du mich anerkennen wirst.«

Dem stimmte der jüngere Konrad sofort zu und versprach dem Älteren unverbrüchliche Treue, wenn man ihn zum Herrscher ausrufe. Bei diesen Worten neigte sich der andere ein wenig vor und küßte im Angesicht der Volksmenge seinen Vetter, und dieser Kuß zeigte allen, daß die beiden einig waren. Jeder freute sich, daß man nun laut und offen sagen konnte, was man bisher vorsichtig zurückgehalten hatte. Der Mainzer Erzbischof, dessen Stimme vor allen anderen den Vorrang hatte, rief, vom Volke um seine Meinung befragt, freudig den Namen des Erwählten und kürte den älteren Konrad zu seinem Herrn und König, zum Lenker und Beschützer des Vaterlandes. Diesem Vorschlag schlossen sich die anderen Erzbischöfe und die anderen geistlichen und weltlichen Würdenträger ohne Bedenken an. Der jüngere Konrad verhandelte noch etwas mit den Lothringern, dann kehrte er zurück und wählte selbst ebenfalls seinen Vetter, worauf der König ihm die Hand reichte und ihn neben sich Platz nehmen ließ.

Dann wiederholten die Fürsten und Großen aus allen Teilen des Reiches immer von neuem den gleichen Wahlspruch, die Menge rief Beifall und alle verlangten den älteren Konrad ohne Bedenken zu ihrem König und forderten, daß seine Weihe ohne Verzug stattfinden solle. Die Kaiserin

Kunigunde, Witwe des verstorbenen Kaisers Heinrich II., brachte freudig die königlichen Insignien, die Kaiser Heinrich ihr hinterlassen hatte, und bestätigte damit auf ihre Weise die Wahl.
Ich glaube, daß dieser Wahl des Himmels Gunst nicht fehlte, da unter so vielen bedeutenden Männern, so vielen Herzögen und Markgrafen ohne Zweifel derjenige gewählt wurde, der an Herkunft und Tüchtigkeit zu den Besten im Reiche gehörte. Der Kölner Erzbischof freilich zog zusammen mit Herzog Friedrich und einigen Lothringern angeblich des jüngeren Konrad wegen unversöhnt von dannen, doch alle unterwarfen sich bald danach wieder dem König und nahmen seine Befehle bereitwillig entgegen.
Nach Beendigung der Wahl begleiteten alle den König treulich nach Mainz, damit er dort die heilige Salbung empfange. Sie gingen frohen Sinnes, die Geistlichen sangen Hymnen, die Laien stimmten Lieder an. Wäre Karl der Große mit seinem Zepter leibhaftig erschiene, das Volk hätte nicht fröhlicher sein können, als es sich über dieses Königs erstes Auftreten freute.
In Mainz mit gebührender Ehre empfangen, wartete der König dann in aller Demut auf die entsprechende Weihe. Am 8. September des Jahres 1024 bereiteten der Erzbischof von Mainz und der ganze Klerus sich feierlich für die hohe Amtshandlung vor. Der Erzbischof hielt eine Predigt, in der er den König aufforderte, an das Wort »Alle Obrigkeit ist von Gott« zu denken und ihn zum Schluß ermahnte, allen zu verzeihen, die ihn irgendwie beleidigt hätten. Bei diesen Worten seufzte der König bewegt und verzieh, wie Bischöfe und Herzöge es begehrten, allen, was sie gegen ihn gefehlt hatten. Das Volk aber nahm die Milde des Königs dankbar entgegen.
Nach Ende des Gottesdienstes und der königlichen Weihe eröffnete der König den Zug. Feierlich und wie umgewandelt in seiner Haltung schritt er dahin und kehrte so mit dem geistlichen Gefolge in würdevollem Zug in seine Wohnung zurück. Dann wurde er an der Tafel mit königlicher Pracht empfangen und verlebte den ersten Tag seiner königlichen Herrlichkeit ganz nach Gebühr.
Während des Festzuges aber traten drei Personen zu ihm, jede mit einer anderen Klage. Ein Bauer der Mainzer Kirche, ein Waisenkind und eine Witwe. Als der König gerade angefangen hatte, ihre Sache anzuhören, suchten ihn einige Fürsten davon abzubringen mit der Mahnung, er möge doch die Weihe nicht verzögern und rechtzeitig zum Gottesdienst kommen. Da gab ihnen Konrad zur Antwort: »Es ist das Zeichen eines

charakterfesten Mannes, nie zu verschieben, was dringlichst erledigt werden muß; mir scheint es richtiger, zu tun, was ich soll, als die Reden anderer darüber anzuhören, was meine Pflicht ist.« Bei diesen Worten blieb er stehen und hörte die Bittenden an. Als er weiterschreiten wollte, trat aufs neue ein Mann an ihn heran und klagte, daß er schuldlos aus seinem Vaterlande verbannt worden sei. Der König faßte ihn bei der Hand, zog ihn zu sich heran und beauftragte einen der Fürsten, sich gleich seiner Sache anzunehmen. Das erschien als ein glückverheißender Anfang bei seiner Regierung, wenn einem Fürsten das Recht wichtiger war als die Krönungsfeier.

Der Weg nach Canossa

Berthold von Reichenau

Unter Heinrich IV., dem Enkel Konrads II., kam es zu ernsten Spannungen zwischen Kaiser und Papst. In Rom hatte Gregor VII. den Stuhl Petri bestiegen, der nicht nur die unbedingte Herrschaft des Papsttums über die gesamte Kirche, sondern zugleich auch die Unterordnung der weltlichen Gewalt des Kaisers unter die geistliche des Papstes anstrebte. Als erstes trat er gegen die Einsetzung der Bischöfe durch den deutschen König ein, jedoch war Heinrich IV. nicht gewillt, dieses Recht der sogenannten Laieninvestitur aufzugeben. Die nun beginnende Auseinandersetzung wurde Investiturstreit genannt. Heinrich ließ den Papst durch ihm ergebene Bischöfe für abgesetzt erklären, Gregor seinerseits bannte den König, und diese Gelegenheit nutzten die deutschen Fürsten, um gegen Heinrich vorzugehen. Sie verbündeten sich mit Gregor und bedrohten ihren König mit Absetzung, wenn er sich nicht binnen Jahresfrist vom Kirchenbann lösen könne. Heinrich zog im Januar 1077 nach Canossa in Italien, trat als Büßer vor den Papst und wurde nun vom Bann gelöst. Diesen Höhepunkt in der Auseinandersetzung zwischen Kaiser und Papst schildert die Chronik Bertholds von Reichenau. Wenn auch die Schilderung dieses zeitgenössischen Werkes nicht ganz verläßlich ist und den Kaiser nur negativ zeichnet, bietet sie doch ein interessantes Bild der Vorgänge, die zu der Begegnung zwischen Heinrich IV. und Papst Gregor VII. in Canossa führten.

In der Bannbulle gegen König Heinrich hatte Papst Gregor VII. im Namen des Allmächtigen Gottes und kraft der Machtvollkommenheit des heiligen Petrus allen Gläubigen befohlen, daß hinfort niemand dem gebannten König gehorchen, einen Dienst leisten oder den Eid halten solle. Da nun der größte Teil der Reichsfürsten dies sorgfältig beachtete, so weigerten sie sich, obwohl sie öfters vom König aufgerufen wurden, vor ihm zu erscheinen, und gaben sich alle Mühe, ihren Eifer für Gott nach bestem Wissen zu betätigen. Nach den Beschlüssen der Kirchenversammlung von Sartica durften sie keinerlei Gemeinschaft mit ihm haben, selbst wenn sie wußten, daß man ihn ungerechterweise gebannt hätte, bevor sie nicht erfuhren, daß er wieder in die Gemeinschaft der Gläubigen aufgenommen war. Deshalb fürchteten sie sich auch, mit dem noch unbußfertigen König zu verkehren, weil sie ihn weder schelten noch strafen noch bessern konnten, und suchten ihn, wie es sich gebührte, zu meiden.

Schließlich beschlossen die Großen des Reiches, im Herbst des Jahres 1076 wegen dieser Dinge eine Unterredung mit dem König abzuhalten, wo in gemeinschaftlicher Beratung festgesetzt werden konnte, was in einer so wichtigen Sache zu tun sei und wie sie ihren Herrn und König nach seiner reuigen Bekehrung wieder dienen könnten. Als sie mit nicht geringer Kriegsmacht zusammenkamen, stand der König mit seinen Anhängern und einem ansehnlichen Truppenaufgebot auf der anderen Seite des Rheins bei dem Weiler Oppenheim in drohender und feindseliger Haltung. Die Fürsten überschritten daher den Fluß nicht und beratschlagten, was sie in einem so außerordentlichen Fall tun sollten. In der Zwischenzeit trafen auch Gesandte des Papstes mit Briefen ein, in denen der Heilige Vater den mit seiner Stellvertretung beauftragten Bischof von Passau anwies, mit einziger Ausnahme des Königs alle, die sich zu einer angemessenen Buße verpflichten würden, wieder in die Kirche aufzunehmen.

Als der König hörte, daß viele angesehene Männer sich demütig dem Apostolischen Stuhl unterwarfen und daß sie sich darüber beraten hatten, statt seiner einen anderen König zu erwählen, stellte er sich, obwohl ungern, als gebe er nicht nur dem Papste, sondern auch den Reichsfürsten in allen Punkten nach, die sie beachtet wissen wollten. Nachdem die Unterredung um den 1. November herum beendet war, schneite es sofort ungewöhnlich stark. Das galt als Zeichen bevorstehenden Unheils und erschreckte nicht nur das Land diesseits der Alpen, sondern auch, was noch wunderbarer schien, die ganze Lombardei wegen der unerhörten Kälte in hohem Grade. Der Rhein und in Italien der Po froren so fest zu, daß ihr Eis lange Zeit als Weg diente wie festes Land.

Der König hielt sich nun mit den Bürgern und Aufsehern, die ihm von den Reichsfürsten beigegeben waren, einige Zeit lang in Speyer auf und führte ein Leben gleich einem Büßenden. Als er später aber fürchtete, die Untreue der Fürsten könnte sich gegen ihn kehren und ihre Ränke ihn verderben, versammelte er seine Räte von allen Seiten um sich, mißachtete den Beschluß der Fürsten, beschloß, selbst mit dem Papst Verbindung aufzunehmen, und bat ihn um eine Aussprache in Rom. Papst Gregor aber lehnte diesen dringenden Wunsch ab und forderte ihn auf, sich mit den Großen des Reiches zusammen in Augsburg vor ihm einzufinden. Er ließ beide Parteien durch Boten wissen, daß er gewillt sei, bestimmt nach Deutschland zu kommen.

Sobald die Großen des Reiches dies vernommen hatten, waren sie sehr erfreut. Der König aber beriet sich erneut mit seinen Vertrauten und beschloß, Gregor noch aufzusuchen, bevor dieser Deutschland erreichte. Das Weihnachtsfest feierte er noch in Burgund, dann überschritt er zusammen mit seiner Gemahlin, seinem Sohn und all seinen Anhängern die Rhône bei Genf, überquerte auch auf beschwerlichem Wege die Alpen, durcheilte das Bistum Turin und betrat die Lombardei. Von hier aus kam er, überall möglichst viele Anhänger um sich sammelnd nach Pavia. Auch die gebannten Bischöfe berief er zu sich und versprach ihnen, den Papst wegen des nicht nur über ihn, sondern auch über sie so widerrechtlich verhängten Bannes zur Rede zu stellen. Die Bischöfe aber wiederrieten ihm dringend, dem Papst auch nur den Titel eines Apostolischen Herrn zu geben, da sie ihn auf des Königs Befehl so feierlich abgeschworen, ihn verworfen und rechtens verurteilt hätten. Nachdem die Gesandten des Königs und der Fürsten, vom Papst entlassen, die Heimreise angetreten hatten, begab sich dieser selbst eilig an den vereinbarten Platz und wartete auf das Geleit, das ihm die deutschen Fürsten nach Italien entgegensenden wollten. Doch vergebens, denn nachdem die Fürsten die so unerwartete und heimliche Flucht des Königs über die Alpen erfahren hatten, fürchteten sie nicht wenig seine Nachstellungen und Überfälle und weigerten sich daher, dem Papst das zugesagte Geleit zu geben. Gregor zog sich deshalb einstweilen in die Burg von Canossa zurück. Während die Fürsten ihm bei den vielen Gefahren kaum sagen lassen konnten, daß es ihnen unmöglich sei, bis zu ihm vorzudringen, gab er selbst die Hoffnung nicht auf, nach Deutschland zu gelangen, und beschloß nur, eine Zeitlang in Canossa zu verweilen und hier eine günstige Gelegenheit zur Weiterreise abzuwarten.

Da er sah, daß die Reise des Königs die Lombardei in ihrer Empörung noch bestärkt, Deutschland aber in große Aufregung und Uneinigkeit versetzt hatte, betete er Tag und Nacht unter Tränen, daß Gott ihn erleuchten möge.

Da endlich erhielt der König von den Seinen einen sehr guten Rat und beschloß, durch Vermittlung und mit dem Beistand der Markgräfin Mathilde und des Abtes von Cluny sich dem Papst vorzustellen, ihm nachzugeben und sich in allem zu unterwerfen. Diese Absicht hielt er aber vor den Lombarden so gut wie möglich geheim, sandte Boten voraus, die ihm die genannten Vermittler zuführen sollten, und folgte ihnen langsam bis zu der Burg von Canossa nach. Die Markgräfin und der Abt kamen dem König eilig bis an den verabredeten Ort entgegen, besprachen mit ihm die ganze Angelegenheit und überlegten sorgfältig, wie sie den mißtrauischen Papst gewinnen könnten. Schließlich kehrten sie in die Burg zurück und berichteten Gregor wahrheitsgetreu, was sich ereignet hatte.

Der König aber folgte ihnen auf dem Fuß, drang in größter Eile, unerwartet und ohne vom Papst eine Antwort und Einladung erhalten zu haben, mit seinen Gebannten unter Wehklagen bis zur Pforte der Burg vor und bat unter starkem Klopfen dringend um Einlaß. In wollenem Gewande, mit bloßen Füßen und frierend brachte er drei Tage mit den Seinigen vor der Burg zu und erwartete so auf mancherlei Weise sorgfältig geprüft unter Tränen, wie es die Art der Büßer ist, die Gnade und Verzeihung des Papstes.

Dieser aber, der vorsichtigerweise weder täuschen noch getäuscht werden wollte und schon oft durch so viele Zusagen des Königs hintergangen worden war, glaubte seinen Worten nicht gleich und wurde erst nach vielen reiflichen Beratungen mit Mühe dahin gebracht, daß er sich nicht mehr weigerte, ihn lediglich in die christliche Gemeinschaft wieder aufzunehmen, falls sich Heinrich wirklich bußfertig erzeigen und eidlich versprechen würde, die ihm auferlegte Buße gewissenhaft zu beobachten. Als der König diese Antwort des Papstes erhalten hatte, fanden er und die Seinen den Vorschlag außerordentlich hart; er fügte sich aber, da ihm keine andere Wahl blieb.

Endlich aber brachte man es beim Papst mit Mühe dahin, daß der König nicht selbst schwören mußte und an seiner Stelle die Bischöfe von Naumburg und Vercelli den Eid für ihn ablegen sollten. Diese beschworen nun, Heinrich, ihr Herr, würde innerhalb eines Jahres, wann immer es dem Papst beliebe, nach dessen Urteil Frieden und Freundschaft mit den Reichsfürsten schließen. Weder er selbst noch irgend jemand von seinen Anhängern würden dem Papst oder dessen Gesandten, falls diese nach Deutschland kämen, ein Leid zufügen; falls ihnen aber doch von anderer Seite etwas zustoßen sollte, so würde er selbst ihnen allen möglichen Beistand leisten.

Nach diesem Vertragsabschluß wurde dem König und den übrigen Gebannten der Zutritt zum Papst gewährt. Beide Seiten vergossen nun viele Tränen. Der Papst richtete unter heftigem Schluchzen mahnende Worte an den König, der sich vor ihm auf die Erde niedergeworfen hatte, und nahm ihn mit seinem Segen wieder in die christliche Gemeinschaft auf. Danach gingen alle zur Kirche, und der Papst las, nachdem er den König und die fünf anwesenden Bischöfe feierlich mit dem Friedenskuß begrüßt hatte, selbst die Messe. Bei der Kommunion rief er den König vor und bot ihm das Abendmahl, das er ihm vorher verweigert hatte. Heinrich aber erklärte sich des Empfanges für unwürdig und ging, ohne es genommen zu haben, wieder an seinen Platz. Dies aber empfand der Papst als Zeichen seiner Schuld und als Beweis, daß der König immer noch unaufrichtig sei, und er hütete sich, seinen Worten vollen Glauben beizumessen.

Die Belagerung Jerusalems

Albert von Aachen

Die Eroberung der für die Christen heiligen Stätten in Jerusalem durch die Seldschuken, einen türkischen Volksstamm, war Anlaß für die Kreuzzüge, in denen die abendländischen Ritter den Kampf gegen die Ungläubigen aufnahmen. Im ersten Kreuzzug von 1096–1099 gelang es den Kreuzfahrern, die von Mitteleuropa aus über Konstantinopel nach Vorderasien zogen, die Stadt Jerusalem zu erobern und den Händen der Ungläubigen zu entreißen. Nach der Befreiung Jerusalems gründeten sie dort ein Königreich, aber schon neunzig Jahre später wurde die Stadt durch den Sultan Saladin wieder für den Islam erobert. Noch einmal zwar gewann sie der Staufer Friedrich II. auf unblutige Weise durch einen Vertrag zurück, aber nach kurzer Zeit ging sie endgültig für die Christen verloren.
Wir verfügen über verhältnismäßig wenig zeitgenössische Berichte aus den insgesamt sieben Kreuzzügen, doch ein gewisser Albert von Aachen, über dessen Persönlichkeit wir nichts Näheres zu sagen wissen, verfaßte nach den Berichten der heimkehrenden Kreuzfahrer eine Geschichte der Kreuzzüge bis zum Jahr 1121. Hier schildert er auch die Belagerung Jerusalems während des ersten Kreuzzuges, bei der alle Hilfsmittel der damaligen Belagerungstechnik eingesetzt wurden.

Die Belagerung der heiligen Stadt Jerusalem begann in der zweiten Woche des Juli, der in diesen östlichen Gegenden wegen seiner Hitze und der Sonnenglut als besonders unerträglich gilt. In dieser Jahreszeit trockneten nicht nur die Flüsse aus, sondern im Umkreis von drei Meilen um die belagerte Stadt versiegten auch alle Quellen. Wegen dieser unerträglichen Hitze und der furchtbaren Trockenheit litten die Belagerer der Stadt schwer. Immer wieder schickten sie Soldaten aus, die Quellen aufspüren sollten. Manchmal kehrten diese unversehrt zurück und brachten sogar Wasser mit, manchmal aber gerieten sie in einen Hinterhalt der Heiden, wurden getötet oder konnten nur mit Mühe entkommen. Sie mußten sich dann begnügen, in ihren Schläuchen aus Ziegenhäuten schmutziges Wasser, in dem glitschige Blutegel schwammen, herbeizuschleppen. Und trotzdem wurde von diesem Wasser, mochte es auch so schlecht aus Sümpfen oder alten verunreinigten Zisternen geschöpft sein, ein Schluck um zwei Münzen verkauft. Viele der Erschöpften aber, die den Durst nicht mehr aushielten und das Wasser gleich mitsamt den Würmern hinunterschluckten, erkrankten, ihre Leiber schwollen an und sie starben.

Nur vom Berg Sion floß ein kleines Bächlein, das in unterirdischem Lauf von dem Palast Salomons nur einen Pfeilschuß entfernt vorbeiführte bis an einen Platz, an dem ein klosterartig angelegtes Gebäude steht. Aus seinem Lauf schöpften die Krieger und tränkte man die Tiere, und so konnte sich das Heer auch etwas erholen. Doch die Belagerten versuchten immer wieder, durch Pfeilschüsse von den Mauern herunter das Wasserholen zu verhindern.

Für die vornehmen Ritter gab es immer noch Trauben und Wein, soweit sie es bezahlen konnten. Die Armen aber mußten Durst leiden.

Als die Not immer größer wurde, wandte man sich an einen Einsiedler, der auf dem Ölberg lebte. Dieser riet, zuerst ein mehrtägiges Fasten abzuhalten. Im Anschluß daran fand eine Prozession des ganzen Christenheeres zu den heiligen Stätten außerhalb der Mauern Jerusalems statt. In der darauffolgenden Nacht wurde vorsichtig eine in Teile zerlegte Belagerungsmaschine und der Aufbau einer Wurfmaschine gerade an die Stelle der Stadt gebracht, wo die Kapelle des heiligen Stefan, des ersten Märtyrers, gegen das Tal Josaphat hin liegt, und dort zusammengesetzt. Auf den Rat der Führer des Heeres wurden drei weitere Schleudern aufgestellt, durch deren Schüsse man die Sarazenen abzuschrecken und die Mauern selbst zu zerstören suchte. Auch ein Rammbock wurde eingesetzt. Die Belagerten ihrerseits schützten die Mauern jetzt durch Säcke mit Spreu und durch eng zusammengeknüpfte dicke Schiffstaue und verminderten auf diese Weise die Wucht der Stöße und der Steinwürfe. Als das die Christen sahen, schossen sie gegen die Stricke und Säcke brennende Pfeile, und der Wind fachte in dem trockenen Material die dünnen Flammen an, bis alles verbrannte.

Dem von tüchtigen Männern bedienten Rammbock gelang es endlich, mit seinen wuchtigen Stößen die äußere Mauer zu durchschlagen und so den Weg freizumachen zu den inneren Mauern der Stadt. Als die Verteidiger die ihnen drohende Gefahr erkannten, versuchten sie den Rammbock mit Hilfe einer brennbaren Masse aus Schwefelpech und Wachs anzuzünden, doch die Christen brachten von allen Seiten aus

Zelten und Hütten Wasser herbei, und es gelang ihnen endlich, das Feuer am Sturmbock zu löschen. Währenddessen arbeiteten die Wurfmaschinen unermüdlich und schleuderten Stein um Stein auf die Mauern. Dann errichteten die Christen einen großen Belagerungsturm, verkleideten seine Wände mit Flechtwerk, schützten es durch Rinder-, Pferde- und Kamelhäute und besetzten die einzelnen Stockwerke des Turmes mit Soldaten, die von da aus leichter die Stadt bekämpfen konnten. Und zwar bezog Herzog Gottfried von Bouillon mit seinen Leuten das oberste Stockwerk, das mittlere übernahmen zwei Brüder, Ludolf und Engelbert von Tournai, unten aber hielten sich die Leute auf, die die Maschine an die Stadt heranschieben sollten.

Als das alles vorbereitet war, verbrannten die Christen den Rammbock, weil man eine so schwere Last nur mühselig hätte wegschaffen können, ebneten an der von ihnen zerstörten Mauerstelle den Wall ein und schufen so Platz für den fahrbaren Belagerungsturm. Von den Stockwerken des Turmes aus schossen die Belagerer nun unaufhörlich mit Pfeilen auf jeden, der sich auf der Mauer zeigte. Die Sarazenen wiederum setzten alles daran, diese gefährliche Belagerungsmaschine wirksam zu bekämpfen. Aber der Einsatz des Turmes wurde gleichzeitig durch die unermüdlich arbeitenden großen Schleudern gedeckt. An einer anderen Stelle vor der Mauer, oberhalb des Berges Sion, errichteten die Christen dann noch einen zweiten Belagerungsturm, den Graf Raimund von Toulouse befehligte. Auch ihm konnten die Heiden nicht schaden.

Nun war aber der Belagerungsring gerade beim Ölberg nicht ganz geschlossen, und deshalb konnten die Sarazenen immer noch heimlich, aber regelmäßig Boten an den Sultan senden und ihn über den Verlauf der Belagerung genau informieren. Und das zu verhindern, legten die Christen dort einen Hinterhalt und versuchten, die Boten abzufangen. Tatsächlich gelang es ihnen auch, zwei Mann zu ergreifen, von denen der eine getötet, der andere aber lebend vor die Heerführer gebracht wurde. Als man ihm mit Folter und Tod drohte, verriet er eingeschüchtert die Pläne des Sultans, der die Belagerten aufgefordert hatte, auszuharren, da in etwa fünfzehn Tagen ein Entsatzheer zu erwarten sei, das die Christen verjagen würde. Nachdem er seine Aussagen gemacht hatte, fesselten ihn die Soldaten an Händen und Füßen und legten ihn auf eine Wurfmaschine, um ihn über die Mauer zu schleudern. Aber durch sein allzugroßes Gewicht wurde die Sehne der Wurfmaschine überbeansprucht und schoß den Armen nicht sehr weit. Er stürzte noch vor der Mauer nieder und fand dort den Tod.

Als aber die Belagerten erkannten, daß sie keine Möglichkeit mehr hatten, Boten an den Sultan zu senden und daß die Christen gleichzeitig die Stadt kühner belagerten und ihre Maschinen näher heranrückten, beschlossen auch sie, vierzehn Wurfmaschinen zu bauen, die ihrerseits gegen die feindlichen Belagerungsgeschütze eingesetzt werden sollten. Neun dieser neuen Maschinen richteten sie gegen den Belagerungsturm des Grafen Raimund und beschädigten durch diesen starken Angriff den Turm so, daß er aus den Fugen ging. Nur mit Mühe konnte die Bedienungsmannschaft dem Tod entgehen und zurückgezogen werden. Sie wagten es aber nicht mehr, den Turm noch ein zweitesmal zu besteigen. Die übrigen Maschinen setzten die Belagerten gegen den Turm des Herzogs Gottfried ein, der zwar schwer getroffen wurde, aber dank der Hilfe Gottes vom Einsturz bewahrt blieb. Wunderbarerweise wurde bei diesem Beschuß das Kreuz, das die Christen auf der Spitze errichtet hatten, trotz aller Anstrengungen der Ungläubigen niemals getroffen. Ein Steinwurf aber traf dabei einen Soldaten, der unmittelbar neben dem Herzog stand, und tötete ihn. Der Herzog selbst setzte den Kampf trotzdem unerschüttert fort, griff besonders die Bedienungsmannschaften der feindlichen Wurfmaschinen an und ließ die Schutzgeflechte seines Turmes immer wieder erneuern. Als die Sarazenen erkannten, daß die Schüsse ihrer Wurfmaschinen das Weidengeflecht des Turmes nicht zu zerstören vermochten, warfen sie immer wieder flammenspeiende Töpfe, damit die Funken, durch den Wind angefacht, das hölzerne Gerüst in Brand setzen sollten. Die Franzosen ihrerseits bedeckten den Turm und die Geflechte sofort mit feuchten Tierhäuten, an denen das Feuer abglitt und ausging.
Endlich wollten der Herzog und die Seinen dem beständigen Beschuß durch die Wurfmaschinen entgehen und schoben ihren Turm ganz nahe an die Mauern heran. Da die Sarazenen nun aber ihre Maschinen wegen der Gebäude nicht weiter zurücknehmen und sie nicht in eine günstigere Schußposition bringen konnten, flogen die Steine jetzt über den Turm hinweg oder trafen, wenn sie zu kurz gingen, die Sarazenen selbst. Die Belagerten mußten einsehen, daß weitere Versuche in dieser Hinsicht vergeblich waren, und bauten nun ihrerseits den Christen gegenüber einen eigenen Turm, den sie mit Weidengeflecht gut gegen die feindlichen Wurfmaschinen schützten. Sie versuchten von da aus mit kleineren Schleudern und tapferen Kriegern die Angreifer zu bekämpfen.
Als aber auch diese Versuche zu keinen Erfolg führten, entwickelten sie einen neuen Plan. Sie schleppten eine Menge Holz zusammen, das sie mit Haken und Nägeln fest verklammerten, und füllten dazwischen

alle Arten leicht brennbarer Stoffe. Um diese Masse legten sie eine eiserne Kette, die verhindern sollte, daß alles auseinandergezerrt und so leichter gelöscht werden könnte. Mit Hilfe dieses Feuers sollte der Belagerungsturm in Brand gesetzt und mitsamt seiner Besatzung verbrannt werden.

Nun hatten aber die Christen durch Überläufer erfahren, daß diese brennende Masse nicht durch Wasser, sondern nur durch Essig gelöscht werden könne. So ließ der Herzog vorsorglich im Turm Schläuche mit Essig bereitlegen und konnte damit gegen den Brand angehen. Die Kreuzfahrer aber zerrten an der Kette, und so begannen sie mit aller Kraft einen Wettkampf, wobei die Angreifer zogen, die Verteidiger die Kette festhielten. Doch endlich erlangten die Christen die Oberhand und entrissen den Sarazenen die Kette. Während dieses Streites schossen der Herzog und seine Leute ununterbrochen vom obersten Stockwerk des Turmes aus auf die Feinde, und auch die drei Wurfmaschinen der Christen bestreuten in unaufhörlichem Beschuß die Zinnen und schreckten die Belagerer von den Mauern ab.

Als die obengenannten Brüder Ludolf und Engelbert erkannten, daß die Sarazenen deshalb zögerten und sich nicht mehr richtig verteidigten, warteten sie nicht weitere Befehle ab, sondern sprangen vom zweiten Stockwerk des Turmes auf die Mauern, schlugen die dort kämpfenden Wächter in die Flucht und drangen mit Waffengewalt in die Stadt ein. Kaum sahen das der Herzog und sein Bruder, kletterten sie sofort vom obersten Stockwerk des Turmes herunter, sprangen ebenfalls auf die Mauer und kamen jenen zu Hilfe. Das Volk sah dies und schrie, daß die Führer schon in die Stadt eingedrungen seien. Von allen Seiten wurden sofort Leitern an die Mauer gelegt, die Soldaten kletterten eilig hinauf und sprangen ebenfalls in die Stadt hinein.

Friedrich Barbarossa in Rom

Otto von Freising

Mit Friedrich Barbarossa erreichte das deutsche Königtum noch einmal einen Höhepunkt seiner Macht. Der König selbst war ein glänzendes Vorbild echten Rittertums, ein tapferer Kämpfer und zugleich ein ausgezeichneter Politiker. Sechsmal zog er während seiner Regierung nach Italien, er unterwarf die oberitalienischen Städte seiner Macht, eine Auseinandersetzung mit dem Papst endete mit einem friedlichen Vergleich.
Bischof Otto von Freising, der Onkel des Kaisers, verfaßte ein Buch über die Taten seines Neffen, in dem er aus eigener Anschauung und nach den persönlichen Berichten des Kaisers selbst dessen Regierung von den Anfängen bis zum Jahr 1158 beschrieb. Die hier geschilderten Ereignisse des ersten Romzuges und der Kaiserkrönung fallen in das Jahr 1155; Papst Hadrian, der Friedrich krönte, war der einzige Engländer auf dem apostolischen Stuhl. Die Schilderung gibt uns ein gutes Bild der immer wieder auftauchenden Spannungen zwischen den römischen Bürgern und dem deutschen Kaiser, die selbst während einer Krönung oft nicht abrissen.

Da die Römer von des Königs Ankunft erfuhren, beschlossen sie, durch eine Gesandtschaft seine Gesinnung zu erforschen. Sie ordneten daher gewandte und gebildete Gesandte ab, die ihn zwischen Sutri und Rom begrüßen sollten, nachdem sie zuvor einen Geleitbrief für ihre Sicherheit erhalten hatten. Vor dem König und dessen Räten huben sie zu sprechen an: »Wir sind vom Senat und vom römischen Volk an dich, o König, abgeordnet. Höre mit günstigem Sinn, mit gütigen Ohren, was dir von der segenspendenden Herrin des Erdkreises vorgetragen wird, deren Fürst, Kaiser und Herr du mit Gottes Hilfe demnächst sein wirst. Du trachtest nach der Herrschaft über den Erdkreis; ich, die Stadt Rom, erhebe mich gern, ich komme freudig dir entgegen, dir die Krone zu bieten. Zurückkehren sollen, so wünsche ich es, die alten Zeiten. Ich bitte dich daher, meine Vorrechte auch weiterhin zu wahren. Ein Fremdling bist du gewesen aus dem Land jenseits der Alpen, nun setzte ich dich zum Fürsten ein. Was von Rechts wegen mir gehörte, das habe ich dir gegeben. Du mußt also zuerst Sicherheit gewähren zur Bewahrung meiner guten Gewohnheiten und alten Gesetze, die mir von deinen Vorfahren, den Kaisern, durch Urkunden bestätigt worden sind. Du mußt meinen Beamten, die dich auf dem Kapitol feierlich begrüßten, fünftausend Pfund für ihre Ausgaben zahlen, Unrecht von der Stadt auch durch Blutvergießen abhalten und dies alles durch Privilegien regeln und durch einen feierlichen Eid bestätigen.«

Darauf unterbrach der König, über den ebenso stolzen wie ungewöhnlichen Ton der Rede erzürnt, die Ausführungen der Gesandten, die nach italienischer Sitte ihre Rede erst richtig auszuspinnen gedachten, und antwortete sogleich aus dem Stegreif: »Wir haben bisher viel von der Römer Tapferkeit gehört, mehr jedoch von ihrer Weisheit. Darum können wir uns nicht genug wundern, daß eure Worte aufgeblasen und albern, nicht aber weise sind. Von deinem Fürsten, Rom, forderst du, was eher ein Troßbube von einem Krämer fordern sollte. Von Gefangenen fordert man solches bei uns. Werde ich etwa in Gefangenschaft gehalten? Throne ich nicht hochberühmt, umringt von einer großen und tapferen Ritterschaft? Königlich und glänzend war ich bisher gewöhnt, zu geben, wenn mir's beliebte und wie es sich ziemte, vor allem denen, die sich um mich verdient gemacht. Denn wie von den Geringeren mit Recht der schuldige Gehorsam gefordert wird, so wird von den Höheren nach Gebühr verdienter Lohn gespendet; warum sollte ich diesen von meinen Ahnen übernommenen Brauch, den ich an anderem Orte stets gewahrt habe, deinen Bürgern etwa verweigern? Warum sollte ich durch meinen Einzug die Stadt nicht in Freude versetzen? Aber unrechtmäßige Forderungen werde ich nicht erfüllen.« Nachdem er so zornig seine Rede geendet hatte, schwieg er. Als nun einige Räte die Gesandten fragten, ob sie noch mehr rede wollten, überlegten sie ein wenig und antworteten dann listig, daß sie zuvor das Gehörte ihren Mitbürgern berichten müßten und dann zum Fürsten zurückkehren wollten. Daraufhin entließ sie der König, und sie kehrten eilig in die Stadt zurück. Friedrich aber, der eine List ahnte, unterbreitete die ganze Angelegenheit dem Papst und dieser antwortete ihm: »Des römischen Pöbels Verschlagenheit, mein Sohn, wirst du noch besser kennenlernen. Aber unter dem gnädigen Beistand Gottes werden wir ihren listigen Nachstellungen zuvorkommen. Ich empfehle dir daher, so rasch wie möglich tapfere und kundige Truppen vorauszusenden, damit sie die Kirche des heiligen Petrus und die leoninische Burg besetzen. Dort in den

Schutzwehren warten unsere Ritter, die sie sogleich einlassen werden. Sicherheitshalber aber wollen wir ihnen den Kardinalpriester Octavianus mitgeben.«

Und so geschah es. In der folgenden Nacht wurden an die tausend sorgfältig bewaffnete Ritter ausgewählt, die bei Anbruch der Dämmerung die leoninische Stadt besetzten und die Petruskirche entsprechend sicherten. Als die Nachricht vom Gelingen des Unternehmens im Lager eintraf, brach auch Papst Hadrian mit seinem Gefolge auf, um den König, der eine Stunde später abrückte, bei seiner Ankunft in Rom feierlich empfangen zu können.

Friedrich rückte mit seinen Truppen, über den Abhang des Mons Gaudii herabsteigend, durch das sogenannte Goldene Tor in die leoninische Stadt ein, in der die Kirche des heiligen Petrus lag. Das Heer zog im Glanz seiner Waffen in musterhafter Ordnung einher. Als dann Friedrich zu den Stufen der Kirche kam, empfing ihn der Papst ehrenvoll und geleitete ihn bis zur Confessio des heiligen Petrus. Danach las der Papst selbst eine feierliche Messe und der König empfing, umringt von bewaffneter Heerschar, mit dem gebührenden Segen die Krone des Kaisertums, während alle Anwesenden mit großer Freude Beifall riefen und Gott priesen.

Inzwischen wurde die Brücke, die neben der Engelsburg über den Tiber zur eigentlichen Stadt hinüberführt, von seinen Truppen sorgfältig bewacht, damit das wütende Volk die Fröhlichkeit der Feier nicht stören konnte. Nach dem feierlichen Akt bestieg der Kaiser mit der Krone auf dem Haupt ein aufgezäumtes Roß und kehrte in feierlichem Zug wieder zum Zeltlager zurück, das man dicht an den Mauern der Leostadt errichtet hatte. Papst Hadrian blieb in seinem Palast neben der Kirche.

Während dies geschah, war das römische Volk mit seinen Senatoren auf dem Kapitol zusammengekommen. Als sie hörten, daß der Kaiser ohne ihre Zustimmung die Krone des Reiches empfangen habe, drangen sie wütend auf der Brücke über den Tiber vor und scheuten sich nicht, einige Reitknechte, die in der Kirche zurückgeblieben waren, zu töten. Als dies der Kaiser hörte, befahl er sofort dem Heer, das sich wegen der großen Hitze und der Erschöpfung durch Durst und Anstrengung zu erholen wünschte, zu rüsten. Er drängte um so mehr, als er fürchtete, der wütende Pöbel habe sich auf den Papst und die Kardinäle gestürzt. Die Schlacht entbrannte nun gleich an zwei Seiten. Einmal an der Engelsburg mit den Römern, zum anderen am Janiculus gegen die Transtiberiner. Die Kämpfe zogen sich fast von zehn Uhr morgens

bis zur Nacht unentschieden hin, dann gelang es den Unsern, die Römer zurückzudrängen. Tausend von ihnen wurden erschlagen oder ertranken im Tiber, zweihundert wurden gefangengenommen, unzählige verwundet, die anderen ergriffen die Flucht.
Nach seinem Sieg kehrte der Kaiser ins Lager zurück und ließ die ermüdeten Truppen dort die Nacht über ruhen. Als aber am nächsten Tag die Nahrungsmittel beim Heer knapp wurden und die verbitterten Bürger den Deutschen nichts verkaufen wollten, führte er die Truppen von Rom weg, überquerte den Tiber und ließ unweit der Stadt Tivoli ein neues Lager aufschlagen.
Schon nahte aber die Zeit, da die schädlichen Nebel aus den Sümpfen in der Umgebung die Luft verpesteten und den Menschen Krankheit brachten. Die Soldaten vertrugen dieses ungesunde Wetter nicht, zahlreiche erkrankten, und Kaiser Friedrich sah sich wider seinen Willen gezwungen, sein Unternehmen gegen Rom abzubrechen und das Zeltlager in die benachbarten Gebirgsgegenden zu verlegen. Daher zog er erst einmal in den nahen Apennin, schlug an der Nära erneut das Lager auf und gönnte nach dem Rat kluger Männer dem Heer, soviel er konnte, Erholung, bevor er den Heimmarsch antrat.
Dieser führte dann über Spoleto an die Adriaküste nach Ancona, von da aus nach Bano und weiter nach Bologna. Dann durchzog er die Poebene und überschritt den Fluß auf einer Schiffsbrücke in der Nähe von San Benedetto; Anfang September des Jahres 1155 erreichte man das Gebiet von Verona.
Nach alter Gewohnheit berufen sich aber die Veroneser darauf, daß die römischen Kaiser, sei es beim Zug nach Italien, sei es bei der Rückkehr, ein wenig oberhalb der Stadt auf einer Schiffsbrücke die Etsch überschreiten, damit die Stadt selbst von jeder Plünderung bewahrt bleibt. Diesem Brauche folgend, hatten die Veroneser zwar eine Brücke aus Schiffen gebaut, aber sie so schlecht zusammengefügt, daß man es eher eine Mausefalle als eine Brücke nennen konnte. Außerdem hatten sie am Oberlauf des Stromes mächtige Holzstöße aufgestapelt, um diese gegen die Brücke treiben zu lassen, wenn ein Teil des Heeres den Fluß überschritten hatte. Nach der Zerstörung der Brücke wollten sie sich dann auf den am Südufer gebliebenen Rest werfen. Sie fielen aber in die Grube, die sie sich selbst gegraben hatten, denn es gelang dem Kaiser nicht nur, das Heer ohne jeglichen Verlust hinüberzuführen, sondern die Holzstöße rissen die Brücke auch erst in dem Augenblick auseinander, als einige der Veroneser, die dem Heer gefolgt waren,

ebenfalls den Fluß überschritten hatten und so nicht mehr zurückkonnten. Diese wurden alsbald als Verräter getötet.
In der Nähe von Verona gab es nun noch einen Engpaß, und eine gewaltige Burg hütete auf einem steilen Felsabsturz den unzugänglichen Weg. Hier mußte das Heer vorbeiziehen. Auf der einen Seite strömte die Etsch dahin, auf der anderen beengten jähe Vorsprünge des Berges den Weg und ließen kaum einen schmalen Pfad übrig. Auf dieser Burg nun waren auf Anstiften eines gewissen Albericus, eines vornehmen Ritters aus Verona, zahlreiche Straßenräuber zusammengekommen, um Beute zu machen. Als nun das Heer herankam, ließen sie einen Teil ohne weiteres den Engpaß passieren, am folgenden Tag aber hinderten sie die übrigen Truppen am Durchzug.
Nun befanden sich aber im Gefolge des Kaisers zwei vornehme Veroneser, die ihn schon nach Rom begleitet hatten, Garzabanus und Isaak. Diese schickte der Kaiser zu Verhandlungen vor. Sie wurden aber mit Steinwürfen zurückgetrieben. Die Räuber erklärten, der Kaiser werde niemals durchziehen, wenn sie nicht von jedem Ritter Panzer und Schwert erhielten und er selbst obendrein eine nicht unbedeutende Geldsumme zahle. Als dies Friedrich hörte, sagte er: »Das ist eine harte Bedingung für einen Fürsten, Räubern Tribut zahlen zu müssen.« Was sollte er tun? Der Fluß ließ sich hier nicht überschreiten, zurückkehren konnte man auch nicht mehr, da die Brücke ja zerstört war, an der Stadt selbst hatten die Veroneser schon Verteidigungsposten bezogen. Da wandte Friedrich eine List an. Er gab Befehl, das Gepäck abzulegen und zum Schein die Zelte zu errichten, gleichsam als wolle man dort die Nacht über lagern. Dann ließ er Garzabanus und Isaak rufen und versuchte, durch geschickte Fragen sich genau über die Lage der Örtlichkeit zu informieren. Sie erwiderten ihm: »Siehst du den Fels, der über die Burg herabhängt, schrecklich durch seine Höhe, scheinbar unzugänglich wegen der steilen Klippen und rauhen Felsblöcke? Wahrscheinlich wird er nicht bewacht, und wenn es dir gelingt, ihn den Unvorsichtigen zu entreißen und zu besetzen, so hast du dein Ziel erreicht.«
Unverzüglich sandte Friedrich den Bannerträger Otto von Wittelsbach zusammen mit zweihundert auserlesenen bewaffneten Jünglingen ab, die auf Umwegen durch Wälder und Berge, durch die zerklüfteten und gefährlichen Stellen irrend, endlich mit vieler Anstrengung zu dem erwählten Felsen kamen. Dieser bot aber keine Möglichkeit zum Ersteigen, und so verfertigten sie mühsam aus ihren Lanzen Leitern und gelangten, sich gegenseitig helfend, auf die Höhe des Felsens. Nun entrollte Otto

das kaiserliche Banner, das er bisher verborgen mit sich getragen hatte. Als Zeichen sicheren Sieges wurde es mit Zuruf und Gesang begrüßt. Die Krieger im Tale eilten daraufhin zum Sturm. Die Räuber hatten geglaubt, nur Vögel könnten auf diesen Felsen hinaufkommen, und sahen sich nun plötzlich von unten und oben bedroht. In ihrer Verzweiflung versuchten sie zu fliehen, dafür war aber kein Platz mehr. Wer sich durch einen kühnen Sprung zu retten suchte, schlug auf die Felsen, seine Glieder wurden zerschmettert und er hatte seine Seele ausgehaucht, bevor er auf die Erde gelangte.

Nachdem Kaiser Friedrich diesen Engpaß durchschritten und alle Gefahren überstanden hatte, schlug er in der folgenden Nacht sein Lager fröhlich im Gebiet von Trient auf. Von da zog er nach Bozen und kehrte ungefähr ein Jahr, nachdem er ausgezogen war, nach Bayern zurück.

Heinrich der Löwe im Kampf gegen die Slawen

Helmold

Seit Otto dem Großen waren die deutschen Könige und die Fürsten bemüht, die slawischen Gebiete im Osten des Reiches zu christianisieren und mit deutschen Siedlern zu kolonisieren. Das Kolonisationswerk, das nicht frei von Rückschlägen war, erreichte unter dem Welfen Heinrich dem Löwen, dem Vetter Kaiser Friedrich Barbarossas, einen Höhepunkt. Der Herzog besiedelte das westliche Mecklenburg; dabei kam es zu Kämpfen mit dem Slawenfürsten Pribislaw, der sich 1167 unterwarf.
Einen Augenzeugenbericht dieser Eroberungen Heinrichs bietet Helmold (etwa 1125–1177), ein Geistlicher, der in seiner »Chronik der Slawen« lebendig und anschaulich und, abgesehen von einigen kleineren Fehlern, auch durchaus zuverlässig erzählt.

Am 17. Februar des Jahres 1164 kam es in der slawischen Burg Mecklenburg zu einem großen Blutbad. Wertislaw nämlich, der jüngere Sohn Niclots, der zu Braunschweig in Haft gehalten wurde, ließ seinem Bruder Pribislaw durch Boten sagen: »Siehe, ich liege hier ewig in Fesseln, und du benimmst dich so gleichgültig? Erwache endlich und handle wie ein Mann, erzwinge mit den Waffen, was du in Frieden nicht erlangen kannst. Denkst du denn nicht daran, daß unser Vater Niklot, als er zu Lüneburg gefangensaß, weder durch Bitten noch durch Geld loszubringen war? Als wir aber die Waffen ergriffen, die Burgen anzündeten und zerstörten, wurde er da nicht freigelassen?«
Als Pribislaw dies hörte, sammelte er heimlich ein Heer und erschien plötzlich vor Mecklenburg. Heinrich von Scathen aber, der Befehlshaber der Burg, war damals gerade abwesend und die Besatzung deshalb ohne Oberhaupt. Pribislaw kam nahe heran und sagte zu den Männern in der Burg: »An meinem Volk und mir sind große Gewalttaten verübt worden, denn wir wurden aus dem Lande unserer Geburt vertrieben und des Erbes unserer Väter beraubt. Auch ihr habt diese Kränkungen noch vergrößert und die Burgen, die eigentlich uns gehören, besetzt. Daher

lassen wir euch jetzt die Wahl zwischen Leben und Tod. Wenn ihr uns die Burg öffnet und das uns gebührende Land wiedergebt, so werden wir euch mit Weib und Kind und aller eurer Habe in Frieden ziehen lassen. Wenn ein Slawe etwas von dem, was euch gehört, entwendet, so werde ich es doppelt ersetzen. Wollt ihr aber nicht abziehen, sondern die Burg verteidigen, so schwöre ich euch, daß ich im Falle eines Sieges alle töten lasse.«

Als Antwort auf diese Rede schoß die Besatzung auf die Feinde und verwundete einige von ihnen. Den Slawen aber gelang es, da sie an Zahl und Ausrüstung stärker waren, in heftigem Kampf die Burg zu erobern, sie töteten alle Männer und ließen auch nicht einen von den Ansiedlern am Leben. Ihre Weiber und Kinder führten sie in die Knechtschaft und steckten die Burg selbst in Brand.

Dann wandten sie sich zur Burg Ilow, um auch diese zu zerstören. Guncelin aber, ein Vasall des Herzogs Heinrich des Löwen, war, als er durch Kundschafter die Nachricht erhielt, daß die Slawen ausgezogen seien, sofort mit eiligen Kriegern nach Ilow aufgebrochen, um die Burg zu beschützen. Nach der Zerstörung von Mecklenburg eilte Pribislaw mit seinen tapfersten Kriegern dem Heer voraus, um die Belagerung vorzubereiten, damit auch kein Mann der Besatzung entkäme. Als Guncelin das hörte, sagte er zu den Seinen: »Laßt uns rasch ausrücken und mit ihnen kämpfen, bevor das übrige Heer anrückt. Denn sie sind müde vom Kampfe und vom Blutbad, das sie heute verursacht haben.« Da antworteten ihm seine Getreuen: »Wir halten es nicht für geraten, einen Angriff zu unternehmen; denn sobald wir ausgerückt sind, werden die Slawen, die sich hier in der Burg befinden und scheinbar auf unserer Seite stehen, die Tore hinter uns schließen, wir werden ausgeschlossen sein und die Burg selbst wird Pribislaw übergeben.«

Guncelin gefiel diese Antwort nicht und er berief alle Deutschen, die sich in der Burg aufhielten, und sagte in Gegenwart der slawischen Burgleute, von denen man den Verrat befürchtete, zu ihnen: »Mir ist hinterbracht worden, daß die Slawen, die sich mit uns innerhalb der Burg befinden, dem Pribislaw geschworen haben, uns und die Burg ihm zu überliefern. Darum hört mich an, ihr meine Landsleute, denen Tod und Verderben bestimmt ist. Sobald ihr eine Treulosgkeit bemerkt, eilt an die Tore, werft Feuer in die Häuser und verbrennt diese Verräter mit Weib und Kind. Sie sollen mit uns sterben, und es soll keiner von ihnen mit dem Leben davonkommen, um über unseren Untergang zu frohlocken.« Als sie dies hörten, erschraken sie und wagten ihre Absicht nicht auszuführen.

Gleich am Abend aber erschien das ganze Heer der Slawen vor der Burg Ilow, und Pribislaw rief den dort lebenden Slawen zu: »Es ist euch allen bekannt, wieviel Schaden und Unheil über unser Volk durch die gewalttätige Herrschaft des Herzogs gebracht wurde, der uns das Erbe unserer Väter genommen und überall Fremdlinge eingesetzt hat, nämlich Fläminger und Holländer, Sachsen und Westfalen und andere Nationen. Über diese Kränkung war mein Vater bis in seinen Tod ergrimmt. Mein Bruder sitzt aus dem gleichen Grund im ewigen Gefängnis, und niemand ist übriggeblieben, der unserem Volk wohlwill und es wieder emporzubringen trachtet als ich allein. So faßt denn wieder Mut und übergebt mir diese Burg und die Männer, die sie unrechtmäßig in Besitz genommen haben, damit ich sie strafe, wie ich die gestraft habe, die Mecklenburg verteidigten.« Und er fing auch an, sie an ihre Versprechen zu erinnern, sie aber leugneten diese aus Furcht.

Weil es Nacht wurde, schlugen die Slawen etwas abseits der Burg ihr Lager auf. Als sie dann merkten, daß Guncelin und die Seinen tapfere und kriegstüchtige Männer waren und die Burg sich nicht ohne das größte Blutvergießen einnehmen ließ, gaben sie mit Tagesanbruch die Belagerung auf und kehrten heim. Guncelin aber verließ Ilow und zog sogleich nach Schwerin, und die Bewohner der Burg freuten sich über seine unverhoffte Ankunft, denn man hatte den Tag vorher gehört, daß er und seine Mannen erschlagen worden seien.

Fünf Tage nach der Zerstörung von Mecklenburg zog der ehrwürdige Bischof Berno mit wenigen Geistlichen von Schwerin herunter, um die Toten zu bestatten. Er stellte mitten unter den Toten einen Altar auf, um die Messe zu lesen. Als er fast an das Ende der heiligen Handlung gekommen war, erhoben sich die Slawen aus einem Hinterhalt, um ihn und seine Gefährten zu ermorden. Da aber kam, wie von Gott gesandt, ein gewisser Reichart von Salzwedel mit seinen Reisigen vorbei. Der hatte vernommen, daß Guncelin zu Ilow eingeschlossen sei, war ausgezogen, um ihm zu helfen, und kam zufällig gerade in dem Augenblick nach Mecklenburg, als der Bischof mit den Seinen dem Tod schon ganz nahe war. Seine Ankunft aber erschreckte die Slawen so, daß sie entflohen. Der Bischof konnte nun ungestört siebzig Erschlagene beerdigen und kehrte dann nach Schwerin zurück.

Pribislaw aber sammelte erneut eine Schar von Slawen, zog nach Malchow und Cuscin und forderte die Bewohner der Burg ebenfalls unter Zusicherung von freiem Geleit auf, sich zu ergeben. Die Besatzung erkannte, daß sie die Burg nicht halten können, erbat freies Geleit bis über die

Grenzen des Slawenlandes, und Pribislaw nahm die aufgegebene Burg in Besitz.
Heinrich der Löwe hörte von der kritischen Lage im Slawenland und sandte sogleich eine starke Abteilung von Rittern nach Schwerin, um es zu verteidigen. Dann befahl er dem Grafen Adolf und den Ältesten von Holstein, nach Ilow hinüberzuziehen und die Burg zu besetzen. Er selbst sammelte ein großes Heer und rief seinen Vetter Adalbert, den Markgrafen des östlichen Slawenlandes, und alle tapferen Männer in ganz Sachsen zu Hilfe, um den Slawen das Unheil zu vergelten, das sie angerichtet hatten. Auch Waldemar, den König der Dänen, forderte er auf, mit seiner Flotte die Küste heimzusuchen.
Der Herzog ließ nun, als er die Elbe überschritten hatte und ins Gebiet der Slawen eingerückt war, Wertislaw, den Fürsten der Slawen, in der Nähe der Burg Malchow aufknüpfen, da sein Bruder Pribislaw ihn ins Verderben gestürzt und die friedlichen Vereinbarungen gebrochen hatte. Dann sandte er einen Boten an den Grafen Adolf mit dem Befehl, vor ihm her bis an einen Ort namens Verchen zu ziehen und sich dort mit Guncelin, dem Grafen von Dithmarschen und dem Grafen von Oldenburg zu vereinigen. Er selbst und die übrigen der Fürsten verweilten noch in Malchow, um einige Tage später mit dem übrigen Heere nachzufolgen, begleitet von Saumrossen, die so viele Lebensmittel tragen sollten, wie das Heer bedurfte. Das ganze Heer der Slawen aber hatte sich in der Burg Demmin gelagert. Ihre Führer waren Kazemar und Buggezlaw, die Herzöge von Pommern, und mit ihnen Pribislaw, der Urheber des Aufstandes. Sie sandten Boten an den Grafen und unterbreiteten ihm ein Friedensangebot und versprachen, dreitausend Mark zu zahlen. Dann schickten sie wieder andere und versprachen zweitausend Mark. Das aber mißfiel dem Grafen Adolf, und er sagte zu den Seinen: »Was meint ihr, gestern haben sie dreitausend Mark versprochen und heute bieten sie zweitausend Mark. Das heißt nicht den Frieden suchen, sondern den Krieg herbeiführen.«
In der Nacht sandten die Slawen Kundschafter ins Lager, um die Heeresstärke zu erforschen. Die Altenburger Slawen, die sich beim Grafen Adolf befanden, hinterbrachten aber alles, was beim Heer vorfiel, dem Feind. Als Marchrat, der älteste der Holsteiner, davon Kunde erhielt, ließ er dem Grafen melden: »Wir haben bestimmte Nachricht, daß unsere Feinde sich zum Kampf rüsten. Unsere Leute aber sind zu nachlässig und beweisen weder bei den Nachtwachen noch auf Posten am Tag die nötige Sorgfalt. Darum sei vorsichtig, zumal der Herzog dir vertraut.«

Der Graf aber und die übrigen Edlen beachteten diese Worte nicht, sondern meinten: »Es ist Friede und keine Gefahr, denn die Tapferkeit der Slawen ist völlig erstorben.« So ließ die Wachsamkeit des Heeres immer mehr nach. Da der Herzog aber längere Zeit nicht nachrückte, gingen den Truppen die Lebensmittel aus, und der Graf beauftragte daher Knechte, zum Heer des Herzogs zu gehen und Lebensmittel herbeizuschaffen. Als diese frühmorgens ihren Weg antraten, erblickten sie, als sie den Hügel hinanstiegen, die plötzlich bereitgestellten Heeresabteilungen der Slawen mit unzähligem Volk, sowohl Reiter als Fußsoldaten. Sie kehrten sofort um und weckten mit lautem Geschrei das ruhende Heer, sonst hätte alle der Tod im Schlaf ereilt. So aber fingen die Grafen Adolf und Reinhold mit einigen Leuten die Feinde am Abhang des Hügels auf und vernichteten ihre erste Heeresabteilung. Doch sogleich wurden sie von der zweiten Abteilung der Slawen überrannt, und beide Grafen fanden dabei mit den tapfersten Leuten den Tod. Die Slawen bemächtigten sich des Lagers der Sachsen und plünderten es. Guncelin indessen und Christian hielten mit mehr als dreihundert Rittern eng aneinander geschlossen an der Seite des Schlachtfeldes und wußten nicht, was sie tun sollten; denn es war gefährlich, es mit einem so zahlreichen Feind aufzunehmen, nachdem alle eigenen Kampfgenossen schon erschlagen oder in die Flucht getrieben waren.
Nun kam eine Abteilung der Slawen zu einem Zelt, wo sich viele Knappen aufhielten. Als sie auf diese eindrangen, da riefen die Knappen ihren Herren, die in der Nähe standen, zu: »Was steht ihr da, tapfere Ritter? Warum kommt ihr euren Dienern nicht zu Hilfe? Ihr benehmt euch wahrhaftig sehr schändlich!« Diese, vom Geschrei ihrer Diener herbeigerufen, flogen auf die Feinde zu und befreiten, mit blinder Wut kämpfend, ihre Waffenträger. Dann drangen sie tapfer ins Lager hinein und ruhten nicht eher, bis sie die siegreichen Scharen der Slawen auseinandergejagt und das verlorene Lager wieder erobert hatten.
Nun kam auch der Herzog herbeigeeilt, um die Seinen zu schützen, mußte aber den Verlust des Grafen Adolf und vieler tapferer Streiter beklagen. Seinen Schmerz linderte der reiche Sieg und die Menge der erschlagenen Slawen, deren man an die zweieinhalbtausend zählte. Dann ließ der Herzog den Leichnam des Grafen Adolf in Stücke schneiden, auskochen und einbalsamieren, damit er fortgeschafft und bei seinen Väter beigesetzt werden könne.
Die Slawen, die der Schärfe des Schwertes entronnen waren, zogen nach Demmin, zündeten diese mächtige Burg an und flohen dann vor dem

Herzog in das Innere von Pommern. Heinrich selbst kam mit dem ganzen Heer am folgenden Tag nach Demmin, fand die Burg niedergebrannt und hinterließ dort einen Teil des Heeres, um den Wall niederzureißen und dem Erdboden gleichzumachen und den Verwundeten zu helfen, die der Pflege bedurften. Er selbst aber eilte mit dem übrigen Heer dem König Waldemar von Dänemark entgegen. Sie zogen dann mit vereinter Macht aus, um Pommern der ganzen Breite nach zu verheeren, und kamen nach einem Ort namens Stolpe. Dort hatten Kazemar und Buggezlaw schon vor Zeiten zum Gedächtnis ihres Vaters Wertislaw, der dort getötet und bestattet worden war, eine Abtei gestiftet. Nirgends aber fand das Heer des Herzogs einen Widerstand, denn die Slawen flohen immer weiter und wagten nirgends standzuhalten.

Die Mongolen bedrohen Europa

Frater Julianus

Zu Beginn des 13. Jahrhunderts einigte Dschingis-Khan die Stämme der Mongolen zu einem einheitlichen Reich. Von 1215 an begann er China zu unterwerfen. Gleichzeitig drangen die Mongolen immer weiter nach Westen vor und unterjochten auf ihrem Siegeszug von 1236 bis 1241 weite Teile Rußlands. 1241 kamen sie bis Schlesien; hier stellte sich ihnen bei Liegnitz ein Ritterheer entgegen, das im Kampf unterlag. Jedoch brachen die Mongolen ihren weiteren Vormarsch ab und zogen sich wieder nach Rußland zurück.
Gerade aus der Zeit, da der Mongolensturm das Abendland bedrohte, stammt ein seltener, kaum bekannter Augenzeugenbericht. Aus Ungarn waren nämlich 1235 Dominikanermönche nach dem Osten gezogen, um nach der ursprünglichen Heimat des ungarischen Volkes zu suchen. Es gelang ihnen tatsächlich, 1235 bis zum Ural vorzustoßen, wo sie stammesverwandte Menschen vorfanden, und die Nachricht davon in die Heimat zu bringen, wo man hoffte, mit dem fernen Land, das man »Großungarn« nannte, zu einer politischen Zusammenarbeit zu gelangen. Als aber einer der Mönche, Frater Julianus, zwei Jahre danach nochmals in das Uralgebiet ziehen wollte, hatten die Mongolen bereits diese Gegenden überrannt. Julianus kam nur bis zum Fürstentum Susdal in Rußland, östlich und südlich davon herrschten schon die Mongolen.
Sein Bericht, den er an den päpstlichen Legaten in Ungarn richtete, wird so zum eindrucksvollen Warnruf an das Abendland, das ihn aber zu wenig beachtete.

Dem verehrungswürdigen Mann, durch Gottes Gnade Bischof von Perugia und Legat des Apostolischen Stuhles beim König von Ungarn, entbietet Bruder Julianus aus dem Orden der Predigtbrüder in Ungarn, der Diener Eurer Heiligkeit, tiefen ehrfurchtsvollen Gruß zuvor!
Als ich, gehorsam dem mir auferlegten Gebot, nach Großungarn zusammen mit den mir beigegebenen Brüdern reisen mußte, da wollten wir eilig die uns aufgetragene Reise zurücklegen. Als wir aber an die äußersten Grenzen von Rußland gekommen waren, erkannten wir aus der

Nähe, was wir schon gerüchteweise gehört hatten: Die Reiche von Großungarn und Großbulgarien wurden zusammen mit vielen anderen von den Tataren völlig verwüstet.
Man erzählte, daß sie aus dem Lande China kommen. Von dort dehnten sie ihr Reich weiter aus, sie eroberten die Stadt Hornach-Urgendsch, die sich sieben Monate lang tapfer verteidigte, und dann beschloß der Anführer der Tataren, Dschingis-Khan, die ganze Welt zu erobern. Er unternahm mit allen seinen Streitern einen Vorstoß gegen das Reich der Perser, besiegte sie und unterjochte ihr Königreich.
Dieser Sieg aber steigerte seine Kühnheit, und er glaubte von nun an, daß ihm niemand mehr werde Widerstand leisten können. Das nächste Ziel seiner Angriffe, durch die er die Welt erobern wollte, war das Land der Kumanen, die Dschingis-Khan ebenfalls besiegte und unterwarf. Dann rückten die Tataren gegen Großungarn vor, eben das Land, aus dem unsere westlichen Ungarn herstammen. Vierzehn Jahre lang kämpften sie hier, im fünfzehnten aber eroberten sie es, wie uns geflüchtete Bewohner des Landes mitgeteilt haben.
Dann führte sie ihr Vormarsch weiter gen Westen, und innerhalb eines Jahres oder wenig mehr gelang es ihnen, fünf große heidnische Reiche zu unterwerfen, darunter das Großbulgarische Reich, in dem sie sechzig gut gerüstete Festungen einnahmen, die so groß waren, daß eine jede von ihnen fünfzigtausend Bewaffnete fassen konnte. Einer der Herrscher aus diesen Reichen unterwarf sich mit seiner Familie und seinem ganzen Volke dem Dschingis-Khan, ein anderer aber zog sich mit wenigen tapferen Männern auf feste Plätze zurück und versuchte hier vergeblich, sich zu schützen.
Da wir nun selbst im russischen Gebiet weilten, erkannten wir ganz klar die Aufmarschpläne des Tatarenheeres gegen den Westen. Es ist in vier Heeressäulen geteilt, die eine lehnt sich in Rußland östlich an das Fürstentum Susdal an, eine zweite steht im Süden im Gebiet von Rjasan, das ist ein Staat der Ruthenen, eine dritte aber am Don in der Nähe der Lager Woronesch. Sie alle warten nur darauf, wie uns zahlreiche Flüchtlinge persönlich berichteten, daß sie dann, wenn das Land mit seinen Flüssen und Sümpfen im nächsten Winter zugefroren sein wird, ganz Rußland mit ihren zahllosen Scharen ebenso ausplündern werden, wie sie es mit Ruthenien schon getan haben.
Nun müßt Ihr aber wissen, daß jener Dschingis-Khan, der den Krieg begonnen hat, vor kurzem gestorben ist; an seiner Stelle regiert jetzt sein Sohn Ogotai in der großen Stadt Hornach-Urgendsch, die sein Vater

erobert hatte. Dort hat er sich einen Palast bauen lassen, der so groß ist, daß tausend Reiter hoch zu Roß gleichzeitig durch ein einziges Tor hineinreiten können. In dem Palast selbst hat man ihm ein riesiges Lager errichtet, das auf goldenen Füßen steht, und darauf sitzt er in all seiner Herrlichkeit und all seinem Ruhm, in kostbare Gewänder gehüllt. Die Türen des Palastes sind aus reinem Gold, durch diese Türen können seine eigenen Leute jederzeit unversehrt und straflos schreiten. Fremde aber, die durch diese Türen hindurchgehen und mit dem Fuße die Schwelle berühren, werden gleich an Ort und Stelle mit dem Schwerte getötet, denn jeder Gast muß mit größter Ehrfurcht die Schwellen überschreiten.

In solchem Glanze residierend, sandte der Khan seine Truppen in die verschiedensten Länder, sogar über das Meer. Ein Heer zog gegen die Kumanen, von denen ein Teil nach dem Westen zu den Ungarn geflohen ist. Ein weiteres Heer aber droht, wie ich schon feststellte, eben ganz Rußland zu besetzen.

Nun möchte ich Euch noch von der Kampftaktik der Tataren berichten. Sie schießen mit ihren Bogen weiter als alle anderen Völker, beim ersten Ansturm regnet es geradezu Pfeile. Mit Schwert und Lanze sind sie allerdings im Kampf weniger geschickt. Ihre Truppen aber ordnen sie so, daß immer ein Tatar zehn Männer anführt, während über hundert Mann ein Hundertschaftsführer gesetzt ist. Das machen sie deshalb mit großer Schlauheit, damit sich keine Spione unter den Truppen einschleichen können, denn jeder Anführer würde dann sofort erkennen, daß die Zahl seiner Männer nicht mehr stimmt. Diese Einteilung verhindert auch gleichzeitig, daß die aus verschiedenen Völkern zusammengewürfelte Truppe Verrat üben könnte.

In allen Königreichen, die sie eroberten, ermorden sie die Könige und alle Adeligen, von denen zu befürchten steht, daß sie sich eines Tages empören könnten, auf der Stelle. Die Soldaten aber und die tapferen Bauern werden bewaffnet und gezwungen, für die Tataren zu kämpfen. Andere Bauern, die weniger zum Kampf taugen, lassen sie zurück, damit sie das Land bestellen. Unter diese teilen sie dann die Frauen und Töchter der Ermordeten und der zum Kampf Gezwungenen auf, wobei sie gelegentlich einem zehn oder mehr Weiber zuweisen. Alle Unterworfenen aber müssen sich ebenfalls Tataren nennen.

Wenn die in das Heer gezwungenen Soldaten gut kämpfen und siegen, erhalten sie nur geringen Dank; wenn sie fallen, kümmert das die Tataren nicht; wenn sie aber zurückweichen, werden sie auf der Stelle niedergeschossen. Befestigte Burgen werden nicht gleich erobert; die Tataren verwüsten zuerst einmal das Land und plündern das Volk aus, dann aber holen sie die kampffähigen Bewohner des Landes zusammen und zwingen sie, die eigenen Burgen zu erobern.

Wie von einigen als sicher behauptet wird und der Fürst von Susdal, Iurij Wsewolodowitsch, durch mich dem König von Ungarn melden ließ, überlegen die Tataren Tag und Nacht, wie sie das christliche Königreich Ungarn erobern und besetzen könnten. Aber das würde nur das erste Angriffsziel sein, denn sie haben sich vorgenommen, auch Rom und alle Reiche des Abendlandes zu erobern. Der Khan der Tataren hat an den König von Ungarn Gesandte geschickt, die aber vom Fürsten von Susdal gefangengenommen wurden. Sie trugen eine Botschaft bei sich, die ihnen abgenommen wurde. Ich habe die Gesandten selbst gesehen und die Botschaft, die mir der Fürst von Susdal übergab, an den König von Ungarn überbracht. Sie war in arabischer Schrift geschrieben, jedoch in tatarischer Sprache, und so fand der Fürst zwar viele, die den Brief lesen konnten, aber niemanden, der ihn verstand. Als wir durch Kumanien zogen, traf ich einen Heiden, der mir die Botschaft übersetzte. Sie lautete: »Ich, der Khan, Bote des himmlischen Königs, dem er Macht gegeben hat auf der Erde, die sich unterwerfen, zu erhöhen, und die Gegner zu erniedrigen, wundere mich über dich, König von Ungarn, daß du, obgleich ich dir schon dreißig Gesandschaften schickte, niemanden zurückgesandt hast. Ich weiß, daß du ein reicher und mächtiger König bist und über viele Soldaten gebietest und daß du allein ein großes Reich regierst. Deshalb unterwirfst du dich ja auch nur ungern und gegen deinen Willen. Besser aber wäre es für dich, und auch sicherer, wenn du dich mir freiwillig unterwerfen würdest. Außerdem habe ich erfahren, daß du kumanische Flüchtlinge, meine Untertanen, unter deinem Schutz hältst. So gebe ich dir den Befehl, sie in Zukunft nicht mehr zu unterstützen, damit du mich nicht um ihretwillen zu deinem Feinde machst. Jene nämlich können leichter entkommen als du, weil sie ohne Häuser mit ihren Zelten umherziehen; wie aber willst du, der du in Häusern wohnst und Burgen und Städte besitzt, meinen Händen entrinnen?«

Als ich und meine Brüder sahen, daß die Tataren schon das ganze Land besetzt hielten und wir daher nicht mehr weiter vordringen konnten, kehrten wir nach Ungarn zurück.

Ich möchte nur noch einmal zu bedenken geben, daß die Tataren behaupten, sie würden über eine so große Masse von Kriegern gebieten, daß

sich ihr Heer in vierzig Teile aufspalten ließe und es dennoch keine Macht auf Erden gäbe, die nur einem einzigen davon widerstehen könne! Auch wird behauptet, daß in ihrem Heer zweihundertsechzigtausend Soldaten dienen, die nicht ihres Glaubens sind, zu ihnen kommen dann noch hundertfünfunddreißigtausend kampferprobte Tataren. Weiterhin wurde mir auch berichtet, ihre Weiber seien so kriegerisch wie sie selbst, sie könnten Pfeile schießen und reiten wie die Männer, ja, im Kampf seien sie sogar mutiger als diese selbst.
Da eine solche Geißel Gottes herannaht, möge Eure Heiligkeit in kluger Voraussicht für die Söhne der Kirche Christi sorgen und bedenken, was man für sie tun kann.

Das späte Mittelalter

Nach den zwei Jahrzehnten des Interregnums, der kaiserlosen Zeit, die auf den Tod des letzten Staufer-Königs gefolgt war, vollzog sich im Reich und in Europa eine politische, soziale und kulturelle Umschichtung. Die von den Kurfürsten gewählten deutschen Könige versuchten, eine eigene Hausmacht aufzubauen und sie zu festigen. Sie mußten es tun, weil die Fürsten selbst egoistisch nur ihre Vorteile wahrzunehmen suchten. So verlor aber das Königtum mehr und mehr an Bedeutung. Hatten in den drei Jahrhunderten von der Gründung des Reiches bis zum Interregnum im wesentlichen drei Herrscherhäuser regiert, so wechselten nun die Geschlechter häufiger, bis gegen Ende des Mittelalters das Haus Habsburg, aus dem schon Rudolf, der erste König nach dem Interregnum, hervorgegangen war, die Führerrolle im Reich übernahm.
Das Papsttum, das mit Innozenz III. noch einmal mächtig hervorgetreten war, verlor nun ebenfalls an Bedeutung. Machtlos mußte es sich unter dem Druck des französischen Königs ein Jahrhundert lang in die »babylonische Gefangenschaft« zu Avignon in Frankreich begeben. Drei große Konzilien versuchten, zu Beginn des 15. Jahrhunderts eine innere Reform der Kirche herbeizuführen. Die »Universitas Christiana«, in den Kreuzzügen aufgeblüht, löste sich auf, das Interesse der einzelnen Nationalstaaten in Mittel- und Westeuropa überwog.
Und auch das Rittertum hatte seine Aufgabe erfüllt, die Bürger in den Städten übernahmen die führende Rolle als Träger der abendländischen Kultur. Schönster Ausdruck des neuen aufstrebenden Stadtbürgertums sind noch die gotischen Dome, die vom Gemeinschaftssinn der Bürger zeugen. Aber auch in den Städten kam es zu sozialen Spannungen zwischen den alten Patriziergeschlechtern und den Vertretern der Zunfte. Die alte Ordnung des Abendlandes löste sich auf.

1273–1291	*Rudolf von Habsburg*
1278	Schlacht auf dem Marchfeld
1284	*Parteienkämpfe in italienischen Städten*
1399–1453	*Hundertjähriger Krieg zw. Frankreich und England*
1346–1437	*Luxemburgische Kaiser in Deutschland*
1346–1378	Karl IV.
1414–1418	Konzil zu Konstanz
1438–1740	*Kaiser aus dem Hause Habsburg*
1452	Friedrich III. als letzter deutscher Kaiser in Rom gekrönt
1453	Eroberung von Konstantinopel

(Geradestehende Zeilen verweisen auf Texte in diesem Buch)

Rudolf von Habsburg und Ottokar von Böhmen

Johann von Victring

Als die deutschen Fürsten 1273 Rudolf von Habsburg zum deutschen König wählten, stand dieser vor der fast unlösbar erscheinenden Aufgabe, die Ordnung in dem durch die Wirren der kaiserlosen Zeit so schwer geschädigten Reich wiederherzustellen. Die Fürsten hatten sich die Besitzungen des Reiches angeeignet und waren nicht gewillt, sie ohne Widerstand herauszugeben. Der bedeutendste von ihnen, König Ottokar von Böhmen, dessen Reich sich von Mitteldeutschland bis zur Adria erstreckte, lehnte es überhaupt ab, dem neuen, unbedeutenden deutschen König zu huldigen. Rudolf aber bereitete sich zum Krieg gegen Ottokar vor und besiegte ihn auf dem Marchfeld bei Dürnkrut. Zwar behielt Ottokars Sohn Wenzel Böhmen und Mähren, mit Österreich und der Steiermark aber belehnte Rudolf seine eigenen Söhne und begründete damit die Hausmacht der Habsburger in Österreich, die bis 1918 dauern sollte. Über die Ereignisse jener Tage berichtete der Abt Johann von Victring in seinem »Buch gewisser Geschichten«, einer Chronik, die etwa um das Jahr 1344 abgeschlossen wurde. Nach Augenzeugenberichten schildert er lebendig und zuverlässig zugleich die Auseinandersetzung zwischen Rudolf und Ottokar von Böhmen.

Die Fürsten verhandelten nach altem Herkommen über die Wahl eines deutschen Königs. Sie faßten verschiedene Männer ins Auge, erwogen die Taten der einzelnen nach dem Ruf ihrer Trefflichkeit, und dabei erinnerten sie sich auch des Grafen Rudolf von Habsburg. Und wie es dem Herrn gefiel, so wurden sie eines Sinnes und gaben alle ohne irgendwelche Widerrede ihre Stimme für Rudolf ab. Dem Pfalzgrafen wurde aufgetragen, das Wort der Erwählung auszusprechen; er erhob sich und sagte: »Im Namen der heiligen und unteilbaren Dreieinigkeit! Nachdem mir die Stimmen aller Wahlfürsten übertragen worden sind, verkünde und erwähle ich Rudolf, den Grafen von Habsburg, zum deutschen König!«
Sofort entsandten die Fürsten den Marschall mit den Insignien des Reiches und forderten Rudolf auf, die Belagerung von Basel aufzuheben, sich

mit den Bürgern zu vertragen und unverzüglich mit seiner Gemahlin herbeizukommen, um die Krone zu empfangen.
Nachdem sich Rudolf mit den Baslern geeinigt hatte, fuhr er den Rhein hinab zu den Fürsten, die seiner harrten und ihm unter großen Freudenbezeigungen entgegenkamen. In der Stadt Aachen aber, wo alles Volk frohlockte und Gassen und Häuser durch Tücher und Gehänge geschmückt waren, wurde er, mit dem Zepter, dem weißen Obergewand, dem Mantel und den übrigen königlichen Abzeichen geschmückt, zusammen mit der Königin von der Pfalz zum Sitz Karls des Großen geleitet und dort gekrönt. Er erledigte hier sodann viele Geschäfte, verlieh Lehen, erneuerte Privilegien, auch leistete er hier den feierlichen Eid, die Rechte des Reiches und des Kaisertums zu bewahren.
Im Jahre des Herrn 1274 kam König Rudolf dann nach der Stadt Speyer, wohin er die Edlen berief, die er anwies, allen Besitz, der zum Reiche gehöre und demselben entfremdet und weggenommen sei, ohne Zögern zurückzugeben. Einige gaben darauf aus Scheu vor der Drohung des Königs freiwillig heraus, was sie an sich genommen hatten. Andere wurden dazu gezwungen und mußten, was sie ungerechterweise an sich gerissen hatten, den königlichen Beamten überliefern.
Dann schrieb der König einen Hoftag nach Nürnberg aus, auf dem die Fürsten, Prälaten und Edlen des Reiches zusammenkamen. Hier verkündete er Gesetze über den Landfrieden, die Lehen und verschiedene andere Dinge, um durch die Furcht vor diesen Gesetzen die Verwegenheit der Menschen in Schranken zu halten und es der Unschuld zu ermöglichen, inmitten der Übeltäter in Sicherheit zu sein, den Übeltätern selbst aber durch die Furcht vor der äußersten Strafe die Lust am Übeltun zu mindern. Zu diesem Hoftag kam der Erzbischof Friedrich von Salzburg und nahm seine Rechte von Rudolf entgegen. Darüber ergrimmte Ottokar, der König von Böhmen, und befahl seinem Hauptmann Milot, das Bistum überall zu verheeren. Milot belagerte Frisach, gewann die Stadt, brannte sie nieder und verwüstete alle erzbischöflichen Besitzungen.
König Ottokar selbst kam nicht zu dem Hoftag nach Nürnberg und wurde daher nach Würzburg beschieden. Dorthin schickte er den Bischof Bernhard von Säckau, der sich inmitten der Fürsten erhob und nach Kräften bemühte, die Wahl Rudolfs mit vielen gleißenden Worten anzufechten, indem er ausführte, jener sei, weil er einige Kirchen beraubt, der Exkommunikation verfallen und deshalb nicht fähig, zum König erhoben zu werden. Allein, der König antwortete leutselig, daß dergleichen von rechtskundigen Männern, nicht von Fürsten, die vom geschriebenen

Recht keine Kenntnis besäßen, als Gerichtshof verhandelt wäre. Deshalb wurde den Gesandten Stillschweigen auferlegt und sie kehrten, nachdem sie mit Mühe sicheres Geleit erlangt hatten, unverrichteterdinge zu ihrem Herrn zurück. Ottokar aber wurde aller Rechte, Ämter und Lehen, die er vom Reich hatte, für entsetzt erklärt.

Nach Beendigung des Hoftages ging der König nach Ulm und entsandte den Burgrafen Friedrich von Nürnberg zu Ottokar nach Böhmen, um diesem in seinem und des Reiches Namen Österreich, Kärnten und Krain, die Ottokar ohne Recht, nur auf Gewalt gestützt, besaß, abfordern zu lassen und ihm zu erklären, daß er überdies ihm auch das Königreich Böhmen und die Markgrafschaft Mähren nach dem Urteil der Fürsten und dem Reichsrecht wegen Verachtung und Trotz habe aberkennen lassen. Der Böhme aber erwiderte: »Wir sind nicht willens, so leicht das herauszugeben, was wir durch den Bogen und das Schwert und unter so viel Mühen erobert haben oder was uns auf dem Wege der Blutsverwandtschaft oder Verschwägerung zugefallen ist.« Und er fügte hinzu, er wundere sich gar sehr, daß die Fürsten des Reiches unter Umgehung Mächtigerer einen so kleinen Grafen auf den Thron des Reiches setzten. Der Burggraf kehrte zu König Rudolf zurück, der ihn erwartete wie eine durstende Seele das kalte Wasser, und meldete, was ihm Ottokar aufgetragen hatte. Der König verbarg seine Empfindungen und hielt sich zurück. Ein Jahr danach aber entsandten die Österreicher den edlen Herrn von Wolkersdorf zu Rudolf, zu dem auch Hertnit von Wilton aus dem Lande Steyer kam; beide brachten die Beschwerden ihrer Landsleute und ihrer Provinz vor, indem sie Rudolf unter anderem zuriefen, warum er müßig stehe und ihnen, die von Ottokar so grausam unterdrückt würden, nicht zu Hilfe eile und nicht die Rechte des Reiches geltend mache. Der König sammelte ein Heer und rüstete sich mit seinem ganzen Hause zum Marsch gegen Österreich, jedoch behinderte ihn Herzog Heinrich von Bayern, der sich mit Ottokar verständigt hatte.

Endlich betrat Rudolf, an Passau vorüberziehend, Österreich, nahm die feindlichen Festungen teils in Gnaden an, teils legte er sie, wenn sie Widerstand leisteten, gänzlich nieder. Er belagerte dann Wien, verwüstete ringsum die Weinberge, Felder und Gärten und setzte die Belagerung sechs Monate lang fort.

Zugleich erschien auf Befehl des Königs Graf Meinhard von Tirol in Kärnten und Steyer; die Edlen fielen ihm zu und rasch beugte er Städte und Einwohner dem Willen des Königs. Nur die Bürger von Wien setzten sich, ermutigt durch die Einflüsterungen eines Parteigängers Ottokars,

über die Beschwerden der Belagerung leichten Herzens hinweg. Schließlich aber, als sie zu sehr bedrängt wurden, unterwarfen sie sich der Gnade des Königs, verlangten aber, daß man die Freiheiten und Rechte ihrer Stadt durch königliche Urkunden verbürge. Der König ging gern darauf ein und gewann so die Stadt.
Ottokar erbat nun in seiner Bedrängnis durch die Vermittlung des Bischofs Bruno eine Unterredung mit dem König. So begab sich dieser mit einem glänzenden Gefolge von Österreichern und Steyrern zu Ottokar und besprach sich in aller Freundlichkeit mit ihm. Jetzt endlich nahm Ottokar aus der Hand Rudolfs Böhmen und Mähren zu Lehen; alle anderen Länder aber gab er heraus, setzte die Adeligen in Freiheit, die er verhaftet hatte, und vereinbarte eine doppelte Familienverbindung mit Rudolf, indem sein Sohn eine Tochter Rudolfs, seine Tochter aber einen Sohn des Habsburgers heiraten sollte. So schieden sie, nachdem Ottokar dem Reich Treue geschworen hatte, in Frieden und bester Eintracht voneinander, indem sie zuvor noch die Zeit für die Hochzeiten festsetzten. Rudolf entließ sein Heer, ging nach Wien und widmete sich den Geschäften des Reiches. Ottokar aber kehrte nach Böhmen zurück und berichtete der Königin, seiner Gemahlin, von der Versöhnung, den Heiratsplänen und den übrigen Vereinbarungen. Jene aber höhnte ihn und sagte spottend: »Was für ein großmächtiger König bist du, der du Rudolf, als er noch ferne war, feindlich wie einen Hund angekläfft hast, sobald er aber herankam, hast du ihm vier treffliche Provinzen zu Füßen gelegt, ihm, der einmal wünschte, dein Lehensmann zu sein, und der jetzt im Kleide von grauer Wolle es unternimmt, den Ruhm der Könige zu vernichten!«
Ottokar, von Schamröte übergossen, stieß einen Wutschrei aus, der nichts Menschliches mehr an sich hatte, meldete sogleich Rudolf, indem er ihm in aller Form absagte, ihm sei Unrecht geschehen, und kündete ihm Krieg an, indem er die Länder, die er dem König zugestellt hatte, wieder zurückverlangte.
Rudolf aber rief den König von Ungarn, die Schwaben, Österreicher, Steyrer und Kärtner auf und brachte im Nu ein starkes Heer zusammen. Aber auch Ottokar sammelte Truppen um sich und rückte bis in das Gebiet des Flusses March vor. Seine Heeresmacht wurde auf dreißigtausend Krieger geschätzt. Die Rudolfs umfaßte kaum den vierten Teil davon. Bei dem Schloß Haimburg überschritt Rudolf die Donau und lagerte sich Ottokar gegenüber. Bei allen Schiffen kappte er die Ankertaue und ließ sie forttreiben, damit die Seinen nicht damit flüchteten.

Am Schlachtfeld angekommen, teilte er seine Truppen in vier Schlachtreihen; die erste und zweite wies er den Ungarn an, die sich darauf verstanden, die Gegner mit Pfeilen zu überschütten; die dritte umfaßte die Schwaben, Steyrer, Krainer und die Mannschaft des Erzbischofs von Salzburg. Die vierte Reihe, befehligt vom König selbst, nahmen die Österreicher ein. Einen erprobten Streiter, Ulrich von Kapellen, ließ er mit erlesener Mannschaft in der Reserve, damit er notfalls den Ermüdeten zu Hilfe kommen konnte.
Ottokar bildete sechs Schlachthaufen; im ersten standen, mit dem König selbst, die Sachsen und Böhmen, im zweiten die Mährer, im dritten die Pilsener, im vierten die Thüringer und Meißner, im fünften und sechsten außer den Bayern die stark gepanzerte polnische Mannschaft. Auch er ließ eine Reserve unter Milot für den Notfall zurück. Die ungeheure Überzahl der Gegner aber schadete Rudolf nicht, weil das Heil nicht in der Zahl, sondern in der Tapferkeit liegt. Sein Heer ging vorsichtig und wohlgeordnet vor, Ottokar aber durchbrach, wie ein wütender Löwe angreifend, die Schlachtordnung Rudolfs.
Ein Thüringer sprang mit dem edlen Herrn von Vollenstein vor, sie hieben Rudolfs Streitroß nieder und brachten ihn selbst arg ins Gedränge. Aber Ulrich von Kapellen sprang jetzt zwischen die Streiter und rettete nicht nur den König, sondern stellte auch die fast schon verlorene Schlacht her, griff Ottokar an und brachte ihn so ins Gedränge, daß dieser nun seinerseits Milot und dessen Reserve herbeirufen ließ. Aber dieser beachtete den Ruf nicht und zog sich aus der Schlacht zurück. Dem König Ottokar aber wurde von den Seinen ein Strick um den Hals gelegt und er so unter seinem Helm, der das Gesicht bedeckte, abseits geführt und im Stich gelassen, bald aber von den scharfen Schwertern der Österreicher und Steyrer aus Rache für das Blut ihrer Freunde, die er schuldlos getötet hatte, niedergestoßen.
Als Rudolf seinen Tod erfuhr, blieb er noch drei Tage auf dem Schlachtfeld lagern, dann beschloß er, während die Leiche Ottokars nach Laa in Mähren gebracht wurde, in Böhmen einzufallen, um die Kriegskosten herauszuschlagen. Als er sich aber Prag näherte, brachten die Fürsten doch eine vorläufige Verständigung zuwege. Der König begab sich nach Iglau, wo er einen Hoftag hielt, Ritterschläge erteilte und Frieden schloß. Er tröstete die Kinder Ottokars, und man besprach sich aufs neue über den Termin der Hochzeit, die dann auch zu ihrer Zeit festlich begangen wurde. Ottokars Leiche brachte man nach Prag und setzte sie dort später in der Kirche des heiligen Veit mit allen Ehren bei.

Die Luxemburger in Oberitalien

Karl IV.

Das vierzehnte Jahrhundert war in Deutschland gekennzeichnet durch die Bemühungen der Fürsten, sich eine möglichst starke Hausmacht zu schaffen. So wechselten die Besitzrechte verhältnismäßig häufig, die Kurfürsten wählten möglichst schwache Könige, die ihnen Zugeständnisse mit Reichsgut bezahlen mußten. Die Könige ihrerseits wiederum bemühten sich, ihre Hausmacht auszubauen, um damit den Forderungen der Fürsten besser widerstehen zu können. Zu den Geschlechtern, die nach Rudolf von Habsburg auf den deutschen Königsthron kamen, gehörten auch die Luxemburger, denen es gelang, Böhmen und Mähren für sich zu erwerben. Der Luxemburger Karl IV. regierte vor allem in Böhmen, dem seine ganze Liebe gehörte, ohne daß er dabei, wie fälschlich behauptet wurde, das Reich vernachlässigt hätte. Er ist übrigens der einzige deutsche König, der eine Selbstbiographie verfaßte, ein interessantes Zeugnis seiner Jugend und zugleich der politischen Verhältnisse in Mitteleuropa während der ersten Hälfte des vierzehnten Jahrhunderts.
Der hier folgende Bericht, der diesem Werk entnommen ist, gibt einen guten Eindruck von der Lage im Reich und in Oberitalien, das der junge Karl für seinen Vater Johann verwalten sollte.

Bei der Rückkehr aus Frankreich fand ich meinen Vater in der Grafschaft Luxemburg. Zu jener Zeit herrschte Ludwig der Bayer im Reich, der nach dem Tod meines Großvaters Heinrich VII. in zwiespältiger Wahl gegen Herzog Friedrich von Österreich zum römischen König gewählt worden war. Gewählt hatten ihn mein Vater, König Johann von Böhmen, die Erzbischöfe von Mainz und Trier und Waldemar, der letzte Brandenburger, die auch zu ihm hielten, bis er jenen Sieg erfocht, bei dem ihm sein Gegner Herzog Friedrich von Österreich gefangen in die Hände fiel. Der Erzbischof von Köln, der Herzog von Sachsen und der Pfalzgraf bei Rhein hatten dabei auf seiten Friedrichs gestanden.
Mein Vater zog damals nach Trient; dort wurden ihm die italienischen Städte Brescia, Bergamo, Parma, Cremona, Pavia, Reggio und Modena

in der Lombardei übergeben. Ferner in der Toskana die Stadt Lucca mit allen Gebieten und Grafschaften, die zu ihr gehörten.

Ich reiste nun über Metz und das Herzogtum Lothringen, über Burgund und Savoyen bis zur Stadt Lausanne am See. Dann überschritt ich die Alpen bei Brig, kam in die Gegend von Novara und von dort am Karfreitag des Jahres 1331 nach Pavia, das meinem Vater gehörte.

Am Ostersonntag, also drei Tage nach meiner Ankunft, wurde mein Gefolge vergiftet und ich selbst kam mit dem Leben davon, weil mich die Gnade Gottes beschirmte. Das Hochamt zog sich nämlich lang hin und ich hatte vor der Messe nichts gegessen, da ich kommunizieren wollte. Als ich dann zum Frühstück ging, wurde mir berichtet, daß mein Gefolge plötzlich erkrankt sei – und zwar gerade diejenigen, die bereits gefrühstückt hatten.

Ich hatte mich schon zu Tisch gesetzt, wollte aber nichts mehr essen, denn wir waren alle bestürzt. Als ich aufsah, erblickte ich einen schönen und flinken Mann, den ich nicht kannte, der an der Tafel hin und her ging und sich stumm stellte. Ich schöpfte gegen ihn Verdacht und ließ ihn festnehmen. Nach heftiger Folterung gestand er am dritten Tag, er habe auf Befehl des Azzo Visconti von Mailand in der Küche den Speisen Gift beigemischt. An jenem Gift starben aber Johann von Berg, mein Hofmeister, Johann von Honcheringen, Simon von Kail, der mir bei Tisch aufwartete, und andere mehr.

Danach zog ich zu meinem Vater nach Parma. Ich war damals sechzehn Jahre alt, und mein Vater übertrug die Regierungsgeschäfte und die Fürsorge für mich dem Herrn Ludwig, einem savoyischen Grafen. Er brach dann von Parma auf und zog nach Frankreich. Während ich aber in Italien zurückblieb, schlossen der König Robert von Apulien, die Florentiner, die Statthalter von Mailand, Verona, Mantua und Ferrara ein Bündnis gegen meinen Vater und mich. Sie teilten die Städte, die ich besaß, insgeheim untereinander auf und fielen, ohne Fehde anzusagen, alle unversehens über uns her, nachdem sie in den Städten heimlich den Verrat genährt hatten.

Wir hegten damals kein Arg gegen sie, da sie mit uns einen Vertrag eingegangen waren und durch Schwur und Brief versicherten, meinen Vater und mir treu zur Seite zu stehen. Die Veroneser drangen in Brescia ein, der Mailänder bestürmte Bergamo und nahm es im Handstreich. Auch andere Städte erhoben sich gegen uns, einige vornehme Geschlechter aus Parma, Reggio, Modena, Cremona und Lucca ergriffen treu meine Partei und ließen mir allen Rat und alle Hilfe angedeihen. Die Verschwörer sammelten vor unserer Stadt Modena eine starke Truppenmacht und lagerten dort sechs Wochen lang. Als die die Gegend genug verwüstet hatten, zogen sie ab und legten ihre Streitmacht vor die Feste von San Felice. Nachdem das Heer dort lange gelagert hatte, kam die Besatzung mit den Belagerern überein, daß die Burg übergeben werden sollte, wenn wir sie nicht innerhalb eines Monats befreien könnten. Als dies die Bürger der mir befreundeten Städte erfuhren, zogen sie ihre Streitmacht zusammen und erklärten, mit uns zusammen kämpfen zu wollen. Wir hielten Rat. Dann rückten wir ins Feld, schlugen ein Lager auf und kamen von Parma aus am Katharinentag, dem 25. November 1332, vor die Burg, gerade als sie dem Gegner ausgeliefert werden sollte. Um die neunte Stunde etwa begannen wir den Kampf mit zwölfhundert Rittern und sechstausend Mann Fußvolk. Der Gegner verfügte über die gleiche Zahl, er war sogar etwas stärker. Das Gefecht dauerte nun bis nach Sonnenuntergang; beide Seiten verloren fast alle Schlachtrosse und die anderen Pferde, ja, unsere Niederlage schien so gut wie besiegelt. Auch das Pferd, das ich ritt, wurde getötet. Während ich nun dastand und erkannte, daß wir dicht vor der Niederlage waren, und mich fast Verzweiflung packte, begann zur gleichen Zeit der Gegner mit seinen Feldzeichen zu fliehen. So erfochten wir durch Gottes Gnade den Sieg über unsere Feinde. Achthundert Ritter fielen uns auf der Flucht gefangen in die Hände, fünftausend Mann Fußtruppen blieben auf dem Schlachtfeld. Die Festung selbst wurde befreit. In diesem Feldzug erhielt ich zusammen mit zweihundert Tapferen den Ritterschlag. Am folgenden Tag zogen wir voll großer Freude nach Modena mit Beute und Gefangenen. Nachdem ich die Truppen entlassen hatte, kehrte ich nach Parma zurück, wo ich Hof hielt.

Dann zog ich in die Toskana und rüstete zum Krieg gegen Florenz. Ich ließ eine stattliche Festung auf einem Berg, zehn Meilen von Lucca entfernt, anlegen, die wir Karlsberg nannten. Dann kehrten wir nach Parma zurück, und wenn uns auch unsere Gegner ringsum bedrängten, so half uns doch der harte Winter, der so streng wurde, daß niemand im Felde bleiben konnte.

Zur selben Zeit bahnten sich Verhandlungen zwischen den Veronesern, unseren sonstigen Gegnern und den Machthabern von Parma, Reggio und Modena an, die wie Statthalter über diese Städte geboten. Sie trafen sich mit den mächtigsten Räten von Verona in einer kleinen Kirche des Sprengels von Reggio und kamen überein, mich auszuliefern und sich zu verbünden. Sie ließen eine Messe lesen, da sie über dem Leib Christi schwören wollten, das Abkommen unverbrüchlich zu halten. Nach der

Wandlung aber, als die Hostie emporgehoben wurde, geschah es, daß sich ein Wirbelwind erhob und tiefe Finsternis in der Kirche entstand. Alle waren bestürzt. Als es wieder hell wurde, fand der Priester vor sich auf dem Altar den Leib Christi nicht mehr. Niedergeschlagen und entsetzt standen alle da und blickten einander an, als plötzlich der Leib des Herrn vor den Füßen des Marsiglio de Rubei gefunden wurde, der als der führende Kopf dieser Verschwörung galt. Da erklärten alle einstimmig, daß es Gott nicht gefalle, was sie auszuführen beschlossen hatten. Die Beratungen wurden abgebrochen und jeder kehrte nach Hause zurück. Der Priester, der die Messe zelebriert hatte, ging nach Reggio und meldete dem Bischof, was sich zugetragen hatte. Dieser sandte ihn zum Kardinal von Ostia, dem damaligen Legaten in der Lombardei, der sich gerade in Bologna aufhielt. Legat und Bischof vertrauten das Geschehene dem Statthalter in Reggio an, damit er mich warne und ich vor den Verschwörern auf der Hut sei. Allein, die Männer, die sich gegen mich zu verschwören gesucht hatten, waren von Reue gepackt worden und standen mir hinfort treulich bei und blieben standhaft wie Brüder an meiner Seite, ohne in ihrem Herzen etwas zu verbergen. Eines Tages sagte mir Giberto da Fogliano: »Wäre der Leib des Herrn vor meinen Füßen wie vor den Füßen des Marsiglio gefunden worden, ich könnte niemals mehr froh sein. Gott hat uns davor bewahrt, eine Tat zu begehen, der gegenüber der Tod vorzuziehen ist.« Ich überging seine Äußerung mit Schweigen, als ob ich von der Sache nichts wüßte.

Mein Vater erfuhr von meiner Bedrängnis, schloß einen Bund mit zahlreichen Franzosen und zog mit einem Heer von Frankreich aus nach Savoyen, dann über die Alpen und rückte durch die Lombardei nach Parma vor.

Es waren ungefähr tausendsechshundert Ritter, die uns zu Hilfe kamen, und mein Vater zog nun mit dem vereinten Heer aus, um der Burg von Pavia zu helfen, die sich noch immer in unserem Namen gegen die Stadt selbst behauptete. Wir schlugen ein Lager auf, stürmten die Stadt und zerstörten die Vorstädte und die Gebäude in den Außenbezirken. Die Burg konnte mit Verpflegung und Menschen versorgt und die Befestigungen ausgebessert werden, die eigentliche Stadt ließ sich allerdings von der Burg aus nicht einnehmen, weil die Bürger zwischen Burg und Stadt Gräben und Befestigungen errichtet hatten, so daß der Zugang gesperrt war. Auch hatte Mailand tausend Ritter ihnen zu Hilfe geschickt. Nach einer zehntägigen Belagerung rückten wir wieder ab, lagerten bei Mailand und verheerten Grafschaft und Umgegend Mailands.

Nun wandten wir uns gegen Bergamo, wo wir mit einigen Parteigängern vereinbart hatten, daß uns die Stadttore geöffnet werden sollten. Es war verabredet, daß im Morgengrauen eine unserer Truppenabteilungen in die Stadt eindringen würde. Dann sollte ein starker Heerhaufen folgen und solange die Stadt halten, bis mein Vater und ich die Hauptmacht am gleichen Tag herangeführt hätten. Und wirklich öffneten unsere Parteigänger in der Stadt ein Tor, und der erste Stoßtrupp drang ein. Der zweite Heerhaufen aber wollte ihm aus mir unbekannten Gründen nicht folgen. So mußte sich auch der Stoßtrupp, der in der Stadt schon Fuß gefaßt hatte, wieder zurückziehen, weil er sich nicht allein gegen den Feind behaupten konnte. Mit ihm zusammen entkamen viele unserer Parteigänger. Die Zurückgebliebenen wurden gefangen und außerhalb der Mauern gehängt. Es waren mehr als fünfzig. Tiefe Bestürzung erfaßte uns, als wir mit dem Heer heranrückten und sahen, was geschehen war. So kehrten wir unverrichteterdinge wieder nach Parma zurück.

Zu Pfingsten des gleichen Jahres zog mein Vater erneut eine starke Streitmacht zusammen und sandte mich mit fünfhundert Rittern gegen Cremona. Die Ritter sollten weiter vor die Burg von Pizzighettone rücken, die sich wider uns und Cremona, dem sie unterstand, empört hatte. Ich selbst blieb mit etwa zwanzig Rittern in Cremona zurück. Da erhielt der Gegner plötzlich Verstärkung, seine Zahl wuchs von Tag zu Tag, so daß sich unsere die Burg belagernden Ritter selbst hinter Gräben verschanzen mußten. Gleichzeitig sandten die Bürger von Mantua und Ferrara ihre Schiffe plötzlich den Po hinauf, so daß mich mein Vater nicht mehr mit Truppen unterstützen, ja nicht einmal einen Boten schicken konnte.

Während ich so in Cremona wartete, lief ich täglich Gefahr, Stadt und Leute zu verlieren, denn die Stadt war weitläufig und damals infolge der Wirren fast verödet. Ich geriet in eine sehr unangenehme Lage, aber da überwarfen sich unsere Gegner, die vom Fluß her die Stadt belagerten, es kam unter ihnen zu Kämpfen, und die einzelnen Gruppen zogen wieder in ihre Heimat ab. Kaum hatte mein Vater Nachricht erhalten, als er mit seinen Truppen von Parma her anrückte, die im Po versenkten Schiffe heben ließ und dann nach Cremona übersetzte.

Am folgenden Tag vereinigten sich die Truppen, und wir zogen nun den bedrängten Belagerern vor der Burg Pizzighettone zu Hilfe. Doch trotz unserer nun beachtlichen Anzahl konnten wir hier nichts ausrichten und beschlossen, der Burg und Pavia erneut zu Hilfe zu kommen. Als dies unsere Gegner bemerkten, sandten sie Räte und ließen in betrügerischer

Absicht mit unserem Vater verhandeln und einen Waffenstillstand vereinbaren. Danach sollte mein Vater sich aus dem offenen Feld zurückziehen, die Burg Pavia dafür vom Gegner ungehindert verproviantiert werden können.

Wir zogen daraufhin aus dem offenen Feld ab und verteilten unsere Truppen auf die Städte und Ortschaften, der Gegner hielt sich jedoch keineswegs an den Waffenstillstand. Die Burg Pavia ging verloren; denn seinem Versprechen entgegen ließ der Gegner sie nicht mit Lebensmitteln versorgen. Schon brach der Winter herein, und man konnte nicht im offenen Feld bleiben; so bewahrheitete sich an uns das Sprichwort »den Gerüsteten schadet das Abwarten«.

Schließlich sah mein Vater ein, daß seine Geldmittel versiegten und daß er den Krieg nicht fortführen konnte. Er beschloß daher, sich aus dem Land zurückzuziehen und es den Einheimischen und dem Stadtadel zu überantworten, der die Städte einst der Herrschaft meines Vaters anvertraut hatte.

Papstwahl zu Konstanz

Ulrich von Richental

Im Jahr 1378 wählten einander verfeindete Gruppen der Kardinäle zwei Päpste, und es gelang nicht, die unheilvolle Spannung zu beseitigen, sie pflanzte sich fort auf die Nachfolger; ein Konzil zu Pisa versuchte die Päpste beider hadernden Gruppen für abgesetzt zu erklären und einen neuen Papst zu wählen, mit dem Erfolg, daß es nun gleichzeitig drei Päpste gab! Da setzte der deutsche König Sigismund, der Sohn Karls IV., die Einberufung eines neuen Konzils nach Konstanz am Bodensee durch. Vier Jahre lang, von 1414–1418, bildete die kleine Stadt nun gleichsam den Mittelpunkt des Abendlandes. In ihren Mauern weilten der Kaiser, die Päpste, Kardinäle, weltliche und geistliche Fürsten. Hier wurde der Böhme Johannes Huß der Ketzerei für schuldig befunden und verbrannt, hier beendeten aber die Kirchenfürsten auch endlich das unheilvolle Schisma und einigten sich auf einen Papst. Ulrich von Richental beschreibt in seiner berühmten »Chronik des Konstanzer Konzils« als Augenzeuge diese einzige Papstwahl in Deutschland und gibt damit gleichzeitig auch ein buntes Bild spätmittelalterlichen Lebens.

Am Samstag vor Allerheiligen des Jahres 1417 beschloß das Konzil in einer Sitzung, einen Papst zu wählen, und alle schworen, die Wahl auch anzuerkennen. Wählen sollten die dreiundzwanzig Kardinäle, dazu stellte noch jede Nation, Deutsche, Franzosen, Italiener, Spanier und Engländer, sechs Vertreter. Ihnen wurde nun in dem Kaufhaus jedem eine besondere Wohnung eingerichtet, insgesamt also dreiundfünfzig Kammern, an deren Türen man die Namen der Bewohner anschrieb.
Am nächsten Tag ließ der deutsche König Sigismund eine Verlautbarung an allen Kirchen zu Konstanz anschlagen und gebot darin bei Androhung strenger Strafe, daß sich niemand dem Kaufhaus nähern solle. Alles Lärmen wurde verboten, kein Schiff durfte auf dem See näher als auf Pfeilschußweite an das Gebäude heranfahren, und schließlich wurden alle Vergnügungen und Lustbarkeiten bis nach vollzogener Wahl ebenfalls streng untersagt. Am Nachmittag sandte er den Marschall und den Bür-

germeister von Konstanz durch die Stadt, die in Deutsch, Latein und Italienisch allen nochmals diese Verordnungen bekanntgeben mußten.

Am 8. November beschloß die Versammlung, daß man mit der Wahl beginnen solle. Um vier Uhr nachmittags, es regnete gerade stark, ritten die dreiundzwanzig Kardinäle und die dreißig Vertreter der einzelnen Nationen zum Kaufhaus, der König und die Fürsten geleiteten sie bis zu der Pforte, und der König Sigismund bat jeden einzelnen von ihnen, ihr Werk mit Hilfe des Heiligen Geistes und einhellig zu vollbringen. Danach betraten die Wähler, nur begleitet von jeweils einem Priester und einem Schüler, das Haus, dessen Tore sofort verschlossen wurden. Der Hochmeister des Johanniterordens aber übernahm mit seinen Leuten Tag und Nacht die Wache vor dem Gebäude.

Nun ist es ganz interessant zu wissen, wie das Kaufhaus für das Konklave, die Papstwahl, umgebaut wurde, wie man den Herren ihr Essen brachte und es untersuchte, damit keinerlei Nachricht heraus- oder hineinbefördert werden konnte, und was alles zu der Papstwahl gehört.

Rings um das Kaufhaus war ein hoher Plankenzaun gezogen, an der Tür zur Marktstätte hin standen außen zwölf Wachen des Rates und innen zwölf Wachen des Königs; das gleiche galt für die Tür an der Rheinbrücke. Draußen im See hatte man, eine Pfeilschußweite vom Haus entfernt, große Holzblöcke aneinandergebunden, um so das Heranfahren von Schiffen zu verhindern.

Im Haus selbst waren alle Türen und Fenster vermauert, selbst die Dachluken hatte man mit Brettern zugenagelt, so daß weder Luft noch Licht hineinzudringen vermochten. Im Hause selbst brannten stets Kerzen. Man hat auch eine Kapelle eingerichtet mit einem Altar, doch gab es auch hier kein Licht außer dem Schein der Kerzen.

Jeder Kardinal wohnte in einem kleinen Kämmerlein, das nichts enthielt als eine Bettstatt und ein kleines Tischchen, an dem höchstens zwei Leute sitzen konnten. Vor der Kammer selbst war noch ein kleines Gemach, in dem der Bedienstete wohnte. Die Räume selbst waren aber so aufgeteilt, daß die Vertreter der einzelnen Nationen immer das Zimmer eines Kardinals flankierten, so daß diese voneinander getrennt wohnten. Die Stiege, die ins Innere des Hauses führte, war ebenfalls fest verschlossen, und von den Schlüsseln zu den Schlössern hatte einen der König, den anderen das Konzil und den dritten das Kapitel zu Konstanz. An der Tür selbst war eine ebenfalls verschließbare Öffnung angebracht. Die Schlüssel dazu befanden sich in den Händen des Hochmeisters der Johanniter. Zur Essenszeit stellte sich dieser mit dem Rücken zur Tür vor einen

mit einem Tischtuch bedeckten Tisch. Hinter dem Tisch standen zwei Bischöfe, den Rücken zum See gekehrt, an der Stiege selbst warteten drei Fürsten oder Grafen.
Nun besaß jeder der Wähler eine Schüssel, mit seinem Namen gezeichnet, die zwei Knechte an einer Stange trugen. Darin wurden Brot, Fleisch und die anderen Speisen herangebracht. Vor jeder Schüssel aber schritt ein Knecht. Er trug zwei Krüge, einen mit weißem, den anderen mit rotem Wein. Die Knechte gingen nun die Marktstadt herunter bis zu den Schranken, wurden hier eingelassen und durften noch bis zur Stiege des Kaufhauses gehen. Dort empfingen sie die Fürsten und führten sie vor die Bischöfe an den Tischen. Diese wiederum öffneten die Schüsseln, zerschnitten Brot, Fisch und Fleisch und überprüften, ob keine Botschaft darin verborgen war. Dann kontrollierten sie auch die Getränke und übergaben schließlich alles dem Hochmeister, der seinerseits wiederum Schüssel, Speisen und Getränke annahm, das Loch aufschloß und laut den Namen desjenigen rief, dem die Speisen zugedacht waren.
Der Notar des Erzbischofs von Gnesen hat mir beschrieben, wie die Wahl selbst vor sich ging. Als gewählt sollte nur derjenige gelten, der zwei Drittel der Stimmen aller Kardinäle und der Vertreter der einzelnen Nationen auf sich vereinen konnte. Doch die Notare, die von einem zum andern gingen, um die Stimmen zu sammeln, konnten nie die nötige Anzahl zusammenbringen. Mancher hatte zwölf Stimmen, ein anderer wieder neun, ein dritter sechs, manche vier. Das ging so bis zum Sankt-Martins-Abend, da beschlossen die deutschen Vertreter, keinem Deutschen die Stimme zu geben, da das Konzil ja schon auf deutschem Boden stattfand. Das teilten sie dann den italienischen Vertretern mit. Als das die Engländer vernommen hatten, kamen sie zu den Deutschen und Italienern und stimmten den Beschlüssen zu. Nun berieten sie sich noch mit den Spaniern. Diese erklärten, sie würden sieben Königreiche vertreten, und wenn sie nicht einen von ihrer Nation zum Papst wählten, so würden ihre Könige unwillig. Das gleiche antworteten auch die Franzosen, die noch hinzufügten, daß in Paris die berühmteste hohe Schule sei, ihr König zu den mächtigsten Fürsten und sie selbst zu den besten Christen gehörten und daß sie daher einen Papst aus ihren Reihen haben möchten.
Nun unternahmen täglich der Patriarch, die Erzbischöfe, Bischöfe und Priester vom Münster aus über den Fischmarkt bis zum Kaufhaus eine Prozession, an der sich auch der König, alle Fürsten und Herren beteiligten. Sie knieten dann vor dem Kaufhaus nieder, und der Patriarch hob an zu singen: »Veni sancte spiritus.«

Auch am Sankt-Martins-Tag zog die Prozession betend und singend mit den Kreuzen zum Kaufhaus und von da wieder zurück in das Münster. Im Haus selbst aber sprachen die Vertreter der Deutschen und Engländer zu den Spaniern und Franzosen, daß es einzig und allein deren Schuld sei, wenn keine Wahl zustande komme. Auf ihnen würde ein ewiger Fluch lasten, weil sie die ganze Christenheit so betrogen hätten. Nach langem Zureden brachten sie endlich die Spanier und Gallier dazu, sich ihrer Meinung anzuschließen. Und so versammelten sich am Martinstag gegen zehn Uhr alle dreiundfünfzig in der Kapelle des Hauses und wohnten dort der Messe bei. Danach sangen auch sie die Antiphon »Veni sancte spiritus« und einigten sich gleich danach in der Wahl eines neuen Papstes. Und noch ehe die Prozession draußen wieder das Münster erreicht hatte, rief man aus dem Kaufhaus: »Wir haben einen Papst: Otto von Colonna!« Auf diese Nachricht hin lief die Menge vor dem Kaufhaus zusammen, und es versammelten sich dort wohl an die achtzigtausend Personen, Frauen, Kinder und Männer.

Dann hieß man alle Leute, nach Hause zu gehen und sich um ein Uhr wieder vor dem Münster zu versammeln, dorthin würden auch alle Fürsten, Herren und Prälaten kommen. Am Nachmittag läuteten dann die Glocken, der Patriarch, alle Erzbischöfe und Bischöfe mit ihren Priestern, unser Herr König, alle Fürsten, Herren, Grafen, Ritter und Knechte, die Räte und alle Bürger mit ihren Zunftzeichen, die Domherren mit ihren Kerzen versammelten sich vor dem Münster, dann zog man vom oberen Markt bis zum Kaufhaus. Dort wartete vor den Schranken bereits der Papst, auf einem weißen Pferd sitzend und wie ein Bischof gekleidet. Neben ihm standen die zweiundzwanzig Kardinäle und die dreißig Vertreter der einzelnen Nationen, die recht bleich und abgekämpft aussahen. König Sigismund trat vor den Papst, kniete nieder und küßte ihm den Fuß. Das gleiche taten Herzog Ludwig von Heidelberg und die anderen Fürsten, sonst aber niemand als nur noch der Patriarch und die Erzbischöfe. Als der König und der Herzog dem Papst die Füße geküßt hatten, hob sie dieser auf und segnete sie. Dann begab sich der feierliche Zug wieder zum Münster zurück. Nach dem Kreuz schritten die zweiundfünfzig Wähler in Mänteln und hinter ihnen schritten ihre Knechte, die sie zum Konklave begleitet hatten, und trugen die Schleppen ihrer Mäntel. Nach den Herren ritt der Heilige Vater auf seinem Pferd, das zur rechten Hand König Sigismund und zur linken Herzog Ludwig von Bayern führte. Beim Münster angekommen, stieg der Papst ab und betrat zu Fuß die Kirche, in der man den feierlichen Lobgesang »Te deum laudamus« anstimmte.

Der Prozeß gegen die Jungfrau von Orléans

Prozeßberichte

Die Entwicklung Frankreichs im späten Mittelalter begann mit dem machtvollen Aufstieg des Königtums unter Philipp IV., sie wurde aber unterbrochen durch den mehr als hundertjährigen Krieg mit England, das seit 1339 versuchte, in Frankreich Fuß zu fassen. Im Lauf des folgenden Jahrhunderts gewann es immer stärker die Oberhand, bis 1429 ein einfaches Bauernmädchen, Johanna von Arc, getrieben von göttlichen Visionen, den Kampf für ihre Heimat aufnahm und die gerade damals von den Engländern belagerte Stadt Orléans befreite. Im weiteren Siegeszug führte sie den schwachen französischen König Karl VII. nach Reims, wo er feierlich gekrönt wurde. Aber während Karl zögerte, den weiteren Plänen Johannas zu folgen und sich auch der Stadt Paris zu bemächtigen, geriet Johanna durch Verrat in die Hände der Engländer, die sie vor ein Gericht stellten, wegen Ketzerei verurteilten und verbrennen ließen. Das hier abgedruckte Protokoll der zweiten öffentlichen Sitzung ist der Verständlichkeit wegen aus der indirekten Rede in die direkte übertragen.

Der Bischof: Johanna, wir fordern Euch auf und ermahnen Euch, bei den vom Recht vorgesehenen Strafen, den gestrigen Eid zu wiederholen, nämlich schlicht und bedingungslos die Wahrheit zu sagen auf die Fragen in der Sache, deretwegen Ihr angeklagt seid und in üblem Ruf steht.
Johanna: Ich habe gestern geschworen. Das sollte reichen!
Der Bischof: Schwört jetzt! Niemand darf vor einem Glaubensgericht den Eid verweigern, auch ein Fürst nicht.
Johanna: Ich habe Euch doch gestern geschworen, das sollte genügen. Ihr mutet mir zuviel zu.
Schließlich leistete Johanna den Eid, in dem, was den Glauben angeht, die Wahrheit zu sagen.
Der Bischof: Wir übergeben nun das Verhör Magister Beaupère, dem ausgezeichneten Professor der Theologie.
Beaupère: Johanna, ich ermahne Euch, auf meine Fragen die Wahrheit zu sagen, wie Ihr es beschworen habt.

Johanna: Es kann sein, daß Ihr mich Dinge fragt, auf die ich Euch die Antwort sage, aber auch andere, auf die ich keine Antwort gebe. Wenn Ihr über mich im Bilde wäret, so müßtet Ihr wünschen, daß ich nicht in Eurer Hand wäre. Ich habe nämlich alles auf Offenbarung hin getan.
Beaupère: In welchem Alter seid Ihr vom Vaterhaus weggegangen?
Johanna: Das wüßte ich nicht zu sagen.
Beaupère: Habt Ihr in Euren Mädchenjahren eine Handfertigkeit gelernt?
Johanna: Ja, Linnen nähen und Spinnen. Darin kann ich mich vor jeder Frau in Rouen sehen lassen.
Beaupère: Warum seid Ihr eigentlich von daheim fortgegangen?
Johanna: Aus Angst vor den Burgundern. Ich ging nach Neufchâteau in Lothringen zu einer Frau namens La Rousse. Dort blieb ich etwa vierzehn Tage.
Beaupère: Was hattet Ihr daheim beim Vater für eine Beschäftigung?
Johanna: Ich arbeitete im Haushalt und ging nicht mit den Schafen und den anderen Haustieren aufs Feld.
Beaupère: Habt Ihr jedes Jahr Eure Sünden gebeichtet?
Johanna: Gewiß, bei unserm Pfarrer. Wenn er verhindert war, habe ich mit seiner Erlaubnis bei einem anderen Priester gebeichtet. Zwei- oder dreimal, glaube ich, waren es Bettelmönche, damals im Dorf Neufchâteau. Am Osterfest habe ich das Sakrament der Eucharistie empfangen.
Beaupère: Habt Ihr auch an andern Festen, außer an Ostern, kommuniziert?
Johanna: Geht auf etwas anderes über!
Beaupère: Wie war das mit den Stimmen?
Johanna: Mit dreizehn Jahren hatte ich eine Stimme, die von Gott kam. Sie half mir und leitete mich. Das erstemal empfand ich große Angst. Die Stimme kam um den Mittag, im Sommer, in Vaters Garten.
Beaupère: Hattet Ihr tags zuvor gefastet?
Johanna: Nein, ich hatte nicht gefastet.
Beaupère: Woher kam die Stimme?
Johanna: Ich hörte sie von rechts, von der Seite der Kirche her, meist von einem Lichtstrahl begleitet. Er kommt von der gleichen Seite her, von der die Stimme ertönt, und es ist dort meist ein heller Lichtschein. Als ich dann nach Frankreich kam, hörte ich die Stimme oft.
Beaupère: Wie könnt Ihr denn Euren Lichtstrahl sehen, wenn er doch von der Seite her kommt?
Johanna gibt keine Antwort, sondern geht auf anderes über.
Beaupère: Hört Ihr die Stimme jetzt auch?

Johanna: Wenn ich in einem Wald wäre, so würde ich sicher Stimmen auf mich zukommen hören.

Beaupère: Wie klang die Stimme?

Johanna: Es schien mir eine gar edle Stimme zu sein, sie muß mir wohl von Gott geschickt worden sein. Als ich sie zum drittenmal vernommen hatte, wurde es mir klar, daß es die Stimme eines Engels war.

Beaupère: Was hat sie Euch gesagt?

Johanna: Sie hat mich immer behütet und ich habe sie gut verstanden.

Beaupère: Was für Ratschläge hat sie Euch denn für Euer Seelenheil gegeben?

Johanna: Sie hat mich gelehrt, brav zu sein und oft in die Kirche zu gehen. Auch sagte sie mir, ich müsse unbedingt nach Frankreich kommen.

Beaupère: Unter welcher Gestalt erschien Euch die Stimme?

Johanna: Das werdet Ihr diesmal nicht aus mir herausbringen.

Beaupère: Sie hat Euch also gesagt, Ihr sollt nach Frankreich kommen?

Johanna: Ja, zwei- oder dreimal in der Woche sagte sie zu mir, ich müsse fort und nach Frankreich.

Beaupère: Wußte Euer Vater etwas davon?

Johanna: Nein, er wußte nichts von meinem Fortgehen. Die Stimme sagte mir, ich solle nach Frankreich, und ich konnte es dort, wo ich war, nicht länger aushalten.

Beaupère: Sagte die Stimme sonst nichts?

Johanna: Doch, sie sagte noch, ich würde Orléans von der Belagerung entsetzen. Ferner, ich solle nach Vaucouleurs gehen zu Robert de Baudricourt, dem Kommandanten dieses Platzes. Er würde mir Leute mitgeben. Ich gab zur Antwort: »Ich bin ja nur ein armes Mädchen und verstehe nichts vom Reiten und vom Kriegführen.«

Beaupère: Was machtet Ihr dann?

Johanna: Ich ging zu meinem Vetter mit der Bitte, eine Zeitlang bei ihm bleiben zu dürfen, und ich blieb etwa acht Tage dort. Dann sagte ich zu ihm, ich müsse jetzt nach Vaucouleurs gehen, und er begleitete mich selber hin. Als ich hinkam, erkannte ich Robert de Baudricourt sogleich, obwohl ich ihn vorher nie gesehen hatte. Ich erkannte ihn durch die Stimme, denn sie sagte mir: Das ist er!

Beaupère: Was habt Ihr zu Robert gesagt?

Johanna: Ich sagte zu ihm, ich müsse nach Frankreich. Zweimal wies er mich ab und jagte mich fort. Das drittemal jedoch ließ er mich vor und gab mir Leute mit. Die Stimme hatte es mir vorausgesagt.

Beaupère: Wart Ihr nicht auch beim Herzog von Lothringen?

Johanna: Doch, er hatte Auftrag gegeben, mich zu ihm zu führen. Ich ging hin und sagte zu ihm, ich wolle nach Frankreich gehen. Er fragte mich, ob er wieder gesund werde. Ich weiß nichts davon, gab ich zur Antwort, und erklärte ihm einiges wenige von meiner Reise.

Beaupère: Habt Ihr nicht zum Herzog gesagt, er solle Euch seinen Sohn und Mannschaft zum Geleit mitgeben?

Johanna: Ja, das habe ich gesagt; dann würde ich zu Gott für seine Gesundheit beten.

Beaupère: Seid Ihr allein zu ihm gegangen?

Johanna: Nein, ich ging unter sicherm Geleit zum Herzog, und von ihm weg kehrte ich nach Vaucouleurs zurück.

Beaupère: Habt Ihr beim Auszug aus Vaucouleurs nicht Mannskleider angehabt?

Johanna: Doch, ich hatte Mannskleider an und trug ein Schwert, das mir Robert de Baudricourt überreicht hatte, sonst jedoch keine Waffen. Ich war begleitet von einem Ritter, einem Knappen und vier Dienstleuten. So kamen wir nach Saint-Urbain, wo ich in der Hauptkirche die Messe hörte. Ich hatte damals oft meine Stimmen.

Beaupère: Wie war es beim Abschied von Robert de Baudricourt?

Johanna: Er nahm meinem Geleit den Eid ab, mich wohl und heil zu führen. Zu mir sagte er beim Fortgehen: Geh, geh, komme, was da will!

Beaupère: Was wißt Ihr über den Herzog von Orléans, der gefangen in England liegt?

Johanna: Ich weiß recht wohl, daß Gott ihn liebhat. Über ihn habe ich mehr Offenbarungen gehabt als über irgendeinen anderen Menschen auf dieser Welt, meinen König ausgenommen.

Beaupère: Sagt jetzt, warum habt Ihr Mannskleider angelegt?

Johanna: Ich mußte mein Gewand gegen Mannskleider vertauschen. Und ich glaube, daß mein Ratgeber mich darin gut beraten hat.

Beaupère: Habt Ihr damals nicht einen Brief geschrieben?

Johanna: Doch, ich habe einen Brief an die Engländer geschickt, die vor Orléans lagen, mit der Aufforderung, abzuziehen, wie es in der Abschrift steht, die man mir hier in Rouen vorgelesen hat.

Beaupère: Wie kamt Ihr zu Eurem König?

Johanna: Ohne Schwierigkeit. Als ich nach Sainte-Chatherine de Fierbois gekommen war, schickte ich ihm erst einen Boten; dann ging ich selbst nach Schloß Chinon, wo mein König sich aufhielt. Um die Mittagszeit kam ich dort an und kehrte in einer Herberge ein. Nach dem Hauptessen ging ich zu meinem König, der im Schloß war.

Beaupère: Wie habt Ihr den König erkannt?
Johanna: Sobald ich in das Zimmer des Königs trat, erkannte ich ihn unter allen anderen durch den Beistand meiner Stimme, die es mir offenbarte.
Beaupère: Was habt Ihr zu ihm gesagt?
Johanna: Ich sagte zu ihm, ich wolle ausziehen und Krieg führen gegen die Engländer.
Beaupère: Hat der König Euch gleich vorgelassen?
Johanna: Die Stimme hatte mir versprochen, er würde mich recht bald nach meiner Ankunft vorlassen.
Beaupère: Wie kam das?
Johanna: Die Leute von meiner Partei sahen recht wohl ein, daß die Stimme mir von Gott geschickt war. Sie haben die Stimme gesehen und verstanden, das weiß ich ganz gut.
Beaupère: Haben denn auch andere Eure Stimmen gehört und gesehen?
Johanna: Mein König und viele andere haben gehört und gesehen, wie die Stimmen zu mir kamen. Karl von Bourbon war dabei und zwei oder drei andere.
Beaupère: Hört Ihr die Stimmen oft?
Johanna: Es vergeht kein Tag, ohne daß ich die Stimme höre, und ich habe sie auch bitter nötig.
Beaupère: Habt Ihr auch schon etwas von ihr erbeten?
Johanna: Ich habe sie nie um eine andere letzte Belohnung gebeten als um die Rettung meiner Seele.
Beaupère: Habt Ihr der Stimme stets gefolgt?
Johanna: Einmal hat die Stimme mir gesagt, ich solle in Saint-Denis in Frankreich bleiben. Und ich wollte auch dort bleiben. Aber die Herren nahmen mich gegen meinen Willen mit. Wäre ich nicht verwundet gewesen, so wäre ich nicht von dort abgezogen.
Beaupère: Wo wurdet Ihr verletzt?
Johanna: An den Gräben von Paris, als ich von Saint-Denis dorthin gezogen war. Aber nach fünf Tagen war ich geheilt.
Beaupère: Was wolltet Ihr damals?
Johanna: Ich ließ einen Ansturm unternehmen auf die Stadt Paris.
Beaupère: War damals nicht ein Festtag?
Johanna: Doch, ich glaube, es war ein Festtag.
Beaupère: Was meint Ihr, war das recht gehandelt?
Johanna: Geht auf etwas anderes über!
Der Bischof: Es scheint mir nun genug für heute. Am nächsten Samstag werden wir weiterfahren, und zwar vormittags um acht Uhr.

Die letzte Kaiserkrönung in Rom

Aeneas Silvius

Der einmalige Fall, daß ein Papst als Augenzeuge die Lebensgeschichte eines Kaisers niederschreibt, haben wir mit der »Geschichte Kaiser Friedrichs III.« von Aeneas Silvius aus dem Geschlecht der Piccolomini, dem Sekretär des Papstes, der später als Pius II. selbst den Heiligen Stuhl bestieg. Die von ihm beschriebene Kaiserkrönung Friedrichs III. im Jahr 1452 war die letzte eines deutschen Königs in Rom. Der Bericht darüber bietet interessante Vergleichsmöglichkeiten etwa mit der Krönung Karls des Großen oder Friedrich Barbarossas.
Friedrich III. selbst regierte dreiundfünfzig Jahre, er überlebte alle seine Gegner und legte durch seine geschickte Heiratspolitik die Grundlage für die Habsburgische Großmacht. Sein Sohn Maximilian heiratete Maria, die Erbin von Burgund. Ihr Sohn wiederum vermählte sich mit Johanna, der Erbin des Spanischen Reiches. Friedrichs Urenkel, Karl V., wurde König von Spanien und Deutscher Kaiser. Von ihm wird an anderer Stelle noch die Rede sein.

Am 9. März 1452 sammelte sich auf den ganz nahe bei der Stadt gelegenen Wiesen außerhalb des Tores, das sich an die Engelsbrücke anschließt, das gesamte Gefolge des Kaisers und ward förmlich in Abteilungen, wie wenn es eine Schlacht liefern wollte, eingeteilt. Und nicht weit davon stand auch die apostolische Reiterei unter den Waffen.
Es war ein herrlicher Anblick. Der Kaiser, mit dem Staatskleid angetan, ragte über die Abgesandten von ganz Italien, obwohl das große Männer waren, hinaus; die Kaiserin, welche mit wunderschönen Prachtgewändern geschmückt war, lenkte, mit ihrer Umgebung von Kataloniern und Portugiesen, die Blicke aller auf sich. Ladislaus, der König von Ungarn und Böhmen, wenngleich noch zarten Alters, schritt in seinem Purpurgewand unter den Prälaten in wahrhaft majestätischer Haltung dahin. Albrecht, der Bruder des Kaisers und Anführer der Truppen, ritt bald hierhin, bald dorthin und wies einem jeden seinen Platz an. In der Zwi-

schenzeit ließen sich die deutschen sowohl wie die lateinischen Ritter in ihrer Kunstfertigkeit sehen, tummelten sich in voller Waffenrüstung umher, schwangen die Lanzen und führten mit den Schwertern Hiebe aus, und indem sämtliche Signale ertönten, erweckte es den Eindruck, als ob eine Schlacht stattfände. Weder die Deutschen blickten mit Geringschätzung auf die Italiener noch wiederum die Italiener auf die Deutschen herab. Von allen Seiten zogen Männer, Waffen, Pferde und Fähnlein gleichmäßig die Blicke der Umstehenden auf sich.

Folgende Ordnung ward nun aber beim Einzug eingehalten. Es waren zwei Fähnlein des Kaisers vorhanden: das eine, das man das des heiligen Georg nennt; dessen Verteidigung soll nach alter Sitte den Schwaben zufallen, bei denen die Ritterschaft des heiligen Georg als eine bedeutende Stütze des Reiches gilt; das zweite, ein Fähnlein mit einem Adler – ein Ungeheuer, das die Unwissenheit unseres Jahrhunderts aufgebracht hat, indem sie es für schön hielt, wenn das gedoppelte römische Reich, das östliche und das westliche, durch zwei Köpfe dargestellt würde, statt daß man erwogen hätte, daß durch die Form des natürlichen Adlers weit besser angedeutet werde, daß es ein einiges, über den ganzen Erdkreis sich erstreckendes sei; übrigens gefiel dem Kaiser diese Darstellung auch nicht, doch fügte er sich dem Herkommen – und um dieses eine große Zahl stattlicher Ritter. Dann kamen die Gesandten der Fürsten und Städte. Unter letzteren entstand Streit. Da nämlich Albrecht dem Gesandten der Venezianer einen besseren Platz eingeräumt hatte, wurden die Mailänder unwillig und erklärten, man tue ihnen Schmach an; ihr Fürst stehe bei weitem höher im Rang als der Doge von Venedig und er diene auch dem Reich, der Venezianer aber sei ein Feind des Reiches und wolle keinen über sich anerkennen; die Venezianer hätten sich die Dogenwürde angemaßt und dieselbe nicht auf gesetzmäßigem Weg angenommen.

Es ritten also nun die Ritter, welche die Fahnen trugen, voran, dann folgten die Adligen aus Deutschland, Böhmen und Ungarn, so viele ihrer im Ritterschmuck anwesend waren; nach diesen die Edlen italienischer Abkunft; danach die römischen Bürger, dann die Barone und schließlich die Gesandten von Lucca, Ferrara, Montferrat, Siena, Florenz, Mailand, Venedig, die Portugiesen und die Aragonesen. Hierauf kam König Ladislaus mit seiner Dienerschaft; ferner waren etliche edle Grafen aus Deutschland in seinem Gefolge. Zwischen ihm aber und dem Kaiser war dem Senator und dem Präfekten von Rom der Platz angewiesen. Ihnen nämlich, so hieß es, komme es pflichtgemäß zu, nachdem der Kaiser die

Stadt betreten, dessen Pferd an der Hand zu führen. Der Marschall trug ein entblößtes Schwert vor dem Kaiser her. Die nächsten nach dem Kaiser waren die Bischöfe von Siena, von Gurk, Regensburg und Triest und die übrigen Räte, Grafen und Barone. Dann blieb ein Zwischenraum von zehn Schritt. Die ersten danach waren die adligen Dienstmannen der Kaiserin, darauf erst kamen der Bischof von Coimbra und der Marquis von Valencia und mit ihnen der Hofmeister Albrecht Pottendorf, welche unmittelbar vor der Kaiserin herritten. Sie selbst aber, die ganz allein war, geleiteten zahlreiche Fußknechte. Darauf folgten Frauen und Jungfrauen in großer Zahl, ebenso sehr durch ihre Schönheit als die Pracht ihrer Gewänder bewundernswert. Zuletzt von allen ritt die päpstliche Reiterei.

An vielen Stellen hörte man beständig Hörnerklang. Sobald man an das Stadttor gelangt war, kamen der Bischof von Spoleto, der Vikar des Papstes, und eine große Zahl von Mitbischöfen und Äbten, die verehrungswürdigen Reliquien der Heiligen tragend, in Prozession entgegen, und nun vorausschreitend, führten sie den Kaiser unter einem Baldachin aus goldgewirktem Tuch in die Stadt bis zu den Stufen der Basilika des heiligen Petrus. Hier saß Papst Nikolaus auf einem elfenbeinernen Sessel, angetan mit den glänzenden Pontifikalgewändern, während das Kollegium der Kardinäle um ihn herum stand und sich viele andere Prälaten und Magnaten Italiens zu einem Kreis geschlossen hatten, und empfing Friedrich mit einem liebenswürdigen Lächeln auf dem Antlitz und mit väterlichen, überaus herzlichen Worten. Dieser küßte in ehrfurchtsvoller Scheu vor dem Heiland Christus und im Gedenken an den heiligen Petrus die Füße des Papstes und brachte einen Goldklumpen zum Geschenk dar.

Nach diesem Vorgang zog sich die Kaiserin in die für sie hergerichtete Wohnung zurück. Papst und Kaiser schritten zusammen im Gespräch miteinander bis zu den Türen der Kirche hinan, gefolgt von dem ganzen Zug, und während darauf der Papst mit den Kardinälen zu seinem Palast emporstieg, trat der Kaiser mit seinen Begleitern an den Altar des heiligen Petrus heran. Nachdem er eine Zeitlang gebetet hatte, bewunderte er die Größe des Domes und die mächtigen hochanstrebenden Pfeiler. Dann begab auch er sich nach seiner Wohnung, die ihm der Papst in seinem Palast in prächtigster Weise hatte herrichten lassen, um die Nacht über zu ruhen.

Der Papst, der versprochen hatte, den Unterhalt für fünfhundert Ritter aus dem Gefolge des Kaisers zu stellen, verköstigte an die tausend und mehr. Für eine ganze Anzahl, denen er in besonderer Liebe zugetan war

oder von denen er glaubte, daß sie dem Kaiser sehr wert seien, ließ er ganz speziell Fürsorge treffen.
Am nächsten Tag erklärte König Friedrich dem Papst, daß Mailand, wo die deutschen Könige nach altem Recht die Krone des langobardischen Reiches zu empfangen pflegten, von einer pestartigen Seuche heimgesucht sei und daß kein Sterblicher ohne Gefahr dorthin gehen könnte. Er bat daher Nikolaus, ihn in Rom auch zum König der Langobarden zu krönen. Der Fall schien dem Papst bedenklich, aber da die zu Rate gezogenen Kardinäle erklärten, man dürfe dem Kaiser nichts abschlagen, krönte er, gegen den Willen und unter mehrfachem Protest der Gesandten von Mailand, am 16. März 1452 vor dem Hochaltar des heiligen Petrus Friedrich zum König der Lombardei, und obgleich Prinzessin Leonore von Portugal vorher durch die Gesandten ihm anverlobt war, wurde sie ihm damals aufs neue durch die Hand des obersten Bischofs in feierlicher Messe angetraut und die Ehe eingesegnet.
Hier möchte ich nun einige Bemerkungen über die Kronen einschalten, damit es nicht den Anschein gewinnt, als ob wir törichterweise der Meinung derjenigen beipflichteten, die erklärten, dem Kaiser seien drei Kronen nötig, die deutsche, die mailändische und die römische, und die behaupten, daß die erste von Silber, die zweite von Eisen, die dritte von Gold sei, und dann noch allerhand gelehrte Anmerkungen über diese Metalle machen. Wir aber wissen genau, daß es eine bestimmte Zahl von Kronen gar nicht gibt, und behaupten, daß die älteren Kaiser von Augustus bis auf Aurelian herab sich überhaupt keiner Krone bedient haben. Aurelian aber ist der erste gewesen, der sich unter den Römern ein Diadem aufs Haupt gesetzt und sich eines ganz mit Gold und Edelsteinen besäten Gewandes bedient hat, eine Sitte, die bis dahin den Römern nahezu völlig unbekannt schien. Auch wissen wir, daß der Gebrauch des Diadems älter ist als die Krone und daß sich das eine von dem andern bedeutend unterscheidet. Aber nachdem einmal die römischen Bischöfe die Kaiserwürde von den Griechen auf die Deutschen übertragen haben, da wurde es Brauch, daß die Kaiser in Rom von der Hand des Papstes gekrönt werden. Und zur Kaiserkrönung ist keine andere Krone als die römische nötig. Da nun aber die Königswürde in Deutschland mit vollem Rechte zur Kaiserwürde gehört, so beschloß man, daß der Kaiser als König der Deutschen in Aachen, wo der Sitz dieses Königreiches ist, die Krone empfangen solle, damit der Nation die ihr gebührende Ehre erwiesen werde. Das gleiche Verfahren ward auch für das Königreich der Langobarden beachtet, das nach der Unterwerfung

dieses Volkes nicht als Provinz eingerichtet, sondern zum Reich unter dem Ehrentitel eines Königreiches geschlagen wurde. Einen ähnlichen Brauch hat man früher auch für das Königreich Burgund beachtet, dessen Krone in Arles empfangen wird. Ich habe auch in Erfahrung gebracht, daß alle diese Kronen aus Gold sind. Bei der mailändischen Krone freilich ist in der Mitte durch den Reif ein ganz kleiner Streifen aus Eisen gezogen, der die Veranlassung für die törichte Bezeichnung wurde. Bei der oben erwähnten lombardischen Krönung saß König Ladislaus von Ungarn unter den Kardinälen weit vom apostolischen Thron entfernt, unter ihm saßen nur noch zwei Kardinäle, ein Umstand, der vielen als eine Entwürdigung des überaus mächtigen Königreiches Ungarn erschien. Aber nicht einmal der Kaiser erhielt, bevor er die römische Krone empfangen hatte, den Vortritt vor sämtlichen Kardinälen; denn über Friedrich III. saß der erste Kardinal, der damals Vizekanzler war, und Friedrich erhielt seinen Platz nicht als Kaiser, sondern als König von Deutschland eingeräumt, der erst zum Kaiser gekrönt werden mußte. Nach der mailändischen Krönung begann am folgenden Tag die Kaiserfeier. Nach den entsprechenden Vorbereitungen nahm der Papst vor dem Hochaltar des heiligen Petrus auf einem hohen Thronsessel Platz, während die Kardinäle zu seiner Rechten, die Bischöfe und die übrigen Prälaten zu seiner Linken sich aufstellten. Außerhalb des Gitters waren zwei erhöhte Sitze, der eine für Friedrich, der andere für seine Gemahlin Leonore bestimmt; jedoch hatte man einen Eingang freigelassen, um den Aufstieg zum Altar offen zu halten.

Leonore, die sich mit ihren Hofdamen zeitig zu ihrem Sitz begeben hatte, lenkte alle Augen auf sich, eine ebenso sehr durch ihre natürlichen Vorzüge wie ihre geschmackvolle Kleidung reizende Frau. Friedrich wurde durch einige Kardinäle zu der Kapelle geleitet, die »zwischen den Türmen« genannt wird, und leistete hier zunächst dem heiligen Petrus, dem Papst Nikolaus und dessen Nachfolgern den Eid in der Form, in der ihn Ludwig, der Sohn Karls des Großen, geschworen haben soll, wie die päpstlichen Urkunden versichern. Hier wurde ihm auch die Albe umgelegt und er damit zum Chorherrn von St. Peter aufgenommen; bei dieser Gelegenheit gab er seinen Confratres, den Chorherren, so viele deren anwesend waren, einen Kuß.

Ohne Aufenthalt schritt er sodann inmitten der Kardinäle zum Hauptportal der Kirche. Als er hier angekommen war, sprach der Kardinal Pietro von San Marco einen feierlichen Segen über ihn. Dann ging er in die Kapelle des heiligen Gregor, zog Sandalen an, legte die Tunika über und empfing den Kaisermantel. Als er gleich danach das Mittelschiff der Kirche betrat, sprach ein zweiter Kardinal einen Segen über ihn. Und noch zum drittenmal empfing er den Segen am Gitter des heiligen Petrus. Dann wurde er zum Altar des heiligen Mauritius geführt und durch den Kardinal von Porto, den damaligen Vizekanzler, zwischen den Schulterblättern und auf dem rechten Arm nach alter Sitte mit dem heiligen Öl betupft. An den gleichen Stellen wurde auch seine Gemahlin Leonore gesalbt. Dann gingen beide zu ihren Sitzen. Der Papst aber begann das Hochamt unter Beachtung verschiedener, von den alten Kirchenvätern aufgezeichneter feierlicher Gebräuche. Friedrich erhielt nun nacheinander dargereicht das Zepter, wodurch die königliche Machtvollkommenheit angezeigt wird, den Reichsapfel, der die Weltherrschaft versinnbildlicht, und das Schwert, welches das Recht zur Kriegsführung bedeutet. Schließlich wurde ihm die goldene Krone, die mit kostbaren Edelsteinen übersät war, auf das Haupt gesetzt. Auch die Kaiserin empfing nach ihrem Gemahl aus den Händen des Papstes eine Krone, von der feststand, daß sie von der Gemahlin Kaiser Sigismunds herrührte. Friedrich selbst hatte sich zu dieser Feierlichkeit den Mantel, das Schwert, das Zepter, den Reichsapfel und die Krone Karls des Großen aus Nürnberg kommen lassen und sich dieser Stücke bedient. Während aber Papst Nikolaus dem kaiserlichen Haupt die Krone aufsetzte, wäre beinahe die bischöfliche Mitra von seinem Scheitel herabgefallen, was einige als eine üble Vorbedeutung für den Papst betrachteten. Sie meinten, es hätte sich daraus der Anschlag prophezeien lassen, den später, noch im gleichen Jahr, Stefano Porcaro ausführte, der beinahe am Papst einen Mord verübt hätte; doch durch die göttliche Gnade wurde Nikolaus gerettet und behielt seinen Sitz glücklich noch für einige Jahre.

Sobald die Krönung und das Hochamt beendet waren, zog sich Leonore in ihren Palast zurück. Der Papst und der Kaiser gingen zusammen die Stufen der Basilika hinab. Hier bestieg der Papst seinen Zelter, und der Kaiser leistete ihm zu Fuß einige Schritte weit den Dienst des Marschalls; hierauf stieg auch er zu Pferde, und sie ritten nun zusammen zur Kirche Santa Maria in Cosmedin. Da der Sitte gemäß an diesem Tag die goldene Rose geweiht war und der Papst sie in der Hand hielt, überreichte er sie hier dem Kaiser.

Der Papst kehrte nun in seinen Palast zurück, der Kaiser begab sich zur Engelsbrücke, wo er seinen Bruder Albrecht und zahlreiche Herzöge und Grafen zur Ritterwürde erhob, indem er einen jeden dreimal mit der flachen Schwertklinge schlug. Dreihundert sollen an diesem Tag zu

Rittern geschlagen worden sein. Die Deutschen meinen, daß diejenigen, die auf dieser Brücke durch des Kaisers Hand zu Rittern geschlagen wurden, vor den übrigen einen Vorzug hätten; denn diese, sagen sie, seien die ersten, als zweite kämen, die in Aachen dazu gewählt würden, an dritter Stelle stünden die Jerusalem-Ritter, die übrigen Ritter aber halten sie für niedrigeren Ranges. Aber diese Unterscheidung ist heutzutage völlig außer Gebrauch. Je nachdem, ob einer von vornehmer Geburt oder mit Reichtümern gesegnet ist, um so höher wird er angesehen. Das Geld erhält den Lohn der Tüchtigkeit. Insgeheim wird bei allen Nationen dem Reichtum die höchste Ehre gezollt, der Arme liegt überall am Boden. Dürfte doch, wenn richtige Grundsätze uns leiteten, niemand das Ehrgehänge des Ritters tragen, der nicht irgendeine glänzende Waffentat vollführt, einen herausfordernden Feind niedergestreckt, eine Mauer erstiegen hätte, der nicht über einen Graben gesprungen wäre oder einem Bürger das Leben gerettet hätte. Nur der verdient es, Ritter zu sein, der im Krieg die Ordnung zu halten versteht, den Fahnen folgt, den Befehlen gehorcht, den Feind trifft, Besatzungen verjagt, auf bloßer Erde schläft, zu gleicher Zeit Not und Anstrengungen aushält, des Sommers Hitze so gut wie des Winters Kälte erträgt und nichts fürchtet als den Vorwurf der Feigheit. Aber wir zeichnen heutzutage Weichlinge, die im Federbett aufgepäppelt sind und niemals ein blankes Schwert gesehen haben, ja selbst Kinder, die noch in den Windeln liegen, mit der Ritterwürde aus. Und was soll man dazu sagen, daß gelehrte Leute, die zwischen Büchern aufgewachsen sind und wissen, daß sie schreckhaften Körpers und ängstlichen Gemüts sind, sich nicht scheuen, die Abzeichen des Ritterstandes anzunehmen?

Erst als die Sonne bereits unterging, die Feierlichkeit zog sich nämlich bis in die Nacht hinein, begab er sich zum Lateranpalast. Hier wurde er zuerst zum Chorherrn der Basilika San Giovanni in Laterano aufgenommen, die man als die älteste Kirche der Welt bezeichnet. Dann hielt er im Palast ein glänzendes Gastmahl, bei dem auch wir an des Kaisers Tisch saßen, zusammen mit dem Bischof Nikolaus von Piacenza. Das Essen zog sich bis Mitternacht hin, und erst tief in der Nacht trat man den Rückweg zum apostolischen Palast an, in dem sich des Kaisers Quartier befand. Der Kaiser, der den ganzen Tag über nüchtern geblieben war, die durch das Gold und die Edelsteine sehr schwere Krone getragen, das Staatskleid angehabt und dreihundert mit dem Schwert zu Rittern geschlagen hatte, gab sich nun gern der Ruhe hin. Der römische Bischof aber hatte deshalb gewollt, daß der Kaiser in seinem Palast wohnen möchte, damit er ihn häufiger sprechen könnte. Einige jedoch, die immer Schlimmes denken, behaupteten, es sei deswegen geschehen, damit den Römern keine Gelegenheit gegeben würde, in einer stürmischen Nacht zum Kaiser zu dringen und ihn zur Befreiung der Stadt aufzureizen. Mir ist davon durchaus nichts bekannt, obgleich ich bestimmte Belege dafür habe, daß der Papst nicht ohne Furcht gewesen ist.

Soviel aber weiß ich, daß Nikolaus öfters zum Kaiser in dessen Schlafgemach gekommen ist, als schon der größere Teil der Nacht vorüber war, und daß der Kaiser auch oft zu ihm gegangen ist und sie ohne Zeugen vielerlei miteinander besprochen haben, daß sie auch oft mit nur wenigen Vertrauten beisammen geblieben, wenn es über wichtigere Dinge zu verhandeln galt.

Der Fall Konstantinopels

Chronik des Gregorius Sphrantzes

Während im Westen die deutschen Kaiser das Erbe des Römischen Reiches angetreten hatten, führte im Osten Byzanz die Nachfolge Roms weiter. Seit etwa 1300 aber wurde der byzantinische Herrschaftsbereich in Kleinasien durch die Osmanen, einen türkischen Volksstamm, bedrängt. Von 1356 an griffen sie nach Europa herüber und begannen, Thrakien zu erobern. Noch konnte Konstantinopel, die Hauptstadt des byzantinischen Reiches, ein Jahrhundert lang alle Angriffe abwehren; aber 1453 eroberte Sultan Mohammed II. die Stadt. Von den dramatischen Kämpfen und vom Untergang des letzten byzantinischen Kaisers liegt ein Augenzeugenbericht in einer Chronik vor.

Alle waren in der Nacht auf den Mauern und auf den Türmen zur Stelle. Die Tore waren fest verrammelt, niemand konnte ein- oder ausgehen.

Als wir zum Schuhmachertor kamen, zur Stunde des ersten Hahnenschreis, da stiegen wir von den Pferden ab und bestiegen den Turm; wir hörten von draußen viele Menschenstimmen und einen ständigen großen Lärm, und die Wachen auf dem Turm sagten uns, daß es schon die ganze Nacht hindurch so gehe. Denn die Feinde zogen die Kriegsmaschinen, die sie zum Angriff auf die Mauern vorbereitet hatten, näher an die Gräben heran. Auch an der Küste waren die größeren feindlichen Schiffe in Bewegung; die Trieren mit den Enterbrücken im Hafen fuhren näher an die Mauern und die Bollwerke heran. Beim zweiten Hahnenschrei begannen sie dann ohne irgendein Zeichen, so wie sie es auch an den Tagen vorher gemacht hatten, den Kampf mit großem Eifer und großer Macht. Der Sultan hatte angeordnet, daß die weniger Kriegsgeübten und die Alten und die Jüngeren zuerst angreifen sollten, um uns zu ermüden, damit die Kriegstüchtigeren, Tapferen und Erfahreneren dann mit um so größerer Wucht und Kraft über uns herfallen könnten.

Und so geschah es auch; der Kampf entbrannte wie ein Feuerofen. Die

Unseren widerstanden ihnen wacker und bereiteten ihnen einen üblen Empfang; sie warfen die Andringenden von den Mauern hinunter und zerstörten auch einige Belagerungsmaschinen. Auf beiden Seiten gab es viele Tote, mehr auf seiten der Türken. Als dann die Sterne am Himmel zu verschwinden begannen und das Tageslicht anbrach und vom Osten her die Morgenröte aufleuchtete, da schloß sich die Menge der Feinde zu einer ununterbrochenen Reihe von einem Ende der Stadt bis zum anderen. Die kriegerischen Instrumente, Heerpauken und Hörner und was es sonst noch gibt, erklangen mit einemmal, Geschrei erhob sich, mit den Wurfmaschinen schleuderten sie Feuerbrände, und alle zugleich, auf dem Festland und auf dem Wasser, gingen zum Sturm auf die Mauern vor und stürzten sich ins Handgemenge, Strickleitern wurden auf die Mauern geworfen und die Kühnsten klommen auf ihnen empor. Geschosse aller Art wurden auf die Türme geschleudert. So stand der Kampf zwei Stunden lang mit aller Heftigkeit, und die Christen schienen im Vorteil zu sein. Denn die leitertragenden Trieren und die Schiffe mit den Enterbrücken wurden von den Hafenmauern abgewehrt, ohne daß sie irgendeinen Schaden tun konnten, die Wurfmaschinen aus der Stadt, die große Steine abschossen, töteten viele, und ebenso ging es den Angreifern auf der Landseite übel und noch schlimmer.
Es war ein fremdartiger Anblick; wie eine finstere Wolke legte sich die Dunkelheit über die Sonne und verhüllte den Himmel; flüssiges Feuer schoß auf die Belagerungsmaschinen und verbrannte viele Feinde; Leitern und Gestelle, auf denen die Feinde emporklommen, wurden von großen Steinen aus den Wurfgeschossen getroffen und stürzten zusammen mit den Leuten, die darauf waren, in die Tiefe; wo immer sich eine dichtere Schar unter den Mauern zeigte, warf man Steine und Feuer aus den Wurfmaschinen auf sie und schoß Pfeile auf sie, so daß viele zerschmettert und durchbohrt wurden. Die aussichtslose Mühe und der zähe Widerstand entmutigte die Feinde so, daß sie etwas zurückweichen wollten, um auszurasten. Aber die Tschauschen und die Stabträger des Hofes trieben sie mit ihren eisernen Stäben und mit Peitschen wieder zurück und duldeten nicht, daß sie dem Gegner den Rücken zeigten.
Wer kann das Rufen, den Lärm und das Wehgeschrei der Getroffenen schildern: Bis zum Himmel drangen das Getümmel und das Stimmengewirr empor, und manche von den Unseren schrien mit lauter Stimme, als sie die Feinde umsonst anrennen sahen: »Recht so, wie oft ihr auch kommt, ihr werdet abgeschlagen werden!«
Sie aber kletterten, um ihren Mut zu zeigen, immer von neuem ingrimmig

auf den Leitern empor. Andere, noch stärkere und unternehmendere, stiegen einer auf die Schultern des anderen und klammerten sich an die Mauern, um so hinaufzukommen.

Besonders heftig tobte der Kampf an den Toren. Schwerter klangen an Schwerter und auf beiden Seiten häuften sich die Toten. Als schon unsere Reihen zu wanken begannen, da sprangen zwei tapfere Anführer vor, Theophilos Palaiologos und Demetrios Kantakuzenos, und schlugen die Agarener zurück, trieben sie von den Mauern und warfen sie von den Leitern hinab in die Tiefe. Sofort eilten andere hinzu, ihnen zu helfen, und der Kaiser, der gerade zu Pferd herbeikam, ermunterte sie, tapfer auszuharren und zu kämpfen, und sprach so zu den Kriegern: »Kampfgenossen und Brüder, steht fest im Kampf! Ich beschwöre euch bei der Gnade Gottes, ich sehe schon, wie die Scharen der Feinde zu ermatten beginnen, und sie zerstreuen sich langsam. Sie stehen schon nicht mehr in der gewohnten Ordnung; ich hoffe zu Gott, daß der Sieg unser sein wird. Freuet euch, Brüder, denn der Kranz der Ehren ist euer, nicht nur die vergängliche Kriegskrone, sondern auch der Kranz der Glorie des Himmels. Gott kämpft für uns und schickt Furcht über die Scharen unserer Feinde!«

Als der Kaiser dies gesagt hatte, wurde der Oberanführer Johannes Giustiniani durch einen Pfeilschuß am rechten Schenkel verwundet. Als dieser erfahrene Kriegsmann das Blut aus seinem Körper rinnen sah, da wurde er ganz verändert; der Mut, den er bisher gezeigt hatte, schlug in Furcht um, und er tat nichts Rechtes mehr. Er verließ seinen Platz und ging, ohne etwas zu sagen, zu einem Arzt und gedachte nicht mehr seiner Tapferkeit und der bisher bewiesenen Umsicht. Keinerlei Anweisung gab er den Seinigen, bestellte auch keinen Vertreter, um die Verwirrung und das Unheil zu verhindern, das dann hereinbrach. Denn als sich die Soldaten umwandten und ihren Führer nicht mehr sahen, und es hieß, er sei geflohen, da kam auch über sie Furcht und Bestürzung. Durch einen glücklichen Zufall kam eben der Kaiser vorbei, und als er die Soldaten verwirrt und ängstlich wie eine versprengte Schafherde sah und die Ursache erfahren hatte, ging er dem forteilenden Giustiniani nach und sagte zu ihm: »Bruder, was machst du? Kehr um auf den dir angewiesenen Platz. Deine Wunde ist unbedeutend. Geh hin, wo man dich am meisten braucht. In deiner Hand liegt es jetzt, ob die Stadt gerettet wird.« Er aber antwortete nichts, so sehr ihm der Kaiser auch zuredete, und ließ sich nach Galata übersetzen, wo er aus Kummer und Scham starb. Die Türken aber faßten Mut, als sie die Verwirrung der Unsrigen sahen.

Sogan Pascha wandte sich zu den Janitscharen, hielt an sie und die übrigen Krieger eine Ansprache und munterte sie auf. Einer der Janitscharen, Hassan, ein riesenhafter Mann, der aus Lupadion stammte, hob mit der Linken den Schild über den Kopf, zückte mit der Rechten das Schwert und ging auf die Mauer los, wo er die Verwirrung unter den Verteidigern bemerkt hatte. Dreißig seiner Gefährten folgten ihm, die es ihm an Mut gleichtun wollten. Diejenigen der Unsrigen, die noch auf der Mauer geblieben waren, warfen nach ihnen mit Spießen und schleuderten Geschosse auf sie und wälzten riesengroße Steine herab. Achtzehn von ihnen wurden herabgestürzt. Aber Hassan kletterte empor, bis er oben auf der Mauer war und die Unsrigen von dort wegtrieb. Als ihm das gelungen war, da kamen auch die übrigen nach und erkletterten die Mauer. Die Unsrigen waren zu gering an Zahl, um sie rechtzeitig am Ersteigen der Mauer zu hindern, und es kamen immer mehr Feinde. Aber sie warfen sich auf die, die heraufgekommen waren, und töteten nicht wenige von ihnen. Hassan selbst wurde im Kampf von einem Stein getroffen und stürzte in die Tiefe. Da faßten die Unsrigen wieder Mut, und als sie ihn unten liegen sahen, warfen sie auf ihn Steine von allen Seiten. Er erhob sich auf das Knie und schützte sich, so gut es anging, aber von der Menge der Wunden wurden seine Arme schwach, und er wurde von den Geschossen verschüttet. Und viele andere wurden getötet und verwundet oder gingen wegen ihrer Verletzungen in das Lager zurück.

Dann kam aber eine solche Menge von Feinden auf die Mauer hinauf, daß sie die Unsrigen forttrieb, und sie bestürmten nicht mehr die Mauer, sondern drangen zum Tor hinein, so dicht, daß einer den anderen niedertrat. Da erhob sich von innen und von außen und von der Richtung des Hafens her der Ruf: »Die Festung ist eingenommen, die Fahnen und Feldzeichen sind auf den Türmen aufgepflanzt!« Dieser Ruf brachte die Unsrigen zum Weichen und feuerte die Feinde an. Sie brachen in Geschrei aus und erstiegen ohne Scheu von allen Seiten die Mauer.

Als dies der unglückliche Kaiser, mein armer Herr, sah, da rief er Gott zu Hilfe an und ermahnte die Krieger zu großherzigem Ausharren. Denn es war keine Hoffnung mehr auf Zuzug oder Unterstützung. Er trieb sein Pferd an und ritt gerade dorthin, wo die dichteste Schar der Feinde im Andringen war, und er tat, wie es Samson mit den Philistern gemacht hat; eine große Menge von ihnen riß er von der Mauer herab und brachte sie zum Sturze, daß es wie ein Wunder anzusehen war. Brüllend wie ein Löwe und das gezogene Schwert in der Rechten, schlug er viele von den

Feinden nieder. Von seinen Händen und von seinen Füßen rann das Blut in Strömen herab. Und auch der vorerwähnte Don Francisco aus Toledo benahm sich wie ein zweiter Achilles. Er stand rechts vom Kaiser und stieß auf die Feinde nieder wie ein Adler, der seine Beute mit dem Schnabel und den Fängen packt. Auch Theophilos Palaiologos, als er den Kaiser im Handgemenge und die Stadt in so großer Gefahr sah, rief klagend mit lauter Stimme: »Ich will lieber sterben als am Leben bleiben«, warf sich mit Kampfgeschrei mitten in die Feinde und vertrieb, zerstreute und zerschlug so viele er nur konnte... So töteten sie viele Feinde, bevor sie selbst sterben mußten. Ich aber war zu dieser Stunde nicht bei meinem kaiserlichen Herrn, da ich auf sein Gebot die Aufsicht in einem anderen Teil der Stadt zu führen hatte.

Als die Türken nun in die Stadt eingedrungen waren, trieben sie die Christen, die innerhalb der Mauern noch verblieben waren, mit Kanonen, Wurfgeschossen, Pfeilschüssen und Steinwürfen vor sich her und bemächtigten sich der ganzen Stadt, ausgenommen der beiden Türme, die nach den Kaisern Leon und Alexios heißen, in denen die Matrosen aus Kreta Posto gefaßt hatten; sie kämpften nämlich tapfer bis gegen zwölf oder ein Uhr mittags und töteten viele Türken; als sie aber die große Übermacht sahen und daß schon die ganze Stadt eingenommen sei, wollten sie nicht auch selbst in Knechtschaft fallen, sondern sie meinten, es sei besser zu sterben als so weiterzuleben. Ein Türke hatte dem Sultan Meldung gemacht von ihrem tapferen Ausharren; er befahl, sie sollten freien Abzug aus den Türmen haben, mit Waffen und Ausrüstung und mit ihrem Schiff. Und selbst so konnten sie sie kaum dazu überreden, den Turm zu verlassen.

So waren am dritten Tag die Feinde im Besitz der ganzen Stadt; es war halbneun Uhr vormittags, am 29. Mai des Jahres 1453. Die Eindringenden plünderten und machten Gefangene, die Überrumpelten, die sich widersetzten, wurden erschlagen. An manchen Orten war die Erde nicht mehr zu sehen vor lauter Toten, die umherlagen; es war ein schrecklicher Anblick, jammervoll anzusehen, wie sie unzählige Gefangene aller Art wegführten, vornehme Damen, Jungfrauen und gottgeweihte Nonnen, und wie sie sie an den Haaren aus den Kirchen herauszerrten, unter fürchterlichem Jammergeschrei, dazu das Weinen und Heulen der Kinder, die entweihten heiligen Orte – wer könnte all das Grauen beschreiben? Das heilige Blut und der heilige Leib Christi wurden auf den Boden geworfen und vergossen, die heiligen Gefäße, darin sie gewesen waren, rissen sie an sich, einige zerschlugen sie, andere steckten sie im ganzen ein; auf den heiligen Ikonen, die mit Gold und Silber und Edelsteinen verziert waren, traten sie herum, nahmen den Schmuck davon ab und verwendeten sie als Sitzgelegenheiten und als Tische, auf denen sie aßen; mit den heiligen Gewändern, die aus golddurchwirkter Seide gefertigt waren, bekleideten sie ihre Pferde; die Perlen von den Reliquienkästen raubten sie, traten die Gebeine der Heiligen mit Füßen und taten noch viel anderes Beklagenswertes, als wahre Vorläufer des Antichrist.

O wie unerforschlich und unbegreiflich ist Dein weises Gericht, König Christus! Man sah den herrlichen Dom der göttlichen Weisheit, diesen Himmel auf Erden, den Thron der Herrlichkeit Gottes, den Sitz der Cherubim, die zweite Himmelsveste, das Geschöpf der Hände Gottes, das staunenswerte Wunderwerk, den Stolz des ganzen Erdkreises, schön und überschön, wie die Heiden innerhalb des Heiligtums, auf dem heiligen Altartisch aßen und tranken und ihren Gelüsten mit Weibern und Jungfrauen freien Lauf ließen. Wer hätte nicht um dich geklagt, du heiliger Tempel! »Überall war Weh, und jedes Haupt voll Schmerzen.« In den Häusern Jammern, auf den Gassen Wehklagen, in den Kirchen Schmerzensrufe, Ächzen von Männern, Weinen von Frauen, Zerren und Stoßen von Gefangenen. Roheit und Gewalttat. Edle wurden verunehrt, Reiche zu Armen gemacht. Alle Gassen, alle Plätze voll von Unheil jeder Art. Kein Ort blieb undurchwühlt und vom Raub verschont. O König Christus, bewahre alle Städte und alle Dörfer, in denen Christen wohnen, vor einer Bedrängnis und einer Heimsuchung, wie diese war! Keinen Garten ließen die Ungläubigen undurchwühlt, weil sie die verborgenen Schätze finden wollten. Sie fanden auch die meisten entweder jüngst oder in alter Zeit vergrabenen Schätze und viele andere kostbare Dinge und nahmen alles an sich.

Aufbruch in neue Welten

Kolumbus in Amerika

Bordtagebuch des Kolumbus

Im Dienst der Königin Isabella von Spanien brach der Genuese Christoph Kolumbus mit drei Schiffen auf, um auf einer Fahrt nach Westen quer über den Atlantischen Ozean den Seeweg nach Indien zu suchen. Am 12. Oktober 1492 landeten seine Schiffe auf einer Insel, die Kolumbus San Salvador nannte; er glaubte, Indien erreicht zu haben, ahnte nicht, daß er mit dieser Landung auf einer Insel der Kleinen Antillen einen neuen Erdteil gefunden hatte.
Das Original des Bordtagebuches, das er auf seiner ersten Reise nach Amerika führte, ist leider verlorengegangen, jedoch besitzen wir eine Abschrift davon in dem Werk des Dominikanerpaters Las Casas. Leider gibt diese aber für den ersten Teil der Fahrt nur eine Zusammenfassung und man druckte erst vom Tag der Landung an das Buch im Original ab, wie es hier für die Zeit vom 12. bis 15. Oktober 1492 folgt.

Freitag, den 12. Oktober

Von dem Wunsch erfüllt, die Freundschaft und Zuneigung dieses Volkes zu gewinnen, und überzeugt, daß die Bekehrung desselben zu unserem heiligen Glauben eher durch Liebe denn durch Gewalt erzielt werden möge, beschenkte ich einige Eingeborene mit roten Mützen und Schnüren von Glasperlen, welche sie um ihren Nacken befestigten, sowie mit anderen unbedeutenden Kleinigkeiten, welche ihnen aber große Freude bereiteten und durch welche wir wunderbar schnell ihre Zuneigung erwarben. Sie kamen späterhin an die Boote unserer Schiffe geschwommen und brachten uns Papageien, Knäuel Garns und Speere sowie manche andere Dinge, welche sie für das, was wir ihnen gaben, wie Glasperlen und kleine Schellen, austauschten. Sie nahmen, was man ihnen gab, und gaben, was sie hatten, mit gutem Willen, aber es schien mir, daß sie sehr arme Leute seien. Alle gehen nackt, auch die Weiber, obwohl ich nur ein sehr junges Mädchen sah. Die anderen waren junge Männer, von denen keiner über dreißig Jahre alt sein mochte. Sie alle waren wohlgebildet und in ihren Bewegungen graziös und anmutig. Ihr Haar ist so dick wie Roßhaar und kurzgeschnitten; es fällt vorn bis auf die Augenbrauen herab, hinten hingegen tragen sie eine lange Flechte, welche nie abgeschnitten wird. Ihre natürliche Farbe ist die der Eingeborenen der Kanarischen Inseln, weder schwarz noch weiß; aber einige bemalen sich schwarz oder weiß, andere wieder rot oder mit irgendeiner Farbe, die sie finden. Manche bemalen ihr Gesicht, manche den ganzen Körper, einige nur die Augen und andere nur die Nase. Sie führen keine Waffen und kennen auch keine, denn als ich ihnen Schwerter zeigte, griffen sie dieselben so ungeschickt bei der Schneide an, daß sie sich schnitten. Sie haben kein Eisen; ihre Speere bestehen vielmehr aus Stäben ohne Eisen und sind an ihren Enden mit Fischzähnen oder anderen Dingen besetzt. Im großen ganzen sind diese Leute von gutem Wuchs, guter Haltung und zierlichen Bewegungen. Bei mehreren bemerkte ich vernarbte Wunden, und als ich durch Zeichen nach dem Ursprung forschte, gaben die Leute zu verstehen, daß die Bewohner der benachbarten Inseln mitunter herüberkommen, um sie gefangenzunehmen, und sie sich dann verteidigen müßten. Auch glaube ich, daß man vom Festland aus hierherkommt, um die Eingeborenen zu Gefangenen zu machen. Sie müssen gute und intelligente Sklaven abgeben, denn ich bemerke, daß sie alles sehr schnell begreifen, was ich ihnen sage, und bin überzeugt, daß man sie leicht zu Christen machen kann, da sie keinerlei Sekte anzugehören scheinen. So es Gott gefällt, werde ich bei meiner Abreise sechs dieser Leute mitnehmen, damit sie unsere Sprache erlernen. Außer Papageien habe ich hier keinerlei Tiere gesehen.

Samstag, den 13. Oktober

Bei Tagesanbruch kamen viele der Eingeborenen ans Ufer, alle waren, wie bereits erwähnt, junge Männer von ziemlich hohem Wuchs; es ist in der Tat ein wahrhaft schöner Menschenschlag. Ohne Ausnahme haben alle dieser Eingeborenen gerade Gliedmaßen, sind schlank und äußerst wohlgeformt. Sie kamen zu dem Schiff in Kanoes, die aus einem einzigen ausgehöhlten Baumstamm gefertigt und ganz vorzüglich für diese Gegenden geeignet sind. In einigen saßen vierzig bis fünfzig Mann, andere waren kleiner und einige nur groß genug für einen Insassen. Sie lenkten ihre Boote mit Rudern, die an die Schaufeln der Bäcker erinnern. Dabei erzielen sie eine wunderbare Schnelligkeit, und wenn eine der Barken umschlägt, beginnen alle zu schwimmen, wenden das Fahrzeug wieder um und schöpfen das eingedrungene Wasser mit Kürbisflaschen, die sie mit sich tragen, wieder aus.

Sie brachten Knäuel gesponnener Baumwolle, Papageien, Speere und andere Kleinigkeiten, die zu beschreiben ermüden würde, und tauschten sie für irgend etwas, was wir ihnen gaben. Ich fragte sie sorgsam aus, um mich zu vergewissern, ob Gold vorhanden sei, und bemerkte, daß einige ein kleines Stück trugen, das in einem durch die Nase gebohrten Loch hing. Aus ihren Zeichen vermochte ich zu verstehen, daß, wenn ich gen Süden ginge oder die Insel in südlicher Richtung umschiffe, ich ein Land finden werde, dessen König große goldene Gefäße und Gold in Überfluß habe. Ich versuchte sie zu bereden, mit mir dorthin zu gehen, doch begriff ich bald, daß sie dies nicht wollten. Ich beschloß daher, bis zum nächsten Abend zu warten und dann gen Südwesten zu segeln, da viele der Eingeborenen mir mitteilten, daß sowohl in der Richtung gen Süden wie auch nach Südwesten und Nordwesten Länder seien und daß die Bewohner der im Nordwesten gelegenen Gegenden häufig herüberkämen, um mit ihnen zu kämpfen und von den südwestlichen Gegenden Gold und kostbare Steine zu holen.
Diese Insel hier ist ziemlich groß und sehr eben und mit herrlich grünen Bäumen bewachsen, hat einen Überfluß an Wasser und einen sehr großen See in der Mitte, aber nirgends gibt es einen Berg, dagegen überall eine die Augen äußerst angenehm berührende Vegetation. Die Eingeborenen sind von großer Sanftmut, aber von dem Verlangen getrieben, die Dinge, die wir haben, zu besitzen. Wohl wissend, daß man ihnen nichts gibt, wenn sie nichts dagegen austauschen, stehlen sie alles, was sie erlangen können, und schwimmen damit davon. Was sie indes haben, geben sie für irgendeine Kleinigkeit, die man ihnen bietet, ja selbst für zerbrochene Gegenstände und Glasscherben. Ich sah, wie sie für drei portugiesische Ceotis (eine kleine Kupfermünze im Werte von einigen Pfennigen) sechzehn Knäuel Garn gaben, die zusammen mehr als eine Arroba (etwa 25 Pfund) gesponnener Baumwolle enthalten haben müssen. Ich verbot einen derartigen Tauschhandel und erlaubte niemandem mehr, Baumwolle einzuhandeln, außer in meinem besonderen Auftrag. So wie ich glaube, wächst die Baumwolle auf dieser Insel; die Kürze unseres Aufenthaltes hingegen verhinderte es, mir darüber Gewißheit zu verschaffen. Gleicherweise wird das Gold, das die Eingeborenen an ihren Nasen tragen, hier gefunden; doch ließ ich keine Nachforschungen anstellen, um keine Zeit zu verlieren, da ich suchen will, die Insel Cipangu (Japan!) aufzufinden. Jetzt, wo es dunkelt, sind alle Eingeborenen in ihren Kanoes nach dem Land zurückgekehrt.

Sonntag, den 14. Oktober

Bei Tagesanbruch ließ ich das Boot meines Schiffes sowie die Boote der anderen Karavellen bereitmachen und fuhr längs der Küste in der Richtung nach Nordnordost, um auch den anderen, gegen Osten gelegenen Teil der Insel kennenzulernen und die Ortschaften dort zu sehen. Kurz danach erblickte ich auch zwei oder drei und ihre Bewohner, die an das Ufer kamen und uns zuwinkten. Einige brachten Wasser, andere Lebensmittel; mehrere, als sie sahen, daß ich mich nicht anschickte, zu landen, warfen sich ins Meer und kamen schwimmend zu unseren Booten. Aus ihren Zeichen konnten wir entnehmen, daß sie uns fragten, ob wir vom Himmel herniedergekommen seien. Ein Greis kam in mein Boot, während andere mit lauter Stimme alle Männer und Frauen der Umgegend herbeiriefen: »Kommet und sehet die Leute des Himmels, bringet ihnen Speise und Trank.« Männer und Weiber kamen in Menge, alle irgend etwas mit sich bringend; sie dankten Gott, warfen sich auf den Boden nieder, erhoben die Hände gen Himmel und luden uns ein, ans Land zu kommen. Ich aber scheute mich zu landen, da ich lange Klippenreihen sah, welche die Insel rings umgaben. Innerhalb dieses Gürtels aber befand sich ein so tiefer und geräumiger Hafen, daß alle Schiffe der Christenheit in ihm Platz haben würden, nur ist die Einfahrt sehr eng. Wahr ist, daß es innerhalb des Gürtels einige Untiefen gibt, aber das Meer ist dort so ruhig wie das Wasser eines Brunnens.

Nachdem ich den ganzen Hafen untersucht hatte, kehrte ich zu den Schiffen zurück und ging unter Segel, und bald sah ich so viele Inseln, daß ich mich nicht entschließen konnte, wo ich zuerst landen sollte.

Montag, den 15. Oktober

Ich blieb die Nacht hindurch der Küste fern, da ich nicht wußte, ob sie frei von Untiefen sei, und hoffte, bei Tagesanbruch die Segel wieder aufziehen zu können. Da die Insel aber sieben Leguas entfernt war und die Ebbe mich zurückhielt, wurde es ungefähr Mittag, bevor ich die Insel erreichte. Weil ich von diesem Eiland aus eine andere größere Insel gen Westen sah, kürzte ich die Segel, da ich den ganzen Tag bis zum Einbruch der Nacht gefahren war, ohne das westliche Kap der Insel erreicht zu haben, der ich den Namen »Santa Maria de la Concepcion« beilegte.

Gegen Sonnenuntergang ging ich nahe dem besagten Vorgebirge vor Anker, um zu erfahren, ob es dort Gold gäbe. Die Eingeborenen von

San Salvador hatten mir nämlich mitgeteilt, daß hier das Volk an Armen und Beinen sehr große Ringe aus Gold trage. Wie mir scheint, haben sie mich aber nur getäuscht, um mich loszuwerden. Wie dem nun auch sein möge, so wollte ich doch an keiner Insel vorüberfahren, ohne Besitz von ihr ergriffen zu haben, obwohl es im Grunde gleichgültig ist, denn wenn ich eine davon in Besitz genommen, so gilt es von allen. Ich ging also vor Anker und verblieb bis zum Dienstag, wo ich bei Tagesanbruch in den mit Bewaffneten gefüllten Booten an Land ging.
Die zahlreich versammelten Eingeborenen waren nackt und sahen ähnlich aus wie die von San Salvador. Sie gestatteten uns, auf der Insel umherzugehen und gaben uns, was wir verlangten. Da der Wind von Südosten her im Zunehmen begriffen war, wünschte ich nicht länger auf der Insel zu verbleiben und kehrte zu den Schiffen zurück, wo wir an der Langseite der Karavelle Niña ein großes Boot vorfanden. Einer der Eingeborenen von San Salvador, der sich in dem Schiff befand, sprang über Bord und flüchtete in der Piroge, und in der Mitte der Nacht ein anderer... (hier befindet sich in der Originalabschrift des Las Casas eine leere Stelle) und er (vielleicht der Kommandeur der Niña) verfolgte das Kanoe, doch es entkam so schnell, daß es kein Boot von uns einzuholen vermocht hätte. Das Kanoe erreichte das Land und die Insassen ließen es im Stich. Einige meiner Leute gingen den Flüchtlingen nach, doch rannten sie alle davon wie Hühner. Das von ihnen zurückgelassene Kanoe wurde an Bord der Karavelle Niña mitgenommen.
Bald darauf setzte ich Segel, um nach der anderen großen Insel zu gehen, die gen Westen sichtbar war, und ich befahl, daß man das an Bord der Niña befindliche Kanoe gleichfalls treiben lassen solle. Der Mann, dem ich die Geschenke gemacht und dessen Garnknäuel ich ausgeschlagen hatte, war inzwischen gelandet, und ich sah ihn von einer dichten Menge umgeben, der er schilderte, welch ein gutes Volk wir seien.
Gegen zehn Uhr reiste ich mit Südostwind ab und wandte mich gen Süden, um nach der anderen Insel zu gehen, die sehr groß ist und von der die Eingeborenen von San Salvador andeuteten, daß dort viel Gold sei und daß die Bewohner es in Ringen um Arme und Beine, sowie in den Ohren, Nasen und um die Nacken trügen. Und von der Insel Santa Maria bis zu der anderen beträgt die Entfernung neun Leguas. Gleich den Inseln San Salvador und Santa Maria ist sie eben und ohne Gebirge. Die Ufer sind frei von Felsen, einige unter Wasser befindliche

Klippen nahe dem Land ausgenommen, die große Vorsicht erfordern, wenn man vor Anker gehen will. Es empfiehlt sich daher, in einiger Entfernung von der Küste zu ankern, obgleich das Wasser überall sehr klar ist und man bis auf den Grund zu sehen vermag. Zwei Kanonenschüsse vom Land entfernt ist bei allen diesen Inseln die Tiefe des Wassers so groß, daß kein Grund zu finden ist. Diese Inseln sind sehr grün und fruchtbar, von balsamischen Lüften umgeben und enthalten höchstwahrscheinlich mancherlei, was ich nicht kenne, doch wünsche ich, mich damit nicht aufzuhalten, da ich ausgehe, um noch andere Inseln zu entdecken, auf denen sich Gold finden läßt. Und nachdem die Leute von San Salvador mir durch Zeichen kundgegeben haben, daß die Bewohner hier wirklich Geld um Arme und Beine tragen (dasjenige, was ich besitze, habe ich ihnen gezeigt, und sie sagten, es sei das gleiche Metall), so kann ich mit Gottes Hilfe nicht verfehlen, den Platz zu entdecken, wo es gefunden wird.

Zeit der Entdeckungen

Am 29. Mai 1453 war Konstantinopel von den Türken erobert worden. Ein Ereignis von schicksalhafter Bedeutung, denn einer Schranke gleich legte sich nun endgültig die türkische Herrschaft zwischen Orient und Abendland. Damit rissen aber auch die seit Jahrhunderten gepflegten Handelsbeziehungen über die alten Karawanenstraßen nach Indien und dem fernen China ab. Zur gleichen Zeit gab im Westen des Abendlandes Prinz Heinrich von Portugal, dem die Geschichte den Beinamen »der Seefahrer« verliehen hat, durch seine kühnen Pläne den Anstoß zur Suche eines neuen Weges nach Indien. Dieser Weg sollte um Afrika herum gesucht werden; ein halbes Jahrhundert verging, bis die portugiesischen Kapitäne mit ihren Schiffen die Westküste Afrikas erkundet hatten und die Entdeckung des »Kaps der guten Hoffnung« tatsächlich zu der Hoffnung berechtigte, daß nun der Seeweg nach Indien erschlossen sei. Gleichzeitig aber suchte der Genuese Kolumbus in spanischem Auftrag auf der Fahrt nach Westen einen neuen Weg zu den Wundern des Orients und erschloß ungewollt damit eine neue Welt. Die staunenden Europäer, die auf kühnen Unternehmen in die neu entdeckten Länder vordrangen, stießen hier auf alte Kulturen, die aber unter den Eroberern rasch zugrunde gingen. Für die Missionsarbeit der Kirche bot sich ein neues Aufgabenfeld, zumal einsichtige Männer, wie etwa der Dominikaner Las Casas, die Ausrottung der indianischen Bevölkerung zu verhindern suchten. Die Eroberung der neuen überseeischen Länder durch Portugal und Spanien erfolgte so rasch, daß der Papst durch einen Schiedsspruch die Erde in eine portugiesische und eine spanische Hälfte aufteilen mußte. Die Ausbreitung der Europäer über die Erde riß nun nicht mehr ab, zugleich weitete sich das Blickfeld des abendländischen Menschen in geradezu ungeahnter Weise.

1394–1460	*Heinrich der Seefahrer in Portugal*
1492	Kolumbus entdeckt Amerika
1498	*Vasco da Gama findet den Seeweg nach Indien*
1519–1521	Eroberung des Aztekenreiches in Mexiko durch die Spanier
1519–1522	*Erste Weltumsegelung durch Magellan*
1531–1534	*Eroberung des Inkareiches in Peru*

(Geradestehende Zeilen verweisen auf Texte in diesem Buch)

Die Eroberung Mexikos

Cortez

Bald nach der Entdeckung Amerikas stießen die spanischen Eroberer in dem neuen Erdteil auf bedeutende indianische Reiche mit einer hochentwickelten Kultur. In Mexiko war es das Aztekenreich, in Peru der Staat der Inkas. 1519 drang der Spanier Fernando Cortez mit nur wenigen Soldaten in Mexiko ein, besetzte die Hauptstadt des Landes und nahm sogar den indianischen Kaiser Montezuma gefangen. Dieses kühne Unternehmen war nur möglich, weil die Azteken in den ankommenden Weißen Götter erblickten, auf deren Ankunft sie auf Grund einer alten Überlieferung längst gewartet hatten. Die spanischen Eroberer, denen es nur um die Goldschätze der Indianer ging, zerstörten innerhalb kurzer Zeit das Reich und seine hohe Kultur vollständig. Da aber Cortez fünf eigenhändige Berichte an Kaiser Karl V. sandte, sind wir heute über den Aufbau dieses indianischen Staates genau informiert. In seinem zweiten Bericht schilderte Cortez das Vordringen von der Küste bis nach Mexiko und seine erste Begegnung mit Montezuma, dem Kaiser dieses Reiches.

Am folgenden Tag bin ich aus der Stadt Istapalaba vorgerückt, und wir kamen nach einer halben Meile Marsch zu einem Damm, auf dem ein gepflasterter Weg mitten durch einen See führt. Auf diesem Weg rückten wir nun zwei Meilen vor bis zu der Stadt Temixtitan, die mitten in dem See liegt. Der Weg selbst ist etwa zwei spanische Spieße breit, eine halbe Meile, bevor man in die obengenannte Stadt kommt, mündet ein anderer gepflasterter Weg in diesen ersten vom Lande her ein. Dort ist eine sehr gut befestigte Mauer mit zwei Türmen errichtet, und die Stadt selbst hat zwei Tore. Dorthin kamen an die tausend vornehmer Herren, um mich zu empfangen. Sie waren alle nach ihrem Brauch gleich gekleidet. Als sie zu mir traten, um mich zu begrüßen, berührten sie das Erdreich mit den Händen und küßten es dann zum Zeichen ihrer großen Ehrerbietung.

Nahe der Stadt selbst war eine hölzerne Brücke errichtet, dorthin kam mir der gewaltige Kaiser Montezuma selbst entgegen, um mich zu empfangen. Mit ihm zweihundert Männer, alle barfuß, aber noch vornehmer gekleidet als die ersten. Sie gingen immer zwei und zwei wie bei einer Prozession, und der Herr Kaiser Montezuma schritt zwischen zwei besonders vornehmen Herren, die zur Rechten und zur Linken von ihm schritten und ihm die Arme emporhielten. Sie waren alle drei gleich gekleidet.

Ich näherte mich ihm zu Pferde und stieg ab, ihn zu umarmen. Aber die beiden Herren neben ihm winkten mir, ich solle dies unterlassen und ihn nicht anrühren. Montezuma und die anderen grüßten dann auf die gleiche Weise wie die oben beschriebenen Herren, dann gab Montezuma seinem Bruder den Befehl, er solle hinter mich treten, während er selbst mit den Herren ein wenig vorausging. In dieser Ordnung rückten wir vor bis zu dem herrlichen Palast, der uns als Herberge dienen sollte. Der Kaiser führte mich in einen großen Saal und ließ mich in einem schönen, reich verzierten Sessel Platz nehmen. Er zeigte sich äußerst gastfreundlich und überreichte mir verschiedene Gegenstände aus Gold, Silber und aus Federn, alles auf wunderbare und seltsame Weise hergestellt, dazu noch fünftausend Kleider aus köstlichen Stoffen, auf mancherlei Art bestickt und gewebt.

Dann ließ er sich auf einem anderen Sessel nieder und sprach zu mir: »Es ist schon lange Zeit her, seit wir aus unseren Chroniken und Schriften wissen, daß ich und alle diejenigen, die hier wohnen und gewohnt haben, nicht aus diesem Land stammen, sondern Fremdlinge sind, die von weither kamen. Wir wissen auch, daß unsere Vorfahren einem großen Herrn, dem wir untertan waren, hierher in dieses Land gefolgt sind. Dieser Herr hat uns dann wieder verlassen. Als er nach langer Zeit wieder zu uns kam, wollte er unsere Vorfahren wieder zurückführen; aber wir hatten uns Weiber nach Landessitte genommen und weigerten uns, mit ihm zu gehen oder ihn weiter als Herrn und Herzog anzusehen. So ist dieser Herr wieder von uns geschieden. Wir haben immer vermutet, daß seine Nachkommen einmal kommen mögen, um dieses Land wieder untertan zu machen und uns zu ihren Leibeigenen. Und wenn wir nachrechnen und daran denken, wo ihr hergekommen seid, auch wie ihr euren gewaltigen und großherzigen Kaiser rühmt, der euch hierhergesandt hat, so glauben wir, daß er unser rechter Herr sein mag, besonders da ihr sagt, daß auch er von uns seit langer Zeit schon Kunde besessen hat. Seid deshalb überzeugt, daß wir euch gehorchen und euch als Gebieter und als Statthalter jenes großen

Herrn anerkennen werden, von dem ihr redet. Deshalb mögt ihr im ganzen Land, soweit ich es zur Herrschaft besitze, nach eurem Willen befehlen, und es wird gehorcht und getan werden, was ihr wünscht. Und da ihr euch nun hier in der Heimat und im eigenen Hause befindet, so vergnügt euch und ruht aus von den Strapazen des Weges und den Kriegen, die ihr geführt habt; denn ich kenne sehr wohl alles, was euch bisher begegnet ist, seit eurer Landung bis hierher. Ich weiß auch, daß die Bewohner der Landstriche, die ihr durchreist habt, sehr schlecht von mir sprachen und euch erzählten, ich besäße Häuser mit Wänden von Gold und die Teppiche meiner Fußböden und andere Gegenstände des häuslichen Bedarfs wären gleichfalls aus Gold. Ich selbst sei ein Gott oder würde mich zum mindesten als ein Gott ausgeben. Von den Häusern seht ihr nun, daß sie aus Steinen, Kalk und Erde errichtet wurden.« Und während er seine Gewänder öffnete und seinen bloßen Leib zeigte, fuhr er fort: »Hier seht ihr auch mich, daß ich von Fleisch und Blut bin wie ihr selbst und jeder andere und daß ich sterblich bin. Tatsache ist allerdings, daß ich einige Gegenstände aus Gold besitze, die mir meine Ahnen hinterlassen haben. Aber alles soll euch gehören, sobald ihr es wünscht. Ich gehe jetzt zurück in meine Wohnung. Ihr aber werdet hier mit allem versorgt, was ihr benötigt. Ihr braucht euch um nichts zu kümmern, ihr seid in eurem Hause und eurer Heimat.«
Ich antwortete und beruhigte ihn, wo es mir notwendig erschien, bestärkte ihn zugleich aber auch in dem Glauben, daß mein Kaiser der längst von ihnen Erwartete sei. Dann empfahl er sich, und als er fort war, wurden wir mit vielen Hühnern, Brot, Früchten und anderen Nahrungsmitteln versorgt. Auch die Einrichtung unseres Quartiers war tadellos. So verblieb ich sechs Tage, stets mit allem wohlversehen, und wurde während dieser Zeit von vielen vornehmen Bewohnern der Stadt besucht.

In dieser Zeit besichtigte ich auch die wichtigsten Sehenswürdigkeiten von Temixtitan. Die Stadt selbst liegt mitten in einem See und ist nur über Steindämme zugänglich. Ihre Größe entspricht etwa der von Sevilla oder Cordoba. Die Straßen sind sehr breit und gerade, zum Teil werden sie von Wasserläufen durchschnitten, über die dann Brücken hinüberführen. Auf den zahlreichen öffentlichen Plätzen wird beständig Markt abgehalten. Da gibt es Kleinodien aus Gold und Silber, Blech, Messing, Knochen, Muscheln, Hummerschalen und Federn zu kaufen, Werkzeuge, Vögel, Kleingetier, heilkräftige Kräuter, Gemüse und zahllose andere Dinge.

Nun schien es mir aber, nach allem was ich in dem ganzen Land schon gesehen hatte, daß es unserer Sicherheit dienlich sein würde, wenn der Kaiser Montezuma sich in meiner Gewalt und nicht in völliger Freiheit befände, damit er in seinem Entschluß, uns zu dienen, nicht wanke, zumal er uns sehr leicht Schaden zufügen konnte. Ich beschloß also, ihn gefangenzunehmen und in das von mir bewohnte Quartier bringen zu lassen, das gut befestigt war. Nun mußte aber bei seiner Verhaftung sehr sorgfältig und überlegt vorgegangen werden, damit in der Stadt kein Aufruhr entstand. Da ich gerade die Nachricht erhalten hatte, daß es in einer der umliegenden Städte zu einem Aufruhr gegen meine Leute gekommen war und Montezuma angeblich diesen Aufruhr angestiftet haben sollte, ließ ich Posten an allen Straßenkreuzungen aufstellen und begab mich zum Haus des Kaisers, den ich auch schon vorher öfters besucht hatte. Ich unterhielt mich erst eine Weile in freundlicher Weise mit ihm und kam dann auf den Aufstand in der Stadt Nauketal zu sprechen. Dann sagte ich, daß der dortige Häuptling Qualpopoca zu seiner Entschuldigung anführe, daß alles, was er getan habe, auf Befehl des Kaisers geschehen sei, daß er als sein Vasall nicht anders habe handeln können, und bat Montezuma, die Sache sofort untersuchen zu lassen. Daraufhin ließ er gleich einige seiner Beamten rufen, gab ihnen eine kleine Steinfigur nach Art eines Siegels, die er am Arm befestigt trug, und befahl ihnen, sogleich Qualpopoca herzubringen. Wenn er nicht freiwillig kommen wolle, so sollten sie ihn als Gefangenen einbringen.

Die Beauftragten machten sich sofort auf den Weg. Sobald sie gegangen waren, sagte ich zu Montezuma, daß ich ihm für den Eifer danke, mit dem er diese Verhaftung betreibe. Jetzt bliebe nur noch übrig, daß er selbst sich zu mir in mein Quartier begäbe, bis sich die Wahrheit herausgestellt habe. Ich erklärte ihm ausdrücklich, daß er sich keineswegs als Gefangener betrachten sollte, sondern in voller Freiheit bei mir wohnen könne. Im ganzen Dienst und in der Verwaltung seiner eigenen Herrschaft werde er meinerseits nicht gehindert werden, dort sollten ihn seine und meine Leute bedienen, wo immer er es befehlen werde. Nach einem langen Gespräch willigte er endlich ein, mit mir zu gehen. Er befahl sofort, ein entsprechendes Zimmer in meinem Hause herzurichten. Als das geschehen war, kamen viele Herren, die sich die Kleider vom Leib rissen, eine nicht besonders ausgeschmückte Sänfte herbeibrachten und ihn weinend hineinhoben. So zogen wir dann nach dem Quartier, in dem ich wohnte, ohne daß es in der Stadt Tumult

gab, obgleich allerdings schon einige Unruhen spürbar wurden. Als aber Montezuma es merkte, befahl er, nichts zu unternehmen, und so verhielt sich alles völlig ruhig.
Er selbst lebte ganz nach seinem Gefallen mit all seinen Dienern, ich selbst aber und meine Gefährten erwiesen ihm alle Ehren, die uns nur irgendwie möglich waren.
Etwa drei Wochen nach seiner Verhaftung kehrten jene Männer zurück, die er ausgesandt hatte, um Qualpopoca und die übrigen Mörder der Spanier herbeizuschaffen. Sie brachten Qualpopoca und seinen Sohn sowie fünfzehn angeblich vornehme Personen, die an dem Mord beteiligt gewesen sein sollten. Nachdem sie eingestanden hatten, die Spanier ermordet zu haben, ließ ich sie befragen, ob sie Vasallen des Montezuma seien. Qualpopoca antwortete darauf, ob es denn einen anderen Herrn gäbe, dessen Vasall er sein könne. Sodann fragte ich sie, ob die Morde auf Befehl Montezumas erfolgt seien. Sie antworteten zwar verneinend, später aber, im Augenblick, da das Urteil vollzogen werden sollte, das sie zum Feuertode verdammte, sagten sie alle wie aus einem Munde, es sei allerdings wahr, daß Montezuma es ihnen habe befehlen lassen, und auf seinen Befehl hin hätten sie es getan. So wurden sie denn auf einem großen Platz öffentlich verbrannt, ohne daß es dabei einen Aufruhr gab. Montezuma aber ließ ich in Fesseln legen, worüber er sich nicht wenig entsetzte. Nach einer längeren Aussprache aber bekam er sie noch am selben Tag wieder abgenommen, und nun war er ganz zufrieden. Oft bat er mich um Erlaubnis, ausgehen und sich ein Vergnügen machen zu dürfen. Dann brachte er einige Zeit in ihm gehörenden Schlössern innerhalb wie außerhalb der Stadt zu. Niemals wurde ihm das abgeschlagen, immer begleiteten ihn aber fünf bis sechs Spanier, und stets kehrte er lustig und guter Dinge wieder in das Quartier zurück. Jedesmal, wenn er ausging, verteilte er viele Gnadengeschenke an Kleinodien und Geweben, sowohl unter die Spanier, die ihn begleiteten, als unter die Eingeborenen, von denen ihn oft bis zu dreitausend umlagerten.

Nach diesen Ereignissen erhielt Cortez die Nachricht, daß ein anderer Spanier, Diego de Velasquez, mit neunhundert Soldaten und achtzig Reitern an der Küste Mexikos gelandet war, um ihm Herrschaft, Erfolg und Gold streitig zu machen. Sofort zog er mit dem Großteil seiner Leute dem Feind entgegen, während er in der Hauptstadt nur eine kleine Bewachung zurückließ. Die ankommenden Spanier liefen zu Cortez über, und mit verstärkter Mannschaft zog er wieder nach Temixtitan zurück, wo es unter der Bevölkerung schon bedenklich zu gären begann.

Schon beim Rückmarsch erreichten uns Boten und überbrachten mir Briefe eines in der Hauptstadt verbliebenen Vertreters, der mir mitteilte, daß die Indianer unsere Festung von allen Seiten angegriffen, an vielen Stellen Feuer gelegt und Minen gegraben hatten und daß ihre Lage bedrohlich geworden wäre, hätte nicht Montezuma befohlen, den Kampf einzustellen. Ich sandte sofort Boten an die Hauptleute, die mit einem Teil der Mannschaft unterwegs waren, und befahl ihnen, augenblicklich umzukehren und sich möglichst rasch wieder mit mir zu vereinigen. Mit fünfhundert Soldaten zu Fuß und siebzig Reitern marschierte ich dann in großer Eile nach der Hauptstadt.
Auf dem ganzen Weg erschien auch nicht ein einziger vornehmer Indianer zu meiner Begrüßung, wie es sonst der Fall zu sein pflegte. Das ganze Land war in Aufruhr und fast entvölkert. Ich befürchtete schon, daß die in der Stadt verbliebenen Spanier getötet worden seien, und erwartete jeden Augenblick einen Angriff der Indianer. Deshalb marschierte ich möglichst vorsichtig zur Stadt Tezcuco und erkundigte mich dort bei einigen Eingeborenen nach den in der Hauptstadt zurückgebliebenen Spaniern. Sie sagten mir, daß diese noch am Leben seien, und ich befahl ihnen, mir einen Kahn zu beschaffen, weil ich einen Spanier über den See schicken wollte, der sich von der Richtigkeit ihrer Behauptung überzeugen sollte. Aber noch während die nötigen Vorbereitungen getroffen wurden, sah ich einen Kahn über den See kommen, der einen in der Stadt zurückgebliebenen Spanier brachte, von dem ich nun erfuhr, daß alle mit Ausnahme von fünf oder sechs, die von den Indianern getötet wurden, am Leben seien, daß aber in dem belagerten Haus Hungersnot herrsche, da die Indianer alle Lebensmittel fortgenommen hätten. Mit dem Spanier zugleich kam auch ein Abgesandter Montezumas, der mich bitten ließ, ihm nicht zu zürnen, da er angeblich nichts unternehmen konnte, um den Aufrührer zu beruhigen.
Am übernächsten Tag zogen wir etwa um Mittag in die Stadt ein. Ich sah dort nur wenige Leute und gelangte unbehindert in unser altes Quartier. Die dort Zurückgebliebenen empfingen uns mit solcher Freude, als hätten wir ihnen das Leben wiedergegeben, das sie schon verloren glaubten. Mit Vergnügen verbrachten wir den Tag und die Nacht miteinander und glaubten, daß nun überall wieder Frieden herrschen werde.

Am anderen Tag wurde mir mit großem Geschrei gemeldet, daß die Indianer gegen die Stadt mit feindlicher Absicht anrückten und alle Zugbrücken aufgezogen seien. Tatsächlich erblickten wir gleich darauf eine solche Menschenmasse von allen Seiten auf uns einstürmen, daß man die Straßen und die platten Dächer der Häuser vor lauter Menschen nicht mehr erkennen konnte, und überall ertönte das entsetzlichste Gebrüll, das man sich nur vorstellen kann. Sie warfen so zahlreiche Steine mit Schleudern zu uns auf die Festung, daß es aussah, als regneten sie vom Himmel herab. Und die Pfeil- und Wurfgeschosse kamen in solcher Menge, daß alle Wände und Hofräume damit angefüllt waren und wir uns fast nicht mehr rühren konnten.

Ich unternahm nun an einigen Stellen einen Ausfall, sie kämpften aber sehr tapfer gegen uns. Auf einer Seite war ein Hauptmann mit zweihundert Mann ausgerückt, aber ehe er sich wieder zurückziehen konnte, wurden ihm vier Mann getötet und er selbst mit noch vielen anderen verwundet. Auch ich erhielt eine Wunde und viele Spanier mit mir. Wir konnten aber nur wenige Indianer töten, denn sie zogen sich hinter ihre Brücken zurück und belästigten uns mit Steinwürfen von den Dächern und Terrassen herab, von denen wir freilich einige erstürmten und in Brand steckten. Aber es waren ihrer so viele und alle so fest, mit so vielen Leuten besetzt und mit Steinen und anderen Waffen so gut versehen, daß wir nicht ausreichten, sie alle zu erobern. In der Festung selbst wurde hart gekämpft, an mehreren Stellen suchten die Indianer Feuer zu legen, und einmal brannte wirklich ein Teil des Gebäudes nieder, ohne daß wir helfen konnten. Nur durch viele Büchsen, Armbrustschützen und Kanonen, die ich aufstellte, gelang es uns, zu verhindern, daß die Feinde das Haus erstürmten. So kämpften wir den ganzen Tag hindurch bis in die sinkende Nacht; selbst dann ließen sie uns nicht ohne Geschrei und Alarm bis zum Tagesanbruch. Während der Nacht aber ließ ich die durch das Feuer entstandene Bresche wieder ausbessern und auch andere Punkte der Festung, die mir zu schwach erschienen, verstärken. Dann verteilte ich die Leute neu in die uns verbliebenen Räume, bestimmte die Mannschaft für die Ausfälle am nächsten Tag und ließ die Verwundeten verbinden, von denen wir mehr als achtzig zu beklagen hatten.

Sobald es aber Tag geworden war, begannen die Scharen unserer Feinde einen weit mächtigeren Angriff als tags zuvor; sie erschienen in solcher Menge, daß unsere Artilleristen gar nicht zu zielen, sondern nur aufs Geratewohl mitten in die Haufen der Indianer hineinzuschießen brauchten. Und obgleich unsere Geschütze vielen Schaden anrichteten, so machten sie uns doch so wenig Luft, daß es kaum aussah, als fühlten die Feinde etwas davon. Wo nämlich ein Schuß zehn oder zwölf Mann hinweggerafft hatte, schloß sich die Menge sogleich wieder, so daß man hätte glauben können, daß überhaupt kein Schaden angerichtet wurde. Während ich in der Festung die nötige Besatzung zurückgelassen hatte, unternahm ich wieder einen Ausfall, nahm ihnen einige Brücken fort, verbrannte einige Häuser und tötete viele der Gegner. Sie waren aber so zahlreich, daß die Verluste für sie überhaupt keine Rolle spielten, und während wir den ganzen Tag kämpfen mußten, fochten sie nur stundenweise, indem sie sich gegenseitig ablösten. Auch an diesem Tag verwundeten sie mir wieder an die sechzig Spanier, wenn es auch glücklicherweise keinen Toten gab. Wir kämpften, bis es dunkel wurde, und zogen uns dann völlig ermüdet in die Festung zurück.

Die ganze Nacht und den folgenden Tag verwandten wir darauf, drei Maschinen aus Holz zu verfertigen, deren jede zwanzig Mann fassen konnte und die mit Brettern bedeckt waren, damit die aus Armbrust- und Büchsenschützen bestehende Mannschaft nicht durch die von den Dächern geschleuderten Steine verletzt würde. Während dieser Arbeit ließen die Angriffe unserer Widersacher keineswegs nach, so daß sie, als wir einen Ausfall aus der Festung wagten, gleichzeitig mit uns hineinzudringen versuchten und es uns nur mit ziemlicher Anstrengung gelang, sie abzuwehren.

Montezuma aber, der zusammen mit einem seiner Söhne und vielen vornehmen Indianern noch immer unser Gefangener war, sagte, man möge ihn auf das flachste Dach des Hauses bringen, er wolle dann zu den Anführern des Volkes draußen reden und hoffe, so den Krieg beenden zu können. Ich ließ ihn deshalb hinausbringen. Als er aber auf einen Balkon hinaustrat und zu dem dort kämpfenden Volk reden wollte, erhielt er von seinen eigenen Leuten einen so heftigen Steinwurf an den Kopf, daß er drei Tage nachher starb. Ich ließ den Leichnam durch gefangene Indianer auf ihren Schultern hinaus zu seinen Leuten tragen, und ich weiß nicht, was sie damit angefangen haben. Sicher aber ist, daß der Krieg deshalb nicht aufhörte, vielmehr täglich heftiger und bitterer wurde.

Reformation und Gegenreformation

Die Reformation Luthers ist das Schlußglied einer langen Kette von Reformversuchen, die gegen die Verweltlichung der Kirche angingen und insbesondere auch die Reform des Papsttums wünschten. Auf dem Konzil von Konstanz (1414 bis 1418) war es zwar gelungen, das Schisma (Spaltung der Kirche durch zwei Päpste) zu beseitigen, aber die erwarteten Reformen in Glaubensfragen waren ausgeblieben.

Martin Luther, seit 1512 Professor der Theologie in Wittenberg, brachte diesen lange angebahnten Prozeß zu Ende; er führte Unumgängliches aus. Sein persönliches Glaubenserlebnis wurde entscheidend. Die Frage, die ihn quälte, war: Wie erlange ich die Gnade Gottes? Es wurde ihm schließlich zur Gewißheit, daß er nur durch den Glauben allein der Rechtfertigung teilhaftig werden könne, nicht aber durch den massenhaft angebotenen Ablaß der Kirche (Tetzel). Aus diesem Grunde heftete er 1517 seine 95 Thesen (Streitsätze) an die Tür der Schloßkirche zu Wittenberg. In den folgenden theologischen Auseinandersetzungen verweigerte er den Widerruf seiner Lehre. Er wurde mit dem Bann der Kirche und von Karl V. zu Worms mit der Acht des Reiches belegt. Der Zwangsaufenthalt auf der Wartburg gab ihm die Muße, die Bibel ins Deutsche zu übertragen.

Die allgemeine Unruhe der Zeit tat sich auch in anderen Ereignissen kund. So brach 1524 der Aufstand der Bauern los, die sich unter Berufung auf die Bibel gegen die Vorrechte der geistlichen und weltlichen Herren erhoben. Aber schon 1525 erlagen die Aufrührer der vereinigten Macht der Fürsten. Der Fortgang und die Ausbreitung der Reformation in Deutschland wurde dadurch begünstigt, daß der Kaiser fortwährend in Kämpfe mit fremden Mächten verwickelt (Franzosen, Türken, Papst) und deshalb auch auf die Hilfe der protestantischen Fürsten angewiesen war. In wenigen Jahrzehnten war der größte Teil des Reiches dem neuen Glauben zugefallen. Im Augsburger Religionsfrieden einigten sich die Parteien schließlich auf den Grundsatz, daß die Bevölkerung der einzelnen Länder in Glaubensfragen dem Beispiel ihrer Fürsten zu folgen habe.

In diesen Jahrzehnten erlebte auch die Schweiz ihre eigene Reformation durch Zwingli und besonders durch Calvin, dessen Lehre später auch für die Niederlande und für England entscheidend wurde.

Diesen Ereignissen konnte die katholische Kirche nicht tatenlos zusehen: Die Gegenreformation setzte ein. Drei Ereignisse kennzeichnen die Reaktion: 1534 gründete Ignatius von Loyola den Jesuitenorden, dessen Ziel es war, die Herrschaft der katholischen Kirche wiederherzustellen und Heiden und Ketzer zu bekehren. Ferner tagte von 1545 bis 1563

das Konzil von Trient, das die angefochtenen Glaubenslehren neu formulierte und der katholischen Kirche für die Auseinandersetzung mit dem Protestantismus neue Kraft gab.
Schließlich bestieg 1556 Philipp II. den spanischen Thron. Er machte sein Reich zur stärksten Macht der katholischen Welt. Der Höhepunkt dieser Entwicklung war der Versuch einer Eroberung des protestantischen Englands, der aber mit dem Untergang der spanischen Armada endete (1588). Schon vorher hatten sich die nördlichen, protestantischen Provinzen der Niederlande von Spanien losgesagt, um ihre Unabhängigkeit zu erkämpfen. In anderen Ländern – besonders in Frankreich und Deutschland – errang die Gegenreformation große Erfolge.
Zu Beginn des 17. Jahrhunderts verschärfte sich der Gegensatz zwischen den protestantischen und katholischen Fürsten des Reiches immer mehr. Es bedurfte nur eines geringfügigen Anlasses, daß 1618 der Dreißigjährige Krieg ausbrach. Die religiösen Belange aber traten bald in den Hintergrund, nachdem sich Schweden (unter Gustav Adolf) und Frankreich am Kampf beteiligt hatten. Deutschland wurde zum Schlachtfeld, auf dem die politischen Gegensätze der europäischen Mächte ausgetragen wurden. Die Folge war die Verwüstung ganzer Länder und das bitterste Elend für die Bevölkerung in den Städten und auf dem Land.

1414–1418	*Konzil von Konstanz*
1517	*Luthers Thesenanschlag*
1519–1556	*Karl V.*
1518	Religionsgespräch in Augsburg
1521	*Reichstag von Worms*
1524–1525	Bauernkrieg
1527	Eroberung Roms durch deutsche Landsknechte
1547	Sieg Karls V. über die Protestanten bei Mühlberg
1548	Reichstag zu Augsburg
1545–1563	*Konzil von Trient*
1555	*Religionsfriede von Augsburg*
1575	Belagerung von Leiden
1581	*Unabhängigkeitserklärung der Niederlande*
1588	*Untergang der spanischen Armada*
1618	Fenstersturz zu Prag
1618–1648	*Dreißigjähriger Krieg*
1632	*Tod Gustav Adolfs bei Lützen*
1634	Ermordung Wallensteins

(Geradestehende Zeilen verweisen auf Texte in diesem Buch)

Verhandlung in Augsburg

Martin Luther

Der Kardinallegat Kajetan war vom Papst beauftragt worden, bei seinem Aufenthalt in Deutschland auch die Ketzerei Luthers zu unterdrücken. Luther wurde auf Veranlassung seines Landesherrn, des Kurfürsten Friedrich von Sachsen, nicht nach Rom gebracht, sondern in Augsburg verhört. Dreimal stand der Mönch vor dem Kardinal, der als einer der gelehrtesten Theologen der Kirche galt, aber er ließ sich nicht durch die Drohung mit dem Bannfluch einschüchtern, sondern erwartete eine Belehrung, wenn er im Irrtum sei. Eine Einigung kam nicht zustande; Luther blieb fest. Nach einigen Tagen entwich er heimlich aus Augsburg, da seine Freunde für sein Leben zu fürchten begannen. Im folgenden Jahr traf Luther mit dem Theologieprofessor Eck zu einem Streitgespräch in Leipzig zusammen. Unter den Zuhörern war auch der Herzog Georg von Sachsen. Es gelang Eck, seinen Gegner in die Enge zu treiben, indem er darauf hinwies, daß einige von Luthers Lehrsätzen ketzerisch und von Konzilien schon verurteilt worden seien. Luther ließ sich schließlich zu dem Bekenntnis hinreißen, daß auch Konzilien irren könnten. Damit hatte er endgültig mit der alten Kirche gebrochen.

Weil ich es nicht wollte dahin kommen lassen, daß der durchlauchtigste Kurfürst Friedrich, Herzog zu Sachsen, sich umsonst für mich bemüht haben möchte (denn er hatte mich gnädigst mit Zehrung und Empfehlungsbriefen versehen, und sich vorher gnädigst bemüht, daß die Sache zur Verhandlung außerhalb Roms käme), bin ich gen Augsburg gekommen und von dem hochwürdigsten Herrn Kardinallegaten gar gnädig, ja beinahe höflich aufgenommen worden (denn er ist gar ein anderer Mann in allen Stücken als die gewaltigen Brüderjäger). Da hat er nun gesagt, er wolle mit mir nicht disputieren, sondern die Sache brüderlich und väterlich beilegen, und mir dreierlei auf Befehl des allerheiligsten Papstes, wie er vorgab, vorgelegt:

1. Ich sollte mich eines Besseren besinnen und meine Irrtümer widerrufen;
2. versprechen, mich ins künftige derselben zu enthalten,

3. wie auch alles dessen mich zu enthalten, was die Kirche zerrütten oder beunruhigen könnte.

Ich, der ich sah, daß ich dies auch zu Wittenberg ohne große Gefahr und ohne so große Mühe hätte tun können und daß ich dergleichen nicht erst in Augsburg hätte suchen dürfen, habe sofort gebeten, mich zu belehren, worin ich geirrt hätte, denn ich könnte mich keines Irrtums besinnen. Da hat er mir die Bulle Clemens' VI. vorgebracht, die anfängt: »Unigenitus«, weil ich wider sie gelehrt hätte in der achtundfünfzigsten These: Christi Verdienst wäre kein Ablaßschatz. Er drang also darauf, ich sollte widerrufen, und bestand getrost darauf, als ob er den Sieg schon in Händen hätte. Denn er dachte, ich hätte die Bulle gar nicht gesehen; etwa weil sie nicht in allen Codicibus steht. Fürs andere hat er mir vorgehalten, ich hätte in der Erklärung der siebenten These gelehrt, daß dem, der zum Sakrament gehen wollte, der Glaube nötig sei, oder er komme zum Gericht. Das wollte er für eine neue und irrige Lehre halten und wäre vielmehr ein jeder, der hinzuginge, ungewiß, ob er Gnade erlangen würde oder nicht. Und er bestand darauf mit der ihm eigenen Dreistigkeit, sonderlich da die Italiener von seinem Gefolge nach ihrer Art dazu lächelten, ja zum Teil ein lautes Gelächter erhoben, da ich schien überwunden zu sein.

Darauf habe ich geantwortet, daß ich nicht allein die Bulle Clemens' VI., sondern auch die andere gleichlautende oder ähnliche Sixtus' IV. gar wohl gesehen hätte (denn ich hatte wirklich beide gelesen mit dem weitläufigen Gewäsch dazu, dahinter gar nichts ist und dadurch sie gänzlich den Glauben verliert); sie hätte aber bei mir nie so viel gegolten, sowohl aus vielen anderen als besonders aus der Ursache, weil sie die heilige Schrift mißbrauche und die Worte (wenn anders ihr gewöhnlicher Sinn überhaupt bestehen soll) auf einen ganz andern Sinn verdrehe, den sie an ihrem Ort nicht haben, sondern vielmehr das Gegenteil bedeuten. Darum denn die Schrift, die ich in meinem Satze zum Grunde nähme, billig sei oder schweben müsse. Es werde auch in der Bulle nichts bewiesen, sondern nur St. Thomae Meinung hergesagt und angeführt.

Da hat er wider mich angefangen, des Papstes Gewalt zu preisen, daß er über einem Konzil, ja über der Schrift und über der ganzen Kirche stehe. Um das zu beweisen, hat er sich auf die Verwerfung und Abschaffung des Konzils zu Basel berufen und gemeint, daß auch die Gersonisten mit Gerson selbst zu verdammen seien.

Weil nun dies in meinen Ohren etwas Neues war, so habe ich dagegen geleugnet, daß der Papst über dem Konzilium und über der Schrift wäre.

Hernach habe ich auch die Appellation der Universität Paris gelobt. Von der Buße und der Gnade Gottes stritten wir einen Haufen durcheinander. Den zweiten obengenannten Einwurf habe ich mit großer Betrübnis angehört, denn ich hätte nimmermehr gedacht, daß das je in Zweifel gesetzt werden sollte. Also waren wir fast in keinem Stücke einig, sondern es ward aus einem Widerspruch immer bald ein anderer. Da ich aber sah, daß durch solchen Streit nichts ausgerichtet und wohl vieles angefangen, aber nicht zu Ende gebracht würde, und daß wir beide nichts als Ausschweifungen machten, zumal da er als des Papstes Statthalter nicht gerne das Ansehen haben wollte, als wiche er zurück, habe ich um Bedenkzeit gebeten.

Des andern Tags, da vier von der Kaiserlichen Majestät Räten zugegen waren, habe ich Notarien und Zeugen mit mir gebracht und in eigener Person vor dem hochwürdigsten Herrn Legaten protestiert und es folgendermaßen hergelesen:

»Zuvörderst bezeuge ich, Bruder Martin Luther, daß ich die heilige römische Kirche in all meinem Reden und Tun jetzt, in Vergangenem und in Zukunft, von Herzen ehre und ihr folge. Und wenn etwas dawider geredet worden oder anders sein möchte, will ich es so gut als nicht geredet halten und gehalten wissen.

Nachdem aber der hochwürdigste Herr mir auf Befehl des Papstes, wie er gesagt, vorgelegt und erfordert, daß ich wegen des Streits, den ich über den Ablaß gehabt, dieses dreies tun sollte, nämlich erstlich mich eines Besseren besinnen und den Irrtum widerrufen, zum andern angeloben, dergleichen nicht wieder zu begehen, drittens auch versprechen, alles zu unterlassen, was die Kirche Gottes zerrütten könnte: so habe ich, der ich mit Disputieren die Wahrheit gesucht, mit Forschen nicht sündigen, viel weniger zum Widerruf gezwungen werden können, da ich weder verhöret noch überwiesen bin. Ich protestiere auch heutigen Tages, daß ich mir nicht bewußt bin, etwas gesagt zu haben, das wider die heilige Schrift, Kirchenväter, des Papstes Decretalien, oder wider gute Vernunft und Billigkeit ist, sondern daß alles, was ich gesagt, mir ganz richtig, wahr und katholisch erscheint. Doch ich bin ein Mensch, und weil ich irren kann, habe ich mich dem Urteil und Ausspruch der rechtmäßigen heiligen Kirche und aller, die rechtschaffen glauben, unterworfen, welches ich auch noch tue. Jedoch erbiete ich mich noch zum Überfluß, daß ich persönlich hier oder anderswo, auch öffentlich, für meine Sätze Rechenschaft geben will. Wenn das aber dem hochwürdigsten Herrn nicht beliebig, so will ich auch in Schriften auf seine Einwürfe, wenn er dergleichen wider mich vor-

bringen will, antworten, und darauf die Lehrer der vortrefflichen kaiserlichen Universitäten in Basel, Freiburg und Löwen sprechen lassen. Oder wenn dies nicht genug, mag auch die von Paris, die Mutter der anderen Universitäten, eine von Alters her höchst christliche und in der Theologie hochberühmte Universität, darauf erkennen.«
Nachdem dies vorgelesen war, ist er wieder auf die gestrige Disputation über den ersten Einwurf gekommen, denn die schien seiner Meinung sehr zustatten zu kommen. Da ich aber schwieg und nach meiner Protestation schriftlich zu antworten versprach, erwies er sich gegen mich gar trotzig. Schließlich ließ er doch die schriftliche Antwort zu, worauf wir auseinandergingen.
Da ich diese Antwort am andern Tag überreicht, hat er es erst verächtlich gehalten und gesagt: Es wären leere Worte, aber er wollte sie doch nach Rom schicken. Indessen drang er auf den Widerruf und drohte mit dem ihm aufgetragenen Bann, und wo ich nicht widerriefe, sollte ich hingehen und ihm nicht wieder vor Augen kommen.
Da ich dies vernommen und gesehen, daß er auf seinem Sinn beruhete und von keiner Schrift hören wollte, und ich mich auch nicht bewegen lassen konnte zu widerrufen, bin ich fortgegangen ohne Hoffnung wiederzukommen. Denn ob er wohl gesagt, und sich auch noch rühmete, daß er als Vater und nicht als Richter mit mir handeln wolle, so habe ich doch solchen väterlichen Sinn nicht spüren können anders, als daß er strenger als alles Recht gewesen, indem er verlangte, daß ich wider mein Gewissen widerrufen sollte und mir doch keinen Irrtum zeigen und mich davon überführen wollte oder vielmehr konnte. Darum, als ich den Befehl erhalten, nicht wieder zu kommen, so bin ich doch den Tag noch an Ort und Stelle geblieben. Da hat er den ehrwürdigen und lieben Vater Johann Staupitz zu sich kommen lassen und mit ihm gehandelt, daß er mich doch zu einem freiwilligen Widerruf zu bringen suchen möchte. Ich bin auch am folgenden Tage noch dageblieben, und man hat mir nichts sagen lassen. Den dritten Tag, nämlich Sonntag, bin ich auch noch geblieben und habe geschrieben; es ist mir aber nichts geantwortet worden. Den vierten Tag bin ich auch geblieben, und ist nichts vorgefallen. Desgleichen auch den fünften Tag geschehen. Endlich habe ich auf guter Freunde Rat, sonderlich da er sich vorher verlauten lassen, er habe Befehl, mich zusamt dem Vikar in den Kerker werfen zu lassen, nachdem ich die Appellation fertig gemacht, die ich anschlagen lassen wollen, mich von da wegbegeben und dafür gehalten, ich hätte schon mit genugsamer Gefahr meinen Gehorsam erzeiget.

Der Hauptmann der aufständischen Bauern

Götz von Berlichingen

Das Schlagwort von der »evangelischen Gerechtigkeit«, von lutherischen Predigern unters Volk gebracht, entzündete 1525 in ganz Oberdeutschland, am heftigsten in Franken, einen allgemeinen Aufstand der Bauern. In den »zwölf Artikeln« faßten sie ihre Forderungen zunächst in einem gemäßigten Ton zusammen, so daß auch Luther anfänglich riet, den Wünschen der Bauern entgegenzukommen.
Der Ritter Götz von Berlichingen, dessen Lebensbeschreibung die folgende Schilderung entnommen ist, trat, halb gezwungen, an die Spitze eines Bauernhaufens. Aber auch er konnte nicht verhindern, daß es zu schlimmen Ausschreitungen, zur Zerstörung von Schlössern und Klöstern kam. Angesichts einiger Greueltaten rückte auch Luther, der sein gesamtes Reformationswerk gefährdet sah, von der Bewegung ab und forderte die Fürsten auf, energisch einzuschreiten. Diesem Aufruf folgten die Herren nur allzu willig. Luthertum und staatliche Obrigkeit gingen von dieser Zeit an ein enges Bündnis ein.
Den geordneten Fürstenheeren waren die Scharen der Bauern nicht gewachsen. Die Rache an den Unterlegenen war blutig und grausam. Auch die Bürger der Städte, die sich den Aufrührern angeschlossen hatten, wurden hart bestraft. Tilman Riemenschneider war eines der Opfer fürstlicher Rachejustiz.
Erreicht hatten die Bauern fast nichts. Zwar wagten die Herren meist keine Verschärfung der bäuerlichen Pflichten mehr, aber die Versprechungen aus der Zeit der Not wurden nicht gehalten.

Jedermann weiß wohl, daß sich in dieser Gegend ein großer Aufruhr der Bauern erhoben hat, dergleichen vorher niemals gewesen ist. Da schrieb mir mein Bruder Hans von Berlichingen selig hierher gen Hornberg, ich solle zu ihm kommen; da viele Bauern zu Schöntal lägen, solle ich ihm helfen, damit sie ihn nicht überfielen. Das tat ich nun als ein getreuer Bruder, kam dahin und verhandelte so viel mit den dortigen Hauptleuten, daß sie ihn in Frieden ließen. Danach begehrte mich der Deutschmeister im Weinsberger Tal. Da ritt ich als ein getreuer Nachbar und Seiner fürstlichen Gnaden zu Ehren und Gefallen hin in großen Sorgen, was mir begegnen würde. Das meldete ich Seiner fürstlichen Gnaden und deren Befehlshabern zu Horneck und fügte besonders hinzu, daß die Bauern kein Geschütz hätten, nicht eine Büchse, mit der sie einen Stein aus einer Mauer schießen könnten. Das tat ich darum, damit die zu Horneck sich desto besser danach richten konnten, denn es waren etliche Leute darin, so daß das Schloß wenigstens besetzt war. Wie nun die Bauern zu Weinsberg gehandelt haben, das weiß jedermann in diesen Landen. Danach zogen sie den nächsten Weg herab auf Horneck zu und nahmen es ohne alle Gegenwehr ein.

Obwohl ich nicht mehr pfalzgräfischer Diener war, so wäre ich doch gern bei Ihrer kurfürstlichen Gnaden in dieser Handlung gewesen.

Nun hatten mich meine Brüder und andere gute Freunde und Gesellen in ein Holz bei Boxberg, das Hesbach genannt wird, beschieden. Da kam ich mit großen Sorgen zu ihnen, denn der Teufel war überall los, und wir berieten miteinander, zu welchem Fürsten, der in der Nähe wäre, wir ziehen wollten. Da zeigte ich an, daß ich keinen Fürsten, der in der Nähe wäre, wüßte, als meinen gnädigsten Herrn, den Pfalzgrafen, der hätte sich darum beworben. Da waren die meisten von uns der Meinung, daß wir zum Pfalzgrafen reiten wollten. Da sagte ich, ich wartete auf ein Schreiben von ihm. Was ich erführe, würde ich sie, wenn es möglich wäre, wissen lassen.

Ich ritt auch sofort mit großen Sorgen nach Hause, und ehe ich mich auszog, da fragte ich mein Weib, ob kein Brief von Heidelberg gekommen wäre. Da sagte sie: »Nein!« Da erschrak ich wahrlich sehr, da ich nicht wußte, wie ich mich halten sollte. Denn es ging die Rede, daß mein Herr, der Pfalzgraf, mit den Bauern einen Vertrag abschließen wolle. So wußte ich nicht, wie ich ihm gegenüber handeln sollte. Ich habe auch seither denselben Brief nicht gesehen, aber soviel erfahren, daß ihn meine Schwiegermutter und mein Weib empfangen haben. Und als diese ihn meiner Schwiegermutter vorgelesen hatte, hat sie ihr befohlen, sie solle mir bei Leib und Leben nichts davon sagen, sonst wären sie alle gestorben und verdorben. Daher habe ich diesen Brief, wie ich schon sagte, nie gesehen und kam aus diesem Grunde in all mein Unglück und Unheil, das mir begegnet ist. Ich habe auch alsbald danach, als ich die Sache besser erfahren hatte, die Schwiegermutter nicht länger im Hause haben wollen, und sie ist auch seither nicht mehr hineingekommen.

Wie ich in meinem Hause war, da brachen die Bauern zu Gundelsheim wieder auf, und die Hauptleute schickten meinen Schultheißen zu mir, ich solle zu ihnen kommen, sie hätten was mit mir zu bereden. Ich wußte doch nicht, wie oder wann, fürchtete auch, sie möchten mich überfallen, so daß es meinem Weib und den Kindern und den Meinigen zum Nachteil gereichen möchte, denn ich hatte kein wehrhaftes Volk in meiner Burg, und die Bauern waren alle voll Teufel und die Knechte und Mägde wollten auch nicht mehr folgen. Also zog ich mit ihm hinauf, stieg vorm Wirtshaus ab, und als ich hineingehen wollte, wie ich auch tat, geht Marx Stumpf von Bauren (Mainzischer Amtmann in Krautheim) die Stiege herab und spricht: »Götz, bist du da?« Da sagte ich: »Gott, mir nicht! Das tue der Teufel! Warum tust du es nicht? Tue du es an meiner Statt.« Da sagte er: »Sie haben es mir zugemutet. Ich habe mich aber losgeredet, und wenn ich es meines Dienstes wegen tun könnte, so wollte ich es tun.« Da sagte ich wie zuvor: »So will ich es nicht tun. Viel eher will ich selbst zu den Hauptleuten gehen, und ich glaube, sie werden mich nicht dazu zwingen oder nötigen.« Da sagte er: »Nimm es an, meinem gnädigen Herrn und anderen Fürsten und uns allen, dem gemeinen Adel, zugute.« Da sagte ich: »Ich will es nicht tun.« Darauf ging ich selbst zum Hauptmann und erlangte guten Bescheid, nur trugen sie mir auf, ich sollte auch zu den anderen Hauptleuten gehen, die unter dem Haufen draußen vor dem Tore wären, wie ich sie denn im Felde sehen würde. Ihnen sollte ich es auch anzeigen, und sie, so wie ich es ihnen angezeigt hätte, bitten. Das tat ich, ritt hinaus und sprach sie an, eine Rotte nach der anderen, wie sie denn in allen Fähnlein haufenweise beeinander waren. Da erhielt ich aber guten Bescheid von aller Fürsten, Grafen und Herren Hintersassen und Untertanen, die im Haufen waren, ausgenommen von den Hohenlohischen. Die nahmen meinen Gaul bei dem Zaum, umringten mich und sagten, ich solle mich gefangengeben, geloben und schwören, den anderen Tag bei ihnen zu Buchen im Lager zu sein. Da würde ich sie finden, und ich solle ohne ihr Wissen nicht abziehen.

Das Gelubde zwang mich, daß ich mich zu ihnen gen Buchen begab, damit nicht mein Weib und Kinder und andere vom Adel Schaden erlitten. Und ich tat es mit traurigem, betrübten und bekümmerten Herzen, denn ich ließ mich nicht gern erwürgen, wie sie neulich vielen rechtschaffenen Adligen zu Weinsberg getan hatten. Ich hoffte noch immer, ich hätte etwas Gutes erlangt, und zog also des andern Tags mit traurigem Herzen zu ihnen ins Lager. Ich wünschte mir vielmals dafür, daß ich in dem bösesten Turm läge, der in der Türkei wäre, oder sonst auf der Erde, wo es wolle. Und es ging mir, wie Gott wollte, wie mir gleich Gott heraushilft.

Nun, ich kam zum Haufen, Gott sah und weiß, wie mir zumute war. Da nahmen sie den Gaul bei dem Zaum, und ich mußte absteigen zu ihnen in den Ring. Da redeten sie mit mir der Hauptmannschaft wegen. Das schlug ich ihnen nun frei und gut rund ab: ich könne und wisse es meiner Ehren und Pflichten nach nicht zu tun, dazu verstände ich mich nicht auf ihren Handel, denn ihr Tun und mein Tun, ihr Wesen und mein Wesen wären so weit voneinander entfernt wie der Himmel von der Erde; dazu könnte ich es auch gegen Gott, Kaiserliche Majestät, Kurfürsten, Grafen und Herren und die gemeine Ritterschaft und gegen den Schwäbischen Bund, auch gegen alle Stände des Reiches, Freunde und Feinde mit Ehren nicht verantworten. Ich bat, sie sollten mir das erlassen; aber es war verlorene Mühe. Kurzum, ich sollte ihr Hauptmann sein. Da sagte ich: Ehe ich ihr Hauptmann sein und so tyrannisch handeln, wie sie zu Weinsberg getan und gehandelt hätten, oder auch dazu raten und helfen sollte, eher müßten sie mich zu Tode schlagen wie einen wütenden Hund. Da sagten sie: es wäre nun einmal geschehen, wenn nicht, geschehe es vielleicht nicht mehr.

Dann schlugen sie mir eine lange Zeit vor, aber zuletzt kamen wir auf einen Monat überein, doch unter der Bedingung, daß sie in alle Herrschaften und Ämter, Städte, Flecken und Dörfer, wo sie daheim wären, ganz gleich, wo sie lägen, weit oder nahe, unter ihrem Siegel berichteten, daß sie dem allen, wie oben aufgeführt, nachkommen und auch keines Fürsten oder Edelmannes Haus verbrennen oder beschädigen wollten.

Gerade wie ich zum Haufen kam, da sah ich ein Schloß brennen, das heißt Wildenburg und gehört dem Bischof von Mainz. Das geschah alles wider den Vertrag, den wir aufgerichtet hatten. Als sie mit mir vor Buchen verhandelten, und sie mir, wie erwähnt, eine längere Zeit bei ihnen zu bleiben, auferlegen wollten, als ich bewilligen wollte, da sagte ich frei zum ganzen Haufen: sie sollten mich also, wie ich bewilligt hätte, bei den acht Tagen bleiben lassen. Ich wolle mich derart halten, daß sie meiner ebensobald müde würden wie ich ihrer. Das geschah auch, und es währte solche Hauptmannschaft nicht über acht Tage, wie ich gesagt hatte.

Also zogen sie hinein vor Würzburg, und das Lager hatten sie draußen zu Höchberg. Da hielten sie abermals eine Versammlung und wollten weder Fürsten, Herren noch Edelleute bei sich haben. Sie gaben mir auch vor der Zeit, wie ich vorausgesagt hatte, Urlaub. Da war ich mein Leben lang nicht froher; denn ich nahm mir in den acht Tagen nie ein Blatt vor den Mund, wie ich denn nie ein Heuchler gewesen bin und noch auf diesen Tag nicht bin. Ich redete nichts, was ihnen gefiel, gab ihnen auch nicht recht, wo sie unrecht hatten. Als sie nun gen Würzburg kamen, erreichten sie, daß man sie hinein in die Stadt ließ. Sie lagen bei St. Burckhards Münster und daselbst herum bei der Brücke, zum Teil vielleicht auch in der Stadt drinnen, denn es waren viele Haufen.

Wie wir also etliche Tage zu Würzburg gelegen, da kam ein guter, frommer, treuherziger Mann, der vielleicht sah, daß ich die Sache nach meiner Meinung treu und gut meinte und nicht einem jeden das sagte, was ihm wohl gefiel, zu mir und warnte mich – ohne Zweifel aus redlicher treuer Meinung und mir zugute – und sagte: Ich wäre ein guter freier Edelmann und redete frei und nicht einem jeden, was ihm wohl gefiele und wäre kein Heuchler. Aber er rate mir doch vertraulicherweise, ich solle von solcher Rede ablassen und solle mir auch bei Leib und Leben nichts merken lassen, daß er mich gewarnt hätte. Denn wenn ich es nicht tun würde, so wäre schon beschlossen, daß sie mir den Kopf abschlagen wollten. Dazu war derselbe einer der Sieben des inneren Rates. Und was die Bauern beschlossen, das nahmen sie an, und was sie handelten, das war getan, und dabei mußten die Bauern bleiben. Das nahm ich nun willig, denn ich merkte, daß er es treu und gut meinte, mit großem Dank an und überdachte wohl, was ich tun oder wie ich mich halten sollte. Nun lag mir das im Weg, daß ich einen Monat zu ihnen gelobt und geschworen hatte. Nun hielt ich mich so wie erwähnt, daß es nur acht Tage währte, bis sie mir Urlaub gaben. Ich blieb aber doch die vier Wochen, wie ich gelobt und geschworen hatte, damit sie nicht sagen konnten, ich hätte mein Gelübde und Verpflichtung nicht gehalten.

Währenddessen gab Gott der Allmächtige dem Schwäbischen Bunde Sieg und Glück, daß sie einen Haufen im Lande zu Schwaben schlugen. Da merkte ich wohl, daß ihnen die Katze den Rücken hinauflief. Daher brachen sie bald von Würzburg auf und zogen heraus auf Lauda zu und schlugen das erste Lager an der Tauber, danach zu Krautheim. Danach zogen sie auf Neustadt zu und durch die Hohenlohischen Orte, und ich blieb bei ihnen bis gen Adolzfurth, das ist auch hohenlohisch. Da hatten sie ein Lager. Eben auf denselben Tag war meine Zeit und Frist der vier Wochen, die ich zu ihnen verpflichtet war, aus, und ich dachte: nun ist es Zeit, daß du siehst, was du zu schaffen hast. Und ich glaube nicht, daß sie es wußten, daß eben meine Zeit aus war, ich wußte es aber wohl, denn ich rechnete schier alle Tage einmal daran. Also gab Gott der Allmächtige Glück, daß ich von den bösen oder frommen Leuten, wie ich sagen soll, loskam.

Sacco di Roma

Flugschrift von 1527

Die Ausbreitung der Reformation in Deutschland war durch die ständigen Kriege des Kaisers Karl V. begünstigt. Der Hauptgegner war der französische König Franz I., mit dem Karl um Burgund und Mailand rang. Im ersten Krieg unterlagen die Franzosen 1525 bei Pavia den deutschen Landsknechten unter Georg von Frundsberg. Der französische König geriet in Gefangenschaft und mußte auf seine Ansprüche verzichten. Wieder in Freiheit, brachte Franz I. eine Koalition gegen Karl zusammen, an der sich auch Papst Clemens VII. beteiligte. Der Papst verband sich aus politischen Gründen mit dem Gegner des Kaisers, obwohl dieser allein die Reformation hätte eindämmen können. Zugleich brachen die Türken in Ungarn ein und standen 1529 erstmals vor Wien. Deutsche und spanische Söldnertruppen unter Frundsberg und dem Herzog von Bourbon zogen 1527 vor Rom, um im Namen des Kaisers den Papst zu züchtigen. Karl konnte allerdings nicht voraussehen, wie weit die Soldateska in ihrem antipäpstlichen Haß gehen werde. Da der Sold ausblieb, meuterten die Truppen und plünderten wochenlang die Heilige Stadt. Frundsberg wurde vor Entrüstung vom Schlag getroffen, Bourbon fiel in den Kämpfen. Die Absicht des Kaisers, den Papst zu einem Reformkonzil zu zwingen, wurde von Frankreich und England verhindert.
Die Verwüstung Roms bedeutete zugleich das Ende der Renaissance-Epoche in Rom.

Da hatten der Papst mit etlichen Kardinälen, zwölf oder dreizehn an der Zahl, Signor Rentz, der oberste Hauptmann des Papstes, Dotarius, Jacobus Salviati, der französische Ambassator Albertus Carpis beim Papste, viele Bankleute von den Florentinern, auch etliche Bischöfe und andere große Hansen, dazu viel Volks, die Flucht ergriffen in das Castell Sancti Angeli. In solchem Fliehen nach der Engelsburg sind viele, jung und alt, auch Weiber niedergeritten worden, etliche erdrückt und also totgeblieben. Dadurch wurde das römische Volk erschrocken und verzagt und wußte nicht, wo es sich in solcher eilender Angst und Not auf der Flucht erhalten sollte. Die Spanier sind den Flüchtigen mit zwei Fähnlein nach-

gejagt und haben ihrer viele umgebracht; man hat aber aus dem Castell nicht geschossen, damit sie ihr eigenes Volk nicht beschädigten.
Als nun die Römer solchen Ernst, dessen sie sich auf des Papstes Vertröstung nicht versehen hatten, erfahren, haben sie eilends den durchlauchtigen, hochgeborenen Fürsten Markgraf Albrecht von Brandenburg als einem kaiserlichen Untertan und geborenen deutschen Landesfürsten, dessen sich alle Römer seit vielen Jahren viel Ehre und Gutes versahen, weil er beim Papst in Gnaden stand, gebeten, mit der Kaiserlichen Majestät Kriegsvolk um einen Frieden und Anstand zu verhandeln. Sie wollten der Kaiserlichen Majestät und dem Kriegsvolk alles tun, was sie begehrten und ihnen möglich sei, damit weiter nicht mit Ernst gehandelt werde.
Der edle und gütige Markgraf zu Brandenburg hat sich das im Hinblick auf die vielen unschuldigen Kinder und anderer zu Herzen genommen und sein Leib und Leben nicht gespart, sich nach der eroberten und gewonnenen Borgo nova, des Papstes Palast, begeben in der Absicht, um Waffenstillstand gegen eine merkliche Summe Geldes und andere Zugeständnisse mit der Kaiserlichen Majestät Kriegsvolk zu verhandeln. Aber die Zeit war für den genannten gütigen deutschen Fürsten zu kurz, da der Römischen Kaiserlichen Majestät Kriegsvolk mit hitzigem Gemüt um Mittag desselben Montages das andere Viertel der Stadt Rom, Transtiberim genannt, über die Brücke Sancti Pancratii stürmte und hineindrang, so daß der edle Fürst von Brandenburg kaum Zeit fand, in ein Haus zu kommen und sein Leben zu erhalten.
Es ward nichts verhandelt. Der Kaiserlichen Majestät Kriegsvolk ist weiter in das Viertel Transtiberim eingedrungen und hat alles, was es fand, geplündert, verderbt, gefangen, und getan, was dazu gehört, den genannten Fürsten von Brandenburg gefangen und alles, was er in Rom gehabt, ihm genommen; der Hauptmann Konrad von Bömelberg, der »kleine Hesse« genannt, hat ihn jedoch durch Praktik aus der Spanier Händen ohne Schatzung befreit. Desgleichen sind auch alle Deutschen und Spanier, Römischer Kaiserlicher und Hispanischer Königlicher Majestät Ambassadoren, Oratoren, Gesandten und andere Diener, so damals in Rom gewesen, gefangen, geplündert und zum Teil hoch geschatzt worden nach Gebühr und Ansehen eines jeglichen Standes, also daß man wahrhaftig meint, in ganz Rom werde wenig Volk über drei Jahre alt gefunden, das nicht geschatzt worden sei. Es ist niemand, auch das deutsche Spital nicht, verschont worden. Man meint, daß nach bezahlter Schatzung gegen zwanzigtausend Menschen aus Rom ins Elend gezogen seien.

So ist an demselben Tage die Stadt Rom, die nicht an einem Tage erbaut worden ist, doch an einem Tage ganz erobert, geplündert und zerstört, etliche Kardinäle, Bischöfe, Prälaten, Bankhalter wurden geschatzt, viele Bücher, päpstliche Bullen, Briefe, Register, alle alten Privilegien und dergleichen verbrannt, zerrissen, zerschlagen und zunichte gemacht, dermaßen, daß Gassen, Häuser und Ställe, darin Esel und Rosse gestanden, voll zerrissener Briefe und päpstlicher Bullen gelegen haben und diese den Bestien untergestreut worden sind. Es sind auch alle Haupt- und anderen Kirchen, namentlich St. Peter, St. Paul, St. Lorenz und alle andern, keine ausgenommen, geplündert worden, Kelche, Meßgewänder, Monstranzen und alle Ornate wurden geraubt, auch die Opferstöcke aufgebrochen. Von allem Heiltum und anderem, was mit Silber und Gold geziert gewesen ist, haben sie die Zierde genommen und das Heiltum liegen lassen. In St. Peters Kirche und vor St. Peters Altar sind dazu erschlagen worden gegen zweihundert Personen. Also ist die ganze Stadt Rom von Deutschen und Spaniern vierzehn Tage lang vollkommen geplündert worden. Auch von andern Nationen, Juden, Heiden und anderen, sind groß und klein, reich und arm, was nur hat Geld geben mögen, geschatzt, gemartert und gepeinigt worden.

Ferner sind etlichen Bischöfen, Prälaten und anderen die Hände auf den Rücken gebunden und sie elendiglich in der Stadt Rom von einem Losament zum andern gefangen geführt worden, solange, bis sie ihre Schatzung bezahlt hatten. Einige Spanier haben auch viele schöne Klosterjungfrauen hinweggeführt, und ihre Väter haben sie wieder von ihnen erkauft, einige um zwanzig, andere um dreißig Dukaten, je nachdem sie gewollt haben; und weil alles Volk arm ist, haben sie das Geld zur Erlösung ihrer Kinder unter dem Kriegsvolk erbettelt. So hat Rom vierzehn Tage ohne Justitia und Ordnung gestanden und hat jedermann seinen Mutwillen darin gebraucht und brauchen mögen.

Das Kriegsvolk, etliche Rotten und gute Gesellen, reiten auf Rossen und Eseln täglich in der Stadt Rom herum und vor das Castell St. Angeli. Einer unter dem Kriegsvolk hat sich mit drei Kronen, Chormantel und anderem dergleichen Pomp, wie der Papst pflegt zu reiten, angetan, mitsamt vielen Landsknechten, die sich wie die Kardinäle kleiden, in Mantel, Kardinal- und Bischofshüten, mit Fuchsschwänzen und anderen Pelzflecken durchzogen, und neben ihnen gehen viele Trabanten, wie der Papst in seiner Pracht geritten ist, mit ihren Pfeifen und Trommeln. Es ist auch unter dem Kriegsvolk ein Landsknecht, genannt Grünwald, der hat sich öffentlich vor dem Castell laut hören lassen, er wollte ein Stück aus des Papstes

Leibe fressen, damit er solches dem Luther sagen könne, dieweil der Papst bisher das Gotteswort mit Gewalt verhindert habe. Dergleichen Reden geschehen stündlich unter dem Kriegsvolk. Im Palast in der alten Kapelle, darin man täglich dem Papst alle Officia, Messen, Vesper und andere Horen gesungen hat, hat das Kriegsvolk einen Roßstall gemacht, seine Rosse darein gestellt und mit päpstlichen Bullen und Briefen unterstreut. In der Sixtinischen Kapelle aber, darin der Papst stets seine Messe in seinem Pomp im Beisein der Kardinäle zu halten pflegte, hat man den Herzog von Bourbon, den ritterlichen Fürsten, aufgebahrt, sein Schwert in der Hand nach fürstlicher Gewohnheit.

So sie vor des Papstes Castell kommen oder sonst vor ein Haus, wo Kardinäle, Bischöfe und Prälaten gefangengehalten werden, schenkt man dem Landsknecht, der den Papst darstellt, ein Glas oder einen Pokal ein, macht mit dem Glas voll Wein den Segen gegen ihn mit beiden Händen, zuletzt, so der Segen aus ist, trinkt der Knecht den Pokal voll Wein gar aus und bringt dem rechten Papst den Trunk. Danach schenkt man den Knechten, die Kardinalskleider anhaben, einem jeglichen auch ein Glas voll Wein ein, und als treue und gehorsame Glieder tun sie dem Papst Bescheid, also daß er nicht zu klagen hat. Danach schreit der landsknechtische Papst mit seinen Kardinälen laut, sie wollten das Papsttum dem Luther schenken, und wem solches gefalle, der solle mit dem Landsknechtpapst die Hand aufheben. Also heben sie ihre Hände auf und schreien: Luther soll unser Papst sein! Das mag dann der Papst hören, daß ihm der Schweiß ausgeht, und andere Kardinäle und Bischöfe mehr. Der Herr will solches jetzt haben, damit große Hoffart und viel Übels durch ein fremdes Volk gestraft werde. Er wolle uns seine Gnade zuwenden, damit sein Wille durch uns geduldet und seine Werke bei uns bedacht und erkannt werden. Amen.

Kaiser Karl V. und die deutschen Fürsten

Bartholomäus Sastrow

Karl V. gelang es trotz schwerer außenpolitischer Bedrängnis, und obwohl immer mehr Fürsten, selbst geistliche Potentaten, der Reformation zufielen, die Front der Protestanten zu lockern. Der Sieg im vierten Krieg gegen Frankreich verbesserte seine Stellung noch mehr. Vor allem aber vermochte es Karl durch geschickte Diplomatie, einen der stärksten protestantischen Fürsten, den Herzog von Sachsen, auf seine Seite zu ziehen, der mit seinem Vetter, dem Kurfürsten, verfeindet war. Nun hatte der Kaiser endlich die Möglichkeit, gegen die Protestanten einzuschreiten, die sich zu Schmalkalden zu einem Kriegsbündnis zusammengeschlossen hatten. In der Schlacht bei Mühlberg gerieten die beiden Führer der protestantischen Partei, der Kurfürst von Sachsen und der Landgraf von Hessen, in die Gewalt des Kaisers. Jetzt stand Karl V. auf dem Höhepunkt seiner Macht. Er glaubte, durch eine Reform der Kirche die Glaubensgegensätze beseitigen zu können. In Augsburg gestattete er aus eigener Machtvollkommenheit den Protestanten den Laienkelch und die Priesterehe, bis ein allgemeines Konzil über die Fragen des Glaubens entschieden habe.
Ein aufmerksamer Beobachter dieser Ereignisse, Bartholomäus Sastrow, der den Herzögen von Pommern nahestand, berichtet von seinen Erlebnissen nach der Schlacht bei Mühlberg und vom Zug nach Augsburg.

Am 18. Juni gegen Abend haben die beiden Kurfürsten, Moritz von Sachsen und Brandenburg, den Landgrafen Philipp von Hessen zwischen sich nach Halle geführt. Dort hat er am andern Tag gegen Abend um sechs Uhr auf dem großen Saal in des Kaisers Wohnung im Beisein vieler Herren, Kurfürsten, Fürsten, fremder Potentaten, Botschafter, Grafen, Obersten, Befehlshaber und einer großen Anzahl Zuschauer, so viele ins Gemach gehn und von außen durch die Fenster hereinsehen konnten, mit seinem Kanzler, der neben ihm auf den Knien lag, den Fußfall getan. Aber als der Kanzler demütig genug die Abbitte tat, kniete der Landgraf, der ein spöttischer Herr war, und lachte ganz schimpflich. Da winkte ihm der Kaiser mit dem Finger, blickte zornig und sagte in strengem Tone:

»Wohl, ich will dich lachen lehren.« Was nachfolgend auch geschah. Der Kaiser rückte von Halle nach Naumburg und blieb dort drei Tage. Als die Kaiserlichen sich vor Naumburg sammelten und die Kaiserliche Majestät draußen vor dem Tore etwas wartete, hatte sie einen samtenen Hut auf und einen schwarzen Mantel um, zwei Finger breit mit Samt besetzt. Als aber ein Schlagregen einfiel, schickte er in die Stadt und ließ sich seinen grauen Filzmantel und Filzhut herausholen; mittlerweile drehte er seinen Mantel um, hielt den Hut unter den Mantel, ließ sich auf den bloßen Kopf regnen. Armer Mann, der etliche Tonnen Goldes verwenden könnte, das samtene Hütlein aber nicht naß werden läßt. Nach Bamberg kamen wir am 1. Juli. Der Kaiser zog gegen Mittag mit starkem Volk ein, er aber saß auf einem kleinen Rößlein. In der Vorstadt war eine Straßenbiegung im rechten Winkel, gerade in diese Ecke ward der gefangene Kurfürst von Sachsen logiert, daß er feldwärts aus der Vorstadt hinaus und längs der Vorstadt in die eigentliche Stadt sehen konnte. Er stand oben am Fenster, um den Einzug anzusehen. Als nun der Kaiser in der Ecke an den Kurfürsten kam, neigte dieser sich vor ihm gar tief, aber der Kaiser verließ ihn nicht mit den Augen, solange er auf ihn sehen konnte, und lachte gar spöttisch.
Am 3. Juli schrieb der Kaiser den Reichstag zum 1. September nach Augsburg aus.
Der Kaiser zog mit seinem Kriegszug gemächlich vorwärts, denn es war eine große Hitze in den Hundstagen. Unterdes ritt ich mit Georg von Wedell spazieren, die Kriegsleute entlang, was gar lustig anzusehen war, eines jeden Rüstzeug und Wehr in der Schlachtordnung. Bald waren wir bei den spanischen Kriegsleuten, bald bei den deutschen, und konnten doch am Abend wieder bei unsern Reitern sein. Die Marschierenden hielten nicht den rechten Fahrweg, sondern gingen in gerader Linie, sie machten eine ansehnliche Straße, viermal breiter als die Landstraße; was ihnen entgegen war, mußte weichen, die Zäune wurden niedergerissen, die Gräben wurden zugeschüttet.
Am 29. August des Jahres 1547 bin ich zu Augsburg in eine öffentliche Herberge am Weinmarkt eingeritten. Am Ende des Heumonats ist die Kaiserliche Majestät mit dem ganzen Heer angekommen. Den Landgrafen hat er mit einem Haufen Spanier zu Donauwörth gelassen, aber den gefangenen Kurfürsten hat er mit nach Augsburg gebracht und in einem Haus der Welser einquartiert, am Weinmarkt, durch zwei Häuser und ein kleines Gäßlein von des Kaisers Palast getrennt, nahe bei meiner Herberge. Die Nebenhäuser hatte der Kaiser durchbrechen und über das

Gäßlein ein hölzernes Gerüst legen lassen, so daß man aus seiner Unterkunft in die des Kurfürsten gehen konnte. Der Kurfürst hat seine eigene Küche gehalten, auch seinen Kanzler Minkwitz und sein ganzes Gesinde bei sich gehabt, so daß die Spanier nicht in seine Stube und Schlafkammer kommen mußten. Der Herzog von Alba und andere große Herren am kaiserlichen Hofe sind bei ihm aus und ein gegangen und haben ihm mit freundlichem Gespräch, auch allerlei Kurzweil, Gesellschaft geleistet. Er hatte im Hof seiner Herberge, die recht herrlich und fürstlich gebaut und eingerichtet war, einen Rennplatz, wo sie über die Stange stachen. Ihm wurde erlaubt, in der Stadt an lustige Orte und schön eingerichtete Gärten, deren es zu Augsburg etliche gibt, zu reiten, jedoch sind die spanischen Soldaten vor und hinter ihm gegangen, ihm war fast bis zum Ende des Reichstags, wo er sich weigerte, das Interim anzunehmen, nicht verwehrt, Bücher zu lesen und anderes.

Aber bei dem Landgrafen zu Donauwörth sind die Spanier bei Tage in der Stube gewesen. Wenn er im Fenster gelegen und auf den Platz gesehen hat, so haben auch ein oder zwei Spanier neben ihm am Fenster gelegen, welche die Köpfe ebensolang hinausstreckten; Tag und Nacht haben sie mit Pfeifen und Trommeln die spanische Besatzung auf- und abgeführt. Die bewaffneten Spanier haben des Nachts bei ihm in der Kammer gelegen, und wenn die Wache abgewechselt wurde und die frische mit Trommeln und Pfeifen in die Kammer kam, haben die, welche ihn die halbe Nacht bewacht hatten, das Bett aufgedeckt und gesagt: »Sieh da, wir wollen ihn euch geliefert haben, fortan mögt ihr ihn bewachen.«

Die Kaiserliche Majestät hat, sobald sie zu Augsburg ankam, mitten in der Stadt, hart am Rathause, zu großem Schrecken vieler einen Galgen aufrichten lassen, und dann rechts gegenüber ein Gerüst, ungefähr eines mittelmäßigen Mannes Höhe, darauf man räderte, köpfte, strangulierte, vierteilte und dergleichen Arbeit mehr verrichtete.

Es war wohl ein geharnischter Reichstag, denn außer den spanischen Soldaten und deutschen Knechten, die der Kaiser mit nach Augsburg gebracht hatte, lagen bereits zehn Fähnlein Landsknechte dort zur Besatzung, und auf dem Lande um Augsburg herum lag spanisches und italienisches Kriegsvolk, aber es war auch ein ansehnlicher, pompöser Reichstag, denn es waren die Kaiserliche und Königliche Majestät zur Stelle, alle Kurfürsten in Person mit sehr starkem Gefolge und zahlreiche andere Fürsten und hohe Herren.

Ich habe den Kaiser auf etlichen Reichstagen oft essen sehen, aber er hat seinen Bruder, König Ferdinand, nie zu sich gebeten. Wenn die Speisen von jungen Fürsten und Grafen aufgetragen wurden, setzte man jedesmal vier Trachten, in einer jeden sechs Gerichte, vor ihm auf den Tisch und nahm die Oberschüsseln nacheinander ab. Wenn er etwas nicht wünschte, schüttelte er den Kopf, wenn er von etwas essen wollte, winkte er mit dem Kopf und zog die Schüssel vor sich hin. Es wurden stattliche Pasteten, Wildbret und wohlzugerichtete Leckerspeisen weggetragen, er behielt ein Bratferkel, einen Kalbskopf und dergleichen, ließ sich nichts vorschneiden, brauchte auch das Messer nicht viel, sondern schnitt so viele Stücklein Brot so groß, wie er sie zu jedem Bissen in den Mund stecken konnte. Das Gericht, von dem er essen wollte, löste er an der Ecke, wo es ihm am besten gefiel, mit dem Messer, sein Stück brach er mit den Fingern auseinander, zog die Schüssel unter das Kinn und aß so natürlich, jedoch reinlich und sauber, so daß man seine Lust daran hatte zuzusehen. Wenn er trinken wollte – und er tat nur drei Trunk während der Mahlzeit –, so winkte er seinen Ärzten, die vor dem Tisch standen; sie gingen zum Tresor, auf dem zwei silberne Flaschen standen und ein kristallenes Glas, in das wohl anderthalb Seidel hineingingen, und gossen das Glas aus beiden Flaschen voll. Das trank er fein aus, so daß nichts darin blieb, mußte er auch mehrmal Atem holen, ehe er es von dem Munde zog. Die Mahlzeit währte nicht eine Stunde, dann wurde alles weggeräumt, Sessel und Tische zusammengeschlagen, daß nichts übrigblieb als die vier Wände, allenthalben mit kostbaren Tapeten behangen. Wenn ihm dann das Gratias vorgebetet worden war, reichte man ihm ein Federkielchen als Zahnstocher, dann wusch er sich und stellte sich in eine Ecke des Gemachs an das Fenster, dahin konnte jedermann kommen, Bittschriften überreichen oder mündlich berichten.

Die deutschen Landsknechte, die in der Besatzung zu Augsburg lagen, waren etliche Monate nicht bezahlt worden, und es wurde erzählt, daß die Strafgelder des Landgrafen und der Städte, von denen sie hätten bezahlt werden können, wohl vorhanden gewesen seien, aber der Herzog von Alba habe dieselben bei dem gefangenen Kurfürsten verspielt. So wurden sie mit der Bezahlung länger aufgehalten. Da sind etliche von ihnen in der Fähnriche Quartier gefallen, haben drei Fähnlein herausgerissen und sind so mit aufgerichteten Fähnlein in Schlachtordnung nach dem Weinmarkt gezogen. Als nun die Fahnenträger in der Ordnung dahinziehen, ist ein hoffärtiger Spanier, in der Meinung, Ehre zu erlangen, große Gnade bei der Kaiserlichen Majestät zu verdienen und sich einen ewigen Namen zu machen, zu den Fähnrichen ins Glied gesprungen und hat dem einen das Fähnlein aus der Hand reißen wollen. Dem Fähnrich folgten drei Schlacht-

schwerter, von diesen haut einer diesen Schubiack mitten voneinander wie eine Rübe, nach dem Spruche: Wer sich in Gefahr begibt, kommt darin um. Als die Landsknechte den Weinmarkt erreichten, war ein starkes Rennen und Laufen von den spanischen Soldaten, sie besetzten alle Gassen, die auf den Weinmarkt führten, der gefangene Kurfürst wurde hinüber in den Palast des Kaisers geführt, denn sie besorgten, der Kurfürst möchte ihnen genommen werden: Alle Einwohner, zumal Kaufleute, Krämer, die für den Reichstag köstliche Ware, seidenes Gewand, silberne und goldene Kleinodien, Perlen und Edelsteine angeschafft hatten, trugen Sorge, die Stadt möchte geplündert werden, was auch wohl geschehen wäre, wenn die Landsknechte ihre Bezahlung selbst hätten suchen müssen. Deswegen entstand dort ein wildes Raufen und Getümmel, jeder rüstete sich zum Ernst. Bürger und Fremde lagen auf ihren Häusern geharnischt, die Röhre und halben Haken zum Feuern bereit.
Der Kaiser aber schickte zu den Landsknechten und ließ fragen, was sie wollten. Die Schützen hatten ihre Röhre auf dem linken Arm, in der rechten Hand die brennende Lunte nicht weit vom Zündloch, und sagten: Entweder Geld oder Blut. Darauf ließ der Kaiser ihnen antworten, sie sollten sich zufriedengeben, sie würden am nächsten Tage sicher bezahlt werden. Sie aber wollten nicht abziehen, wenn sie nicht versichert würden, daß sie ungestraft bleiben sollten, weil sie dem Kaiser vor sein Logis gerückt wären. Das versprach ihnen der Kaiser, so zogen sie ab, wurden den nächsten Tag bezahlt und entlassen.
Aber was geschah? Es wurden einige Späher abgefertigt, die sollten sich unvermerkt zu den Führern der Fähnlein ein, zwei Tagereisen gesellen und hören, ob diese auch der Kaiserlichen Majestät ungünstig oder spöttisch gedenken würden; wenn das geschähe, sollten sie sich Beistand nehmen und die Männer gefangen zu Augsburg wieder einbringen. Am andern oder dritten Abend im Wirtshaus taten die Landsknechte einen fröhlichen Trunk, denn sie hatten Geld im Säckel und vermeinten, sie wären jetzt sicher wie in Priester Johanns Land, und glaubten nicht, daß sie ihren Verräter bei sich sitzen hätten; da gedachten sie der Kaiserlichen Majestät in solcher Weise: »O weh, ja! Das sollte man Karl von Gent erlauben, Kriegsleute annehmen und sie nicht bezahlen!« Sie schworen dem Kaiser St. Veltins Krankheit an den Hals, und: »Wir wollen's ihm schon gelehrt und auf den Kopf gegeben haben, Gottes Element sollte ihn geschändet haben.« Auf solche Worte wurden sie ergriffen, wieder zurück nach Augsburg geführt, am Berlach an den Galgen gehenkt und einem jeden ein kleines Fähnlein in den Latz gesteckt.

Die Belagerung von Leiden

Emanuel van Meteren

Die Niederlande waren eine der wertvollsten Provinzen des Habsburgerreiches. Bei der Teilung des Reiches nach der Abdankung Karls V. waren sie an Spanien gefallen. Philipp II. versuchte die verhältnismäßige Selbständigkeit, die die Niederlande unter seinem Vater genossen hatten, zu beschränken, zunächst, um sich die hohe Steuerkraft des Landes zunutze zu machen, dann aber auch, um das eindringende Luthertum und den Calvinismus zu bekämpfen. Die einheimische Opposition wurde von Wilhelm von Oranien und von Graf Egmont geführt. Die Calvinisten nahmen, anders als die Lutheraner, das Recht für sich in Anspruch, gegen die Obrigkeit Widerstand zu leisten. Sie empörten sich gegen die spanische Inquisition. Als der Herzog von Alba ein Schreckensregiment errichtete, dem auch Egmont zum Opfer fiel, kam es zu einem langen, erbitterten Krieg der Nordprovinzen um ihre Freiheit. 1581 sagten sie sich schließlich von Spanien los und begründeten einen eigenen republikanischen Staat. Der Süden, überwiegend katholisch, verblieb bei Spanien.
Der folgende Bericht zeigt, wie erbittert die Niederländer ihre Freiheit verteidigten. Sie nahmen es sogar auf sich, weite Strecken des Landes unter Wasser zu setzen, um den Spaniern das Vordringen zu erschweren und den eigenen Kampf zu erleichtern.

Der Magistrat und Adel der Stadt sowie der Kommissar, Herr Dieterich von Brunckhorst, gaben nicht nur sogleich Anordnungen zur Verteidigung der Stadt heraus, sondern regelten auch die Verteilung der Lebensmittel. Für die ersten zwei Monate teilten sie jedem Einwohner ein halbes Pfund Brot je Tag zu, auch die Milch, die man nur abgerahmt verkaufen durfte, wurde rationiert.
Daneben hatte man noch über siebenhundert Stück Großvieh in der Stadt, das man täglich hinaus auf die Weide gehen ließ, und es gingen dabei nur eine einzige Kuh und drei Kälber verloren, denn die Tiere gewöhnten sich daran, daß sie sogleich zur Stadt flohen, wenn sie den Lärm der Geschütze hörten. Die Pferde behielt man in den Ställen der Stadt.

Es kam häufig zu Scharmützeln, die Spanier wurden auch oft mit wunderbarer Klugheit aus ihren Schanzen vertrieben, aber der spanische Feldherr Valdez wollte die Stadt unbedingt aushungern. Er und andere Herren sandten immer wieder Briefe nach Leiden, in denen man der Stadt Verzeihung und Gnade anbot, ihr versprach, sie solle ohne Besatzung bleiben, und schließlich feststellte, daß es keine Schande für sie bedeuten würde, sich zu ergeben, da sie ja vom Feind nicht erobert worden sei. Auf diesen Brief und etliche andere antworteten die Leidener nur mit einem weißen Bogen Papier, auf dem nichts anderes geschrieben stand als der Vers: »Fistula, dulce canit, volucrem dum lum decipit auceps« – das heißt: »Des Voglers Pfeife gar lieblich singt, bis sie das Vöglein ins Netze bringt.« Auf andere Briefe gaben sie andere spitzfindige und lustige Antwort. Am 22. September aber riefen sie ihren Feinden über die Stadtmauer eine allgemeine Antwort zu: »Ihr gründet eure ganze Sache auf Hungersnot und die Unmöglichkeit eines Entsatzes für uns. Ihr nennt uns Hunde- und Katzenfresser, uns aber mangelt es so lange nicht an Kost, so lange ihr noch Kühe in unserer Stadt hört. Und wenn es uns jemals an Speisen fehlen sollte, so hat noch ein jeder von uns einen linken Arm; den wollen wir aufzehren und den rechten behalten, um den Tyrannen samt seinem blutdürstigen Haufen von unserer Stadtmauer abzukehren.«
Damit es in der Stadt auch nicht an Geld mangelte, behalf man sich mit Papiergeld, auf dem stand »Haec libertatis ergo – Um der Freiheit willen«, mit einem Löwen, der einen Hut auf einer Stange hielt, und auf der anderen Seite: »Gott behüte Leiden.« Inzwischen blieben aber die Bürger nicht müßig und baten oft den Prinzen von Oranien und die Generalstaaten um Entsatz.
Nun entschlossen sich die Generalstaaten endlich zu einem ernsten Schritt. Um Leiden zu entsetzen und ihren Feinden zu zeigen, daß sie Wille und Macht hätten, lieber alles untergehen zu lassen, als Gottes Wort und ihre väterlichen Freiheiten zu verlieren, gemäß dem Sprichwort »Es ist besser das Land verdorben als verloren«, bewilligten sie die Öffnung der Schleusen und befahlen, die Dämme der Maas und Issel zu durchstechen, damit das Land überall vom Wasser überschwemmt würde und man so zu Schiff gegen Leiden fahren und die Stadt entsetzen könne. In Rotterdam und anderswo hatten sie ungefähr zweihundert Schiffe in der Art von Galeeren herrichten lassen, mit glatten Böden, deren jedes mit zehn, zwölf, vierzehn oder achtzehn Riemen gerudert wurde, vorne ein oder zwei Geschütze und auf der Seite sechs Drehgeschütze besaß.
Mit solcher Rüstung zogen sie am 11. September zu einem Damm, der die

Landscheide genannt wurde, und nachdem sie sich dort verschanzt hatten, durchstachen sie ihn und fuhren in das Soetermeer, während sie zugleich die Spanier zu beiden Seiten mit ihren Geschützen zurücktrieben. Um von der Stadt Leiden gesehen zu werden, entfalteten sich Schiffe und Galeeren in weiter Schlachtordnung, und man feuerte das grobe Geschütz ab.
Das gleiche taten auch die von Leiden, die sich jetzt guten Mutes erzeigten, obgleich sie nur noch Kuh- und Pferdefleisch ohne Brot als Speise hatten, und man am 14. September nur noch ein halbes Pfund von diesem Fleisch einem jeden zuteilen konnte, das doch nichts anderes war als Haut und Schleim, wegen der Magerkeit der Tiere. Der Hunger war so groß, daß Hunde, Katzen, Ratten und andere Tiere als Schlemmereien angesehen wurden. Wegen des Hungers und der großen Not war eine solche Pestilenz in der Stadt ausgebrochen, daß innerhalb kurzer Zeit sechstausend Menschen starben. Da aber der Nordostwind wehte, trieb er das Wasser aus dem Land hinaus, ohne daß die Schiffe an die Stadt herankommen konnten. Deshalb befahl der Prinz von Oranien, einen anderen Damm, den Kirchweg, zu durchstechen, und wenn die nächste Springflut nicht Wasser genug brachte, sollte man sehen, wie man mit dreißig oder vierzig Transportkähnen heimlich bis Leiden gelangen könnte, um die Stadt einigermaßen mit Brot zu versehen. Dieser Plan wurde den Bürgern von Leiden durch eine Taube bekanntgemacht, die der letzte Bote mit hinausgetragen hatte. Die Nachricht erregte unter den Bürgern große Freude und bestimmte sie, noch weiter auszuhalten, zumal jetzt auch der Wind von Nordwesten zu wehen begann, dann nach Südwest umschlug und das Wasser landeinwärts auf Richtung Leiden zutrieb, obwohl die Spanier allenthalben an vielen Orten die Dämme wieder verstopft hatten. Als die Obersten sahen, daß das Wasser von neun Daumentiefe mit dieser Springflut auf neunzehn Daumen gewachsen war, beschlossen sie, über den hochliegenden, vorhin erwähnten Kirchweg zu fahren und an Stellen, wo das Wasser nicht tief genug sei, sollten sogleich zehn oder zwölf Männer aus jedem Schiff springen, um dasselbe sowohl zu erleichtern wie auch vorwärtszuschieben.
Sie durchstachen also den Kirchweg an zwei oder drei Stellen und führten ihr Werk tapfer vor den Augen der Feinde aus, nur mit dem Verlust von fünf oder sechs Männern. Als die Spanier aber, die dort verschanzt lagen, am Morgen die Galeeren auf sich zukommen sahen und zugleich merkten, daß das Wasser noch weiterstieg, verließen sie alle Schanzen. So fuhr der Admiral Loys Boysot mit seinen Schiffen, in Freuden Gott lobend, am Morgen des 3. Oktober um acht Uhr zu den Toren von Leiden.

Der Fenstersturz zu Prag

Theatrum Europaeum

Um 1600 stellte eine Reihe von Ereignissen den Augsburger Religionsfrieden von 1555 in Frage. Die beiden konfessionellen Lager schlossen sich in Bündnissen zusammen, die Protestanten in der Union, die Katholiken in der Liga. Der große Krieg konnte zunächst noch vermieden werden. Kaiser Rudolf II. wurde von seinem auf Ausgleich bedachten Bruder Matthias in Ungarn, Österreich und Mähren entmachtet. Er behielt nur Böhmen und die Kaiserkrone und mußte, um sie sich zu bewahren, dem Adel und den Untertanen im »Majestätsbrief« 1609) Gewissensfreiheit und freie Ausübung der Religion gewähren. Nach Rudolfs Tod versuchte nun Matthias, im ganzen Habsburgerreich eine Politik der religiösen Befriedung durchzuführen. Diese Bestrebungen machten ihm wiederum die Erzherzöge zu Feinden, die ihn mit spanischer Hilfe verdrängten und durch den Erzherzog Ferdinand ersetzten. Nun wurden alle Vergünstigungen, die Rudolf (im Majestätsbrief) und Matthias den Protestanten (sub utraque) gewährt hatten, beseitigt. Gegen die religiöse Bedrückung und das Verbot des Kirchenbaues in Braunau wandten sich die böhmischen Stände auf der Prager Burg. Der Fenstersturz wurde zum Signal für den allgemeinen Aufstand gegen Österreich.

Da die Wünsche der protestantischen Herren in Böhmen berücksichtigt worden waren, hielten sie etwas Ruhe, doch dauerte selbige nicht lange an, sondern hat sich folgendes zugetragen: Als die Protestanten hin und wieder auf weltlichem Boden zu ihren Religionsübungen vermöge ihrer erlangten Freiheiten Kirchen aufbauten, haben auch die Einwohner des Städtleins Braunau, das dem Abt der Klosters zu Braunau zuständig war, eine Kirche zu bauen angefangen. Weil nun die Katholiken die in dem Majestätsbrief zugebilligte Freiheit, Kirchen zu bauen, nicht auf die Untertanen geistlicher Obrigkeit bezogen haben wollten, ja überdies auch behaupteten, daß der Majestätsbrief allein den Ständen des Königreiches Böhmen zugelassen habe, Kirchen zu bauen, so hat der Abt zu Braunau solches Werk der Protestanten untersagt.

Wie aber sein Abmahnen und Verbot nichts helfen wollte, hat er solches dem Kaiser Matthias geklagt, der die Protestanten vermahnte, von dem Bauvorhaben abzustehen. Die Braunauer aber suchten wider solchen Befehl bei den Defensoren zu Prag Schutz, worauf dieselben die kaiserlichen Räte und aus jeder Provinz sechs Personen zusammenriefen und ihnen die Sachen vortrugen. Da ward nun erkannt, daß die unter geistlicher Obrigkeit gehörigen Untertanen auch des Majestätsbriefes genießen sollten und die Braunauer ermahnt, ihren Bau fortzuführen.

Etliche Zeit hernach aber wurde auf des Abtes fernere Klagen ihnen durch kaiserliche und königliche Mandate auferlegt, die Kirche an den Abt abzutreten und die Schlüssel in die böhmische Kanzlei zu liefern. Dessen alles ungeachtet, leisteten die Braunauer dem Befehl nicht Folge, wichen auch nicht von ihrem Vorhaben ab, weil ihnen solches die Stände nach Inhalt ihrer Privilegien als Recht zuerkannten. Daraufhin sind die vornehmsten Häupter unter ihnen zu Prag in Haft genommen worden.

Es befand sich aber eben um diese Zeit Ihre Kaiserliche Majestät mit der Hofhaltung in Wien; denn nachdem Ihre Majestät gesehen, daß wegen Ihres hohen Alters und allerhand Schwachheiten Ihr Lebensende herbeinahte, wollte Ihre Majestät wegen der Nachfolge in beiden Königreichen Böhmen und Ungarn noch bei Ihren Lebzeiten eine Regelung treffen, ernannte deswegen zu einem Nachfolger in denselben dero Vetter, Erzherzog Ferdinand, welcher dann auch den 29. Juni im Jahre 1617 von den böhmischen Ständen angenommen, zu ihrem König erwählt und gekrönt wurde, und nicht lange hernach auch in Ungarn, wohin er bald danach abreiste.

Während dieser Abwesenheit des Kaisers wurde den Defensoren zu Prag obiger Prozeß mit den Braunauern und Klostergrabern geklagt, die sich deswegen wieder versammelten und sich wegen dieser und allerhand anderer Drangsalen bei den kaiserlichen Statthaltern und Räten beschwerten, sowie auch bei Ihrer Majestät, dem Kaiser selbst, durch ein Schreiben um Freilassung der gefangenen Braunauer anhielten. Unterdessen wurde auch eine allgemeine Zusammenkunft der evangelischen böhmischen Stände auf den 21. Mai anno 1618 zu Prag im Kaiser Karls IV. Kollegium ausgeschrieben und dabei zu erkennen gegeben, wie den Privilegien der Protestanten Gewalt angetan, dem Majestätsbrief nachgestellt werde, große Kriegsmacht vorhanden sei und äußerste Gefahr vor der Tür stünde. Als nun die Sache dadurch ein seltsames Ansehen bekam, und auch Ihre Kaiserliche Majestät, nachdem sie von ihren Statthaltern und Räten unterrichtet worden war, solche Zusammenkunft höchlichst mißbilligte, ließen

die Stände, als sie das vermerkten, an die Majestät ein Entschuldigungsschreiben abgehen, in dem sie dartaten und bewiesen, daß sie eine solche Zusammenkunft vermöge des Majestätsbriefes, Landtagsbeschlusses und der aufgerichteten Vergleiche zu halten befugt seien und damit sich nicht im geringsten gegen Ihre Majestät vergriffen hätten. Es hat aber Ihre Kaiserliche Majestät auf diese Entschuldigung hin am 11. März von Wien aus ein Schreiben an die Statthalter und Räte zu Prag abgehen lassen.
Es haben sich aber durch dieses Schreiben die böhmischen Stände und Defensoren von ihrem Vorhaben nicht abschrecken noch im geringsten davon abwendig machen lassen, sondern sind darin je länger um so eifriger geworden und haben all denen, die ihre Versammlung übel gedeutet oder sich wider selbige gerühret, alles Unheil, so daraus entstehen möchte, auf den Hals zugeschoben und sich gleichzeitig entschlossen, besagte Zusammenkunft auf alle Fälle abzuhalten.
Nachdem die Versammlung mit Psalmen, Gesang und Predigt eröffnet worden war, sind sie zur Beratschlagung geschritten und haben fürnehmlich verhandelt, wie die Beschlüsse von Augsburg nicht allein in den Prager Städten, sondern auch im ganzen Königreich Böhmen erhalten werden könnten. Nachdem nun von den anwesenden Herren und Ständen ein gemeinsamer Beschluß zustande gekommen, haben sie am folgenden Mittwoch, also dem 23. Mai, jeder mit einem Knecht, mit ihrem Gewehr und Pistolen versehen, alle zu Pferd sich in das Schloß begeben und bei den königlichen Landoffizieren ihre Beschwerden vorgebracht und derselben Abschaffung begehrt. Als nun der Obrist Burggraf Adam von Sternberg nebst Herrn Popeln, Kreuzherrn und Prior bei Unserer Lieben Frau, auf solches Begehren sich ziemlich akkomodieret, hingegen aber der Obrist Landrichter Wilhelm Slavata von Chlum und der Graf von Martinitz mit selbigen nicht einstimmen wollten, sondern sich den Ständen gar hart erzeigten, haben diese die erstgenannten zwei Herren beiseite gerufen und unterdessen besagten Slavata und Martinitz, nebst dem Sekretarius M. Philippus Fabricius, in Mänteln und Degen, wie sie gegangen und gestanden, aus der Kanzlei durchs Fenster hinab in den Graben gestürzt. Weil sie aber zu ihrem großen Glück auf einen Haufen Kehrricht gefallen, ist ihnen an dem Leben, wie wohl es an die vierzig Ellen tief (über 20 Meter) hinunterging, kein Schaden geschehen, und obwohl auch von den anderen etliche Pistolenschüsse ihnen nachgesendet wurden, sind sie doch nicht getroffen worden, haben sich geflüchtet und sind also der Gefahr entronnen.

Die Ermordung Wallensteins

Oberstleutnant Gordon

Albrecht von Wallenstein stammte aus ursprünglich protestantischem böhmischem Adel. Er hatte sich an den Konfiskationen nach der Niederwerfung des böhmischen Aufstandes in großem Stil bereichert und war vom Kaiser zum Herzog von Friedland erhoben worden. Ihm wurde nach den Erfolgen des Heeres der Liga die Aufstellung und Führung eines eigenen kaiserlichen Heeres übertragen. Wallenstein und Tilly eroberten zusammen Norddeutschland und warfen den Dänenkönig zurück.
Nach diesen Erfolgen wollte der Kaiser darangehen, die Stellung der protestantischen Fürsten entscheidend zu schwächen. Aber nicht nur die Betroffenen, sondern auch die katholischen Fürsten widersetzten sich dieser Stärkung der kaiserlichen Stellung. Auf Betreiben der Kurfürsten mußte der Kaiser seinen Feldherrn 1630 absetzen.
Die habsburgischen Ostseepläne und die Bedrohung des deutschen Protestantismus riefen auch Schweden auf den Plan. 1630 landete Gustav Adolf in Pommern. Seine Siege über Tilly und die Besetzung Bayerns brachten die kaiserlichen Länder in so große Gefahr, daß Wallenstein abermals als Retter herbeigerufen wurde. In der Entscheidungsschlacht bei Lützen wurde Wallenstein zwar geschlagen, aber der Schwedenkönig selbst fiel im Kampf.
Wallenstein nützte die Lage nicht aus, sondern begann Verhandlungen mit den protestantischen Ständen. Diese zweideutige Haltung schwächte seine Stellung in Wien, so daß er eine neuerliche Absetzung zu gewärtigen hatte. Als er schließlich mit den Schweden selbst in Verhandlungen trat und seine Offiziere auf seine eigene Person verpflichtete, wurde er 1634 in Eger ermordet.

Am 24. Februar 1634, gegen Abend zwischen vier und fünf Uhr, ist der Herzog von Friedland, Wallenstein, begleitet von Generalfeldmarschall Ilow, den Grafen Adam Tertzky, Kintzky, dem Rittmeister Niemann und anderen hohen Offizieren, jedoch mit nur sehr geringen Teilen seines Hoflagers, vier Kornetts Tertzkyscher Reiterei, sieben Kompanien Butlerscher Dragoner und fünf Kornetts altsächsischer Reiterei ganz unversehens in Eger eingetroffen, während der größere Teil des Hoflagers samt

dem fürstlichen Troß in Pilsen verblieb. Von seiner Ankunft hatte man drei Stunden zuvor noch keine genauen Mitteilungen. Der Fürst suchte nicht sein altes Quartier auf, sondern bezog ein neues am Ende des Marktplatzes. In der folgenden Nacht schickte er seinen Kanzler von Els zu dem Markgrafen nach Kulmbach sowie verschiedene Boten nach Saaz, Leitmeritz, Laun und anderen Orten, in denen Regimenter stationiert waren, deren erwarteter Anmarsch ausgeblieben war. Die vier Kornetts Tertzkyscher Reiterei wurden aufs Land, der größte Teil der Butlerschen Dragoner in die Vorstadt gelegt. Am folgenden Tage, am Samstag, dem 25. Februar, sandte der Fürst einen Kurier an den Fürsten von Arnheim und einen Trompeter an den Herzog Franz Albrecht von Sachsen. Gegen Abend gab Generalfeldmarschall Ilow den Ortskommandanten, Oberstleutnant Johann Gordon und Oberwachtmeister Leslie, beide Schottländer, den Befehl, daß sie am nächsten Tage, also am Sonntag, früh um acht Uhr Bürgermeister und Rat auffordern sollten, sich zum Fürsten von Friedland zu begeben und diesem ihre Verehrung zu erweisen, ihm zu huldigen und zu schwören, zur Fortführung der Rüstung viertausend Reichstaler vorzuschießen. Würden sie diese Aufforderung verweigern oder sie ablehnen, sollte der erste aufgespießt, der zweite gevierteilt, der dritte gehängt, der vierte geköpft und so weiter behandelt werden, bis sich die übrigen zu den geforderten Leistungen bereit erklärten. Bald nach Empfang dieses Befehls begab sich der Ortskommandant Johann Gordon, der bei der Ankunft des Herzogs sein Quartier verlassen hatte, auf die königliche Burg, die von der Stadt etwas abgesetzt und für sich befestigt liegt. Dorthin waren die Grafen Ilow, Tertzky, Kintzky, Oberst Butler, Rittmeister Niemann und Oberwachtmeister Leslie zur Abendbesprechung gebeten worden. Alle erschienen und waren guten Muts.
Unterdessen wurden die Wachen auf der Burg und beim Gardecorps zwischen neun und zehn Uhr abends rasch verstärkt, das Obertor geöffnet und in größter Stille eine Kompanie Dragoner eingelassen. Das Tor schloß man sofort wieder. Der Hauptmann der Dragoner begab sich auf die Burg, wo er den Versammlungsraum mit zwar gezogenem, jedoch verstecktem Degen betrat und rief: »Wer ist gut kaiserlich?« Darauf antworteten Oberst Butler, Oberstleutnant Gordon und Oberwachtmeister Leslie schnell: »Vivat Ferdinandus, vivat Ferdinandus!«, ergriffen ihre Waffen und drangen auf die Grafen Ilow, Tertzky, Kintzky und Rittmeister Niemann ein. Ilow und Kintzky schlossen sich ihnen an, Graf Tertzky aber, so wird berichtet, wehrte sich, worauf er in den Vorraum abgedrängt wurde, so ihn die bereitgestellten Dragoner mit Musketen zu Tode schlugen.

Rittmeister Niemann erhielt zwei Stiche und flüchtete sich in die Speisekammer, wo er umfiel und starb. Das alles geschah ohne besonderen Tumult.

Sobald dieser Vorgang beendet war, begab sich der Hauptmann der Kompanie Butlerscher Dragoner ohne Gefahr mit zwanzig Musketieren, denen weitere nachfolgten, in die Stadt. Als er in das Quartier des Herzogs von Friedland kam, wurde dessen Kammerdiener, der vor der fürstlichen Wohnung wartete, nach kurzer Gegenwehr niedergestochen. Der Mundschenk, der für den Fürsten in einer goldenen Schale Bier gebracht hatte und gerade hinausgehen wollte, wurde am Arm verwundet. Auf das Geschrei der Musketiere hin öffnete man die fürstliche Wohnung. Wallenstein, der, nur im Nachthemd, an einen Tisch gestützt stand und nicht mehr als »Ah, Guardier!« sagen konnte, wurde von dem Hauptmann mit den Worten »Du schlimmer, meineidiger, alter, rebellischer Schelm« mit der Partisane durch die Brust gestochen, er fiel auf die Erde und starb. Die Dragoner wickelten den Leichnam in ein rotes Tuch, legten ihn auf eine Bahre und brachten ihn auf die Burg zu den anderen Toten.

Auf Kaperfahrt mit Francis Drake

Robert Leng

Nach der Thronbesteigung Elisabeths löste sich England endgültig vom Katholizismus, ohne zunächst eindeutig für den schwer bedrängten Protestantismus des Kontinents Partei zu ergreifen. Elisabeth vermied es lange, in den Krieg mit Spanien einzutreten, denn sie erkannte die Schwäche ihres Landes, das für eine solche Auseinandersetzung kaum gerüstet war. Die außenpolitischen Maßnahmen der Königin beschränkten sich darauf, die Niederlande zu unterstützen und die Piratenzüge abenteuernder Seeleute zu dulden. Gerade diese Beutezüge von Francis Drake und Walter Raleigh gegen die spanische Handelsflotte und die Goldtransporte von Amerika waren empfindliche Nadelstiche gegen Philipp II. von Spanien und zugleich eine glänzende Schulung der englischen Flotte für die bevorstehende entscheidende Auseinandersetzung. Es herrschte ein ständiger Kleinkrieg, ohne daß der Krieg erklärt wurde. Selbst der Überfall auf Cadiz, von dem der folgende Bericht erzählt, wurde von den Spaniern hingenommen.

Erst als Maria Stuart, die katholische Königin Schottlands, die sich schon lange im Gewahrsam Elisabeths befand und die abermals in eine Verschwörung gegen ihre Rivalin verwickelt war, hingerichtet wurde, entschloß sich Philipp widerstrebend zum Kampf. Er fand keinen Bundesgenossen in der katholischen Welt, nicht einmal der Papst stand ihm bei. Die Ausrüstung der gewaltigen Armada war vergebens; der Mut der englischen Seeleute und schwere Orkane ließen das Unternehmen scheitern.

Nachdem sich unser Admiral Sir Francis Drake schon acht Tage in Plymouth aufgehalten hatte, um seine Flotte auszurüsten, stachen wir endlich am Sonntag, dem 2. April, zusammen mit fünfundzwanzig Schiffen in See. Vier davon gehörten Ihrer Majestät, der Rest waren Handelsschiffe und Pinassen.

Wir segelten in Richtung Portugal, wurden aber schon am anderen Tag durch stürmisches Wetter weit auf das Meer hinausgetrieben, wo uns der Sturm sieben Tage lang herumstieß. Dabei verloren wir eine kleine Pinasse, und unsere gesamte Flotte wurde auseinandergetrieben. Dank

des umsichtigen Rats und der Befehle unseres Admirals konnten wir uns aber einen Tag später schon wieder vereinen und kamen am Mittwochnachmittag, dem 19. April, vor die Reede von Cadiz, wo wir eine große Flotte vorfanden, die dort vor Anker lag. Sobald sie uns gesichtet hatte, kamen zwei ihrer Galeeren auf uns zu, segelten aber sofort wieder hastig und ohne einen Schuß abzugeben zurück, als sie uns erkannten. Unser Admiral ließ sofort das Feuer auf sie eröffnen und tötete an die zehn ihrer Leute. Nun liefen mehrere andere Galeeren aus und kämpften gegen uns, wir feuerten aber mit unseren schweren Geschützen so heftig auf sie, daß zwei von ihnen abgeschleppt werden mußten. In der Zwischenzeit hielten die Schiffe unserer Flotte verschiedene ihrer Schiffe an, die ihre Ankertaue durchschnitten und die Segel gehißt hatten, um nach anderen nahegelegenen spanischen Häfen zu entkommen. Einigen gelang auch die Flucht, die meisten aber wurden aufgehalten. Als wir enterten, sprangen die meisten Mitglieder der Besatzung ins Wasser und schwammen an Land. Drake versenkte in der gleichen Nacht noch mehrere ihrer Schiffe, unter ihnen ein Handelsschiff, das, wie berichtet wurde, sechsunddreißig Messingkanonen an Bord hatte.
Am folgenden Morgen zeigten uns die spanischen Galeeren verschiedene Prahlereien, die Stadt und die Forts ärgerten uns auch während des ganzen Tages, konnten aber kaum Schaden anrichten. Nur der Oberkanonier eines Schiffes erlitt durch einen Schuß von der Stadt aus einen Beinbruch. Am gleichen Tag und in der folgenden Nacht begann unser Admiral wieder zu feuern, und wir vernichteten ungefähr im ganzen dreißig Segelschiffe mit, wie wir schätzten, rund siebentausend Tonnen Ladung.
Am 21. April, gegen zwei Uhr morgens, segelten auch wir wieder weiter, zehn feindliche Galeeren folgten uns bis zum Vormittag. Aber entweder aus Mangel an Pulver und Geschützen oder wegen der Hitze des Tages, ich weiß es jedenfalls nicht, oder weil einige von ihnen schon angeschossen waren, was unserer Meinung nach am wahrscheinlichsten schien, lagen sie drei Stunden lang in Luv, wagten aber nicht, in unseren Schußbereich zu kommen.
Am 5. Mai segelten wir in Richtung auf die beiden südlichen Kaps, Kap Saker und Kap St. Vincent. Dort landete Drake ungefähr achthundert Mann mit allen Musketen und kleinen Geschützen. Wir marschierten auf seinen Befehl hin in Kriegsordnung von der Landestelle aus zu einem Fort namens Algaferra. Als die Besatzung uns herankommen sah, flüchtete sie zur Festung von Kap Saker, und wir konnten das Fort einnehmen und es mit einigen unserer Männer besetzen. Die übrigen Leute marschierten

weiter zur Festung, deren Wälle man auf dreißig Fuß Höhe und zehn Fuß Breite schätzte. Im Osten, Süden und Westen ist sie durch einen großen Felsen geschützt. Als wir unter der Festung vorbeimarschierten, schossen sie auf uns, verletzten uns aber nicht. Auf Befehl des Admirals lieferten dreißig Musketenschützen ihnen ein Feuergefecht, damit die Feinde einen größeren Vorrat ihres Pulvers und ihrer Kugeln verbrauchten. Unsere Leute kehrten dann wieder zur Hauptstreitmacht zurück. Kein Mann war getötet worden, aber einige hatten Verletzungen erlitten.
Jetzt forderte Drake den Kommandanten der Festung zu Unterhandlungen auf und befahl ihm, sich zu ergeben, was dieser heftig ablehnte. Daraufhin sandte Drake nach Holz zu unseren Schiffen, um Feuer an das äußerste Tor zu legen. Mit großem Eifer trug er selbst Holz und andere brennbare Vorräte mit heran und zündete sie an, während unsere übrigen Truppen der Besatzung ein Feuergefecht lieferten. Bei diesen Kämpfen wurden zwei unserer Leute getötet und mehrere schwer verletzt. Zur gleichen Zeit wurde aber auch der Festungskommandant verletzt, und die Belagerten hißten die weiße Flagge und ergaben sich. Wir drangen in die Festung ein, und unser Admiral erlaubte der Besatzung gnädigst abzuziehen.
Am 6. Mai segelten wir wieder weiter und ließen die Festung und die Burg brennend zurück. Wir kamen bis nach Castcales und warfen dort der Befestigung und den acht spanischen Galeeren zum Trotz die Anker aus. Von der Stadt aus schoß man auf uns, aber dank göttlicher Vorsehung blieben wir geschützt. Von unserem Ankerplatz aus konnten wir schon Lissabon, die Hauptstadt Portugals, erkennen. Als wir wieder eine Karavelle eingenommen hatten, schickte unser Admiral sie am Nachmittag zu einem starken Fort namens St. Julyans, wo der Marchese de St. Cruses als Leutnant des Königs stationiert war, und ließ diesen auffordern, alle Engländer zurückzuschicken, die sich als Ruderer auf den Galeeren befänden. Er würde ebenso viele Spanier und Portugiesen dafür ausliefern. Ferner wollte er wissen, ob sein Herr, der König, sich entschlossen hätte, in diesem Jahr gegen England Krieg zu führen. Aber der Marchese schickte ihm sein Wort zurück, daß es bei seiner Ehre als Edelmann keinen Krieg geben werde. Ferner teilte er mit, daß der spanische König in diesem Jahr nicht genügend gerüstet sei. Aber wir fanden später bei einem Gefangenen Briefe, in denen der König mitteilte, daß er in diesem Jahr gegen England aufbrechen wolle und niemand verschont würde, der mehr als sieben Jahre alt wäre.
In der folgenden Nacht lichteten wir die Anker, gingen von Castcales aus

in See und kehrten zu unserem früheren Hafen von Kap Saker zurück. Dort vertäuten wir unsere Schiffe, versorgten sie mit frischem Wasser und Ballast und ließen unsere Leute sich sechs Tage lang an Bord erholen. Während unseres Aufenthaltes kam ein Neger zu unseren Schiffen, der von spanischen Reitern verfolgt worden war, die ihn an der Küste mit allen Mitteln suchten. Dieser Neger erzählte unserem Admiral, daß zehn königliche Galeeren nach Lagos segelten. So nahm Drake am nächsten Tag ebenfalls dorthin Kurs, und als er so nahe an sie herangekommen war, daß unsere Hauptkanone sie erreichen konnte, feuerten wir Breitseiten ab, sie aber flüchteten sich zu den Felsen, um sich zu retten. Dorthin konnten wir ihnen nicht folgen. Sie schossen auch auf unsere Schiffe, taten uns aber keinen Schaden an. Als wir dann entlang der Küste segelten, verfolgten unsere Pinassen in den Buchten ihre kleinen Fahrzeuge und Fischerboote, so daß sie selbst sich versenkten.

In der Nacht des 22. Mai kam ein großer Sturm auf, der bis Donnerstag, den 25. Mai, dauerte und in dem wir alle unsere Handelsschiffe verloren. Wir verfügten nun nur noch über neun Segelschiffe, mit denen wir jetzt Kurs auf die genannten Inseln nahmen. Nach sechzehn Tagen sichteten wir am 8. Juni, einem Donnerstag, am Vormittag die Insel Saint Michelles, wo wir gegen Abend ein großes Segelboot entdeckten, das unser Admiral für ein Kriegsschiff hielt. Da zwei von den Pinassen weit von unserer Flotte entfernt waren, befahl er der »Raynebowe«, auf Lee zu legen und anzuhalten.

So kaperten wir das Schiff. Am nächsten Morgen sichteten wir ein großes Segelschiff, und weil wir eine gute Brise hatten, näherten wir uns ihm mit aller Geschwindigkeit, als wir jedoch näher herangekommen waren, erkannten wir, daß es sich um ein mächtiges Schiff handelte und daß es die portugiesische Flagge, ein rotes Kreuz, gehißt hatte. Es zog sie ein und hißte sie wieder drei- oder viermal, als Zeichen für uns, sich zu erkennen zu geben. Aber wir wußten, um welche Art Schiff es sich handelte, und hißten deshalb keine Flagge, bis wir in seinem Schußbereich waren, dann zogen wir unsere Flaggen und Wimpel auf, damit sie nicht im unklaren blieben, wen sie vor sich hatten. Danach begrüßten wir die Feinde mit Kanonenschüssen, die sie auf unsere Schiffe erwiderten. Unsere Pinassen und Schnellsegler legten sich schräg zu ihrem Bug und warfen Feuerwerkskörper hinüber. Als die Feinde sahen, daß wir bereit waren zu entern, sechs ihrer Leute getötet und einige schwer verletzt waren, ergaben sie sich. Es handelte sich um ein Schiff des Königs, das von Ostindien gekommen und zu unserer großen Freude und Zufriedenheit reich beladen war. Auf ihm fanden wir auch vierhundert Neger, die man gefangengenommen hatte, um sie in Spanien und Portugal als Sklaven zu verkaufen.

Nach diesem Unternehmen segelten wir wieder nach England zurück und landeten am Montag, dem 26. Juni, in Plymouth, wo wir alle Gott dankten für unsere gelungene Fahrt und glückliche Heimkehr.

Fürstenmacht
und Revolution

Die Belagerung von Wien

Zeremonienmeister der Hohen Pforte

In den Kämpfen mit den Türken, die gegen Ende des 17. Jahrhunderts zu ihrem letzten großen Ansturm auf Mitteleuropa aufbrachen, übernahm der Kaiser zugleich mit der Verteidigung seiner eigenen Erblande den Schutz der deutschen Südostgrenze.
Zwar mußten sich der Hof und die kaiserliche Armee zunächst vor der heranrückenden gewaltigen Übermacht zurückziehen; Wien wurde von den Türken eingeschlossen und hart bedrängt. Als die Stadt, die unter dem Befehl des Fürsten Starhemberg stand, schon fast am Ende ihrer Kräfte war, rückte das kaiserliche Entsatzheer heran, das durch bayerische und kursächsische Truppen und durch die des Polenkönigs Johann Sobieski verstärkt war. Das türkische Heer unter dem Großwesir Kara Mustapha wurde am Kahlenberg völlig besiegt, Wien war endgültig befreit.
In den folgenden Jahrzehnten erweiterte Prinz Eugen im Kampf mit den Türken das Habsburgerreich bis tief in den Balkan hinein, so daß Österreich eine der bedeutendsten Mächte Europas wurde.
Die Ereignisse der entscheidenden Tage vor Wien schildert der Zeremonienmeister der Hohen Pforte in seinem Tagebuch, dessen Aufzeichnungen sicher dem jeweiligen Stand der Dinge entsprechen. Bemerkenswert ist die Vielzahl der Völker, die im türkischen Heer mitzogen.

Donnerstag, den 9. September

Nachdem der Großwesir die Gräben verlassen hatte, erschienen der edle Wesir Abaza Sari Hüseyin Pascha und der edle Wesir Kara Mehmed Pascha, ferner Deli Bekir Pascha und Bînamâz Halil Pascha sowie die Aga der Sipâh und Silihdar, der Arsenaloberst und der Artillerieoberst in der Zeltburg des Großwesirs, wo eine einstündige Beratung stattfand. Es wurde einstimmig beschlossen, daß bei der Annäherung der Feinde des Glaubens die Leute in den Gräben unbeirrt in ihren Abschnitten bleiben, sämtliche Paschas jedoch mit den berittenen Truppen ihrer Pforten und Provinzen den Giauren entgegenrücken und den Kampf mit ihnen aufnehmen sollen; wenn wir mit Allahs des Allerhabenen Gunst den Feind zurückwerfen und schlagen, so haben wir die Festung sicher in der Hand, so meinte man. Nachher verließen die Genannten die Zeltburg wieder; Hüseyin Pascha begab sich in das ihm zugewiesene Gelände, während Kara Mehmed Pascha, Bekir Pascha, Halil Pascha, die Aga der Sipâh und Silihdar und der Arsenaloberst im Zelt des Kethüdâ des Großwesirs noch ein wenig verweilten.

Danach bestieg der erhabene Großwesir sein Pferd, um die Anmarschwege der Giauren zur Rechten und zur Linken zu erkunden, und ritt mit den oben erwähnten Anführern ab. Sie nahmen die Wege, auf denen der Anmarsch der Giauren zu erwarten war, ausgiebig in Augenschein und kehrten dann wieder zurück.

Kara Mehmed Pascha, der Ser'asker Ibrahim Pascha, Bekir Pascha, Halil Pascha und die übrigen zum Schutz des islamischen Heeres bestellten Anführer bezogen ihre Stellungen rings um das großherrliche Heerlager und errichteten ihre Zelte vom Ufer des Stromes bis in die Gegend, wo Hüseyin Pasch stand.

Am frühen Nachmittag traf der erhabene Tatarenchan ein; drei Stunden lang wurden die Einzelheiten der Gesamtlage besprochen.

An die sechzig Sâhî-Geschütze und zwei Kolumbrine-Geschütze wurden aus den Gräben herausgezogen und gegenüber den drei Wegen, auf denen die Giauren jedenfalls anrücken werden, in Stellung gebracht.

Auch der linke Flügel rückte mit den Lehensreitern sämtlicher ihm zugehörigen Sancak aus den Gräben und bezog seine Stellungen.

Bei der heutigen Beratung äußerte der hochmächtige Großwesir den Wunsch, persönlich mit den Paschas nach vorne zu gehen; aber die weitblickenden Teilnehmer des Kriegsrates erachteten es für richtiger, daß er in seiner hohen Zeltburg, im Herzen des großherrlichen Heeres, fest wie ein Berg aus Stein stehenbleiben soll. Der Großwesir verließ also seinen Platz nicht, aber er nützt jeden Augenblick zur Obsorge für die Gräben und die draußen stehenden Truppenteile.

Freitag, den 10. September

Der erhabene Großwesir ritt mit seinem Gefolge aus, um die Umgebung des großherrlichen Heerlagers zu erkunden; zur Mittagszeit kehrte er wieder in seine Zeltburg zurück.

Von Kara Mehmed Pascha traf nach dem Mittagsgebet die Meldung ein, daß sich der Feind am Ufer und oberhalb des großherrlichen Heerlagers auf zwei Wegen bis auf eine Entfernung von drei Wegstunden genähert

habe. Darauf befahl der Großwesir, sein gesamtes Gefolge und Gesinde sowie die Sipâh und Silihdar mögen sich mit Pauke und Fahne einsatzbereit halten.
Hizir Pascha, der Beylerbeyi von Bosnien, wurde samt den Truppen seiner Provinz aus seiner Stellung auf der Insel abgezogen und durch die Voivoden der Walachei und der Moldau, durch den Sancakbeyi von Saruhan, Ahmed Pascha den Scheichssohn, sowie durch die Aga des Großwesirs Ma'den Aga und Receb Aga ersetzt.
Aus den Gräben wurde dem Großwesir gemeldet, daß man nun auch im rumelischen Abschnitt bis zur Hauptmauer vorgedrungen sei und im Begriffe stehe, eine Mine anzulegen. Hocherfreut über diese gute Kunde, befahl der Großwesir angelegentlichst, die Mine bis zum Morgen fertigzustellen.
In der Nacht nahm der Tatarenchan zwanzig deutsche Giauren gefangen; neunzehn von ihnen ließ er über die Klinge springen und einen übersandte er dem Großwesir zur Einvernahme. Dieser sagte beim Verhör folgendes aus: »Die Giauren rücken auf zwei Wegen an. Der König von Polen befindet sich mit einem Heere von vierzigtausend Mann bei ihnen. Auch der deutsche Kaiser ist dabei, mit dreißigtausend Mann Fußvolk und vierzigtausend Mann Reiterei. Sie führen zweihundert leichte und schwere Geschütze mit. Morgen wollen sie das Heer des Islams angreifen.«
Auf diese unbezweifelbaren Angaben hin hielt es der erhabene Großwesir für angemessen, daß sich das gesamte Heer zum Einsatz bereithalte; er ließ den entsprechenden Befehl ausgeben, und so blieben die Streiter des Islams die ganze Nacht hindurch wach und ohne Schlaf wie die Sterne am Himmel, bis das Licht des Morgens dämmerte.
Der Janitscharenaga rückte mit einer Anzahl Janitscharen aus den Gräben und hielt sich bereit, damit im Notfall zum Schutze der Gräben nach außen hin Fußtruppen zur Verfügung stehen.
Eine von den beiden Minen, an denen im Abschnitt der Zagarci gearbeitet wurde, wurde von den Giauren entdeckt, und sie unternahmen daraufhin alle Anstrengungen, um sie unschädlich zu machen; jedoch der Beylerbeyi von Anatolien Ahmed Pascha, der Sohn 'Osman Paschas, traf sofort die nötige Gegenmaßnahme und ließ die Mine sprengen. Sie begrub eine große Zahl von Giauren unter sich, und ein Kopf wurde erbeutet.
In der Nacht ließen die Giauren eine Unmenge von Raketen steigen, um damit anzuzeigen, daß sie nicht mehr aus noch ein wissen und schnellste Hilfe benötigen.

Auch der Beylerbeyi von Rumelien, Arnaut Hasan Pascha, der Hodschasohn, rückte mit den Sancak seines linken Flügels aus den Gräben nach draußen.

Samstag, den 11. September

Am frühen Morgen versammelten sich sämtliche Gefolgsleute des Großwesiers in voller Bewaffnung mit Pauke und Fahne vor dem Scharfrichterzelt und hielten sich zum Einsatz bereit. Die belehnten Hoffouriere und die Tschauschen traten zum Wachdienst vor dem Schatzzelt an.

Indessen traf vom Beylerbeyi von Mar'as, 'Ömer Pascha, die Meldung ein, daß die Giauren sich zurückzögen. Daraufhin wurde noch eine oder zwei Stunden lang zugewartet, und als auch dann nichts vom Feind zu sehen war, wurde der Befehl ausgegeben, daß jedermann in sein Zelt zurückkehren könne, sich aber bereitzuhalten habe.

Von den Ungarn kamen Wagen mit großen Mengen von Lebensmitteln, die vor dem Scharfrichterzelt für die Streiter des Islams feilgeboten wurden.

Der Sancakbeyi von Tarsus, Receb Bey, brachte zwei gefangene Christensoldaten; sie wurden verhört und dann geköpft.

Inzwischen ließen die Glaubensfeinde dort, wo Kara Mehmed Pascha stand, am Ufer entlang und auf dem Klosterweg ihre Vorhuten vorrücken, und nun gingen auf der islamischen Seite die kampfbegierigen Glaubensstreiter wie die ausgehungerten Wölfe zum Angriff über; sie ließen von den zweihundert bis dreihundert Giauren eine große Anzahl ins Gras beißen und brachten zwei Köpfe ein.

Vom Sohne des Atli Bey wurde ein junger Gefangener eingesandt; er wurde unverzüglich dem Scharfrichter übergeben.

Als dem Großwesir von Kara Mehmed Pascha die Meldung zugeleitet wurde, daß die gottlosen Giauren die Streitscharen des Islams wie die wildgewordenen Schweine angriffen, wurden sofort sämtliche Gefolgsmänner und Dienstleute des Großwesirs in voller Ordnung und Bewaffnung bereitgestellt. Gleichzeitig wurde der Janitscharenaga zum Großwesir gerufen und erhielt den Befehl, mit den Fußtruppen der Janitscharen der Hohen Pforte auf dem Kampfgelände vor den Geschützen Gräben zu beziehen; er rückte also eiligst ab. Gleich darauf brach auch der Kethüdâ des Großwesirs, 'Alî Aga der Georgier, mit den einsatzbereiten Truppen des Gefolges nach der erwähnten Stelle auf. Der erhabene, sieghafte Großwesir blieb in seiner Zeltburg und erließ an diejenigen, die mit ihm zu ziehen bestimmt waren, den Befehl, bereit zu sein.

Dann kamen aus dem Kampfgebiet ein weiterer Kopf und zwei Gefangene; es wurde beiden der Kopf abgeschlagen und ihr erbärmliches Dasein aus dem Register der Zeiten getilgt.
Es kam noch die Nachricht, daß man mit fünf Sprengbohrungen nun je vier Ellen tief in die Festungsmauer eingedrungen sei und die Stellen für die Aufnahme der Pulverladungen bald erreicht sein würden.

Sonntag, den 12. September

Am frühen Morgen kam die Meldung, daß die Truppen der unseligen Giauren in Stärke von zweihunderttausend Mann über den Berg am Donauufer anrückten und daß auf der Seite, wo Kara Mehmed Pascha stand, der Kampf und Streit bereits entbrannt sei. Darauf bestiegen der Großwesir, der Kethüdâ Bey, das gesamte Gefolge, der Scheich Vani Mehmed Efendi, die Sipâh und Silihdar und alle übrigen unverzüglich ihre Pferde und zogen mit der heiligen Fahne nach der erwähnten Stelle ab. Für den Großwesir wurde ungefähr in Reichweite der Giaurengeschütze ein Schattendach aufgeschlagen, unter dem er sich niederließ. Auf dem rechten Flügel standen der Wesir Kara Mehmed Pascha, Deli Bekir Pascha, der Ser'asker und Wesir Koca Arnaut Ibrahim Pascha, Bînamâz Halil Pascha und etliche weitere Beylerbeyi und Sancakbeyi und darüber hinaus an der Donau auf der Seite der Insel die Fürsten der Walachei und der Moldau mit ihren Truppen. Auf dem linken Flügel standen der Beylerbeyi von Damaskus und Wesir Abaza Sari Hüseyin Pascha, der Tatarenchan und mehrere Beylerbeyi und Sancakbeyi. In der Mitte hielt der Großwesir mit den Sipâh und Silihdar zu seiner Rechten und Linken; weiter vorne stand der Janitscharenaga mit seinen Truppen sowie der Janitscharenpräfekt mit einer starken Abteilung Janitscharen, und an verschiedenen Stellen waren einige Sâhî-Geschütze aufgefahren.
Die Giauren hatten die Palanke auf dem Berg erreicht und tauchten nun mit ihren Abteilungen auf den Hängen auf wie die Gewitterwolken, starrend vor dunkelblauem Erz. Mit dem einen Flügel gegenüber den Walachen und Moldauern an das Donauufer angelehnt und mit dem anderen Flügel bis zu den äußersten Abteilungen der Tataren hinüberreichend, bedeckten sie Berg und Feld und formierten sich in sichelförmiger Schlachtordnung. Es war, als wälze sich eine Flut von schwarzem Pech bergab, die alles, was sich ihr entgegenstellt, erdrückt und verbrennt. So griffen sie an mit der eitlen Absicht, die Streiter des Islams von beiden Seiten zu umfassen.
Nach einer halben Stunde rückte der Kethüdâ des Großwesirs mit dem

Sercesme, mehreren Aga und dem Gefolge ein Stück vor und nahm dort Aufstellung.
Auf der Seite des Islams begannen einzelne Abteilungen der Vorhut Plänkeleien auf dem Berg. Als der Kampf hitziger zu werden anfing, rückte der Kethüdâ des Großwesirs mit den bei ihm befindlichen Leuten des Gefolges und mit der Segbân zu Fuß und zu Pferd gegen die Feinde, griff sie an und lieferte ihnen ein Gefecht, in dem den Giauren mehrere Gefangene, Köpfe und Fahnen abgenommen wurden. Dann unternahmen die Giauren einen Sturmangriff und drängten die Unseren aus ihren Stellungen; darauf gingen die Unseren zum Gegenangriff über und trieben die Giauren wieder die Anhöhen hinauf. Schließlich stürmten die Giauren, das Fußvolk mit seinen spanischen Reitern vorne und dahinter die Reiterei, wie wildgewordene Schweine auf die Unseren los und drängten sie bergab bis in das zerstörte Dorf hinunter. Dort ging der Kampf noch eine Zeitlang hin und her, und dann konnten die Schurken, die in dichtgedrängten Massen anstürmten, links und rechts durchbrechen und griffen nun die Streiter des Islams von allen Seiten an. Sie führten ihre Sâhî-Geschütze aufgeprotzt mit und überschütteten aus ihnen das Heer des Islams mit einem Hagel von Geschossen. Am Donauufer warfen sie die Truppen zurück, die unter dem Befehl des Wesirs Koca Arnaut Ibrahim Pascha standen, und drangen in das Tal und gegen das großherrliche Heerlager vor. Auf dem linken Flügel stand der Beylerbeyi von Damaskus, der Wesir Abaza Sari Hüseyin Pascha, mit den Truppen von Damaskus in schwerem Kampf, ohne daß ihm der Tatarenchan irgendwie zu Hilfe kam. Nur Hadschi Girey Sultan, der erst später aus der Krim nachgekommen und zum großherrlichen Heere gestoßen war, griff eine Zeitlang in den Kampf ein.
Als nun die Truppen um den Großwesir sahen, wie der Feind auf beiden Seiten stürmend vordrang und das Heer des Islams sich zur Flucht zu wenden begann, da schwand jedem von ihnen die Kraft und die Lust zu Kampf und Streit und es stellten sich die Anzeichen jener Verwirrung ein, die immer eine Niederlage im Gefolge hat.
Da der Polenkönig mit seinen Truppen geradewegs gegen die heilige Fahne vorstieß, stieg der Großwesir zu Pferde, und zu seiner Rechten und Linken hielten sich die Leute seines Gefolges, der Scheich Vani Efendi sowie die Sipâh und Silihdar bereit. Während die Paschas auf beiden Flügeln schon zurückzuweichen begannen, stand im Herzen des Heeres der Großwesir mit seiner Umgebung fest und unerschüttert. Aber die Angriffe der Giauren wurden immer stärker, der Kampf nahm an Hef-

tigkeit ständig zu und zog sich bereits fünf oder sechs Stunden hin; das Heer des Islams wurde von den Kugeln aus den Geschützen und Flinten der Feinde wie mit einem Regen überschüttet. Da erkannten die Muslims, daß alles verloren war und die Katastrophe nicht mehr abgewendet werden konnte. Kämpfend und fechtend wandten sich die Massen der Krieger in der Umgebung des Großwesirs zur Flucht; die meisten flohen geradewegs zu ihren Zelten hin und dachten nur noch daran, ihr Leben und ihre Habe zu retten.

Der Großwesir zog sich mit seinem engsten Gefolge und mit der heiligen Fahne kämpfend zu seiner Zeltburg zurück, während die Glaubensfeinde bereits hier und dort in die Zelte des Lagers eindrangen. Nunmehr erging auch an die Truppen in den Gräben der Befehl, diese zu räumen. Als der Feind bereits das Scharfrichterzelt erreicht und auf dem Schatzzelt eine Fahne aufgepflanzt hatte, da griff der Großwesir mit einigen Gefolgsmännern und Paschas wieder in den Kampf ein und schlug sich dort gegen eine große Zahl von Giauren; er drang sogar persönlich, mit der Lanze in der Hand, auf die Giauren ein. Von den Leuten seines Gefolges wurden dabei sein Geheimschreiber 'Alî Efendi der Kroate sowie viele Aga und Pagen getötet oder verwundet. Seine mit roten Jacken bekleidete arnautische Leibwache wurde zur Gänze aufgerieben. In kühnem Eifer und in sinnloser Waghalsigkeit wollte der Großwesir nicht von der Stelle weichen; er wollte lieber zugrunde gehen als diesen Tag überleben und war entschlossen, den Tod in der Schlacht zu suchen. Aber aus Mitleid für so viele Glaubensbrüder und aus Sorge um die heilige Fahne beschwor 'Osman Aga, der Aga der Sipâh, den Großwesir: »Herr, seid gnädig! Es ist alles verloren. Aber Euer Leben ist die Seele des Heeres; wenn Ihr Euch hinopfert, so muß das Heer des Islams in seiner Gesamtheit zugrunde gehen. Bitte, laßt uns doch aufbrechen!« Mit diesen Worten ergriff er die heilige Fahne, und da auch die übrigen Gefolgsmänner des Großwesirs zum Rückzug nach Raab drängten, verließ dieser anderthalb Stunden vor Sonnenuntergang seine Zeltburg durch das hintere Tor und machte sich auf den Weg. Jedermann im Heere packte nur sein leichteres Gepäck zusammen und ließ seine sonstige Habe im Stich. So zogen sie ab, traurig und verstört, nur ihr nacktes Leben rettend und blutige Tränen vergießend. Die Giauren aber bemächtigten sich der Zelte, des Schatzes, der Munition und des Kriegsgerätes und sämtlicher dreihundert kleinen und großen Geschütze. Auch der Privatschatz des Großwesirs und sein ganzes sonstiges Eigentum blieb in seinen Zelten zurück; nur solche Kleinigkeiten, die man unter den Arm nehmen konnte, wurden gerettet.

Völlig verstört über diese fürchterliche Niederlage, die hier durch den heiligen Ratschluß und den allerhöchsten Willen Allahs des Allerhabenen eingetreten war, verlor man zur Zeit des Nachtgebetes, als man bei dem Palast an der Stelle der Zeltburg Sultan Süleymans eintraf, den Weg; eine ganze Stunde lang ritt man dort in höchster Verwirrung bald vorwärts und bald zurück, bis endlich die Leute des Staatskanzlers eine Fackel auftrieben; mit ihrer Hilfe konnte nun die Straße ausfindig gemacht und also der Ritt nach Raab fortgesetzt werden.
Nachdem man den Fluß, der vier Wegstunden von Wien entfernt ist, durchquert hatte, lenkte der Großwesir sein Pferd von der Straße rechtsab und ruhte dort eine Weile aus; dann brach er wieder auf. Als der Morgen anbrach, hielt er eine kleine Rast, um das Morgengebet pünktlich zu verrichten. Danach wurde der Ritt fortgesetzt.
Auch das übrige Volk eilte, zum Teil voraus und zum Teil hinterdrein, in überstürzter Flucht nach Raab dahin.

Das Zeitalter des Absolutismus

Das Zeitalter des Absolutismus wurde durch einen Wandel der Regierungsform gekennzeichnet: Der Fürst, dessen Gewalt bis ins 17. Jahrhundert durch das Mitspracherecht der Stände (Adel, Geistlichkeit, Bürgertum) beschränkt war, machte sich allmählich von dieser Mitregierung unabhängig, seine Macht wurde absolut, d. h. unbeschränkt. Das Vorbild für ganz Europa, besonders auch für die deutschen Fürsten, wurde Ludwig XIV. von Frankreich, der Sonnenkönig. In seiner Regierungszeit lenkte der königliche Wille alle Zweige der Verwaltung, der Justiz und der Wirtschaft. Diese Regierungsform brachte es zunächst, dank den hervorragenden Ministern Ludwigs, zuwege, daß Frankreich sich zur Vormacht in Europa emporschwang.

Der Glanz des Hofes von Versailles zog die deutschen Fürsten in seinen Bann. Das höfische Zeremoniell, die prächtigen Schloßbauten und Parkanlagen, französische Sprache und Mode beherrschten die deutsche Kultur bis tief ins 18. Jahrhundert. Allerdings ging dieser Aufwand über das finanzielle Vermögen kleinerer deutscher Staaten, so daß die Bevölkerung vielfach ausgebeutet und bedrückt wurde.

In einer Reihe von Kriegen gelang es Ludwig XIV., Frankreich auf Kosten seiner Nachbarn zu vergrößern. Dabei ging es mit der seit Philipp II. bereits sinkenden Macht Spaniens rasch zu Ende. Das spanische Erbe wurde nach langem Ringen unter den Großmächten Europas aufgeteilt. Allerdings erschöpften die endlosen Kriege auch Frankreich so sehr, daß es nach dem Ende der Epoche Ludwigs XIV. unaufhaltsam dem inneren Zusammenbruch entgegenging.

Aus der Masse der kleinen staatlichen Gebilde in Deutschland ragten zwei Staaten hervor: Österreich und Brandenburg-Preußen. Österreich konnte sich, dank dem militärischen Genie des Prinzen Eugen, in Mitteleuropa gegen Frankreich behaupten, im Osten, nach der geglückten Verteidigung Wiens gegen die Türken, sogar erheblich erweitern. Damit ging die Macht der Türken, die Europa jahrhundertelang bedroht hatten, endgültig zurück.

Brandenburg-Preußen erholte sich unter dem Großen Kurfürsten rasch von den Schäden des Dreißigjährigen Krieges. Nach außen führte der Fürst eine kluge, erfolgreiche Politik zwischen den Großmächten, im Innern setzte er die absolutistische Staatsform durch und widmete sich der wirtschaftlichen Gesundung des Landes. Hier fanden auch die Hugenotten, die von Ludwig XIV. vertriebenen Protestanten Frankreichs, eine neue Heimat. Das hauptsächliche Machtmittel Preußens wurde die Armee, die im 18. Jahrhundert der Enkel des Großen Kurfürsten, der Soldatenkönig Friedrich Wil-

helm I., weiter ausbaute, und die dessen Sohn, Friedrich der Große, im Kampf mit Maria Theresia von Österreich mit Erfolg einsetzte. In dieser Epoche wurzelt das tragische deutsche Problem der nächsten hundert Jahre: das Ringen um die Vorherrschaft im deutschen Reich, der deutsche Dualismus.

Eine andere in die Zukunft weisende Entwicklung bahnte sich seit 1700 im Osten und Norden Europas an. In einem langen Krieg gegen Rußland verlor Schweden seine Großmachtstellung, die es seit dem Dreißigjährigen Krieg innegehabt hatte. Der kühne Schwedenkönig Karl XII. drang zwar tief in den russischen Raum vor, aber er erlag der Weite des Landes und der Tatkraft seines Gegners, Peters des Großen. Damit begann am Anfang des 18. Jahrhunderts für Rußland eine neue Epoche.

In einem Staat Europas gelang es dem Absolutismus nicht, durchzudringen, in England. Der Versuch des Königtums, das Parlament unter seinen Willen zu beugen, scheiterte. Oliver Cromwell besiegte das königliche Heer und ließ den König selbst hinrichten. Nach Cromwells Tod kehrte England zwar wieder zur Monarchie zurück, aber die Macht des Parlaments hatte sich für die Dauer gefestigt.

1643–1715	*Ludwig XIV.*
1688–1697	Pfälzischer Krieg Ludwigs XIV.
1701–1714	*Spanischer Erbfolgekrieg*
1683	Belagerung Wiens durch die Türken
1718	*Friede von Passarowitz, Zurückdrängung der Türken*
1640–1688	*Der Große Kurfürst*
1740–1786	*Friedrich der Große*
1740	*Angriff Friedrichs auf Österreich*
1689–1725	Zar Peter der Große
1709	*Niederlage Karls XII. in Rußland*
1649	*Hinrichtung Karls I. von England Cromwell*
1688	*Glorreiche Revolution in England Vertreibung der Stuarts*
1692	*Jesuiten in Paraguay*
1764	Krönung Josephs II.

(Geradestehende Zeilen verweisen auf Texte in diesem Buch)

Die Zerstörung Heidelbergs

Riesmann

Ludwig XIV. ging daran, Frankreich zur stärksten Macht des Kontinents zu machen. Seine Gegner waren insbesondere die Habsburger in Österreich und in Spanien, die durch die Gunst der geographischen Lage Frankreich umklammern konnten, und England, das sich durch die Bedrohung Hollands und der Seehäfen herausgefordert sah.
Spanien war nach dem Dreißigjährigen Krieg aus der Zahl der Großmächte ausgeschieden. So war es für Ludwig verlockend, aus der Masse der spanischen Länder immer wieder ein Stück herauszubrechen. Den verbündeten europäischen Staaten vermochte er zu trotzen. So gelang es ihm durch militärische Kraft und überlegene Diplomatie, Frankreich besonders auf Kosten der spanischen Niederlande zu erweitern. Das Deutsche Reich wurde durch die mitten im Frieden vollzogene Übernahme Straßburgs und anderer Orte im Elsaß betroffen.
Im sogenannten Pfälzischen Krieg, der eine schlimme Verwüstung der Pfalz mit sich brachte, war Wilhelm von Oranien, zugleich König von England, der bedeutendste Gegner Ludwigs. Seiner Diplomatie war es zu danken, daß Frankreich erstmals ohne Gewinn einen Krieg beendete. Das »europäische Gleichgewicht« duldete keine überragende Vormacht auf dem Kontinent. England wachte von da an streng darüber, daß dieser Grundsatz nicht verletzt wurde.
Die folgende Schilderung von den Zerstörungen in Heidelberg und der Pfalz ist dem Bericht eines pfälzischen Beamten, Riesmann, an seinen Kurfürsten entnommen.

Wie die hier gelegenen französischen Truppen des Königs Ludwig XIV. abgezogen sind und in was für einem erbärmlichen Zustand sie das hiesige Schloß und die ganze Stadt hinterlassen haben, dürfte Eurer Kurfürstlichen Durchlaucht schon berichtet worden sein. Am gleichen Abend noch kam ein Trupp deutscher Reiter vom Schwäbischen Kreisregiment in die Nähe. Sie schickten anfangs einen Unteroffizier und neun Leute und später einen Rittmeister an das Speyerer Tor und meldeten, sie seien ge-

Columbus landet auf der Insel Hispaniola. Aus dem »Columbus-Brief«, 1494.

Ein Ritter wird von aufständischen Bauern bedroht, die eine Bundschuhfahne tragen.

Kara Mustapha, der Pascha, der die Belagerung Wiens leitete. Zeitgenössischer Stich.

Prager Fenstersturz. Stich von Merian im »Theatrum Europaeum«.

schickt worden, um zu rekognoszieren; im Falle aber, daß die Franzosen die Stadt verlassen hätten, sollten sie hier Posten fassen. Die Bürger erklärten ihnen, man hätte von Herzen gewünscht, daß die Truppen rechtzeitig gekommen wären, um das große Unglück zu verhindern, in das die Stadt durch die Franzosen geraten sei. In der gegenwärtigen Situation würden aber die Truppen hier nicht nur sich selbst, sondern vor allem die Stadt und ihre Bewohner aufs ärgste gefährden, da die Franzosen, sobald sie Nachricht von ihrer Anwesenheit erhalten hätten, nicht nur sie sogleich überfallen, sondern auch Stadt und Vorstadt aufs neue mit Plünderung und Brand überziehen und alles zugrunde richten würden, vom Mangel an Lebensmitteln ganz zu schweigen. Die Soldaten zeigten sich verärgert und verlangten kategorisch eine Erklärung, ob man sie aufnehmen wolle oder nicht. Der Landschreiber des Oberamtes Heidelberg teilte dann dem Rittmeister noch einmal die ganze Sachlage mit, und dieser zog sich mit seinem Trupp zurück.

Zahlreiche Personen sind von den Franzosen hier festgenommen und weggeführt worden. Sie haben noch nach verschiedenen anderen gesucht, die sich aber, gleich mir, entweder in Sicherheit bringen oder bei den Kapuzinern verbergen konnten. Am 3. und 4. März hat man mit den eingeäscherten oder noch brennenden Häusern zu tun gehabt, damit das Feuer nicht weiter um sich griff, da in verschiedenen Gebäuden nach dem ersten Löschen der Brand erneut aufflackerte. Der Turm vom Speyerer Tor ist zwar unterminiert und innen in den vier Ecken mit Sprengladungen versehen gewesen; diese Ladungen haben aber nicht gezündet, und so ist der Turm stehengeblieben und der angerichtete Schaden läßt sich noch reparieren. Der rote Turm unten am Neckar wie auch der zwischen ihm und dem Speyerer Tor gelegene kleine Turm sind nur noch Trümmerhaufen, auch auf der anderen Seite des Speyerer Tores nach St. Anna zu wurde ein Teil der Mauer gesprengt, deshalb hat man sofort Anstalten getroffen, sie mit Hilfe von Palisaden nach bester Möglichkeit zu sichern. Auch an anderen Stellen hat man versucht, die Löcher zuzuwerfen und die Stadtmauern notdürftig zu flicken.

Die Bürger haben gleich anfangs nach dem Einzug der französischen Truppen alle Waffen im Rathaus abliefern müssen, die von den Franzosen dann ins Zeughaus gebracht und später fortgeführt wurden. Da aber viele doch noch die eine oder andere Waffe versteckt gehalten haben, hat man die Männer jetzt sofort damit versehen und in Kompanien zusammengestellt, um die Stadt einigermaßen zu bewachen; denn die Bürgerschaft ist entschlossen, alle weitere Plünderung, Brand und Zerstörung ener-

gisch abzuwehren, obgleich uns bedeutet worden ist, daß wir die Mauern einzureißen und keine deutschen Truppen aufzunehmen hätten, da es uns sonst übel ergehen würde.
Zahlreiche Häuser und öffentliche Gebäude der Stadt und der Vorstadt sind eingeäschert worden. Beim Schloß gelang es uns, den Bau, in dem sich die Bibliothek und das Archiv befinden, mit Hilfe der zurückgebliebenen Bedienten vor dem Niederbrennen zu bewahren, obgleich die Gefahr bestand, daß man bei den Löscharbeiten in Rauch und Dampf erstickte. Drei Personen, nämlich des Zeugschreibers Österlin Tochter, ein Knecht und eine Kehrmagd sind dabei von herabfallenden Mauerstücken getötet worden. Ansonsten ist auch der Kaisersaal mit dem Gewölbe gegen den Garten zu wie auch der vorderste große Saal noch erhalten geblieben. Auch der Trautturm und einige andere Teile stehen noch, jedoch von den Sprengladungen übel zugerichtet. Alles übrige ist ein einziger Steinhaufen. Die Keller sind auch in großer Gefahr gewesen, aber durch die Kellerknechte noch gerettet worden; was die Franzosen noch von Weinen übriggelassen haben, weil ihnen die Zeit zu kurz geworden ist oder weil diese ihnen zu schlecht gewesen sind, darüber werden Eurer Kurfürstlichen Durchlaucht die hier anwesenden Hofkammerräte untertänigst berichten.
Nachdem die französischen Truppen von hier abgezogen sind, haben sie noch mehrere Orte im Oberamt in Brand gesteckt und zum Teil gänzlich eingeäschert, nämlich auf dieser Seite des Neckars Schwetzingen, Schloß und Dorf, Hockenheim, Ketsch, Brühl, Säckenheim, Neckarau; auf der drübigen Seite Ladenburg, Ilvesheim, Freudenheim, Käfertal, Wallstadt, Heddesheim, Sonthofen. Draußen an der Bergstraße erfolgten Zerstörungen, aber die zu Weinheim und in anderen Orten in ziemlicher Anzahl liegenden sächsischen und brandenburgischen Truppen gedenken die Orte fernerhin zu schützen und frei zu halten. Von Friedrichsburg und Mannheim berichten die Bürger, daß die Franzosen gestern auf beiden Seiten an dem Festungstor, das in die Stadt führt, mit Minierarbeiten begonnen hätten, auch die Wälle wurden abgerissen, das Zeughaus sei schon vor etlichen Tagen ganz geleert, die Orgel in der Kirche abgebrochen und eingepackt worden, und die Kirche selbst soll niedergerissen werden. Die unteren Gemächer in den herrschaftlichen Pavillons stünden voll Pferden, und alle diese Pavillons und die dort befindlichen Häuser sollen bis auf den Grund niedergerissen oder abgebrannt werden, desgleichen auch die Privathäuser in der Festung. Alle Metallstücke seien weggeführt, etliche eiserne lägen noch auf dem großen Platz, es stehe

auch noch ein großer Vorrat von Kriegsgerät, darunter Geschütze, am Rhein, von wo aus man sie täglich fortführe.
In der Stadt Mannheim sollen ebenfalls alle Häuser niedergerissen werden, wie denn von dem Heidelberger Tor an bis an das Stadtrheintor und an der ersten Gasse hinter dem Sand der Anfang gemacht wurde, dazu hat man heute fünfhundert Mann auf einmal mit Hacken abkommandiert. Es sei nach verläßlichen Gerüchten eine königliche Order vorhanden, daß zu Mannheim kein Stein auf dem anderen gelassen werden solle. Die schöne neue Kirche in der Stadt werde unterminiert, das gleiche sei mit dem Rathaus und dem Kaufhaus zu befürchten. Die Wälle um die Stadt wie auch die neuerbaute Mauer seien der Erde schon fast gleich, alle Dämme um die Stadt werden ebenfalls geschleift, so daß das Wasser, wenn es Hochwasser geben sollte, ungehindert in die Stadt eindringen könne. Die Häuser am Stadtrheintor seien schon ganz abgebrochen und die Ziegel davon würden weggeführt. Bürger, die sich mit den Ihrigen retten wollen, erhalten keine Erlaubnis zum Fortziehen und keinen Paß, es sei denn, über den Rhein in französisches Gebiet. Anfangs hatte man ihnen erlaubt, ihren Besitz in die Keller zu retten, diese Erlaubnis wurde aber später wieder aufgehoben, weil die Keller durch Bomben gesprengt werden sollen.
Der noch vorhanden gewesene herrschaftliche Wein wird maßweise für fünf Kreuzer ausgezapft. Verschiedene Männer, die sich zu Mannheim und Friedrichsburg seit einigen Jahren niedergelassen und die unter den beiden Kurfürsten gedient haben, werden von den Franzosen gefangen weggeführt.
Jenseits des Rheins wird das strenge Verbot, daß die Bürger nicht mehr als auf jede Person einen Malter Getreide behalten und allen übrigen Vorrat noch vor dem 25. nach Mainz abliefern müssen, ernstlich durchgeführt. Auch in Speyer sei öffentlich bekanntgegeben worden, daß die Bewohner ihre Weine und ihre Früchte insgesamt ungesäumt nach Landau zu schaffen haben, von wo aus ihnen das zum Leben Notwendige nach und nach ausgefolgt werden solle.

Peter der Große

Alexander Gordon

Durch den Westfälischen Frieden war Schweden zur führenden Macht des europäischen Nordens und des Ostseeraumes geworden. Doch blieb diese Stellung nicht unbestritten. Der mächtigste Gegner war Rußland, das unter Peter dem Großen erstmals in die Geschichte Europas eingriff. Die russische Politik wurde von der Absicht, an das offene Meer vorzudringen, bestimmt. Im Norden hemmte Schweden diese Absicht, im Süden das türkische Reich.
Im Nordischen Krieg errang der junge Schwedenkönig Karl XII. zwar zunächst glänzende Siege, aber die Kräfte des verhältnismäßig kleinen Landes verbrauchten sich in den Weiten Rußlands. Schweden schied aus der Reihe der Großmächte aus, Rußland aber drang an die Ostsee vor und bestimmte von nun an die europäische Politik mit.
In der Innenpolitik versuchte Peter, ohne Rücksicht auf die eigene Entwicklung Rußlands, rasch und unter Anwendung von Zwang sein Reich dem Zivilisationsstand Europas anzugleichen. Ausländer wurden ins Land gezogen, um als Lehrmeister tätig zu sein. Der Verfasser des folgenden Berichtes, der Schotte Gordon, diente als Generalmajor in der russischen Armee. Peter selbst unterrichtete sich auf einer Studienreise nach England und Holland.
Ferner setzte er nach westlichem Vorbild die Herrschaftsformen des Absolutismus durch. Dabei gelang es ihm, sich selbst zum Oberhaupt der Kirche zu machen und damit eine Stellung einzunehmen wie kein anderer Fürst dieser Zeit. Mittelpunkt seines Reiches wurde die neue Hauptstadt St. Petersburg.

Unmittelbar nachher schritt der Zar zur Aufstellung einer Armee von vierzigtausend Mann zu Fuß und zwanzigtausend Mann zu Pferd.
Es war mit Erstaunen zu sehen, wie rasch er sein Ziel erreichte; denn binnen einer Zeit von weniger als drei Monaten war diese Armee angeworben, montiert, bewaffnet und marschbereit.
Das Mittel, auf das er verfiel, um Soldaten zu erhalten, war sonderbar. Die Großen des Reiches, der hohe und der niedere Adel, überhaupt alle Leute von Vermögen hatten jederzeit eine große Zahl erkaufter Knechte um sich, die von Geschlecht zu Geschlecht vererbt und von ihren Herren

größtenteils mit der äußersten Strenge behandelt wurden. Diese Leibeigenen erklärte der Zar ohne Ausnahme für frei – unter der Bedingung, daß sie in seine Dienste träten. Das Neue und Unerwartete an der Sache, wie auch der natürliche Drang zur Freiheit, bewog sie innerhalb kürzester Zeit, ihre alten grausamen Herren zu verlassen und sich zu Tausenden in Seiner Majestät Dienste anwerben zu lassen. Von den ausländischen Obersten bekam ein jeglicher zweihundert solche neuangeworbene Leute zu unterrichten und im Kriegshandwerke zu üben.

Nachdem der Zar seine Armee nach deutschem Muster eingerichtet hatte, fing er an, im ganzen Reich weitere Neuerungen durchzuführen, und zwar nicht nur in bezug auf Kleidung und Lebensweise der Untertanen, sondern auch im Gerichtswesen und in allem, was die Polizei angeht. Er ernannte in allen Städten und Dörfern Bevollmächtigte, denen er die gleichen obrigkeitlichen und richterlichen Befugnisse übertrug, die ähnliche Beamte bei anderen europäischen Völkern haben. Hierdurch wurde die Gewalt der Woiwoden (oder Herzöge) und Statthalter eingeschränkt. Er stiftete auch hohe und niedere Schulen zur Ausbreitung von Wissen und Bildung. Sodann schickte er junge Leute aus den besten Familien ins Ausland, damit sie im Dienste fremder Armeen oder Flotten etwas lernen möchten. Sie mußten sieben Jahre lang dort bleiben, auf Kosten der Eltern oder auf ihre eigenen, bis sie es in ihrem Fach zu einer gewissen Reife gebracht hätten. Für die Ausbildung derjenigen, die selbst kein Vermögen besaßen, kam der Zar auf. Wenn sie dann zurückkehrten, so wurde ein jeglicher, entsprechend seinen Fähigkeiten, in Kriegsdiensten zu Lande oder zur See verwendet; wer dazu keine Lust hatte, erhielt eine Stelle im Polizeiwesen. Bei solchen Hoffnungen und Aussichten kamen die meisten von ihnen als wohlgesittete Edelleute wieder nach Hause und hatten unterdessen viele Sprachen reden gelernt.

Außerdem befahl der Zar, daß die Männer jedes Standes ihre Bärte scheren und Männer wie auch Frauen sich nach englischer, französischer oder deutscher Mode kleiden sollten. Es war verboten, sich in der Öffentlichkeit in russischer Tracht zu zeigen, bei Strafe von hundert Rubeln für jeden Fall einer Zuwiderhandlung gegen diesen Befehl; bloß die Kosaken, Kalmücken und Tataren waren davon ausgenommen. Eine weitere Verordnung betraf die Freiheit des Umgangs mit Frauen, die früher solchen Einschränkungen unterworfen waren, daß nicht einmal ihre nächsten Verwandten sie sehen durften, außer in Gegenwart des Ehemannes, und auch das nur bei außerordentlichen Gelegenheiten. Um in dieser Hinsicht freieren Anschauungen zum Durchbruch zu verhelfen, veranstaltete Peter der Große öffentliche Schauspiele, Konzerte, Bälle sowie andere in der gesitteten Welt übliche Bräuche und Lustbarkeiten. An diese neuen Sitten gewöhnten sich sowohl die verheirateten als auch die unverheirateten Frauen gar bald. In der Tat wurde dadurch eine gewisse barbarische Gewohnheit ganz und gar abgeschafft. Wenn früher ein junger Herr willens war, sich zu verheiraten, so wurde die Heirat stets durch die Eltern vereinbart ; von den jungen Eheleuten bekam keines das andere vor der Hochzeit zu sehen. Mithin konnte die Braut blind oder lahm und manchmal beides zugleich sein, ohne daß der Bräutigam etwas davon wußte. Mir selbst waren etliche Beispiele dieser Art bekannt. Viele Ehen schlugen daher denn auch höchst unglücklich aus. Der Zar hielt dies für grausam, und daher wollte er, daß die Partner sich, wie er es bei anderen Nationen auf seinen Reisen gesehen hatte, frei besuchen und kennenlernen sollten, damit sie aneinander Gefallen finden konnten.

Viele der alten Leute zeigten sich über diese Neuerungen ungemein gekränkt; allein es half ihnen nichts. Wer sich sein Mißvergnügen allzusehr anmerken ließ, war sicher, zu Anlässen eingeladen zu werden, bei denen es nach der neuen Sitte zuging. Man war gezwungen zu erscheinen; höchstens Krankheit galt als Entschuldigungsgrund. Wenn es dann aber herauskam, daß diese erdichtet worden war, so wurde man je nach Stand und Vermögen mit hohen Geldstrafen belegt.

Binnen wenigen Jahren war diese Nation völlig umgewandelt, und zwar gar sehr nach dem Geschmack des jungen Volkes. Nun fingen die Ausländer an, sich mit den Landeskindern zu verheiraten; der Zar selbst gab ihnen ein Beispiel, indem er zunächst einmal seinen Sohn, den Zarewitsch, mit einer Prinzessin von Wolfenbüttel, dann aber auch seine Nichte Anna, die nachmalige Kaiserin, mit dem Herzog von Kurland und ihre älteste Schwester, Katharina, mit dem Herzog von Mecklenburg vermählte, ohne sich durch den Unterschied der Konfession davon abhalten zu lassen. Zu gleicher Zeit führte er auch Handwerker und neue Gewerbe ein. Man hatte zwar in Rußland bereits seit langem ziemlich gute Leinwand verfertigt; nun aber haben es die Russen auch in ihrer Wollmanufaktur sehr weit gebracht. Sie stellen sehr feines Tuch von allerhand Farben her, zumal da das Land überall einen Überfluß an Wolle erzeugt. Auch mit einer Menge weiterer Bedarfsartikel, die sie ehemals aus anderen Ländern beziehen mußten, versehen sie sich heute selbst.

Für die Einrichtung seiner hohen Kollegien hatte sich der Zar Frankreich zum Vorbild genommen. Unter anderm schuf er eine besondere Oberbehörde für Bergwerkssachen, die aus erfahrenen und fähigen Leuten zusammengesetzt wurde und in Petersburg amtete, wo er auch Stückgießereien und Schmelzöfen nebst allem übrigen, was zur Bearbeitung der Metalle gehört, erbauen ließ. Da es ferner bei den Untertanen gebräuchlich zu werden anfing, gesundheitshalber in fremde Länder zu reisen und die Wasser von Karlsbad, Langenschwalbach, Pyrmont usw. aufzusuchen, was sich ohne beträchtlichen Aufwand nicht tun ließ, und da der Zar auch bemerkte, daß die meisten Anschläge des Zarewitsch Alexei bei solchen Gelegenheiten geschmiedet worden waren, so ließ Seine Majestät die Bäder von Olonez verschönern, deren gute Heilwirkung Sie an sich selbst erfahren hatte, und es fand sich, daß diese nach der Meinung der Ärzte den Wassern im Ausland keineswegs nachstanden, sondern sie sogar eher übertrafen. An ebendiesem Ort befinden sich die besten Eisenwerke von ganz Rußland, und das Eisen ist ungemein gut. Der Zar verfügt daselbst auch über einige der besten Büchsenmacher von Europa, die für seine Truppen allerhand Waffen verfertigen, die nicht schlechter sind, als was in Frankreich und Holland gemacht wird.

Unter anderen Beweisen für das Geschick Peters des Großen ist auch anzuführen, wie er seinen Untertanen einen kriegerischen Geist einzuflößen verstand, ohne dabei Gewalt zu gebrauchen. Da er wußte, wie groß die Abneigung war, welche die Nation allem Kriegswesen entgegenbrachte, so trat er selber, um ein gutes Beispiel zu geben, in die untersten Ränge des Soldatenstandes ein; er schlug die Trommel, trug sein Gewehr, ward Korporal, Sergeant und so fort. Ebenso machte er es beim Seewesen. Und kaum wurden die jungen Adeligen dies gewahr, so kamen sie in großer Zahl, suchten zum Militärdienst zugelassen zu werden und wurden nach Verdienst befördert. Viele aus den vornehmsten Familien trugen die Muskete und stiegen durch alle Stufen empor, bis sie es zu ansehnlichen Befehlshaberstellen brachten. Vor Peters Zeiten wurde es für schimpflich gehalten, nicht zum mindesten als Oberst zu beginnen, und sogar dazu war nur der zweite Rang des niedern Adels bereit. Angehörige des ersten Ranges wollten kein Kommando übernehmen, sofern sie nicht wenigstens Generalsrang erhielten. »Denn«, sagten sie, »warum sollten wir uns den Gefahren des niedrigeren Dienstes aussetzen? Wir können für unser Geld Ausländer haben, die dafür gut genug sind.« Was aber, außer dem Vorbild, das der Zar selbst gab, am meisten zur Gesinnungsänderung beitrug, war der Umstand, daß nunmehr auch ein Prinz nur noch den Rang beanspruchen konnte, der seinem Posten entsprach. Ein Hauptmann, der aus der Dunkelheit entsprossen war, hatte den Vorrang vor einem Prinzen, der im Kommando unter ihm stand, und zwar nicht nur

dann, wenn der Hauptmann als Vorgesetzter auftreten konnte, sondern auch bei anderen Gelegenheiten. Dies erweckte in so hohem Grade Nacheiferung, daß jeder bestrebt war, es dem anderen zuvorzutun.
Für seine eigene Person machte der Zar wenig oder gar keinen Aufwand. Da er eher wie ein Privatedelmann lebte als wie ein Fürst, so fielen alle die Unkosten weg, die andere Monarchen haben, wenn sie den Glanz ihres Hofstaates unterhalten wollen. Er trat nur ungern im ganzen Pomp der Majestät auf und bequemte sich bloß dazu, wenn es schlechterdings nicht zu umgehen war, wie etwa beim Empfang von Gesandten fremder Mächte oder bei anderen derartigen Anlässen.
Er liebte Gesellschaft und war ein Herr von aufgeräumtem und lustigem Wesen, überaus scherzhaft veranlagt und von großem natürlichen Verstand. Er besaß keine gelehrten Kenntnisse; er konnte nur lesen und schreiben, hatte aber große Hochachtung vor der Wissenschaft und bemühte sich, ihr in seinem Land Eingang zu verschaffen. Er stand früh auf. Den Vormittag verwendete er – bis etwa gegen zehn oder elf Uhr – für Geschäfte; den Rest des Tages aber und einen großen Teil der Nacht brachte er mit allem möglichen Zeitvertreib und mit Vergnügungen zu. Seine Flasche trank er von ganzem Herzen, und so mußte es die ganze Gesellschaft machen. Denn wenn er selbst guter Laune war, sah er gern jedermann so, wiewohl er dessen ungeachtet Gewohnheitssäufer nicht leiden konnte, weil er dafür hielt, daß solche Leute in Staatsangelegenheiten nicht zu gebrauchen seien. Wenn er einen guten Freund besuchte, so pflegte er jeweils fast die ganze Nacht dazubleiben, und er verließ nie eine gute Gesellschaft vor zwei Uhr morgens. Er hielt sich niemals eine Wache und ließ sich auch nie von mehr als fünf bis sechs Leuten begleiten.
Es ist nicht zu besorgen, daß die Russen wieder zu ihren alten Sitten zurückkehren werden; denn das alte Geschlecht ist nun tot, und das junge Volk ist dem Neuen so sehr zugetan, daß es weit schwerer halten würde, es zur alten Denkart zurückzubringen, als es Peter dem Großen fiel, ihm diese abzugewöhnen. Die alten Leute unter den Russen pflegten diesen großen Fürsten immer mit dem Zaren Iwan Wassiljewitsch zu vergleichen, den man gewöhnlich den Tyrannen nennt. Iwan, so sagten sie, brachte seinen ältesten Sohn um, Peter tat desgleichen ... Iwan ließ eine unzählige Menge sogar seiner höchstgestellten Untertanen auf grausamste Art hinrichten, Peter tat desgleichen; ja er ging noch weiter; denn er schaffte das Patriarchat ab und setzte einen Spottpatriarchen ein, der ein verheirateter Mensch war – zur großen Beschimpfung der Religion und zum Ärgernis des Volkes.

Die Schlacht bei Leuthen

Ernst von Barsewisch

Friedrich der Große und seine Gegnerin Maria Theresia von Österreich kamen im gleichen Jahr, 1740, zur Regierung. Friedrich nützte die anfänglichen Schwierigkeiten der jungen Fürstin rücksichtslos aus, fiel in Schlesien ein und brachte diese reiche Provinz an sich.
Dieser Überfall begründete die lebenslange Gegnerschaft zwischen Friedrich und Maria Theresia und die über ein Jahrhundert währende Entfremdung zwischen Preußen und Österreich. Drei Kriege mußte Friedrich führen, bevor Maria Theresia sich widerwillig mit der Abtretung Schlesiens abfand.
Im dritten Schlesischen Krieg schien Maria Theresia mehrmals ihrem Ziel, der Niederwerfung Friedrichs, nahe zu sein. Aber sein militärisches Genie und glückliche Umstände retteten den Preußenkönig immer wieder aus seiner Bedrängnis.
Der Sieg von Leuthen befreite Friedrich aus einer sehr mißlichen Lage. Zugleich ist diese Schlacht auch sein militärisches Meisterstück in der Anwendung der »schiefen Schlachtordnung«. Er griff mit einem starken rechten Flügel die Flanke der weit überlegenen Österreicher an, ohne den schwachen linken Flügel einzusetzen. So konnte er von der Flanke her die Schlachtordnung des Gegners aufrollen.

Um fünf Uhr traten wir unter Gewehr, rückten vor Kammendorf auf die Höhe und erwarteten die Ankunft der übrigen Armee. Um acht Uhr traf der König mit der Armee ein, und wir setzten uns in Marsch dem Feinde entgegen bis etwa um zwölf Uhr.
Nun fing der König an, Miene zu machen, als wollte er den feindlichen rechten Flügel angreifen. Hierbei ist zu merken, daß wir die feindliche Armee in einer solchen Nähe nicht vermuteten. Da aber der Herzog von Lothringen als kaiserlicher Feldmarschall und kommandierender General es als eine Schande erachtet hatte, sich mit seiner 80 000 Mann starken Armee hinter den preußischen Schanzen zu verstecken, so hatten wir das Vergnügen, ihn auf einem freien Platz, den rechten Flügel an einem

Sumpf und den linken Flügel an einem kleinen Gehölz, worin sie einen Verhack gemacht und eine Flesche aufgeworfen, placiert anzutreffen. Das Dorf Leuthen lag vor der Mitte ihrer Armee und war von ihnen stark besetzt und mit zwei Batterien gedeckt.

Nachdem der König diese feindliche Stellung auf einer kleinen Höhe außer der feindlichen Schußweite gehörig rekognosziert hatte, befahl er der Armee, hinter einer Höhe in drei Treffen aufzumarschieren. Das Regiment von Meyerinck, bei welchem ich gedient, und das erste Bataillon von dem Regiment von Itzenplitz, wir erhielten Order, aus der Linie des ersten Treffens vor die Anhöhe zu rücken. Als wir über die Anhöhe ungefähr gerade gegenüber dem Dorf Leuthen eintrafen, konnten wir die ganze kaiserliche Stellung und ihre kriegerischen Anstalten von einem Flügel bis zum andern übersehen.

Der König hielt auf dieser Höhe und sagte zu unserem Kommandeur, dem Herrn Obristlieutenant von Bock: »Marschieren Sie mit Ihrem Bataillon gerade auf den Verhack dort, wo sich die Weißröcke verschanzt haben; die übrigen Bataillons sollen sich nach Ihnen richten.« Hierbei ist zu merken, daß unser Regiment den rechten Flügel dieser Avantgarde hatte und das Bataillon von Itzenplitz sich auf dem linken Flügel dieser drei Bataillons befand. Nachher waren Seine Majestät so gnädig und kamen zu mir und dem von Unruh als vormarschierende Freikorporals mit der Fahne und sagten: »Junker von der Leibkompanie, sieht Er wohl, auf den Verhack soll Er zumarschieren. Er muß aber nicht zu stark avancieren, damit die Armee folgen kann.« Und nun richtete der König unsere Bataillons selber nach der Stellung der feindlichen Linie und sagte zu den Soldaten: »Burschen, seht ihr dort wohl die Weißröcke? Die sollt ihr aus der Schanze wegjagen. Ihr müßt nur stark auf sie anmarschieren und sie mit dem Bajonett daraus vertreiben; ich will euch alsdann mit fünf Grenadier-Bataillons und der ganzen Armee unterstützen. Hier heißt es, siegen oder sterben; vor euch habt ihr den Feind und hinter euch die ganze Armee, daß ihr also auf keiner Seite zurück oder vorwärts anders als siegend Platz findet.«

Unter der Zeit waren hinter uns fünf Grenadier-Bataillons zu unserer ersten Unterstützung in einer Entfernung von hundert Schritten und hundert Schritte hinter denen die ganze Armee aufmarschiert.

Man kann sich nichts Vortrefflicheres und Reguläreres in der Welt vorstellen als den Anblick von dieser kleinen Anhöhe, voran die ganze kaiserliche Armee, über deren Menge das forschende Auge ermüdet, und hinter uns, die Front gegen den Feind, die ganze preußische Armee.

Unsere Armee avancierte mit klingendem Spiel en parade. Die Ordnung war ebenso vortrefflich als bei irgendeiner Revue zu Berlin; die Armee bewegte sich unter den Augen ihres großen Monarchen. Er selbst hatte mir für meinen Teil mein Point de vue gegeben. Sobald als Marsch kommandiert ward, avancierte ich gerade auf den Verhack zu; es war soeben halb ein Uhr. Wir hatten bei jedem Bataillon zwei Feldstücke, welche wie gewöhnlich auf dem Flügel der Bataillons, durch Artilleristen geführt, mitavancierten. In dem gewöhnlichen Avancierschritt rückten wir also auf den feindlichen Verhack vor, so daß sich der linke Flügel unserer drei Bataillons jederzeit etwas zurückhielt, damit wir nicht von den feindlichen Kanonen flankiert werden konnten. Der Feind stand ganz ruhig und störte uns in unserer militärischen Ordnung nicht eher, bis wir etwa zweihundert Schritte weit von ihm entfernt waren, dann trafen wir einen kleinen Feldgraben, der mit Weiden besetzt an. Nun schrie unser Kommandeur: »Kanoniere, protzt ab und gebt Feuer.« Indem nun unsere Kanoniere im Werk waren, an dem Graben, den sie ohne demnicht so mit geraden Schritten und den Kanonen passieren konnten, dieselben abzufeuern, so fing der Feind an, mit sieben Kanonenschüssen uns zu begrüßen, die uns beträchtlichen Schaden antaten.

Der Verhack war mit württembergischen Grenadieren besetzt, welche über ihren blanken Mützen weiße Überzüge hatten. Sie fingen mit ihren kleinen Gewehren zu feuern an. Aber entweder waren ihre Patronen zu schwach oder sie hatten ihre Gewehre zu niedrig gerichtet, kurz, wir hatten von ihrem ersten kleinen Gewehrfeuer wenig Schaden. Wir erwiderten dieses Feuer, sobald wir über den Graben gesprungen, sogleich mit einer Salve vom kleinen Gewehr und verwundeten dabei viele tapfere Württemberger.

Unsere beherzten Soldaten hatten nun keine Geduld mehr, sondern liefen mit der größten Bravour und dem gefällten Gewehr auf den Feind zu, so daß wir bei der zweiten Salve bereits unter ihren Kanonen waren. Die Grenadiere feuerten tapfer auf uns und hatten sich alle hinter ihre Verschanzung und dem Verhack auf die Knie gelegt und wollten nicht weichen. Da aber unsere Soldaten mit einem heftigen Geschrei und gefälltem Gewehr auf sie zustürzten, so mußten sie entweder weichen oder sterben. Die sieben Kanonen ihrer Batterie wurden sogleich unsere erste Beute und Ehrenzeichen unseres großen späteren Sieges.

Sobald nun der König den vortrefflichen Fortgang sah, hatte er auf einer Anhöhe hinter uns eine Batterie von zehn schweren Kanonen errichten lassen. Von derselben wurden wir kräftigst unterstützt.

Unterdessen gewannen wir den ganzen Verhack und den Damm, der sich zwischen uns und dem feindlichen zweiten Treffen befand, und hatten einige Minuten Zeit, unsere stürmenden Soldaten wiederum in Ordnung zu stellen, die Gewehre zu laden und unsere Feldstücke an uns zu ziehen. Damit sich die Leute hinter dem Busch nicht zu lange verweilten, so hielten wir, ich und der von Unruh, unsere fliegenden Fahnen in die Höhe. Der Ruf: »Burschen, folget euren Fahnen!« erinnerte manchen Säumenden an seine Pflicht. Als sich nun eine beträchtliche Anzahl bei den Fahnen versammelt hatte und die übrigen durch die Offiziers von der Plünderung der feindlichen Toten abgehalten und durch den Wald gebracht worden waren, wurden sie so gut als möglich in Glieder angesichts des Feindes gestellt. Wir trafen, sobald wir aus dem Walde waren, die feindliche zweite Linie in einer Entfernung von zweihundert Schritten in Schlachtordnung an, die wir vorher gar nicht gesehen, welche aber im vollen Marsch waren, gegen uns zu avancieren. Da nun unsere Linien sich geordnet hatten, wurde von den Offizieren »Feuer, Feuer!« kommandiert. Unser Feuer wurde aber sogleich vom Feinde beantwortet. Mit der Fahne in der Hand fiel ich hier, durch eine Musketenkugel an der linken Seite im Halse, die mir neben der Gurgel und der großen Kopfader durch das Fleisch bis zwischen die Schulterblätter im Rücken fuhr, getroffen für tot zur Erde. Die zweite kaiserliche Linie bestand aus Reichstruppen, Württemberger Musketiere, Pfälzer und Bayern. Als nun unsere Truppen eine Weile gegen die feindliche Linie gefeuert, so zogen sie sich ganz rechts fort und gewannen so dem zweiten Treffen völlig die Flanke ab, welche wir durch Eroberung des Waldes erhalten hatten. Auch die zweite Linie wurde durch die Bewegung unserer drei Bataillons in die Flucht geschlagen.
Nun ging die Attacke sogleich auf das dritte feindliche Treffen, das aus lauter kaiserlichen Truppen bestand, welche sich in ein kleines Dorf postiert hatten. Unsere trefflichen Soldaten verjagten den Feind aus diesem Dorf und postierten sich darin und schossen so lange, bis das dritte Treffen völlig auf der Flucht war und der Fürst Moritz von Dessau mit seinen fünf frischen Grenadier-Bataillons den Verhack, den Busch, das Schlachtfeld des zweiten Treffens bis an das Dorf passiert hatte. Dieser Ersatz kam aber zur rechten Zeit, da unsere drei Bataillons sich nun völlig verfeuert und daher keine Patronen mehr hatten. Deshalb mußten sie sich auch im Dorf halten, um vor der nahen Kavallerie sicher zu sein. Sowie der Fürst Moritz seine Grenadiere hatte aufmarschieren lassen, schrie er zu unseren Soldaten: »Burschen, Ehre genug! Geht zurück ins

Krönung Josephs II. Ochsenbraten auf dem Römerberg in Frankfurt.

Der Sturm auf die Bastille. Gefangennahme des Kommandanten de Launay.

Zug auf das Hambacher Schloß am 27. 5. 1832. Zeitgenössischer Stich.

Berlin 1848. Eine Barrikade am 18. 3. 1848. Zeitgenössische Illustration.

zweite Treffen.« Unsere Burschen antworteten aber: »Wir müßten Hundsfötter sein, wenn wir nun in das zweite Treffen gingen. Patronen her, Patronen her!«

Während dieses Vorfalles hatte unsere Kavallerie vom rechten Flügel, so am Ende des Waldes gegen den Verhack gestanden, attackiert, war aber von der österreichischen in die Flucht geschlagen worden. Sowie das der verdienstvolle, fürtreffliche Husarengeneral von Zieten gewahr wurde, nahm er seine Husaren und das zweite Kavallerietreffen, sammelte alle Zurückgetriebenen aus dem ersten Treffen und attackierte den Feind mit einer solchen Furie, daß er sogleich die beiden kaiserlichen Kavallerietreffen, das erste gegen das zweite warf, so daß selbige in der größten Verwirrung mit vielem Verlust das Feld räumen mußten. Der König hatte während der Zeit unaufhörlich aus zwanzig schweren Kanonen und zehn Haubitzen in die feindliche Linie zur Erleichterung der attackierenden Infanterie feuern lassen. Im Anfang reichten die Kugeln dieser Batterie über unsere Bataillons gegen den Feind hinweg. Da wir aber die zweite und dritte Linie der feindlichen Truppen in einer unglaublichen Geschwindigkeit erreicht hatten, so mußten sich unsere Bataillons beständig rechts ziehen und außer der Schußlinie halten, bis der König mit dem ersten Treffen den Hauptangriff formierte und die schwere Artillerie ihre Stellung näher am Feind nehmen konnte.

Die Bataillons drangen unaufhaltsam dergestalt vor, daß sie sich der Kanonade des kaiserlichen Reservekorps bloßstellten. Sobald aber der siegreiche General von Zieten rechts und der Fürst Moritz von Dessau links mit seinen fünf Grenadier-Bataillons bis zu unsern an dem Dorf Gohlau stehenden Bataillons vorgedrungen waren, griffen sie gemeinschaftlich den Feind in der linken Flanke in der Weise von neuem an, daß sie die ganze kaiserliche Linie bis gegen Leuthen zusammendrängten.

So wurde die ganze kaiserliche Armee bis auf den rechten Flügel bei der großen Batterie zurückgeschlagen, zerstreut und die Kanonen bei Leuthen erobert. Der König ließ jetzt die noch übrigen Truppen des zweiten Treffens und die Kavallerie von unserem linken Flügel die letzte Attacke auf den feindlichen rechten Flügel, der auf einer beträchtlichen Anhöhe stand, mit solcher Lebhaftigkeit machen, daß die Kaiserlichen, sich zwar bis zur einbrechenden Nacht verteidigend, auch hier gänzlich geschlagen wurden.

Es war eine Schlacht, wie noch niemals unsere Armee gegen die kaiserliche Armee gewonnen hatte, und wie sie vielleicht überhaupt in Jahrhunderten nicht wieder vorkommt.

Die Krönung Josephs II.

J. W. von Goethe

Die Krönung Josephs II., kurz nach dem Ende des Dritten Schlesischen Krieges, wurde von dem damals 15jährigen Goethe, dessen Vater ein angesehener Frankfurter Bürger war, aufmerksam beobachtet und später in »Dichtung und Wahrheit« beschrieben.
Die Gewalt des Reiches und die Stellung des Kaisers selbst waren zu dieser Zeit längst bedeutungslos geworden. Die deutschen Fürsten trieben ihre selbständige, oft selbstsüchtige Politik; Friedrich der Große hatte sich mit seinem Kampf gegen das Reichsoberhaupt sogar Ansehen und Bewunderung erworben, was übrigens auch von Goethe bezeugt wird. Und doch wurden das Zeremoniell der Wahl und der Krönung genau beachtet wie in den Tagen echter Kaiserherrlichkeit.
Nach dem Tod Maria Theresias, seiner Mutter, führte Joseph in Österreich eine Reihe von Reformen durch, die dem Geist der Aufklärung entstammten und dem Wohl des Volkes dienen sollten. Das schroffe Vorgehen Josephs verletzte aber vielfach die religiösen und nationalen Gefühle der Untertanen, so daß die Neuerungen überall auf erbitterten Widerstand stießen und schließlich zurückgenommen werden mußten.

Der Krönungstag brach endlich an, der 3. April 1764; das Wetter war günstig und alle Menschen in Bewegung. Man hatte mir, nebst mehreren Verwandten und Freunden, in dem Römer selbst, in einer der oberen Etagen, einen guten Platz angewiesen, wo wir das Ganze vollkommen übersehen konnten. Mit dem frühsten begaben wir uns an Ort und Stelle und beschauten nunmehr von oben, wie in der Vogelperspektive, die Anstalten, die wir Tags vorher in näheren Augenschein genommen hatten. Da war der neuerrichtete Springbrunnen mit zwei großen Kufen rechts und links, in welche der Doppeladler auf dem Ständer weißen Wein hüben und roten Wein drüben aus seinen zwei Schnäbeln ausgießen sollte. Aufgeschüttet zu einem Haufen lag dort der Hafer, hier stand die große Bretterhütte, in der man schon einige Tage den ganzen fetten Ochsen an einem ungeheuren Spieße bei Kohlenfeuer braten und schmoren sah. Alle Zugänge, die vom Römer aus dahin und von andern Straßen nach dem Römer führen, waren zu beiden Seiten durch Schranken und Wachen gesichert. Der große Platz füllte sich nach und nach, und das Wogen und Drängen ward immer stärker und bewegter, weil die Menge womöglich immer nach der Gegend hinstrebte, wo ein neuer Auftritt erschien und etwas Besonderes angekündigt wurde.

Bei alledem herrschte eine ziemliche Stille, und als die Sturmglocke geläutet wurde, schien das ganze Volk von Schauer und Erstaunen ergriffen. Was nun zuerst die Aufmerksamkeit aller, die von oben herab den Platz übersehen konnten, erregte, war der Zug, in welchem die Herren von Aachen und Nürnberg die Reichskleinodien nach dem Dome brachten. Diese hatten als Schutzheiligtümer den ersten Platz im Wagen eingenommen, und die Deputierten saßen vor ihnen in anständiger Verehrung auf dem Rücksitz.

Nunmehr begeben sich die drei Kurfürsten in den Dom. Nach Überreichung der Insignien an Kur-Mainz werden Krone und Schwert sogleich nach dem kaiserlichen Quartier gebracht. Die weiteren Anstalten und mancherlei Zeremoniell beschäftigen mittlerweile die Hauptpersonen sowie die Zuschauer in der Kirche, wie wir andern Unterrichteten uns wohl denken konnten.

Vor unsern Augen fuhren indessen die Gesandten auf den Römer, aus welchem der Baldachin von Unteroffizieren in das kaiserliche Quartier getragen wird. Sogleich besteigt der Erbmarschall Graf von Pappenheim sein Pferd, ein sehr schöner schlankgebildeter Herr, den die spanische Tracht, das reiche Wams, der goldne Mantel, der hohe Federhut und die gestrählten fliegenden Haare sehr wohl kleideten. Er setzt sich in Bewegung, und unter dem Geläute aller Glocken folgen ihm zu Pferde die Gesandten nach dem kaiserlichen Quartier in noch größerer Pracht als am Wahltage. Dort hätte man auch sein mögen, wie man sich an diesem Tage durchaus zu vervielfältigen wünschte. Wir erzählten einander indessen, was dort vorgehe. Nun zieht der Kaiser seinen Hausornat an, sagten wir, eine neue Bekleidung nach dem Muster der alten karolingischen verfertigt. Die Erbämter erhalten die Reichsinsignien und setzen sich damit zu Pferde. Der Kaiser im Ornat, der Römische König im spanischen Habit besteigen gleichfalls ihre Rosse, und indem dieses geschieht, hat sie uns der vorausgeschrittene unendliche Zug bereits angemeldet.

Das Auge war schon ermüdet durch die Menge der reich gekleideten

Dienerschaft und der übrigen Behörden, durch den stattlich einherwandelnden Adel; und als nunmehr die Wahlbotschafter, die Erbämter und zuletzt unter dem reichgestickten, von zwölf Schöffen und Ratsherrn getragenen Baldachin der Kaiser in romantischer Kleidung, zur Linken, etwas hinter ihm, sein Sohn in spanischer Tracht langsam auf prächtig geschmückten Pferden einherschwebten, war das Auge nicht mehr sich selbst genug. Man hätte gewünscht, durch eine Zauberformel die Erscheinung nur einen Augenblick zu fesseln; aber die Herrlichkeit zog unaufhaltsam vorbei, und den kaum verlassenen Raum erfüllte sogleich wieder das hereinwogende Volk.

Nun aber entstand ein neues Gedränge: denn es mußte ein anderer Zugang, von dem Markte her, nach der Römertüre eröffnet und ein Bretterweg aufgebrückt werden, welchen der aus dem Dom zurückkehrende Zug beschreiten sollte.

Was in dem Dom vorgegangen, die unendlichen Zeremonien, welche die Salbung, die Krönung, den Ritterschlag vorbereiten und begleiten, alles dieses ließen wir uns in der Folge gar gern von denen erzählen, die manches andere aufgeopfert hatten, um in der Kirche gegenwärtig zu sein.

Wir anderen verzehrten mittlerweile auf unseren Plätzen eine frugale Mahlzeit: denn wir mußten an dem festlichen Tage, den wir erlebten, mit kalter Küche vorliebnehmen. Dagegen aber war der beste und älteste Wein aus allen Familienkellern herangebracht worden, so daß wir von dieser Seite wenigstens dies altertümliche Fest altertümlich feierten.

Auf dem Platze war jetzt das Sehenswürdigste die fertig gewordene und mit rotgelb- und weißem Tuch überlegte Brücke, und wir sollten den Kaiser, den wir zuerst im Wagen, dann zu Pferde sitzend angestaunt, nun auch zu Fuße wandelnd bewundern; und sonderbar genug, auf das letzte freuten wir uns am meisten: denn uns deuchte diese Weise, sich darzustellen, so wie die natürlichste, so auch die würdigste.

Ältere Personen, welche der Krönung Franz des Ersten beigewohnt, erzählten: Maria Theresia, über die Maßen schön, habe jener Feierlichkeit an einem Balkonfenster des Hauses Frauenstein, gleich neben dem Römer, zugesehen. Als nun ihr Gemahl in der seltsamen Verkleidung aus dem Dom zurückgekommen und sich ihr zusosagen als Gespenst Karls des Großen dargestellt, habe er wie zum Scherz beide Hände erhoben und ihr den Reichsapfel, den Zepter und die wundersamen Handschuh hingewiesen, worüber sie in ein unendliches Lachen ausgebrochen; welches dem ganzen zuschauenden Volke zur größten Freude und Erbauung gedient, indem es darin das gute und natürliche Ehegattenverhältnis des allerhöchsten Paares der Christenheit mit Augen zu sehen gewürdigt worden. Als aber die Kaiserin, ihren Gemahl zu begrüßen, das Schnupftuch geschwungen und ihm selbst ein lautes Vivat zugerufen, sei der Enthusiasmus und der Jubel des Volkes aufs höchste gestiegen, so daß das Freudengeschrei gar kein Ende finden konnte.

Nun verkündigte der Glockenschall und nun die Vordersten des langen Zuges, welche über die bunte Brücke ganz sachte einherschritten, daß alles getan sei. Die Aufmerksamkeit war größer denn je, der Zug deutlicher als vorher, besonders für uns, da er jetzt gerade nach uns zuging. Wir sahen ihn sowie den ganzen volkserfüllten Platz beinah im Grundriß. Nur zu sehr drängte sich am Ende die Pracht: denn die Gesandten, die Erbämter, Kaiser und König unter dem Baldachin, die drei geistlichen Kurfürsten, die schwarzgekleideten Schöffen und Ratsherren, der goldgestickte Himmel, alles schien nur eine Masse zu sein, die nur von einem Willen bewegt, prächtig harmonisch und soeben unter dem Geläute der Glocken aus dem Tempel tretend, als ein Heiliges uns entgegenstrahlte.

Eine politisch-religiöse Feierlichkeit hat einen unendlichen Reiz. Wir sehen die irdische Majestät vor Augen, umgeben von allen Symbolen ihrer Macht; aber indem sie sich vor der himmlischen beugt, bringt sie uns die Gemeinschaft beider vor die Sinne. Denn auch der einzelne vermag seine Verwandtschaft mit der Gottheit nur dadurch zu bestätigen, daß er sich unterwirft und anbetet.

Endlich kamen auch die beiden Majestäten. Des Kaisers Hausornat von purpurfarbner Seide, mit Perlen und Steinen reich geziert, sowie Krone, Zepter und Reichsapfel fielen wohl in die Augen: denn alles war neu daran, und die Nachahmung des Altertums geschmackvoll. So bewegte er sich auch in seinem Anzuge ganz bequem, und sein treuherzig würdiges Gesicht gab zugleich den Kaiser und Vater zu erkennen. Der junge König hingegen schleppte sich in den ungeheuren Gewandstücken mit den Kleinodien Karls des Großen wie in einer Verkleidung einher, so daß er selbst, von Zeit zu Zeit seinen Vater ansehend, sich des Lächelns nicht enthalten konnte. Die Krone, welche man sehr hatte füttern müssen, stand wie ein übergreifendes Fach vom Kopf ab. Die Dalmatika, die Stola, so gut sie auch angepaßt und eingenäht worden, gewährte doch keineswegs ein vorteilhaftes Aussehen. Zepter und Reichsapfel setzten in Verwunderung; aber man konnte sich nicht leugnen, daß man lieber eine mächtige, dem Anzuge gewachsene Gestalt, um der günstigern Wirkung willen, damit bekleidet und ausgeschmückt gesehen hätte.

Es war eben die rechte Zeit, daß ich von meinem Fenster wieder Besitz nahm: denn das Merkwürdigste, was öffentlich zu erblicken war, sollte eben vorgehen. Alles Volk hatte sich gegen den Römer zu gewendet, und ein abermaliges Vivatschreien gab uns zu erkennen, daß Kaiser und König an dem Balkonfenster des großen Saales in ihrem Ornate sich dem Volke zeigten. Aber sie sollten nicht allein zum Schauspiel dienen, sondern vor ihren Augen sollte ein seltsames Schauspiel vorgehen. Vor allem schwang sich nun der schöne schlanke Erbmarschall auf sein Roß; er hatte das Schwert abgelegt, in seiner Rechten hielt er ein silbernes gehenkeltes Gefäß und ein Streichblech in der Linken. So ritt er in den Schranken auf den großen Haferhaufen zu, sprengte hinein, schöpfte das Gefäß übervoll, strich es ab und trug es mit großem Anstande wieder zurück. Der kaiserliche Marstall war nunmehr versorgt. Der Erbkämmerer ritt sodann gleichfalls auf jene Gegend zu und brachte ein Handbecken nebst Gießfaß und Handquehle zurück. Unterhaltender aber für die Zuschauer war der Erbtruchseß, der ein Stück von dem gebratenen Ochsen zu holen kam. Auch er ritt mit einer silbernen Schüssel durch die Schranken bis zu der großen Bretterküche und kam bald mit verdecktem Gericht wieder hervor, um seinen Weg nach dem Römer zu nehmen. Die Reihe traf nun den Erbschenken, der zu dem Springbrunnen ritt und Wein holte. So war nun auch die kaiserliche Tafel bestellt, und aller Augen warteten auf den Erbschatzmeister, der das Geld auswerfen sollte. Auch er bestieg ein schönes Roß, dem zu beiden Seiten des Sattels anstatt der Pistolenhalftern ein Paar prächtige, mit dem kurpfälzischen Wappen gestickte Beutel befestigt hingen. Kaum hatte er sich in Bewegung gesetzt, als er in diese Taschen griff und rechts und links Gold- und Silbermünzen freigebig ausstreute, welche jedesmal in der Luft als ein metallner Regen gar lustig glänzten. Tausend Hände zappelten augenblicklich in der Höhe, um die Gaben aufzufangen; kaum aber waren die Münzen niedergefallen, so wühlte die Masse in sich selbst gegen den Boden und rang gewaltig um die Stücke, welche zur Erde mochten gekommen sein. Da nun diese Bewegung von beiden Seiten sich immer wiederholte, wie der Geber vorwärts ritt, so war es für die Zuschauer ein sehr belustigender Anblick. Zum Schlusse ging es am allerlebhaftesten her, als er die Beutel selbst auswarf und ein jeder noch diesen höchsten Preis zu erhaschen trachtete.

Jedermann wußte nun, daß Kaiser und König aus dem Kabinett, wohin sie vom Balkon abgetreten, sich wieder hervorbegeben und in dem großen Römersaale speisen würden. Man hatte die Anstalten dazu Tags

vorher bewundern können, und mein sehnlichster Wunsch war, heute womöglich nur einen Blick hinein zu tun. Ich begab mich daher auf gewohnten Pfaden wieder an die große Treppe, welcher die Türe des Saales gerade gegenübersteht. Hier staunte ich nun die vornehmen Personen an, welche sich heute als Diener des Reichsoberhauptes bekannten. Vierundvierzig Grafen, die Speisen aus der Küche herantragend, zogen an mir vorbei, alle prächtig gekleidet, so daß der Kontrast ihres Anstandes mit der Handlung für einen Knaben wohl sinnverwirrend sein konnte. Das Gedränge war nicht groß, doch wegen des kleinen Raums merklich genug. Die Saaltüre war bewacht, indes gingen die Befugten häufig aus und ein. Ich erblickte einen pfälzischen Hausoffizianten, den ich anredete, ob er mich nicht mit hineinbringen könne. Er besann sich nicht lange, gab mir eins der silbernen Gefäße, die er eben trug, welches er um so eher konnte, als ich sauber gekleidet war; und so gelangte ich denn in das Heiligtum. Das pfälzische Büfett stand links, unmittelbar an der Türe, und mit einigen Schritten befand ich mich auf der Erhöhung desselben, hinter den Schranken.
Am andern Ende des Saales, unmittelbar an den Fenstern, saßen auf Thronstufen erhöht, unter Baldachinen, Kaiser und König in ihren Ornaten; Krone und Zepter aber lagen auf goldnen Kissen rückwärts in einiger Entfernung. Die drei geistlichen Kurfürsten hatten, ihre Büfetts hinter sich, auf einzelnen Estraden Platz genommen: Kur-Mainz den Majestäten gegenüber, Kur-Trier zur Rechten und Kur-Köln zur Linken. Dieser obere Teil des Saales war würdig und erfreulich anzusehen und erregte die Bemerkung, daß die Geistlichkeit sich so lange als möglich mit dem Herrscher halten mag. Dagegen ließen die zwar prächtig aufgeputzten, aber herrenleeren Büfetts und Tische der sämtlichen weltlichen Kurfürsten an das Mißverhältnis denken, welches zwischen ihnen und dem Reichsoberhaupt durch Jahrhunderte allmählich entstanden war. Die Gesandten derselben hatten sich schon entfernt, um in einem Seitenzimmer zu speisen; und wenn dadurch der größte Teil des Saales ein gespensterhaftes Ansehen bekam, daß so viele unsichtbare Gäste auf das prächtigste bedient wurden, so war eine große unbesetzte Tafel in der Mitte noch betrübter anzusehen: denn hier standen auch so viele Kuverte leer, weil alle die, welche allenfalls ein Recht hatten, sich daran zu setzen, anstandshalber, um an dem größten Ehrentage ihrer Ehre nichts zu vergeben, ausblieben, wenn sie sich auch dermalen in der Stadt befanden.

Der Mitternachtsritt des Paul Revere

Paul Revere

Im Frieden von Paris, 1763, hatte England fast den gesamten französischen Kolonialbesitz in Nordamerika gewonnen. Nun wünschte das Parlament in London, die Oberhoheit des Mutterlandes über die Kolonien zu stärken und sie insbesondere auch zu finanziellen Leistungen heranzuziehen, um die Schuldenlast des vergangenen Krieges zu decken. Als geeignetes Mittel erschienen die Ausdehnung der Stempelsteuer auch auf die Kolonien und höhere Zölle.
Die Kolonisten widersetzten sich diesen Maßnahmen, da sie nicht im Parlament des Mutterlandes vertreten waren und an dessen Beschlüssen keinen Anteil hatten. Die englische Regierung gab schließlich nach und widerrief im wesentlichen ihre Anordnungen. Um aber formell ihre Autorität aufrechtzuhalten, bestand sie auf der Beibehaltung der Teesteuer, die die Kolonien keineswegs bedrückte. Dennoch kam es bei der Landung englischer Teeschiffe im Hafen von Boston zu einem Zwischenfall, der zu einem schärferen Einschreiten der Engländer führte. Der Krieg stand bevor. Als am Abend des 18. 4. 1775 ein englischer Erkundungstrupp von Boston aufbrach, wurde die Nachricht von diesem Ereignis durch Paul Reveres Ritt den Farmern mitgeteilt, die sich daraufhin bewaffneten. Die Engländer nahmen zwar kampflos die Stadt Concord, aber der Rückzug wurde sehr verlustreich. Die ersten Schüsse waren gefallen.
Zu Beginn des Krieges ernannte der Kongreß Washington zum Anführer des Heeres, das in den folgenden Jahren die Unabhängigkeit Nordamerikas erstreiten sollte.

Ich, Paul Revere aus Boston, in der Kolonie von Massachusetts Bay in New England, bezeuge und sage, daß ich von Dr. Joseph Warren aus Boston am Abend des 18. April ungefähr um zehn Uhr aufgefordert wurde, nach Lexington zu eilen und den Hon. John Hancock und Mr. Samuel Adams zu unterrichten, daß sich in Boston eine Gruppe von britischen Soldaten aufhalte, und zwar leicht bewaffnete, und Grenadiere, die zum Ende der Gemeindewiese marschierten, wo viele Boote bereitlagen, um sie aufzunehmen. Man vermutete, daß sie auf den Cambridge River

nach Lexington oder nach Concord fahren sollten, um das dort von den Amerikanern aufgestapelte Kriegsgerät zu beschlagnahmen.
Ich brach sofort auf, wurde über den Charles River gesetzt und landete in der Nähe von Charlestown Battery; dort ging ich in die Stadt und erwarb ein Pferd. In Charlestown wurde mir von Richard Devens gesagt, daß er an diesem Abend nach Sonnenuntergang neun Offiziere der britischen Armee getroffen habe, die gute Pferde besaßen, bewaffnet waren und die nach Concord ritten. Ich selbst ritt ungefähr um elf Uhr dort weg, der Mond leuchtete hell. Ich war beinahe über die Gemeindewiese von Charlestown in Richtung Cambridge gekommen, als ich zwei Offiziere zu Pferde sah, die unter einem Baum in einem engen Teil des Weges hielten. Ich war nahe genug, um ihre Pistolenhalfter und Kokarden erkennen zu können. Einer von ihnen ritt auf mich zu, der andere weiter auf dem Weg, um, wie ich vermutete, mich weiter oben aufzuhalten, falls ich dem ersten entkommen sollte. Ich wendete sogleich mein Pferd und galoppierte zur Straße nach Mistick, während er mir in einem Abstand von etwa dreihundert Yards folgte. Als er sah, daß er mich nicht einholen konnte, kehrte er um. Ich selbst ritt über Mistick weiter nach Lexington und warnte dort Mr. Adams und Hancock. Als ich mich noch ungefähr eine halbe Stunde aufgehalten hatte, erschien Mr. Daws, der aus Boston über den Neck gekommen war. Wir brachen jetzt auf, um nach Concord zu reiten. Unterwegs wurden wir von einem jungen Herrn mit Namen Prescot überholt, der aus Concord stammte und nach Hause ritt. Als wir ungefähr den halben Weg zurückgelegt hatten, hielten meine beiden Begleiter vor einem Haus, um den Besitzer zu wecken und ihn über die Lage zu informieren. Ich selbst ritt weiter, hatte jedoch kaum zweihundert Yards zurückgelegt, als ich wieder britische Offiziere erblickte. Während ich noch nach meinen Begleitern rief, tauchten weitere Soldaten auf, die mit ihren Pistolen in den Händen heranritten. Ich schrie: »Bei Gott, haltet an, wenn ihr weiterreitet, werde ich schießen!« In der Zwischenzeit waren auch Mr. Prescot und Mr. Daws herangekommen. Wir versuchten zwar zu flüchten, konnten die Briten aber nicht abschütteln. Sie stellten sich an das Gatter einer Weide, öffneten es und schworen, uns erschießen zu wollen, wenn wir nicht auf diese Weide reiten würden. So blieb uns nichts anderes übrig, als dem Befehl zu folgen. Mr. Prescot sagte »vorwärts«. Er ritt nach links, ich nach rechts in Richtung auf einen Wald am Ende der Weide, dort wollte ich vom Pferd springen und zu Fuß weiterlaufen. Als ich aber den Waldrand erreicht hatte, tauchten vor mir sechs Offiziere auf, langten mir in die Zügel, richteten die Pistolen auf

meine Brust und befahlen mir abzusteigen. Einer von ihnen, der das Kommando zu haben schien, fragte mich, woher ich käme, und ich erzählte es ihm. Er erkundigte sich, wann ich aufgebrochen sei. Ich berichtete es ihm ebenfalls, und er schien überrascht und fragte: »Sir, darf ich Euch nach Eurem Namen fragen?« Ich antwortete: »Mein Name ist Revere.« »Was?« sagte er, »Paul Revere?« Ich antwortete: »Ja.« Daraufhin beschimpften mich die anderen, er aber erklärte mir, daß ich keine Angst haben solle, denn niemand würde mich verletzen.

Ich erklärte ihm nun, daß sie ihre Absicht nicht erreichen würden, da ich die ganze Gegend alarmiert hätte. Ihre Boote wären genommen, und ich würde bald fünfhundert Leute dort haben. Einer von ihnen antwortete, daß sie über fünfzehnhundert Leute verfügen könnten. Der Führer der Truppe schien aber trotzdem überrascht, ritt zur Straße und benachrichtigte jene, die mich gefangengenommen hatten, die nun sofort in vollem Galopp herankamen. Einer von ihnen hielt mir seine Pistole an den Kopf und erklärte, daß er mich verhören wolle, und wenn ich nicht die Wahrheit sage, würde er mich erschießen. Ich erwiderte ihm, daß ich mich für einen Mann der Wahrheit hielte, daß er mich auf einer Landstraße festgenommen und mich zu einem Gefangenen gemacht hätte, ich wüßte nicht mit welchem Recht. Ich würde ihm die Wahrheit sagen, fürchtete mich aber nicht. Er stellte mir dann die gleichen Fragen wie die anderen und viele mehr, aber er war genauer als sie. Ich gab ihm meistens die gleichen Antworten.

Dann befahl er mir, mein Pferd zu besteigen, aber zuvor durchsuchten sie mich nach Waffen. Als ich das Pferd bestiegen hatte, nahm der Major die Zügel aus meinen Händen und sagte: »Bei Gott, Sir, Ihr werdet wahrhaftig nicht mit Zügeln reiten!« Er gab sie einem Offizier zu meiner Rechten, der mich hören mußte, und befahl dann vier Männern, aus dem Gebüsch herauszukommen und ihre Pferde zu besteigen. Es waren Landleute, die sie angehalten hatten und die nach Hause reiten wollten. Dann befahl er uns aufzubrechen. Er sagte mir: »Wir gehen jetzt zu Euren Freunden, und wenn Ihr versucht zu fliehen oder man uns angreift, werden wir Euch erschießen.«

Als sie auf die Straße gelangt waren, bildeten sie einen Kreis und befahlen, mich als Gefangenen im Mittelpunkt zu führen. Wir ritten nun mit großer Geschwindigkeit nach Lexington. Sie beleidigten mich unterwegs oft, indem sie mich einen Rebellen und ähnliches nannten. Als wir ungefähr eine Meile zurückgelegt hatten, wurde ich einem Unteroffizier übergeben, der seine Pistole herausziehen mußte und vom Major den Befehl erhielt, mich sofort zu erschießen, falls ich versuchen sollte, die Flucht zu ergreifen. Als wir ungefähr noch eine halbe Meile vom Versammlungshaus entfernt waren, hörten wir Schüsse. Der Major fragte mich, worum es sich handle, und ich erwiderte ihm, daß man damit die Landbevölkerung alarmieren wolle. Nun befahl er den vier gefangenen Landleuten abzusteigen, was diese taten. Dann zerschnitt einer der Offiziere Zaumzeug, Zügel und Sättel der Pferde, trieb sie davon und sagte zu den Leuten, daß sie ihrer Wege gehen könnten. Ich bat den Major, mich ebenfalls zu entlassen, er aber antwortete mir, daß er mich mit sich führen wollte, welche Folgen es auch haben werde. Er befahl uns dann weiterzumarschieren.

Als wir in Sicht des Versammlungshauses kamen, hörten wir eine Salve von Schüssen, die, wie ich vermutete, im Gasthaus als Alarm abgefeuert wurden. Der Major befahl anzuhalten und fragte mich, wie weit es bis Cambridge sei, und vieles andere mehr. Dann erkundigte er sich bei dem Sergeanten, ob dessen Pferd müde sei, und als dieser bejahte, befahl er ihm, mein Pferd zu nehmen. Ich stieg ab, und der Sergeant bestieg mein Pferd. Sie zerschnitten die Zügel und den Sattel vom Pferd des Sergeanten und ritten auf der Straße davon. Ich selbst ging zum Haus, in dem ich die Herren Adams und Hancock zurückgelassen hatte, und erzählte ihnen, was geschehen war. Ihre Freunde rieten ihnen, sogleich aufzubrechen, ich begleitete sie ungefähr zwei Meilen weit, nach einer Rast kehrte ich mit einem anderen Mann zurück zur Wirtschaft, um die Neuigkeiten zu erfragen. Dort erzählte man uns, daß die Truppen nur noch zwei Meilen entfernt seien. Wir gingen in die Wirtschaft, um eine Kiste mit Papieren zu übernehmen. Bevor wir aber das Haus verließen, sah ich vom Fenster aus schon die britischen Truppen. Wir beeilten uns und mußten unsere Bürgerwehr passieren, die sich auf einer Wiese hinter dem Versammlungshaus aufhielt, ich nehme an, es waren ungefähr fünfzig oder sechzig Leute. Als ich vorbeiging, hörte ich, wie der kommandierende Offizier seinen Leuten sagte: »Laßt die Truppen passieren und greift sie nicht an, es sei denn, daß sie zuerst anfangen.«

Nun mußte ich die Straße überqueren. Als ich noch nicht einen halben Schritt entfernt war, tauchten die britischen Truppen hinter dem Versammlungshaus auf. Sie hielten an. Da wurde ein Schuß gefeuert. Ich hörte es, drehte mich um und sah vor den Truppen den Rauch. Sie schrien sofort auf, liefen einige Schritte davon und dann schossen sie alle. Zuerst konnte ich unregelmäßiges Feuer unterscheiden, wie ich annahm von der Vorhut, und dann von den Kompanieabteilungen. Das ist alles, was ich zu erklären habe.

Von der Französischen Revolution bis zum Wiener Kongreß

Die Ordnung, die der Absolutismus errichtet hatte, war nicht ohne Widerspruch geblieben. Besonders in Frankreich, wo die Mißstände unerträglich geworden waren, wurde die Kritik am absolutistischen System immer lauter.
Die Aufklärung erkannte, daß die drei Gewalten im Staat: die Gesetzgebung, die Leitung der Regierung und die richterliche Gewalt, nicht in einer Hand, in der Hand des Königs, vereint sein dürfen. Die Teilung der Gewalten sollte ihren Mißbrauch verhindern und den Bürger vor Willkür schützen.
Die erste Verfassung nach diesen Grundsätzen wurde aber nicht in Europa verwirklicht, sondern in Amerika, wo keine historischen Überlieferungen hemmend im Wege standen.
Nach den Kämpfen, die England in der Mitte des 18. Jahrhunderts gegen Frankreich um Nordamerika geführt hatte, versuchte die Regierung in London, auch die amerikanischen Siedler zu besteuern. Diese weigerten sich, Steuern zu zahlen, ohne im Parlament mitbestimmen zu können. 1776 erklärten sie ihre Unabhängigkeit und erkämpften sie unter Washingtons Führung. 1787 gaben sie sich, auf der Grundlage der Menschenrechte, die erste Verfassung nach den Ideen der Aufklärung.
Diese Ereignisse fanden ganz besonderen Widerhall im Ursprungsland der Aufklärung, in Frankreich. Hier lebte das Bürgertum ohne politische Rechte; der Grundbesitz war zum größten Teil in den Händen der Kirche und des Adels; die Bauern lebten im Elend; der Staat stand vor dem finanziellen Ruin. Da berief der König die fast vergessenen Stände zur Beratung zusammen. Aber das Bürgertum ließ sich nicht mehr abspeisen, es forderte eine Verfassung. Die Unruhe des Königs und des Adels stieg noch, als beim Sturm auf die Bastille (Staatsgefängnis) 1789 erstmals die offene Revolution ausbrach. Es war vergebens, daß der Adel auf seine Vorrechte verzichtete, daß der König eine Verfassung gewährte, daß das Ausland Partei ergriff. Die Schrekkensherrschaft der Revolution schickte die königliche Familie in den Tod – ebenso die Vertreter der früher privilegierten Stände, soweit sie sich nicht ins Ausland retten konnten.
Der Erbe der revolutionären Wirren wurde Napoleon Bonaparte. Seine kriegerischen Erfolge in Italien und in Ägypten machten ihn zum Helden des französischen Nationalismus, der in den Kämpfen mit den Monarchien Europas erwacht war. Der Höhepunkt seiner glänzenden Laufbahn war die Krönung zum Kaiser der Franzosen: Das Ende der freiheitlichen Revolution war eine Militärdiktatur. In den folgenden Jahren triumphierten Napoleons Armeen über die Staaten des Kontinents. Nur England widerstand ihm. Erst die Katastrophe des Rückzugs aus Ruß-

land brachte seinen Siegeslauf zum Stehen. Die unterdrückten Länder erhoben sich (1812/13). In den Jahren nach den Niederlagen von 1805/06 hatten Österreich und Preußen unter der Leitung bedeutender Staatsmänner, wie Metternich und Stein, an einer inneren Reform gearbeitet. Dem Ansturm der verbündeten Völker Europas erlagen nun die französischen Heere. Nach dem Kampf traten Sieger und Besiegte zur Neuordnung Europas auf dem Wiener Kongreß zusammen. Allerdings blieben dabei die Wünsche der deutschen Patrioten nach einem einigen deutschen Reich und nach einer freiheitlichen Verfassung unberücksichtigt. Der Geist des Absolutismus triumphierte noch einmal. Um diesen früheren Zustand aufrechtzuerhalten, schlossen Österreich, Preußen und Rußland die Heilige Allianz.

1775	Beginn des amerikanischen Befreiungskrieges
1776	*Unabhängigkeitserklärung der Vereinigten Staaten*
1787	*Verfassung der Vereinigten Staaten*
1789	Sturm auf die Bastille
1793	*Hinrichtung Ludwigs XVI.*
1794	Sturz Robespierres
1804	*Napoleon zum Kaiser gekrönt*
1806	*Niederlage Preußens*
1812–1813	Niederlage Napoleons in Rußland
1813	*Beginn des Befreiungskrieges*
1815	Wiener Kongreß *Deutscher Bund*

(Geradestehende Zeilen verweisen auf Texte in diesem Buch)

Der Sturm auf die Bastille

Dusaulx/Flévilles

Ludwig XVI. versuchte mit Hilfe tüchtiger Minister, unter denen der Finanzminster Necker hervorragte, die staatliche Mißwirtschaft einzudämmen und den Staatsbankrott abzuwenden. Der Adel war aber selbst in diesem entscheidenden Augenblick nicht bereit, auf seine Vorrechte zu verzichten und sich wie die Bürger und Bauern besteuern zu lassen. Es wurde die Einberufung der Stände gefordert, die seit 1614 nicht mehr zusammengetreten waren.
Am 17. Juni 1789 erklärten sich die Vertreter des Dritten Standes, das heißt der Masse des Volkes, als Nationalversammlung, die für sich das Recht beanspruchte, nicht nur Steuern zu bewilligen, sondern auch über eine Verfassung zu beraten.
Die Masse aber, durch Teuerung und Brotmangel erregt, wartete nicht die Ergebnisse langer Beratungen ab; sie wünschte unter dem Einfluß geschickter Demagogen den gewaltsamen Umsturz. Am 14. Juli zerstörte das Volk das Staatsgefängnis, die gefürchtete Bastille. Dieses Ereignis war das Zeichen zum allgemeinen Aufruhr in der Provinz. Die Bauern erhoben sich, töteten adlige Gutsherren und brannten Schlösser und Kirchen nieder. Unter dem Eindruck dieser Ereignisse wurden die Reformen nun sehr viel rascher vorangetrieben. Der Tag des Bastille-Sturms wurde zum französischen Nationalfeiertag.

Gegen Mittag des 12. Juli 1789 verbreitete sich das Gerücht, daß Necker verabschiedet worden und bereits abgereist sei. Die Bestürzung war allgemein. Man schloß zuerst die Schauspielhäuser. Die Überbringer der Nachricht wurden vom Volk als Lügner und Verbreiter falscher Nachrichten betrachtet und mißhandelt.
Zwischen vier und fünf Uhr nachmittags füllte sich das Palais Royal mit einer ungeheuren Menschenmenge. Von allen Seiten strömte das Volk herbei.
Ein junger Mann, der auf einen Tisch gestiegen war, schrie: »Zu den Waffen! Zu den Waffen!« Er zog den Degen, zeigte dann eine Pistole und eine grüne Kokarde. Die ihn umringende Menge betrachtete ihn zuerst

schweigend, dann aber folgte sie seinem Beispiel und brach in ein wildes Geschrei aus. Man begeisterte sich, man war in großer Aufregung. Das Volk riß von den umstehenden Bäumen die Blätter ab, um sie als Kokarde anzustecken. Diese Volkswut dauerte drei Tage an.

Die Aufforderung zum Bürgerkrieg, der Schrecken der friedlichen Bürger, erscholl bald in allen Stadtteilen. Das Volk strömte nach dem Place de Louis XV., der sich trotz der Maueranschläge vom Morgen mit Truppen anfüllte. Diese nahmen gleich eine drohende Haltung ein.

Wie doch die Dinge und Menschen sich so plötzlich verändern! Friedfertige Bürger, die nie ehrgeizige Pläne gehabt hatten, die keine Intrigen kannten und dem alten Regime treu waren, wurden nun gegen ihren Willen vom Sturm der Ereignisse mit fortgerissen.

Die Distrikte wurden ermächtigt, sofort auf Kosten der Stadt Piken, Hellebarden und andere leichte Waffen anzufertigen. An sich waren diese Waffen von geringem Wert, aber Mut und Verzweiflung gaben ihnen in den gewaltigen Ereignissen doppelte Wirkungskraft. In weniger als sechsundreißig Stunden wurden fünfzigtausend Piken fertiggestellt. Mit Fug und Recht kann man sie als die hauptsächlichen Werkzeuge unserer jungen Freiheit ansehen.

Sobald der Tag anbrach, füllte sich der Grèveplatz immer mehr mit Menschen an. Der Platz war mit der Zeit ein großer Stapelplatz von allerlei Dingen geworden. Selbst Herden waren vorhanden. Die Menge, die sogar Geschütze mit sich führte, ließ im Lauf des Tages einen großen Teil der Waren fortschaffen.

Schon in früher Morgenstunde kam man zu uns, um uns von neuem um Waffen und Munition zu bitten. Dabei warf man uns unsere unbeabsichtigte Weigerung und die Niederlagen von gestern vor. Wir hatten uns die größte Mühe gegeben, Waffen aufzutreiben, aber es gab deren keine, auch keine Munition. Nicht einmal im Arsenal war etwas aufzutreiben. Das ungeduldige Volk, das nicht wußte, was es noch für große Taten vollbringen würde, entschloß sich nun, nach dem Invalidenhaus zu gehen, ohne sich um das Marsfeld zu kümmern.

Wir erfuhren, daß die Bürger sich dieses ungeheuren Gebäudes bemächtigt hatten, ohne erst die Antwort eines vom Gouverneur nach Versailles abgesandten Boten abzuwarten. Es war dabei kein Blut geflossen. Das Volk hatte die Türen erbrochen und achtundzwanzigtausend Flinten entwendet, die in den Kellern des Hauses mit Stroh bedeckt verborgen gewesen waren. Die Ausführung des Unternehmens entsprach angesichts eines benachbarten Truppenlagers der Kühnheit des Planes.

Und so war es dann mit allen Unternehmungen dieses glücklichen Tages. Das Volk war nur in der Absicht nach der Bastille gezogen, sich Waffen und Munition zu verschaffen. Ohne es eigentlich geplant zu haben, wagte es mehr.
Kurz darauf war es bei der ersten Zugbrücke der Bastille zum Kampf gekommen. Während der eine Teil des Volkes kämpfte, holte der andere Teil Verstärkungen und Geschütze herbei. Auf diese Weise wurden wir ständig über die Fortschritte des Angriffs unterrichtet. Der Kampf blieb bis zuletzt unentschieden. Glücklicherweise hatten wir keine Zeit zum Nachdenken, denn hätten wir Angst gehabt, was wäre dann aus Paris geworden? Einige Mitglieder unseres Komitees meinten, das Unternehmen sei viel ernster, als man vorher glaubte. Jetzt aber war es zu spät, es rückgängig zu machen.
Die Besatzung der Bastille war sehr gering. Sie bestand aus dreiundachtzig Unteroffizieren, zweiunddreißig Schweizern, im ganzen hundertfünfzehn Mannschaften, die seit achtundvierzig Stunden ohne Nahrung waren und widerwillig kämpften. Es ist ganz klar, daß eine Truppe, die achtundvierzig Stunden keine Verpflegung erhalten hat und außerdem gegen das eigene Volk kämpft, sich nicht mit demselben Mut und Eifer schlägt, als Soldaten, die gegen einen Feind der Krone und des Volkes fechten.
Die Garnison antwortete darauf, es sei nicht mehr möglich, sich länger zu schlagen, da die unteren Geschütze nicht gut zu handhaben seien und man außerdem keine geeigneten Geschützkugeln hätte. Da sie auch bald weder Gewehrmunition noch Lebensmittel besäßen, wäre es besser, sich der Wut des Volkes auszuliefern und das Leben zu verlieren, als so viele Bürger zu töten. Es sei besser, auf den Türmen die weiße Fahne zu hissen, die Trommeln zu rühren und sich zu ergeben.
Als die Menge anstürmte, rief ein Offizier ihr zu, daß die Soldaten sich ergeben und die Waffen niederlegen würden, wenn man verspräche, die Besatzung nicht zu töten oder zu mißhandeln. Das Volk antwortete darauf, daß es alle erwürgen würde.
Dieser Offizier setzte nun einen Übergabevertrag auf. Darin führte er aus, daß die Besatzung die Forderungen des Volkes erfüllen werde. Zu gleicher Zeit erwähnte er aber, daß noch eine große Menge Pulver im Schlosse vorhanden sei, und daß die Besatzung sich lieber in die Luft sprengen würde, als sich der Gefahr auszusetzen, ermordet zu werden.
Als die Menge die Übergabeurkunde gelesen hatte, schrie sie: »Laßt die Zugbrücke herunter, es wird euch nichts geschehen!«

Auf dieses Versprechen hin übergab der Gouverneur dem Korporal Gaillard und dem Unteroffizier Perrot die Schlüssel, und diese öffneten nun das Tor und ließen die Zugbrücke herunter.
Hätte die Besatzung vorher ihr Schicksal gekannt, das ihnen nach der Übergabe des Schlosses zuteil wurde, so würde sie sich sicher nicht ergeben haben.
Die Soldaten, die das Glück hatten, der Wut des rasenden Volkes zu entgehen, wurden fortgeschleppt. Jeder Offizier, Unteroffizier oder Schweizer wurde von zwei Mann am Kragen gepackt und unterwegs mißhandelt.
Man brachte die Gefangenen in verschiedene Stadtteile. Es ging wie bei einer Plünderung zu; man riß sich um sie. Jeder wollte einen fortschleppen; denn man gedachte, sie abzuliefern, um dann das Vergnügen zu haben, zu sehen, wie sie gehängt würden.
Allgemein ist der tragische Tod des Gouverneurs, des Majors, des Adjutanten, eines Leutnants und zweier Unteroffiziere bekannt.
Aus diesem Bericht ist zu ersehen, daß die Bastille nie im Sturm genommen worden ist, wie man im Volk behauptet. Man frage den Mann, der sich brüstet, am Sturm auf die Bastille teilgenommen zu haben, durch welche Bresche er eingedrungen ist. Kann er vielleicht in Abrede stellen, daß er mit dem Volk eingedrungen ist, als die Besatzung die Zugbrücke herunterließ?

Der Sturz Robespierres

Graf de Barras

Das ungeschickte Eingreifen der europäischen Monarchien in die Wirren der Französischen Revolution beschleunigte das Ende des französischen Königs. 1792 wurde die Republik ausgerufen, wenige Monate später bestieg Ludwig XVI. das Schafott. Eine neue Verfassung sollte die absolute Souveränität des Volkes bringen, wandelte sich aber unter dem Druck des äußeren Krieges und der Aufstände im Innern zu einer Diktatur des sogenannten Wohlfahrtsausschusses. Von nun an regierte der Terror, der sich gegen alle wandte, die im Verdacht standen, eine andere politische Gesinnung zu vertreten als die Herrschenden. Die Guillotine kam nicht mehr zur Ruhe, in den Provinzen wurde der Aufstand durch Massenerschießungen und Massenertränkungen erstickt. Schließlich machte die Schreckensherrschaft auch vor den führenden Männern der Revolution nicht mehr halt. Danton und seine Anhänger wurden von Robespierre dem Tod überantwortet. Robespierre konnte nun darangehen, seine Ideologie in die Tat umzusetzen. Das Christentum wurde abgeschafft und durch einen Kult des höchsten Wesens ersetzt, Robespierre selbst trat als Priester öffentlich auf.
Der Entschlossenheit einiger Männer, zu denen auch Barras, der Verfasser des folgenden Berichts, zählte, war dann schließlich der Sturz des Diktators zu danken. Die Zeit der Schreckensherrschaft war vorüber. Barras selbst war in der folgenden Zeit des Direktoriums einer der leitenden Politiker Frankreichs.

Der kritische Augenblick rückte näher. Am 8. Thermidor (des Jahres II, 26. Juli 1794) hielt Robespierre, von den in seinem Innern sich bekämpfenden Ideen bewegt, im Konvent eine lange, konfuse Rede voller Widersprüche, dunkel und drohend. Diese Rede wurde mit Stillschweigen aufgenommen und fand keinerlei Zustimmung. Im Vertrauen auf seine Beliebtheit bei den Jakobinern, die ihn stets gefeiert hatten, hielt er dort abends dieselbe Rede. Einige Deputierte, die zugegen waren, sagten, Robespierre sei ein Bezwinger, er wolle Altar gegen Altar errichten und alles Heilige umstürzen. Diese Deputierten und einige Bürger wurden von dem Jakobinerpöbel beschimpft. Collot und Billaud glaubten, den Kampf selbst hier, wo Robespierre noch die Alleinherrschaft hatte, aufnehmen zu können, und erhoben gegen diesen den Vorwurf, daß er seine Rede nicht dem Ausschuß mitgeteilt habe, in welchem er seit zwei Monaten fehlte. Die Jakobiner waren empört über diese unverschämten Bemerkungen gegen die hohe Persönlichkeit. Es entstand ein ungeheurer Lärm, und die beiden Deputierten verließen unter Zischen und Toben die Tribüne, welche Couthon dann bestieg, um Robespierre und seine Rede zu verteidigen. Der Lärm wurde immer toller, vielversprechend für den folgenden Tag.

Am 9. Thermidor eröffnete Vadier den Angriff in sonderbarer Weise; er beschuldigte Robespierre, sich den Maßregeln widersetzt zu haben, die die Ausschüsse gegen die Verschwörer ergreifen wollten. Cambon schloß sich Vadier an. Barère wartete; er wollte nicht eher Partei ergreifen, als bis er es ohne Gefahr tun konnte. Saint-Just bestieg mit finsterer, energischer Miene die Tribüne und fing an, eine Umschreibung der Robespierreschen Rede, die gestern so viel Lärm verursacht hatte, zu halten; Tallien unterbrach ihn mit den Worten: »Man muß den Vorhang zerreißen, der so viele Verbrechen verbirgt.« Robespierre, so lange unbedingter Herrscher der Tribüne, war nicht wenig überrascht, nicht das Wort zu bekommen, als er sprechen wollte. Collot führte den Vorsitz; seine Derbheit befähigte ihn am besten, Robespierre standzuhalten; das gelang ihm auch jetzt, bis dann zuerst Billaud, Varennes und darauf Tallien, jeder in seiner Art, eingriffen und die am wenigsten erwarteten Vorwürfe gegen Robespierre richteten. Der ewige Ankläger aller war verwirrt, als er zum erstenmal sich selbst angeklagt sah, und er verlor den Kopf; er sah rings um sich unsicheren Blickes, wandte sich dann an die Rechte, flehte deren Mitglieder als »reine Männer« an, nannte die vom »Berg« Räuber, als von allen Seiten der seine Stimme erstickende Ruf erscholl: »Nieder mit dem Tyrannen! Nieder mit dem neuen Catilina!« Thuriot übernahm an Stelle Collots den Vorsitz. Robespierre schrie ihm wütend zu: »Präsident von Mördern, ich verlange das Wort!« Thuriot verweigert es und handhabt mit solcher Heftigkeit die Glocke, daß Robespierre nicht gehört wird. Einige Deputierte wenden sich in drohender Haltung gegen Robespierre, und man hört die Worte: »Schweige, Henker! Dantons Blut rinnt dir im Mund, es ersticke dich.« Nun wird von vielen Seiten, besonders von der Seite, wo die Männer der Regierung sitzen, die Versetzung in den Anklagezustand verlangt und – beschlossen.

Während der Abstimmung über die Versetzung in den Anklagezustand bemerkte man ein offenes Federmesser in der Hand Robespierres; er blickte wie sehnsüchtig nach der Tribüne, der Stätte seiner Triumphe. Wollte er sich mit dem Federmesser töten wie Valazé, eines seiner Opfer? Fehlte es ihm an Mut, oder hoffte er, noch Sieger zu bleiben? Diese Hoffnung hätte sich leicht erfüllen können. Im Konvent waren viele seiner Anhänger; viele Jakobiner waren, nach Verabredung vom Abend vorher, gekommen ... Aber Robespierre hatte seine Stimme verloren – seine Worte übertönte der Lärm – und mit ihr seine Macht. Mit Militär wußte er nicht umzugehen, nicht darauf zu wirken; er hatte nichts Soldatisches, nicht die Gehorsam erzwingende Geste des Kommandierenden ... Es fehlte ihm vielleicht auch an der Rechtsformel, unter der er bis jetzt Willkür geübt und seinem Haße, seiner Leidenschaft gefrönt hatte und die ihm die Ausflucht gelassen hätte, er habe ordnungsmäßig gehandelt, damit man auch gegen ihn so verfahren müsse. Aber welche Ordnungsmäßigkeit, welche Bürgschaft bot diese angebliche Form für die andere, da doch einer der Herr von allem war? Wer kann überhaupt wissen, was in einem solchen Ungeheuer vorgeht bei dem, was es tut oder unterläßt, im Augenblick des Falls wie in dem der Erhebung? Die Unglücksstunde hat geschlagen, seine Werkzeuge, die Menschen, die seinem Wink folgten, fehlen ihm, und auf sich allein angewiesen, ist er nichts mehr. Das ist jetzt Robespierres Lage. Der Diktator steht unter Anklage und findet seinen Richter. – Der Anklagebeschluß wird auch gegen Saint-Just verlangt. Dieser steht immer noch auf der Tribüne, trotz aller Unterbrechungen, denen nicht leicht ein anderer standgehalten hätte; er geht einige Stufen hinab, kehrt aber wieder zurück, will seine Rede fortsetzen, aber es gelingt ihm nicht, mit keinem einzigen Wort; aber er steht immer noch unerschütterlich, unempfindlich, unbeweglich, seine Kaltblütigkeit verläßt ihn nicht; er verläßt erst dann die Tribüne, als die Anklage gegen ihn beschlossen war. Le Bas, Saint-Justs Kriegsgefährte, verlangte das Los des Angeklagten zu teilen.

Der jüngere Robespierre wollte sein Schicksal auch nicht von dem seines Bruders trennen. So wurde denn die Anklage beschlossen gegen die beiden Robespierres, Le Bas, Saint-Just und Couthon. Darauf großer Tumult; die Angeklagten protestieren, aber der vielstimmige Ruf: »Vor die Schranke!« übertönt alles. Der Vorsitzende befiehlt den Saaldienern, sie abzuführen; die Diener zaudern. Die bewaffnete Macht wird angerufen; auch sie zaudert. Schließlich werden Robespierre und seine Mitangeklagten ins Gefängnis abgeführt.

Vor dem Thermidor hatte ich die Ausschüsse dringend gebeten, Henriot

und seinen Adjudanten La Valette, die ich im Verdacht hatte, gegen den Konvent im Komplott zu sein, abzusetzen. Man hatte es mir abgeschlagen. Nun konnte man sehen, wie sehr ich recht hatte. Henriot war der dienstbare böse Geist Robespierres. Als er von der Katastrophe hörte, die seinen Herrn und Meister betroffen, eilte er ihm zu Hilfe, in die Kommune, ließ ihm dort die größte Ehre erweisen und erklärte, das ganze Volk stehe auf seiner Seite; er betrachtete es als seine erste Aufgabe, die Befehle des erhabenen Verfolgten einzuholen. Ohne daß Robespierre es verlangt hätte, aus Zuvorkommenheit und durch die Schrekkensherrschaft angewöhnter Ergebenheit, befahl die Kommune dem General Henriot, der über nahezu fünfzehntausend Bewaffnete verfügte, den Konvent zu besetzen, und jede weitere Beratung zu verhindern. Henriot marschierte, gestützt auf diesen Befehl, gegen den Konvent und bemächtigte sich des Sitzungssaales des Sicherheitsausschusses. Dessen Mitglieder sowie die des Wohlfahrtsausschusses retteten sich in den Sitzungssaal des Konvents, anstatt auf ihren Posten zu bleiben und zu handeln, wie es die Lage gebot. Henriot begab sich in den Hof der Tuilerien, bemächtigte sich der dort aufgestellten Kanonen und richtete sie gegen den Konvent, und in dieser verzweifelten Lage fand die Versammlung ihre Energie wieder.
Unzufrieden mit allen Entschließungen der Ausschußmitglieder, deren Zeuge ich war, lehnte ich anfangs das von ihnen mir angebotene Kommando über Paris ab. »Es sind ja Generale unter euch«, sagte ich ihnen, »laßt sie zu Pferde steigen, steigt selbst zu Pferd und verteidigt das Vaterland, das ihr zugrunde gerichtet habt.« Ich kehrte diesen Männern, die sich im Glück so frech und grausam, so feig in der Stunde der Gefahr zeigten, den Rücken und nahm meinen Sitz im Konvent ein, dessen Mitglieder, ruhig auf ihren Plätzen ausharrend, einem fast sicheren Tod entgegensahen. Man umringte mich und fragte nach den Maßregeln der Ausschüsse, da man wußte, daß diese mit mir verhandelt hatten. »Sie sind tot, bevor sie getroffen wurden«, erwiderte ich. In demselben Augenblick traten sie ein, gaben ihren Befürchtungen für die Sicherheit der Versammlung Ausdruck und schlugen meine Ernennung zum Oberbefehlshaber der Armee im Innern und zum Kommandanten von Paris vor, obgleich ich es ihnen kurz vorher abgeschlagen hatte. Der Konvent beschloß durch Erheben von den Sitzen einstimmig die Ernennung.
Ich sah nicht, womit ich der Frechheit der Rebellen hätte entgegentreten können; sie waren Herren unserer Kanonen und hielten alle Ausgänge besetzt; zur Beratung blieb keine Zeit, es galt zu handeln; aber um zu

handeln, brauchte es in Ermangelung aller Machtmittel, deren uns die Aufständischen beraubt hatten, besonders großen Vertrauens seitens der Bürger und Deputierten, die entschlossen waren, Robespierres Herrschaft nicht mehr zu dulden. Der Konvent brachte mir einmütig das größte Vertrauen entgegen. Man drückte mir die Hand, umarmte mich und sagte mir, man zähle auf diesen neuen Beweis meiner Vaterlandsliebe. Ich übernahm also die gefährliche Aufgabe. Sieg oder Tod war die Losung. Aber war dies nicht die Losung aller Tage?

Henriot, durch Merlin de Thionville in Haft genommen, wurde kurz darauf von Coffinhal mit betrunkenen Soldaten wieder in Freiheit gesetzt. Der Konvent beschloß: der Rebellengeneral stehe außerhalb des Gesetzes. Mit diesem Dekret verließ ich den Sitzungssaal und verabschiedete mich mit den Worten: »Ich gehe auf meinen Posten, bleibt auf dem euren.« Henriot stand da mit seinen Kanonieren. Ich rief laut: »Zurück, Elende! Henriot ist außerhalb des Gesetzes!« Einige Militärs und Bürger, die mir folgten – es waren nicht viele – riefen: »Gehorchet Barras! Er ist der Oberbefehlshaber.« Diese Worte jagten den Insurgenten und ihren Anführern Furcht ein; alle flüchteten in Unordnung nach der Kommune. Die Feigheit Henriots und La Valettes und das Auseinanderlaufen seiner Soldaten hatten Unordnung zur Folge. Die der Kommune unterstehenden Truppen auf dem Grèveplatz desertierten massenweise; sie waren etwas abgekühlt.

Bei solcher Sachlage, wie ich sie im Flug mit allen Einzelheiten überblickte, schien mit ein Appell an die guten Bürger und die Zusammenziehung von Truppen aus der Stadt und den Vorstädten, aus Meudon und Saint-Germain, auf dem Karussellplatz angezeigt. Ich ließ den Generalmarsch schlagen und mit Kanonen Alarmschüsse abfeuern.

Ich hatte mich in Robespierres furchtsamem, schwankendem Charakter nicht getäuscht, er kam in der Kommune zu keinem Entschluß; Reden konnte er keine halten, in deren Ermangelung grübelte er über stilistische Spitzfindigkeiten: Couthon hatte Adressen an die Armeen vorgeschlagen. »In wessen Namen?« fragte Robespierre. »Im Namen des Konvents«, meinte Couthon; »ist der nicht dort, wo wir sind? Die übrigen sind nur ein Haufen Aufwiegler, den die bewaffnete Macht zu Paaren treiben wird.« »Nach meiner Meinung«, sagte Robespierre nach langem Nachdenken, »muß man im Namen des Volkes schreiben.« Er glaubte, das Wort, welches auf der Tribüne immer seine Wirkung getan, ihm Erfolge und Macht verschafft hatte, werde sich auch jetzt bewähren und ihm zum Siege helfen. So hatte Robespierre den Vorschlag, zum Konvent zu marschieren und ihn aufzulösen, verworfen. Diese Unschlüssigkeit teilte sich seiner Umgebung mit und machte sie verzagt. Davon suchte ich Nutzen zu ziehen. Ich ließ verbreiten, daß ich eine bedeutende Truppenmacht zusammengezogen hätte. Ich hatte nahezu viertausend Mann zur Verfügung. Ich wünschte einen Kampf zu vermeiden, mehr noch die Notwendigkeit, das Hôtel de Ville beschießen zu müssen. Als die Ausschüsse den Kampfplatz von den Tuilerien nach dem Grèveplatz verlegt sahen, erholten sie sich von ihrem Schrecken und waren wieder ganz so wie vorher. »Alle müssen mit Feuer und Schwert vertilgt«, meinten sie, »alle Rebellen müssen zusammenkartätscht werden.« Zum Glück ließen sie sich überzeugen, es sei nicht nötig für unsere Sicherheit, im schlimmsten Fall stehe dem Konvent der Rückzug nach Meudon offen.

Meine Vorbereitungen machten einen solchen Eindruck, daß mir äußerste Maßregeln erspart blieben. Die Verschworenen waren eingeschüchtert. Das Beispiel einiger Abtrünniger wirkte ansteckend. Von Zeit zu Zeit sandte ich beruhigende Berichte an den Konvent. Meine kleine Armee mit den wenigen Kanonen behauptete das Feld unbestritten. Ich begab mich in das Hôtel de Ville; Merlin de Thionville war schon dort. Robespierre hatte sich mit einer der beiden Pistolen von Le Bas die Kinnlade zerschmettert, Le Bas sich mit der anderen erschossen. Couthon war unter einem Tisch versteckt, Robespierre in einem kleinen Zimmer, an dessen Tür Le Bas lag. Saint-Just pflegte Robespierre. Henriot steckte in einem Abort. Ich konnte den Anblick nicht ertragen und ging weg, ließ aber Robespierre nach dem Saale des Wohlfahrtsausschusses bringen und dort auf einem Tische niederlegen. Wundärzte untersuchten und verbanden ihn; nach ihrem Berichte rührte die Wunde von einem Selbstmordversuch her. Zähne Robespierres, die während des Verbandes herausgefallen waren, lagen auf dem Tisch; ein Kanonier, der zufällig im Dienste anwesend war, nahm die Zähne zu sich und rief ihm dabei zu: »Ha, Verbrecher, ich bewahre sie als Andenken an meinen Abscheu!«

Es wurde mir berichtet, Robespierre habe mehrmals eine Feder zum Schreiben verlangt, da er nicht sprechen konnte, und sie sei ihm vom Ausschuß verweigert worden. Ob es wahr ist, weiß ich nicht. Ich hätte sie ihm gewiß nicht verweigert. Vielleicht hätte man auf diese Weise noch etwas erfahren, was man noch nicht wußte, nicht wissen sollte.

Am 10. Thermidor verurteilte das Revolutionsgericht Robespierre und seine Mitschuldigen zur Hinrichtung, vielmehr es verfügte sie, da bei außerhalb des Gesetzes Erklärten es keiner Verurteilung mehr bedurfte, sondern nur einer Feststellung der Identität.

Der Brand von Moskau

Graf R. Soltyk

Nachdem Napoleon 1807 Preußen und 1809 endgültig auch Österreich niedergeworfen hatte, stand er auf dem Höhepunkt seiner Macht. Es schien, als ob sich der französische Kaiser und der russische Zar die Herrschaft über Europa teilen könnten. Nur England war, nach der Vernichtung der französischen Flotte bei Trafalgar, für Napoleon unangreifbar.
Um nun auch diesen letzten Gegner auf dem Kontinent zu beugen, brach Napoleon 1812 mit einem ungeheuren Heer in Rußland ein. Möglicherweise dachte er bereits an eine Eroberung Indiens. Preußen und Österreich und die verbündeten deutschen Kleinstaaten mußten sich an dem Unternehmen mit Truppen beteiligen. Die Russen leisteten keinen Widerstand; sie zogen sich, wie einst im Kampf gegen Karl XII., zurück und zwangen den Gegner, ihnen in die Weite des Raumes zu folgen. Vor Moskau stellten sie sich zwar zur Schlacht, aber sie konnten Napoleon nicht hindern, in die alte Hauptstadt einzurücken.
Als sich der Zar dennoch weigerte, Frieden zu schließen, wurde die Lage der Franzosen immer schwieriger. Der Brand Moskaus machte schließlich das Überwintern unmöglich, so daß das Heer im beginnenden Winter den Rückzug antreten mußte. Die Katastrophe bahnte sich an.
Die Ereignisse in Moskau selbst schildert der polnische Graf Soltyk, der als Generalstabsoffizier im Hauptquartier Napoleons im Mittelpunkt des Geschehens stand.

Der Ausbruch des Brandes an verschiedenen Punkten der Stadt zog sogleich unsere Aufmerksamkeit auf sich: Es lag außerordentlich viel daran, die wahre Veranlassung dazu zu entdecken. Um dies zu erreichen, mußten wir Bürger finden, die uns darüber Auskunft geben konnten und wollten. Wir bemerkten freilich hier und da einige Unglückliche, die sich aufs Land flüchteten und ihre Habseligkeiten auf dem Rücken mitschleppten, aber sie flohen unsere Gegenwart. Wir sahen auch einige russische Nachzügler, die Läden und Häuser plünderten und, wie es schien, schnell damit fertig werden wollten, ehe man ihnen ihr Handwerk legte. Von solchen Leuten konnten wir keine Aufschlüsse erwarten. Wir mußten also unsere Zuflucht zu den Einwohnern nehmen, die sich noch immer in ihren Häusern eingeschlossen hielten. Doch wie sollte man zu ihnen kommen, da alle Türen verrammelt waren und die meisten nur mit Gewalt gesprengt werden konnten? Ein Mittel blieb uns noch übrig: den Versuch zu machen, uns für Russen auszugeben und die Einwohner in ihrer Sprache zu bitten, uns die Türen zu öffnen. Das glückte uns wirklich auch hier und da, aber sobald wir ihnen mit Fragen kamen, antworteten sie lakonisch oder ausweichend; denn unsere polnische Uniform hatte ihnen bald verraten, daß wir Feinde waren.

Bei dieser Lage der Dinge konnten die von uns gesammelten Nachrichten wenig günstig ausfallen und uns über die wahren Urheber der Feuersbrunst keinen Aufschluß bringen. Wenn wir uns einerseits an die Entdeckungen der Damen in dem Palast Muschenpusken über den schrecklichen Plan Rostoptschins erinnerten, so waren wir andererseits als monatelange Zeugen der Unordnungen unserer Truppen auf dem Marsche ziemlich geneigt, unseren Soldaten die Schuld zu geben.

Da wir jedoch durchaus unsere Zweifel aufklären wollten, so näherten wir uns den Quartieren, in denen die Feuersbrunst ausgebrochen war, um die Einwohner in deren Nähe über die schreckliche Geißel zu befragen, die bald über ihre eigenen Wohnungen herzufallen drohte. Es lag ja ebenso in ihrem wie in unserem Interesse, den Lauf der Feuersbrunst so bald wie möglich zu hemmen. Aber es war alles vergeblich; wir konnten nichts erfahren. Während wir immer weiterritten, kamen wir in eine Vorstadt von Moskau und befanden uns vor einem großen Haus, über dessen Tür in russischer Sprache die Inschrift stand: »Erziehungshaus für junge Mädchen«.

Man machte zunächst Schwierigkeiten, uns einzulassen, obgleich die Vorsteherin der Anstalt und die Zöglinge noch anwesend waren, doch verfehlte die höfliche Art, in der wir der Vorsteherin begegneten, nicht ihre Wirkung: die Strenge ihrer Gesichtszüge milderte sich. Sie ließ uns in den Saal treten, bat uns, Platz zu nehmen und bot uns sogar einige Erfrischungen an. Allein, sie wollte nichts anderes als Russisch sprechen, obgleich es undenkbar war, daß ihr die französische Sprache unbekannt gewesen sei, um so mehr, als sie mehrere Fräulein von Adel in ihrer Anstalt hatte und der russische Adel vorzüglich Französisch versteht und spricht. Unsere Unterhaltung war daher nicht sehr lebhaft; denn Dembizki und ich sprachen nur schlecht Russisch. Wir unterhielten uns zuerst von dem Unglück der Gegenwart, von der Verwüstung der Stadt, von den ungeheuren Vorräten, die zweifellos die Beute der Flammen werden würden. Dann sprachen wir von der Knappheit der Lebensmittel und von der Schwierigkeit, sich Nahrung zu beschaffen. Da drehte auf einmal eines der Mädchen vom Hause, noch ein Kind, das unserer Unterhaltung aufmerksam gefolgt war, während es zum Fenster hinaus auf die Straße sah, sich rasch um und sagte heftig: »Nahrung für die Franzosen! Der Kitt an den Fenstern ist gut genug, sie zu füttern.« Ich wandte die Rede zum Scherz, allein, ich gestehe, daß die Worte mich gewaltig ergriffen. Wie konnte man hoffen, ein Volk zu unterwerfen, dessen Kinder von zwölf Jahren schon so erbittert waren! Weniger noch durfte man sich schmeicheln, bei solchen Gesinnungen den Zweck unseres Rittes, für unseren General Erkundigungen einzuziehen, zu erreichen. So verließen wir bald die Erziehungsanstalt, in der uns ein russisches Mädchen so unfreundlich bewillkommnet hatte, und besuchten darauf einige öffentliche Gebäude, unter denen die Hospitäler und Kasernen vorzüglich unsere Aufmerksamkeit erregten.

Hier fanden wir eine große Anzahl verlassener Kranker und Verwundeter im Zustand gänzlicher Entblößung, ohne Pflege und Wartung. Zwar hatten die feindlichen Generale Abteilungen zurückgelassen, um sie zu schützen und nachzuführen, aber die Soldaten dieser Abteilungen dachten nicht daran, Kutusows Armee zu folgen, sondern überließen sich allen möglichen Ausschweifungen und waren fast durchweg betrunken. Wo wir sie hier und dort fanden, befahlen wir ihnen, das Gewehr zu strecken und uns zu folgen, und trieben in kurzer Zeit 121 zusammen, die wir mit unseren beiden Ordonnanzen zum nächsten militärischen Posten führen ließen.

Endlich hatten unsere Generale Abteilungen durch die Stadt geschickt, um die russischen Nachzügler aufzulesen. Sie nahmen ihrer eine große Menge ohne Widerstand gefangen und führten sie nach dem Kreml. Jene Abteilungen hatten auch Befehl, sich mit den Einwohnern zu verständigen, um die Feuersbrunst zu löschen und die Brandstifter, wo man sie fände, festzunehmen. Aus Mangel an Hilfsmitteln konnten sie die Flammen nicht löschen, doch entdeckten sie wenigstens die wahren Urheber dieses gräßlichen Trauerspiels. Es gelang ihnen, einige von den Helfershelfern Rostoptschins zu ergreifen, die gestanden, daß der Gouverneur selbst sie zu diesem Verbrechen angetrieben habe. Augenblicklich wurden sie erschossen. Alle unsere Zweifel waren nun aufgeklärt, und wir beeilten uns, dem General Sokolnicki Bericht zu erstatten, der sich auf der Stelle zu Kaiser Napoleon begab.

In der folgenden Nacht konnten wir keine Ruhe finden. Erschüttert über die Fortschritte des Brandes, standen wir dauernd auf, um das Feuer zu beobachten. Am Morgen des 16. September brach es auf einmal in der Nähe des Kremls aus. Eine dicke Rauchwolke stieg aus der Kuppel des Palastes Puschkin empor, und bald war dieses prächtige Gebäude, das unserem Quartier gegenüberlag, ein Raub der Flammen, und auch unsere Wohnung war gewaltig bedroht. Wir mußten sie ohne Zögern verlassen, und dies ging um so schneller, weil alle unsere Sachen nicht ausgepackt worden waren und sich noch auf dem Wagen des Generalstabs befanden. Inzwischen griffen die Flammen so schnell um sich, daß die Dächer bereits Feuer gefangen hatten und brannten, als wir das Haus verließen. Die französischen Damen und die Dienerschaft waren schon früher davongegangen; wir haben nie erfahren, wo sie geblieben sind.

Die Einzelheiten der Vorbereitungen zu diesem furchtbaren Ereignis waren uns schon bekannt geworden. Rostoptschin hatte vor seiner Abreise einige hundert Übeltäter und Verbrecher aus den Gefängnissen entlassen, brennbare Stoffe in großer Menge unter sie verteilt und ihnen befohlen, Moskau in Brand zu stecken. Er ließ selbst verkleidete Polizeibeamte in der Stadt, die über die Ausführung seiner Befehle wachen sollten. Um seinen Zweck um so sicherer zu erreichen, ließ er alle Spritzen und Löschgerätschaften abführen oder zerstören, damit die Franzosen dem Brand machtlos gegenüberstehen sollten. In den ersten Augenblicken unseres Einzuges in die Stadt trugen jene Übeltäter dennoch Bedenken, die Befehle des Gouverneurs auszuführen, aber später, durch starke Getränke erregt und durch ihre eigene Freveltat ermutigt, verteilten sie sich auf die verschiedensten Bezirke der Stadt und legten überall Feuer an. Sie bedienten sich dazu großer Stücke Holz, die mit Brennstoff gefüllt waren, zündeten sie an und warfen diese Fackeln dann brennend auf die Dächer und in das Innere der Häuser.

Indessen waren diese schrecklichen Anordnungen und ihre Durchführung den meisten Bewohnern Moskaus unbekannt geblieben. Wenn sie aus der Stadt flüchteten, so geschah es sowohl aus Abscheu vor den Franzosen, denen sie den Verlust ihres Eigentums zuschoben, als auch aus Furcht vor der um sich greifenden Feuersbrunst.

Durch den Brand von Moskau glaubte Rostoptschin Napoleon einen tödlichen Stoß zu versetzen und sein Vaterland zu retten. Wenn auch diese Berechnung irrig war, so war sie doch wenigstens uneigennützig und trug das Gepräge glühender Vaterlandsliebe. Rostoptschin gab selbst das Beispiel der Aufopferung: Er wußte, daß seine beiden Paläste in Moskau in Flammen aufgehen würden, wollte aber nicht, daß mitten unter dem ungeheuren Opfer der Nation das Seinige unversehrt bleibe, und so sah man ihn mit eigener Hand ein Landhaus in Brand stecken, das er in der Umgebung Moskaus besaß. An der Stelle, an der es gestanden, fanden wir nur einen Pfahl mit der Inschrift: »Rostoptschin hat diese Gegend jahrelang verschönert, hier war sein Lieblingsaufenthalt. Bei Anrücken der Armee Napoleons gab er dieses Gebäude den Flammen preis, damit die Anwesenheit der Franzosen es nicht besudle!«

Sobald wir den Palast Muschenpusken verlassen hatten, begab sich Sokolnicki auf den Kreml zum Kaiser und befahl mir, mit seinem Generalstab ein neues Quartier zu suchen, wo man vor dem Brand geschützt sei. Auch sollte ich ihm Nachricht geben, wenn ich uns irgendwo untergebracht hätte. Alle Offiziere unseres kleinen Stabes waren zu Pferde; es folgten einige Ordonnanzen, die mit den Bedienten die Handpferde führten, sowie zwei oder drei Wagen. Wir nahmen unseren Weg aufs Geratewohl durch die Straßen der ungeheuren Stadt, in der jetzt mehr als hundert Feuersbrünste wüteten, und strebten danach, ein Quartier für uns zu finden. Aber kaum hatten wir uns in den Besitz einer neuen Wohnung gesetzt, so vertrieben uns die Flammen wieder daraus. In dieser Weise änderten wir dreimal unser Quartier und konnten in keinem einzigen auch nur so lange bleiben, um uns eine Mahlzeit zu bereiten. Dieses Umherirren ohne ein bestimmtes Ziel und ohne einen anderen Zweck, als dem Feuer zu entgehen, war höchst eigenartig; wir hatten nur den Vorteil, das furchtbare Schauspiel, das sich vor unseren Augen abspielte, sehr genau zu beobachten.

Da die ersten Anstrengungen unserer Truppen, des Feuers Herr zu werden, vergeblich gewesen waren, beschäftigte man sich nicht mehr damit und überließ alles seinem Schicksal. Die Brunst wuchs ganz gewaltig und griff außerordentlich um sich: Ungeheure Magazine, gefüllt mit den Schätzen Europas und Asiens, gottgeweihte Tempel, prachtvolle Paläste sowie weniger prächtige, aber wohlgebaute Bürgerhäuser gingen in Flammen auf. Sogar die Bäume und Sträucher in den Gärten fingen Feuer und brannten bis auf die Wurzeln nieder. Bei den weiten Umwegen, die wir bis zum Abend mitten durch die in Flammen stehenden Gebäude machten, kamen wir zuweilen wieder durch dieselben Gegenden der Stadt, ohne sie an etwas anderem als an einigen Trümmern unter der Asche wiederzuerkennen. So erinnere ich mich einer Straße, die auf beiden Seiten Wagenmagazine hatte: Als wir zum ersten Male durch diese Straße kamen, waren alle Magazine voll von Wagen mit den reichsten luxuriösesten Verzierungen, in langen Reihen aufgestellt; eine Stunde später lag nur noch das Eisengerüst, das dem Feuer widerstanden hatte, am Boden und zeugte davon, daß hier vor kurzem noch Hunderte von kostbaren Wagen gestanden hatten.

Unheilvolles Schweigen lag über Moskau, das nur dann und wann in der Ferne von dem Krachen einer Explosion, von dem Wehgeschrei der unglücklichen Opfer oder von den Flüchen der Soldaten unterbrochen wurde, die mit Verzweiflung sahen, wie ungeheure Reichtümer vor ihren Augen ihrer Habsucht entrissen wurden. Von allen Seiten erblickte man Bürger, die ihre kostbarsten Habseligkeiten in Sicherheit zu bringen suchten und sich scharenweise in den Gärten der Vorstädte sammelten, wo sie die folgenden Tage unter freiem Himmel zubrachten, der Hungersnot preisgegeben, sehnsüchtig des Augenblicks warteten, da sie sich in die Umgegend zerstreuten und zu ihren Landsleuten stoßen könnten. Ihre Zahl erschien mir noch sehr beträchtlich, und wenn sie den wahren Urheber der Feuersbrunst gekannt hätten, so würden nach meiner Überzeugung die meisten die Stadt nicht verlassen, sondern ihre Anstrengungen mit den unsrigen vereinigt haben, um das Feuer zu bekämpfen. Aber sie glaubten, daß dieses furchbare Unglück das Werk der Franzosen sei; deshalb wendeten sie sich ab, sobald wir uns näherten, und flohen vor uns wie vor wilden Tieren.

Mitten unter diesem zahllosen Haufen sah man Mitglieder der besten Gesellschaftskreise flüchten, die durch besondere Gründe solange in Moskau zurückgehalten worden waren. Hier trugen anhängliche und ergebene Diener vor Alter und Krankheit schwache Greise auf ihren Armen aus dem Feuer, dort ging schwankend, auf einige Bediente gestützt, eine Fürstin Galitzin; sie war blind und von den Jahren gebeugt. Mitten im Gedränge bemerkte ich ein junges Mädchen in der Blüte der Jugend, dessen Gang und Kleidung Wohlstand und gute Erziehung verrieten, eine wunderschöne Erscheinung, und doch trugen ihre Züge bei aller Lieblichkeit und Zartheit das Gepräge von Mut und über alles erhabener Entsagung. Ich hörte sie mit den Personen ihrer Begleitung, die ihr in der sie umdrängenden Menge Platz zu schaffen suchten, Französisch sprechen. Der Anblick dieses zarten Wesens, dieser wahrhaft ätherischen Gestalt, die den Schrecken des Krieges, der Roheit des Pöbels und der Soldateska preisgegeben war, erfüllte mich mit inniger Teilnahme. So näherte ich mich ihr, redete sie auf Französisch an und stellte ihr vor, wie unrecht sie tue, sich in eine solche Lage zu wagen. Ich schlug ihr vor, sie in Schutz zu nehmen, sie ins Hauptquartier zu führen und sie dann mit einem Geleitpaß in den Schoß ihrer Familie zurückzubringen. Sie zögerte nicht einen Augenblick mit der Antwort, wendete mit einer Gebärde des Abscheus ihr Gesicht ab und rief ergrimmt: »Ungeheuer, was bietest du mir an?« In dem gleichen Augenblick war sie im Gedränge verschwunden.

Die Ermattung des Tages und die Hitze, die der Brand verursachte, erregten brennenden Durst, den man nicht löschen konnte, da es kein Wasser gab. Glücklicherweise bemerkte ich an der Türe eines großen Klosters mehrere russische Priester, die Nahrungsmittel und Wein an alle verteilten, die an ihrer heiligen Freistatt vorübergingen. Sie machten keinen Unterschied, weder nach dem Rang noch nach der Nation. Es war, als wenn diese frommen Männer, durch ihren Stand der Gottheit näher, an dem furchtbaren Kampf unbeteiligt, die Verirrung der Menschen beklagten und keinen anderen Beruf kannten, als deren Leiden zu lindern.

Sobald sie uns herankommen sahen, bot mir einer von ihnen einen Becher voll Wein – ich zögerte einen Augenblick, ihn anzunehmen; denn bei der allgemeinen Erbitterung der Einwohner Moskaus konnte man ja an Vergiftung denken. Aber als ich das ehrwürdige Antlitz des russischen Priesters betrachtet hatte, dessen Züge ruhige Zuversicht und fromme Tugend atmeten, nahm ich den Becher aus seiner Hand und leerte ihn getrost. Meine Kameraden folgten meinem Beispiel.

Wir befanden uns jetzt am äußersten Ende einer der Vorstädte von Moskau. Völlig ermüdet und ohne Hoffnung, in der Stadt ein sicheres Obdach zu finden, nahmen wir unsere Richtung ins Freie. Da stand eine Kirche, die, wie es schien, leer war und mitten auf einem Gottesacker lag, den eine steinerne Mauer umschloß. Wir glaubten dort Schutz finden zu können und wählten den Kirchhof zum Lagerplatz; jedoch flogen bei dem heftigen Winde, den der Brand erzeugte, glühende Funken und selbst Feuerbrände weit über den Platz hinweg, den wir uns als Lagerstatt gewählt hatten.

Die Nacht war hereingebrochen, und nun schien es, als hätten sich die einzelnen Feuersbrünste, die Moskau verheerten, zu einem einzigen ungeheuren Brand vereinigt: Es war nichts wie ein wildes Meer von Flammen, und der ganze Himmel stand in roter Glut. Lange betrachteten wir dieses fürchterliche, aber großartige Schauspiel und sprachen im engsten Kreise über die nächste Zukunft.

Endlich schloß uns der Schlaf die Augenlider. Wir ahnten nicht, daß wir auf einem Vulkan schliefen. Bei Tagesanbruch trat einer unserer Leute zufällig in die Kirche, deren Türen unverschlossen waren. Einen Augenblick später stürzte er blaß und verstört heraus und stammelte angsterfüllt: »Kommandant! Die Kirche liegt voller Pulverfässer, die Fensterscheiben sind sämtlich zerbrochen!«

»Zu Pferde, meine Herren!« rief ich. »Zu Pferde! Wir lehnen unser Haupt an ein Pulvermagazin!«

Alle fuhren aus dem Schlaf hoch. Man zäumte eiligst die Reitpferde und spannte die Zugpferde vor die Wagen. Schnell waren wir im Bügel und entfernten uns schweigend. Kein Wort ward laut, und erst als wir außer jeder Gefahr waren, umarmten wir uns und wünschten uns zu unserer wunderbaren Rettung Glück.

Am 17. September hatten wir des Morgens unser Lager an einem anderen Punkt in der Umgebung Moskaus aufgeschlagen, als wir durch einen Offizier vom kaiserlichen Generalstab erfuhren, was am Tag vorher auf dem Kreml vorgefallen war. Napoleon hatte anfangs darauf bestanden, trotz des Feuers, das ringsumher ausbrach, dort zu bleiben. Da aber die Häuser zunächst der Mauer der Zitadelle in Flammen standen, so wurde auch der Palast selbst, den Napoleon bewohnte, sehr bald in dicke Rauchwolken eingehüllt. Funken und Feuerbrände stürzten auf die Dächer der Gebäude des Kremls. Jeden Augenblick war das Zünden und Aufflammen der brennbaren Stoffe zu befürchten.

Jetzt erst entschloß sich Napoleon, Moskau zu verlassen und sein Quartier nach dem Schloß Petrowski, dem Sommeraufenthalt der Zaren, an der Straße von Petersburg, zu verlegen. Er befahl seiner Garde, ihm dahin zu folgen.

Trotz der Vorsicht, mit der man den Kaiser durch die Straßen führte, in denen noch kein Feuer ausgebrochen war, wurde es ihm doch schwer, durch die brennende Stadt zu kommen, besonders da die Flammen ihm einige Male den Weg nach seinem neuen Quartier versperrten.

Von der Lage der Dinge unterrichtet, verfügte ich mich unverzüglich ins Hauptquartier, wohin mir der Stab des Generals Sokolnicki bald folgte.

Napoleon brachte zwei volle Tage auf dem Schloß Petrowski zu. Es war geräumig genug, um das ganze Gefolge des Kaisers unterzubringen; die Garde lagerte rings um das Schloß. Während des 17. September und in der folgenden Nacht hatten wir beständig das furchtbare Schicksal des Brandes von Moskau vor Augen, der die Atmosphäre so stark erhitzte, daß die Mauern des Schlosses, das zwei Werst vom Tore entfernt war, heiß davon wurden. Aber je heftiger die Feuersbrunst tobte, um so kürzer mußte ihre Dauer sein; am 18. September nahm sie bedeutend ab, und am folgenden Tag erlosch sie ganz.

Die Fürsten auf dem Wiener Kongreß

Karl von Nostitz

Die Wirren des Zeitalters der Französischen Revolution und der Epoche Napoleons wurden auf dem Wiener Kongreß beigelegt. Vom Mai 1814 bis zum Juli 1815 tagten hier die Fürsten Europas und ihre diplomatischen Vertreter. Sie ließen sich auch durch die Rückkehr Napoleons aus seiner ersten Verbannung nicht in ihrem Vorhaben beirren, für Europa eine neue Ordnung zu finden. Gewiß, der Kongreß war auch ein diplomatisches und gesellschaftliches Ränkespiel, das nicht zuletzt der gewandte Talleyrand zugunsten Frankreichs zu lenken wußte. Aber andererseits wurden hier auch Entschlüsse gefaßt, die Europa nach einer Epoche der Kriege für Jahrzehnte Frieden gaben.
Der wichtigste Grundsatz der Kongreßteilnehmer war das Prinzip der Restauration, das heißt: Metternich setzte es durch, daß die alten Staaten wieder unter ihren alten Fürstenhäusern erstanden, daß aus der Innenpolitik der Geist der Freiheit verbannt wurde, dem man die Schuld an all dem Unheil der vergangenen Epoche zuschob, und daß der Wunsch der Freiheitskämpfer nach einem einigen Reich unerfüllt blieb. Die Fürsten waren nicht bereit, von ihren Rechten etwas abzutreten. So entstand der Deutsche Bund, dessen Mitglieder im Bundestag in Frankfurt vertreten waren.
Karl von Nostitz gibt seine Eindrücke vom Wiener Kongreß wieder: gesellschaftlicher Klatsch, vermischt mit politischen Betrachtungen.

Karl von Nostitz erzählt unterm 23. Januar 1815:
Das Unbeachtetste in Wien sind die Fürsten, weil man so sehr an ihren Anblick gewöhnt ist.
Der Kaiser Alexander ist einfach, glänzend und vornehm zuvorkommend. Sein Hang für die Frauen spricht sich so deutlich aus, daß die russischen Damen manchmal ungehalten sind über die Aufmerksamkeit, welche ihr Monarch den Wienerinnen bezeigt. Doch bleiben, soviel man weiß, alle Gunstbezeigungen in den Schranken des öffentlich gesellschaftlichen Lebens.
Der König von Preußen sieht immer aus wie Groll und Zorn; wenn er auch von dieser Kongreßkost sich zuweilen nährt, so täuscht das An-

sehen doch gar sehr. Er ist im Gegenteil sehr empfänglich und bezeigt eine romantische Beständigkeit für Julie Zichy, die man auch für Gewöhnung auslegen möchte. Die Frau weiß, wie in Potsdam die Parade sich stellt, wie sonst und jetzt die Preußen angezogen waren usw. und regaliert dafür die courtoisierende Majestät mit Erhabenheit und Religion. Diese Gespräche dauern oft ganze Abende, im traulichen, doch scheinbar finsteren Tête-à-tête.

Der König von Dänemark, hier König von Dantelmarkt genannt, läuft allenthalben herum, ist gutwillig und zuweilen verständig, nur zu gemein herablassend, immer unter der Menge verloren.

Der König von Bayern sieht aus wie ein grober, verdrießlicher bayerischer Fuhrmann, hat aber dabei einen Anstrich von Biederkeit und Rechtlichkeit. Er ist der bürgerlichste König.

Der Kronprinz von B. sieht schlecht aus, ein fahles Haar, ein Mund ohne Zähne, eine Gestalt ohne Ausdruck ... Er spricht gern, hilft sich, wo es nicht anders geht, durch Fragen, die oft ungeschickt herauskommen, breitet sich aber lieber über das beliebte Thema deutscher Gesinnung usw. aus. Doch das Deutschland der Bayern hört bei ihren Grenzmarken auf. Die Sprache des Prinzen ist schwer; noch schwerer aber sein Gehör. Seine Art ist gütig und zuvorkommend, doch nimmt sie niemand für gnädig, weil sie sich so rund und leer hingibt.

Der Großherzog von Baden, groß, dunkel, leer und gesund.

Der Herzog von Coburg ist groß und stark, doch nicht zum vorzüglichen Ruhm großer Menschen, denen man nicht mit Unrecht nur zu oft Kleinheit des Geistes vorwirft. Es ist überhaupt eine redliche, gutartige Familie, die coburgische, doch meist dürftig an Geist, vorzüglich der Prinz Ferdinand, jetzt österreichischer General, der ein schönes, geregeltes Gesicht hat, mit einer dünngezogenen Nase, worin alles, nur nicht Geist liegt.

Der alte Herzog von Weimar lebt so burschikos fort, wie er es immer getrieben. Die Welt gefällt ihm, und er ist ihr immer durch Lebenslust verbunden, wenn auch die Jahre seine Beweglichkeit schwächen.

Talleyrand ist unter den diplomatischen Personen die wichtigste, ob er gleich zurücktritt durch den unveränderten Standpunkt seines Landes, durch eigene, zunehmende Indolenz und vielleicht auch aus Grundsatz. Er sagt von den Fürsten: Ils n'ont ni le courage de se brouiller, ni le bon sens de s'etendre – sie haben weder den Mut, miteinander zu brechen, noch den gesunden Verstand, sich zu vertragen. Wie aus einer anderen Welt, sei es auch die höllische, sieht der alte Kämpfer auf die Bahn und tut nichts, als daß er jeden einzelnen durch die Noten, die er diesem oder

jenem zusendet, auf seinen Vorteil aufmerksam und durch die bloße Ansicht des Vorteils sie bocksteif und stätisch gegeneinander macht.
So geschieht es denn auch, daß durch die Illiberalität der Grundsätze und über der Unbiegsamkeit der Geister man dem Kongresse kein Ende mehr absieht, und er der Schraube ohne Ende gleicht, mit der die Herren sich allesamt schrauben. Alle die Staaten haben nach und nach eine schiefe Stellung gegeneinander bekommen. Was nun den Kongreß selbst betrifft, so wird der wohl am Ende aufhören durch irgendeinen äußeren Anlaß, der zuletzt die Verhältnisse bestimmt, wenn der Verstand ihrer nicht Herr werden kann. Der einfachste Anlaß wäre die Notwendigkeit des Auseinandergehens. Freilich bleiben dann noch zu den Einzelheiten die Minister, welche auch bis zum Sommer ihre Quartiermiete verlängert haben, und die dann gewiß einen Samen streuen werden, der zur giftigen Blüte auf dem Schlachtfelde wuchern wird. Was nur erst diplomatisch gemacht werden soll, das ist so gut wie mit Blut geschrieben, wenn Einfachheit des Willens und Übereinstimmung der Ideen nicht im voraus die bessere Einleitung getroffen.
Da zanken sie sich um Provinzen und übersehen den Urquell der eigenen inneren Kraft, indem sie ihn verkleben und verkleistern. Gewiß werden die Fetzen herumgeteilt werden, und dadurch ist jedermann unzufrieden, die Sachsen und die Preußen.

Neue Ideen-
neue Staaten

Das Hambacher Fest

Vertrauensmann des preußischen Bundestagsgesandten

Nur wenige deutsche Kleinstaaten hatten nach dem Wiener Kongreß das Versprechen wahrgemacht, dem Volk eine Verfassung zu gewähren. Preußen und Österreich standen abseits, ja sie standen den liberalen Forderungen geradezu ablehnend gegenüber. Der Gedanke der nationalen Einigung wurde besonders an den Universitäten durch die Allgemeine Deutsche Burschenschaft vertreten. Einige aufwieglerische Reden auf dem Wartburgfest 1817 und die Ermordung des russischen Diplomaten von Kotzebue waren für die Regierungen der Anlaß, in den Karlsbader Beschlüssen rigorose Maßnahmen, Verbote, Bücherzensuren und Verhaftungen, zu verhängen.
Der Ausbruch der französischen Juli-Revolution 1830 fand auch in Deutschland Widerhall. Frankreich wurde für viele geradezu zum Vorbild. Die antifranzösische Stimmung der Befreiungskriege war vergessen. Das Hambacher Fest versammelte Tausende zur Feier der bayerischen Verfassung. Der Geist der Reden, die gehalten wurden, war zum Teil revolutionärer als auf der Wartburg. Einzelne gingen sogar so weit, an Stelle der konstitutionellen Monarchie die Republik zu fordern. Es wurden Stimmen laut, die nach einem »konföderierten, republikanischen Europa« riefen.
Gewiß, es war nur eine Minderzahl, die solche Forderungen anmeldete, denen überdies nur vereinzelt Taten folgten. Aber den Herrschenden war auch das schon genug, um strenge Verfolgungen einzuleiten.

Am Sonnabendmorgen fuhr ich mit dem Eilwagen nach Weinheim an der Bergstraße und von da in Ermangelung jeder anderen Gelegenheit mit Extrapost bis Mannheim. Unterwegs auf der Bergstraße, sowohl im Darmstädtischen als im Badischen war wenig Teilnahme für das Hambacher Fest bemerkbar. Vier bis fünf Wagen mit Wallfahrern von Frankfurt am Main und dessen Umgegend zogen diese Straße. Es waren der Buchhändler Körner, die Kaufleute Beyschlag, Netz und Hübschmann, Apotheker Jost, die Doktoren Langer, Jucho, Kandidat Funck sowie noch mehrere andere an sich unbedeutende Handelsleute, sämtlich Unterzeichner der Presse-Protestation, welche ein in Bockenheim verfertigtes

Ehrenschwert für Dr. Wirth als Abgeordneten dieses Vereins überbringen sollten.
In Mannheim herrschte ebenfalls weniger Verkehr, als es wegen seiner geringen Entfernung vom Sammelplatz zu erwarten stand. Der gebildete Teil der Einwohner, so wie die ordentlichen Bürgersleute ließen fast gar kein Interesse für das Hambacher Fest wahrnehmen. Ein Trupp von etwa fünfzig Studenten von Heidelberg war in Mannheim eingetroffen. Sie wollten sich zum Fest begeben. An der Grenze, auf der Rheinbrücke, wurde ihnen jedoch der Eintritt versagt, da sie sich nicht durch Pässe dazu legitimieren konnten. Nach einigem Hin- und Herreden und ungeachtet der Drohung der Studenten, den Eintritt zu erzwingen, zogen sie sich dennoch zurück, um, wie es sich später ergab, Verstärkung abzuwarten, welche auch bald anlangte und ihre Anzahl auf etwa hundert bis hundertzwanzig vermehrt hatte. So begaben sie sich nun von neuem zur Rheinbrücke, um sich mit Gewalt Bahn zu brechen, was ihnen auch nicht schwer werden konnte, da der Grenzposten nur aus etwa sechs Mann Infanterie und ebenso vielen Zöllnern bestand. Die Studenten hatten geschlossene Reihen formiert und waren mit Stöcken bewaffnet. Auf der Brücke kamen ihnen ein Holzhändler aus Frankenthal entgegen, der, unter Antrag seiner Vermittlung, sie bat, ruhig zu bleiben, worauf er sich mit dem Wachtposten besprach und seine Garantie nicht nur für diese, sondern auch für alle nachkommenden Studenten gab. Einige von ihnen mußten nun hervortreten, ihre Namen einzeichnen, und so wurde dann allen der Eintritt ins Bayrische gestattet und später am Sonnabend, so wie am Sonntagmorgen nach Hambach gehenden anderen Personen keine Schwierigkeiten gemacht, sondern auch diejenigen eingelassen, welche ältere Pässe oder auch gar keine hatten.
Hinter Oggersheim nach Neustadt zu häufte sich das Getriebe der nach Hambach ziehenden immer bemerkbarer. Tausende waren schon abends zuvor angekommen, und am Sonntagmorgen sah man die Bevölkerung der umliegenden Städtchen und Ortschaften in dichten Wagenreihen von den entferntesten und zu Fuß von den nähergelegenen, unter dem Läuten der Glocken, dem Schalle der Trommel oder anderer Musik mit Fahnen herbeiziehen. Diese Fahnen hatten verschiedene Farben. Die meisten waren trikolor, schwarz, rot und gold, die angenommenen Farben der deutschen Bundes-Einheit, ebenso waren die Kokarden, welche von allen Anwesenden, von den Männern am Hut, von den Frauen und Mädchen auf der Brust getragen wurden. Ferner sah man grüne Fahnen mit einem goldenen Eichenlaub-Kranz, in dessen Mitte die Daten 27. und 28. Mai

1832 sichtbar waren, noch andere trugen die Inschrift »Freiheit« und eine ganz schwarze Fahne: »Die Weinbauern müssen trauern«, auf den schlechten Absatz der Weine wegen der Zölle hindeutend.
In Neustadt selbst und an den dicht daran liegenden Orten Ober- und Nieder-Hambach herrschte das bunteste Gewühl von Zechenden in den Schenken, Zuschauern in den Häusern und Fenstern und von allen Seiten herbeikommenden Trupps, welche einen langen unabsehbaren Zug formiert hatten, der den Pfad zur etwa eine halbe Stunde hinter Hambach auf einer ansehnlichen Berghöhe liegenden Ruine bedeckte und langsam hinanstieg, zwischen schönen Wiesen, grünen Feldern und Weingeländen, von edlen Kastanien- und Eichenbäumen bewachsenen Hügeln. Der Zug war folgendermaßen geordnet: voraus Musik, dann die Doktoren Wirth, Siebenpfeiffer, Hepp, Hallauer, Pfarrer Hochdörfer und andere, die Deputationen bildenden Fremden, die Anordner des Festes und besonders anwesende Journalisten, begleitet von einer Anzahl Abgeordneter der Stadt zur Handhabung der Ordnung, welche schwarz gekleidet und mit Schärpen und Armbinden von den deutschen Farben geziert waren. Darauf folgten sämtliche Frauen und Mädchen der Stadt und Fremde; ihre Anzahl war im Verhältnis unbedeutend, sie waren begleitet von der Bürgergarde von Neustadt, welche gut militärisch, grün mit rot und weißen Hosen uniformiert und bewaffnet waren. Anderes Militär sah man nicht, ebensowenig Polizeiagenten. Ein Bataillon Infanterie war in Neustadt selbst in den Quartieren geblieben. Diesen schlossen sich nun die Züge der verschiedenen Ortschaften, so wie sie einrücken konnten, an. So wallfahrtete man unter dem Gruß von Böllerschüssen dem Schloßberg zu, der schon wie die Ruine selbst mit früher Vorausgeeilten bedeckt war. Von dem höchsten Turm flatterte eine große Fahne von den deutschen Farben, schwarz, rot und gold. Auf einem niedrigeren Absatz des Gemäuers erblickte man eine weiße und rote Fahne mit dem weißen Adler, die polnische.
Um zehn Uhr vormittag erscholl ein Signal durch Trompeten, und Dr. Hepp, ein Arzt aus Neustadt, bestieg die Tribüne. Er las eine geschriebene Rede, die Tendenz und Absicht der Versammlung entwickelnd, vor. Im Eingang derselben erwähnte er ähnliche Feste der alten Deutschen und anderer Völker, die aber unter freieren und besseren Institutionen als der gegenwärtigen zusammengekommen seien, sich über ihr gemeinschaftliches Wohl zu beraten; schilderte in grellen Farben die Not der Gegenwart, die Bedrückung der Völker durch ihre Regierungen und Fürsten, sprach von der Unterdrückung der Presse, von dem Meineid der

Regenten und ihrer Absicht, die Fesseln der unglücklichen getrennten Völker immer enger und härter zu legen; von der dringenden Notwendigkeit, diesem Vorhaben und der gegenwärtigen Knechtschaft entgegenzutreten, sich zu vereinigen und fest zusammenzuhalten, um ein gemeinsames deutsches Vaterland zu gründen, wodurch dem Elend der Völker, besonders des Landmannes, abgeholfen werden könne. Großer Beifall jauchzte ihm beim Abtreten zu. Ihm folgte gleich der Dr. Siebenpfeiffer, welcher eine Rede ablas ähnlichen Inhalts und gleicher Tendenz.

Der Himmel hatte sich währenddem mit Wolken bedeckt, und Regen rauschte herab; allein niemand wich von seinem Platz, und es wurden nur hin und wieder Regenschirme für die Frauen gestattet. Nun betrat Dr. Wirth die Rednerbühne. Ihm scholl ein lautes und allgemeines Lebehoch entgegen. Mit der sichtbarsten Begeisterung begann er seine freie Rede. Er lenkte darin auf die schönen Umgebungen hin, die reichen Fluren und Rebenpflanzungen und welche Hoffnungen sie dem Landmann versprächen, die aber unter der schlechten Beschaffenheit der Regierungen aller deutschen Völker stets zunichte würden, durch die Willkür einiger Dutzend unwissender Regenten und meineidiger Fürstenbuben, wie er sich ausdrückte. Er verbreitete sich über die Getrenntheit der deutschen Staaten, über das hieraus entspringende Elend der Einwohner, und wie ganz anders und besser für den Landmann und alle es sein würde, wenn die deutschen Völker vereint, unter einem einzigen Oberhaupt wären. Die Raubsucht der österreichischen Erzherzöge und der Kurfürsten von Brandenburg sei aber von jeher schuld daran gewesen, daß nie eine Vereinigung Deutschlands sich hätte bilden können. Er erörterte, wie es immer die Absicht der Regenten sei, Haß und Zwist unter den Völkern zu erhalten, um die einzelnen Staaten unter ihrer Zwangsherrschaft zu konservieren, und daß nicht eher Glück und Eintracht stattfinden würde, bis die Könige und Regenten alle weggejagt worden wären. So schmachteten Ungarn, Polen, Italien unter der Knechtschaft, unzugänglich für Deutschland, daher die Hemmnis im Handel, das Elend der Landleute. Er schmähte aufs heftigste über die bestehenden Regierungen, nannte die Regenten Hochverräter an ihren Völkern und rief vom Himmel Fluch und dreimaligen Fluch auf sie herab. Dies müsse aber anders werden. Es würde es leicht werden, man sähe es ja schon an der Schwäche ihrer Regierung, die gegen das gute Recht des Volkes nichts vermöchte. Man solle nur fest zusammenhalten. Deshalb sei der heutige Tag, das Fest bestimmt worden, um das große Werk der Reform Deutschlands zu beginnen. Man müsse anfangen, mit Kraft daran zu arbeiten, und so werde es gewiß gelingen. Er wies auf die Franzosen hin, sprach von der Teilnahme, welche sie den Deutschen in ihrem Unglück gewährten und deshalb Abgeordnete zu dieser Versammlung gesendet hätten. Nur möge man dem Gedanken nicht Raum geben, als sei es jemals Absicht, mit ihnen, den Franzosen vereint sein zu wollen, daran möchten sie nicht denken, es würde ja dreifache Schande sein, aus einem Joch in ein anderes zu gehen – dies solle nie geschehen! Nein! Nur auf eine Vereinigung aller deutschen Völker unter ein Oberhaupt oder zu einer Republik sollte das gemeinsame Wirken hingerichtet sein und bleiben. Aber dieses Werk müsse aus eigenen Kräften aufgebaut werden. Zu diesem Ende möge man gleich Abgeordnete ernennen, die sich weiter über die Leitung der Sache beraten könnten und sie fördern würden. Er schlug vor, dies morgen auf dem Schützenhaus bei Neustadt zu tun, und schloß dann, nachdem er im Fluß der Rede den Kaiser von Rußland als den größten Bluttyrannen bezeichnet, auf den Bundestag die größten Schmähungen ausgestoßen hatte, mit der Hoffnung einer baldigen besseren Zeit, mit dem dreimaligen Lebehoch eines vereinten, freien, republikanischen Europas.

Nach seiner langen und aufmerksam gehörten und applaudierten Rede stellte sich der Regen aufs heftigste ein. Die Mittagszeit war herangekommen, statt der Suppe füllten sich aber die Teller mit Wasser, die schönen aufgetragenen Braten und Schinken schwammen und die Brote zerweichten. Man ließ sich indessen nicht stören, wurde zwar durch und durch naß und suchte so standhaft die Wasserprobe wenigstens zu bestehen. Nach einer halben Stunde ließ der Regen nach und es wurde zum Mahl geschritten, worin das Wetter jedoch viel Unordnung angerichtet hatte.

Nach der Mahlzeit begnügten sich die Begeisterten nicht mehr, nach und nach die Rednerbühne zu besteigen, sondern es begannen zwei, drei zu gleicher Zeit, an verschiedenen Punkten ein Auditorium um sich zu versammeln. Anfangs erregte dies Mißfallen. Man wollte einen nach dem anderen hören, indessen fügte man sich doch dieser Teilung der Aufmerksamkeit. Pfarrer Hochdörfer von Sembach, welcher wegen seiner ausschweifend liberalen Ideen schon früher von der Regierung gemaßregelt worden, errang vorzugsweise Beifall. Er ging in seiner Rede auf die Beleuchtung der Lebensweise einiger Fürsten insbesondere ein, erzählte und übertrieb Vorfälle am Kasseler Hof, setzte nach seiner Weise im allgemeinen die Finanzverhältnisse auseinander und schilderte sie als verderblich und aussaugend für den Landmann – reizte über die vermeintliche Willkür und den Despotismus aller Regierungen im höchsten Grade auf. Ebenso sprachen zwei Brüder Cornelius, junge Leute in Studententracht, gebürtig aus Stralsund, gegenwärtig in Straßburg sich aufhaltend, und lästerten auf die empörendste Weise auf den Bundestag, gaben lügenhafte Darstellungen aus dem Leben der Gräfin Reichenbach, des Einflusses Rothschilds, zum Unheil der Untertanen, auf die Bundesgesandten und suchten zu erbittern. Kontrastierend war dieser Rede auch das Lob der höchstseligen Königin Louise von Preußen und des Hauptmanns Schill eingestreut. Ferner sprach ein polnischer Hauptmann sehr lange in etwas unverständlichem Deutsch, schilderte die Verrätereien, welche die Regenten von jeher gegen Polen auf die grausamste Weise geübt, verbreitete sich über das Glück, was für ganz Europa entstanden wäre, wenn Polen diesmal gesiegt hätte. Er sprach von der schmählichen Behandlung, welche seine tapferen, unbesiegten Krieger erlitten, und versicherte die Bereitwilligkeit aller seiner Landsleute zur Mithilfe, sobald nur das Zeichen von den braven Deutschen gegeben würde, das Joch der Fürsten gänzlich zu zerbrechen.

In ähnlicher Art wie die früheren Redner ließ sich besonders auch ein gewisser Brüggemann vernehmen, welcher aus dem nördlichen Preußen zu sein mir angegeben wurde. Ich konnte nichts Näheres über ihn erfahren. So waren die Bühnen fortwährend besetzt und fanden teilnehmende Zuhörer. In den niederen Regionen hatten sich während dem Nachmittag unzählige Gruppen gebildet, welche tranken und Freiheitslieder sangen, wovon ich einige Exemplare beifüge. Einige exaltierte Studenten von Heidelberg gaben den Ton an. Viele andere Gruppen von Landbauern, Knechten und Weibern sangen zwar auch bei ihren Bier- und Weinkannen der Freiheit Lieder und jauchzten ihr ein Lebehoch zu, indessen schienen sie, was höher oben verhandelt wurde, doch nicht zu begreifen und sich nicht dafür zu interessieren. Der Abend begann heranzukommen, und da ich gehört hatte, daß man die Reden des Wirth, Hallauer und anderer vielleicht in Neustadt bei dem Buchhändler Christmann würde erhalten können, so ging ich zur Stadt zurück, da sich ohnehin die Menschenmassen von der Ruine zu verlieren anfingen.

Das 19. Jahrhundert

Der Wiener Kongreß setzte an die Stelle eines einheitlichen deutschen Reiches einen lockeren Staatenbund. Liberale Verfassungen wurden nur in einigen Kleinstaaten gewährt, Preußen und Österreich verharrten in ihren reaktionären Systemen. Alle freiheitlichen Regungen wurden streng verfolgt.

In anderen Ländern fand die Idee der nationalen Selbstbestimmung Widerhall. So befreiten sich die Griechen unter der begeisterten Anteilnahme von ganz Europa vom türkischen Joch. Die Südamerikaner lösten sich unter der Führung von Simon Bolivar von der spanischen Kolonialherrschaft. Das Riesenreich zerfiel in eine Reihe von unabhängigen Republiken, die der nordamerikanische Präsident Monroe durch seine Doktrin »Amerika den Amerikanern« unterstützte (1823). Damit verbat er sich jede europäische Einmischung in amerikanische Angelegenheiten. Allerdings wurden die USA noch einmal auf eine harte Probe gestellt. An der Frage der Sklavenbefreiung entzündete sich der Bürgerkrieg zwischen dem fortschrittlichen Norden und dem agrarischen Süden, der sich erst nach langem Kampf beugte.

In Frankreich war nach dem Sieg über Napoleon wieder die alte Dynastie eingesetzt worden. Sie vermochte aber nicht, sich für die Dauer das Vertrauen des Volkes zu sichern. Die Juli-Revolution 1830 erhob einen liberalen Herrscher auf den Thron. Im Gefolge dieses Umbruches kam es zu Unruhen in Polen, in den Niederlanden, von denen sich das Königreich Belgien löste, und in Deutschland, hier allerdings ohne Ergebnisse. Der einzige Schritt zur nationalen Einigung hin war 1834 der deutsche Zollverein, der die Zollschranken innerhalb des Deutschen Bundes beseitigte.

1848 brach zum dritten Male eine Revolution in Frankreich aus. Sie wurde rasch zu einem europäischen Ereignis, das besonders auch auf Deutschland übergriff, wo es in einer Reihe von Hauptstädten, so in Wien und Berlin, zu blutigen Unruhen kam. Vor allem geriet der Vielvölkerstaat der Habsburger in eine schwere Existenzkrise, denn die einzelnen Volksgruppen suchten sich selbständig zu machen.

Unter dem Druck des Volkes bewilligten die verängstigten Regierungen Wahlen zu einer Nationalversammlung, die in der Paulskirche in Frankfurt zusammentrat und die Aufgabe hatte, eine gesamtdeutsche liberale Verfassung zu formulieren. Es zeigte sich aber bald, daß die alten Regierungen immer noch stärker waren. Die Versammlung, zuerst von großen Hoffnungen getragen, löste sich ergebnislos auf. Der preußische König verzichtete unter dem Druck Österreichs auf die ihm angebotene Kaiserkrone. Die französische Revolution mündete in einem zweiten Kaiserreich: Napoleon III. wurde vom Volk zum Kaiser gewählt.

Preußen erholte sich von den erlittenen Demütigungen, nachdem 1862 Bismarck Ministerpräsident geworden war. Nach zwei Kriegen, 1864 gegen Dänemark und 1866 gegen Österreich, war Preußen unbestritten die erste Macht im Deutschen Bund. Der Dualismus aus der Zeit Friedrichs des Großen war zugunsten Preußens entschieden. Bismarck konnte nun daran gehen, die Einheit Deutschlands, an der das Bürgertum 1848 gescheitert war, zu verwirklichen. Der deutsch-französische Krieg erschien wohl beiden Parteien unvermeidlich. Die deutsche Einigung war eine Frage, die ganz Europa anging und die schwerlich ohne einen Sieg über Frankreich zu lösen war. Andererseits brauchte auch Napoleon III. außenpolitische Erfolge, um sein Ansehen in Frankreich wieder zu heben. Er durfte aus Prestigegründen die Einigung Deutschlands nicht ohne eine reichliche Kompensation hinnehmen. Ein geringer Anlaß genügte, um den Kampf zu entzünden, der das Ende des zweiten französischen Kaiserreichs brachte.

Der nationale Gedanke und die liberalen Forderungen waren das Erbe der Befreiungskriege gegen Napoleon gewesen. Ein neues, zunächst unbewältigtes Problem stellte sich durch die soziale Frage. Die rasche Industrialisierung hatte zuerst in England, dann aber auch in Deutschland ein großes Industrieproletariat entstehen lassen, das unter jämmerlichen Verhältnissen dahinvegetierte und um das sich weder der Unternehmer noch der Staat kümmerte. Karl Marx und Friedrich Engels wurden die großen Anwälte der Arbeiterschaft; auf sie geht die Bewegung des Kommunismus zurück.

In der Innenpolitik hatte Bismarck nicht immer eine glückliche Hand: Es kam zum Zusammenstoß mit der katholischen Kirche im Kulturkampf und zur Auseinandersetzung mit dem Sozialismus.

Sein außenpolitisches Ziel war es, das Reich, das auf allen Seiten von fremden Mächten umgeben war, durch Bündnisse zu sichern. Vor allem galt es, sich gegen das grollende Frankreich den Rücken freizuhalten. So wurden Österreich und Rußland zu den wichtigsten Partnern des Reiches.

1821–1823 *Griech. Freiheitskampf*
1823 *Monroedoktrin*
1830 *Franz. Juli-Revolution*
1832 Hambacher Fest
1848 Revolution in Frankreich u. Deutschland
1861–1865 Amerikanischer Bürgerkrieg
1862 *Berufung Bismarcks*
1848 *Kommunistisches Manifest*
1861 *Einigung Italiens*
1866 Preußisch-österreichischer Krieg
1870/1871 *Deutsch-französischer Krieg*
1890 Entlassung Bismarcks

Revolution in Deutschland

Wolfgang Menzel

Der Ausbruch der Französischen Revolution von 1848 war auch für die deutschen Staaten ein Signal zum Aufruhr. Träger der Revolution war das Bürgertum der Städte. Zunächst erfaßte die Bewegung den Südwesten, wo die Liberalen nach Pressefreiheit, Volksbewaffnung und nach einem gesamtdeutschen Parlament riefen. Es gab allerdings auch bereits radikalere Stimmen, die eine deutsche Republik forderten.
Am 13. März brach der Aufstand in Wien los. Metternich, der unnachsichtige Verfechter der Reaktion und des Obrigkeitsstaates, wurde gestürzt und mußte nach England fliehen. Das Habsburgerreich drohte sich aufzulösen. Wenige Tage später entzündete sich an einem geringfügigen Vorfall in Berlin, nachdem der König bereits eine Reihe von Zusagen gegeben hatte, eine stundenlange Straßenschlacht. Der König mußte die Truppen zurücknehmen und sich vor den Toten der Revolution beugen. Schließlich versprach er, die deutsche Einigung voranzutreiben und das Schicksal Preußens mit dem Deutschlands gleichzusetzen. Doch waren damals die politischen Verhältnisse den wohlgemeinten patriotischen Bestrebungen noch nicht günstig.

Als die Februarrevolution 1848 in Paris ausgebrochen war, wurde sie gleich durch die Märzrevolution in Deutschland nachgemacht. Baden gab das Signal, Württemberg folgte bald nach. Die Bewegung war so stark, daß sich das Ministerium Schlayer unmöglich halten konnte. Der König wählte, wie das damals auch andere deutsche Fürsten taten, ein neues Ministerium aus der bisherigen Kammeropposition, und zwar deren im Volk am meisten geachtete Mitglieder, um im Einverständnis mit denselben Reformen vorzunehmen, das Volk zu beruhigen und wenigstens die wilde Demokratie abzuhalten. Man war damals ziemlich besorgt, denn man wußte nicht, wie weit es die neue Republik in Frankreich treiben, ob sie nicht die Revolutionierung der Nachbarländer durch Truppen unterstützen und das alte Eroberungssystem erneuern würde. Das ganze südwestliche Deutschland war von der Revolution im Innern so bedroht, die Regierungsgewalt überall so geschwächt, daß eine Demonstration von Frankreich her gewiß Erfolg gehabt haben würde, wenn die Absicht dazu in Paris vorhanden gewesen wäre. Daß sie nicht vorhanden war, konnte man damals noch nicht wissen.

Daher kam alles darauf an, daß sich die süddeutschen Regierungen mit Preußen verständigten und gemeinschaftlich handelten, zu dem doppelten Zweck, erstens durch konsequente und gemeinsame Durchführung konstitutioneller Maximen und Reformen die Bevölkerungen zu beruhigen und der Revolution jeden Vorwand zu nehmen, zweitens aber sich zu gemeinsamen Militärmaßregeln zu vereinigen, um das zunächst gefährdete Süddeutschland gegen jeden Angriff Frankreichs wirksam zu schützen. Das einzige Bedenken war, ob das damalige preußische Ministerium die liberalen Namen der neuen süddeutschen Minister nicht abschrecken, die verlangten Reformen nicht verweigern oder wenigstens verzögern würde; denn damals stand das preußische Ministerium noch fest. Ich sprach darüber mit dem soeben erst (am 9. März) ernannten Minister Römer und erbot mich, sogleich nach Berlin zu reisen, wo ich Verbindungen genug habe, um alle Türen aufstoßen zu können. Ich wollte es übernehmen, den König von Preußen für die beiden genannten Zwecke zu gewinnen. Römer ging sogleich darauf ein, der König stimmte ihnen zu, und am elften war ich schon unterwegs.

Ich kam am 14. März früh in Berlin an, stieg in einem Gasthof ab und schrieb noch in meinen Reisekleidern einen Brief an den König von Preußen. Noch war keine Stunde vergangen und ich hatte eben erst meine Toilette gemacht, als mir der König schon seinen Generaladjutanten, General von Below, zuschickte, denselben, der später den Malmöer Waffenstillstand abgeschlossen hat. Er sagte mir, der König fühle das ganze Gewicht meiner Anträge, wolle aber nichts ohne seine Minister beschließen; ich müßte also zuerst mit diesen, vor allem mit dem Minister der auswärtigen Angelegenheiten, Graf von Canitz, reden.

Ich erwiderte dem General, daß es mir leid täte, denn es verstünde sich eigentlich von selbst, daß die Durchführung meiner Anträge vom gegenwärtigen preußischen Ministerium nicht zu erwarten sei, die Annahme meiner Anträge von seiten des Königs vielmehr einen Ministerwechsel voraussetze. Jede Unterhandlung von meiner Seite mit Herrn von Canitz sei daher unpraktisch und überflüssig.

Der General von Below war ein einsichtsvoller Mann und gab mir völlig recht, bat mich aber, dennoch mit den Ministern zu reden, da ich, um nachher mit dem König selbst reden zu können, doch zuvor seiner Weisung nachkommen müsse. Er orientierte mich rasch in betreff der ministeriellen Persönlichkeiten und empfahl mir, wenn mich die Minister hinhalten wollten, mir durch den Prinzen von Preußen oder durch Humboldt eine Audienz beim König zu erwirken. Ich verabredete mich mit ihm, und erst nachdem diese Einleitung getroffen war, verließ ich den Gasthof, um meine Wohnung im Hause meines Bruders Oswald, Wirklichen Geheimen Kriegsrats, zu nehmen.

Noch an demselben Abend begab ich mich ins auswärtige Ministerium, wo mich Canitz, ein langer, schlanker, ältlicher Herr, mit ziemlich vornehmer Steifheit empfing. In seinem Zimmer, nicht weit von der Türe, hing in Goldrahmen ein großer Kupferstich, der den Fürsten Metternich in ganzer Figur darstellte. Diesem Fürsten strebte der preußische Minister nach, denn die staatsmännische Glorie Metternichs hatte damals noch ihren vollen Glanz. Hätte Canitz gewußt, daß an demselben Tag, an dem er abends meinen Besuch empfing, die Revolution in Wien ausgebrochen war, sein Gesicht würde andere Falten angenommen haben.

Allein, man wußte das in Berlin noch nicht. Metternich stand in der Meinung des preußischen Ministers noch so fest, wie dieser selbst sein Portefeuille noch keineswegs gefährdet dachte. Obgleich der vom König nach Wien entsandte Radowitz schon dahin instruiert war, dem Fürsten Metternich Konzessionen an die Völker vorzuschlagen, um dieselben zu beruhigen, so machte doch Canitz gegen mich Bemerkungen über den Liberalismus der neuen süddeutschen Ministerien, die es sehr in Zweifel ließen, ob Preußen im Vertrauen auf Österreich und aus Rücksicht auf Österreich nicht zu stolz sein würde, die Märzministerien als ebenbürtig anzuerkennen. Ich sagte ihm geradezu, er scheine weder die Bedeutung Süddeutschlands noch den Wert, den die von mir gemachten Anträge für Preußen selbst haben müßten, gründlich genug zu würdigen, oder würdigen zu wollen, stellte ihm eine mögliche Überflügelung Süddeutschlands von Frankreich her mit Hilfe der Revolution in Aussicht, nahm meinen Hut und empfahl mich. Canitz aber lief mir nach und hielt mich am Arm zurück, ich solle nicht böse werden, auch er meine es nicht bös. Er bediente sich dabei des Ausdrucks: »Der Teufel ist nicht so schwarz, wie er aussieht«, und bat mich, noch ein paar Tage in Berlin zu bleiben, er werde dann weiter mit mir reden. Er wartete Nachrichten von Radowitz ab, allein am andern Tage erfuhr man bereits den Umsturz der Dinge in Wien, die Vertreibung und Flucht Metternichs. In diesem Augenblick wäre es angemessen gewesen, mich wieder rufen zu lassen; aber weder Canitz noch der König taten es.

Ich füllte die Zwischenzeit mit Besuchen bei den andern Ministern, Bodelschwingh, Rohr, Thile aus, nur weil es der König verlangt hatte. Bodelschwingh saß todmatt auf dem Sofa und sagte, er könne gar keine Meinung mehr abgeben, da er in ein paar Tagen nicht mehr Minister sein werde. Der alte Thile mit seinen klugen Augen mußte schon allerlei von mir gelesen haben, denn er meinte, ich könne doch eigentlich kein gemeiner Liberaler sein. Aber ich sagte ihm sehr ernsthaft, ich sei wohl konservativ, aber auch liberal, wie es nötig sei. Was übrigens dieses Hin- und Herreden nutzen solle, da es sich jetzt darum handle, rasch einen Entschluß zu fassen. Ich erzürnte mich so, daß ich zu den übrigen Ministern gar nicht mehr ging, sondern nach Belows Rat Humboldt und den Prinzen von Preußen aufsuchte.

Zu dem ersteren führte mich mein alter Freund Maßmann. Humboldt empfing mich mit offenen Armen, sprang an mir herauf und küßte mich. »Sie«, rief er, »kommen gerade recht; Sie dürfen dem König alles sagen, was nicht einmal ich ihm sagen darf. Sie müssen uns helfen, das Ministerium zu stürzen. Sie sind dem König neu und nicht sein Untertan.« – »Eben deswegen komme ich«, erwiderte ich ihm. »Eure Exzellenz müssen mir Zutritt beim König verschaffen, denn er läßt mich ja immer noch nicht vor sich.« Humboldt versprach mir, das Mögliche zu tun.

Ich eilte nun auch zum Prinzen von Preußen, traf ihn nicht zu Hause und schrieb mich im Vorzimmer ein. Indem ich am Tiergarten entlangging, kam mir der leere Wagen des Prinzen nachgefahren. Der intelligente Kutscher erkannte mich aus der kurzen Beschreibung, die ihm der Portier von mir gemacht hatte, und bat mich einzusteigen, denn der Prinz wünschte mich sogleich zu sprechen. Ich fuhr nun zurück und hatte eine lange Unterredung mit dem Prinzen, die mir unvergeßlich bleiben wird, weil sie in einer Zeit der höchsten politischen Aufregung stattfand und der Prinz mich in seinem lebhaften Gespräch tief in seine Seele blicken ließ. Er stimmte übrigens ganz mit meinen Anträgen überein und versprach mir, sie seinem königlichen Bruder dringend zu empfehlen. Und zwar tat er das noch im vollen Machtbewußtsein der preußischen Dynastie, denn der Tag der Schmach war noch nicht gekommen.

Erst am Abend des 17. März wurde ich auf das Schloß zum König beschieden. Kaum konnte ich meinen Überrock ablegen, denn, sagten mir die Diener, der König habe schon ein paarmal nach mir gerufen. Obgleich das Vorzimmer ganz voll war von Deputationen, Generalen etc., mußte ich sogleich mitten durchgehen. Der König stand schon an der Tür, faßte mich bei beiden Händen und begrüßte mich auf das wärmste, indem er mich in sein Zimmer führte. Ich mußte mich ihm gegenübersetzen und wiederholte ihm meinen Antrag, wie ich schon schriftlich getan hatte, kurz und präzis. Er wendete mir auch nicht das Geringste dagegen ein und wollte die Sache nur etwas verzögert wissen, bis er die Stände einberufen haben würde, was am 2. April geschehen sollte. Ich erlaubte mir, ihm zu erwidern, daß kein Augenblick zu verlieren sei. Die Ereignisse folgten sich so rasch, daß vierzehn Tage Aufschub alles ändern könnten. Wenn er die Initiative erst der preußischen Ständeversammlung in Berlin oder dem bereits von den vereinigten Koryphäen des Liberalismus in Süddeutschland in Vorschlag gebrachten Parlament in Frankfurt am Main überlasse, so gebe er die Stellung auf, die ihm gezieme. Alsdann böte er weder uns in Süddeutschland die Bürgschaften dar, die wir von ihm verlangten, noch bleibe er Herr der Situation, was er jetzt noch sei, nachdem ihm das gänzlich desorganisierte Österreich kein Hindernis mehr in den Weg legen könne. Ich verlangte von ihm eine bestimmte, bindende Erklärung, sei es eine vertrauliche, die ich dem König von Württemberg mitbringen könne und gleichzeitig an die andern süddeutschen Höfe abgehen müsse, sei es eine öffentliche, etwa ein Manifest an die deutschen Bevölkerungen. Er sagte, er werde mit seinen Ministern darüber sprechen. Ich bat ihn nochmals, ja nicht zu verkennen, wie ruhmvoll Preußen dastehen werde, wenn es, im Innern stark und ungebrochen, wie es sei, den zeitgemäßen Konzessionen, zu denen er ja selbst schon entschlossen sei und die auch im südlichen Deutschland teils schon gemacht, teils eingeleitet seien, den selben Halt nach außen gewähre und dieselbe Übereinstimmung in die etwa nötig werdende Verteidigung Deutschlands gegen Frankreich bringe. Es sei ein Augenblick für Preußen gekommen, so günstig, wie er vielleicht niemals wiederkehre. Aber Seine Majestät müßten handeln, und zwar schnell und bestimmt, und sich die Initiative ja nicht entrinnen lassen. Dazu sei absolut nötig, daß er einerseits den bedrängten Fürsten Schutz und Trost zusichere, andererseits sich von der Parlamentspartei nicht erst nachziehen oder gar anfechten lasse, sondern daß er selbst die Parlamentswahlen anordne.

Es war mir jedoch nicht möglich, den König zu einer bestimmten Erklärung zu veranlassen. Er stimmte mir immer bei, behielt sich aber die Beratung mit seinen Ministern vor. Ich erlaubte mir, ihm noch zu sagen, daß ich die Verhältnisse in Süddeutschland ohne Zweifel genauer kenne als irgendeiner seiner Räte. Wenn er je sich noch entschlösse, eine auf Süddeutschland berechnete öffentliche Erklärung ausgehen zu lassen, würde es sehr darauf ankommen, den rechten Ton zu treffen, Vertrauen einzuflößen und Mißdeutungen zu verhüten. Ich würde imstande sein, der Redaktion in dieser Beziehung einen guten Dienst zu leisten. Der König versprach mir nun sogleich, es solle nichts der Art gedruckt werden, bevor ich Einsicht davon genommen hätte. Nun glaubte ich, der König werde mich entlassen; er gab mir aber kein Zeichen der Entlassung, sondern fing an, erst recht lebendig zu werden, redete immerfort, schweifte von der Sache, wegen der ich gekommen war, ganz ab und sprach vom Kölner Dom so viel, daß ich endlich aufstand, ihn unterbrach und um meine Entlassung bat, da ich ihm die kostbare Zeit nicht länger rauben dürfe. Er gab meinen dringenden Bitten, andere vorzulassen, mit einem gnädigen Lächeln nach und entließ mich so liebevoll, wie er mich empfangen hatte. Nachdem ich von ihm gegangen war, konnte ich kaum noch hoffen, daß meine Mission irgendeinen Erfolg haben würde, auch wenn die Revolution in Berlin selbst nicht ausgebrochen wäre. Sie brach aber schon am folgenden Tag aus. Die damaligen Ereignisse traurigen Andenkens sind bekannt. Am Tag darauf gegen neun Uhr (es war ein Sonntag) hörte das Schießen auf, und ich drückte mich sogleich durch die Volksmenge bis zum Schloß hindurch und besah mir die Straßen, in denen am hartnäckigsten gekämpft worden war. Erst später las ich in einem auswärtigen Blatt einen Korrespondenzartikel aus Berlin, der mit den Worten begann: »Berlin schwimmt in Blut«. Damals aber sah ich kein Blut. Ich lief mich den ganzen Tag müde und sah wohl viele schlechte Barrikaden, die Spuren von Kartätschen- und Flintenkugeln und sehr vieles Ziegelmehl auf dem Pflaster, weil man von den Dächern Ziegel herabgeworfen hatte, aber Blutlachen sah ich nirgends. Es war überhaupt keine rechte Revolution. Es kam zu gar keinem offenen Kampf Mann gegen Mann. Die Tumultuanten schossen nur aus den Häusern und haben nicht einmal eine Barrikade mit den Waffen in der Hand verteidigt, sondern nur dahinter versteckt geschossen, um davonzulaufen, wenn die Soldaten einen Bajonettangriff machten. Es kamen ungefähr zweihundert Tumultuanten um, meist in den Häusern, aus denen sie geschossen hatten und in welche die erzürnten Soldaten eindrangen. Von den letzteren sind nur achtzehn und drei Offiziere gefallen. Dies ist für eine Stadt mit einer halben Million Einwohner sehr wenig. Man sagte damals, ein pommersches Regiment habe sich erboten, allein mit dem ganzen Berliner Pöbel fertig zu werden, und dieses Regiment würde es auch geleistet haben. Der Aufstand war am Sonntagmorgen schon besiegt, auf einen ganz kleinen Raum der Stadt beschränkt, und es hätte keiner Stunde mehr bedurft, um ihn völlig niederzuschlagen. Dann wäre der König Herr und Meister geblieben. Dann hätte er nach allen Seiten hin Respekt eingeflößt, und dann erst hätten seine freiwilligen Konzessionen Vertrauen erweckt. Aber er selbst war es, der den treuen Truppen nicht erlaubte, ihren Sieg zu vollenden. Er befahl ohne Not, das Schießen einzustellen, gab gegen alle Erwartungen dem revolutionären Pöbel recht und schickte alle Truppen aus Berlin fort. Es ist kein Zweifel, daß er dazu von einigen Männern verleitet worden ist, die er zu seinen Ministern machte, und daß diese in ihrer Torheit voraussetzten, der König werde sich populärer machen, wenn er dem Volk nachgebe. Das richtige wäre gewesen, erst den offenen Aufruhr des gehetzten Stadtpöbels zu dämpfen und dann großherzig zu tun, was dem preußischen und deutschen Volk frommte.

Ich sah am Sonntag die Truppen abziehen, ein Regiment nach dem andern, alle mit verhüllten Fahnen, stumm und unzufrieden, aber treu. Unter allen Schauspielen, die ich damals in Berlin mit ansah, war dieses allein nobel, jedes andere war gemein und ekelhaft. Sogar bei der großartigen Totenfeier der gefallenen Tumultuanten wurde der Ernst des Tages in den Hintergrund gedrängt durch den Parteiprunk.

Die Stadt bedeckte sich mit dreifarbigen Fahnen, deren schönste und größte von der Kuppel des königlichen Schlosses wehte. Im Grunde war es nur eine Konsequenz des schon am Sonntagfrüh angenommenen Systems, wenn sich der König durch seine neuen Minister überreden ließ, am Dienstagmorgen seine eigene Person mit den drei Farben zu schmücken und, die Studenten mit dem deutschen Doppeladler in der Fahne voran, als neuer König der Deutschen durch die Straßen zu reiten. Minister Graf Schwerin schloß seine Anrede an die Studenten: »Es lebe der deutsche König!« Unter den Linden war an allen Baumstämmen ein Manifest angeklebt, wovon ich mir ein Exemplar verschaffte. Es lautete: »An die deutsche Nation! Eine neue glorreiche Geschichte hebt mit dem heutigen Tag für euch an. Ihr seid fortan wieder eine einige große Nation, stark, frei und mächtig im Herzen von Europa. Preußen, Friedrich Wilhelm IV. hat sich im Vertrauen auf euren heldenmütigen Beistand und eure geistige Wiedergeburt zur Rettung Deutschlands an die Spitze des Gesamtvaterlandes gestellt. Ihr werdet ihn mit den alten ehrwürdigen Farben deutscher Nation noch heute zu Pferde in eurer Mitte erblicken. Heil und Segen dem konstitutionellen Fürsten, dem Führer des gesamten deutschen Volkes, dem neuen König der freien wiedergeborenen deutschen Nation!«

Dieser kolossale Unsinn erfüllte mich mit um so tieferer Indignation, als der König mir kaum zugesagt hatte, er würde nichts, was an die deutsche

Nation gerichtet wäre, drucken lassen, ohne es mich vorher wissen zu lassen. Die neuen Minister hatten gerade das getan, was zu vermeiden ich den König am dringendsten gebeten hatte. Das ministerielle Manifest, welches den neuen König der Deutschen proklamierte, war die Usurpation in der gröbsten Form und mußte alle Nichtpreußen vor den Kopf stoßen. Das hätte vielleicht weniger zu sagen gehabt, wenn der Usurpator im Siegesglanz und Vollbewußtsein der Macht aufgetreten wäre und Furcht eingeflößt hätte. Aber nach einer jämmerlichen Niederlage, nach demütiger Beugung der Krone unter die Zeitungshalle und unter den Pöbel konnte die Usurpation nur noch lächerlich erscheinen. Ich war ein wenig wütend, denn die Sache war doch zu arg.

Als mich daher der neue Minister des Auswärtigen Amtes, den man zum Unterschied von anderen Staatsmännern seines Namens den Pariser oder den roten Arnim nannte (weil er eben noch Gesandter in Paris gewesen war und rote Haare hatte), zu sich einladen ließ, antwortete ich, ich hätte keinen Auftrag für ihn und wolle ihm seine kostbare Zeit nicht stehlen. Da er mich aber wiederholt und dringend bitten ließ, zu ihm auf das Ministerium zu kommen, ging ich einzig aus Rücksicht auf meinen Bruder endlich hin. Arnim war Feuer und Flamme, bildete sich, wie es schien, wirklich ein, der Mann des Tages zu sein und eine ungeheuer große, welthistorische Tat vollbracht zu haben. Ich war indes nicht in der Laune, ihn im geringsten zu schonen. Ich sagte ihm, man hätte im Namen des Königs von Preußen nicht ungeschickter und taktloser zu Deutschland sprechen können. Bei dieser meiner ruhigen Erklärung wurde er noch viel röter, als er schon war. Doch drückte er die Überzeugung aus, von der er durchdrungen sei, der Entschluß des Königs werde ganz Deutschland freudig elektrisieren. Ich erwiderte ihm, da kenne er die Schwaben und die Bayern schlecht. Mit umgehender Post würden von allen Seiten Proteste gegen die neue preußische Politik und offene Verhöhnungen des unglücklichen Königs in Berlin anlangen. Da übrigens, wie ich wüßte, von sämtlichen süddeutschen Höfen außerordentliche Kommissäre nach Berlin abgehen würden oder schon abgegangen seien, um irgend etwas Gemeinschaftliches zu verabreden, so möge er sich mit diesen benehmen. Die Sympathien aber zwischen dem südwestlichen Deutschland und Preußen, die zu nähren und zu befestigen ich vor acht Tagen hierher gekommen sei, bestünden jetzt nicht mehr und seien durch das usurpatorische Gebaren Preußens auf lange hin zerrissen. Damit empfahl ich mich.

Das Ende des amerikanischen Bürgerkrieges

Karl Schurz

In der ersten Hälfte des 19. Jahrhunderts waren die USA durch Eroberung und Einwanderung gewaltig angewachsen. Allerdings hatten Nord und Süd nicht die gleiche wirtschaftliche Entwicklung durchgemacht. Die Gegensätze verschärften sich und entzündeten sich an der Sklavenfrage. Der Süden glaubte, auf Negersklaven nicht verzichten zu können, für den Norden war die Sklavenhaltung nicht mit den Grundsätzen eines freiheitlichen Staates zu vereinbaren.

Als 1860 Abraham Lincoln, der für Freiheit und Menschlichkeit eintrat, zum Präsidenten gewählt wurde, traten die Südstaaten aus der Union aus. Nach einem verheerenden Krieg siegte der Norden unter General Grant über die Südstaaten unter Lee. Der Erfolg wurde allerdings durch die Ermordung Lincolns getrübt.

Karl Schurz, dessen Erinnerungen der folgende Bericht entnommen ist, war nach der deutschen Revolution 1849 nach Amerika geflohen. Im amerikanischen Bürgerkrieg kämpfte er als Generalmajor für den Norden, später wurde er Innenminister der USA. Er war geistig und politisch der Führer der Deutschen in Amerika.

Im sogenannten »Palais« des Gouverneurs in Raleigh, wo Sherman sein Hauptquartier hatte, waren zehn bis zwölf Generäle in einem großen, kahlen Zimmer versammelt. Alle waren über den Verlauf der Dinge sehr besorgt und wollten sich von Sherman die neuesten Nachrichten holen. Sie saßen und standen stumm im Kreise umher. Nicht so Sherman. Wie ein gefangener Löwe stürmte er im Zimmer auf und ab und tobte sich in zornigen Schimpfreden aus, ohne irgend jemanden besonders anzureden. Er schimpfte auf den Kriegssekretär als einen kleinlichen, intriganten, rachsüchtigen Politiker, der ehrliche Soldaten um die Ehre bringen wolle, die sie sich durch Einsetzen ihres Lebens fürs Vaterland errungen hätten. Er schimpfte auf das Volk, das ihn tadelte, als auf eine Menge Narren, für die zu kämpfen sich nicht verlohne. Er schimpfte vor allem auf die Presse, der viel zuviel Freiheit gestattet werde und die durch viel strengere Gesetze gezügelt werden müsse, durch Gesetze, welche die Federfuchser hinter Kerkergitter verbannten – und ähnliche Dinge mehr. Ein mit amerikanischem Wesen und amerikanischen Verhältnissen nicht vertrauter Fremder hätte beim Anhören dieser wilden Flut wütender Reden denken können, daß hier der Beginn einer Auflehnung des siegreichen Generals gegen die Regierung vorliege; aber wir alle, die wir Sherman als einen der treuesten Menschen im ganzen Lande kannten, waren nur besorgt, daß er durch einen etwaigen ähnlich vulkanischen Ausbruch in der Öffentlichkeit sich schaden könne.

Ein paar Tage später kam General Slocum mit ganz glücklichem Gesicht zu mir ins Zelt. »Jetzt wird alles gut«, sagte er, »Grant ist da. Er ist von Washington herübergekommen, um die Sache in Ordnung zu bringen.« In der Tat war Grant gekommen, um seinen Freund Sherman vor seiner eigenen Unvorsichtigkeit zu retten. Er setzte Sherman auseinander, daß er, Grant, noch von Lincoln selbst streng instruiert worden sei, mit dem Feinde keinerlei politische Unterhandlungen zu pflegen, und daß die Kapitulation bei Appomattox demgemäß abgeschlossen worden sei. Sherman war besänftigt, nur hegte er noch lange einen bitteren Groll gegen Kriegssekretär Stanton, von dem er annahm, er habe ihn geflissentlich beleidigt.

General Johnston ergab sich mit seiner Armee am 26. April unter denselben Bedingungen, unter welchen Lee vor Grant die Waffen gestreckt hatte. Die Kapitulation anderer südstaatlicher Truppenmächte erfolgte bald, und der Krieg war beendet.

Sobald Johnstons Kapitulation amtlich bekanntgegeben war, nahm ich meinen Abschied aus dem Heere und kehrte zu meiner noch in Bethlehem, Pennsylvania, befindlichen Familie zurück. Mein Militärleben war abgeschlossen.

Es war ein Leben voll der interessantesten Erfahrungen gewesen und flößte mir eine außerordentliche Achtung vor den amerikanischen Freiwilligen ein, die man das amerikanische Volk in Waffen nennen konnte. Es gab nichts Großartigeres als die patriotische Begeisterung, mit der die Jugend des Landes, sowohl eingeborene als fremde, sich bei Lincolns Aufruf um die Fahne der Republik scharte. Gewiß waren unter ihnen manche, welche die Aussicht auf Kampf und Kriegsabenteuer unter allen Umständen angelockt haben würde, aber die weit größere Mehrheit bestand zweifelsohne aus Männern, die einfach dem Ruf der Pflicht folgten, als Bürger Amerikas ihre tägliche Friedensarbeit zu unterbrechen und ihr Leben fürs Vaterland in die Schanze zu schlagen. Und diese patriotische Begeisterung beim Beginn des Krieges war kein bloßes Strohfeuer, sondern es war ein Element der Sicherheit und Festigkeit, welches die mangelnde Disziplin im Freiwilligenheer ersetzte. Denn obgleich der Freiwillige sehr bald die Notwendigkeit des absoluten Gehorsams und gewisser Förmlichkeiten einsah, so konnte er sich doch nie ganz in den Gamaschendienst finden, dem sich ein regulärer Soldat mehr oder minder unterwerfen muß. Er war als Freiwilliger eingetreten und blieb im ganzen Verlauf des Krieges ein Freiwilliger, das heißt, er tat und ertrug vieles nicht nur, weil er wußte, daß ein Soldat es müsse, sondern aus Pflichtgefühl.

In dem, was er für unwichtig hielt, war sein Benehmen sehr formlos. Die Beziehungen zwischen den Mannschaften und den Offizieren, sogar den höheren, waren nie ganz frei von dem instinktiven, für den Amerikaner charakteristischen Gefühl der Gleichheit. Rangunterschiede überhaupt und die kleinen militärischen Förmlichkeiten des Untergebenen vor dem Vorgesetzten wurden oft in höchst unmilitärischer Weise vergessen oder verletzt, z. B. war es sehr schwer, die Vorschrift des Grüßens der Offiziere allgemein durchzusetzen. Zwei Beispiele dafür fallen mir ein.

Eines Tages erhielt ich Besuch von einem Generalmajor, der bei einem anderen Armeekorps stand. Als er fortging, begleitete ich ihn vor mein Zelt und bemerkte dabei, daß meine Schildwache nicht vor ihm präsentierte. Nachher stellte ich den Soldaten deshalb scharf zur Rede; aber er antwortete sehr kühl – er war aus einem westlichen Regiment: »Zu Befehl, Herr General, der andere Herr General ist mir nie vorgestellt worden.«

Andererseits gab es auch übergroße Höflichkeit. Als im Winter 1862/63 unser Armeekorps in Virginia stand, gehörte zu meiner Division ein ganz neues Regiment, welches ich einmal zum Vorpostendienst kommandiert hatte. Um mich zu überzeugen, ob die Sache ordentlich gemacht sei, ritt ich mit einigen meiner Offiziere hinter der Vorpostenlinie entlang. Die Leute standen sehr gut gegen den Feind gerichtet, und ich ritt unbemerkt hinter ihrem Rücken entlang. Einer fand seine Stellung anscheinend unhöflich. Er drehte sich um, präsentierte mit einer Hand das Gewehr, nahm mit der anderen die Mütze ab und verbeugte sich tief. Der Anblick war so urkomisch, daß wir alle in lautes Gelächter ausbrachen. Ich ritt auf den Soldaten zu, ließ ihn eine richtige dienstliche Haltung einnehmen und fragte, warum er so überaus höflich gewesen sei. Er antwortete, er habe mich in der Präsidentschaftswahlkampagne von

1860 eine Rede halten hören, die ihm großen Eindruck gemacht habe, und deshalb habe er dem militärischen Gruß einen weiteren Beweis der Hochachtung durch Entblößen des Hauptes hinzufügen wollen.
Die Beziehungen zwischen Offizieren und Mannschaften waren derart, daß sie in einem europäischen Heere als alle Disziplin untergrabend gegolten hätten. Dies lag daran, daß gesellschaftliche Rangunterschiede unter Offizieren und Mannschaften ebensowenig existierten wie Unterschiede in Bildung und Fähigkeiten, und das bißchen militärischen Drill, den die Offiziere vor ihren Leuten günstigstenfalls voraus hatten, ihnen kein besonderes Übergewicht verschaffen konnte. So hing die Autorität der Offiziere zum größten Teil vom guten Willen der Leute ab. Nicht selten urteilten die Mannschaften selbst darüber, ob die peinlich genaue Ausführung eines gegebenen Befehls notwendig sei oder nicht, und richteten sich darin nach dem eigenen Ermessen, das die Offiziere dann, wenn irgend möglich, stillschweigend anerkannten.
Als ich viele Jahre später einmal in Deutschland auf Reisen war, wurde ich vom Fürsten Bismarck empfangen. Es waren einige preußische Offiziere zugegen, welche die Geschichte unseres Bürgerkrieges studiert hatten. Sie, wie auch der Eiserne Kanzler selbst, befragten mich eingehend über die Organisation, die Leistungsfähigkeit und den Geist unseres Freiwilligenheeres. Ich entgegnete den Herren etwa das hier Gesagte. Sie amüsierten sich sehr darüber; aber gewohnt, alles nach dem hohen Maß der Fachbildung und Disziplin des preußischen Heeres zu beruteilen, konnten sie es schlechterdings nicht begreifen, wie ein solches Heer überhaupt zu kämpfen vermochte. Einem an Zahl nur annähernd gleichwertigen, regulären europäischen Heere würde es ja keinesfalls standhalten können, meinten sie, und hörten mit leisem, belustigtem Lächeln zu, als ich ihnen auseinandersetzte, daß nach meiner Ansicht kein Land ein an körperlicher Beschaffenheit, Intelligenz und militärischem Geist dem unserigen ebenbürtiges Menschenmaterial aufzuweisen hätte, daß unsere Freiwilligen schließlich in Marschfähigkeit und Ausdauer wie im Ertragen von Anstrengungen jeder europäischen Truppe überlegen wären, daß sie mit unglaublicher Geschicklichkeit und Schnelligkeit Straßen anlegen, Eisenbahnbrücken bauen, Verschanzungen aufwerfen würden, auch wenn sie nur mit den primitivsten Werkzeugen ausgerüstet wären; kurz, im Kampf mit einem europäischen Heere würden sie vielleicht zuerst infolge des besseren Drills und der besseren Disziplin geschlagen werden, aber zum Schluß, nachdem sie die Taktik des Gegners kennengelernt hätten, würden sie ihm durchaus überlegen sein und

siegen, besonders wenn der Kampf auf eigenem amerikanischen Boden ausgefochten würde. Was die Tapferkeit des amerikanischen Soldaten, sowohl der Nord- als der Südstaaten, betrifft, so steht sie außer aller Frage; er kann bei einem Vergleich mit anderen Soldaten nur gewinnen. Sein Mut wird durch einen eigenartigen Nationalstolz beseelt. Allerdings muß ich zugeben, daß meine Erfahrungen im Kriege mir alle jugendlichen Illusionen in bezug auf romantisches Heldentum in der Schlacht geraubt haben. Wenn ich den Begriff näher bestimmen darf, möchte ich sagen, daß wahrer Mut und wahres Heldentum nur in dem bewußten Opfer des eigenen Ich für andere oder für die Pflicht besteht.

Es soll nicht geleugnet werden, daß zu Beginn des Krieges das ganze Volk großartige Beweise begeisterter und opferfreudiger Vaterlandsliebe gab, und daß die Konsolidierung der Union, die Aufhebung der Sklaverei und ein gehobenes Nationalbewußtsein die wichtigen Ergebnisse des Krieges waren. Aber der Krieg hat die begeisterte und opferfreudige Vaterlandsliebe des Volkes nicht geschaffen; sie war bereits vor dem Kriege vorhanden und hätte ohne ihn weiterexistiert. Der Krieg gab dem Volke nur Gelegenheit, sie nachdrücklich und überzeugend zu offenbaren. Und was die Konsolidierung der Union, die Abschaffung der Sklaverei, die Kräftigung des Nationalbewußtseins betrifft, wären diese Dinge etwa weniger wertvoll gewesen, wenn sie ohne Krieg erlangt worden wären? Ich will damit nicht sagen, daß es unter den obwaltenden Umständen möglich gewesen wäre, sie ohne Krieg zu erringen, aber wäre es nicht für das körperliche und geistige Wohl des amerikanischen Volkes, ja, der ganzen Menschheit, besser gewesen, wenn hohe Staatskunst die scheinbaren Unmöglichkeiten überwunden und einen Ausweg gefunden hätte, um ohne Krieg zum Ziele zu gelangen?

Obgleich ich meinen Abschied genommen hatte und nicht mehr im aktiven Dienst stand, konnte ich nicht umhin, zur letzten großen Parade der beiden aufzulösenden Armeen, der östlichen und der westlichen, nach Washington hinüberzufahren und meinen ehemaligen Waffengenossen noch einmal die Hand zu drücken. Meine während des Kampfes gesammelten Erfahrungen hatten mir allerdings einen tiefen Abscheu gegen den Krieg eingeflößt, aber ich muß gestehen, als ich die tapferen Truppen in breiter Kolonne die Pennsylvania Avenue herabmarschieren sah, am ersten Tage die Potomac-Armee und am nächsten Shermans wettergebräunte Veteranen – die abgemagerten, hageren Leute, über deren siegesstolzen Häuptern die zerfetzten Fahnen flatterten –, da schlug mir stolz das Herz im freudigen Bewußtsein, daß auch ich zu ihnen gehört

hatte. Dies Schauspiel war großartig; aber war das, was folgte, die plötzliche Auflösung dieser machtvollen Scharen, nicht noch großartiger? Sie, die ihrem Aussehen und ihrer eigenen Überzeugung nach der ganzen Welt hätten Trotz bieten können, sah man nun nach vierjährigem, blutigem und zerstörendem Kampfe plötzlich dahinschmelzen, als wären sie nie gewesen. Jeder, der ein Schwert geschwungen, ein Gewehr geschultert oder eine Kanone bedient hatte, ging jetzt ruhig heim als friedlicher Bürger, an den Pflug, den Amboß, den Webstuhl, ins Büro oder ins Kontor. Dieser plötzliche Übergang vom Krieg zum Frieden, bei dem sich eine Million Soldaten in eine Million arbeitender Bürger verwandelte, vollzog sich ohne die geringste Störung, ja selbst ohne Schwierigkeit. Das war eigentlich für die amerikanische Demokratie ein noch größerer Triumph als irgendein Sieg auf dem Schlachtfelde.
Und Abraham Lincoln war tot! Er war in dem Augenblick hinweggerafft worden, als er am höchsten in der Achtung seiner Landsleute stand und ihre innigste Liebe und ihr größtes Vertrauen besaß. Alle, die bei seiner Wahl in ihm nur einen unbedeutenden Rechtsanwalt vom Lande gesehen oder ihn gar als bäurischen Witzbold hingestellt hatten, alle, die ihm während des Krieges Schwäche, zielloses Zaudern und verderbliches Schwanken vorgeworfen hatten, alle hatten endlich eingesehen, daß seine geduldige, großmütige, verständnisvolle und dem Volksempfinden Rechnung tragende Politik wohl im einzelnen anfechtbar, im ganzen aber die einzige sei, welche alle Kräfte der Union zusammenhalten und somit die Republik retten konnte. Und auch die Südstaaten hatten Vertrauen zu ihm gefaßt, trotz der Meinungsverschiedenheiten, die zwischen seinen praktischen Plänen zur Rekonstruktion der Staaten und den Theorien anderer bestanden. Die Südstaaten bauten darauf, daß er gegen diejenigen, »die jüngst noch an der Rebellion teilgenommen«, wie er verkündet, »ohne Groll und mit Nachsicht« verfahren würde; und die Nordstaaten bauten darauf, daß er nichts zugeben würde, was die Rechte der kürzlich befreiten Sklaven gefährden könnte. So war er in den schwierigen Fragen, die der Krieg hinterlassen hatte, naturgemäß der Mittler zwischen den Siegern und den Besiegten. Nun war er tot, und die einleitenden Maßregeln zur Lösung jener Fragen waren vom Schicksal den unsicheren Händen Andrew Johnsons anvertraut, von dem noch niemand etwas wußte. Ich war ganz außerordentlich überrascht, als ich von ihm die Aufforderung erhielt, ihm bei der Bildung seines Urteils über die schwierige Lage behilflich zu sein.

Kampf um den Frieden

Bismarck

Im Dänischen Krieg hatten Preußen und Österreich Seite an Seite gefochten. Da über die Verwaltung der Siegesbeute, Schleswigs und Holsteins, keine echte Einigung zwischen den Beteiligten erreicht werden konnte, wurde diese Frage zum Anlaß für die Auseinandersetzung der beiden deutschen Großmächte. Im Hintergrund stand allerdings die Rivalität um die Vorherrschaft in Deutschland. Bismarck bereitete den Krieg diplomatisch vor, eine Einmischung der Großmächte wurde verhindert; Italien ging ein Bündnis mit Preußen ein, da es Venetien zu gewinnen hatte. Der Krieg wurde durch eine Schlacht entschieden.

Nach dem Sieg zeigte Bismarck, der zuvor den Krieg geradezu herbeigeführt hatte, kluge diplomatische Mäßigung. In einer dramatischen Szene, die er in seinen »Gedanken und Erinnerungen« selbst beschreibt, vermochte er seinen König davon zu überzeugen, daß er auf Eroberungen und auf die Demütigung des geschlagenen Gegners zu verzichten habe. Er dachte an die wachsende Unruhe des Auslandes und vor allem an die Zukunft. Einige mittlere Staaten, darunter Hannover, wurden aber dem preußischen Gebiet einverleibt.

Die übrigen norddeutschen Staaten schlossen sich mit Preußen im Norddeutschen Bund zusammen, dessen Verfassung zum Vorbild der späteren Reichsverfassung wurde.

Ich war fest entschlossen, die Annahme des von Österreich gebotenen Friedens zur Kabinettsfrage zu machen. Die Lage war eine schwierige; allen Generalen war die Abneigung gemeinsam, den bisherigen Siegeslauf abzubrechen, und der König war militärischen Einflüssen im Laufe jener Tage öfter und bereitwilliger zugänglich als den meinigen; ich war der einzige im Hauptquartier, dem eine politische Verantwortlichkeit als Minister oblag und der sich notwendig der Situation gegenüber eine Meinung bilden und einen Entschluß fassen mußte, ohne sich für den Ausfall auf irgendeine andere Autorität in Gestalt kollegialischen Beschlusses oder höherer Befehle berufen zu können.

Am 23. Juli fand unter dem Vorsitz des Königs ein Kriegsrat statt, in dem beschlossen werden sollte, ob unter den gebotenen Bedingungen Friede zu machen oder der Krieg fortzusetzen sei. Eine schmerzhafte Krankheit, an der ich litt, machte es notwendig, die Beratung in meinem Zimmer zu halten. Ich war dabei der einzige Zivilist in Uniform. Ich trug meine Überzeugung dahin vor, daß auf die österreichischen Bedingungen der Friede geschlossen werden müsse, blieb aber damit allein; der König trat der militärischen Mehrheit bei. Meine Nerven widerstanden den mich Tag und Nacht ergreifenden Eindrücken nicht, ich stand schweigend auf, ging in mein anstoßendes Schlafzimmer und wurde dort von einem heftigen Weinkrampf befallen. Während desselben hörte ich, wie im Nebenzimmer der Kriegsrat aufbrach. Ich machte mich nun an die Arbeit, die Gründe zu Papier zu bringen, die meines Erachtens für den Friedensschluß sprachen, und bat den König, wenn er diesen meinen verantwortlichen Rat nicht annehmen wolle, mich meiner Ämter als Minister bei Weiterführung des Krieges zu entheben. Mit diesem Schriftstück begab ich mich am folgenden Tag zum mündlichen Vortrag.

Österreich schwer zu verwunden, dauernde Bitterkeit und Revanchebedürfnis mehr als nötig zu hinterlassen, müßten wir vermeiden, vielmehr uns die Möglichkeit, uns mit dem heutigen Gegner wieder zu befreunden, wahren und jedenfalls den österreichischen Staat als einen Stein im europäischen Schachbrett und die Erneuerung guter Beziehungen mit demselben als einen für uns offen zu haltenden Schachzug ansehn. Wenn Österreich schwer geschädigt wäre, so würde es der Bundesgenosse Frankreichs und jedes Gegners werden; es würde selbst seine anti-russischen Interessen der Revanche gegen Preußen opfern. Auf der anderen Seite könnte ich mir keine für uns annehmbare Zukunft der Länder, welche die österreichische Monarchie bildeten, denken, falls letztere durch ungarische und slawische Aufstände zerstört oder in dauernde Abhängigkeit versetzt werden sollte. Was sollte an die Stelle Europas gesetzt werden, welche der österreichische Staat von Tirol bis zur Bukowina bisher ausfüllt? Neue Bildungen auf dieser Fläche könnten nur dauernd revolutionärer Natur sein. Deutsch-Österreich könnten wir weder ganz noch teilweise brauchen, eine Stärkung des preußischen Staates durch Erwerbung von Provinzen wie Österreich-Schlesien und Stücken von Böhmen nicht gewinnen, eine Verschmelzung des deutschen Österreichs mit Preußen würde nicht erfolgen.

Wenn der Krieg fortgesetzt würde, so wäre der wahrscheinliche Kampfplatz Ungarn. Die österreichische Armee, die, wenn wir bei Preßburg über die Donau gegangen, Wien nicht würde halten können, würde schwerlich nach Süden ausweichen, wo sie zwischen die preußische und die italienische Armee geriete und durch ihre Annäherung an Italien die gesunkene und durch Louis Napoleon eingeschränkte Kampflust der Italiener neu beleben würde; sondern sie würde nach Osten ausweichen und die Verteidigung in Ungarn fortsetzen, wenn auch nur in der Hoffnung auf die in Aussicht stehende Einmischung Frankreichs und die durch Frankreich vorbereitete Desinteressierung Italiens. Übrigens hielte ich auch unter dem rein militärischen Gesichtspunkte nach meiner Kenntnis des ungarischen Landes die Fortsetzung des Krieges dort für undenkbar, die dort zu erreichenden Erfolge für nicht im Verhältnis stehend zu den bisher gewonnenen Siegen, also unser Prestige vermindernd, – ganz abgesehen davon, daß die Verlängerung des Krieges der französischen Einmischung die Wege ebnen würde. Wir müßten rasch abschließen, ehe Frankreich Zeit zur Entwicklung weiterer diplomatischer Aktion auf Österreich gewönne.

Gegen alles dies erhob der König keine Einwendung; aber die vorliegenden Bedingungen erklärte er für ungenügend, ohne jedoch seine Forderungen bestimmt zu formulieren. Der Hauptschuldige könne doch nicht ungestraft ausgehn, die Verführten könnten wir dann leichter davonkommen lassen, sagte er, und bestand auf den schon erwähnten Gebietsabtretungen von Österreich. Ich erwiderte: Wir hätten nicht eines Richteramtes zu walten, sondern deutsche Politik zu treiben; Österreichs Rivalitätskampf gegen uns sei nicht strafbarer als der unsrige gegen Österreich; unsere Aufgabe sei Herstellung oder Anbahnung deutschnationaler Einheit unter Leitung des Königs von Preußen.

Auf die deutschen Staaten übergehend, sprach er von verschiedenen Erwerbungen durch Beschneidung der Länder aller Gegner. Ich wiederholte, daß wir nicht vergeltende Gerechtigkeit zu üben, sondern Politik zu treiben hätten, daß ich vermeiden wolle, in dem künftigen deutschen Bundesverhältnis verstümmelte Besitze zu sehn, in denen bei Dynastie und Bevölkerung der Wunsch nach Wiedererlangung des früheren Besitzes mit fremder Hilfe nach menschlicher Schwäche leicht lebendig werden könnte; es würden das unzuverlässige Bundesgenossen werden. Dasselbe würde der Fall sein, wenn man zur Entschädigung Sachsens etwa Würzburg oder Nürnberg von Bayern verlangen wollte, ein Plan, der außerdem mit der dynastischen Vorliebe Sr. Majestät für Ansbach in Konkurrenz treten würde. Ebenso hatte ich Pläne zu bekämpfen, die auf eine Vergrößerung des Großherzogtums Baden hinausliefen, Annexion

Entlassung Bismarcks. »Der Lotse verläßt das Schiff«. Karikatur aus dem Punch, 1892.

Die Gründung Leopoldvilles. Ansicht der Stadt nach einer alten Photographie von 1884.

Philipp Scheidemann verkündet die Republik.

Hitlerputsch in München. Verhaftung des Oberbürgermeisters durch Freikorps und SA.

der bayrischen Pfalz und eine Ausdehnung in der unteren Maingegend. Das Aschaffenburger Gebiet Bayerns wurde dabei als geeignet angesehn, um Hessen-Darmstadt für den durch die Maingrenze gebotenen Verlust von Oberhessen zu entschädigen. Später in Berlin stand von diesen Plänen nur noch zur Verhandlung die Abtretung des auf dem rechten Mainufer gelegnen bayrischen Gebiets einschließlich der Stadt Bayreuth an Preußen, wobei die Frage zur Erörterung kam, ob die Grenze auf dem nördlichen weißen oder südlichen roten Main gehen sollte. Vorwiegend schien mir bei Sr. Majestät die von militärischer Seite gepflegte Abneigung gegen die Unterbrechung des Siegeslaufs der Armee. Der Widerstand, den ich den Absichten Sr. Majestät in betreff der Ausnutzung der militärischen Erfolge und seiner Neigung, den Siegeslauf fortzusetzen, meiner Überzeugung gemäß leisten mußte, führte eine so lebhafte Erörterung des Königs herbei, daß eine Verlängerung der Erörterung unmöglich war und ich mit dem Eindruck, meine Auffassung sei abgelehnt, das Zimmer verließ mit dem Gedanken, den König zu bitten, daß er mir erlauben möge, in meiner Eigenschaft als Offizier in mein Regiment einzutreten. In mein Zimmer zurückgekehrt, war ich in der Stimmung, daß mir der Gedanke nahetrat, ob es nicht besser sei, aus dem offenstehenden, vier Stock hohen Fenster zu fallen; und ich sah mich nicht um, als ich die Tür öffnen hörte, obwohl ich vermutete, daß der Eintretende der Kronprinz sei, an dessen Zimmer ich auf dem Korridor vorübergegangen war. Ich fühlte seine Hand auf meiner Schulter, während er sagte: »Sie wissen, daß ich gegen den Krieg gewesen bin, Sie haben ihn für notwendig gehalten und tragen die Verantwortung dafür. Wenn Sie nun überzeugt sind, daß der Zweck erreicht ist und jetzt Friede geschlossen werden muß, so bin ich bereit, Ihnen beizustehn und Ihre Meinung bei meinem Vater zu vertreten.« Er begab sich dann zum König, kam nach einer kleinen halben Stunde zurück in derselben ruhigen und freundlichen Stimmung, aber mit den Worten: »Es hat sehr schwer gehalten, aber mein Vater hat zugestimmt.« Diese Zustimmung hatte ihren Ausdruck gefunden in einer mit Bleistift an den Rand einer meiner letzten Eingaben geschriebenen Marginalie ungefähr des Inhalts: »Nachdem mein Ministerpräsident mich vor dem Feinde im Stiche läßt und ich hier außerstande bin, ihn zu ersetzen, habe ich die Frage mit meinem Sohne erörtert, und da sich derselbe der Auffassung des Ministerpräsidenten angeschlossen hat, sehe ich mich zu meinem Schmerze gezwungen, nach so glänzenden Siegen der Armee in diesen sauren Apfel zu beißen und einen so schmachvollen Frieden anzunehmen.«

Die Entlassung Bismarcks

Hugo Graf Lerchenfeld-Koefering

1888 starb im Alter von 91 Jahren Kaiser Wilhelm I. Drei Monate später folgte ihm sein Sohn, Friedrich III., der schon lange schwer krank gewesen war, im Tode. Es war nicht günstig, daß Wilhelm II. unter Überspringung einer Generation fast unmittelbar auf seinen Großvater folgte. Der junge Herrscher, ursprünglich ein Verehrer Bismarcks, war voll Tatendrang; der greise Kanzler behielt aber die Macht in Händen. Die Kabinettsorder von 1852, die dann der Vorwand für seine Entlassung war, diente ihm als Handhabe.
Dahinter aber lagen tiefere Gegensätze. Wilhelm wünschte, daß das Verhältnis zur Sozialdemokratie besser werde – insofern enthält der folgende Bericht nur einen Teil der Wahrheit –, Bismarck dagegen hätte auch eine blutige Unterdrückung der Sozialisten in Kauf genommen – ein Vorgehen, das man einem jungen Herrscher nicht gut zumuten konnte. Daneben hat er wohl auch mit dem Gedanken an einen Staatsstreich gespielt, der sein eigenes Werk, die Einigung Deutschlands, zerstört hätte.
Gewiß, weder Wilhelm noch Caprivi waren Nachfolger, die die Lücke ausfüllen konnten. Aber der gestürzte Kanzler tat durch die Pflege eines sentimentalen Bismarck-Kultes alles, um den Jüngeren die schwere Aufgabe noch schwerer zu machen.

Heute früh hat Fürst Bismarck mich ersuchen lassen, ihn um 3 Uhr nachmittags zu besuchen. Als ich zu dieser Stunde dort erschien, hatte der Fürst bereits den kaiserlichen Brief erhalten, mit welchem sein Abschiedsgesuch angenommen worden ist.
Der Fürst sagte mir nach der Begrüßung, daß sich die Dinge schneller entwickelt hätten, als er es selbst erwartet habe. Er habe tatsächlich seinen Abschied nicht verlangt, sondern erhalten und kenne selbst die Gründe nicht, welche bestimmend auf den Kaiser eingewirkt hätten, ihm zum Rücktritt gerade in diesem Augenblick aufzufordern.
Seine Majestät habe an ihn das Verlangen gerichtet, die Kabinettsorder vom Jahr 1852 außer Wirksamkeit zu setzen. Er, der Fürst, sei zu Leb-

zeiten des Kaisers Wilhelm I. nie gezwungen gewesen, diese Order anzuwenden, da bei seinem Verhältnis zu seinem früheren Herrn ein eigenwilliges Vorgehen seiner Kollegen von vornherein ausgeschlossen war. In der neueren Zeit aber sei das Ministerium demoralisiert gewesen, nicht zum wenigsten durch die Schuld Herrn von Böttichers, der an seinem Amte klebte und sich einem Allerhöchsten Stirnrunzeln nicht aussetzen wollte. In diesen Umständen sei für ihn als Ministerpräsident die Nötigung gelegen, auf die alte Order zurückzugreifen. Er habe deshalb auch dem Kaiser nur erwidern können, daß er an diesen Bestimmungen im Interesse des Dienstes festhalten müsse, und zugleich Seiner Majestät bemerkt, daß die Order zu Recht bestünde und nur vom König selbst aufgehoben werden könne. Der Kaiser habe darauf eine Vorlage wegen Aufhebung der Order verlangt, und nachdem er, der Fürst, darauf nicht eingegangen sei, dasselbe kategorisch wiederholt. Eigentliche Differenzen hätten zwischen Seiner Majestät und ihm gerade im gegebenen Augenblick nicht bestanden. Der Kaiser habe zwar daran Ärgernis genommen, daß er, der Fürst, den Abgeordneten Windthorst empfangen habe. Da aber irgendeine Abmachung zwischen dem Reichskanzler und dem genannten Abgeordneten nicht getroffen worden sei, so könne er auch in dieser Unterredung keine Erklärung für den Allerhöchsten Entschluß erblicken.

Als Reichskanzler habe er seit dreiundzwanzig Jahren die Gepflogenheit gehabt, jeden Abgeordneten zu empfangen, welcher das Verlangen hierzu ausgesprochen hatte. Windthorst habe letztlich durch Herrn von Bleichroeder einen solchen Wunsch geäußert, und darum habe er ihn empfangen. Bei der Unterredung habe ihm der gedachte Abgeordnete seine Ideen dahin entwickelt, daß er für Gegenleistungen auf kirchenpolitischem Gebiet bereit sei, alles im Reichstag zu gewähren, was von der Regierung verlangt werde. Für ihn, Fürst Bismarck, seien die Dinge, welche der Abgeordnete Windthorst verlangte, kein noli me tangere, er wisse aber, daß die verlangten Konzessionen in hohem Grade unpopulär seien und daß kein Darandenken bestünde, daß Seine Majestät der Kaiser sich darauf einlassen könnte. Darum sei Windthorst auch von ihm dahin beschieden worden, daß die Regierung nicht in der Lage sei, irgend etwas zu gewähren.

Ich schalte hier ein, daß nach Nachricht aus anderer Quelle Windthorst den Status quo ante 1871 auf dem Gebiet der Kirche und Schule verlangt hat.

Bei einem kürzlichen Vortrag, fuhr der Fürst fort, habe ihn nun der Kaiser wegen dieser Unterredung mit Windthorst zur Rede gestellt, und zwar mit den Worten: »Der Abgeordnete Windhorst war ja bei Ihnen?« Auf die Bejahung der Frage habe der Kaiser erwidert: »Warum haben Sie mir das nicht vorher geschrieben?« Der Fürst habe dann erwidert, daß er hierzu keine Veranlassung gehabt habe und daß er als erster Minister das Recht in Anspruch nehme, mit einem Abgeordneten zu sprechen, ohne jedesmal eine besondere kaiserliche Genehmigung vorher zu erholen. Der Kaiser hätte ferner noch bemerkt, daß Herr Windthorst durch Vermittlung des Herrn von Bleichroeder die Audienz beim Reichskanzler verlangt habe, worauf er, der Reichskanzler, erwiderte, daß Bleichroeder sein Bankier sei, daß er überhaupt Juden für einen nützlichen Teil der menschlichen Gesellschaft halte, durch welche er schon ganz anders wichtige Geschäfte, auch bei fremden Kabinetten, mit Erfolg gemacht, und daß er sich im übrigen freuen müsse, Seine Majestät so genau über alles unterrichtet zu sehen, was im Hause des Reichskanzlers vorginge.

Zum besseren Verständnis des vorstehenden muß ich hier einschalten, daß das Mißtrauen des Kaisers seit den letzten vier Wochen gegen den Reichskanzler so vorgeschritten war, daß er denselben polizeilich überwachen ließ und alle einzelnen Personen kannte, die dort verkehrten; ferner, daß der Verkehr des Reichskanzlers mit Herrn von Bleichroeder seit Jahresfrist schon ersterem vom Kaiser zum Vorwurf gemacht wurde. Der Vorwurf datiert von der Frage der russischen Konversion, welche im Juli vorigen Jahres spielte.

Fürst Bismarck fuhr dann fort, indem er es als möglich bezeichnete, daß der Besuch Windthorsts den eigentlichen Grund der raschen Entwicklung der Dinge gebildet habe. Der Kaiser habe gewußt, daß der Reichskanzler entschlossen war, sich zurückzuziehen. Es war mit Seiner Majestät vereinbart, daß er zunächst mit der Niederlegung seiner preußischen Ämter beginnen wolle und daß dies am 21. vorigen Monats geschehen sollte. Seine Majestät habe aber gewünscht, daß er noch die große damals geplante Militärvorlage im Reichstag vertreten solle. Zugleich habe Seine Majestät die Einbringung eines verschärften Sozialistengesetzes verlangt.

Letzteres Verlangen des Kaisers, das er vollkommen gebilligt habe, sei für ihn der Grund der Ablehnung des durch den Reichstag abgeschwächten Sozialistengesetzes gewesen. Man hätte doch nicht vernünftigerweise daran denken können, die Reichstagsbeschlüsse anzunehmen, wenn man ernstlich der Absicht war, kurze Zeit später mit einer Verschärfung des früheren Gesetzes hervorzutreten. Das Verlangen des Kaisers, daß der

Fürst die beiden genannten Vorlagen im Reichstag noch vertrete, sei für ihn bestimmend gewesen, den Gedanken, aus dem preußischen Staatsdienst auszutreten, zugleich aber Reichskanzler zu bleiben, wieder fallen zu lassen, weil er sich sagen mußte, daß er mit größerer Autorität vor dem Parlament auftreten könnte, wenn er noch im Besitz der preußischen Ämter sei. Er habe aber, als er dem Kaiser sein Verbleiben als Ministerpräsident ankündigte, gleich mitgeteilt, daß er im Mai ganz zurücktreten werde. Der Kaiser habe die Mitteilung mit Kopfnicken und mit der Bemerkung: »Dann bleibt also alles beim alten« hingenommen. Der Fürst habe aber schon gefühlt, daß der Kaiser wenig von der Änderung seines Entschlusses befriedigt gewesen sei.

Inzwischen habe der Kaiser aber seine Absichten geändert. Seine Majestät habe nichts mehr von dem Sozialistengesetz wissen wollen, und heute sei auch die große Militärvorlage als aufgegeben zu betrachten. Man werde die Artillerie vermehren und alles weitere beim alten lassen. Der Kaiser wolle offenbar jede Differenz mit dem Parlament vermeiden und eine Politik einschlagen, welche sich großer Popularität erfreuen soll. Denn wie er, der Kanzler, höre, sei der Kaiser sogar geneigt, auf die zweijährige Dienstpflicht einzugehen, was Seine Majestät früher, als er, der Fürst, einmal diesen Punkt berührte, mit der größten Entrüstung abgewiesen habe.

Ich brachte hier die Unterredung auf den Nachfolger des Reichskanzlers, General Caprivi. Fürst Bismarck sagte mir, daß er von dieser Wahl äußerst befriedigt sei und daß er selbst diese Persönlichkeit dem Kaiser vorgeschlagen habe. Er habe aber auch dem Kaiser weitere Veränderungen im Ministerium empfohlen und als geeignete Personen den Oberpräsidenten Grafen Zedlitz und speziell für das preußische Justizministerium den badischen Gesandten Freiherrn von Marschall bezeichnet. Wenn Zeiten kämen, wo es auf der Straße unruhig werde, dann gewinne das Justizressort an großer Bedeutung und würde es gut sein, wenn ein kluger und mutiger Mann wie Herr von Marschall dasselbe innehabe. Die jetzigen Minister seien nichts als Unterstaatssekretäre, die selbständig keine Politik leiten könnten.

Fürst Bismarck erzählte mir dann, daß der Kaiser eine Order an ihn geschickt habe des Inhalts, daß das preußische Ministerium des Äußern von seinem Sohn übernommen werden solle. Er habe abgelehnt, in dieser Hinsicht im Sinn der Order auf seinen Sohn, der entschlossen sei, seine Demission zu geben, zu wirken, und die Überbringer der Order, General Hahnke und Geheimrat Lucanus, an den Grafen Herbert direkt gewiesen.

Sein Sohn sei heute krank und angegriffen und könne nicht zu den Geschäften, welche er jetzt schon geführt, auch noch seine, des Fürsten, Geschäfte übernehmen, noch dazu unter einem Nachfolger, welcher, wie General Caprivi, sich zunächst informieren müsse. Außerdem hänge er, der Fürst, an seinem Sohn, derselbe sei noch jung, habe eine Zukunft vor sich und solle nicht unter den jetzigen Verhältnissen verbraucht werden. Wenn man fühle und wisse, daß ein Schiff im Sinken sei, so vertraue man demselben den Sohn nicht an.

Ferner erzählte mir der Reichskanzler, daß ihn der Kaiser zum Generaloberst der Kavallerie mit dem Rang eines Feldmarschalls ernannt und ihm die Würde eines Herzogs von Lauenburg übertragen habe. Letzteres habe er aber rundweg abgelehnt, trotz stundenlangen Zuredens der kaiserlichen Sendboten. Es sei ihm schon im Jahr 71 die »Durchlaucht« höchst unbequem gewesen und auf den Herzog ließe er sich unter keinen Umständen ein.

Ich brachte das Gespräch dann nochmals auf den Grafen Herbert und bemerkte, daß, wenn ich auch an ein längeres Verbleiben des Genannten unter den gegenwärtigen Umständen, so sehr ich es bedaure, nicht glauben könne, es mir doch im Interesse der auswärtigen Politik zu liegen schiene, wenn der Staatssekretär nicht gleichzeitig mit ihm, dem Reichskanzler, den Abschied nehmen wollte. Die fremden Mächte würden ohnedies einen sehr gewaltigen Eindruck von dem Abgang des Kanzlers erhalten und das Vertrauen in die deutsche Politik eine heftige Prüfung zu bestehen haben. Bliebe Graf Herbert im Amte, so würde gewissermaßen die Firma fortgesetzt und die zu fürchtenden Wirkungen einigermaßen abgeschwächt. Der Fürst erwiderte mir, daß dies eigentlich auf eine Täuschung hinauslaufe; die Leute würden allerdings annehmen, daß der Sohn die Fühlung mit dem Vater aufrechterhalte; aber es sei doch etwas anderes, ob er, der Fürst, bloß im Wagen sitze und sein Sohn fahre, oder ob er selbst die Zügel in der Hand halte.

Ich nahm dann Abschied von dem Kanzler und dankte ihm für das Vertrauen und Wohlwollen, welches er mir durch beinahe zehn Jahre geschenkt, sodann sagte ich, daß ich mich für berechtigt hielte, auch im Namen meiner Regierung ihm deren Dank für alles, was er speziell im Interesse Bayerns während seines langen Wirkens getan habe, auszudrücken.

Der Fürst stellte mir beim Abschied anheim, Seiner Königlichen Hoheit dem Prinzregenten von den Gründen seines Rücktritts Bericht zu erstatten.

Das Zeitalter des Imperalismus

Das Zeitalter des Imperalismus (imperium = Reich, Herrschaft) wird durch den Drang der europäischen Mächte geprägt, in die Welt hinauszugreifen, in die noch unerschlossenen Kontinente Asien und Afrika, um dort Kolonialreiche zu errichten. Dieses Vorgehen gründete sich allein auf die Macht, die ein Staat einzusetzen hatte und der sich der Gegner oder der schwächere Konkurrent beugen mußte. Selbstverständlich brachte die Rivalität der Großmächte auch eine Fülle von Konfliktmöglichkeiten für Europa selbst.

In engem Zusammenhang mit dieser machtpolitischen Ausdehnung standen die Probleme der Industrialisierung Europas: die Notwendigkeit, nach Rohstoffquellen und Absatzmärkten Ausschau zu halten, und das rasche Anwachsen der Bevölkerung in allen europäischen Staaten. Starke Impulse empfing der Imperialismus auch aus dem steigenden Nationalismus der breiten Masse, die die Macht und Größe des eigenen Staates genießen wollte, ohne die Gefahren zu beachten, die nationale Selbstüberschätzung mit sich bringt. Denn steigende Machtansprüche machten auch eine zunehmende Rüstung, besonders Flottenrüstung, notwendig.

Solange Bismarck die Geschicke des Reiches lenkte, beteiligte sich Deutschland nur ganz geringfügig an der Verteilung der Welt, die andere Völker vornahmen. So hatte England schon im Laufe des 19. Jahrhunderts Indien erobert, den wertvollsten Teil seines Weltreiches. Der Sicherung des Seeweges dorthin (Suez) galt von nun an das besondere Augenmerk der englischen Politiker. Während England um den Indischen Ozean sein Imperium ausbaute, machte sich Frankreich den ganzen Norden Afrikas untertan, wobei der nominelle Herrscher über diese Gebiete, die altersschwache Türkei, nicht mehr eingreifen konnte. Auch Ostasien wurde in dieser Epoche in die Weltpolitik einbezogen, Japan wurde zur modernen Großmacht.

Nach dem Sturz Bismarcks 1890 geriet auch Deutschland in den Sog der imperialistischen Politik, das wohldurchdachte System der europäischen Bündnisverträge wurde vernachlässigt, das Reich suchte durch Machtentfaltung seinen Platz neben den anderen Staaten zu erringen. Der unbesonnene junge Kaiser Wilhelm II. wies den Weg auf die Weltmeere. Allerdings mußte Deutschland bei seinen weltpolitischen Bestrebungen als der unwillkommene Störenfried erscheinen, denn die Erde war bereits verteilt.

Eine ungeschickte Politik brachte es zuwege, daß der Alptraum Bismarcks Wirklichkeit wurde: Frankreich und Rußland fanden sich zusammen; Deutschland und Österreich waren von zwei Seiten umklammert. Das brauchte noch keine akute Gefahr zu bedeuten, denn zunächst förderten englisch-französische Spannungen in Afrika eine Annäherung Englands an Deutschland, und die ostasiatischen Interessen Rußlands lenkten das Zarenreich von Europa ab. Aber die Verhandlungen mit England scheiterten am Unverstand deutscher Politiker und an den ehrgeizigen deutschen Flottenplänen, und Rußland wandte sich nach seiner vernichtenden Niederlage gegen Japan wieder den europäischen Dingen zu. Der Ausgleich zwischen Frankreich, England und Rußland war die Folge: Die Gegner von 1914 gruppierten sich.

Ein anderes Problem, das ganz Europa belastete, war die Balkanfrage. Die Türkei siechte dahin und mußte trotz innerer Reformen den Völkern nach und nach die Unabhängigkeit einräumen. Zugleich aber wurde der Balkan ein Tummelplatz der österreichischen Interessen und des russischen Imperialismus, der sich mit den nationalistischen Parolen einer gesamtslawischen Einheit (Panslawismus) verband. Österreich mußte sich vor dem Zerfall schützen, und Rußland brauchte in seiner inneren Krise außenpolitische Erfolge. Diese vielfältigen Spannungen auf dem Balkan führten schließlich zur Katastrophe.

1857	Aufstand in Indien
1858	*Indien wird britische Kronkolonie*
1876	Gründung des Kongo-Staates
1882	*England besetzt Ägypten*
1884	*Kongokonferenz in Berlin*
1884	*Deutschland erwirbt Kolonien in Afrika*
1885	*Italien erwirbt Gebiete in Ostafrika*
1898	*Faschoda-Konflikt zwischen England und Frankreich*
1894	*Russisch-französisches Bündnis*
1899–1902	*Burenkrieg*
1904–1905	*Russisch-japanischer Krieg*
1904	*Englisch-französisches Einvernehmen*
1907	*Englisch-russisches Einvernehmen*
1912–1913	*Balkankrieg Zerfall der europäischen Türkei*

(Geradestehende Zeilen verweisen auf Texte in diesem Buch)

Aufstand in Indien

Lady Inglis

In der Mitte des 18. Jahrhunderts verloren die Franzosen nicht nur ihr nordamerikanisches Kolonialreich an die Engländer, sondern auch ihr indisches. Robert Clive gewann durch zähe Verhandlungen und durch militärisches Geschick allmählich das in sich zerfallene Riesenreich. Ihm war auch die Aufstellung der einheimischen Truppe der Sepoys zu danken. Sein Werk setzte Warren Hastings fort. Die wirtschaftlichen Gewinne flossen der Ostindischen Kompanie zu, die das Land teilweise rigoros ausbeutete.
Während sich nun Kontinentaleuropa im 19. Jahrhundert den Problemen der nationalen europäischen Politik widmete, baute England seine Stellung als weltumfassendes Kolonialreich aus. Die Insellage gestattete es den Engländern, sich in einer »glänzenden Isolation« zu halten und in Europa nur dann einzugreifen, wenn das Gleichgewicht der Kräfte auf dem Spiel stand.
Nach dem Aufstand in Indien, von dessen Anfängen eine Augenzeugin im folgenden berichtet, übernahm der Staat von der Ostindischen Kompanie die Verwaltung des Reiches und ging an die Eroberung der benachbarten Gebiete. 1876 wurde die Königin Victoria Kaiserin von Indien. Von nun an galt die Sorge Englands dem Schutz des Seeweges nach Indien. Die Krönung dieser Politik war der Erwerb der Suezkanal-Aktien durch den britischen Staatsmann Disraeli.
1947 wurden Indien und Pakistan selbständige Republiken im Rahmen des Commonwealth.

Das 32. Regiment, dessen Oberst mein Mann, Oberstleutnant Inglis war, zog im Januar 1857 in Lucknow ein, um das 52. Königliche Regiment unter Oberstleutnant Campbell abzulösen, das erste britische Regiment, welches nach der Annexion von Oude Lucknow besetzt hatte. Der damalige Oberkommissar war Mr. Coverley Jackson, dem Sir Henry Lawrence am 20. März 1857 im Amt folgte. Major Banks war der Kommissar, Mr. Gubbins der Finanzkommissar und Dr. Fayrer war erster Arzt. Das Hauptquartier des Oberkommissars befand sich in der Resi-

dentschaft, die mitten in der Stadt nahe am Goomteefluß gelegen war. Um die Residentschaft herum lagen verschiedene Gruppen von Gebäuden: die Häuser der Angestellten, Amtsgebäude, die Post, das Hospital, die Kirche usw. Ungefähr eine Meile entfernt befand sich die Kaserne des europäischen Regiments; die Häuser der Offiziere lagen in der Nachbarschaft verstreut.
Die in der Hauptstadt und ihrer Umgebung befindlichen Streitkräfte beliefen sich am 30. April 1857 auf:

Eingeborene Infanterie, reguläre Truppen	2400 Mann
Eingeborene Infanterie, irreguläre Truppen	1600 Mann
Polizeisoldaten	800 Mann
Eingeborene Kavallerie, reguläre	600 Mann
Eingeborene Kavallerie, irreguläre	600 Mann
Berittene Polizei	900 Mann
	6900 Mann
Artillerie	zwei Batterien
Europäer, das königliche 32. Regiment	700 Mann
Europäer, das königliche 84. Regiment	eine schwache Kompanie

Während dieses Monats hörten wir fortwährend von aufrührerischen Bewegungen, die sich an verschiedenen Stellen unter den eingeborenen Truppen in Bengalen gezeigt haben sollten. Aber man hielt die Unzufriedenheit nicht für allgemein und hoffte, sie ohne große Mühe durch eine weise Mischung von Strenge und Nachgiebigkeit unterdrücken zu können. Es hieß, die Unzufriedenheit habe ihren Ursprung in einem unter den Sepoys verbreiteten Gerücht, wonach die zum Gebrauch bei den neuen Enfield-Gewehren bestimmten Patronen mit Schweinefett eingefettet seien, das sie nicht mit dem Munde berühren konnten, ohne sich zu verunreinigen. Die Weigerung, diese anstößige Patrone zu gebrauchen, war das erste Zeichen von Widersetzlichkeit. Man brauchte einen Vorwand zu einem Aufstand und bediente sich des genannten; die eigentliche Ursache lag viel tiefer. Die sogenannte Chupattie-Bewegung erregte damals viel Aufsehen und verursachte viel Gerede. Chupatties oder kleine Kuchen, die allgemeine Landesspeise, wurden durch Läufer von einem Dorf zum anderen gesandt, dessen Einwohner das geheime Zeichen verstanden und danach handelten.
Von den Truppen in Lucknow hielt man das 13. indische Infanterieregiment für das zuverlässigste. Man erzählte, daß die Soldaten dieses

Regiments am Tage vor einer Inspektion von Sepoys der anderen Regimenter gefragt worden seien, ob sie beabsichtigten, die Patronen zu gebrauchen, und daß ihre Bereitwilligkeit, dem Befehl wie gewöhnlich nachzukommen, etwaige aufrührerische Regungen im Keime erstickt habe, so daß die Inspektion ohne Zwischenfall verlief. Gelegentlich vorkommende Schadenfeuer bei den eingeborenen Truppen gaben zu starkem Verdacht Anlaß, daß ein böser Geist unter ihnen herrsche. Das Haus des Dr. Wells vom 48. indischen Infanterieregiment brannte ab, und auf Brigadier Handscombs wie auf Hauptmann Barwells Grundstücken fand man Brandpfeile; aber die Brandstifter wurden nicht entdeckt. So standen die Dinge am 3. Mai, an dem mein Tagebuch beginnt.

Sonntag, 3. Mai. Als wir heute nachmittag um fünf Uhr zur Kirche fuhren, trafen wir Mr. Barber von der irregulären Kavallerie, der uns erzählte, sein Regiment sei soeben nach Moosa Bagh abkommandiert, wo das 7. Infanterieregiment von Oude sich in aufrührerischem Zustand befinde. Wir fuhren weiter, aber wenige Minuten später ritt Hauptmann Hayes, Sir Henry Lawrences Kriegssekretär, in großer Aufregung heran und sagte: »Ich brauche Sie und Ihr Regiment sofort.« Wir drehten um und fuhren so schnell wie möglich nach Hause. Jeden Mann von den 32ern, der uns begegnete, schickten wir in die Kaserne. Der Appell war gerade vorüber und die Mehrzahl der Soldaten war aus; doch waren sie schnell versammelt, und in weniger als einer Stunde war das Regiment auf dem Marsch außer einem kleinen Korps, das zurückgelassen wurde, um die Frauen und Kinder zu beschützen.

Mrs. Case und ihre Schwester, Miß Dickson, waren in der Kirche gewesen und kamen erst spät zurück. Es hatte sie geängstigt, daß Oberst Case (von den 32ern) nicht in der Kirche erschienen war und daß mehrere Offiziere während des Gottesdienstes die Kirche verlassen hatten. Einige ihrer Diener kamen ihnen entgegen, um sie sicher durch die Stadt zu geleiten. Sie begaben sich nach unserem Haus, und wir nahmen unsere Mahlzeit gemeinsam ein. Für den Fall von Ruhestörungen war verabredet, daß wir uns in dem Haus Mr. Giddings, des Zahlmeisters des 32. Regiments, zusammenfinden sollten. Der Abendschuß erschreckte uns etwas, aber sonst hörten wir keine kriegerischen Laute. Um Mitternacht gingen wir vor das Gartentor, da wir uns nach Nachricht sehnten; im selben Augenblick sprengte Major Banks heran und erzählte, daß alles in Ordnung sei und die Truppen sich auf dem Rückmarsch befänden.

John kam um ein Uhr nachts zurück. Die Sache war folgendermaßen verlaufen: Bei ihrer Ankunft am Moosa Bagh waren die Truppen so aufgestellt, daß sie die Reihen des aufständischen Regiments beherrschten. Man befahl dem Regiment anzutreten, was mit einigem Zögern geschah. Als die Soldaten aber die Infanterie und Artillerie aufmarschiert sahen, die darauf warteten, sie zu empfangen, und schon die Lunten der Kanonen angesteckt hatten, eine verfrühte Handlung, zu der kein Befehl erteilt war, wurden sie von einer Panik ergriffen. Sie warfen die Waffen zu Boden und ergriffen die Flucht. Man machte ein paar Gefangene, und da nichts zu tun übrigblieb, wurden die Truppen nach Lucknow zurückkommandiert unter Zurücklassung von Wachen bei den Gefangenen und bei dem Schatz. Es war schade, daß John nicht früher von der im 7. Regiment herrschenden aufrührerischen Stimmung in Kenntnis gesetzt war, da er dann seine Soldaten natürlich in der Kaserne gehalten und jeden Augenblick zum Ausrücken bereit gehabt hätte. Die Rebellen hatten tatsächlich ihre Offiziere bedroht und sie in ihren Häusern gefangengehalten, ehe etwas zu ihrer Unterwerfung geschah. Die Verzögerung hätte große Gefahren zur Folge haben können. Die indischen Truppen, deren man sich bei dieser Gelegenheit bediente, benahmen sich sehr gut; sie hatten nicht geladen und wurden scharf beobachtet. Der Hauptgrund, weshalb man sie mitnahm, war, daß man es nicht für sicher hielt, sie im Kantonnement zurückzulassen. Das 4. indische Infanterieregiment, das mit dem 7. zusammen in Quartier lag, zeigte keine Neigung, sich seinen rebellischen Brüdern anzuschließen, sondern schien ganz bereit, auf dieselben Feuer zu geben, falls es verlangt würde.

Während der nächsten Woche ereignete sich nichts von Bedeutung. Aber am 15. Mai, als wir mit Oberst Case und seiner Frau auf einer Spazierfahrt begriffen waren, brachte Mr. Harris, der Feldprediger, John eine Botschaft von Sir Henry Lawrence, daß dieser ihn sofort zu sehen wünsche. Wir fanden ihn nahe bei unserem Haus in eifriger Unterhaltung mit Major Banks. Wir fürchteten sofort, daß nicht alles in Ordnung sei, aber wir hatten keine Ahnung, welch schlimme Nachrichten wir zu hören bekommen sollten: Die indische Kavallerie in Meerut hatte sich empört und hatte sich nach Ermordung vieler Offiziere und Bewohner des Kantonnements nach Delhi gewandt, wo man erwartete, daß der Aufstand nun auch ausbrechen würde. Diese Nachricht war telegrafisch zu uns gelangt, und es war natürlich sehr wichtig, Vorsichtsmaßregeln zu treffen, um für einen Aufstand hier am Ort gerüstet zu sein, den man nach Verbreitung der Kunde von den Vorfällen in Delhi und Meerut erwartete.

Am nächsten Tag (dem 16. Mai) lauteten die Nachrichten noch schlimmer. Es hieß, Delhi sei in den Händen der Aufständischen, und die Mili-

Lenin spricht während der Oktoberrevolution zu Arbeitern und Soldaten. Rechts neben der Tribüne Trotzkij.

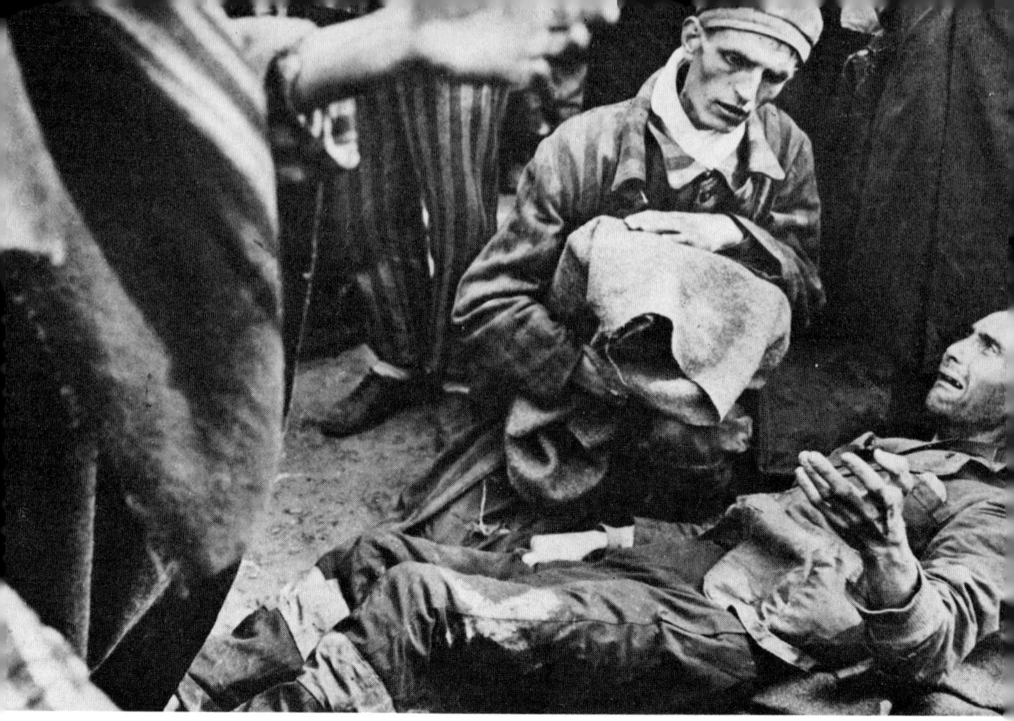

tär- und Zivilbehörden berieten den ganzen Tag miteinander, was für Maßnahmen man ergreifen solle. Schließlich wurden alle Frauen und Kinder am Abend in die Residentschaft in die Stadt geschickt mit einer Kompanie 32er und vier Kanonen; der Rest der 32er erhielt Befehl, am nächsten Morgen mit vier Geschützen nach dem Kantonnement zu marschieren. Sir Henry Lawrence forderte die Damen des 32. Regiments sehr liebenswürdig auf, in seinem Haus im Kantonnement zu wohnen, und wir nahmen die Einladung mit Freuden an, um näher bei unseren Männern zu sein.

Den nächsten ganzen Nachmittag waren wir mit Einpacken beschäftigt. Während wir beim Essen saßen, kam Major Banks, um mit John zu sprechen. Er war sehr aufgeregt und hielt die Übersiedlung ins Kantonnement für unvernünftig. Seiner Ansicht nach war die Residentschaft der Platz, wo wir unsere Streitkräfte zusammenziehen und den wir bis aufs äußerste verteidigen sollten. Augenscheinlich hielt er unsere Lage für kritisch und unsicher.

Der Befehl lautete, daß das 32. Regiment am nächsten Morgen, dem 17., einem Sonntag, ausrücken sollte. Gerade als wir aufstanden, erhielt John einen Brief von Hauptmann Hayes, des Inhalts, daß wir voraussichtlich bei unserem Einzug ins Kantonnement angegriffen werden würden. Dies war keine angenehme Nachricht. Doch machte ich mich und meine drei Kinder so schnell wie möglich fertig, und John begab sich nach dem Exerzierplatz. Als ich fertig war, stieg ich auf mein Pony und ritt mit Mrs. Case und ihrer Schwester auf der Straße bei unseren Bungalows auf und ab in Erwartung des Befehls zum Aufbruch. Polizeitruppen zogen auf, um unsere Häuser zu bewachen. Der Tag dämmerte eben; kaum ein Laut unterbrach die Stille, denn weder Trommeln noch Hörner durften Signale geben, damit die Zeit unseres Aufbruchs nicht bekannt würde, und ein Schauer überlief uns wie eine Vorahnung kommenden Unglücks.

Wir warteten fast eine Stunde, bis Oberst Case uns zuletzt abholte. Unsere Truppe bestand aus einer Abteilung irregulärer Kavallerie, vier Geschützen und den 32ern. Mrs. Case, Miß Dickson und ich ritten voran. Mrs. Giddings und meine drei Knaben folgten uns im Wagen. Oberst Case ritt voraus, um zu rekognoszieren. Die Stadt lag in tiefer Ruhe, als wir hindurchzogen; die Einwohner schliefen anscheinend noch. Auf halbem Wege zum Kantonnement trafen wir Sie Henry, der berichtete, daß alles in Ordnung sei; das Gerücht von einem Angriff rühre von einem betrunkenen Artilleristen her. So schwanden unsere Befürchtun-

Oben: KZ-Insassen nach der Befreiung;
Unten: Atombombenabwurf auf Nagasaki.

gen. Beim Kantonnement angekommen, marschierte das Regiment ins Lager, und wir richteten uns in Sir Henrys Haus ein.

Am 19. Mai um 11 Uhr morgens erhielten wir die Warnung, das 71. indische Infanterieregiment beabsichtige, sich um zwei Uhr zu empören. Die Herren eilten sofort hinaus, und von allen Seiten strömten schutzsuchende Damen herein. Man befahl uns, falls das Haus angegriffen würde, uns alle in ein kleines inneres Gemach, das keine Fenster hatte, zu begeben und dort zu bleiben, solange geschossen würde. Zwei Uhr ging jedoch vorüber und alles blieb ruhig. John hielt das Regiment kampfbereit und stand bei den Geschützen, als es zwei Uhr schlug, den Angriff erwartend. Aber die Sepoys verhielten sich passiv. Dieser Alarm vermehrte die Zahl der in unserem Haus Wohnenden sehr, und wir waren nun elf Damen mit fünfzehn Kindern. Trotz aller Arbeit, die auf ihm lastete, gab sich Sir Henry große Mühe, es uns nach Möglichkeit behaglich zu machen. Ich hatte mit den Kindern ein kleines Zimmer allein, was sehr bequem war. Aber es war mir nicht angenehm, einen Sepoy vom 4. Infanterieregiment als Schildwache vor meiner Tür zu haben, die nicht verschlossen werden konnte. Diese Sepoys waren sanft aussehende Männer, die sich tagsüber damit unterhielten, mit den Kindern zu spielen. Ich beobachtete sie oft und konnte mir kaum vorstellen, daß sie mörderische Absichten hätten.

25. Mai. Heute morgen weckte John mich früh auf, um mir mitzuteilen, daß alle Damen sich unverzüglich nach der Residentschaft in die Stadt begeben sollten. Sir Henry, der folgendes Telegramm aus Cawnpore erhalten hatte: »Bis jetzt alles ruhig; wird aber voraussichtlich nicht so bleiben«, hielt es für ratsam, daß alle Frauen und Kinder an einen verhältnismäßig sicheren Ort gebracht würden, ehe der Aufstand, den man stündlich hier erwartete, losbräche. Wir waren bald bereit und verließen das Kantonnement in sehr gedrückter Stimmung, denn es fiel uns allen sehr schwer, uns von unseren Männern zu trennen. Ich fuhr im Einspänner nach der Stadt, die Kinder folgten mit dem Ochsenwagen. Die Straße war mit Kavallerie besetzt, und alles machte einen sehr kriegerischen Eindruck. Ich war von der Familie Gubbins freundlichst eingeladen, in ihrem Haus, das sich innerhalb der Mauern der Residentschaft befand, zu wohnen.

Im Lauf des Tages hörte ich mehrere Male von John, daß bessere Nachrichten eingetroffen seien und er noch Hoffnung hätte, daß uns die Greuel eines Aufstandes erspart würden. Am Abend ging ich ins Residentschaftsgebäude hinüber und ging mit Mrs. Case und ihrer Schwester auf dem Dach auf und ab. Das Gebäude war voll von Frauen und Kindern und sah überfüllt und unbehaglich aus. Innerhalb der Mauern der Residentschaft wurde alles zum Aushalten einer Belagerung hergerichtet. Wagenladungen von Vorräten, Korn und Munition strömten ununterbrochen herein. Zwei große Geschütze wurden aufgefahren, mit den Läufen auf die nach dem Kantonnement führende Straße gerichtet; es war klar, daß man sich auf das Schlimmste vorbereitete. Während der Abendmahlzeit erhielt Mr. Gubbins ein Telegramm von Sir Hugh Wheeler, er habe eine sorgenvolle Nacht durchlebt, aber die Ruhe sei nicht gestört und er hoffe, die Krisis sei überstanden.

Während der nächsten Tage blieb alles ruhig. Mrs. Case und ich fuhren nachmittags gewöhnlich zum Kantonnement und saßen mit unseren Männern unter einer Markise, die im Lager aufgeschlagen war. Diese Besuche waren uns ein großes Vergnügen, aber wir mußten vor Einbruch der Dunkelheit zur Stadt zurückkehren, und trotz dieser Vorsichtsmaßregel war unsere tägliche Ausfahrt ohne Begleitung, glaube ich, nicht gerade vernünftig. Es trieben sich viele verdächtig aussehende Männer umher, und ich war stets froh, wenn wir die eiserne Brücke hinter uns hatten, die uns vom Kantonnement trennte. Ich kutschierte selbst und ließ die Pferde tüchtig ausgreifen. Das Leben im Lager war für alle sehr aufreibend, ermüdend, voll steter Sorge. Häufige Warnungen und Gerüchte gaben Veranlassung, beständig auf der Hut zu sein, und an Ausruhen war fast gar nicht zu denken.

Sir Henry selbst überwachte und leitete alles; seine Ausdauer und Tatkraft waren unübertroffen. Ihm waren Tag und Nacht gleich. Mit aller Anspannung seines außergewöhnlichen Geistes ermutigte er die Schwankenden, strafte die Ungehorsamen, belohnte die Getreuen, besuchte er die Reihen der indischen Truppen, um ihnen sein Vertrauen in sie zu beweisen, gab er einflußreichen Indern Audienz oder prüfte unsere Verteidigungswerke alles in dem einen großen Bestreben, die kommende Katastrophe, von der er wußte, daß sie unvermeidlich war, hinauszuschieben und uns dadurch besser instand zu setzen, ihr entgegenzutreten. Ohne ihn und den seinen Bemühungen von Gott verliehenen Segen wäre das Schicksal Lucknows zweifellos nur ein Vorspiel zu den Greueln von Cawnpore gewesen. John begleitete ihn gewöhnlich auf seinen Besuchen in der Stadt und in Muchee Bowun; letzteres war ein drei Meilen von der Residentschaft gelegenes Fort, das von einer Kompanie 32er und einigen eingeborenen Truppen besetzt war und das man mit Vorräten und Munition genügend versehen hatte.

Die Gründung von Leopoldville

Henry M. Stanley

Als durch die Bemühungen der Forscher sich allmählich das geographische Bild Zentralafrikas abzuzeichnen begann, machten sich auch die europäischen Mächte daran, von der Küste aus in das Innere des Kontinents vorzustoßen. Nachdem Frankreich bereits in früheren Jahrzehnten in Nordafrika erfolgreich gewesen war, begann England an der Ostküste vorzudringen. Deutschland und Belgien folgten als weitere Mitbewerber.
Um die auftretenden Spannungen zu beseitigen, die die imperialistischen Mächte Europas zu entzweien drohten, wurde 1876 die internationale Kongo-Gesellschaft durch Leopold II. von Belgien ins Leben gerufen. In ihrem Auftrag schloß Stanley mit den Häuptlingen Schutzverträge ab, die ihre Gebiete in die Abhängigkeit von der Gesellschaft brachten.
1884 trat in Berlin die internationale Kongo-Konferenz zusammen, die die Rechte Leopolds und der Gesellschaft anerkannte und das gesamte Territorium zum Kongo-Freistaat mit Leopold als Herrscher erklärte. 1889 vererbte der König seinen Besitz an den belgischen Staat, bei dem das Riesenreich bis zur Unabhängigkeit 1960 verblieb.

Am folgenden Tag sandte ich eine ausgesuchte Mannschaft meiner jungen Leute unter Susi, dem Oberaufseher meiner fremden, farbigen Arbeiter, und Wadi-Rehani, der als Quartiermeister und Generalkommissar der Expedition fungierte, aus, um die Gegend bis zu einem Lagerplatz in der Nähe und in Sicht von Kintamo zu rekognoszieren und mir zu berichten, welche Chancen wir für den raschen Bau der Straße und die Verlegung des Lagers hätten, während ich selbst eingeborene Träger anzuwerben suchte.
Gegen Abend kam Susi mit seiner Truppe zurück und erzählte, der Charakter des Landes verhindere ein schnelles Vorwärtskommen, da eine große Anzahl von Flüssen, Tälern und Höhenzügen zu überschreiten wären. Etwa eine Stunde Marsch von Kintamo entfernt sei jedoch ein mit Gras bedeckter breiter ebener Rücken, der bis dicht an den Fluß führe,

nach welchem er dann sanft abfalle. Auf einer Stelle behalte er aber seine Höhe bei und laufe zu einer Spitze aus, von der man den ganzen Stanley-Pool und den Wasserfall übersehen könne; am Fuße dieses Hügels beginnen die Stromschnellen von Kintamo.

Ehe wir jedoch die Ebene von Kintamo oder Kintambu, wie die Wambundu sie nennen, erreichen konnten, hatten wir noch mühselige Arbeit, indem wir uns namentlich einen Weg durch dichte Wälder an den Abhängen mehrerer abschüssiger Hügel bahnen mußten, wo der Weitertransport der Wagen große Anstrengungen verursachte. Dennoch war das Terrain nicht so beschwerlich, wie wir es früher an manchen Stellen schon gefunden hatten.

Bei den Wambundu boten sich an einem Tag achtundsiebzig Eingeborene als Träger an. Jeder derselben erhielt für das Tragen einer Manneslast im Gewicht von sechzig bis fünfundsechzig Pfund auf einer Entfernung von vierundzwanzig Kilometer als Lohn vier rote Taschentücher, die ihm bei Sonnenuntergang ausbezahlt wurden, sobald er von dem den Vortrab befehligenden Europäer eine Bescheinigung vorwies, daß er die Last auf dem Halteplatz richtig abgeliefert habe. Da der Transport eines Wagens von einem Lagerplatz bis zum anderen viermal soviel Zeit in Anspruch nahm wie der Marsch der Träger, so bekamen die zu dem Schleppen der Gefährte verwendeten Eingeborenen auch den vierfachen Lohn.

Auf diese Weise vermochte ich eine größere Abteilung meiner Leute unter dem Befehl Alberts, des einzigen, der damals die Aufsicht über eine zahlreiche Mannschaft zu führen imstande war, zum Bau der Straße zu verwenden, während ich mit Hilfe der Eingeborenen und unserer übrigen Arbeiter die Pioniere täglich mit den Wagen und Gütern wieder einholen konnte.

Am 16. November schlugen wir das Lager auf dem Gipfel des Mbama-Berges auf, wo wir alsbald den Besuch der Häuptlinge Ngamberengi und Kimpalampala erhielten, deren Distrikte in der Nähe lagen und die als dem alten Makoko an Rang, Autorität und Einfluß Nächsten selbst kamen, um mir ihre Einwilligung mit unserer Okkupierung des Flußufers bei Kintamo auszusprechen und zu bestätigen. Sie waren so herzlich und bewillkommneten mich so freundlich, daß es mir keine Schwierigkeiten machte, ihr Einverständnis mit meinem Operationsplan zu erzielen, den ich auszuführen beabsichtigte, sobald wir die Nachbarschaft von Stanley-Pool erreicht und den Platz für die zukünftige Station auszuwählen haben würden.

Ngamberengi war ein sehr intelligenter Mann und eignete sich seiner persönlichen Erscheinung und Eigenschaften wegen weit besser zum Häuptling als alle, die ich sonst am Kongo gesehen hatte. Er forderte mich auf: »Folge unserem Rat. Gehe den Weg, auf dem du dich befindest, bis zum Fluß, unsere Leute sollen deine Waren tragen und die Wagen ziehen. Wenn ein Einwand gegen das erhoben wird, was wir sagen, werden wir die Abhaltung der Märkte verhindern, und Ngaljema wird von seiner hohen Stelle tief zu Boden fallen, wenn er in unserem Lande Unruhe stiftet. Siehst du diese kleinen Knaben? Sie sind noch nicht sehr groß, aber doch groß genug, um Ngaljema und seine diebischen Bateke in ihr armes Land von Mbe zurückzujagen, wo sie hergekommen sind.«

Als er mit seiner interessanten Rede, die er in energischem Ton und, wo er emphatisch wurde, mit dem nötigen wütenden Mienenspiel hielt, zu Ende war, beschrieb er uns genau die Stelle, wo ich seinem Rat gemäß die Stadt bauen solle.

Am 19. November wurde das Lager vom Mbama-Berg nach dem Lama-Lankori-Berg in der Nähe des Lutess-Flusses verlegt. Ngamberengi, Ngako, Makoko und Nkwama, alles Häuptlinge der Wambundu, wanderten voraus, um die etwaige Unzufriedenheit der kleineren Wambundu-Häuptlinge – Gautschu, Kimpe, Kinsuangi, Kimjara und Ngaljema – zu beschwichtigen; Makoko, der gekommen war, um mir mitzuteilen, daß alle bereit seien, mich willkommen zu heißen, und daß das ganze Land mir zu Füßen liege, blieb diese Nacht mit seiner kleinen Tochter bei uns im Lager.

Ehe ich mich niederlegte, erhielt ich auch eine freundliche Botschaft von Kintamo nebst den fünf Lasten Waren, die Susi in der Obhut Ngaljemas zurückgelassen hatte. Die Boten richteten ihren Auftrag mit folgenden Worten aus: »Bula-Matari hat jeden auf seine Seite gebracht. Möge er deshalb in Frieden kommen und alles wieder gut sein.«

Nachdem ich schließlich am 29. November die Ebene bei Kintamo erreicht hatte, verließ ich mit einigen Eingeborenen das Lager, um den mir von Susi beschriebenen Berg oberhalb der Stromschnellen von Kintamo zu besteigen. Nach dreiviertelstündigem Marsch über die fast vollständig ebene Fläche kam ich plötzlich in Sicht des bis zum Stanley-Pool schiffbaren Teils des Flusses. Zur Rechten, etwa eineinhalb Kilometer entfernt, stand die Kintamo genannte Gruppe von Dörfern, auf einer Terrasse, die etwa 55 Meter niedriger als die Ebene war, auf der ich stand; zur Linken war gleich einem Zeigefinger ein schmaler Rücken, dessen höchste Stelle etwa acht Meter über der mittleren Höhe der Ebene emporragen mochte. Nachdem wir noch etwa einen Kilometer weiter gewandert waren, sahen wir den großen Katarakt von Kintamo. Sechsundsechzig Meter unterhalb des Hügels, am äußersten linken Ende der rückenartigen Erhöhung, begannen die Gewässer des oberen Kongo sich zuerst zu kräuseln; eineinhalb Kilometer weiter abwärts war ein gefährlicher Katarakt, dem fast gerade gegenüber man die Doppelmündung des Gordon-Bennett-Flusses sah. Das Nordufer verfolgend, erblickte man siebeneinhalb Kilometer entfernt Mfwa; oberhalb des Dorfes war das Land niedrig und morastig, aber bewaldet und zu einer Spitze auslaufend, hinter welcher, viereinhalb Kilometer weiter, Malima lag. Noch einige Kilometer höher hinauf wurde das niedrige Land in der Umgegend von Malima durch den bewaldeten Kintari-Berg begrenzt, und hinter diesem zeigten sich die hohen senkrechten Mauern der Dover-Klippen, die sich in Halbmondform südlich bis zum Fuße des Inga-Pic hinzogen, in dessen Nähe die Einfahrt zum oberen Kongo sich befindet. Dem Inga-Pic gegenüber auf dem Südufer steht ein hoher Berg, in dessen Nachbarschaft das Dorf Kimpoko liegt. Das südliche Ufer läuft dort etwa dreiundzwanzig Kilometer entfernt in westlicher Richtung bis gerade südlich von uns, wo man eine Gruppe von Dörfern bemerkt, Kimbangu und Mikunga. Von diesen Orten streckt sich das Ufer in leicht gekrümmten Linien etwa neun Kilometer weit etwas mehr östlich als Nord aus. Zwischen Kinschassa und Kintamo sieht man zwei tiefe Einbuchtungen, welche durch einen klippenartigen Ausläufer, Kallina-Point genannt, getrennt werden. Die Bucht von Kintamo läuft in großem Bogen von der genannten Spitze etwas südlicher als West nach dem Landungsplatz von Kintamo, von wo sie sich dem Fuße des Rückens zuwendet, auf welchem wir standen, und vor dem sich der Fluß über kleine Stromschnellen stürzt.

Da das Ufer in der Kintamo-Bucht die nächste Stelle am schiffbaren Teil des oberen Kongo und das Land zwischen dort und der Küste offen und nur von freundlichen Stämmen bevölkert war, welche wir auf unserem langsamen Weg hierher ihres liebenswürdigen Entgegenkommens und ihrer sanften Sitten wegen schätzengelernt hatten, so geboten mir Klugheit und Notwendigkeit, dort für die Station ein Gebiet auszuwählen, das noch unokkupiert und im Besitz der Wambundu war, so daß diese auch befugt waren, dasselbe abzutreten, und es uns nicht bestritten werden konnte. Die in meiner Begleitung befindlichen Eingeborenen kannten die verschiedenen Grenzen ganz genau; als ich dann das noch unokkupierte Land, welches überhaupt für die Schiffahrt verwendbar ist, näher untersuchte, schätzte ich dessen Wasserfront auf etwa fünfhundert Meter, vom Beginn der ersten Stromschnellen bis zum ersten Flusse unterhalb von Ngaljemas Dorf. Es war eine sehr bescheidene Erwerbung. Nach dem Innern erstreckte sich das Gebiet natürlich weit genug für alle unsere Zwecke hinein, und auf der Ebene, über welcher der Hügel, auf dem wir standen, hervorragte, war genügender Raum für eine große Stadt. Der Khonso-Ikulu, jetzt Leopold-Berg genannt – unser Standpunkt –, war hundertzehn Schritte breit und gab einen ganz vorzüglichen Platz für ein Sanatorium; er war ein herrlicher Aussichtspunkt auf die als Stanley-Pool bekannte seeartige Ausbuchtung des Kongo, die Stelle würde jedoch sechshundertfünfzig Meter in gerader Linie von einer kleinen Bucht am unteren Ufer entfernt sein, an der ich einen passenden Landungsplatz bezeichnet hatte. Als Station mit einer Besatzung von nur dreißig Mann würde dieser Hügel meiner Ansicht nach zu weit von dem Bootshafen liegen; denn nachts konnte es, wie ich fürchtete, einigen kühnen Burschen aus Kintamo nicht schwer werden, die Boote zu überfallen, die Ketten zu lösen und die Fahrzeuge in den Strom hinauszuschieben, der sie binnen kürzester Frist über den großen Wasserfall der gänzlichen Zerstörung entgegenführen würde.

Es blieben also nur noch die Terrasse und der Abhang am Leopold-Berg übrig, der gegenwärtig nichts als eine einzige wilde Wüste von mehreren Fuß hohem Grase war. Ich wollte nicht gern zum Lager zurückkehren, ehe ich einen Entschluß gefaßt hatte, und untersuchte den Hügel deshalb genauer nach allen Richtungen hin, um den besten Platz in bezug auf Aussicht, Verteidigung und Sicherheit der Boote zu finden; endlich wählte ich denselben in einer Höhe von fünfundzwanzig Metern über dem Fluß am Abhang des Leopold-Berges, wo ich nach Süden hin Kintamo gut übersehen konnte, das durch ein sechshundert Meter breites Uferland und zwei kleine Ströme von dem Hügel getrennt war. Nach Osten konnte ich den Fluß hinauf bis Mfwa am nördlichen und Kallina-Point am südlichen Ufer verfolgen und zwischen beiden hindurch und bei den Dover-Klippen vorbei weit in den Stanley-Pool hineinblicken. Zwischen Kallina-Point und Kintamo bemerkte ich die patriarchalischen Beobabbäume von Kinschassa und von Kindolo, im Süden wurde das Gesichtsfeld durch die weit im Innern liegenden Berge und Hochflächen von Kimpoko und Mikunga begrenzt. Ich war hier etwa dreihundert Meter vom Landungsplatz entfernt, doch fiel das Terrain allmählich zum Ufer ab. Das Dorf für unsere Farbigen konnte zwischen dem Vorratsraum und den Wohnungen der Europäer auf der einen und Kintamo auf der anderen Seite stehen;

außerdem war noch reichlich Raum für Gärten von Bananen- und Fruchtbäumen vorhanden, deren Grün, von dem Fronteingang des Wohnhauses gesehen, dem Bild Leben verleihen mußte. Ich konnte ferner am Abhange leicht eine Terrasse ausgraben, sowie ohne Mühe eine bequeme breite Straße nach der Ebene hinaufführen, auf welcher wir später vielleicht Reihen schattiger Bäume pflanzen würden, die den Vordergrund als Szenerie bilden sollten, welche den von der Küste kommenden Reisenden zuerst begrüßt, wenn er von den höheren Punkten der Ebene auf die Station und den weit ausgedehnten Stanley-Pool hinabblickt.

Nachdem ich die Stelle, wo die neue Station stehen sollte, so passend wie es die Umstände und der Charakter der Gegend erlaubten, definitiv ausgewählt hatte, kehrten wir nach dem Lager zurück, wo bald darauf eine zweite friedliche Botschaft von Ngaljema mit der Aufforderung eintraf, ich möge mich in seinem Dorfe anbauen. So willkommen mir dieses Ersuchen vor einigen Wochen auch gewesen wäre, jetzt kam es zu spät, und ich konnte nichts weiter tun, als mich für das gemachte freundliche Anerbieten zu bedanken.

Am 1. Dezember verließen hundert Mann mit Plantagenmessern, Hacken und Äxten das Lager, um eine gerade Straße nach dem Platz zu markieren, den ich für die Station in Aussicht genommen hatte. Dann wurde aus Gebüsch und Gesträuch ein mehrere Fuß starker runder Zaun von etwa hundert Meter Durchmesser angelegt und ein halbes Dutzend hölzerne Wachtürme zum Schutz herauführender Pfade aufgebaut, sowie hundert Meter weit rund um das Lager das Terrain von Gras und Buschwerk befreit. Damit war unser Tagewerk vollendet; wir ließen einige Mann Wache auf der neuen Station und kehrten zur Expedition zurück.

Am nächsten Tag wurde die Wagenstraße verbreitert, und am Mittag hatten wir mit derselben bereits den neuen Lagerplatz und das Flußufer erreicht. Nachmittags waren unsere gesamte Mannschaft und die Hilfsträger mit dem Transport der Zelte und Waren beschäftigt, und am Abend des 2. Dezember waren wir mit allem Material, ausgenommen den Wagen, im Lager am Landungsplatz und schliefen schon an der Stelle, von welcher die Dampfer ihre Mission nach dem oberen Kongo antreten sollten. Um Mittag des 3. Dezember 1881 waren auch die Wagen nach dem Landungsplatz geholt und der Dampfer »En Avant« schwamm in dem ruhigen, sicheren Hafen der Kintamo-Bucht, nunmehr mit etwa siebentausendfünfhundert Kilometer schiffbarem Wasser vor sich und durch keine Stromschnelle und kein Hindernis mehr von den Stanley-Fällen getrennt.

Unter allgemeiner Zustimmung wurde die neue Station Leopoldville genannt, zu Ehren des freigebigen königlichen Gründers der »Association Internationale du Congo«.

Leopoldville schien mir für die Zurückbleibenden ein sicherer Zufluchtsort zu sein, falls einmal Unruhen entstehen sollten; von den Fenstern des einstöckigen Blockhauses sind die sämtlichen Zugänge zu überwachen und das Gebäude selbst ist nicht nur für die mit Gewehren bewaffneten Eingeborenen uneinnehmbar, sondern auch trotz seines Grasdaches feuerfest, weil unter dem letzteren eine zwei Fuß dicke Erdschicht liegt, auf welcher das Feuer sich, ohne weiteren Schaden anzurichten, ausbrennen kann. Die Terrasse ist lang und breit, das Dorf unserer Eingeborenen besteht aus zwei Reihen von Lehmhütten an einer Straße, die etwa zehn Meter unterhalb des Blockhauses beginnt und allmählich nach dem Landungsplatz hinabführt. Die Hütten sind mit Bananen- und Gemüsegärten umgeben, Wasser ist in der Nähe, Brennmaterial im Überfluß vorhanden. Die ackerbautreibenden Wambundu waren sowohl die Eigentümer unseres Bodens als auch unsere guten Freunde.

Gerade vor dem Wohnhaus des Chefs der Station, welches durch fleißige Arbeit mit der Zeit noch sehr hübsch werden kann, liegt das Becken, auf das seine Arbeit sich bezieht. An Sonntagen haben die Europäer Gelegenheit zu prächtigen Spaziergängen auf einer bequemen Straße zum Leopold-Berg hinauf, von dem man stets eine sehenswerte Aussicht genießt. Von diesem hervorragenden Punkt kann man in mäßiger Entfernung die springenden Gewässer des Kintamo-Wasserfalls, das runde, von Bergen, Klippen und isolierten Gipfeln eingefaßte Becken des Stanley-Pool, die große Insel Bamu und die unzähligen zierlichen Schwesterinseln bewundern, entweder im Sonnenschein oder von leichten Nebeln bedeckt oder von schwarzen Wolken beschattet, welche alles mit Regen zu überfluten drohen und durch ihre Dunkelheit die Wut des kommenden Sturmes ankündigen.

Vom Ersten
zum Zweiten Weltkrieg

Mobilmachung in Berlin

Berliner Tageblatt

Nicht überall in Deutschland und Europa wurde der Ausbruch des Krieges so ruhig und beklommen zur Kenntnis genommen, wie es nach dem Zeitungsbericht in Berlin der Fall war. Weithin herrschten Jubel und Übermut. Viele glaubten, der Krieg, »ein erregendes, befreiendes Abenteuer«, werde kurz und ruhmvoll sein. Jetzt sollte sich die schimmernde Wehr, von der der Kaiser gesprochen hatte, bewähren. Selbst kluge Leute, die dem Regime mit Skepsis gegenüberstanden, ließen sich von der allgemeinen Stimmung mitreißen. Sogar die Sozialdemokraten, sonst stets Gegner militärischer Machtentfaltung, stimmten im Reichstag den Kriegsanleihen zu. Für sie wog die Abneigung gegen das reaktionäre zaristische Rußland schwerer als die internationale Solidarität der Arbeiterschaft.
So zogen, vielfach mit Blumen geschmückt und von der Bevölkerung begrüßt, jene Leute hinaus, denen die bis dahin unvorstellbare Katastrophe eines modernen Materialkrieges bevorstand.

Die Würfel sind gefallen. Der letzten Stunde Erregung war unerträglich gewesen. Berlin hatte sich merklich gewandelt. Wo sonst in freiem, weitschichtigem Leben gebieterisch die Standarte rastlosen Schaffens flatterte, schlichen gestern quälend die Stunden in lähmendem, gehemmtem Lauf. Wie graue Gewitterwolken, trüb, dumpfig und schwer hing es über des deutschen Vaterlandes Hauptstadt. Wohl wetterleuchtete hier und dort ein befreiendes Wort, eine Kunde in den einzelnen Teilen der Stadt auf. Und gegen Mittag schien es gar, als wolle die Sonne des Friedens wieder leuchten. Gerüchte zuckten durch die erregte Menge, daß Rußland die Rüstungen eingestellt und mithin die Forderungen Deutschlands erfüllt habe. Aber der Stunden Gang brachte die erlösende Gewißheit. Brachte das Ende quälender Unruhe und den Anfang der Tat.
Als sich gegen 6 Uhr die Kunde von der Mobilmachung unserer Streitkräfte wie eine Woge durch Berlin wälzte, als diese Kunde wie ein leuchtender Blitz das Dunkel erhellte, da schwand das Hoffen von sorglosen

Gesichtern, und Ergriffenheit und tiefste Bewegung senkte sich auf die Seelen aller Menschen. Jetzt hatte sich die furchtbare Spannung gelöst. Jetzt wußte Berlin, welchen Lauf die weltbewegende Geschichte des ersten Tages im August genommen hatte. Wohl war diese Gewißheit schmerzlich. Aber Berlin zeigte sich des großen Augenblickes würdig. Und wie tiefes Unglück Menschen vereint, wie jauchzende Freude hoch und niedrig zusammenschließt, so fand auch diese ernste, schwere Kunde ein einzig schlagendes Herz. Das Wünschen, Sehnen und Hoffen von Millionen klang zusammen. Nicht in lauter, lärmender Lust, aber in dem einzigen Gedanken: Möge der Zeiten Lauf das Unheil von unserem Land, unserem Volk und unserer Stadt gnädig abwenden! Wer gestern schon die vielen Tränen fließen sah, wer überall das wehe, wunde Gefühl auf sich wirken ließ, mit dem heute Hunderttausende von Frauen und Kindern dem Ernährer nachblickten, der fühlte den Ernst kommender Lage, fühlte die Größe heraufziehenden Leides und den Schmerz, der zuckend durch Millionen Herzen läuft. Wer gestern abend die ersten Trupps junger Reservisten sah, die barhäuptig kurz vor 7 Uhr durch die Wilhelmstraße zogen, wer die frischen, roten Gesichter sah, aus deren leuchtenden Augen das Zutrauen strahlte; – wie sie alle ihre bescheidene Habe in kleinen Koffern und hastig verschnürten Kartons trugen, dem stieg es heiß im Herzen auf. Ach, wie bald schwindet Schönheit und Gestalt. Das alte Reiterlied, das einzig schön des großen Krieges grause Stimmung wiedergibt, singt und sagt das alles, was unausgesprochen über den Seelen der Menschen lag, die bis in die späte Nacht hinein in den hellstrahlenden Straßen standen.

Nach 5 Uhr war die erregte Spannung der Massen Unter den Linden aufs äußerste gestiegen. Von einer Seite der Straße zur anderen wälzte sich die Masse, sobald nur irgendein Wagen mit einem Offizier oder gar ein Hofwagen vorbeikam. Alles fühlte, daß jede Minute die Entscheidung bringen könne, daß das deutsche Volk jetzt binnen kurzem wissen mußte, woran es sei. Da kamen plötzlich aus dem Schloßtor Automobile mit Offizieren, die der aufs höchste erregten Menge die Tatsache der beschlossenen Mobilmachung zuriefen. Ein Offizier schwang dabei den gezogenen Säbel, der andere winkte mit dem Taschentuch. Die Schutzleute gaben die Parole »Mobilmachung« weiter, und im Nu wußten die Hunderttausende, die zwischen dem Denkmal des Alten Fritz und dem Lustgarten auf und ab wogten, daß Deutschland jetzt die Waffen sprechen lassen wollte. Unwillkürlich drängte alles dem Schlosse zu, dessen Portal soeben der Generalstabschef von Moltke verließ.

Der Potsdamer Platz, der größte Verkehrspunkt des alten Westens, war gestern der Schauplatz ergreifender Ovationen.

Es war gegen 5.30 Uhr, als vor einem der dortigen Restaurants die Menge zusammenlief und stürmte, so daß dieser Teil des Platzes bald schwarz voll Menschen stand. Die Fernerstehenden dachten an ein Extrablatt, das die Lösung brachte. Näherkommend bemerkte man jedoch nichts davon, in dem Biergarten hatte vielmehr ein älterer Herr einen Tisch bestiegen. Er verkündete in einer kurzen Ansprache die Nachricht von der Mobilmachung. Schweigend hörte die Menge zu. Das Publikum stürzte sich auf die Zeitungsautomobile und riß den Extrablattverteilern die Mobilmachungsorder aus den Händen. Für eine Viertelstunde stockte der Verkehr vollständig. Männer erkletterten die Wagen, die in der Menschenmenge eingepfercht waren, und lasen den Inhalt der Extrablätter laut vor. Der Potsdamer Platz, der Leipziger Platz bis hinein in die Leipziger Straße waren mit Menschen besetzt.

Als dann aber die ersten Extrablätter des »Berliner Tageblatts« erschienen, war es mit der feierlichen Ruhe, die über dem Platz lagerte, vorbei.

An der großen Freitreppe am Potsdamer Bahnhof findet sich folgende Bekanntmachung: »Der Zugang zu den Wartesälen und Bahnräumen ist nur den mit Fahrscheinen versehenen Personen gestattet. Bahnsteigkarten werden bis auf weiteres nicht mehr ausgegeben. Ferner wird der Verkauf alkoholischer Getränke in den Wirtschaftsräumen des Bahnhofsgebäudes untersagt, außerdem ist es verboten, alkoholische Getränke als Liebesgaben an die Truppen zu verabfolgen.«

Der Ansturm der Hausfrauen auf die Lebensmittelgeschäfte, der, wie gestern abend berichtet wurde, von den in Frage kommenden Geschäften zu einer plötzlichen Steigerung der Lebensmittelpreise ausgenutzt wurde, hat die in Frage kommende Behörde, den Oberbefehlshaber der Marken, General von Kessel, veranlaßt, ein Ausfuhrverbot von Mehl, Getreide und Schlachtvieh aus dem Gebiet des Zweckverbandes zu untersagen. Das Verbot wurde bereits in den ersten Abendstunden an sämtlichen Säulen in Groß-Berlin durch folgendes Plakat bekanntgemacht:

»Zur Sicherung des Lebensmittelbedarfs in Groß-Berlin bestimme ich: In dem Gebiete des Zweckverbandes Groß-Berlin wird die Ausfuhr von Mehl und Getreide jeder Art wie von Schlachtvieh und frischem Fleisch verboten, soweit es sich nicht um Lieferungen für Militärbehörden handelt. Der Oberbefehlshaber in den Marken: v. Kessel, Generaloberst.«

Erster Weltkrieg und Weimarer Republik

Der unmittelbare Anlaß für den ersten Weltkrieg war die Ermordung des österreichischen Thronfolgers in Sarajewo durch serbische Nationalisten. Österreich nahm das Attentat zum Anlaß, um mit dem Widersacher streng abzurechnen. Einer Demütigung des kleinen Landes aber wollte Rußland als Schutzmacht nicht tatenlos zusehen. Die Verstrickungen der europäischen Bündnisse rissen dann die anderen Großmächte in den Konflikt hinein. Die Schuldfrage ist nicht eindeutig zu beantworten, jedenfalls ist von einer Alleinschuld Deutschlands keine Rede.

Mit dem Ersten Weltkrieg geht ein Zeitalter zu Ende, in dem einige europäische Mächte nicht nur die Geschicke Europas, sondern die der Welt im wesentlichen bestimmt haben. Diese Vormachtstellung wird nun durch das Eingreifen der USA in Frage gestellt. In Europa zerbrechen die alten Monarchien und machen der demokratischen Staatsform Platz, die aber zum Teil wiederum durch nationalistische Diktaturen beseitigt wird, wie überhaupt der Nationalismus im Zeitalter der Weltkriege seine Triumphe feiert. Seit 1914 kam Europa, kam die Welt nicht mehr zur Ruhe.

Nach den für Deutschland erfolgversprechenden ersten Kriegsmonaten erstarrten im Westen die Fronten im zermürbenden Stellungskrieg, der keiner der beiden Parteien eine Entscheidung ermöglichte. Die Folgen der englischen Seeblockade waren Hunger und Materialmangel. Als schließlich die USA eingriffen, war das Schicksal Deutschlands besiegelt, Österreich löste sich in seine Volksgruppen auf. Als die letzte Offensive gescheitert war, mußte sich Deutschland militärisch geschlagen geben und um Waffenstillstand nachsuchen. Nicht der „Dolchstoß in den Rücken der Front", sondern die militärische Niederlage im Westen brachte das Ende. Der Kaiser dankte ab und ging nach Holland. Deutschland wurde Republik, der erste Präsident war Friedrich Ebert.

Bereits 1917 war durch Lenin in Rußland ein bolschewistischer Staat errichtet worden, der aus dem Krieg ausschied und sich seinen eigenen inneren Problemen zuwandte. Nach langen blutigen Kämpfen wurden die alten herrschenden Klassen entmachtet oder vernichtet, so daß die Diktatur des Proletariats an die Verwirklichung der neuen gesellschaftlichen und wirtschaftlichen Ziele gehen konnte. Bis zu Lenins Tod (1924) hielt sich Rußland fast ganz aus der europäischen Politik heraus.

1919 mußte Deutschland den Friedensvertrag von Versailles unterzeichnen, der dem Reich schwere wirtschaftliche Forderungen, große Gebietsabtretungen und eine starke Verminderung des Heeres auferlegte. Auf dem Boden des alten Habsburgerstaates entstand eine Reihe von Kleinstaaten. Die

Siegermächte gründeten den Völkerbund, der für immer einen Weltkonflikt verhindern sollte.
Der Weimarer Staat genoß von Anfang an keine rechte Popularität. Den Politikern, die die Verantwortung übernommen hatten, wurden alle Mißstände zur Last gelegt: der Vertrag, die Ohnmacht des Reiches, die Inflation, die Arbeitslosigkeit. Kommunisten und Nationalsozialisten, obwohl bitter verfeindet, bekämpften den Staat, indem sie sich die Not der Massen zunutze machten. Hitler appellierte dazu in demagogischer Weise an die im Jahr 1919 enttäuschten nationalen Gefühle des Bürgertums, das sich die Niederlage noch nicht eingestehen wollte. Die Politik des friedlichen Ausgleichs mit den ehemaligen Gegnern wurde geschmäht und als Verrat gebrandmarkt.
Die Weltwirtschaftskrise brachte abermals für Millionen Not und Elend. Die Anhängerschaft Hitlers stieg an; seine Versprechungen von Arbeit und Brot und vom Wiedererstarken des Reiches fielen auf fruchtbaren Boden. Dennoch wäre vielleicht die Machtergreifung 1933 zu vermeiden gewesen, wenn nicht die bürgerlichen Kräfte der Deutschnationalen Volkspartei Hitler ihre Unterstützung geliehen hätten.

1914	Mobilmachung in Berlin
1914–1918	*Erster Weltkrieg*
1917	*Kriegseintritt der USA*
1918	*Revolutionen* *Abdankung des Kaisers*
1917	Revolution in Rußland
1918	Deutschland wird Republik
1919	*Vertrag von Versailles* *Völkerbund*
1922	*Vertrag von Rapallo* *Ermordung Rathenaus* *Faschistische Revolution in Italien*
1923	Hitlerputsch in München
1924	*Lenin gestorben*
1925	*Locarnopakt zwischen Briand und Stresemann*
1929	*Weltwirtschaftskrise*
1933	*Hitler wird Reichskanzler*

(Geradestehende Zeilen verweisen auf Texte in diesem Buch)

Lenin auf der Reise nach Rußland

Nadeschda Krupskaja

Die Geschichte unserer modernen Zeit beginnt nicht erst mit den Friedensschlüssen des Ersten Weltkrieges. Der wesentliche Auftakt setzte mit der bolschewistischen Revolution in Rußland ein. Der unglückliche Verlauf des Krieges und zunehmende innerpolitische Schwierigkeiten trieben Rußland schon zu Beginn des Jahres 1917 unaufhaltsam in eine Katastrophe. Am 15. März 1917 dankte Zar Nikolaus II. ab. Die Republik wurde ausgerufen, aber auch die neue provisorische Regierung vermochte den inneren Zerfall nicht mehr aufzuhalten. Wie in Petrograd so übernahmen auch in den anderen größeren Städten Sowjets (= Räte) der Arbeiter und Soldaten die Macht. Sie strebten gegenüber den großbürgerlichen Elementen in der neuen Regierung eine proletarische soziale Revolution an. Um ihre Agitation zu erleichtern und ihre Macht noch zu stärken, entschloß sich die deutsche Oberste Heeresleitung, die in der Schweiz im Exil lebenden Führer der Bolschewiken, einer kleinen radikalen Partei, nach Rußland zurückzuschicken. Zwei Tage nach der Kriegserklärung der Vereinigten Staaten an Deutschland bestiegen am 8. April 1917 in Zürich dreißig Emigranten, an ihrer Spitze Wladimir Iljitsch Lenin, die deutschen Eisenbahnwagen, die sie über Deutschland, Schweden und Finnland nach Petrograd brachten, wo sie am 16. April eintrafen. Schon einen Tag später hielt Lenin dort eine programmatische Rede über die Aufgaben des Proletariats in der gegenwärtigen Situation. Zwar versuchte die Regierung den bolschewistischen Einfluß einzudämmen, aber die rote Revolution war nicht mehr aufzuhalten; bis Anfang November 1917 ging die Macht in die Hände Lenins und der Bolschewiken über.
Der folgende Bericht von der denkwürdigen Reise durch Deutschland und der Ankunft in Petrograd stammt von Nadeschda Krupskaja, der Gattin Lenins, die ihn in die Verbannung und 1900 in die Emigration begleitet hatte.

Als aus Bern der Brief mit der Mitteilung eintraf, daß die Verhandlungen Plattens günstig ausgegangen waren, daß nur das Protokoll zu unterzeichnen war und wir dann nach Rußland fahren konnten, wollte Iljitsch sofort aufbrechen: »Wir fahren mit dem ersten Zug nach Bern!« Bis zur

Abfahrt blieben noch zwei Stunden. In diesen zwei Stunden mußten wir also unseren ganzen »Haushalt« liquidieren, mit der Wirtin abrechnen, die Bücher in die Bibliothek zurückbringen, packen usw. »Fahre allein, ich komme morgen nach.« Aber davon wollte Iljitsch nichts hören: »Nein, wir fahren zusammen.« Und schließlich wurde alles in diesen zwei Stunden erledigt: Briefe vernichtet, Bücher verpackt, die notwendigen Kleidungsstücke und Sachen ausgesucht und der ganze Haushalt aufgelöst. Wir fuhren mit dem ersten Zug nach Bern.

Die nach Rußland reisenden Genossen trafen sich im Berner Volkshaus: wir, Sinowjews, Ussijewitschs, Inès Armand, Safarows, Olga Rawitsch, Abramowitsch aus La Chaux-de-Fonds, Grebelskaja, Charitonow, Rosenblum, Boizow, Micha Zchakaja, Marienhofs, Sokolnikow. Als angeblicher Russe fuhr auch Radek mit. Insgesamt waren wir 30 Personen, den vierjährigen krausköpfigen Robert, das Söhnchen einer Bundistin, das mit uns fuhr, nicht mitgerechnet. Fritz Platten begleitete uns.

Die »Vaterlandsverteidiger« erhoben damals ein wüstes Geschrei über die Reise der Bolschewiki durch Deutschland. Die deutsche Regierung ging natürlich, als sie die Durchreiseerlaubnis erteilte, von dem Gedanken aus, daß eine Revolution das größte Unglück für ein Land sei und daß die bolschewistischen internationalistischen Emigranten, die mit ihrer Genehmigung Deutschland passierten, der Entfaltung der Revolution in Rußland förderlich sein würden. Gewiß hielten es die Bolschewiki für ihre Pflicht, in Rußland revolutionäre Agitation zu entfalten, die siegreiche proletarische Revolution war das Ziel ihrer Tätigkeit, und was die bürgerliche deutsche Regierung dachte, interessierte sie sehr wenig. Sie wußten, daß die »Vaterlandsverteidiger« sie mit Schmutz überschütten würden, daß aber die Massen schließlich doch mit ihnen gehen würden. Damals, am 27. März, wagten nur die Bolschewiki diese Reise, einen Monat später jedoch benutzten über 200 andere Emigranten, darunter Martow und andere Menschewiki, ebenfalls den Weg durch Deutschland.

Weder nach unserem Gepäck noch nach Pässen wurde gefragt, als wir den Zug bestiegen. Lenin hatte sich ganz in sich selbst zurückgezogen, seine Gedanken weilten schon in Rußland. Unterwegs wurde mehr von Kleinigkeiten gesprochen. Durch den ganzen Wagen klang die vergnügte Stimme des kleinen Robert, der Sokolnikow gegenüber besondere Sympathien bezeugte und mit den weiblichen Mitreisenden keine Unterhaltung führen wollte. Die Deutschen bemühten sich zu zeigen, daß bei ihnen an allem Überfluß herrsche. Man servierte uns ein ausgezeichnetes

Mittagessen, wie wir Emigranten es keineswegs gewöhnt waren. Wenn wir zu den Fenstern hinaussahen, fiel uns die völlige Abwesenheit erwachsener Männer auf, nur Frauen, Jugendliche und Kinder waren auf den Bahnhöfen, auf den Feldern und in den Straßen der Städte zu sehen. An dieses Bild mußte ich später in den ersten Petrograder Tagen häufig zurückdenken, wo es von Soldaten wimmelte, die alle Straßenbahnen überfüllten.

In Berlin wurde unser Zug auf ein Reservegleis geleitet. In der Nähe von Berlin bestiegen irgendwelche deutsche Sozialdemokraten ein Extraabteil. Niemand von unseren Genossen sprach mit ihnen, nur der kleine Robert schaute neugierig in ihr Abteil hinein und fragte sie auf französisch: »Was tut der Kondukteur?« Ich weiß nicht, ob die Deutschen dem kleinen Robert antworteten, was der Kondukteur tue; jedenfalls gelang es ihnen nicht, den Bolschewiki ihre Fragen vorzulegen. Am 31. März passierten wir die schwedische Grenze. In Stockholm wurden wir von den schwedischen sozialdemokratischen Abgeordneten Lindhagen, Karlsson, Ström, Ture Nerman und anderen empfangen. Im Saal hing eine rote Fahne, und es wurde eine Versammlung abgehalten. Ich besinne mich nicht recht auf Stockholm – die Gedanken waren schon zu sehr in Rußland. Platten und Radek gestattete die provisorische Regierung nicht die Einreise. Den Bolschewiki gegenüber getraute sie sich das nicht. Auf finnischen Schlitten fuhren wir aus Schweden nach Finnland. Alles war schon so lieb und vertraut: die schlechten Dritteklassewagen, die russischen Soldaten – wunderbar schön erschien uns das alles. Robert saß bald auf dem Arm irgendeines älteren Soldaten, umklammerte mit seinen kleinen Ärmchen dessen Hals, stammelte irgend etwas auf französisch und aß »Pascha«[1], mit der ihn der Soldat fütterte. Wir umdrängten alle die Fenster. Auf den Stationen, die wir passierten, standen die Soldaten in Gruppen beisammen. Ussijewitsch steckte den Kopf zum Fenster hinaus. »Es lebe die Weltrevolution!« rief er. Die Soldaten blickten ihn verwundert an. Ein sehr blasser Leutnant ging einige Male an uns vorüber, und als Iljitsch mit mir in den benachbarten leeren Waggon hinüberging, setzte er sich zu uns und begann sich mit Iljitsch zu unterhalten. Der Leutnant teilte den Standpunkt der »Vaterlandsverteidiger«. Wladimir Iljitsch verteidigte seine Ansichten – auch er war außerordentlich bleich. Nach und nach kamen immer mehr Soldaten in den Waggon, bis er ganz voll war. Die Soldaten kletterten auf die Bänke, um den-

[1] Süße Osterspeise aus Weißkäse

jenigen besser zu sehen und zu hören, der in ihrer Sprache, die ihnen so verständlich war, gegen den Raubkrieg sprach. Und von Minute zu Minute wurde der Ausdruck ihrer Gesichter gespannter.
In Beloostrow[1] empfingen uns Lenins Schwester Maria Iljinitschna, Schljapnikow, die Genossin Stal und andere Genossen. Auch Arbeiterinnen waren dabei. Die Genossin Stal redete mir zu, ihnen einige Worte zur Begrüßung zu sagen, aber mir war die Kehle wie zugeschnürt vor Aufregung. Wir fuhren gemeinsam weiter. Lenin fragte, ob man uns bei unserer Ankunft verhaften würde; die Genossen lächelten bei dieser Frage. Bald kamen wir in Petrograd an.
Die Petrograder Massen – Arbeiter, Soldaten, Matrosen – waren gekommen, um ihren Führer zu empfangen. Viele uns nahestehende Genossen waren darunter, unter anderen Tschugurin, ein ehemaliger Schüler der Parteischule in Longjumeau, mit einer breiten roten Schärpe über der Schulter; sein Gesicht war feucht von Tränen. Rundherum ein wogendes Menschenmeer.
Wer keine Revolution erlebt hat, kann sich keinen Begriff machen von ihrer majestätischen feierlichen Schönheit. Rote Fahnen, eine Ehrenkompanie Kronstädter Matrosen, die Scheinwerfer der Peter-Pauls-Festung, die den Weg vom Finnländischen Bahnhof bis zum Palais der Krzesinska beleuchteten, Panzerautos, lange Ketten von Arbeitern und Arbeiterinnen längs des Weges.
Als offizielle Vertreter des Petrograder Sowjets der Arbeiter- und Soldatendeputierten waren Tschcheïdse und Skobelew zum Bahnhof gekommen. Die Genossen führten Lenin in die Zarengemächer auf dem Bahnhof, wo ihn Tschcheïdse und Skobelew erwarteten. Als Lenin auf den Bahnsteig hinaustrat, trat ein Hauptmann auf ihn zu und rapportierte in militärischer Haltung irgend etwas. Lenin, dem das unerwartet kam, war etwas verwirrt und legte die Hand salutierend an die Mütze. Auf dem Bahnsteig stand eine Ehrenwache, an der Lenin und unsere ganze Emigrantengruppe vorüberschritten. Dann stiegen wir in bereitstehende Autos. Lenin stellte man auf ein Panzerauto und fuhr ihn zum Palais der Krzesinska. »Es lebe die sozialistische Weltrevolution!« rief Lenin in die ihn umgebende vieltausendköpfige Menge hinein.
Den Anbruch dieser Revolution spürte Lenin bereits voll und ganz. Man brachte uns in das Palais der Krzesinska, wo damals das Zentralkomitee und das Petrograder Komitee untergebracht waren. Im oberen Stockwerk

[1] Grenzstation zwischen Rußland und Finnland

setzten wir uns zum Tee zusammen; die Petrograder wollten Begrüßungsreden halten, aber Lenin brachte das Gespräch auf das, was ihn am meisten interessierte: auf die anzuwendende Taktik. Vor dem Hause stand eine tausendköpfige Menge von Arbeitern und Soldaten. Lenin mußte vom Balkon aus zu ihnen sprechen. Der Eindruck von diesem Empfang, von diesen durch die Revolution in Bewegung geratenen Massen übertönte alles andere.

Dann fuhren wir nach Hause, zu den Unsrigen, zu Lenins Schwester Anna Iljinitschna und ihrem Mann Mark Timofejewitsch. Maria Iljinitschna lebte mit ihnen zusammen. Sie wohnten auf der sogenannten »Petrograder Seite«[1] in der Schirokaja-Straße. Ein Zimmer für uns war hergerichtet. Der kleine Junge von Anna Iljinitschna, Gora, hatte zum Empfang in unserem Zimmer die Losung angebracht: »Proletarier aller Länder, vereinigt euch!« Wladimir Iljitsch und ich redeten in dieser Nacht fast nichts miteinander – wir hatten keine Worte, um das auszudrücken, was wir empfanden, aber auch ohne Worte war alles verständlich.

Es war keine Minute zu verlieren. Kaum war Lenin am nächsten Morgen aufgestanden, als auch schon Genossen kamen, um ihn zu einer Beratung der bolschewistischen Fraktion auf der Gesamtrussischen Konferenz der Sowjets der Arbeiter- und Soldatendeputierten zu holen. Die Konferenz wurde im Taurischen Palais, irgendwo in einem oberen Stockwerk, abgehalten, Lenin legte in etwa einem Dutzend Thesen seine Ansichten darüber dar, was in diesem Augenblick getan werden mußte. In diesen Thesen gab er eine Einschätzung der Lage, nannte klar und deutlich die Ziele, denen man zustreben, und die Wege, die man einschlagen mußte, um sie zu verwirklichen. Die Unsrigen waren fast etwas verwirrt. Vielen schien es, daß Lenin die Fragen zu scharf formulierte, daß es noch zu früh war, von einer sozialistischen Revolution zu sprechen.

Unten hielten die Menschewiki eine Sitzung ab. Ein Genosse von ihnen kam herauf und bestand darauf, daß Lenin auf einer gemeinsamen Sitzung der menschewistischen und bolschewistischen Delegierten dasselbe Referat halten sollte. Die Versammlung der Bolschewiki beschloß, daß Lenin auf einer gemeinsamen Versammlung aller Sozialdemokraten das Referat wiederholen sollte. Diese Versammlung fand unten im großen Saal des Taurischen Palais statt. Das erste, was mir in die Augen fiel, war der im Präsidium sitzende Goldenberg (Meschkowski). Er war in

[1] Stadtteil von Petrograd am rechten Ufer der Newa

der Revolution von 1905 ein standhafter Bolschewik, einer unserer nächsten Kampfgenossen gewesen. Jetzt war er Plechanow gefolgt und ins Lager der »Vaterlandsverteidiger« übergegangen. Lenin sprach etwa zwei Stunden. Goldenberg trat gegen ihn auf und sprach mit außerordentlicher Schärfe; er sagte, daß Lenin das Banner des Bürgerkriegs in den Reihen der revolutionären Demokratie aufgepflanzt habe. Es wurde klar, wie weit sich unsere Wege getrennt haben. Ich erinnere mich noch an die Rede der Genossin Kollontai, die leidenschaftlich für die Thesen Lenins eintrat.

Die Thesen Lenins wurden drei Tage später, am 7. April, in der »Prawda« veröffentlicht. Schon am folgenden Tag erschien in der »Prawda« ein Artikel Kamenews »Unsere Differenzen«, in dem er von diesen Thesen abrückte. In dem Artikel Kamenews wurde gesagt, daß die Thesen Lenins dessen Privatmeinung ausdrückten, die weder die »Prawda« noch das Büro des Zentralkomitees teilten. Die bolschewistischen Delegierten der Konferenz, der Lenin seine Thesen vorgelegt hatte, hätten nicht diese, sondern die Thesen des Büros des Zentralkomitees angenommen. Er erklärte, die »Prawda« beharre auf ihren früheren Standpunkt.

Nun begann der Kampf innerhalb der bolschewistischen Organisation. Er dauerte nicht lange. Eine Woche später fand die Petrograder Stadtkonferenz der Bolschewiki statt, die sich auf den Standpunkt Lenins stellte. Die Konferenz dauerte acht Tage (vom 14. bis 22. April); in diesen Tagen fanden eine Reihe wichtiger Ereignisse statt, die bewiesen, wie recht Lenin hatte.

Am 7. April – dem Tag, an dem die Thesen Lenins veröffentlicht wurden – stimmte das Exekutivkomitee des Petrograder Sowjets noch für die »Freiheitsanleihe«.

In den bürgerlichen Zeitungen und in den Blättern der »Vaterlandsverteidiger« begann eine wütende Hetze gegen Lenin und die Bolschewiki. Kein Mensch schenkte der Erklärung Kamenews irgendwelche Beachtung, alle wußten, daß der Standpunkt Lenins innerhalb der bolschewistischen Organisation siegen würde. Die Hetze gegen Lenin begünstigte die rasche Popularisierung der Thesen. Lenin nannte den Krieg einen imperialistischen, räuberischen, alle sahen, daß Lenin ernstlich für den Frieden war. Das riß die Matrosen und Soldaten und alle diejenigen mit, für die der Krieg eine Frage von Leben und Tod war.

Am 1. Mai (18. April) fanden im ganzen Land grandiose Maidemonstrationen statt, wie sie Rußland nie zuvor gesehen hatte.

Deutschland wird Republik

Philipp Scheidemann

Die verzweifelten deutschen Anstrengungen im Frühjahr 1918, mit den im Osten freigewordenen Truppen eine Entscheidung im Westen herbeizuführen, blieben erfolglos. Die Kräfte des deutschen Heeres waren erschöpft, und am 14. August 1918 mußte Ludendorff im Kronrat von Spa zugeben, daß der Krieg nicht mehr auf militärischem Wege beendet werden könne. Die katastrophale Lage an der Front blieb nicht ohne Auswirkung auf die Heimat. Am 3. Oktober 1918 hatte die deutsche Regierung ein Waffenstillstandsangebot an den amerikanischen Präsidenten Wilson gesandt, einen Monat später kam es zum Aufstand deutscher Matrosen in Kiel. Die Revolution verbreitete sich rasch über viele große Städte; überall wurden Arbeiter- und Soldatenräte gebildet, und fast kampflos lösten sich die alten Gewalten auf. Vergeblich versuchte die deutsche Reichsregierung unter Prinz Max von Baden, Kaiser Wilhelm II. rechtzeitig zur Abdankung zu bewegen. In München wurde durch Kurt Eisner bereits in der Nacht vom 7. zum 8. November die Republik ausgerufen. In Berlin erklärte am 9. November mittags der Reichskanzler Max von Baden den Rücktritt des Kaisers und übergab das Kanzleramt an Friedrich Ebert (SPD). Als Karl Liebknecht daraufhin mit einer Schar seiner Anhänger in Deutschland eine Räterepublik nach russischem Muster errichten wollte, kam ihm Philipp Scheidemann (SPD) gerade noch zuvor und proklamierte gegen fünfzehn Uhr vom Balkon des Reichstages aus die deutsche Republik. Morsch brachen alle damals in Deutschland bestehenden Monarchien protestlos zusammen. Klassisch wurde der Ausspruch des sächsischen Königs: »Macht euch euren Dreck alleene!«
Scheidemann hat die dramatischen Stunden des 9. November 1918 in seinen Erinnerungen beschrieben und auch phonographisch festgehalten.

Die Nacht zum 9. November war schlaflos gewesen, sie kam mir endlos vor. Obwohl ich sehr spät zu Bett gekommen war, stand ich morgens um 6 Uhr schon wieder marschbereit da. Nach dem Genuß eines undefinierbaren »deutschen Tees« und trockenen Brotes rief ich in der Reichskanzlei an, es war kaum 7 Uhr: »Ist der Kaiser zurückgetreten?«

»Noch nicht, aber wir erwarten die Nachricht seines Rücktrittes jeden Augenblick!« – »Ich will noch eine Stunde warten, ist er dann noch nicht gegangen, dann gehe ich!«
Um keine Zeit zu verlieren, fuhr ich sofort in den Reichstag, um immer wieder in der Reichskanzlei anzurufen. Im Reichstag ging es schon lebhaft zu. Allerlei wenig vertrauenerweckende Gestalten trieben sich in den Wandelgängen herum. Gegen 9 Uhr rief ich die Reichskanzlei wiederum an. – »Noch nicht! – Vielleicht mittags!« – »Solange brauche ich zu meiner Entschließung nicht. Bitte, sagen Sie dem Reichskanzler, daß ich mein Amt hiermit niederlege. In einer Viertelstunde haben Sie die Meldung meines Rücktritts auch schriftlich dort ... Ich soll nichts übereilen? Bitte, man soll vor allem auch nichts verzögern, bis es zu spät ist!«
Ein Eilbote brachte meine Rücktrittsmeldung für den Reichskanzler in die Wilhelmstraße: »Ich beehre mich mitzuteilen, daß ich mein Amt als Staatssekretär hiermit niederlege.« Das Kabinett war zu dieser Stunde schon versammelt.
Nun war ich wieder frei! Frei, nachdem ich, mehr als vier Wochen lang, Tag für Tag menschliche Unzulänglichkeit, Unzuverlässigkeit und Unentschlossenheit in schier unausdenkbarem Maße hatte beobachten müssen. Im Sitzungssaal der Fraktion hatten sich schon vor 9 Uhr zahlreiche Abgeordnete eingefunden, ebenso die Mitglieder des Fraktions- und Parteivorstandes, Vertrauensmänner der Berliner Organisation und eine Abordnung der Berliner Betriebsobleute. Nachrichten liefen ein, die sich zum Teil erheblich widersprachen. An einer Kaserne sollte es zwischen Arbeitern und Soldaten zu Kämpfen gekommen sein, von anderen Kasernen wurde gemeldet, daß die Soldaten, als habe es sich um die selbstverständlichste Sache der Welt gehandelt, ohne weiteres zu den Arbeitern übergegangen seien. In manchen Schriften werden Heldenszenen geschildert, die an die Berichte des braven Soldaten Schwejk erinnern. Vielleicht eignen diese Schilderungen sich als Vorwürfe für später zu malende Revolutionsbilder, an denen unsere Enkel und Enkelkinder sich einmal ergötzen. Historische Bedeutung haben sie nicht. Es wäre unrecht, die Tätigkeit irgendeines Mannes, der damals sich in den Dienst der revolutionären Bewegung gestellt hat, verkleinern zu wollen, töricht aber sind die Versuche, die Arbeit einzelner auf Kosten der anderen ins Riesenhafte steigern zu wollen.
Als die Beratungen der sozialdemokratischen Vertrauensmänner im Reichstage begannen, hatte der Generalstreik bereits eingesetzt. Ungeheure Massen marschierten dem Stadtinnern zu. Ganze Truppenteile, so

»die absolut zuverlässigen Jäger«, dann die in der Alexanderkaserne liegenden Truppen, ebenso die für die revolutionäre Bewegung äußerst wichtigen Kraftfahrer hatten sich bereits der Sozialdemokratischen Partei zur Verfügung gestellt. Gegen Mittag hatte der Kommandierende General v. Linsingen ein Schießverbot herausgegeben. Die Mitglieder des Parteivorstandes und der Fraktionsleitung hatten in einer Besprechung sich dahin geeinigt, sofort mit den Unabhängigen in Verbindung zu treten. Wir boten den Unabhängigen an, gemeinsam mit uns die Regierung zu übernehmen. Ledebour nahm das nur »zur Kenntnis«, zum Entsetzen seiner beiden Freunde. In unserer Vertrauensmännersitzung wurde sofort auch über diese bemerkenswerte Besprechung mit den Unabhängigen berichtet. Ebert sagte:

»Die Unabhängigen haben keinerlei positive Zusagen gegeben. Sie berufen sich darauf, daß ihr Vorstand nicht vollzählig beisammen ist. Es sollen jetzt sofort Verhandlungen mit den Arbeiter- und Soldatenräten gepflogen und dann die Regierung aufgefordert werden, uns die Macht zu übergeben. Geschieht das nicht, soll die Aktion weitergeführt werden.«

Die Unabhängigen, die uns bis 12 Uhr mittags vertröstet hatten, konnten nicht Wort halten, weil sie unter sich vollkommen uneins waren. Während Ebert anderweitig beschäftigt war, traf ich vom Reichstag aus mancherlei Anordnungen. Heute muß ich über manche der von mir getroffenen Bestimmungen herzlich lachen. Ununterbrochen stellte ich zunächst Passierscheine aus. Dann ernannte ich auf mancherlei Anregungen hin den einen zum Beigeordneten für dieses, den anderen zum Beigeordneten für jenes Amt. Auf der Treppe des Reichstages vom Obergeschoß zum Hauptgeschoß lief der Kollege Göhre mir in den Weg, als gerade andere mich bestürmten, dem Kriegsminister einen sozialdemokratischen Vertrauensmann zur Seite zu geben, der »aufpassen« müsse, damit nichts gegen uns geschehe. »Hallo, Göhre, das trifft sich ausgezeichnet, Sie sind doch Leutnant! Gehn Sie gleich in das Kriegsministerium, wo Sie alles, was hinausgeht, kontrollieren und gegenzeichnen müssen, wenn es Gültigkeit haben soll.« – Göhre: »Ich bin gern bereit, aber gerade für den Posten wird es besser sein, wenn ich meine Uniform anziehe!« – »Gut, ziehen Sie Ihre Uniform an.« – Der Abgeordnete Max Cohen, der im Krieg ebenso wie Konrad Hänisch einige Tage als Soldat eingekleidet war, als untauglich jedoch wieder zur Entlassung kam, trat hinzu mit dem Bemerken, daß er auch eine Uniform besitze. – »Gut, gehen Sie heim und ziehn auch Sie Ihre Uniform an.« Zwei Stunden später traten Göhre und Cohen, die beide in Vororten an der Wannseebahn wohnten, in Uniform an. Göhre war sehr verstimmt: man hatte ihm auf der Straße die Achselstücke abgerissen.

Werfen wir schnell einen Blick in die Wilhelmstraße, wo dem Reichskanzler nun eine Hiobsbotschaft nach der andern überbracht wurde. Er klammerte sich immer noch an törichte Hoffnungen: Wenn jetzt der Kaiser telegrafieren würde, daß er zurücktrete, so könnte vielleicht noch alles anders kommen! Dabei waren schon im Zentrum Berlins viele hunderttausend Arbeiter aufmarschiert, denen der Rücktritt des Kaisers jetzt vollkommen gleichgültig geworden war; sie verlangten jetzt mehr: »Gleich darauf kam die Schreckensnachricht, welche die Grundlage aller Zuversicht brach. Die Naumburger Jäger sind zu den Aufständischen übergegangen.« Jedoch am Grabe noch pflanzt er die Hoffnung auf! Von Stunde zu Stunde hofft der Prinz... Er selbst telegrafierte und ließ unausgesetzt nach Spa telefonieren. Die Antworten waren immer die gleichen: »Wir sollten noch etwas warten und dergleichen mehr!«

Gegen Mittag des 9. November, fast zugleich mit Herausgabe der Nachricht, daß der Kaiser und der Kronprinz verzichtet hätten, wurde offiziell verkündet, daß ein Schießverbot für das Militär erlassen sei.
Ebert blieb in der Reichskanzlei, wir anderen eilten in den Reichstag, wo unsere Freunde versammelt waren. Ich berichtete kurz über die Geschehnisse des Vormittags. Die Versammlung stimmte dem Vorschlag zu, sofort ein Plakat herstellen zu lassen, durch das aufgefordert werden soll, die Versorgung der Bevölkerung mit Lebensmitteln nicht zu gefährden. Die Bevölkerung möge sich geschlossen hinter die SPD stellen.
In dieser Stunde hatte Ebert in der Reichskanzlei mit einer Deputation der Unabhängigen, die aus Dr. Oskar Cohn, Vogtherr und Dittmann bestand, verhandelt. Herr von Payer soll, wie Prinz Max berichtet, auf Wunsch Eberts zugezogen worden sein. Das erscheint durchaus glaublich, denn der Prinz könnte sonst über diese Besprechung kaum berichten. Er schildert sie wie folgt:
»Ebert eröffnete den Herren ›ziemlich schroff‹ und ›von oben herab‹, daß die Sozialdemokratische Partei entschlossen sei, die Regierung zu übernehmen. Er forderte als Reichskanzler die Unabhängigen zur Erklärung auf, ob sie in die Regierung eintreten wollten und wie sie sich zu der etwaigen Beteiligung weiterer Parteien an der Regierung stellen würden. Die Herren wiesen ›recht kleinlaut‹ darauf hin, daß sie ohne Rücksprache

mit ihren Freunden überhaupt keine Erklärung abgeben könnten, lehnten aber nicht grundsätzlich ab.«

Am 9. November 1918 glich der Reichstag schon in den Morgenstunden einem großen Heerlager. Arbeiter und Soldaten gingen ein und aus. Viele trugen Waffen. Mit Ebert, der nun auch aus der Reichskanzlei in den Reichstag gekommen war, und anderen Freunden saß ich hungrig im Speisesaal. Es gab wieder nur eine dünne Wassersuppe ... Da stürmte ein Haufen von Arbeitern und Soldaten in den Saal, gerade auf unseren Tisch zu.

Fünfzig Menschen schrien zugleich: »Scheidemann, kommen Sie gleich mit!« – »Philipp, du mußt herauskommen und reden!«

Ich wehrte ab – ach, wieviel hatte ich schon reden müssen!

»Du mußt! Du mußt, wenn Unheil verhütet werden soll!« – »Draußen stehen Zehntausende, die verlangen, daß Sie reden.« – »Jawohl, Scheidemann, komm schnell, vom Schloßbalkon aus redet Liebknecht ...!«

»Na, wenn schon!«

»Nein, nein, kommen Sie mit!« – »Du mußt reden!«

Dutzende redeten auf mich ein, bis ich mit ihnen ging.

Die große Wandelhalle zeigte ein dramatisch bewegtes Bild. Gewehre waren in Pyramiden zusammengestellt. Vom Hofe herauf hörte man Pferdegetrappel und Gewieher. In der Halle schienen tausend durcheinanderjagende Menschen gleichzeitig zu reden und zu schreien.

Wir gingen eiligen Schritts dem Lesesaal zu. Von einem Fenster aus wollte ich zu den Massen sprechen.

Links und rechts von mir redeten meine Begleiter auf mich ein, um mich über die Vorgänge auf der Straße zu unterrichten. Zwischen dem Schloß und dem Reichstag, so wurde versichert, bewegten sich ungeheure Menschenmassen hin und her.

»Liebknecht will die Sowjetrepublik ausrufen –!«

Nun sah ich die Situation klar vor Augen. Ich kannte seine Forderung: »Alle Macht den Arbeiter- und Soldatenräten!«

Deutschland also eine russische Provinz, eine Sowjet-Filiale? Nein! Tausendmal nein!

Kein Zweifel: Wer jetzt die Massen vom Schloß her »bolschewistisch« oder vom Reichstag zum Schloß hin »sozialdemokratisch« in Bewegung bringt, der hat gesiegt!

Ich sah den russischen Wahnsinn vor mir, die Ablösung der zaristischen Schreckensherrschaft durch die bolschewistische. »Nein! Nein! Nur nicht auch das noch in Deutschland nach all dem anderen Elend –!«

Schon stand ich am Fenster. Viele Tausende von Armen reckten sich, um Hüte und Mützen zu schwenken. Mächtig hallten die Zurufe der Massen mir entgegen. Dann wurde es still.
Ich sprach nur wenige Sätze, die mit großem Beifall aufgenommen wurden:
»Arbeiter und Soldaten!
Furchtbar waren die vier Kriegsjahre. Grauenhaft waren die Opfer, die das Volk an Gut und Blut hat bringen müssen. Der unglückselige Krieg ist zu Ende. Das Morden ist vorbei. Die Folgen des Kriegs, Not und Elend, werden noch viele Jahre lang auf uns lasten. Die Niederlage, die wir unter allen Umständen verhüten wollten, ist uns nicht erspart geblieben, weil unsere Verständigungsvorschläge sabotiert wurden, wir selbst wurden verhöhnt und verleumdet.
Die Feinde des werktätigen Volkes, die wirklichen ›inneren Feinde‹, die Deutschlands Zusammenbruch verschuldet haben, sind still und unsichtbar geworden. Das waren die Daheimkrieger, die ihre Eroberungsforderungen bis zum gestrigen Tage ebenso aufrechterhielten, wie sie den verbissensten Kampf gegen jede Reform der Verfassung und besonders des schändlichen preußischen Wahlsystems geführt haben. Diese Volksfeinde sind hoffentlich für immer erledigt. Der Kaiser hat abgedankt. Er und seine Freunde sind verschwunden. Über sie alle hat das Volk auf der ganzen Linie gesiegt!
Der Prinz Max von Baden hat sein Reichskanzleramt dem Abgeordneten Ebert übergeben. Unser Freund wird eine Arbeiterregierung bilden, der alle sozialistischen Parteien angehören werden. Die neue Regierung darf nicht gestört werden in ihrer Arbeit für den Frieden, in der Sorge um Brot und Arbeit.
Arbeiter und Soldaten! Seid euch der geschichtlichen Bedeutung dieses Tages bewußt. Unerhörtes ist geschehen. Große und unübersehbare Arbeit steht uns bevor.
Alles für das Volk, alles durch das Volk! Nichts darf geschehen, was der Arbeiterbewegung zur Unehre gereicht.
Seid einig, treu und pflichtbewußt!
Das Alte und Morsche, die Monarchie ist zusammengebrochen. Es lebe das Neue! Es lebe die Deutsche Republik!«
Schier endloser Jubel ertönte. Dann setzten sich die Massen in Bewegung nach dem Schloß. Die bolschewistische Welle, die an diesem Tage unser Vaterland bedrohte, war gebrochen! Die Deutsche Republik war in den Köpfen und Herzen der Massen lebendig geworden.

Sofort nach meiner Rede war ich wieder in den Speisesaal des Reichstags zurückgegangen, um den Rest meiner Wassersuppe zu retten. – Die Szene, die sich dann abspielte, habe ich niemals auch nur mit einem Worte erwähnt, würde auch darüber geschwiegen haben, wenn nicht Pfarrer Felden in seinem Ebertbuch darüber berichtet hätte. Einige Arbeiter und Soldaten, die den jetzt nur ganz schwach besetzten Saal mit mir betreten hatten, waren wirklich »hochgestimmt«, um einmal mit dem Prinzen Max zu reden, und schrien in den Saal: »Scheidemann hat die Republik ausgerufen!« Sehen wir uns nun zunächst an, was Felden, der nur von Ebert selbst oder einem seiner intimsten Freunde über die Szene informiert sein kann, in seinem Buche schreibt:

»Ebert ist entsetzt und ruft dem Freunde zu: Das war unrecht. Über die zukünftige Staatsform wird die Konstituante zu bestimmen haben!«

So friedlich-freundlich, wie die Szene sich nach dieser Darstellung ausnimmt, war sie leider nicht. Ebert war vor Zorn dunkelrot im Gesicht geworden, als er von meinem Verhalten hörte. Er schlug mit der Faust auf den Tisch und schrie mich an: »Ist das wahr?« Als ich ihm antwortete, daß »es« nicht nur wahr, sondern selbstverständlich gewesen sei, machte er mir eine Szene, bei der ich wie vor einem Rätsel stand. »Du hast kein Recht, die Republik auszurufen! Was aus Deutschland wird, ob Republik oder was sonst, das entscheidet eine Konstituante!« Wie konnte ein so kluger Mensch die Situation derart falsch einschätzen, daß er selbst am 9. November noch von Regentschaft, Stellvertretung, Reichsverweser und anderem total erledigtem, monarchischem Gerümpel sprach! Jetzt, viele Jahre nach jenem bedeutsamen Tag, verstehe ich das Verhalten Eberts besser, denn jetzt liegen mancherlei Bücher und sonstige Berichte vor, aus denen zu ersehen ist, daß damals vertrauliche Gespräche über Monarchie, Republik, Stellvertretung des Kaisers usw., von denen ich keine Kenntnis hatte, stattgefunden haben. Ebert fühlte sich deshalb wohl bis zu einem gewissen Grade gebunden. Für die Sozialdemokratische Partei und mich bestand eine solche Bindung nicht.

Hitlerputsch in München

K. A. von Mueller

Die wachsende Spannung zwischen der Reichsregierung in Berlin und der bayerischen Regierung ermutigte Hitler 1923 zu einer revolutionären Aktion. Allerdings konnte er das nicht aus eigener Kraft wagen; er bedurfte der Unterstützung durch den Staatskommissar Kahr und durch den Oberkommandierenden in Bayern, General von Lossow, wobei jeder den anderen für seine eigenen Zwecke auszunutzen gedachte. Da das Reich auch von anderen Seiten bedroht war, übertrug der Reichspräsident Ebert alle Vollmachten dem Chef der Heeresleitung, von Seeckt.
Am Abend des 8. November kam es im Bürgerbräukeller in München zu der dramatischen Szene, die der folgende Bericht schildert. So selbstsicher Hitler auch auftrat, seine Sache war noch in der gleichen Nacht verloren, da es ihm nicht gelang, die Schlüsselstellungen durch die SA besetzen zu lassen. Kahr und von Lossow distanzierten sich von ihm.
Am folgenden Tag setzte sich gegen Mittag eine Marschkolonne aus dem Bierkeller gegen das Stadtzentrum in Bewegung. An der Spitze gingen Hitler und Ludendorff. Vor der Feldherrnhalle wurde der Zug von bewaffneter Polizei erwartet. Es kam zu einer Schießerei, die in wenigen Minuten die Revolution hinwegfegte. Hitler floh und wurde wenig später verhaftet.
Der Prozeß, bei dem der Gefreite neben dem berühmten General Ludendorff stand, wurde für Hitler zu einem bedeutenden Propagandaerfolg, der die neun Monate Festungshaft als geringfügig erscheinen ließ.

Von der Vorbereitung der Versammlung wußte ich nichts. Ich habe erst davon gehört durch eine Einladung, die ich am Morgen des Tages selbst durch Boten zugeschickt erhalten habe. Da das immerhin eine etwas ungewöhnliche Form einer Einladung war zu einer solchen Art von Versammlung und die Tatsache, daß sie am 8. November war, ließen mich vermuten, daß es sich nicht um eine ganz gewöhnliche Versammlung handeln dürfte, sondern um etwas Wichtigeres, eine wichtigere Kundgebung oder einen Schritt, den das Generalstaatskommissariat unternehmen wolle.

Wie ich hinauskam, war bereits polizeilich gesperrt. Es waren einige Polizisten da, die alle Mühe hatten, die Eintrittsuchenden noch zurückzuhalten, die alle Karten hatten und deshalb Einlaß begehrten. Wie ich kam, sah ich gerade Oberstleutnant Kriebel in Uniform nahen. Er besprach sich kurz mit einem Schutzmann und wurde eingelassen, und mir fiel auch das auf im Zusammenhang mit dem Sturmtrupp, den ich gesehen hatte. Ich war gespannt auf die Versammlung, weil ich mir sagte, entweder ist eine Einigung erzielt worden, oder es wird zu Störungen kommen. Etwas anderes schien mir unmöglich bei der gespannten Situation. Der Saal war gedrängt voll, und man hatte etwa den Eindruck, daß die ganze Veranstaltung den Leitern aus der Hand gewachsen war. Es waren mehr Leute gekommen offenbar, als beabsichtigt war.
Ich bekam einen Platz unmittelbar gegenüber dem Podium doch diesseits des Hauptganges, so daß ich die Hauptvorgänge sehr deutlich sehen konnte. Herr von Kahr hatte eine halbe Stunde gesprochen. Da entstand Unruhe am Eingang, als wollten Leute sich hereindrängen. Die Unruhe wurde nicht kleiner trotz verschiedener Mahnungen. Dann mußte der Herr von Kahr seine Rede unterbrechen. Schließlich sah man Stahlhelme auftauchen. Von dem Augenblick an war die Wahrnehmung von meinem Platz aus ziemlich beeinträchtigt. Die Leute standen auf den Stühlen, so daß ich Hitler erst sah, wie er ziemlich nahe im Hauptgang gekommen war. Kurz bevor er sich zum Podium wandte, sah ich, wie er auftauchte zwischen zwei Bewaffneten im Stahlhelm, die die Pistole an den Kopf gehalten in der Richtung gegen die Decke trugen. Sie bogen ein gegen das Podium zu. Hitler stieg seitwärts von mir links auf den Stuhl. Der Saal war noch unruhig, und darauf gab Hitler dem Mann, der rechts von ihm stand, ein Zeichen, und der gab mit der Pistole einen Schuß auf die Decke ab. Dann rief Hitler aus – die genaue Reihenfolge kann ich nicht sagen –: Die nationale Revolution ist ausgebrochen, der Saal ist umstellt. Es kann sein, daß er die Zahl genannt hat, ich weiß es nicht sicher. Er bitte die Herren Kahr, Lossow, Seißer hinaus und garantiere für die persönliche Freiheit. Die Herren bewegten sich nicht. Der Generalstaatskommissar war einen Schritt zurückgetreten und stand, Hitler ruhig ansehend, diesem gegenüber. Dann ging Hitler auf das Podium zu. Was geschah, konnte ich nicht genau sehen. Ich hörte, daß er einsprach auf die Herren und die Worte: Es würde alles in zehn Minuten erledigt sein, wenn die Herren mit ihm hinausgingen.
Zu meiner Überraschung gingen die drei Herren sofort mit ihm hinaus. Im Saal herrschte große Aufregung. Man wußte, es konnte niemand den

Saal verlassen. Man sah in der Mitte nicht die einzelnen Maßnahmen, wie abgesperrt war. Aber das Gefühl war verbreitet, daß man in einer Art Mausefalle säße. Die Unruhe war so groß, daß niemand das Wort ergreifen konnte. Eine Reihe von Herren versuchte es, der Vorsitzende versuchte, Ruhe zu schaffen, einige Herren haben versucht zu sprechen. Es gelang nicht.

Erst wie Pöhner auf Aufforderung das Podium betrat, schien es ruhig zu werden. Aber er hatte noch nicht begonnen, da wurde er hinausgerufen, von einem Bewaffneten, glaube ich, der ihn darum bat, und Pöhner verließ den Saal. Erst Hauptmann Göring gelang es mit großem Stimmaufwand und einer gewissen brutalen Energie, sich für einige Sätze Ruhe zu verschaffen. Unter dem, was er sagte, waren zwei Dinge, die meiner Erinnerung nach auf die Versammlung Eindruck machten: Das eine war, daß er sehr lebhaft betonte, es richte sich die Sache in keiner Weise gegen Kahr, im Gegenteil, man hoffe, daß er mitmache, und das zweite, daß sich die Sache auch nicht gegen die Truppen richte, die Reichswehr und Landespolizei. Im Gegenteil, sie rückten mit fliegenden Fahnen schon aus den Kasernen an. Das hat nach meiner Meinung Eindruck gemacht auf die Versammlung. Trotzdem war die Stimmung im ganzen – ich kann natürlich nur von meiner Umgebung urteilen, habe aber die Meinung, daß es die Gesamtstimmung des Saales wiedergibt – noch gegen das ganze Unternehmen. Man hörte: Theater! Südamerika! Mexiko! Das war das überwiegende.

Der Umschwung trat erst ein bei der zweiten Ansprache Hitlers, als er nach zehn Minuten ungefähr hereinkam, allein aufs Podium ging und eine kurze Ansprache hielt. Diese war rednerisch ein Meisterstück. Sie hat eigentlich die Stimmung der Versammlung mit wenigen Sätzen umgedreht wie einen Handschuh. Ich habe so etwas noch selten erlebt. Wie er aufs Podium ging, war die Unruhe so groß, daß er kein Gehör fand und einen Schuß abgab. Ich sehe noch die Bewegung. Er holte den Browning hinten aus der Tasche, bei der Gelegenheit war es nach meiner Erinnerung, daß die Äußerung mit dem Maschinengewehr gemacht wurde. Wie keine Ruhe wurde, rief er ärgerlich in die Versammlung hinein: Wenn nicht Ruhe wird, lasse ich ein Maschinengewehr auf der Galerie aufstellen. Er kam eigentlich herein, um zu sagen, daß seine Voraussage, daß in zehn Minuten die Sache erledigt sein würde, nicht eingetroffen sei. Er brachte das aber in einer Weise vor, daß er schließlich hinausging, mit der Vollmacht der Versammlung, zu Kahr zu sagen, daß der ganze Saal hinter ihm stehen würde, wenn er sich anschließen würde. Es war eine vollkommene Umdrehung. Man hörte die Meinung äußern, es sei eine abgekartete Geschichte, ein Theaterarrangement. Ich war dieser Meinung nicht, weil dem die ganze Haltung Kahrs zu widersprechen schien. Man hatte in seiner nächsten Umgebung den Eindruck der Verstörtheit, der schweren Bestürzung. Meine Meinung war, daß Kahr nicht zustimmen würde und daß wir bis zum anderen Morgen eingesperrt sein würden. Ich habe das auch mehreren Herren gegenüber ausgesprochen. Ich nahm an, daß, wenn Kahr nicht zustimmen würde, Hitler ihn festhalten würde. Daß er persönlich gegen ihn vorgehen würde, hielt ich für ganz unwahrscheinlich.

Ich darf vielleicht sagen, was mein persönlicher Eindruck über unsere Lage im Saal war. Das Gefühl einer leiblichen Gefahr habe ich für meine Person in der ganzen Zeit nicht gehabt, eigentlich keine Minute lang. Ich nahm nicht an – ich kannte ja Hitler persönlich –, daß er, wenn draußen keine Zustimmung erzielt würde, gegen den Saal losgehen und daß ein Blutbad angerichtet würde. Natürlich war die Lage so: Es waren geladene Pistolen, Gewehre, Maschinengewehre da, so daß durch die Dummheit, die Aufgeregtheit des einzelnen etwas Unberechenbares geschehen konnte. Die Möglichkeit war gegeben, daß, wenn draußen, außerhalb des Kellers, ein Zusammenstoß kommen würde, dann innen eine Panik in unberechenbarer Weise eintreten konnte. Im ganzen nahm ich an, wir würden festgehalten werden, weil die Herren nicht zustimmen würden.

Eine Stunde nach dem ersten Eintreten Hitlers kamen die drei Herren mit Ludendorff und Hitler wieder in den Saal. Sie wurden enthusiastisch empfangen. Auf dem Podium ergriff zuerst Kahr unaufgefordert das Wort zu der Ansprache, die in den Zeitungen genau wiedergegeben ist. Auch Ludendorff sprach meiner Erinnerung nach unaufgefordert, während Lossow und Seißer erst auf wiederholte Aufforderungen – ich weiß nicht Worte, jedenfalls Gebärden Hitlers – das Wort ergriffen. Wenn ich das Bild wiedergeben soll, das die Herren auf dem Podium mir boten, so würde ich sagen, Kahr war vollkommen unbewegt. Sein Gesicht war den ganzen Abend wie eine Maske. Er war nicht bleich oder erregt, er war sehr ernst, sprach aber die Worte sehr ruhig. Ich hatte den Eindruck, daß um seine Augen ein Ausdruck von Melancholie lag. Aber das ist subjektiv vielleicht. Hitler dagegen war bei dieser Szene eigentlich leuchtend vor Freude. Man hatte den Eindruck, daß er selig war, daß es ihm geglückt war, Kahr zu bewegen, mitzutun. Es war in seinem Ausdruck, ich möchte fast sagen, eine Art kindlicher Freude, ein sehr offener Ausdruck, den ich nicht vergessen werde. Exzellenz von Ludendorff daneben war

todernst, wie er hereinkam, war er fahl vor innerer sehr zusammengehaltener Erregung. Sowohl sein Aussehen wie seine Worte machten durchaus den Eindruck eines Mannes, der weiß, es ist eine Sache um Leben und Tod, vielleicht eher Tod wie Leben. Ich werde den Ausdruck nicht vergessen. Er war so, daß, als ich am nächsten Mittag in der Stadt das Gerücht hörte, er sei gefallen, ich zu mir sagte: »So hat er gestern abend ausgesehen.« Abstechend davon war der Ausdruck Lossows, der etwas Unbeteiligtes, etwas Lässiges in seiner ganzen Haltung hatte. Ich möchte dabei nichts Parteimäßiges sagen, aber, um es zu charakterisieren, ich hatte den Eindruck, er machte ein etwas spöttisches Fuchsgesicht. So ein gewisses Lächeln kam nicht aus seinen Zügen heraus, durch das man nicht dringen konnte. Seißer war erregt und bleich. Er war der einzige, der einen persönlich erregten Eindruck machte.
Die Szene des Handschlags wäre vielleicht noch zu erwähnen. Ich glaube, es wird wohl so gewesen sein, daß Hitler Kahr die Hand gegeben hat, aber das Bild der beiden Männer – es war nicht nur ein flüchtiger Handschlag, sondern die Hände waren ineinander – mußte sich der Versammlung deutlich einprägen. Man sah die beiden auf dem Podium voreinander Hand in Hand stehen. Den Eindruck, den Gedanken, daß es nicht ernsthaft gewesen sei, habe ich keinen Augenblick gehabt. Ich habe das Ganze für durchaus ernsthaft gehalten. Ich habe auch in meiner Umgebung nichts anderes gehört. Ich selbst war in den Minuten tief erschüttert. Ich hielt das ganze Unternehmen, bei dem so, wie es sich abspielte, eine ganze Reihe von Herren beteiligt war, die ich sehr hoch schätzte, gerade in der Richtung und Art, wie es eingestellt war, für verhängnisvoll, vor allem aus außenpolitischen Rücksichten. Ich habe den Herren, die mich beglückwünschten, daß ich eine historische Szene erlebte, gesagt: Was wird sein, wenn wir morgen ein französisches Ultimatum haben, wenn die Mainlinie besetzt ist, wenn die ersten Bedrückungen einer überlegenen feindlichen Gewalt kommen, wie werden sich die Leute, die jetzt jubeln, dann benehmen? Nur der schwere Druck hat mich verhindert, in der Stunde mich selber zur Verfügung zu stellen. Ich möchte aber vollkommen offen sein vor dem Gericht, und, um meinen Eindruck ganz deutlich zu machen an dem Abend, bemerken, daß ich, als ich nach Hause ging, überlegte, was weiter zu tun ist, und daß ich mir sagte: Wenn morgen früh diese Herren zur Mitarbeit aufrufen, bleibt nichts anderes übrig, als mitzutun, auch wenn man die Sache für verhängnisvoll und unberechenbar in ihren Wirkungen hielt.

Von Ebert zu Hindenburg

Theodor Heuss

Im Februar 1925 starb Friedrich Ebert. Er war als sozialdemokratischer Politiker 1919 in Weimar zum ersten Präsidenten der neuen deutschen Republik gewählt worden, hatte stets eine Politik demokratischer Mäßigung vertreten und sich aufgerieben im Bemühen um eine gerechte Ordnung im neuen Deutschland. Die letzten Jahre seines Lebens waren überschattet gewesen von ungerechtfertigten Angriffen rechtsradikaler Kreise gegen seine Person. Als aussichtsreichste Kandidaten um das höchste Amt im Staate standen sich nun drei Männer gegenüber: der Zentrumsführer Marx als Sammelkandidat der republikanischen Parteien, der Kommunist Thälmann und als Kandidat der Rechten der greise Generalfeldmarschall Hindenburg. Erst im zweiten Wahlgang siegte Hindenburg mit 14,7 Millionen Stimmen vor Marx mit 13,7 Millionen und Thälmann mit 1,9 Millionen. Die Wahl Hindenburgs war bezeichnender Ausdruck des Bürgertums, geschichtliche Tradition mit der Gegenwart aufs engste zu verbinden.
Theodor Heuss, der erste Präsident der Bundesrepublik nach dem Zweiten Weltkrieg, schildert in seinen Erinnerungen die kritischen Tage des Übergangs.

Friedrich Ebert war von der Nationalversammlung im Februar 1919 zum Reichspräsidenten gewählt worden; diese Berufung wurde vom Reichstag bestätigt und zum 30. Juni 1925 befristet. Es ist ungewiß geblieben, ob er sich zu diesem Termin einer Volkswahl gestellt haben würde, vielleicht schwankten seine eigenen Überlegungen. Manche seiner Freunde rechneten damit, daß er in die eigentliche Parteiführung zurückkehren werde – 1922 hatte er die Vereinigung der »Mehrheitler« mit den »Unabhängigen« voll Unbehagen begleitet. Der Aufstieg in der Partei war spät, aber dann sehr rasch. Erst 1912 war er in den Reichstag gewählt, einige Jahre zuvor in den Parteivorstand. Dort, so konnte man sich heiter von seinen Vertrauten erzählen lassen, hatte er als Revolutionär gewirkt, denn er setzte durch, daß – Schreibmaschinen gekauft wurden. Die Patriarchen, die in diesem Gremium saßen (ich habe sie gekannt, die Richard

Fischer und Molkenbuhr), hatten noch die Polizeipraxis aus der Ära des Sozialistengesetzes, der Haussuchungen und dergleichen, in den Knochen. Als im Februar 1918 in Berlin, Vorspielen in Österreich folgend, ein wilder Munitionsstreik ausbrach, war Ebert, auf das Begehren der überraschten Gewerkschaften, selber in die »Streikleitung« eingetreten, um den Streik, was auch nach wenigen Tagen gelang, abzuwürgen. Wer diesen Vorgang in Berlin miterlebte, konnte sich über den Sinn dieser Entscheidung keinen Augenblick im unklaren sein. Jetzt, 1924, da das »Dolchstoß«-Geschwätz in schöner Blüte stand, kamen ein paar obskure Figuren auf den Gedanken, sich dieses Vorgangs zu erinnern und den Reichspräsidenten des »Landesverrats« zu bezichtigen. Er war sachlich gezwungen, um seiner Ehre und seines Amtes willen, Strafantrag zu stellen.
Damit begann eines der schmählichsten Kapitel der neueren deutschen Geschichte, an das man nach Jahrzehnten nur mit Bitterkeit zurückdenken kann. Der Prozeß spielte sich, fast zufällig, vor dem Magdeburger Amtsgericht ab; in der Gegend hatte ein Blättchen den Verleumdungsaufsatz abgedruckt. Die Prozeßführung war reich an skurrilen Sonderwegen, die nicht hierher gehören. Der Bursche erhielt seine drei Monate Gefängnis, aber die Urteilsbegründung, wiewohl der Vorgang von 1918 im Sinn des Klägers klargestellt war, enthielt die Bemerkung, daß Ebert, wie immer historisch und politisch seine Haltung beurteilt werden möge, formalrechtlich »Landesverrat« begangen habe.
Wir alle waren tief betroffen. Elly in ihrer impulsiven Art schrieb einen Brief an Ebert, sie könne das Weihnachtsfest nicht richtig feiern, wenn sie ihm nicht zuvor Respekt und Dank ausgesprochen habe – ich kenne diesen Brief nicht, doch entsinne ich mich des Vorgangs, weil Frau Louise Ebert Elly später erzählte, diese Bekundung von einem ihm fremden Menschen sei das erste Wort der Sympathie gewesen, das ihm, dem tief verletzten Mann, in die Hand kam. Gewiß Ungezählte folgten ihm, zumal auch von amtlichen Stellen und privaten Gruppen. Hans Delbrück, von Haus aus politisch ein konservativer Mann, dabei von tapferem und empfindlichem Rechtssinn, lud neben ein paar Freunden auch mich ein, seine herzlich gehaltene Erklärung für Ebert zu unterzeichnen. Damit, daß ich das tat, habe ich, wenn ich mich nicht täusche, das einzige Mal einen Schwur gebrochen, der lange zurücklag, nämlich mich nie mehr an einer publizistischen Sammelkundgebung für oder gegen einen Menschen, für oder gegen eine Aktion zu beteiligen. Dabei hatte ich ein paarmal in den Vorkriegsjahren mitgemacht. Es schmeichelte wohl der jugendlichen Eitelkeit, daß mein Name als Publizist gewichtig genom-

men wurde. Aber dann fand ich mich wiederholt in einem Kreis, der mir gar nicht paßte, zu dem ich selber nach meinem Empfinden auch nicht paßte, meist waren es die gleichen Namen, die da antraten – ich wußte und weiß, daß das als eine Form der Demokratie gilt, und meine konsequente Ablehnung ist oft nicht verstanden und auch mißbilligt worden – das hat mich weiter nicht gestört.

Ich kann nicht von unserem persönlich vertrauten Verhältnis zu Ebert erzählen. Er kam regelmäßig zur Jahresfeier der »Hochschule für Politik«, und bei solcher Gelegenheit pflegten wir im befreundeten Kreis zusammenzubleiben. Aber sein staatsmännisches Wirken und der ernste Sinn seiner vaterländischen Pflichterfüllung hat mich von Anbeginn stark beeindruckt, so daß ich als Literat und als Redner, vor und nach der Hitlerzeit, öfter von ihm handelte, um ein Stück weit das auszugleichen, was seine Zeitgenossen ihm schuldig geblieben. Es war eine skandalfrohe Zeit. Sollte es nicht auch gelingen, den Reichspräsidenten in einen Prozeß hineinzuzerren, der über die in Teilen fragwürdige Geschäftspraxis einiger ausländischer Kaufleute geführt und, wie sich später ergab, aufgebauscht wurde? Ebert, unter diesen Dingen leidend, versäumte, frühzeitig die ärztliche Behandlung aufzusuchen; am 28. Februar 1925 erlag er einer Darmoperation. Ich glaube, in diesem Augenblick spürte die Mehrheit des deutschen Volkes, was es mit diesem Mann verloren hatte. Wilhelm Marx, wiederholt Reichskanzler und Justizminister, hat gewiß neben eigenen Erfahrungen mit lässigen Urteilen auch an dieses Magdeburger Urteil gedacht, als er das bittere Wort sprach (17. Februar 1926), er werde nie mehr in diesem Staat einen Strafantrag wegen Beleidigung stellen. Diese skeptische Meinung habe ich mir selber in späteren Jahren als Lehre dienen lassen.

Wer nun sollte Ebert folgen? Aus den Reihen der Bayerischen Volkspartei kam, nach meiner Erinnerung, die Anregung, sich auf den Wehrminister Otto Gessler zu einigen; der war wohl in Württemberg geboren, hatte aber seine wesentliche, zumal die kommunalpolitische Laufbahn in Bayern zurückgelegt, war mild katholisch. Er hatte sich in den Abrüstungsverhandlungen mit der alliierten Kontrollkommission, ein höchst schwieriges Geschäft bei den innerdeutschen Verbandswiderständen, mit einer ruhigen Hand bewährt. Die Absicht scheiterte am Widerstand Stresemanns, der mit der These widersprach, daß das Amt, das dieser Mann jetzt verwalte, als Provokation gegenüber dem Ausland wirke. Ob diese These von Stresemann wirklich geglaubt wurde, lasse ich dahingestellt; sie erschien mir schon damals künstlich arrangiert und hat meine

menschlichen Vorbehalte gegenüber dem Außenminister nur verstärkt. Die Verständigung zwischen den Parteiführungen scheiterte; immerhin gelang es Stresemanns Bemühung, die Deutschnationalen für seinen Kandidaten zu gewinnen, den ehemaligen Oberbürgermeister von Duisburg, Dr. Jarres, einen angesehenen Verwaltungsfachmann, der auch als Reichsinnenminister einmal eingesprungen war. Alle Parteien stellten ihre eigenen Kandidaten auf – damit war von Anbeginn deutlich, daß ein zweiter Wahlgang notwendig sein würde. Die Demokraten präsentierten den badischen Staatspräsidenten und Kultusminister Professor Willy Hellpach, einen einfallsreichen Schriftsteller und höchst begabten Redner, der es aber, worum ich ihn auf Wunsch der Fraktion schließlich gebeten hatte, ablehnte, bei seinen Programmreden auch einiges zu den konkreten Sorgen des Volkes zu sagen. An den Schlußziffern bleibt das Bemerkenswerte, daß der General Ludendorff, den die Nationalsozialisten nominiert hatten, am schlechtesten, fast kläglich, abschnitt – so sehr war es ihm gelungen, indem er mit seinem gekränkten Ehrgeiz à la suite des Kapp-, des Hitler-Putsches getreten war, seinen Kriegsruhm zu demolieren.
Die Verfassung bot die Möglichkeit, im zweiten Wahlgang einen Kandidatenwechsel vorzunehmen. Jetzt sahen die Deutschnationalen ihre Chance; der Feldmarschall von Hindenburg wurde als möglicher Nachfolger Eberts entdeckt. Es heißt, daß der alte Herr in Hannover selbst wenig Lust zeigte. Doch sei es dem Großadmiral von Tirpitz gelungen, ihm eine Zusage abzuringen – ob er wohl, was vor einem Jahr mißglückt war, die Betrauung mit dem Reichskanzleramt erwartete –, Stresemann war überspielt; seine Einwände gegen Gessler, mit dem Blick auf das Ausland begründet, mußten jetzt fast als lächerlich erscheinen. Die Kandidatur wirkte in dem Sinn alarmierend, daß die »Weimarer Koalition« zusammenrückte und sich auf den Zentrumsabgeordneten Marx einigte. Auch Ludendorff resignierte – nur die Kommunisten blieben bei ihrem Thälmann. Und vielleicht gab eben dies den Ausschlag, daß Hindenburg gewählt wurde! Aber diese These, der Feldmarschall habe seine Wahl eigentlich den Kommunisten zu danken, ist doch wohl zu einfach. Es mag sein, daß die Kommunisten, die mit einer Katastrophe rechneten, den politisch unerfahrenen alten Soldaten lieber an dieser Stelle sahen als einen betont kirchlichen Mann, für den sie die »Parole« nicht ausgeben konnten. Doch ohne die neue Kandidatur des Thälmann wäre vermutlich der Ausgang der Wahl anders gelaufen – denn jedermann wußte, daß Hindenburg in seiner seelischen Substanz Monarchist war.
Das Notizbuch sagt, wie ich im März und April als Wahlprediger durch

das Land gerast bin: Schwerin, Aachen, Neiße, eine Gruppe mitteldeutscher und heimischer Städte. Natürlich haben sich die Erinnerungen verwischt, man sagt ja immer ungefähr das gleiche. Einiges blieb haften. So dies: Als ich in Stuttgart mit dem Zentrumsführer Eugen Bolz in die Liederhalle fuhr, um neben Marx zu reden, sagte Bolz mit seiner herrlichen Unbefangenheit: diese Kandidatur sei aus verschiedenen Gründen der größte Unsinn. Ich konnte ihm nur antworten, er möchte sich eine andere Gelegenheit, mich zu belehren, aussuchen, ich setze jetzt meinen Namen bei dem evangelischen Volksteil ein. Doch blieb er bei seinem Einwand, und vielleicht hatte er nach der damaligen Seelenlage recht.

Der Ausgang, für den die relative Mehrheit galt, brachte am 26. April 1925 diese Ziffern: Hindenburg 14,6, Marx 13,7, Thälmann 1,9 Millionen Stimmen. Der bald achtundsiebzigjährige Soldat hatte, was auch niemand von ihm erwartete, keine Werbereden gehalten. »Man« wählte nicht eine politische Persönlichkeit, sondern den Mythos siegreicher Feldzüge. Der Ausgang des Krieges, die Niederlage, vor deren Erkenntnis er nicht ausgewichen war, fiel bei der Entscheidung nicht mehr ins Gewicht.

Der Beginn von Hindenburgs Amtsführung bedeutete freilich für den engeren Kreis seiner eigentlichen Wahlmacher eine ziemlich herbe Enttäuschung; er holte keinen von ihnen zu näherer Mitarbeit. Die Bindung an den Eid bewahrte ihn vor aller politischen Versuchung, die »man« ihm wohl zugemutet hatte. Er behielt Eberts Staatssekretär, den geschäftskundigen Otto Meissner, um ihn später an Hitler zu vererben, eine höchst dauerhafte Figur in der neueren deutschen Geschichte, der eigentlich nur den wesentlichen Mangel hatte, menschlich und geistig ganz uninteressant zu sein, immer gefällig und jovial, gelegentlich ohne Taktlosigkeit schwadronierend, der Burschenschafter aus dem deutschen Bilderbuch, ein treuer Diener seines Herrn, freibleibend, wer dieser Herr sei. Es ist möglich, daß der Ehrgeiz seiner Frau ihn so standhaft machte. Ich hatte mit dem Mann, der in der elsässischen Verwaltung groß geworden, bis 1933 nette Beziehungen. Die andere Figur habe ich, wiederholt zu Empfängen geladen, bei denen aber mit dem Präsidenten nur ein paar konventionelle Sprüche getauscht wurden, mit Bewußtsein nie kennengelernt. Das war der Sohn Oscar, den Hindenburg, verständlicherweise, als »Adjutant« gewählt hatte. Ob er die politische Rolle gespielt hat, die manche später vermuteten, kann ich aus Eigenem nicht sagen. Man hat im allgemeinen mit geringem Respekt von ihm gesprochen. Das mag aber in den späteren Jahren an dem Bedürfnis gelegen haben, nach unseligen Einflüssen auf den alten, bald sehr alten Herrn zu suchen.

Gandhis Salzmarsch

Pandit Nehru

Zu den großen Vorkämpfern für die Freiheit Indiens von englischer Kolonialherrschaft gehörte Mahatma Gandhi (1869–1948). Er entstammte der Hindukaste, studierte Rechtswissenschaften in England und ging als Vierundzwanzigjähriger 1893 nach Südafrika, wo er zum politischen Führer der dort lebenden Inder wurde. 1914 kehrte er nach Indien zurück, um hier den passiven, gewaltlosen Widerstand der Inder gegen die Engländer zu proklamieren. Darüber hinaus regte er den Boykott englischer Waren an. Im März 1922 wurde er verhaftet und zu sechs Jahren Gefängnis verurteilt, wegen seiner angegriffenen Gesundheit aber schon eineinhalb Jahre später entlassen. Der Westen hat Gandhi weitgehend als Politiker angesehen, er war aber zugleich auch einer der großen Erzieher seines Volkes. Durchdrungen von dem Wunsch, Indien einen ebenbürtigen Platz unter den großen modernen Kulturnationen der Welt zu sichern, versuchte er das Land in seinen Anschauungen zu modernisieren. So widmete er sich in den Jahren nach seiner Entlassung aus dem Gefängnis der Überwindung sozialer und religiöser Schranken und dem Aufbau des indischen Dorfes. 1930 wurde er politisch erneut tätig und regte den berühmten »Marsch zum Meer« an, mit dem er das britische Salzmonopol brechen wollte. Einer seiner engsten Mitarbeiter, der spätere erste Ministerpräsident des neuen Indien, Pandit Nehru, schildert in seiner Autobiographie Zweck und Verlauf dieses »Salzmarsches«. Die Protestaktion führte zur erneuten Verhaftung Gandhis, doch ließen ihn die britischen Behörden bald wieder frei. Gandhi erreichte sein Ziel, die Unabhängigkeit Indiens, im Jahre 1947. Von dieser Zeit an versuchte er, die blutigen Unruhen zwischen Hindus und Moslems in dem neuen Staat zu verhindern, aber schon ein Jahr später, am 30. Januar 1948, starb er unter den Kugeln eines fanatischen Hindus.

Als der zivile Ungehorsam seinen Anfang nahm und die Atmosphäre elektrisierte, wandten sich unsere Gedanken zurück zu der Bewegung von 1921/22, die damals nach Chauri Chaura so plötzlich eingestellt wurde. Das Land war jetzt disziplinierter, die Einsicht in die Natur des Kampfes klarer. Seine Technik hatte man bis zu einem gewissen Grad begriffen, aber noch wichtiger war, von Gandhis Standpunkt aus, daß die Massen verstanden, wie schrecklich ernst es ihm mit der Gewaltlosigkeit war. Darüber konnte jetzt kein Zweifel bestehen im Gegensatz zu der Ansicht vieler Leute vor zehn Jahren. Trotz allem: Wie konnten wir sicher sein, daß nicht in irgendeiner Ortschaft, unvermittelt oder als Ergebnis einer Intrige, Gewalttätigkeiten ausbrechen würden? Und falls sich ein solcher Vorfall ereignete, welches würde die Wirkung auf unsere Bewegung sein? Würde sie ebenso plötzlich wieder eingestellt werden wie zuvor? Diese Aussicht war höchst verwirrend.

Gandhi dachte über diese Frage wahrscheinlich auch in seiner Weise nach, obwohl das Problem, das ihm, so weit ich es aus Gesprächsfetzen erfassen konnte, anscheinend Sorge machte, anders gestellt war.

Die gewaltlose Methode zur Erreichung einer Wendung zum Besseren war für ihn die einzig richtige und, wenn sie unbeirrt verfolgt wurde, auch unfehlbare Methode. Die große Frage, die in der Luft hing, hieß jetzt – wie? Wie sollten wir beginnen? Welche Form des zivilen Ungehorsams sollten wir aufnehmen, die wirkungsvoll, den Umständen angepaßt und für die Massen leicht faßlich war? Da gab der Mahatma den Fingerzeig.

Salz wurde plötzlich zu einem geheimnisvollen Wort, einem Wort der Macht. Die Salzsteuer wurde angegriffen, die Salzgesetze mußten gebrochen werden. Wir waren verblüfft und konnten uns die Rolle des Salzes in einem nationalen Kampf nicht ganz vorstellen. Eine andere überraschende Entwicklung bedeutete uns Gandhis Verkündung seiner »Elf Punkte«. Was bedeutete in einem Zeitpunkt, wo wir an Unabhängigkeit dachten, eine Liste etlicher politischer und sozialer Reformen, die an sich sicher gut waren? Dachte Gandhi an das gleiche wie wir, wenn er diesen Ausdruck gebrauchte, oder sprach er eine andere Sprache? Wir hatten keine Zeit für Auseinandersetzungen; die Ereignisse waren ins Rollen gekommen. Die politischen bewegten sich in Indien vor unseren Augen Tag um Tag, und, von uns zu jener Zeit kaum bemerkt, bewegten sie sich in der ganzen Welt rasch und hielten sie im Zwang einer schrecklichen Depression. Die Preise fielen; die Städter begrüßten es als ein Zeichen kommenden Überflusses, aber die Landwirte und Pächter erfüllte diese Wahrnehmung mit Angst.

Dann kam Gandhis Briefwechsel mit dem Vizekönig und der Beginn des Dandi-Salzmarsches von der Ashrama, der Einsiedelei zu Sabarmati aus. Als die Bevölkerung die Schicksale der marschierenden Kolonne von Pilgern von Tag zu Tag verfolgte, stieg das Fieber im Lande. In Ahmedabad wurde eine Zusammenkunft des Allindischen Kongreßausschusses abgehalten, um endgültige Beschlüsse für den Kampf zu fassen, der nun unmittelbar bevorstand. Der Führer im Streit war nicht zugegen, denn er marschierte mit seiner Pilgerschar schon dem Meere zu und weigerte sich zurückzukommen. Der Ausschuß des Allindischen Kongresses beriet, was im Falle von Verhaftungen getan werden sollte. Dem Präsidenten wurden große Vollmachten erteilt, falls der Ausschuß nicht zusammentreten konnte, damit er an Stelle der Verhafteten neue Mitglieder für ihn und einen Nachfolger für sich selbst mit den gleichen Machtbefugnissen bestimme. Gleiche Vollmachten wurden von den Provinzial- und Ortskongreßausschüssen ihren Vorsitzenden erteilt.

So wurde ein Regime ins Leben gerufen, in dem sogenannte »Diktatoren« den Ton angaben und den Kampf für den Kongreß überwachten. Staatssekretäre für Indien, Vizekönige und Gouverneure haben vor Entsetzen die Hände gerungen und ausgerufen, wie lasterhaft und ehrlos der Kongreß geworden sei, weil er an Diktaturen glaube. Sie, diese Herren, seien natürlich überzeugte Anhänger der Demokratie. Gelegentlich hat auch die gemäßigte Presse in Indien uns die Tugenden der Demokratie gepredigt. Wir hörten uns all dies stillschweigend (weil wir im Gefängnis saßen) und in maßlosem Staunen an. Schamlose Heuchelei konnte kaum weiter getrieben werden. Es gab ein Indien, das zwangsweise von einer absoluten Diktatur, mit Verfügungen und mit Unterdrückung der bürgerlichen Freiheit regiert wurde, und doch redeten unsere Machthaber salbungsvoll von Demokratie. Wo in Indien fiel normalerweise nur ein Schatten von Demokratie? Es war ohne Zweifel für die britische Regierung natürlich, ihre Macht und ihre wohlerworbenen Rechte in Indien zu verteidigen und diejenigen zu unterdrücken, die diese Macht herauszufordern suchten. Aber ihre Behauptung, daß all dies demokratische Methode sei, war wert, zur Bewunderung und zum Nachsinnen für künftige Geschlechter aufgezeichnet zu werden.

Der Kongreß mußte sich mit einer Lage vertraut machen, in der normale Tätigkeit für ihn unmöglich wurde, wo er zu einer ungesetzlichen Organisation erklärt und seine Ausschüsse weder für Beratungen noch für irgendeine Tätigkeit zusammentreten konnten, außer im geheimen. Geheimnistuerei wurde von uns nicht bejaht, da wir unseren Kampf vollkommen offen zu führen wünschten, um auf diese Weise unsere Stimme und Einfluß bei den Massen zur Geltung zu bringen. Aber selbst Arbeit im geheimen brachte uns nicht weit. Alle unsere führenden Männer und Frauen, die im Zentrum, in den Provinzen und in den örtlichen Bezirken, würden bestimmt verhaftet. Wer sollte dann führen? Uns blieb nur übrig, nach dem Muster einer Armee im Kampf, Anordnungen zu treffen, neue Befehlshaber zu ernennen für den Fall, daß die alten ausfielen. Wir konnten uns nicht auf dem Schlachtfeld niedersetzen und Ausschußsitzungen abhalten. Tatsächlich geschah das, aber unvermeidlich ergab sich daraus, daß der gesamte Ausschuß gleichzeitig verhaftet wurde. Wir hatten nicht einmal den Vorteil eines Generalstabes, der wohlbehalten hinter den Linien saß, oder eines Ministerkabinetts in noch größerer Sicherheit irgendwo. Unsere Generalstäbler und Minister mußten sich nach der ganzen Natur unseres Kampfes in den vorgeschobensten und gefährlichsten Stellungen halten, und sie wurden in seinen frühen Stadien verhaftet und weggeführt. Und welches waren die Machtbefugnisse, die wir unseren »Diktatoren« übertrugen? Es war eine Ehre für sie, als Symbole der nationalen Entschlossenheit zur Weiterführung des Kampfes herausgestellt zu werden, aber ihre wirkliche Autorität diente in erster Linie dazu, sich selbst ins Gefängnis zu »diktieren«. Sie konnten ihre Befugnisse ja überhaupt nur ausüben, wenn der Ausschuß, dem sie angehörten, aus Gründen höherer Gewalt nicht zusammentreten konnte. Tagte ein Ausschuß, so verlor der »Diktator« seine persönliche Regierungsgewalt. Er oder sie konnten keine grundlegenden Fragen oder Prinzipien anpacken; dem »Diktator« war nur gestattet, in untergeordnete oder oberflächliche Phasen der Bewegung einzugreifen. Kongreß-»Diktatorschaften« bedeuteten wirklich Sprungbretter ins Gefängnis. Von Tag zu Tag setzte sich dieser Prozeß fort, neue Personen nahmen den Platz jener ein, die außer Gefecht gesetzt worden waren.

Und so verabschiedeten wir uns, nachdem wir unsere endgültigen Vorbereitungen getroffen hatten, von unseren Kameraden des Allindischen Kongreßausschusses in Ahmedabad, denn keiner wußte, wann und wie wir uns je wieder treffen würden. Wir eilten zurück auf unsere Posten, um die örtlichen Vorbereitungen in Übereinstimmung mit den neuen Richtlinien des Allindischen Kongreßausschusses abzuschließen und um, wie Sarojini Naidu sich ausdrückte, unsere Zahnbürsten für die Reise ins Gefängnis einzupacken.

Auf unserem Rückweg suchten Vater und ich Gandhi auf. Er war mit seiner Pilgerschar in Jambusar, und dort verbrachten wir ein paar Stunden mit ihm. Dann sahen wir ihn mit seinen Gefährten nach dem nächsten Halt auf dem Wege zum Salzmeer abmarschieren. So sah ich ihn zuletzt, den Stab in der Hand, an der Spitze seiner Gefolgschaft schreitend, mit festem Schritt und friedlicher, unverzagter Miene. Es war ein bewegender Anblick. In Jambusar hatte mein Vater nach Rücksprache mit Gandhi beschlossen, sein altes Haus in Allahabad der Nation zum Geschenk zu machen und ihm den neuen Namen Swaraj Bhawan zu geben. Bei seiner Ankunft in Allahabad machte er die entsprechende Ankündigung und übertrug in der Tat den Kongreßleuten die Verwaltung. Ein Teil des großen Hauses wurde in ein Spital umgewandelt. Vater hatte zu jenem Zeitpunkt keine Gelegenheit, die gesetzlich vorgeschriebene Form zu erfüllen. Anderthalb Jahre später errichtete ich in Übereinstimmung mit seinen Wünschen eine Treuhänderschaft über diesen Besitz.

Der April kam und Gandhi näherte sich dem Meer. Wir warteten auf das Stichwort für den Beginn des zivilen Ungehorsams, den Angriff auf die Salzgesetze. Seit Monaten hatten wir unsere Freiwilligen eingeübt und Kamala und Krishna (meine Frau und meine Schwester) hatten sich beide angeschlossen und zu diesem Zweck Männerkleidung angelegt. Die Freiwilligen trugen selbstverständlich keine Waffen, nicht einmal Stöcke. Der Zweck ihrer Ausbildung war, sie für ihre Arbeit tüchtiger zu machen, sie zu lehren, mit großen Menschenmassen umzugehen. Der 6. April war der erste Tag der Nationalen Woche, die alljährlich zum Andenken an die Geschehnisse des Jahres 1919 gefeiert wurde, vom Tag der Satygraha bis zum Jallianwala Bagh. An diesem Tag brach Gandhi zum erstenmal die Salzgesetze am Strand von Dandi. Drei oder vier Tage später wurde allen Kongreßorganisationen die Erlaubnis erteilt, das gleiche zu tun und den zivilen Ungehorsam in sämtlichen Bezirken zu beginnen.

Es schien, als sei plötzlich eine Feder entsichert worden. Über das ganze Land hinweg, in Stadt und Dorf, wurde die Salzgewinnung Tagesgespräch. Viele sonderbare Notbehelfe benutzten die Menschen, um Salz zu gewinnen. Wir wußten herzlich wenig davon, und so lasen wir darüber nach, wo wir konnten, und gaben Flugblätter mit Hinweisen heraus; wir sammelten Töpfe und Pfannen, und schließlich gelang es uns, irgendein ungesundes Zeug zu produzieren, das wir im Triumph zeigten und oft zu Phantasiepreisen versteigerten. Unwesentlich, ob das Zeug gut oder schlecht war, die Hauptsache schien, daß wir eine Verletzung des verhaßten Salzgesetzes begingen. Dies gelang uns, obwohl die Qualität unseres Salzes sehr geringwertig war. Als wir die überschäumende Begeisterung sahen und merkten, wie die Art, Salz herzustellen, sich gleich einem Präriefeuer verbreitete, fühlten wir uns ein wenig beschämt und verlegen, daß wir die Wirksamkeit dieser Methode angezweifelt hatten, als

Gandhi sie zuerst vorschlug. Wir staunten über die unglaubliche Fertigkeit dieses Mannes, die Menge zu beeindrucken und sie zu organisiertem Handeln zu bringen.

Ich wurde am 14. April verhaftet, als ich mich anschickte, den Zug nach Raipur in den Zentralprovinzen zu besteigen, wo ich einer Konferenz beiwohnen wollte. Noch am gleichen Tag wurde mir im Gefängnis der Prozeß gemacht, und man verurteilte mich auf Grund des Salzgesetzes zu sechs Monaten Gefängnis. In Erwartung meiner Verhaftung hatte ich (auf Grund der neuen mir vom Allindischen Kongreßausschuß übertragenen Vollmachten) Gandhi zum Kongreß-Präsidenten in meiner Abwesenheit bestimmt. Da ich indessen seine Weigerung fürchtete, hatte ich als zweiten meinen Vater ernannt. Wie ich voraussetzte, lehnte Gandhi ab, und so wurde Vater geschäftsführender Präsident des Kongresses. Er befand sich in schlechter gesundheitlicher Verfassung, nichtsdestoweniger warf er sich mit großer Tatkraft in den Kampf. Während dieser Anfangsmonate war seine kraftvolle Führung und sein nachdrückliches Bestehen auf Disziplin von ungeheurem Nutzen für die Bewegung. Sie zog großen Nutzen daraus, aber es ging auf Kosten des Restes von Gesundheit und körperlicher Tauglichkeit, der dem Vater geblieben war. Es waren Tage voll erregender Neuigkeiten: Umzüge und Angriffe mit Knüppeln und Schußwaffen, häufige Streiks, um bekanntgewordene Verhaftungen zu feiern, und besondere Gedenktage, wie der Peshawar-Tag, Garhwali-Tag und so weiter. Zunächst einmal war der Boykott von fremdem Tuch und allen britischen Waren so gut wie vollständig. Als ich erfuhr, daß meine betagte Mutter und meine Schwestern ganz selbstverständlich unter der heißen Sommersonne Streikposten vor Geschäften mit fremden Tuchen stellten, war ich außerordentlich bewegt. Kamala tat dasselbe und noch etwas anderes. Sie warf sich selbst mit einer überraschenden Energie und Entschlossenheit in die Bewegung in Stadt und Bezirk Allahabad.

Wahrscheinlich hatten die allgemeine Erregung und der zivile Ungehorsam für ein paar Tage oder Wochen bei einigen Leuten den Glauben erweckt, die letzten Tage der britischen Macht seien angebrochen, und dieser Glaube hatte einen Teil der indischen Armee beeinflußt. Bald wurde es offenbar, daß in der unmittelbaren Zukunft nichts Derartiges geschehen würde, und da gab es denn in der Armee auch keinen Ungehorsam mehr. Man sorgte auch dafür, daß sie nicht in zwiespältige Lagen gebracht wurden.

Der Lange Marsch

Chinesischer Soldat

In China waren die Jahre nach dem Ersten Weltkrieg bis 1926 gekennzeichnet durch die Spaltung in Nord- und Südchina. Nach dem Tod Sun Yat-sens, des »Vaters des modernen Chinas«, der im Süden des Landes regierte, unternahm Tschiang Kai-schek von 1926 an seine Feldzüge zur Einigung des Landes. 1928 gelang ihm die Einnahme Pekings, und seine Regierung fand internationale Anerkennung. 1934 eröffnete er den Feldzug gegen die kommunistischen Südprovinzen. Mao Tse-tung, der Führer der chinesischen Kommunisten, wich mit seinen Anhängern auf dem legendär gewordenen »Langen Marsch« quer durch China nach Nordwesten aus, wo er in der Provinz Yenan einen neuen kommunistischen Staat begründete. Über diesen Marsch ist viel geschrieben worden. Unser abenteuerlich anmutender Bericht stammt aus der Feder eines jungen, einfachen Rotarmisten. Er ist ganz im Stil der Kommunisten gehalten und dient wie die meisten Aussagen dieser Zeit der Verherrlichung Maos. Als es 1937 zum chinesisch-japanischen Krieg kam, hielt Mao gegenüber Tschiang Kai-schek einen Burgfrieden ein. Gleich nach Kriegsende ging er aber gegen ihn vor und verdrängte ihn vom chinesischen Festland. 1949 wurde Mao zum Vorsitzenden des Zentralrates der chinesischen Volksrepublik ausgerufen.

Im Herbst 1935 durchquerte ich mit der 4. Frontarmee, der Roten, dreimal die menschenleeren Steppen- und Sumpfgebiete, die sich zwischen Maoerhkai und Shangpaotso über Hunderte von Li erstrecken. Das endlose Meer von Gras und Morästen machte auf mich einen Eindruck, den ich nie vergessen werde. Ich war damals erst vierzehn Jahre alt.
Der Marsch begann Ende August 1935. Die Truppen fluteten auf die flache grüne Ebene zu. In den Reihen des 267. Regiments der 89. Division gab es eine Gruppe von »Toddlers« – Jugendliche, die einer Propagandagruppe unter der politischen Abteilung des Regiments angehörten. Sie alle waren noch keine zwanzig Jahre alt. Unsere Untergruppe von fünf Mann, die gerade vor dem Marsch aufgestellt worden war, bestand aus Chaokang, unserem Anführer, der zwei Jahre älter war als ich und

zugleich der Älteste in der Untergruppe. Für sein Alter war er sehr groß, sah aus wie ein Erwachsener und verhielt sich stets anständig zu uns. Alle schätzten ihn hoch und besprachen sich gerne mit ihm. Der Jüngste in unserer Untergruppe war Hou Teng-nang, erst zwölf Jahre alt. Er war klein, aber kräftig, lief wie ein junger Tiger, neigte aber dazu, häufig zu stolpern. Deshalb nannte ich ihn »Kleiner Ball«, und der Name wurde bald in der ganzen Untergruppe bekannt. Er nahm ihn mit philosophischer Ruhe hin.

Trotz unserer Jugend waren wir alle sehr ehrgeizig. Ein paar Tage, bevor wir in diese unwirtliche Gegend kamen, übertrug unser Anführer jedem eine Aufgabe. Er ließ mich und zwei andere auf die Suche nach Lebensmitteln gehen, während »Kleiner Ball« Wache stehen sollte. Wegen der Lügenpropaganda der Feinde und weil die verheerenden Kämpfe wieder begannen, waren alle Tibeter aus der Umgebung unseres Lagers geflohen. So gab es nirgends genug Chinko (Gebirgsgerste) und Buchweizen. Das Getreide, das wir für diesen Tag zusammenbringen konnten, reichte nicht, unseren Hunger zu stillen. Aber woher sollte man das Fehlende nehmen? Beim Abmarsch waren für unsere Untergruppe nur ein paar Körner übriggeblieben, die wir in einen Sack aus Ochsenhaut abgefüllt hatten.

Das Signalhorn rief. Die »Roten Streiter« begannen vorwärts zu marschieren. Unser Anführer trug den kostbaren Sack selbst. »Keiner darf ohne die Erlaubnis des Gruppenführers auch nur ein einziges Korn essen!« sagte er.

Und was uns andere betraf, so schulterte einer ein Bündel Brennholz, der andere schleppte ein Zelt aus Leinenfetzen, ich hatte eine Trommel und einen Gong auf dem Rücken, und »Kleiner Ball« trug einen zerbeulten rußgeschwärzten Kessel zum Kochen von Suppen und Wasser. Auf dem Kopf hatte jeder einen zerlumpten breitrandigen Bambushut. Von ferne haben wir wohl einen höchst komischen Anblick geboten, wenn wir wie eine Reihe von Pilzen unter der Sonne dahinwankten. Die Kleider, die wir trugen, hatten wir meist den reichen Landbesitzern abgenommen, und sie befanden sich alle schon in einem höchst beklagenswerten Zustand des Zerfalls. Lediglich einen Vorteil hatten wir: Wurden wir geholt, um eine Vorstellung zu geben, brauchten wir uns um die Kostüme keine Sorgen zu machen. Ich trug die schwarze Jacke eines Gutsbesitzers ohne einen Ärmel, unser Anführer trug ein weites Gewand, das ihm um den ganzen Körper schlotterte, und »Kleiner Ball« hatte eine rote Mädchenbluse übergezogen, die mit gelben Blumen gemustert war.

Man darf wohl sagen, daß wir von dem Augenblick an, wo wir das Sumpfgebiet betraten, mit leerem Magen marschierten. Denn wie konnten fünf Mann sieben oder acht Tage lang mit nur einem kleinen Säckchen voll kohlschwarzen Korns den Marsch bestehen? Sobald wir ein Lager aufschlugen, wurde die Arbeit unter die einzelnen Mitglieder verteilt. »Kleiner Ball« sollte den Koch abgeben, seine Aufgabe war es, Feuer zu machen und Wasser zu kochen. Die übrigen zerstreuten sich, um nach Wildgemüse zu suchen, wildem Sellerie und ein paar anderen Pflanzen, die alle hervorragend schmeckten. Aber selbst diese primitive Nahrung war nur schwer zu erlangen, denn die Truppen vor uns hatten alles sorgfältig abgesucht, und wir mußten oft ein Li oder noch mehr laufen, um eine Handvoll zusammenzubringen. Dabei hieß es bei jedem Schritt auf der Hut sein, denn bei der geringsten Unachtsamkeit konnten wir in den Sumpf geraten. Um dieser Gefahr zu entgehen, faßten wir uns beim Laufen gegenseitig bei den Händen oder hielten uns an einer Stange fest. Wenn wir das Wildgemüse zum Lager gebracht hatten, mühte sich jeder geschäftig, es zu waschen und zu brühen. War das »Gemüse« dann gargekocht, nahm der Anführer den Chingko und den Buchweizen aus seinem Säckchen und ließ die Körner in das Wasser fallen, wobei er jedes einzelne zählte, als handle es sich um Silbermünzen. Dann saßen wir ums Feuer und aßen, plauderten und lachten.

»Das ist Chingko mit Rindfleisch gedämpft!«

»Nein, es ist Schalotte mit Chingko gekocht.«

So kommentierten wir das Essen, und schließlich meinte der Anführer: »Ihr habt alle unrecht. Es ist ein Phantasiekuchen. Seht, der Chingko, das sind die Datteln, und der Buchweizen, das sind die Lotossamen.«

»Phantasiekuchen, wirklich!« erwiderten alle vergnügt und verschlangen das Zeug, ohne auf den bitteren Geschmack des Waldgemüses zu achten.

Obwohl es nun Mitte August war, konnte in dem Sumpfgebiet das Wetter jede Stunde am Tag umschlagen. So ballte sich hin und wieder eine Wolkenwand am Himmel zusammen, die strahlende Sonne verschwand plötzlich, und Wind und Regen peitschten über die weite Fläche. Noch schlimmer war es in der Nacht. Der sternenübersäte Himmel zeigte sich nur vorübergehend den Blicken. Im Nu konnte es Regen, Hagel oder sogar Schnee geben.

Wir mußten nicht nur mit dem Hunger, sondern auch mit den Elementen kämpfen. Hunger, Kälte und Müdigkeit stellten den revolutionären Willen eines jeden Roten Kämpfers auf eine harte Probe.

Eines Abends, als die Sonne eben langsam hinter dem Horizont versank, beschlossen wir unser Lager aufzuschlagen. Der Rauch des Feuers stieg empor, die Luft war still. Als wir etwas Suppe von den wilden Kräutern gegessen hatten, die unsere Stimmung wieder etwas hob, machten wir uns auf den Weg, um einen Lagerplatz zu finden. Wir entdeckten an einem Bach eine Gruppe niedriger Weiden. Der Anführer war hocherfreut. »Schaut, Kameraden!« sagte er. »Heute nacht brauchen wir nicht hingekauert zu schlafen. Wir werden uns ein paar Ruten beschaffen, die Tücher darüberbreiten und ein Zelt zusammenbauen. Das wird dann ein schönes großes Bett für uns alle geben.«

Ein guter Gedanke, dachte ich und machte noch einen Vorschlag: »Es wäre vielleicht noch bequemer, wenn wir Gras unter die Tücher legten.«

Im Handumdrehen hatten wir so das Zelt gerichtet. »Heute nacht schlafen wir in einem Haus«, witzelte »Kleiner Ball«.

Wir streckten uns auf unserem Bett aus und schliefen wie ein Wurf Ferkel. Aber wir sollten diesen ungewohnten Komfort nicht lange genießen. Um Mitternacht erwachte ich, weil ich fror. Als ich mich setzte, konnte ich durch die Ritze eine dicke Wolkendecke sehen, die den ganzen Himmel verdeckte. Ein Sturm stand bevor! Dann hörte man von ferne das Heulen des Windes, und fast im gleichen Augenblick stürzten sich Wind und Regen auf uns.

Meine vier Kumpel erhoben sich aus ihrem süßen Schlaf. »Pech«, sagte unser Anführer, »daß es gerade jetzt regnet!«

Eine wilde Bö riß das Dach unseres »Hauses« – das zerschlissene Zelt – hinweg. Unter diesen Umständen konnten wir nichts anderes tun, als uns Rücken an Rücken zusammenzukauern, um uns gegenseitig etwas zu wärmen. Der Regen und Hagelkörner so groß wie Datteln prasselten auf uns herab. Wir waren bald bis auf die Haut durchnäßt. Die Bambushüte boten nur einen kümmerlichen Schutz gegen die Hagelkörner. Unsere Zähne klapperten, und wir standen von Zeit zu Zeit auf und stampften mit den Füßen, sonst wären wir Gefahr gelaufen, überhaupt nicht mehr aufzustehen.

Regen und Sturm hielten mit voller Gewalt bis zur Morgendämmerung an. Als sie allmählich nachließen, setzten wir uns in Bewegung, holten das Zelt wieder ein und richteten unsere tropfnassen Sachen. Nachdem wir Kräutersuppe gegessen hatten, machten wir uns wieder auf den Weg.

Der Lange Marsch, Hunger und Kälte stellten jeden auf eine harte Probe. Dazu kam, daß unser Vorrat an Korn erschöpft war. Andere Kameraden hatten auch nicht mehr viel gesammelt, und eßbare wilde Kräuter und Gras waren kaum zu finden.

Doch trotz all dieser Schwierigkeiten und Mühseligkeiten wurden die Pausen der Entspannung immer lebendiger und abwechslungsreicher. Wir schnallten die Gürtel enger und schleppten unsere müden Leiber weiter, aber wir plauderten dabei, sangen extemporierte Lieder, Balladen und alles mögliche andere.

Eines Tages stießen wir auf eine Kompanie Soldaten, die ihr Lager an einem sanften Abhang aufgeschlagen hatte. Sie empfingen uns Jungen mit großem Beifall. Am Abend wurde ein fröhliches Beisammensein abgehalten. Wir saßen warm und behaglich in einem Kreis um ein Feuer, das in der Mitte auf einem großen Holzstoß brannte.

Wir sangen und tanzten, und als wir endeten, brachen die Krieger in lautes Gelächter aus und schüttelten uns die Hände. Ein kräftiger Bursche nahm den »Kleinen Ball« auf die Seite, kramte lang in seiner Tasche und brachte schließlich eine Handvoll Chingko hervor. »Nimm dies, kleiner Bruder«, sagte er und drängte »Kleinen Ball«, die Gabe zu nehmen. Aber wie konnte das »Kleiner Ball« tun?

»Was ißt denn dann du?«

»Laß das meine Sache sein, ich kann es für ein paar Tage auch so aushalten!«

So mußte »Kleiner Ball« also das Geschenk annehmen.

Ohne auf eine besondere Anweisung zu warten, begannen die Soldaten aus voller Kehle zu singen:

»Drei große Aufgaben soll die Rote Armee haben:
Den Imperialismus stürzen;
den Feudalismus durch die Agrarreform auslöschen;
die politische Macht des Proletariats errichten.
Jeder nach seinem Vermögen,
jeder nach seinem Bedarf!«

Der nächtliche Gesang ließ die Ebene erzittern. Wieder im Lager, übergab »Kleiner Ball« den Chingko unserem Anführer, und wir kochten daraus einen herzhaften Trank aus verdünnter Chingkosuppe. Dann befestigten wir das Zelt und schliefen aneinandergelehnt ein.

Drittes Reich und Zweiter Weltkrieg

Schon vor der Machtergreifung hatten das Parteiprogramm der NSDAP und Hitlers Buch »Mein Kampf« ziemlich offen von den Zielen der nationalsozialistischen Bewegung gesprochen. Es ging um eine völlige Neuordnung auf allen Gebieten: politisch, sozial, wirtschaftlich, kulturell. Vor allem ging es darum, das Judentum, das angeblich alle Mißstände und Nöte in Deutschland verursacht hatte, zu verdrängen. Nur die »nordische Rasse«, angeblich höherstehend als alle anderen, sollte zum Herrschen berufen sein. Hier liegen die Wurzeln für die späteren Greuel der Judenverfolgung. Das deutsche Volk sollte aber nicht auf Deutschland beschränkt bleiben; es brauchte neuen, größeren »Lebensraum«, den man im Osten zu gewinnen hoffte. Da aber Osteuropa nicht einfach leer stand, lag hier bereits der Keim für spätere kriegerische Auseinandersetzungen mit Polen und Rußland.

Um seine Pläne in die Tat umsetzen zu können, brauchte Hitler die unumschränkte Gewalt im Staat, die von parlamentarischen Beschlüssen unabhängig war. Das Ermächtigungsgesetz brachte ihm auf legalem Wege durch den Reichstag die absolute Macht für vier Jahre. Nur die Sozialdemokratie stemmten sich – vergebens – gegen diesen Beschluß. Das Bürgertum wurde durch die Furcht vor einem angeblich drohenden kommunistischen Umsturz eingeschüchtert. Der Reichstagsbrand schien diesen Verdacht zu bestätigen.

Die unmittelbare Folge des Ermächtigungsgesetzes war die sogenannte »Gleichschaltung« auf allen Gebieten. Die Parteien wurden zwangsweise aufgelöst, oder sie lösten sich selbst auf. An die Stelle der Gewerkschaften trat die Deutsche Arbeitsfront, die Arbeiter und Unternehmer zusammenzwang. Die Länderregierungen wurden beseitigt. Mißliebige Persönlichkeiten wurden inhaftiert, sofern sie sich nicht ins Ausland retten konnten. Der Reichstag trat nur noch zusammen, um von Hitler Erklärungen entgegenzunehmen.

Wirtschaftlich trat zwar eine gewisse Besserung ein. Das Problem der Arbeitslosigkeit wurde durch Rüstungsarbeiten und durch große Bauvorhaben gebannt. Auf allen Gebieten des öffentlichen Lebens aber wurde der Wille der Partei und ihrer Organisationen – SA, SS, SD – maßgebend, deren Terror sich gegen alle wandte, die dem Regime nicht genehm waren: Juden, Sozialisten, die Vertreter der Konfessionen. Selbst die innerparteiliche Opposition wurde beim sogenannten »Röhmputsch« 1934 ohne Gerichtsverfahren liquidiert. Wenig später wurde Hitler, nach Hindenburgs Tod, auch Reichspräsident.

Besonders verheerend wirkte sich die kulturelle Unduldsamkeit aus. Alles, was nicht als »artgemäß«

galt, wurde verfemt, verboten, verbrannt. Zahllose Dichter, Künstler und Wissenschaftler verließen Deutschland freiwillig oder gezwungen. Diese Nachtseiten wurden aus dem Bewußtsein der Öffentlichkeit durch lärmende außenpolitische Erfolge verdrängt, die Hitler immer wieder recht zu geben schienen. So führte er, entgegen den Bestimmungen von Versailles, 1935 die allgemeine Wehrpflicht ein, ohne daß die Westmächte ernstlich Einhalt geboten hätten. Gestützt auf eine Wehrmacht, die zur stärksten des Kontinents ausgebaut wurde, ging Hitler an die territoriale Erweiterung des Reiches, wobei ihm der italienische Diktator Mussolini hilfreich zur Seite stand. 1938 wurde Österreich unter Drohungen mit Deutschland zum »Großdeutschen Reich« vereinigt. Noch im gleichen Jahr nötigte Hitler die Tschechoslowakei, die von Deutschen besiedelten Randgebiete abzutreten. Auf der Konferenz von München gelang es, die Westmächte abermals zu beschwichtigen und den drohenden europäischen Krieg zu verhindern.

Hatte Hitler bis dahin seine Politik unter dem Vorwand betrieben, es sei ihm um die Vereinigung deutschsprachiger Volksgruppen zu tun, so verleugnete er 1939 dieses Prinzip, als er durch Erpressung die restliche Tschechei unter deutschen Schutz zwang. Der nächste Schritt, die Vergewaltigung Polens, war nun auch für die Langmut und Unentschlossenheit der Westmächte zu viel. Der Zweite Weltkrieg brach aus. In raschem Ansturm wurde die polnische Armee überrannt, noch bevor die Westmächte eingreifen konnten. Im folgenden Jahr gelang es Hitlers Wehrmacht, Dänemark und Norwegen in einem jähen Überfall zu erobern und damit eine Blockade des Reiches unmöglich zu machen. Wenig später wurde Frankreich in einem »Blitzkrieg« von nur einigen Wochen völlig besiegt.

Hitler war der Ansicht, daß er vor der entscheidenden Auseinandersetzung mit England die sowjetische Macht in seinem Rücken niederwerfen müsse. Zugleich sollte ja auch der russische Raum Kolonialgebiet für Hitlers »germanische Rasse« werden.

Die deutschen Armeen drangen zunächst tief in die russischen Weiten vor. Im Winter kamen aber beim entscheidenden Angriff auf Moskau die ersten schweren Rückschläge. Zwar brachte das nächste Jahr dem Angreifer noch einmal großen Landgewinn; im Winter 1942/43 kam jedoch mit der Katastrophe von Stalingrad die Wende des Krieges. Von nun an wichen die deutschen Truppen unaufhaltsam zurück. Zugleich ging Afrika verloren, die japanischen Verbündeten mußten die ersten Schläge durch die USA hinnehmen, und der Bombenkrieg gegen das Reich wurde immer verheerender. Die Niederlage war besiegelt, als 1944 Engländer und Amerikaner in Frankreich landeten und eine zweite Front herstellten. Der Versuch der deutschen

Opposition, den sinnlosen Krieg durch ein Attentat auf Hitler zu beenden, schlug fehl. Schuldige und Verdächtige wurden grausam hingerichtet. Der Krieg ging unter schweren Verwüstungen und Verlusten auf deutschem Boden weiter bis zur bedingungslosen Kapitulation am 7. Mai 1945. Hitler hatte vorher durch Selbstmord geendet.

Japan, das seit 1941 am Krieg teilgenommen hatte, wurde durch den Abwurf der Atombomben auf Hiroshima und Nagasaki im September 1945 ebenfalls zur Kapitulation gezwungen.
Durch den Einmarsch der Alliierten erfuhr die Welt auch von den Ausmaßen der Greuel, die in den KZ-Lagern insbesondere an den Juden verübt worden waren.

1933 *Ermächtigungsgesetz*
Auflösung der Parteien
Austritt aus dem Völkerbund
1934 *Röhmputsch*
Hindenburgs Tod
1935 *Einführung der allgemeinen Wehrpflicht*
1936–1939 *Spanischer Bürgerkrieg*
1938 Besetzung Österreichs
Konferenz von München
»Kristallnacht«
1938 *Besetzung des Sudetenlandes*
1939 *Besetzung der Tschechoslowakei*
Besetzung des Memelgebietes
1939 *Protektorat Böhmen und Mähren*
1939 *Nichtangriffspakt mit der Sowjetunion*
1939–1945 Zweiter Weltkrieg
1945 Entdeckung der Konzentrationslager
9. 8. 1945 Atombombe auf Nagasaki

(Geradestehende Zeilen verweisen auf Texte in diesem Buch)

Unterredung mit Hitler

Dr. Kurt von Schuschnigg

Nach der Machtergreifung Hitlers versuchte die nationalsozialistische Regierung mit Hilfe der österreichischen NSDAP auf die Politik des Nachbarlandes einzuwirken. Allerdings wurde Österreich zu dieser Zeit noch durch die Haltung Italiens gegen Hitler gestützt. Auch die Westmächte traten für die Selbständigkeit Österreichs ein.
Als aber England begann, dem nationalsozialistischen Deutschland gegenüber eine nachgiebigere Haltung zu zeigen, und nachdem Hitler sich der Dankbarkeit Mussolinis versichert hatte, mußte Österreich um seine Unabhängigkeit bangen. Am 12. 2. 1938 fand auf dem Obersalzberg eine Besprechung zwischen Hitler und Schuschnigg statt, die in dem Ultimatum Hitlers gipfelte, Schuschnigg solle die österreichischen Nationalsozialisten an der Regierung beteiligen. Als aber Schuschnigg versuchte, sich durch eine Volksabstimmung den nötigen Rückhalt gegen Hitler zu schaffen, zwang ihn Hitler durch Drohungen zum Rücktritt. Seyß-Inquart übernahm die Regierung, und in der gleichen Nacht überschritten deutsche Truppen die Grenze. Am 13. 3. 1938 wurde Österreich mit dem Reich vereinigt.
Schuschnigg berichtet selbst ausführlich über die dramatische Unterredung auf dem Obersalzberg und gibt damit einen hochinteressanten Bericht, der zugleich den erpresserischen Ton Hitlers deutlich werden läßt, den dieser einem ausländischen Staatsmann gegenüber anschlug.

Ich: Dieser wundervoll gelegene Raum ist wohl schon Schauplatz mancher entscheidenden Besprechung gewesen, Herr Reichskanzler.
Hitler: Ja – hier reifen meine Gedanken. – Aber wir sind ja nicht zusammengekommen, um von der schönen Aussicht und vom Wetter zu reden.
Ich: Ich möchte zunächst danken, Herr Reichskanzler, daß Sie mir die Gelegenheit zu dieser Aussprache gegeben haben; ich versichere vor allem, daß es uns mit dem Abkommen vom Juli 1936 sehr ernst ist und daß uns alles daran liegt, die noch bestehenden Schwierigkeiten und Mißverständnisse aus dem Wege zu räumen. Wir haben jedenfalls alles dazu

getan, um zu beweisen, daß wir dem Sinn und Wortlaut des Abkommens gemäß eine deutsche Politik zu führen entschlossen sind.
Hitler: So, das nennen Sie eine deutsche Politik, Herr Schuschnigg? Sie haben im Gegenteil alles dazu getan, um eine deutsche Politik zu vermeiden. Sie sind zum Beispiel ruhig im Völkerbund geblieben, obwohl das Reich austrat. Und das nennen Sie deutsche Politik?
Ich: Aus dem Völkerbund auszutreten, hat niemand von Österreich verlangt. Wir konnten auch nicht annehmen, daß ein solcher Schritt Österreichs erwünscht sei, denn zum Zeitpunkt des Abkommens vom Juli 1936 war das Reich schon längst ausgetreten, ohne an uns jemals eine bezügliche Aufforderung zu richten.
Hitler: Das ist ganz selbstverständlich, daß Sie auszutreten hatten. Übrigens hat Österreich überhaupt nie etwas getan, was dem Deutschen Reich genützt hat. Seine ganze Geschichte ist ein ununterbrochener Volksverrat. Das war früher nicht anders wie heute. Aber dieser geschichtliche Widersinn muß endlich sein längst fälliges Ende finden. Und das sage ich Ihnen, Herr Schuschnigg: Ich bin fest dazu entschlossen, mit dem allen ein Ende zu machen. Das Deutsche Reich ist eine Großmacht, und es kann und wird ihm niemand dreinreden wollen, wenn es an seinen Grenzen Ordnung macht.
Ich: Ich kenne Ihre Auffassung über die österreichische Frage und die österreichische Geschichte, Herr Reichskanzler; aber Sie werden verstehen, daß ich hier grundlegend anderer Meinung bin. Für uns Österreicher ist die ganze Geschichte ein sehr wesentliches und wertvolles Stück deutscher Geschichte gewesen. Und die österreichische nationale Leistung ist sehr beträchtlich.
Hitler: Gleich Null! Ich kann Ihnen nur nochmals sagen, daß es so nicht weitergeht. Ich habe einen geschichtlichen Auftrag, und den werde ich erfüllen, weil mich die Vorsehung dazu bestimmt hat. Ich bin felsenfest davon durchdrungen und glaube daran. Ich bin gottgläubig und religiös, wenn auch nicht in einem kirchlich gebundenen Sinn. Denken Sie an den Weg, den ich genommen habe. Heute gibt es keine Parteien, Klassen, Zersplitterungen mehr im deutschen Volk. Alle wollen dasselbe. Ich hatte es mir ja noch anders gedacht: Ich wollte das deutsche Volk in den beiden großen Kirchen, der katholischen und einer zentralen evangelischen, einen und mit den Kirchen meine Aufgabe lösen. Das hat sich als undurchführbar erwiesen, weil die Kirchen nicht wollten; daher wird es jetzt ohne und notfalls gegen die Kirchen gemacht. Wer nicht mittut, kommt unter die Räder. Schauen Sie sich in Deutschland um, Herr Schuschnigg, und Sie

werden nur einen Willen finden. Mir war meine Aufgabe vorgezeichnet, ich bin den schwersten Weg gegangen, den je ein Deutscher gehen mußte, und ich habe in der deutschen Geschichte das Größte geleistet, was je einem Deutschen zu leisten bestimmt war. Und zwar nicht mit Gewalt. Ich bin getragen von der Liebe meines Volkes. Ich kann mich jederzeit frei und unbewacht unter meinem Volk bewegen. Weil ich eben von der Liebe und vom Vertrauen des deutschen Volkes getragen bin. Ich hätte es Ihnen gewünscht, daß Sie meine Fahrt unlängst in Hamburg oder auch in Augsburg hätten miterleben können, Herr Schuschnigg; wo immer, ich brauche die Polizei nur, daß sie die Menschen zurückdrängt und schützt im Gedränge, weil die Begeisterung sie mitreißt, aber nicht zu meinem Schutz.

Ich: Das glaube ich Ihnen ja gerne, Herr Reichskanzler!

Hitler: Ich könnte mit dem gleichen und noch viel mehr Recht mich als Österreicher bezeichnen als Sie, Herr Schuschnigg! Versuchen Sie es doch einmal und machen Sie eine freie Volksabstimmung in Österreich, in der Sie und ich gegeneinander kandidieren; dann werden Sie sehen!

Ich: Ja, wenn das möglich wäre! Aber Sie wissen selbst, Herr Reichskanzler, daß es eben nicht möglich ist. Ich sehe die Dinge anders. Wir müssen nun einmal nebeneinander leben; der Kleine neben dem Großen. Wir haben gar keine andere Wahl. Darum bitte ich Sie, die konkreten Beschwerden mir zu sagen. Wir werden alles dazu tun, um Abhilfe zu schaffen und, soweit es irgend an uns liegt, das freundschaftliche Einvernehmen herzustellen. Wir wollen ja gar nichts anderes als leben, um dabei unseren deutschen Beitrag wie eh und je in Mitteleuropa zu leisten.

Hitler: Das sagen Sie, Herr Schuschnigg. Ich sage Ihnen, ich werde die ganze sogenannte österreichische Frage lösen, und zwar so oder so! Glauben Sie, ich weiß nicht, daß Sie die österreichische Grenze gegen das Reich befestigen lassen ...

Ich: Davon ist keine Rede –.

Hitler: Lächerliche Sprengstollen lassen Sie in Brücken und Straßen treiben ...

Ich: Davon müßte ich auch etwas wissen ...

Hitler: Glauben Sie doch nicht, daß Sie auch nur einen Stein bewegen können, ohne daß ich es schon am anderen Morgen in allen Einzelheiten erfahre.

Ich: Es kann sich höchstens um primitive Sicherungen handeln, die wir – zum Teil als Antwort gegen die tschechoslwakischen Straßensperren – vorkehren müssen, und zwar gleichmäßig an allen Grenzen, auch am

Brenner. Einen Schutz gegen illegale Einbrüche kann man uns nicht verargen.

Hitler: Ich brauche nur einen Befehl zu geben, und über Nacht ist der lächerliche Spuk an der Grenze zerstoben. Sie werden doch nicht glauben, daß Sie mich auch nur eine halbe Stunde aufhalten können? Wer weiß – vielleicht bin ich über Nacht auf einmal in Wien; wie der Frühlingssturm! Dann sollen Sie etwas erleben! Ich möchte es den Österreichern gerne ersparen; das wird viel Opfer kosten; nach den Truppen kommt dann die SA und die Legion; und niemand wird die Rache hindern können, auch ich nicht! Wollen Sie aus Österreich ein zweites Spanien machen? Das alles möchte ich, wenn es angeht, vermeiden.

Ich: Ich werde mich erkundigen und alle eventuellen Grenzarbeiten an der deutschen Grenze einstellen lassen. Ich weiß natürlich, daß Sie in Österreich einmarschieren können; aber, Herr Reichskanzler, ob wir es wollen oder nicht – das wird ein Blutvergießen geben; wir sind nicht allein auf der Welt. Das bedeutet wahrscheinlich den Krieg.

Hitler: Das sagt sich sehr leicht; jetzt, wo wir beide in Klubsesseln sitzen. Aber dahinter steht eine Unsumme von Leid und Blut. Das wollen Sie auf ihre Verantwortung nehmen, Herr Schuschnigg? Glauben Sie nur nicht, daß mich irgend jemand in der Welt in meinen Entschlüssen hindern wird! Italien? – Mit Mussolini bin ich im reinen; ich bin mit Italien aufs engste befreundet. England? – England wird keinen Finger für Österreich rühren. Dort, wo Sie sitzen, ist vor kurzem erst ein englischer Diplomat gesessen. Und draußen vor dem Fenster sind Hunderte von Österreichern vorübergezogen, Männer, Frauen und Kinder, verhungert und abgerissen; das Elend hat man ihnen angesehen. Und sie sind alle nur gekommen, um mich zu sehen, um mich als den Erlöser anzuflehen, daß ich sie endlich rette. – Diese Menschen habe ich dem Engländer gezeigt. Der ist verstummt und sehr nachdenklich geworden; er hat mir nicht widersprochen. Von England haben Sie nichts zu erwarten! Und Frankreich? – Ja, vor zwei Jahren noch, als wir mit einer Handvoll Bataillone ins Rheinland einmarschierten – damals habe ich viel riskiert. Wenn Frankreich damals marschiert wäre, hätten wir uns zurückziehen müssen; vielleicht um 60 km; dann hätten wir sie auch damals gehalten. Aber jetzt ist es für Frankreich zu spät!

Alle Welt muß wissen, daß es für eine Großmacht einfach unerträglich ist, wenn an ihren Grenzen jeder kleine Staat glaubt, sie provozieren zu können. Ich habe lange genug untätig zugesehen. Weil ich immer noch hoffte, daß die Vernunft die Oberhand bekäme. Aber das ist einfach unmöglich, daß in Österreich einer, bloß weil er ein Lied singt, das Ihnen nicht paßt, oder ›Heil Hitler‹ sagt, ins Gefängnis kommt. Die Verfolgung der Nationalsozialisten muß ein Ende haben, sonst werde ich ein Ende machen.

Ich: In Österreich wird niemand verfolgt, der sich nicht gegen die Gesetze vergeht. Unsere Gesetze und die Verfassung, die keine Parteien kennt, hat das Reich im Abkommen vom 11. Juli 1936 selbst anerkannt. Das Vergangene sollte vergessen sein, in der Zukunft aber jede illegale Tätigkeit unterbunden werden. Das war vereinbart. Im übrigen gibt es jetzt keine Nationalsozialistenverfolgung in Österreich.«

Hitler: Ich kenne die Lage in Österreich besser als Sie. Kein Tag vergeht, an dem ich nicht beschworen werde, endlich einzugreifen.

Ich: Vielleicht würden Sie an Ort und Stelle anders denken, Herr Reichskanzler, Sie kennen ja Wien.

Hitler: Das ist sehr lange her.

Ich: Seither waren Herr Reichskanzler niemals in Österreich?

Hitler: Die österreichische Regierung hat mir ja die Einreise verboten. Einmal war ich vor Jahren noch nachts in Wien – und dann heimlich am Grab meiner Eltern; so behandelt man mich.

Ich will Ihnen jetzt noch einmal, zum letztenmal, die Gelegenheit geben, Herr Schuschnigg. Entweder wir kommen zu einer Lösung, oder die Dinge sollen laufen; wir werden dann ja sehen, wie das werden wird. Am nächsten Sonntag trete ich vor die deutsche Nation; bei meiner Rede vor dem Reichtstag muß das deutsche Volk wissen, wie es daran ist. Überlegen Sie es sich gut, Herr Schuschnigg; – ich habe nur mehr Zeit bis heute nachmittag. Wenn ich Ihnen das sage, dann tun Sie gut daran, mich wörtlich zu nehmen. Ich bluffe nicht. Meine ganze Vergangenheit beweist dies zur Genüge. Ich habe noch alles erreicht, was ich wollte, und bin vielleicht dadurch zum größten Deutschen der Geschichte geworden. Ich pflege nicht viel zu reden oder anzukündigen; anders wie zum Beispiel Mussolini. Der hat einen ganz anderen Stil. – Aber neben meinem Namen gibt es noch andere große deutsche Namen; wenn ich heute die Augen schließe, ich für alles vorgesorgt. Wir haben einen Göring, einen Heß, einen Frick, einen Epp und zahllose andere. Ich gebe Ihnen die einmalige Gelegenheit, Herr Schuschnigg, daß Sie auch Ihren Namen in die Reihe der großen Deutschen einfügen können. Das wäre eine verdienstliche Tat, und alles könnte sich regeln. Ich weiß, daß man gewisse Besonderheiten in Österreich berücksichtigen muß; das wird keine Schwierigkeiten machen.

Der Ausbruch des Zweiten Weltkrieges

Dr. Paul Schmidt

Im August 1939 wurde von Hitler die Frage der deutsch-polnischen Grenze hochgespielt, die durch wiederholte Zwischenfälle in Danzig noch verschärft wurde. Berichte von der Bedrückung der deutschen Minderheit in Polen, von der Propaganda geschickt ausgenutzt, erregten die deutsche Öffentlichkeit. Der Pakt mit Rußland stärkte das Selbstvertrauen der Hitler-Regierung noch weiter. Andererseits neigte auch Polen, durch englisch-französische Zusagen und durch einen Beistandspakt mit England selbstsicherer geworden, zu einer festeren Haltung. Auf englischen Rat verhandelte Polen zwar weiter, aber beide Seiten waren zum Nachgeben nicht bereit.
Der Bericht des Chefdolmetschers des Auswärtigen Amtes zeigt die eifrige, aber erfolglose diplomatische Tätigkeit all derer, die den Krieg noch verhindern wollten, zu dem Hitler entschlossen war. Er zeigt auch, wie bestürzt Hitler und sein Außenminister und die Parteiprominenz über die Unnachgiebigkeit der Westmächte waren, mit der sie nicht gerechnet hatten. Der Vorwand für den Ausbruch des Krieges war dann der von deutschen Truppen vorgetäuschte Angriff auf den Sender Gleiwitz, der den Polen zur Last gelegt wurde.

In den Wandelgängen und Nebenräumen der Reichskanzlei herrschte wieder Hochbetrieb. Ich hielt mich für weitere Besprechungen dort bereit und erfuhr auf diese Weise am Abend des 31. August, daß Hitler den Befehl für den Beginn des Einmarsches nach Polen nunmehr endgültig erteilt hatte, und zwar sollte die Grenze um 5.45 Uhr morgens überschritten werden.
»Auf Befehl des Führers und Obersten Befehlshabers hat die Wehrmacht den aktiven Schutz des Reiches übernommen. In Erfüllung ihres Auftrages, der polnischen Gewalt Einhalt zu gebieten, sind Truppen des deutschen Heeres heute früh über alle deutsch-polnischen Grenzen zum Gegenangriff angetreten. Gleichzeitig sind Geschwader der Luftwaffe zum Niederkämpfen militärischer Ziele in Polen gestartet. Die Kriegsmarine hat den Schutz der Ostsee übernommen«, so lautete der erste

Wehrmachtsbericht des Zweiten Weltkrieges, der am 1. September 1939 herausgegeben wurde.
»Polen hat heute nacht zum erstenmal auf unserem eigenen Territorium auch durch reguläre Soldaten geschossen«, tönte Hitlers heisere und erregte Stimme am Vormittag des 1. September vom Reichstag her aus dem Lautsprecher. »Ich habe wieder jenen Rock (des Soldaten) angezogen, der mir selbst der heiligste und teuerste war«, hörte ich Hitler weiter sagen, »ich werde ihn nur ausziehen nach dem Sieg oder – ich werde dieses Ende nicht erleben!«
Noch am gleichen Abend meldete sich trotz der Kriegsatmosphäre die Diplomatie wieder zu Wort. Der britische und der französische Botschafter baten darum, sofort gemeinsam vom Außenminister empfangen zu werden. Ribbentrop lehnte den gemeinsamen Empfang ab. Er bestellte den britischen Botschafter auf 9.30 Uhr und den französischen Botschafter auf 10 Uhr abends.
»Durch ihr Vorgehen hat die deutsche Regierung eine Lage herbeigeführt, in der die Regierungen des Vereinigten Königreichs und Frankreichs zur Erfüllung ihrer Beistandspflicht gegenüber Polen schreiten müssen. Falls daher die Regierung Seiner Majestät von der deutschen Regierung keine befriedigenden Zusicherungen erhält, daß die deutsche Regierung alle Aggressivhandlungen eingestellt hat und daß sie bereit ist, ihre Truppen aus dem polnischen Gebiet zurückzuziehen, wird die Regierung Seiner Majestät ohne Zögern ihre Verpflichtungen Polen gegenüber erfüllen«, übersetzte ich aus dem englischen Dokument, das Henderson überbracht hatte, für Ribbentrop, der so tat, als verstehe er kein Englisch, im übrigen aber völlig ruhig blieb. Er hatte sich anscheinend an dem Abend mit Henderson genug ausgetobt. Wieder war er offenbar nicht ermächtigt, irgendeine Antwort zu erteilen, und begnügte sich mit der Bemerkung, er würde die Mitteilung an Hitler weiterleiten.
Unmittelbar danach überreichte Coulondre eine fast gleichlautende Note in französischer Sprache. Auch diese übersetzte ich, da Ribbentrop plötzlich auch nicht mehr Französisch verstand. Genauso wie der englische Botschafter, bat auch Coulondre um eine sofortige Antwort, worauf ihm Ribbentrop ebenfalls nur erwidern konnte, er werde die Angelegenheit Hitler vortragen.
»Gesamtmobilmachung in England angeordnet«, »Mobilmachung in Frankreich«, meldeten am nächsten Tag, dem 2. September, der englische und der französische Rundfunk.
Am Vormittag des gleichen Tages kam Attolico in großer Eile ins Aus-

wärtige Amt. »Mussolini hat in London und Paris vorgeschlagen«, erklärte er außer Atem, »Deutschland und Polen zum Abschluß eines sofortigen Waffenstillstandes aufzufordern.« Die Fronten sollten dort bleiben, wo die Truppen sich augenblicklich befänden. Danach sollte eine internationale Konferenz zur Lösung der deutsch-polnischen Frage und anderer Revisionsforderungen zusammentreten.

Eine halbe Stunde später wurde er von Ribbentrop empfangen. Die einzige Frage, die dieser stellte, lautete: »Sind die gestern abend übergebenen Noten Englands und Frankreichs Ultimaten oder nicht? Wenn ja, kommt ein Eingehen auf den italienischen Vorschlag überhaupt nicht in Frage.«

Noch heute sehe ich den nicht mehr ganz jungen Attolico aus Ribbentrops Zimmer heraus- und die Treppe hinablaufen, um bei Henderson und Coulondre Rückfrage zu halten. Meiner Ansicht nach waren diese Noten Ultimaten gewesen, und ich glaube daher nicht, daß meine »Schulklasse« auf Grund des Vorstoßes von Mussolini »fünf Minuten nach zwölf« noch zusammentreten würde. Zu meiner Überraschung aber kam Attolico schon nach einer halben Stunde genauso atemlos, wie er uns verlassen hatte, wieder angelaufen. »Nein, die Noten seien keine Ultimaten, sondern nur Warnungen.« Auch die Westmächte arbeiteten jetzt also mit Ultimaten, die »keine Ultimaten« waren, wie Hitler es im Jahr vorher und noch vor einigen Tagen getan hatte.

Noch einmal erschien Attolico am Nachmittag dieses Tages bei Ribbentrop, und nach dieser Unterredung antwortete ich auf die vielen ängstlichen Fragen meiner Kollegen nach der »Schulklasse« mit einem Vielleicht. Wie Hitler auf diesen Vorschlag reagierte, habe ich nie genau feststellen können. Gegen Abend wurde uns aber bekannt, daß die englische Regierung unter allen Umständen auf einer Räumung der von deutschen Truppen besetzten polnischen Gebiete bestehe.

Um 8 Uhr abends wurde ich erneut in die Reichskanzlei gerufen, wo ein niedergeschlagener Attolico Hitler mitteilte, daß die britische Regierung nicht auf Mussolinis Vorschlag eingehe, wenn die polnischen Gebiete nicht geräumt würden. Er fügte hinzu, die französische Regierung habe anscheinend lange geschwankt, ob sie den italienischen Vorschlag annehmen solle, sei dann aber doch schließlich dem britischen Standpunkt beigetreten.

Nach Mitternacht rief die englische Botschaft in der Reichskanzlei an. Henderson habe aus London soeben die Weisung erhalten, am nächsten Tag um 9 Uhr vormittags eine Mitteilung der englischen Regierung zu übergeben, und bäte, von Ribbentrop im Auswärtigen Amt zu dieser Zeit empfangen zu werden. Daß diese Mitteilung nichts Angenehmes enthalten würde, daß es sich womöglich dabei um ein richtiggehendes Ultimatum handeln könnte, war klar, und deshalb zeigte Ribbentrop auch nicht die geringste Lust, den britischen Botschafter am nächsten Morgen persönlich zu empfangen. Zufällig stand ich in seiner Nähe. »Eigentlich könnten Sie an meiner Stelle den Besuch des Botschafters entgegennehmen«, sagte er zu mir. »Lassen Sie doch mal bei den Engländern anfragen, ob ihnen das recht wäre, da der Außenminister um 9 Uhr verhindert sei.« Den Engländern war es recht, und so wurde ich denn beauftragt, Henderson am nächsten Morgen, das heißt in fünf Stunden, zu empfangen.

Am Sonntag, dem 3. September 1939, war ich infolge der anstrengenen Tage, die hinter mir lagen, zu Hause so spät aufgewacht, daß ich nur mit Hilfe eines Taxis das Auswärtige Amt erreichte. Ich konnte gerade noch sehen, wie Henderson durch den historischen Eingang in der Wilhelmsstraße 76 das Haus betrat, als ich über den Wilhelmsplatz fuhr. Ich benutzte einen Nebeneingang und stand pünktlich um 9 Uhr in Ribbentrops Arbeitszimmer zum Empfang Hendersons bereit. Auf die Minute genau meldete ihn der Amtsdiener. Er betrat das Zimmer mit einem sehr ernsten Gesicht, reichte mir die Hand, nahm aber auf meine Aufforderung nicht an dem kleinen Tisch in der Ecke des Zimmers Platz, sondern blieb feierlich mitten im Raum stehen. »Ich muß Ihnen leider im Auftrag meiner Regierung ein Ultimatum an die deutsche Regierung überreichen«, begann er mit bewegter Stimme und verlas dann, während wir uns gegenüberstanden, das bekannte Dokument der britischen Regierung. »Über 24 Stunden sind vergangen, seit eine sofortige Antwort auf die Warnung vom 1. September erbeten worden ist und seitdem die Angriffe gegen Polen intensiviert worden sind. Wenn die Regierung Seiner Majestät nicht vor 11 Uhr britischer Sommerzeit befriedigende Zusicherungen über die Einstellung aller Angriffshandlungen gegen Polen und die Zurückziehung der deutschen Truppen aus diesem Land erhalten hat, so besteht von diesem Zeitpunkt ab der Kriegszustand zwischen Großbritannien und Deutschland.«

Nach diesen Worten überreichte mir Henderson das folgenschwere Dokument und verabschiedete sich von mir. »Es tut mir aufrichtig leid«, sagte er zu mir, »daß ich gerade Ihnen ein solches Dokument übergeben muß, denn Sie sind stets sehr hilfsbereit gewesen.« Ich drückte auch meinerseits mein Bedauern aus und richteten noch einige von Herzen kommende Abschiedsworte an den englischen Botschafter, den ich, wie gesagt, immer außerordentlich geschätzt hatte.

Dann begab ich mich mit dem Ultimatum in der Aktentasche in die Reichskanzlei, wo alles voller Spannung auf mein Kommen wartete. In dem Raum vor Hitlers Arbeitszimmer waren die meisten Kabinettsmitglieder und prominenten Parteileute versammelt. Es herrschte ein ziemlich starkes Gedränge, so daß ich einige Mühe hatte, zu Hitler vorzudringen. »Was gibt es denn Neues?« fragten mich mehrere etwas ängstlich klingende Stimmen. Ich entgegnete nur achselzuckend: »Die Schule fällt aus«, und betrat das danebenliegende Zimmer, in dem Hitler an seinem Arbeitstisch saß, während Ribbentrop etwas rechts von ihm am Fenster stand. Beide blickten gespannt auf, als sie mich sahen. Ich blieb in einiger Entfernung vor Hitlers Tisch stehen und übersetzte ihm dann langsam das Ultimatum der britischen Regierung. Als ich geendet hatte, herrschte völlige Stille, genauso wie nach dem Paukenschlag in der Nacht von Godesberg.

Wie versteinert saß Hitler da und blickte vor sich hin. Er war nicht fassungslos, wie es später behauptet wurde, er tobte auch nicht, wie es andere wissen wollten. Er saß völlig still und regungslos an seinem Platz. Nach einer Weile, die mir wie eine Ewigkeit vorkam, wandte er sich Ribbentrop zu, der wie erstarrt am Fenster stehengeblieben war. »Was nun?« fragte Hitler seinen Außenminister mit einem wütenden Blick in den Augen, als wolle er zum Ausdruck bringen, daß ihn Ribbentrop über die Reaktion der Engländer falsch informiert habe. Ribbentrop erwiderte mit leiser Stimme: »Ich nehme an, daß die Franzosen uns in der nächsten Stunde ein gleichlautendes Ultimatum überreichen werden.«

Da meine Aufgabe nun erledigt war, zog ich mich zurück und sagte den draußen im Vorzimmer Wartenden, die mich umdrängten: »Die Engländer haben uns soeben ein Ultimatum überreicht. In zwei Stunden besteht zwischen England und Deutschland Kriegszustand.« Auch hier im Vorraum herrschte bei dieser Ankündigung Totenstille. Göring drehte sich zu mir und sagte: »Wenn wir diesen Krieg verlieren, dann möge uns der Himmel gnädig sein!« Goebbels stand in einer Ecke, niedergeschlagen und in sich gekehrt, und sah buchstäblich aus wie der bewußte begossene Pudel. Überall sah ich betretene Gesichter, auch bei den kleinen Parteileuten, die sich im Raum befanden.

Coulondre übergab kurz danach Ribbentrop ein auf 5 Uhr nachmittags befristetes Ultimatum gleichen Inhalts.

Am Abend verließ ich das verdunkelte Berlin im Sonderzug des Auswärtigen Amtes in östlicher Richtung.

Vor dem Volksgerichtshof

Hanns Lilje

Am 20. Juli 1944 führte eine Gruppe deutscher Offiziere ein Attentat auf Hitler aus, mit dem Ziel, ihn zu beseitigen und in einem Staatsstreich die Macht in Deutschland zu übernehmen. Der Plan war sichtbarer Ausdruck jener Bewegung, in der sich schon von Kriegsausbruch an Männer und Frauen aus allen Schichten des Volkes und aus den verschiedensten parteipolitischen Richtungen, aus bürgerlichen Kreisen, Offizieren, aus beiden Kirchen, aus der Gewerkschaftsbewegung und der studentischen Jugend zusammengefunden hatten, um im Widerstand gegen das nationalsozialistische Regime den Untergang des deutschen Volkes zu verhindern. Eine offene Opposition war nicht möglich, ließ doch die nationalsozialistische Diktatur nur den Weg der Verschwörung offen. Für die meisten Widerstandskämpfer bedeutete das gerade während des Krieges, der nach außen hin eine Zusammenfassung aller Kräfte erforderte, eine schwere Gewissensbelastung. Trotzdem beschritten sie diesen Weg in der Erkenntnis, nur ein gewaltsames Vorgehen ließe überhaupt noch die Möglichkeit, auch vor der Weltöffentlichkeit zu beweisen, daß nicht das ganze Volk mit den Plänen seiner Führung identifiziert werden dürfe. Sie waren bereit, unter dem Einsatz des Lebens ihre Aufgabe zu erfüllen. Der Putschversuch des 20. Juli schlug fehl. Hitlers Rache aber war furchtbar. Tausende wurden verhaftet und ausgeklügelten Verhören unterworfen. Sie kamen vor einen sogenannten »Volksgerichtshof«, von dem sie unter Mißachtung einfachster Rechtsgrundsätze vielfach zum Tode, in anderen Fällen zu schweren Haftstrafen verurteilt wurden.
Der hannoveranische Landesbischof Lilje gehörte zu den wenigen, die mit einer Haftstrafe davonkamen. Sein Bericht gewährt einen Einblick in die makabre Atmosphäre des Volksgerichtshofes und des Verhandlungsverfahrens.

Die Fahrt im grünen, vergitterten Polizeiwagen war geisterhaft. Ich hatte mir unbemerkt den Platz gegenüber der Tür gesichert und konnte auf diese Weise, wenn auch sehr fragmentarisch, die Aussicht genießen. Noch rollte der Apparat des Dritten Reiches im scheinbar unerschütterlichen, furchterregenden Gleichmaß; aber draußen erhaschte das Auge immer größere

und grauenvollere Partien jenes Trümmerfeldes, das Berlin hieß. Auch das Haus des Volksgerichtshofes war schwer betroffen. Vernagelte Fenster, beschädigte und mühselig wieder geflickte Innenwände hatten dem höchsten deutschen Gericht Wesentliches von seiner Würde genommen. Um so mehr hatte man sich bemüht, dem Verhandlungsraum den Charakter amtlicher Feierlichkeit zu geben. Aber es war ein kläglicher Versuch. Keine Tribüne für das höchste deutsche Gericht, keine besondere Zeugenstände (es waren auch keine da), keine besondere Anklagebank (die übrigens auch nicht nötig war, weil praktisch der ganze übrige Raum Anklagebank war!), die »Sachverständigen«, d. h. die Vertreter sämtlicher Nazi-Behörden, und die »Geladenen«, d. h. die befohlenen Zuhörer, Ritterkreuzträger der Wehrmachtsteile, hatten schlicht um uns an den Wänden herum Platz genommen, die wir, von einem wahren Heer von grünen Polizeibeamten behütet, in der Mitte des Saales saßen. Ganz hinten an der Wand waren, schweigend und unauffällig, die Vertreter der Gestapo, die wohl der eigentliche stumme Herr auch dieses Saales war. Aber weder das Bild des Staatsoberhauptes, das als einziges Schmuckstück in einer etwas mittelmäßigen Bildwiedergabe drohend von der Wand blickte, noch die scharlachroten Roben der »Volksrichter« und noch weniger das grelle Licht aus zwei Jupiterlampen, das auf unsgerichtet wurde, sobald wir an den Verhandlungstisch traten, vermochten dem Ganzen einen wirklich feierlichen Glanz zu geben; der Saal wirkte wie das Bundeslokal eines vorstädtischen Kriegervereins. Es war wieder dieser geisterhafte Zug – das Symbol einer schon langsam zerfallenden politischen Existenzform.
Zunächst wurden wir in einem Vorzimmer zum Warten »abgestellt«. Wieder hatte ich Gelegenheit, mich über jene Brutalität zu wundern, die in der Form der Gedankenlosigkeit auftritt. Die uns hier bewachenden Beamten waren von der Justizverwaltung, einige von ihnen offensichtlich alter Schule; den meisten unter ihnen würde ich wohl, wenn auch nach einigem Nachdenken, das Prädikat »rechtschaffen« nicht verweigern. Aber obwohl neben dem gesamten Bewachungsapparat noch auf jeden Gefangenen 2 (in Worten zwei!) Schutzpolizeibeamte kamen, wurden uns die Fesseln nicht abgenommen; das geschah erst im letzten Augenblick vor dem Betreten des Verhandlungssaales, als es galt, den Anschein der freien Vorführung zu wahren; und da irgendeine Sitzgelegenheit nicht vorhanden war, ließ man uns einfach nach uraltem militärischen Vorbild in Reih und Glied stehen, was einigen aufgeregten Seelen unter den Mitgefangenen, besonders auch einigen Alten und Kränklichen, nur unnötige Erschöpfung verursachte. Statt dessen wurden wohl dreimal unsere

Namen aufgerufen; der verlesende Beamte machte, wie es so bei vielen fremden Namen zu gehen pflegt, viel dabei falsch, und da außerdem die dazugehörigen Personen immer wieder verwechselt wurden, war das Ganze ziemlich sinnlos. Es reichte gerade zu einer Demonstration einiger Wesenszüge, die einen bestimmten Beamtentypus immer wieder unerfreulich zieren: sinnloser Formalismus, Gedankenlosigkeit und Mangel an humaner Initiative. Nicht zuletzt Furcht vor dem Nächsthöheren.
Das war in diesem Fall eindeutig die Gestapo. Mir ist es heute so uninteressant wie damals, ob die Gestapo die Urteile schon fertig hatte (daß ihr Einfluß praktisch auf das gleiche hinauskam, ist wohl außer Zweifel); mir war nur bemerkenswert, daß auch die Justiz- und Schutzpolizeibeamten sich ununterbrochen scheu nach den wenigen erkennbaren Vertretern dieser ehrenwerten Firma richteten. Es war wieder diese geisterhafte Umkehrung aller Dinge: Wir, deren Schicksal ja im Grunde schon entschieden war, wenn wir dies Haus betraten, waren im Wesen unabhängiger und freier als jene, und die Sklaven saßen anderswo. Schließlich ist es soweit. Wir sitzen, von je zwei Schupos sorgfältig bewacht, die – arme Menschen! – ununterbrochen unseren Rockärmel festhalten müssen, im Saal, die »Sachverständigen« und »Geladenen« haben Platz genommen. Die gegenüberliegende Tür tut sich auf, der ganze Saal erhebt sich, das höchste deutsche Gericht betritt den Verhandlungsraum. Alles, was nicht angeklagt ist, erhebt die Rechte zum »deutschen Gruß«, wir dürfen es nicht!
Es ist sofort klar, daß die bestimmende Gestalt der gefürchtete Freisler ist. Als er, »die Toga lässig umgehangen«, Platz genommen hat und nun die Verhandlung eröffnet, setzt mich ein unerwarteter Zug in Erstaunen – das völlig unjuristische Pathos. Er spricht nicht mit der zackigen, schneidenden Schärfe des Obernazis, sondern in dem hohlen pastoralen Tonfall eines deutsch-christlichen Superintendenten. Aber ich überwinde diesen unvermuteten Eindruck bald und fasse nun diese Erscheinung schärfer ins Auge. Ich habe den gleichen Eindruck wie bei einigen anderen führenden Männern des Dritten Reiches: ein ursprünglich gutes, beinahe edles Gesicht, mit scharfgeschnittenen, klaren, geistigen Zügen; aber dieses Bild ist gleichsam von innen her zerfallen, die Zeichen eines grauenhaften inneren Verkommens scheinen unverkennbar durch.
Mir ist bekannt, daß ihn die Juristen für sehr befähigt halten und daß auch die Andersdenkenden von seinem juristischen Können mit einer merkwürdigen Achtung sprechen. Auf den ersten Blick ist seine formale Begabung unverkennbar, er erscheint als vorzüglicher Kenner der Akten, der sich zur Stützung seines Gedächtnisses nur eines kleinen Zettels

bedient. Aber diese Kenntnis ist nicht echt und offenbar weder durch das Interesse an der Sache noch gar am Menschen diktiert; am nächsten Tag wird er in der mündlichen Begründung meines Urteils nur lauter Sachen sagen, die mit meinem Fall überhaupt nichts zu tun haben. Er verschmäht auch die sehr billigen Effekte nicht; ein älterer Mitangeklagter hat sich in jungen Jahren als Zimmermann einen Schaden am Bein zugezogen, der ihm noch jetzt zu schaffen macht; als er in der Schilderung seines Lebenslaufes an diese Stelle kommt, läßt ihn Freisler in dramatisierter Menschlichkeit sich setzen; aber man spürt deutlich, daß diese Demonstration vorwegbedacht ist. Im übrigen ist er von einer unleidlichen tyrannischen Erregbarkeit, der kleinste Widerspruch reizt ihn zu wahrhaft sultanischen Zornesausbrüchen, und mit seinem ganzen richterlichen Dasein befindet er sich am entgegengesetzten Ende von jener Klarheit und objektiven Überlegenheit, die den Richter zieren. Seine Mitwelt nimmt ihn einfach hin, man fragt vor Beginn der Verhandlungen, wie er geschlafen und gefrühstückt haben mag, und wenn er zürnend ausbricht, schweigt alles im Chor. Der Oberreichsanwalt erscheint gegenüber dieser rächenden Justiz wie der Repräsentant mildernder Menschlichkeit.
Theodor Haubach, der edle Sozialist, hat diese jähzornige Unberechenbarkeit schwer zu spüren bekommen. Im Vertrauen auf die Rechtsordnung hat er das dem Angeklagten zustehende Schlußwort zu ernsthaften Ausführungen über die Hintergründe seiner Tat und Haltung benutzt und damit so sehr den Zorn Freislers hervorgerufen, daß er sofort die Verhandlung neu aufnahm und sie statt mit der schon beantragten Freiheitsstrafe mit dem Todesurteil endete. Nur einmal ist dieser Mentalität wirksamer Widerstand begegnet. Der unvergleichliche Moltke hat, in klarer Erkenntnis des schon beschlossenen Todesurteils, den moralischen Mut zum Angriff auf Freisler und die gesamte Institution besessen; er, der schon verurteilte Angeklagte, hat seinerseits die Hüter der Sicherheit des Dritten Reiches angegriffen, die, wenn der Anschlag auf Hitlers Leben gelungen wäre, heute an seiner Seite stehen würden; und als er, des geschichtlichen Sieges seiner Sache gewiß, mit den Worten des Lutherliedes schloß: »Das Reich muß uns doch bleiben« (was im Mund Helmut von Moltkes nicht nationalistisch gemeint war), da lag für einen Augenblick die Überlegenheit einer ganz anderen Wirklichkeit spürbar über diesem traurigen Raum. Nein, Freisler war weder wahrhaft groß noch wahrhaft bedeutend; es müßte denn eine Naivität sein, zu meinen, einem Juristen müsse die Gerechtigkeit ungefähr ebenso wichtig sein, wie einem Theologen die Frömmigkeit und der Glaube. Aber vielleicht verwandelt sich das eine

wie das andere, sobald es zur »Profession« wird. Pharisäer und Heuchler gibt es offensichtlich nicht nur auf dem Boden des Glaubens, sondern auch im Nationalen und Juristischen.
Es ist doch wohl keine Übertreibung, wenn ich diesen ganzen Prozeß als eine großangelegte Parodie auf die Gerechtigkeit empfinde. Es ist alles streng geheime Reichssache; meine Frau, die mit gewohnter Tapferkeit und Findigkeit den Verhandlungstermin herausgebracht hat, muß sich von allen beteiligten Stellen (von allen!) bis zuletzt belügen lassen, damit nichts herauskomme, und von einer Teilnahme am Prozeß ist schon gar nicht die Rede. Dafür sind Vertreter aller NS-Organisationen auf der »Sachverständigenbank« anwesend – was tun alle diese pseudogermanischen Jünglinge in diesem Saal, die vor Beginn der Verhandlung unsere Personalien aufnehmen und Fragen an uns richten, als gehörten sie dazu? Da sitzen die Pflichtverteidiger – sonst unbescholtene Männer, gegen die ich, obwohl sie hier nicht viel mehr als unwürdige juristische Statisten sind, keinen Groll hege. Nur bin ich entschlossen, meinem Pflichtverteidiger, einem Schwager Himmlers, im späteren Leben das Honorar für diese Verteidigung, das übrigens nicht sehr hoch sein soll, wieder abzunehmen und einer milden Stiftung zu überweisen, damit dies ungut erworbene Geld nicht sein Gewissen belasten muß. Denn irgendeine wirkungsvolle Tätigkeit hat er nicht entfaltet, und seine milde Prognose, die er mir wenige Minuten vor der Urteilsverkündung zuflüstert, erweist sich als völlig falsch. Aber diese Verteidiger, die ja, wenn sie ihren Beruf und ihre Mannesexistenz ernst nehmen, mehr entwürdigt werden als wir, sind sonst im bescheidenen Rahmen des Möglichen nicht unfreundlich oder unmenschlich; und einer von ihnen, ein Landsmann von mir, versetzt durch eine wohlgezielte Frage, die er zur Rettung des plötzlich sehr gefährdeten Palombini einwirft, Freisler in eine flammende, gefährliche Wut.
Unstreitig die übelsten Erscheinungen im ganzen Saal sind die Laienbeisitzer, offensichtlich bewährte PGs, wohlgenährt und zufrieden, die, von den hier verhandelten Menschenschicksalen unberührt, während der Verhandlungen futtern und sich bescheidene Witze zuflüstern. Es ist nicht angenehm zu denken, daß vielleicht schon in wenigen Wochen diese boshafte Harmlosigkeit ihre irdische Sühne gefunden haben wird. Überhaupt – welches Bild von der geschichtlichen Wirklichkeit haben diese Menschen da? Vor einer Woche hatte jener schwere Einbruch der Russen in unsere östlichen Kampflinien begonnen, der die ganze Ostfront aufriß und das endgültige Schlußkapitel des deutschen Widerstandes einleitete; bis in unsere Zellen war flüsternd die Kunde davon gedrungen.

Massenmord am jüdischen Volk

Rudolf Höß

Die sogenannte Judenfrage war ein Kernstück der nationalsozialistischen Ideologie. Die Vernichtung der Juden Europas, besonders Osteuropas, des »deutschen Lebensraumes«, war eines der Kriegsziele Hitlers. Schon von 1933 an hatten einzelne Maßnahmen dazu gedient, die Lage der Juden in Deutschland immer unerträglicher zu machen. Die Nürnberger Gesetze von 1935 bedrohten die Ehe mit Juden (»Rassenschande«) mit harten Strafen für beide Teile; Juden und Halbjuden wurden aus den öffentlichen Ämtern verdrängt. Später, besonders 1938, kam es immer wieder zu brutalen Verfolgungen. Im Krieg, als Hitler über fast ganz Europa gebot, setzte dann die Massenvernichtung eines ganzen Volkes durch Vergasen und Erschießen (»Sonderbehandlung«) ein. Das Lager Auschwitz wurde zum Inbegriff des Massenmordes und unsäglicher Leiden. Die »Endlösung« der Judenfrage, mit der Eichmann beauftragt war, wurde seit 1941 angestrebt. Nach der Niederlage Deutschlands wurde die Welt von all den Greueln unterrichtet.
Erschreckend an dem folgenden Verhör von Rudolf Höß ist der bürokratisch-sachliche Ton, in dem hier – wie übrigens auch in dem Prozeß gegen Adolf Eichmann – über das grausige Geschick von Millionen gesprochen wurde.

Dr. Kauffmann: Herr Zeuge! Ihre Aussage wird von weittragender Bedeutung sein; Sie sind vielleicht der einzige, der bisher unbekannte Zusammenhänge aufklären kann und der bekunden kann, welcher Personenkreis die Befehle zur Vernichtung des europäischen Judentums gegeben hat, der weiter sagen kann, wie dieser Befehl durchgeführt wurde und in welchem Grad diese Durchführung geheimgehalten wurde.
Vorsitzender: Dr. Kauffmann, stellen Sie bitte Fragen an den Zeugen.
Dr. Kauffmann: Sie waren von 1940 bis 1943 Lagerkommandant von Auschwitz. Stimmt das?
Höß: Jawohl.
Dr. Kauffmann: Und in dieser Zeit sind Hunderttausende von Menschen dort in den Tod geschickt worden. Ist das richtig?

Höß: Jawohl.
Dr. Kauffmann: Ist es richtig, daß Sie selbst keine genauen Aufzeichnungen über die Zahl dieser Opfer haben, weil Ihnen diese Aufzeichnungen verboten waren?
Höß: Das ist so richtig.
Dr. Kauffmann: Ist es weiter richtig, daß ausschließlich ein Mann namens Eichmann hierüber Aufzeichnungen hatte; der Mann, der mit der Organisation und der Sammlung der Menschen beauftragt worden war?
Höß: Jawohl.
Dr. Kauffmann: Ist es weiter richtig, daß Ihnen Eichmann erklärte, insgesamt seien in Auschwitz über zwei Millionen jüdische Menschen vernichtet worden?
Höß: Jawohl.
Dr. Kauffmann: Männer, Frauen und Kinder?
Höß: Ja.
Dr. Kauffmann: Sie waren Weltkriegsteilnehmer?
Höß: Jawohl.
Dr. Kauffmann: Und sind dann 1922 in die Partei eingetreten?
Höß: Jawohl.
Dr. Kauffmann: Sind Sie SS-Mitglied gewesen?
Höß: Seit 1934.
Dr. Kauffmann: Ist es richtig, daß Sie im Jahre 1924 zu einer längeren Zuchthausstrafe verurteilt worden sind wegen Ihrer Beteiligung an einem sogenannten Fememord?
Höß: Jawohl.
Dr. Kauffmann: Und Sie sind dann Ende 1934 in das Konzentrationslager Dachau gekommen?
Höß: Jawohl.
Dr. Kauffmann: Welche Aufgaben hatten Sie dort?
Höß: Ich war zuerst Gefangenenblockführer, nachher Rapportführer und zuletzt Gefangeneneigentumsverwalter.
Dr. Kauffmann: Und blieben Sie lange dort?
Höß: Bis 1938.
Dr. Kauffmann: Von 1938 ab, welche Stellung bekleideten Sie dann? Und wo befanden Sie sich dann?
Höß: 1938 kam ich nach dem Konzentrationslager Sachsenhausen, wo ich zuerst als Adjutant des Kommandanten und nachher als Schutzhaftlagerführer Verwendung fand.
Dr. Kauffmann: In welcher Zeit waren Sie in Auschwitz Lagerkommandant?

Höß: In Auschwitz war ich Kommandant vom Mai 1940 bis 1. Dezember 1943.

Dr. Kauffmann: Wie viele Menschen, Häftlinge, waren zur Zeit der größten Belegung in Auschwitz?

Höß: Zur Zeit der stärksten Belegung waren in Auschwitz zirka 140000 Häftlinge, Männer und Frauen.

Dr. Kauffmann: Ist es richtig, daß Sie 1941 nach Berlin zu Himmler bestellt wurden? Geben Sie in kurzen Zügen den Inhalt dieser Besprechung an.

Höß: Jawohl. Im Sommer 1941 wurde ich zum persönlichen Befehlsempfang zum Reichsführer-SS, Himmler, nach Berlin befohlen. Dieser sagte mir dem Sinn nach, ich kann das nicht mehr wörtlich wiederholen, der Führer hat die Endlösung der Judenfrage befohlen. Wir, die SS, haben diesen Befehl durchzuführen. Wenn jetzt zu diesem Zeitpunkt dies nicht durchgeführt wird, so wird später das jüdische Volk das deutsche vernichten. Er habe Auschwitz deswegen gewählt, weil es bahntechnisch am günstigsten liegt und auch das ausgedehnte Gelände für Absperrmaßnahmen Raum bietet.

Dr. Kauffmann: Wurde in dieser Besprechung Ihnen von Himmler gesagt, daß diese geplante Aktion als »Geheime Reichssache« behandelt werden müsse?

Höß: Jawohl, darauf machte er besonders aufmerksam. Er sagte mir, ich dürfte auch meinem direkten Vorgesetzten, dem Gruppenführer Glücks, nichts darüber sagen. Diese Besprechung wäre nur für uns beide, und ich hätte strengstes Stillschweigen jedermann gegenüber zu bewahren.

Dr. Kauffmann: Welche Stellung hatte Glücks, den Sie eben nannten?

Höß: Gruppenführer Glücks war sozusagen der Inspekteur der KZ-Lager zu diesem Zeitpunkt und war dem Reichsführer direkt unterstellt.

Dr. Kauffmann: Bedeutet »Geheime Reichssache«, daß niemand ohne Gefahr für Leib oder Leben auch nur die leisesten Andeutungen Dritten gegenüber machen darf?

Höß: Jawohl, »Geheime Reichssache« bedeutete für jeden, daß er mit keinem Menschen über diese Dinge sprechen durfte, und daß er selbst dafür haftete, mit seinem Kopf dafür haftete, daß nichts über diese Dinge anderen gegenüber verlautbart wurde.

Dr. Kauffmann: Haben Sie Dritten, Unbeteiligten gegenüber jemals die Ihnen auferlegte Verpflichtung verletzt?

Höß: Nein, bis Ende 1942 nicht.

Dr. Kauffmann: Warum nennen Sie diesen Zeitpunkt? Haben Sie denn

nach diesem Zeitpunkt dritten Personen gegenüber Mitteilung gemacht?
Höß: Ende 1942 wurde meine Frau von dem damaligen Gauleiter Oberschlesiens durch Bemerkungen auf die Vorgänge in meinem Lager aufmerksam gemacht. Meine Frau frug mich dann später, ob dies der Wahrheit entspräche, und ich gab dies meiner Frau zu.
Das war mein einziger Bruch dieses dem Reichsführer gegebenen Versprechens, und ich habe sonst niemandem gegenüber davon gesprochen.
Dr. Kauffmann: Wann haben Sie Eichmann kennengelernt?
Höß: Eichmann lernte ich ungefähr vier Wochen später, als ich den Befehl vom Reichsführer bekommen hatte, kennen. Er kam nach Auschwitz, um mit mir die Durchführung des gegebenen Befehls zu besprechen. Eichmann war, wie mir der Reichsführer noch bei der Unterredung sagte, von ihm beauftragt, die Durchführung dieses Befehls mit mir zu besprechen, und alle weiteren Weisungen bekam ich von ihm, von Eichmann.
Dr. Kauffmann: Beschreiben Sie ganz kurz, ob es richtig ist, daß die Lager von Auschwitz vollkommen isoliert waren, und welche Vorkehrungen getroffen worden sind, um die Durchführung der Ihnen übertragenen Aufgabe so geheim wie möglich zu halten.
Höß: Das Lager Auschwitz als solches lag drei Kilometer von der Stadt weg. Die Umgebung, zirka 20000 Morgen, war von allen Einwohnern, früheren Einwohnern, freigemacht, und das gesamte Gebiet konnte nur von SS-Männern, beziehungsweise von Zivilangestellten mit besonderen Ausweisen betreten werden. Das eigentliche Lager Birkenau, wo später das Vernichtungslager gebaut wurde, lag nochmals zwei Kilometer von dem Lager Auschwitz entfernt. Die Anlagen selbst, das heißt die provisorischen Anlagen, die zuerst benutzt wurden, lagen im Wald eingebettet und waren auch von weither nirgends einzusehen. Dieses Gebiet war zudem noch als Sperrgebiet erklärt worden und durfte auch von SS-Angehörigen, die nicht einen Sonderausweis hatten, nicht betreten werden. Somit war nach menschlichem Ermessen niemand außer den erwähnten Personen in der Lage, dieses Gebiet zu betreten.
Dr. Kauffmann: Und dann kamen die Eisenbahntransporte an. In welchen Zeiträumen kamen diese Transporte an, und wie viele Menschen befanden sich jeweils etwa in einem solchen Transport?
Höß: In den ganzen Zeiträumen bis 1944 waren jeweils gewisse Aktionen in den einzelnen Ländern, so daß von einer fortlaufenden Reihenfolge der Einlieferung nicht gesprochen werden kann. Es handelte sich jeweils um vier bis sechs Wochen. In diesen vier bis sechs Wochen kamen täglich zwei bis drei Züge mit je zirka 2000 Personen an. Diese Züge wurden zu-

erst auf ein Abstellgleis des Geländes Birkenau gefahren. Die Lokomotive, die die Züge brachte, fuhr wieder zurück. Die Bewachungsmannschaften, die die Transporte begleiteten, mußten sofort das Gebiet verlassen, und die eingelieferten Personen wurden durch Wachen des Lagers übernommen. Sie wurden dort durch zwei SS-Ärzte geprüft auf Arbeitsfähigkeit. Die arbeitsfähigen Häftlinge marschierten sofort nach Auschwitz beziehungsweise nach dem Lager Birkenau, und die Nichtarbeitsfähigen wurden zuerst nach diesen provisorischen Anlagen, später dann in die neu erbauten Krematorien gebracht.

Dr. Kauffmann: Bei meinem Verhör, das ich mit Ihnen unlängst anstellte, erklärten Sie mir, es seien etwa 60 Mann dazu bestimmt gewesen, die Transporte aufzunehmen. Und auch diese 60 Mann seien zur Geheimhaltung im Rahmen der allgemeinen, vorhin beschriebenen Geheimhaltung verpflichtet worden. Halten Sie dies noch aufrecht?

Höß: Jawohl, bei diesen 60 Mann handelte es sich um eine ständige Bereitschaft, die die nichtarbeitsfähigen Häftlinge nach dieser provisorischen, beziehungsweise später nach den anderen Anlagen brachten. Diese Bereitschaft, dazu zirka 10 Unterführer und Führer, Ärzte und Sanitätspersonal, waren wiederholt schriftlich und auch mündlich auf die strengste Geheimhaltung über diese Vorgänge verpflichtet worden.

Dr. Kauffmann: Konnte ein unbeteiligter Außenstehender, der die Transporte ankommen sah, bestimmte Anhaltspunkte dafür gewinnen, daß die ankommenden Transporte vernichtet werden sollten, oder ist diese Möglichkeit deshalb so gering gewesen, weil in Auschwitz ein außergewöhnlich großer Verkehr der einlaufenden Transporte, Materialien und so weiter war?

Höß: Jawohl. Ein Beobachter, der nicht ausschließlich zu diesem Zweck Aufzeichnungen machte, konnte darüber keinen Überblick gewinnen, denn erstens kamen nicht nur Transporte, die zur Vernichtung bestimmt waren, an, sondern es kamen ja auch laufend Transporte von Neuzugängen von Häftlingen an, die im Lager gebraucht wurden. Weiter verließen ebenfalls wieder Transporte in genügender Anzahl mit arbeitsfähigen oder ausgetauschten Häftlingen das Lager. Die Züge selbst waren geschlossen, das heißt, die Türen an den Güterwagen waren geschlossen, so daß Außenstehende sich keinen Einblick über die transportierten Menschen verschaffen konnten. Weiter wurden täglich bis zu 100 Waggons an Materialien, Lebensmitteln und ähnlichem in das Lager transportiert, beziehungsweise verließen laufend die Werkstätten des Lagers, in denen Kriegsmaterial geschaffen wurde.

Dr. Kauffmann: Und nach Ankunft der Transporte mußten die Opfer alles, was sie hatten, ablegen. Die Kleider niederlegen, sich völlig ausziehen, ihre Wertsachen abgeben? Ist das richtig?
Höß: Jawohl.
Dr. Kauffmann: Ich frage Sie nach Ihrer Erfahrung, ob diese Menschen wußten, was ihnen bevorstand?
Höß: Zum größten Teil nicht, denn es waren Vorkehrungen getroffen, die sie darüber im Zweifel ließen und bei ihnen nicht den Verdacht erregen konnten, daß sie in den Tod gehen sollten. So waren überall an den Türen und an den Wänden Schriften angebracht, die darauf hinwiesen, daß dies eine Entlausungs- beziehungsweise eine Badevorkehrung sei. Dies wurde in mehreren Sprachen den Häftlingen durch Häftlinge, die früheren Transporten angehörten und bei der ganzen Aktion als Hilfsmannschaften gebraucht wurden, verkündet.
Dr. Kauffmann: Und der Tod durch Vergasung trat dann ein in einem Zeitraum von 3 bis 15 Minuten, sagten Sie mir unlängst. Ist das richtig?
Höß: Jawohl.
Dr. Kauffmann: Sie sagten mir weiter, daß schon vor diesem endgültigen Eintritt des Todes eine Betäubung der Opfer früher eingetreten sei?
Höß: Jawohl. So wie ich durch eigene Bemühung, beziehungsweise durch die Ärzte erfahren hatte, war je nach Temperatur und Zahl der in den Räumen vorhandenen Personen die Dauer des Eintritts der Betäubung, beziehungsweise des Todes, sehr verschieden. Die Betäubung fand in wenigen Sekunden, beziehungsweise Minuten statt.
Dr. Kauffmann: Haben Sie selbst jemals angesichts Ihrer eigenen Familie und Kinder Mitleid mit den Opfern gehabt?
Höß: Jawohl.
Dr. Kauffmann: Und weshalb haben Sie dennoch diese Aktion durchführen können?
Höß: Bei all diesen Zweifeln, die mir kamen, war immer wieder einzig ausschlaggebend der unbedingte Befehl und die dazugehörige Begründung des Reichsführers Himmler.
Dr. Kauffmann: Ich frage Sie, ob Himmler das Lager besichtigt hat und sich auch von den Vorgängen der Vernichtung selbst überzeugt hat.
Höß: Jawohl. 1942 besuchte Himmler das Lager und hat sich einen Vorgang von Anfang bis zu Ende genau angesehen.
Dr. Kauffmann: Gilt das gleiche für Eichmann?
Höß: Eichmann war wiederholt in Auschwitz und kannte die Vorgänge genau.

Nach dem Atombombenabwurf

Sadako Moriyama

Es kann wohl kaum einen erschütternderen Gegensatz geben als die Schilderung des amerikanischen Kriegsberichterstatters William Laurence, der mit einer saloppen Gleichgültigkeit, ohne eine Spur von Mitleid, von dem amerikanischen Atombombenabwurf über Nagasaki berichtet, und die Aussagen der Überlebenden von Nagasaki, wie sie der Arzt Dr. Nagai in einem kleinen Büchlein sammelte. Wille zur Vergeltung auf der einen Seite, geboren aus dem Gefühl, daß dieser Atombombenabwurf zwar das Leben und die Gesundheit Hunderttausender Menschen vernichtete, dafür aber den Amerikanern helfen sollte, den Krieg abzukürzen. Auf der anderen Seite völlige Verzweiflung über eine Katastrophe, die so grauenhaft war, daß die Betroffenen ihr nur fassungslos gegenüberstehen konnten. 36000 Menschen fanden in Sekunden den Tod, 40000 wurden verletzt, und so tückisch war die Wirkung der Bombe, daß viele von ihnen noch Jahre später an den Folgen der Strahlenwirkung dahinsiechten und eines qualvollen Todes starben. Dr. Nagai, einer der Überlebenden, hat über die Folgen des Atombombenabwurfes berichtet und auch weitere Augenzeugenberichte zusammengetragen. Diese erschütternden Zeugnisse stehen stellvertretend für die Not Zehntausender Menschen. Hier berichtet eine junge Assistentin an der medizinischen Fakultät. Ihr war es gelungen, einen Schutzraum zu erreichen, bevor die Bombe losging. Sie war nur bewußtlos, hatte also das unwahrscheinliche Glück, nicht ernsthaft verletzt zu werden.

Es war ein reiner Zufall, daß ich mit dem Leben davonkam. Das Laboratorium, in dem ich arbeitete, wurde zerstört und alle Anwesenden getötet. Ich war jedoch für einige Tage zu Hause geblieben, weil ich mich nicht wohl fühlte. Mein Haus wurde auch zerstört, aber ich hatte es einige Minuten vorher verlassen.

Kurz vorher hatte es Fliegeralarm gegeben, worauf ich mit den übrigen Familienmitgliedern außer meiner jüngeren Schwester Sayoko, meinem Bruder Takeo und unserer kleinen Kusine Ritsuko Miwa in den Keller gegangen war; diese waren von Mutter den Berg hinunter in den Schutz-

raum auf dem Schulgrundstück geschickt worden. Bei diesen Luftangriffen blieben für den Fall eines Brandes immer einige von uns oben im Haus. Dieses Mal waren wir schon eine ganze Weile im Keller, bis die Entwarnung kam; aber es war kein Angriff. Ich ging wieder hinauf und war schon beinahe wieder eingeschlafen, als Mutter mich bat, hinunterzugehen, um nachzusehen, wie es den Kindern ginge. Sie wäre wohl auch selbst gegangen, mußte aber noch ihre Wäsche fertigmachen und das Mittagessen vorbereiten. Ich stand also auf und ging in den Genkan[1], um meine Schuhe anzuziehen. Akiharu und Yoshiko waren gerade im Begriff, zur Arbeit zu gehen. Ich erinnere mich noch, wie schläfrig mein Bruder war – er hatte bis zwei Uhr morgens für seinen Luftschutztrupp Zigaretten gedreht und wollte diese jetzt unterwegs im Luftschutzhauptquartier abgeben. Meine Schwester Yoshiko ging zur Arbeit in die Fabrik. Sie besuchte die Junshin Höhere Gemeindeschule, war aber wie alle jungen Leute in diesem Alter zur Halbtagsarbeit in die Fabrik verpflichtet worden.
Die beiden blieben noch im Genkan und lachten über irgend etwas, als ich meinen Weg antrat. Ich hörte Papa irgendwo hämmern, er hatte im Badezimmer etwas zu reparieren.
Unten auf dem Schulhof fand ich einen ganzen Schwarm Kinder beim Libellenfangen – die drei Jungens von Herrn Tagawa, die beiden kleinen Tsujimotos, den kleinen Sohn von Herrn Fujita, dann Sayoko, Takeo, Ritsuko und noch eine ganze Schar von anderen Kindern; sie rannten auf dem Spielplatz umher. Ich war gerade angekommen, als ich über mir ein Flugzeug hörte. Es sah wie ein niedrigfliegendes kleines Flugzeug aus. Ich schrie den Kindern zu: »Schnell in den Luftschutzraum! Beeilt euch! Laßt die Libellen!« und rannte selbst hinein. Ich warf mich mit dem Gesicht nach unten auf eine kleine Strohmatte und hielt mir Augen und Ohren zu. Ich erinnere mich noch, wie sich die Matte um mich herumwickelte und wie ich im selben Augenblick in die entfernteste Ecke des Raumes geschleudert wurde. Ich verlor sofort das Bewußtsein. Ich habe weder den Blitz gesehen, von dem jedermann spricht, noch ein Geräusch gehört, noch irgendwelche Schmerzen empfunden.
Ich kam schnell wieder zu mir und hörte als erstes dicht neben mir ein leises Wimmern. Ich langte hinüber und tastete im Dunkeln umher, bis ich auf einen Haufen Schutt stieß, der von der Decke herabgefallen war. In der Hand spürte ich etwas Baumwollstoff, ein Stück von einem Kinderkleid. Ich fing wie wild an zu graben und zog die kleine Ritsuko her-

[1] Vorraum eines japanischen Hauses, wo die Eintretenden ihre Schuhe ausziehen.

aus. Mir fiel ein Stein vom Herzen, als sie zu weinen anfing! Ich wußte nicht, ob die anderen Kinder rechtzeitig hereingekommen waren, und wollte nach ihnen rufen. Aber ich konnte die Zunge nicht bewegen.
Zuerst war Ritsukos Weinen das einzige Geräusch. Dann hörte ich in der Nähe Atemzüge. Ich langte hinüber und fand Sayoko. Sie saß auf der Erde mit unserem kleinen Bruder Takeo auf dem Schoß. Sie wußte, wer er war, und hielt ihn dicht an sich gedrückt. Takeo hielt sich an meinem Ärmel fest. Dann bekam ich einen derartigen Schreck, daß ich dachte, mein Herz würde zerbrechen.
Vom Eingang her kam jetzt etwas Licht. Als ich hinblickte, krochen langsam zwei Wesen herein, die wie große, dicke, häßliche Eidechsen aussahen und krächzende, stöhnende Laute von sich gaben. Andere folgten ihnen nach. Minutenlang war ich gelähmt vor Entsetzen. Dann wurde das Licht etwas heller, so daß ich sehen konnte, es waren menschliche Wesen! – bei lebendigem Leib durch Feuer oder Hitze enthäutet und die Körper ganz zerquetscht an den Stellen, wo sie gegen etwas Hartes geschleudert worden waren. Es waren die Lehrer, die draußen an der Erweiterung des Schutzraumes gearbeitet hatten. Ich hörte, wie sie den einen oder anderen Namen keuchten, daran konnte ich sie erkennen.
Nun ließ sich auch noch mehr Stöhnen vernehmen, da die anderen Anwesenden im Luftschutzraum nach und nach wieder zu sich kamen. Die beiden Tachibana-Kinder waren gegen die Decke geschleudert worden und hatten sich schmerzhaft die Köpfe gestoßen. Die Decke war zwei Meter über dem Erdboden. Wie durch ein Wunder hatte ich selbst keinen Kratzer abbekommen.
Ich stand auf und ging hinaus, vorsichtig über die Leute auf der Erde hinwegsteigend. Die Sonne war verschwunden. Es war wie Dämmerung oder wie Zwielicht und kühl. In der Nähe des Schutzraumeingangs lag eine Lehrerin aus der Schule, tot und vollständig nackt. Ihr Körper schien entspannt, ihr Gesicht war friedlich. Ich erinnere mich, daß ich sie anstarrte, als wenn ich träumte. Im Sandkasten lagen vier Kinder – der kleine Junge von Fujitas und der von Nishisawas, die sich ein paar Minuten vorher beim Libellenfangen so vernügt getummelt hatten; die beiden anderen konnte ich nicht erkennen. Alle waren nackt und enthäutet. Die Haut ihrer Hände war an den Handgelenken abgerissen und hing von den Fingerspitzen dicht hinter den Nägeln wie ein umgedrehter Handschuh herab. In dem trüben Licht glaubte ich, noch viele andere Kinder überall auf dem Hof herumliegen zu sehen.
Der Erdboden war mit allen möglichen Gegenständen bedeckt. Ich weiß

nicht, was alles dort lag; andauernd fiel vom Himmel noch mehr herunter, denn die Luft war voll von allem möglichen Zeug, das mit sonderbaren Geräuschen umherwirbelte.
Das Schulgebäude war schwarz geworden, stand aber noch, nicht eine einzige Glasscheibe in den Fenstern. Ich schaute in eines der Klassenzimmer hinein und sah Papierstückchen wie Tausende von Schmetterlingen herumwirbeln; durch die offenen Fenster in den Raum hinein und wieder heraus und hoch hinweg in die Luft.
Als ich dort stand, schossen plötzlich Flammen aus den Fenstern des Sanitätsraums der Schule. Ich war ganz alleine da. Niemand kam, das Feuer zu löschen, obwohl im Zimmer nebenan die Luftschutzbefehlsstelle war. Eine Fabrik hatte einige Räume der Schule als Ausweichbüro mit ein paar weiblichen Bürokräften in Benutzung; es kam aber niemand heraus.
Ich eilte zum Luftschutzraum zurück. Beim Hineingehen berührte ich zufällig einige der Männer, die, vor Schmerzen sich windend, im Eingang lagen und laut aufschrien. Sie fühlten sich klebrig an, wie verfaulte Kartoffeln.
Die nächste Stunde traute ich mich nicht aus dem Schutzraum heraus. Sayoko und ich kauerten uns zitternd zusammen und warteten, daß mein Vater oder mein Bruder Akiharu käme und uns herausholte. An irgend etwas anderes oder an irgendeinen anderen Menschen habe ich nicht gedacht. Während ich aber dort saß, lagen mein Vater, meine Mutter, mein Bruder und meine Schwester im Sterben: fünfzig Meter entfernt...
(Später, als ich schließlich etwas Mut gefaßt hatte und nach Hause ging, fand ich anstelle des Hauses einen Haufen Asche und verbrannte Trümmer; alle, die darin gewesen waren, waren tot – meine Mutter noch neben dem Brunnen, Akiharu und Yoshiko in der Eingangshalle und mein Vater im Feld hinter dem Hause, auf dem Gesicht liegend.)
Und ich hatte einfach im Luftschutzraum gesessen. Die Verletzten begannen sehr bald, nach Wasser zu stöhnen. Es war meine Pflicht, Wasser zu holen, weil niemand von den Anwesenden sonst dazu imstande war. Aber ich wußte nicht, wie es draußen aussah. Ich mußte sehr vorsichtig sein, denn mir war klar, daß ich nicht noch einmal mit heiler Haut davonkommen würde, wenn etwa noch ein zweiter von diesen geheimnisvollen Luftangriffen käme. Als ich das so bedachte, verließ mich der Mut völlig, bis Ritsuko zu jammern anfing. Dann erst konnte ich mich endlich aufraffen, hinauszugehen, um sogar unter eigener Lebensgefahr Wasser herbeizuschaffen.
Draußen war es jetzt noch schlimmer als vorher. Der Himmel war, so weit

man sehen konnte, mit sich hoch auftürmenden Rauchwolken angefüllt. Das ganze Tal war bis an die Hänge der umgebenden Hügel hinauf dem Erdboden gleichgemacht; die Brände reichten fast bis auf den Kamm der Berge.

Die tote Lehrerin lag noch immer am Eingang des Schutzraumes, aber die vier Kinder in dem Sandkasten bewegten sich, zuckende und zitternde kleine Bewegungen. Ich hatte gedacht, sie wären tot! Jetzt nahm ich einen der vier kleinen Körper nach dem anderen auf und trug sie hinein. Wenn es aber Ritsuko gewesen wäre, hätte ich sie sofort hineingebracht, gleichgültig, ob sie lebend oder tot war.

Plötzlich erschien Mataichi Tsujimoto. Seine Luftschutzuniform war zerrissen, den linken Arm trug er in der Schlinge. Ich schrie ihm zu: »Herr Tsujimoto, was ist los!« Als Antwort kam nur ein Stöhnen. Sein Gesicht war leer. Er schien über irgend etwas stark nachzudenken. Ich nehme an, er dachte darüber nach, was er als Luftschutzwart bei solch einem Luftangriff tun sollte. Er dachte so angestrengt nach, daß seine Gedanken ganz weit entfernt waren. Seine Kinder, Isamo und Fujio, waren im Luftschutzraum, nur einen Schritt entfernt von dort, wo wir standen. Aber er versuchte nicht einmal, nachzuschauen.

Ich ließ ihn stehen und ging zum Vordereingang des Schulgebäudes hinüber, wo es einen Wassertank gab, und holte Wasser für die Verwundeten. Als ich zurückkam, war er verschwunden.

Ich ging mehrmals nach Wasser und war ungefähr eine Stunde damit beschäftigt, als ich jemanden vom Hügel herunter mich rufen hörte. Es war meine Kusine Fujie Urata. Sie kam zu mir herunter und erzählte mir von meiner Familie.

Quellen- und Literaturverzeichnis

Um auch breiteren Leserkreisen den Zugang zu den zeitgenössischen Berichten zu erleichtern, mußten – wie schon im Vorwort betont – die Quellentexte dieses Buches teilweise gekürzt und bearbeitet werden. Die folgenden Angaben verweisen interessierte Leser auf die Originaltexte.

S. 14: Die Schlacht bei Megiddo.
J. Breasted: Ancient Records of Egypt, T. III. Gekürzte Übersetzung auch in W. W. Struwe: Der Alte Orient, Berlin 1955.

S. 18: Die List der Hethiter.
K. Sethe: Urkunden der 18. Dynastie, Leipzig 1905. Bd. IV.

S. 20: Gefahrvolle Reise nach Syrien.
D. D. K. Galling: Textbuch zur Geschichte Israels, Tübingen 1950.
Mit Genehmigung des Verlags J. C. B. Mohr (Paul Siebeck), Tübingen.

S. 26: Die Macht der Assyrer.
Assurbanipal und die letzten assyrischen Könige. Bearb. von M. Streck. Teil II, Texte, Leipzig 1916.

S. 30: Bedrohte Herrschaft.
Die Keilinschriften der Achämeniden, Leipzig 1911. Hg. von F. Weißbach.

S. 34: Solon ordnet den Staat der Athener.
Aristoteles: Der Staat der Athener, Straßburg 1891, Kap. 5–12.
Übers. von Kaibel.

S. 37: Der Kampf um die Thermopylen.
Herodot: Historien, Stuttgart 1955. Übers. von A. Horneffer.
Mit Genehmigung des Alfred Kröner Verlags, Stuttgart.

S. 44: Die Seeschlacht bei Salamis.
Aischylos: Die Perser. Übers. von J. G. Droysen. Vers 337–470.

S. 47: Verhängnis in Sizilien.
Thukydides: Geschichte des Peleponnesischen Krieges, Frankfurt o. J., VII, 80–87. Übers. von J. Heilmann.

S. 53: Der Zug der Zehntausend.
Xenophon: Des Kyros Anabasis, IV, 6–7. Übers. von H. Vretska, Stuttgart 1958. Mit Genehmigung des Verlags Philipp Reclam jun., Stuttgart.

S. 59: Alexander siegt bei Gaugamela.
Arrian: Anabasis Alexanders, III, 11–15. Übers. von C. H. Dörner, Stuttgart 1863.

S. 64: Die Schlacht bei Cannae.
Polybios: Geschichten, III, 111–116. Übers. von F. C. Campe, Stuttgart 1861.

S. 69: Revolution in Rom.
Appian: Römische Geschichte, I, 7–18. Übers. von F. L. Dilemius, Stuttgart o. J.

S. 77: Die Verschwörung des Catilina.
Sallust: Die Verschwörung des Catilina, Kap. 5–61. Übers. von H. Weinstock, Stuttgart 1955. Mit Genehmigung des Alfred Kröner Verlags, Stuttgart.

S. 84: Römer am Rhein.
G. J. Caesar: Der Gallische Krieg, IV, 6–19. Übers. von G. Dorminger, Limburg o. J.

S. 91: Die Taten des Kaisers.
Augustus: Meine Taten. Übers. von F. Gottanka, München 1954. Mit Genehmigung des Verlags Ernst Heimeran, München.

S. 97: Kampf in Wald und Sumpf.
Tacitus: Annalen, I, 60–68. Übers. von A. Horneffer, Wiesbaden o. J., Mit Genehmigung des Alfred Kröner Verlags, Stuttgart.

S. 103: Hochmut und Fall des Kaisers Nero.
Sueton: Lebensbeschreibungen der römischen Kaiser, Kap. 30–49. Übers. von K. Andree, Stuttgart o. J.

S. 109: Der Tempel brennt!
Flavius Josephus: Geschichte des jüdischen Krieges, VI, 4–5. Übers. von H. Paret, Stuttgart o. J.

S. 113: Schacher um den Kaiserthron.
Cassius Dio: Römische Geschichte, 73, 11–17. Übers. von L. Tafel, Stuttgart 1839.

S. 117: Die Christenverfolgung unter Diokletian.
Lactantius: Über die Todesarten der Verfolger, Kap. 10–15. Übers. von P. Jansen, Kempten 1875.

S. 120: Bekehrung und Sieg Kaiser Konstantins.
Eusebius: Vier Bücher über das Leben des Kaisers Konstantin, I, 26–41. Übers. von J. M. Pfättisch, Kempten 1913. Mit Genehmigung des Kösel-Verlags, München.

S. 124: Julian Apostata fällt im Kampf gegen die Perser.
Ammianus Marcelinus: Römische Geschichte, XXV, 1–3. Übers. v. L. Troß, Stuttgart 1828.

S. 130: Am Hof des Hunnenkönigs Attila.
Bericht des Priscus: In: Gustav Freytag, Bilder aus deutscher Vergangenheit.

S. 136: Die Vernichtung der Ostgoten.
Prokop: Gotenkrieg, IV, 29–32. Übers. von D. Coste, Leipzig 1885.
Gute Bearbeitung in: J. Bühler, Die Germanen in der Völkerwanderung, Leipzig 1925.

S. 142: Bruderzwist im Merowingerreich.
Gregor von Tours: Zehn Bücher Geschichten, VII, 2–29. Übers. von W. Gisebrecht, neu bearb. von R. Buchner, Darmstadt 1956.
Mit Genehmigung der Wissensch. Buchgesellschaft, Darmstadt.

S. 148: Die Hedschra des Propheten.
Das Leben Muhammeds nach Muhammed ben Ishak. Übers. von G. Weil, 1864.

S. 154: Bonifatius missioniert in Deutschland.
Willibald: Leben des hl. Bonifatius, Kap. 5–6. Übers. von M. Tangl, Lpzg. 1922.

S. 158: Die Feldzüge Karls des Großen.
Einhard: Kaiser Karls Leben, Kap. 7–13, 28. Übers. von O. Abel, Leipzig 1920.

S. 162: Ludwig der Fromme und seine Söhne.
Die Annalen von St. Bertin. Übers. von J. v. Jasmund, Leipzig o. J.

S. 170: Die Ungarn in St. Gallen.
Ekkehard IV: Chronik von St. Gallen, Kap. 51–63. Übers. von G. Meyer v. Knonau, Leipzig 1952.

S. 176: Die Schlacht auf dem Lechfeld.
Widukind: Sächsische Geschichte, III, 44–49. Übers. von R. Schottin, neu bearb. von P. Hirsch. Leipzig 1931.

S. 180: Wahl und Weihe König Konrads II.
Wipo: Das Leben Kaiser Konrads II., Kap. 2–4. Übers. von P. Pflüger, Berlin 1877.

S. 184: Der Weg nach Canossa.
Bertholds Fortsetzung der Chronik von Reichenau. Übers. von G. Grandaur, Leipzig 1888.

S. 189: Die Belagerung Jerusalems.
Albert von Aachen: Geschichte des Kreuzzugs, Migne PL 166, Buch VI, Kap. 6–169. Übers. von O. Schönberger.

S. 194: Friedrich Barbarossa in Rom.
Otto von Freising: Taten Friedrichs, II, 21–26, Leipzig 1883.

S. 200: Heinrich der Löwe im Kampf gegen die Slawen.
Helmold: Chronik der Slawen, II, 2–4. Übers. von J. C. M. Laurent, Leipzig 1888.

S. 206: Die Mongolen bedrohen Europa.
Bericht des Fraters Julianus. In: Drei Texte zur Geschichte der Ungarn und Mongolen. Übers. von O. Schönberger.

S. 212: Rudolf von Habsburg und Ottokar von Böhmen.
Johann von Victring: Das Buch gewisser Geschichten, II, 1–4. Übers. von W. Friedensburg, Leipzig 1888.

S. 217: Die Luxemburger in Oberitalien.
Kaiser Karls IV. Jugendleben, Kap. 4. Übers. von L. Oelsner, Leipzig 1885.

S. 223: Papstwahl zu Konstanz.
Ulrich von Richental: Chronik des Constanzer Conzils. Hg. von M. R. Buck, StLV Bd. 158, Tübingen 1882.

S. 227: Der Prozeß gegen die Jungfrau von Orléans.
Jeanne d'Arc: Die Akten der Verurteilung. Übers. und eingel. von Josef Bütler, Einsiedeln 1943. Mit Genehmigung der Verlagsanstalt Benziger & Co.

S. 232: Die letzte Kaiserkrönung in Rom.
Aeneas Sivius: Die Geschichte Kaiser Friedrichs III., Teil 2. Übers. von Th. Ilgen, Leipzig 1890.

S. 240: Der Fall Konstantinopels.
Georgius Sphrantzes: Die letzten Tage von Konstantinopel. Übers. von E. v. Ivanka, Graz o. J. (1954). Mit Genehmigung des Verlags Styria, Graz-Wien-Köln.

S. 248: Kolumbus in Amerika.
Tagebuch des Columbus. In: Gronau, R., Amerika, Bd. I, S. 194ff., Leipzig 1892.

S. 255: Die Eroberung Mexikos.
Ferdinand Cortez: Die Eroberung von Mexiko. Bearb. von Dr. E. Schultze, Haburg 1907, S. 115ff.

S. 265: Verhandlung in Augsburg.
Luthers Schriften. Hg. von Walch, Teil 15, S. 709.

S. 269: Der Hauptmann der aufständischen Bauern.
Götz von Berlichingen: Lebensbeschreibung; in: Quellenschriften zur neueren deutschen Literatur II, S. 85ff.

S. 274: Sacco di Roma.
Zeitgenössische Flugschrift. Zitiert nach: K. Kaulfuß-Diesch, Das Buch der Reformation, Leipzig 1917, 421ff.

S. 278: Kaiser Karl V. und die deutschen Fürsten.
Bartolomäus Sastrows Bericht, in: Gustav Freytag, Bilder aus deutscher Vergangenheit.

S. 283: Die Belagerung von Leiden.
Emanuel von Meteren: Historie der Niederlandscher. Deutsch in: Meteranus novus I. 1669, S. 202ff. Zitiert nach: Quellen zur allg. Geschichte, 3. Bd. Neuere Zeit. Zürich 1956. Mit freundlicher Genehmigung des Verlags Schultheß & Co. AG, Zürich.

S. 286: Der Fenstersturz zu Prag.
Theatrum Europaeum. Frankfurt 1662, S. 17ff.

S. 289: Die Ermordung Wallensteins.
Bericht des Ortskommandanten von Eger, Oberstleutnant Gordon. In: H. von Srbik, Wallensteins Ende, Salzburg o.J., S. 313ff.

S. 292: Auf Kaperfahrt mit Francis Drake.
Robert Leng: The true Discription of the last voyage of the worthy Captayne Sir Francis Drake. In: The Cambden Miscellany 1864, Band 5.

S. 298: Die Belagerung von Wien.
Kara Mustafa vor Wien. Übers. von R. Kreutel, Graz 1960, S. 101ff. Mit freundlicher Genehmigung des Verlags Styria, Graz–Wien–Köln.

S. 308: Die Zerstörung Heidelbergs.
Bericht Riesmanns an Kurfürst Philipp Wilhelm V., 5. März 1689. In: K. v. Raumer, Die Zerstörung der Pfalz von 1689, München 1930.

S. 314: Peter der Große.
Alexander Gordon: Geschichte Peter des Großen. Deutsch 1765, Teil I, S. 147ff.

S. 319: Die Schlacht bei Leuthen.
E. F. v. Barsewisch: Meine Kriegserlebnisse, Berlin 1863, S. 14ff.

S. 326: Die Krönung Josephs II.
J. W. v. Goethe: Dichtung und Wahrheit.

S. 332: Der Mitternachtsritt des Paul Revere.
The Midnight Ride of Paul Revere. In: This is America my Country, D. H. Sheehan, 1952.

S. 338: Der Sturm auf die Bastille.
Jean Dusaulx: De l'insurrection parisienne. Guyot de Flévilles: Relation inédite de la défense de la Bastille. Beide deutsch in: Kircheisen, Die Bastille.

S. 342: Der Sturz Robespierres.
P. F. de Barras: Memoiren, Bd. I, S. 144 ff. 1896.

S. 348: Der Brand von Moskau.
R. Soltyk: Napoleon im Jahre 1812, Wesel 1837.

S. 356: Die Fürsten auf dem Wiener Kongreß.
Graf von Nostitz: Tagebuch 1813–1815, Berlin 1885.

S. 360: Das Hambacher Fest.
Bericht des Vertrauensmannes des preuß. Bundestagsgesandten. In: V. Valentin, Das Hambacher Nationalfest, Berlin 1932.

S. 368: Revolution in Deutschland.
W. Menzel: Denkwürdigkeiten, Bielefeld 1877.

S. 376: Das Ende des amerikanischen Bürgerkrieges.
K. Schurz: Lebenserinnerungen.

S. 382: Kampf um den Frieden.
Otto v. Bismarck: Gedanken und Erinnerungen, Stuttgart o. J., S. 369 ff.

S. 388: Die Entlassung Bismarcks.
Bericht des bayer. Gesandten in Berlin, Hugo Graf Lerchenfeld-Koefering.

S. 395: Aufstand in Indien.
Lady Inglis: Memoiren aus dem Indischen Aufstand. Hg. v. E. Braunholz, Hamburg 1908, S. 41 ff.

S. 404: Die Gründung von Leopoldville.
H. M. Stanley: Der Kongo, Bd. I, S. 369 ff., Leipzig 1885.

S. 412: Mobilmachung in Berlin.
Berliner Tagblatt vom 2. August 1914.

S. 417: Lenin auf der Reise nach Rußland.
Nadeschda Krupskaja: Erinnerungen an Lenin, Berlin 1960, S. 389 ff. Mit freundlicher Genehmigung des Dietz-Verlags Berlin.

S. 423: Deutschland wird Republik.
Philipp Scheidemann: Memoiren eines Sozialdemokraten, Dresden 1928, Bd. 2, S. 296 ff. Mit freundlicher Genehmigung von Frau Johanna Pirschel.

S. 430: Hitlerputsch in München.
Professor K. A. von Mueller, Gerichtsprotokoll.

S. 435: Von Ebert zu Hindenburg.
Theodor Heuss: Erinnerungen 1905–1933, Tübingen 1963, S. 323 ff. Mit freundlicher Genehmigung des R. Wunderlich Verlags Tübingen.

S. 440: Gandhis Salzmarsch.
Jawaharlal Nehru: Indiens Weg zur Freiheit, Hamburg 1950, S. 205 ff. Mit freundlicher Genehmigung der Europäischen Verlagsanstalt Frankfurt.

S. 446: Der lange Marsch.
Stories of the Long March, Peking 1958, S. 99ff.

S. 454: Unterredung mit Hitler.
K. von Schuschnigg: Ein Requiem in Rot-Weiß-Rot, Zürich 1948, S. 38ff.
Mit freundlicher Genehmigung des Verlags Amstutz, Herdeg & Co., Zürich.

S. 459: Der Ausbruch des Zweiten Weltkrieges.
Dr. Paul Schmidt: Statist auf diplomatischer Bühne, Bonn 1949, S. 460ff.
Mit freundlicher Genehmigung des Athenäum Verlags Bonn.

S. 464: Vor dem Volksgerichtshof.
Hanns Lilje: Im finstern Tal, Nürnberg 1947, S. 87ff. Mit freundlicher Genehmigung des Laetare Verlags, Nürnberg.

S. 469: Massenmord am jüdischen Volk.
Der Prozeß gegen die Hauptkriegsverbrecher vor dem Internationalen Militärgerichtshof, Nürnberg, 14. Nov. bis 1. Okt. 1946, Bd. XI. Nürnberg 1946, S. 438ff.

S. 475: Nach dem Atombombenabwurf.
Takashi Nagai: Wir waren dabei in Nagasaki, Frankfurt 1951, S. 120ff.
Mit freundlicher Genehmigung des Verlags Alfred Metzner, Frankfurt.